KB216314

원각경요해
圓覺經了解

원각경요해
圓覺經了解

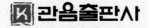
관음출판사

차례

원각경심요(圓覺經心了) • 633

시심(始心)

누구나 알고 싶어도, 알 수 없는 깨달음에 대한 자상한 과정과 경계, 그리고 깨닫고 나서의 깨달음 점검과 또한, 깨달음에서 구경을 향한 각성지혜의 과정 등을 통쾌하게 드러내는 수행 지침서나 수승한 깨달음 세계에 대한 점검의 책을 구할 수 없어, 많은 수행자들이 수행 과정에서 방황과 오류를 범하기도 하고, 귀중한 수행의 시간과 수행의 밀밀한 수승한 경계를 놓치기도 한다.

수행자에게는 누구나 확연 명백한 깨달음의 향로(向路) 수행길에서, 수행경계와 깨달음의 지혜에 대해 자상한 수행 지침서를 갈증 나듯 구하려 해도, 그러한 지침서를 접하기가 어렵다. 깨달음의 과정과 경계, 깨달음의 점검, 깨달음을 또한, 타파하여 벗어나, 구경을 향하는 수승한 각성수행 체험의 경계, 밀밀한 깨달음 과정의 길을 밝힌 지혜의 가르침, 요긴한 지침서가 수행의 숨결처럼 수행자에게는 요구되고, 필요하다.

원각경요해(圓覺經了解)를 통해 부처님의 자상하고 상세한 깨달음 수행세계의 가르침을 인연하여, 수행체험을 통한 깨달음과 깨달음의 과정과 깨달음의 각성점검과 구경을 향한 수행과정 등, 깨달음 지혜의 상승과정과 차별경계의 심오한 각성세계를 자상히 밝히고, 보살지혜의 깨달음이 열린 세계인 대승(大乘)과 일승(一乘)과 불승(佛乘)의 깨달음 경계와 그 차별 각성세계를 드러내며, 그리고 대승과 일승과 불승과 불지(佛智)의 각성지혜 차별과 각성종성(覺性種性)의 차별성품을 또한, 드러내어 밝히며, 깨닫고 나서의 깨달음의 지혜점검과 구경을 향한 깨달음 차별지혜세계의 상세한 각성과정, 심오하고 밀밀한 깨달음 지혜의 경험 각성세계를 밝혀, 구경의 불과(佛果)를 향한 수행점검과 깨달음 각성점검에 도움이 되도록 했다.

　그리고 반야경과 법화경과 화엄경의 차별각성 지혜종성의 성품세계를 드러내며, 보살지혜의 깨달음을 바탕한 불설(佛說)의 가르침, 대승지혜의 반야경과 일승지혜의 법화경과 불승지혜의 화엄경의 각성지혜 실상과 각성지혜 차별성품 관계성을 밝힘으로, 구경을 향한 총체적 불지혜(佛智慧) 각성수행의 관점에서 경(經)에 대한 새로운 시각과 안목을 열 수 있도록, 대승과 일승과 불승의 각성지혜 차별세계와 경(經)의 각성실상 차별성품을 깨달음의 각성지혜로 밝게 드러내어 밝혔다. 또한, 깨달았어도 구경을 향한 상승각력으로 깨달음의 경계를 또한, 타파하여 벗어나며, 구경 불지혜(佛智慧)를 향한 깨달음의 과정과 깨달음의 경계와 그 지혜 각성발현의 섭리와 이치를, 경험을 토대로 자상히 밝히어 드러내며, 원각경 불설(佛說) 가르침의 지혜경계와 더불어 수행체험을 바탕으로, 구체적인 깨달음의 경계와 각성세계를 밝히고 드러냄으로, 누구나 구경을 향한 수행과 깨달음의 점검에 도움이 될 수 있도록 하였으며, 불지혜 실상을 드러내는 여래(如來)의 결정경계, 각성지혜 경(經)의 한 구절, 한 글귀의 뜻과 실상, 그 진의(眞義)를 살피고 관(觀)하며, 불지혜를 드러냄에 세심한 정성을 기울였다.

그리고 승(乘)의 세계, 이승(二乘)과 삼승(三乘), 보살승(菩薩乘)인 대승(大乘)과 일승(一乘)과 불승(佛乘)의 지혜성품 각성차별의 경계를 드러내어 밝히며, 사법계(四法界)의 각성세계와 보살지혜인 대승과 일승과 불승과의 지혜관계와 그 깨달음 각성세계의 관계를 두루 밝혀, 깨달음의 수행과 점검, 구경을 향한 각력 상승의 점검에 도움이 되도록 했다.

원각경(圓覺經)의 중요한 핵심, 궁극의 깨달음을 향한 성불도, 심오한 지혜의 원각수행인 본기청정 인지법행,

여래결정경계 원각 삼종자성 수순행, 사마타, 삼마발제, 선나의 원각수행 깨달음의 지혜와 실상, 여래장(如來藏)의 성품 삼종자성의 각각 수행차별 각성관계를 자상히 밝히며, 사마타, 삼마발제, 선나와 대승(大乘)과 일승(一乘)과 불승(佛乘)의 각성지혜 관계도 두루 밝혀, 구경을 향한 각종 수행지견과 깨달음의 안목에 실질적 도움이 되도록 하였다.

여래장(如來藏) 삼종자성수순 수행 중 선나 수행의 심오하고 비밀스러운 각성세계, 선취수문(先取數門)인 생주멸념(生住滅念) 분제두수(分齊頭數)에 대해, 그 수행의 실상과 수행경계와 각성세계를 밝게 드러내며, 또한, 각각 생주멸념 차별각성이 열린 지혜경계를 밝혔으며, 보살지혜가 열린 대승(大乘)과 일승(一乘)과 불승(佛乘)의 각성세계와 상관하여 그 관계성를 또한 밝혀, 생주멸념 분제두수로 구경 성불을 향한 깨달음의 과정과 경계, 깨달음의 점검 등을 할 수 있도록, 그 경계와 각성세계를 드러내어 밝혔다.

자성삼신불(自性三身佛)인 자성청정법신불, 자성원만보신불, 자성무량응화신불의 실체와 삼신불 자성 원만성취 각성의 길을 밝히며, 불지혜 각성원만 무량공덕행인 청정대각 보살도, 삼신불의 자성 염불행으로, 청정자성 불세

계의 원만성취를 위한 수승한 자성염불, 삼신불의 수승공
덕장엄인 청정무염 각성보살의 지혜와 자비응화신의 청
정법행의 보살길을 열어 놓았다.

수행 중 구도의 열정 속에, 더 나아갈 수 없는 길 없는
길에 선, 구경의 깨달음을 향한 간절함 속에, 수행길 지혜
의 방황에는 무엇보다, 수행의 막힌 숨길을 트는 깨달음
을 향한 자상한 가르침이 절실하고 소중하다. 지난 시간
을 돌아보며, 수행 속에 경험한 수행 지혜의 체험들을 토
대로, 원각경의 부처님의 말씀에 의지해, 깨달음과 깨달
음의 과정과 깨달음의 점검과 구경을 향한 깨달음 그 경
계와 또한, 구경을 향함에는 증득한 깨달음도 타파하여
벗어나야 하는, 지난 길을 더듬어 살피며, 부족했던 나의
어린 시절에 내 모습을 두루 살피어 돌아보고, 자세히 스
스로를 돌이켜 점검하며, 부처님의 말씀에 따라 그 지혜
와 각성경계를 사유하고 살피어, 경(經)의 한 구절 한 글
자의 뜻을 사유함에, 세심한 정성을 기울이며, 부처님의
말씀과 지혜와 각성경계를 살피고 또, 사유하며, 경(經)의
말씀과 구절을 새겼다.

옛사람이 간 길과 그 흔적이 나에게 도움이 되었듯,
혹시, 나 또한, 지나온 작은 체험의 길들이, 어려운 사람
에게 또한, 도움이 되리라 생각하여, 맑은 초심(初心)의

진실한 마음과 지혜의 정성을 기울여, 나 스스로를 살피고 돌아보며, 부처님 전에서 이 원각경 요해의 새김을 시작과 마감을 하였다. 이 경을 보는 모든 분들이 무상지혜(無上智慧) 부처님의 말씀과 불지혜의 가피력으로 원각을 원만히 성취하여, 중생세계 지혜의 복전(福田)이 되옵기를 간곡히 바라며, 그리고 반드시, 원각을 원만히 성취하여, 삼세의 불지혜(佛智慧), 무량공덕 최상 궁극의 무한지혜, 수승한 복전(福田)이 되옵기를, 순수의 진심으로 발원하고, 청정 일심으로 축원합니다.

경 첫걸음 전 始心 공양

원각경요해

圓覺經了解

大方廣圓覺修多羅了義經
대방광원각수다라요의경

序章
서 장

⁸⁸ 88

如是我聞 一時 婆伽婆 入於神通大光明藏 三昧正
여시아문 일시 바가바 입어신통대광명장 삼매정

受 一切如來 光嚴住持 是諸衆生 淸淨覺地 身心寂
수 일체여래 광엄주지 시제중생 청정각지 신심적

滅 平等本際 圓滿十方 不二隨順 於不二境 現諸淨
멸 평등본제 원만시방 불이수순 어불이경 현제정

94
土 與大菩薩摩訶薩 十萬人俱 其名曰 文殊師利菩
토 여대보살마하살 십만인구 기명왈 문수사리보

薩 普賢菩薩 普眼菩薩 金剛藏菩薩 彌勒菩薩 淸淨
살 보현보살 보안보살 금강장보살 미륵보살 청정

慧菩薩 威德自在菩薩 辨音菩薩 淨諸業障菩薩 普
혜보살 위덕자재보살 변음보살 정제업장보살 보

覺菩薩 圓覺菩薩 賢善首菩薩等 而爲上首 與諸眷
각보살 원각보살 현선수보살등 이위상수 여제권

屬 皆入三昧 同住如來平等法會
속 개입삼매 동주여래평등법회

第一 文殊師利菩薩章
제 1 문수사리보살장

96
於是 文殊師利菩薩 在大衆中 卽從座起 頂禮佛足
어시 문수사리보살 재대중중 즉종좌기 정례불족

100   100
右繞三匝 長跪叉手 而白佛言 大悲世尊 願爲此會
우요삼잡 장궤차수 이백불언 대비세존 원위차회

101
諸來法衆 說於如來 本起淸淨 因地法行 及說菩薩
제래법중 설어여래 본기청정 인지법행 급설보살

於大乘中 發淸淨心 遠離諸病 能使未來 末世衆生
어대승중 발청정심 원리제병 능사미래 말세중생

15

求大乘者 不墮邪見 作是語已 五體投地 如是三請
구 대 승 자　불 타 사 견　작 시 어 이　오 체 투 지　여 시 삼 청

終而復始 爾時 世尊 告文殊師利菩薩言 善哉善哉
종 이 부 시　이 시　세 존　고 문 수 사 리 보 살 언　선 재 선 재

善男子 汝等 乃能爲諸菩薩 諮詢如來 因地法行 及
선 남 자　여 등　내 능 위 제 보 살　자 순 여 래　인 지 법 행　급

爲末世 一切衆生 求大乘者 得正住持 不墮邪見 汝
위 말 세　일 체 중 생　구 대 승 자　득 정 주 지　불 타 사 견　여

今諦聽 當爲汝說 時 文殊師利菩薩 奉敎歡喜 及諸
금 체 청　당 위 여 설　시　문 수 사 리 보 살　봉 교 환 희　급 제

大衆 默然而聽 善男子 無上法王 有大陀羅尼門 名
대 중　묵 연 이 청　선 남 자　무 상 법 왕　유 대 다 라 니 문　명

爲圓覺 流出一切 淸淨眞如 菩提涅槃 及波羅蜜 敎
위 원 각　유 출 일 체　청 정 진 여　보 리 열 반　급 바 라 밀　교

授菩薩 一切如來 本起因地 皆依圓照淸淨覺相 永
수 보 살　일 체 여 래　본 기 인 지　개 의 원 조 청 정 각 상　영

斷無明 方成佛道 云何無明 善男子 一切衆生 從無
단 무 명　방 성 불 도　운 하 무 명　선 남 자　일 체 중 생　종 무

始來 種種顚倒 猶如迷人 四方易處 妄認四大 爲自
시 래　종 종 전 도　유 여 미 인　사 방 역 처　망 인 사 대　위 자

身相 六塵緣影 爲自心相 譬彼病目 見空中華 及第
신상 육진연영 위자심상 비피병목 견공중화 급제

二月 善男子 空實無華 病者妄執 由妄執故 非唯惑
이월 선남자 공실무화 병자망집 유망집고 비유혹

此 虛空自性 亦復迷彼實華生處 由此妄有輪轉生死
차 허공자성 역부미피실화생처 유차망유윤전생사

故名無明 善男子 此無明者 非實有體 如夢中人 夢
고명무명 선남자 차무명자 비실유체 여몽중인 몽

時非無 及至於醒 了無所得 如衆空華 滅於虛空 不
시비무 급지어성 요무소득 여중공화 멸어허공 불

可說言 有定滅處 何以故 無生處故 一切衆生 於無
가설언 유정멸처 하이고 무생처고 일체중생 어무

生中 妄見生滅 是故 說名輪轉生死 善男子 如來因
생중 망견생멸 시고 설명윤전생사 선남자 여래인

地 修圓覺者 知是空華 卽無輪轉 亦無身心 受彼生
지 수원각자 지시공화 즉무윤전 역무신심 수피생

死 非作故無 本性無故 彼知覺者 猶如虛空 知虛空
사 비작고무 본성무고 피지각자 유여허공 지허공

者 卽空華相 亦不可說 無知覺性 有無俱遣 是則名
자 즉공화상 역불가설 무지각성 유무구견 시즉명

爲 淨覺隨順 何以故 虛空性故 常不動故 如來藏中
위 정각수순 하이고 허공성고 상부동고 여래장중

無起滅故 無知見故 ¹²⁹ 如法界性 究竟圓滿 遍十方故
무기멸고 무지견고 여법계성 구경원만 편시방고

是則名爲 因地法行 ¹³⁰ 菩薩因此 於大乘中 發淸淨心
시즉명위 인지법행 보살인차 어대승중 발청정심

末世衆生 依此修行 不墮邪見 ¹³² 爾時 世尊 欲重宣此
말세중생 의차수행 불타사견 이시 세존 욕중선차

義 而說偈言 ¹³² 文殊汝當知 ¹³² 一切諸如來 從於本因地
의 이설게언 문수여당지 일체제여래 종어본인지

皆以智慧覺 了達於無明 知彼如空華 卽能免流轉
개이지혜각 요달어무명 지피여공화 즉능면류전

又如夢中人 醒時不可得 ¹³⁶ 覺者如虛空 平等不動轉
우여몽중인 성시불가득 각자여허공 평등부동전

覺遍十方界 卽得成佛道 ¹⁴² 衆幻滅無處 成道亦無得
각편시방계 즉득성불도 중환멸무처 성도역무득

¹⁴² 本性圓滿故 菩薩於此中 能發菩提心 末世諸衆生
본성원만고 보살어차중 능발보리심 말세제중생

修此免邪見
수차면사견

第二 普賢菩薩章
제 2 보현보살장

144
於是 普賢菩薩 在大衆中 卽從座起 頂禮佛足 右繞
어시 보현보살 재대중중 즉종좌기 정례불족 우요

144   145
三匝 長跪叉手 以白佛言 大悲世尊 願爲此會 諸菩
삼잡 장궤차수 이백불언 대비세존 원위차회 제보

薩衆 及爲末世 一切衆生 修大乘者 聞此圓覺 淸淨
살중 급위말세 일체중생 수대승자 문차원각 청정

146
境界 云何修行 世尊 若彼衆生 知如幻者 身心亦幻
경계 운하수행 세존 약피중생 지여환자 신심역환

147
云何以幻 還修於幻 若諸幻性 一切盡滅 則無有心
운하이환 환수어환 약제환성 일체진멸 즉무유심

148
誰爲修行 云何復說 修行如幻 若諸衆生 本不修行
수위수행 운하부설 수행여환 약제중생 본불수행

於生死中 常居幻化 曾不了知 如幻境界 令妄想心
어생사중 상거환화 증불료지 여환경계 영망상심

149
云何解脫 願爲末世 一切衆生 作何方便 漸次修習
운하해탈 원위말세 일체중생 작하방편 점차수습

149
令諸衆生 永離諸幻 作是語已 五體投地 如是三請
영제중생 영리제환 작시어이 오체투지 여시삼청

19

終而復始 爾時 世尊 告普賢菩薩言 善哉善哉 善男
종이부시 이시 세존 고보현보살언 선재선재 선남

子 汝等 乃能爲諸菩薩 及末世衆生 修習菩薩 如幻
자 여등 내능위제보살 급말세중생 수습보살 여환

三昧 方便漸次 令諸衆生 得離諸幻 汝今諦聽 當爲
삼매 방편점차 영제중생 득리제환 여금체청 당위

汝說 時 普賢菩薩 奉敎歡喜 及諸大衆 默然而聽
여설 시 보현보살 봉교환희 급제대중 묵연이청

善男子 一切衆生 種種幻化 皆生如來 圓覺妙心 猶
선남자 일체중생 종종환화 개생여래 원각묘심 유

如空華 從空而有 幻華雖滅 空性不壞 衆生幻心 還
여공화 종공이유 환화수멸 공성불괴 중생환심 환

依幻滅 諸幻盡滅 覺心不動 依幻說覺 亦名爲幻 若
의환멸 제환진멸 각심부동 의환설각 역명위환 약

說有覺 猶未離幻 說無覺者 亦復如是 是故幻滅 名
설유각 유미리환 설무각자 역부여시 시고환멸 명

爲不動 善男子 一切菩薩 及末世衆生 應當遠離 一
위부동 선남자 일체보살 급말세중생 응당원리 일

切幻化 虛妄境界 由堅執持遠離心故 心如幻者 亦
체환화 허망경계 유견집지원리심고 심여환자 역

160
復遠離 遠離爲幻 亦復遠離 離遠離幻 亦復遠離 得
부원리 원리위환 역부원리 이원리환 역부원리 득

166
無所離 卽除諸幻 譬如鑽火 兩木相因 火出木盡 灰
무소리 즉제제환 비여찬화 양목상인 화출목진 회

167
飛煙滅 以幻修幻 亦復如是 諸幻雖盡 不入斷滅 善
비연멸 이환수환 역부여시 제환수진 불입단멸 선

169   172
男子 知幻卽離 不作方便 離幻卽覺 亦無漸次 一切
남자 지환즉리 부작방편 이환즉각 역무점차 일체

菩薩 及末世衆生 依此修行 如是 乃能永離諸幻 爾
보살 급말세중생 의차수행 여시 내능영리제환 이

172   173   173
時 世尊 欲重宣此義 而說偈言 普賢汝當知 一切諸
시 세존 욕중선차의 이설게언 보현여당지 일체제

                                          175
衆生 無始幻無明 皆從諸如來 圓覺心建立 猶如虛
중생 무시환무명 개종제여래 원각심건립 유여허

                                          175
空華 依空而有相 空華若復滅 虛空本不動 幻從諸
공화 의공이유상 공화약부멸 허공본부동 환종제

                              177
覺生 幻滅覺圓滿 覺心不動故 若彼諸菩薩 及末世
각생 환멸각원만 각심부동고 약피제보살 급말세

                              178
衆生 常應遠離幻 諸幻悉皆離 如木中生火 木盡火
중생 상응원리환 제환실개리 여목중생화 목진화

第二 普賢菩薩章(제2 보현보살장)

還滅 覺則無漸次 方便亦如是
환멸 각즉무점차 방편역여시

第三 普眼菩薩章
제 3 보안보살장

180
於是 普眼菩薩 在大衆中 卽從座起 頂禮佛足 右繞
어시 보안보살 재대중중 즉종좌기 정례불족 우요

三匝 長跪叉手 而白佛言 大悲世尊 願爲此會 諸菩
삼잡 장궤차수 이백불언 대비세존 원위차회 제보
　　　　　　　　　　　　180　　181

薩衆 及爲末世 一切衆生 演說菩薩 修行漸次 云何
살중 급위말세 일체중생 연설보살 수행점차 운하
　　　　　　　　　　　　　　　　181

思惟 云何住持 衆生未悟 作何方便 普令開悟 世尊
사유 운하주지 중생미오 작하방편 보령개오 세존
　　　　　　　　　　　　　　　　　　182

若彼衆生 無正方便 及正思惟 聞佛如來 說此三昧
약피중생 무정방편 급정사유 문불여래 설차삼매

心生迷悶 卽於圓覺 不能悟入 願興慈悲 爲我等輩
심생미민 즉어원각 불능오입 원흥자비 위아등배
　　　　　　　　　　　　183

184
及末世衆生 假說方便 作是語已 五體投地 如是三
급 말세중생 가설방편 작시어이 오체투지 여시삼

185   185
請 終而復始 爾時 世尊 告普眼菩薩言 善哉善哉
청 종이부시 이시 세존 고보안보살언 선재선재

善男子 汝等 乃能爲諸菩薩 及末世衆生 問於如來
선남자 여등 내능위제보살 급말세중생 문어여래

                                    186
修行漸次 思惟住持 乃至假說 種種方便 汝今諦聽
수행점차 사유주지 내지가설 종종방편 여금체청

186
當爲汝說 時 普眼菩薩 奉敎歡喜 及諸大衆 默然而
당위여설 시 보안보살 봉교환희 급제대중 묵연이

187
聽 善男子 彼新學菩薩 及末世衆生 欲求如來 淨圓
청 선남자 피신학보살 급말세중생 욕구여래 정원

                            188
覺心 應當正念 遠離諸幻 先依如來 奢摩他行 堅持
각심 응당정념 원리제환 선의여래 사마타행 견지

                                    189
禁戒 安處徒衆 宴坐靜室 恒作是念 我今此身 四大
금계 안처도중 연좌정실 항작시념 아금차신 사대

和合 所謂髮毛爪齒 皮肉筋骨 髓腦垢色 皆歸於地
화합 소위발모조치 피육근골 수뇌구색 개귀어지

唾涕膿血 津液涎沫 痰淚精氣 大小便利 皆歸於水
타체농혈 진액연말 담누정기 대소변리 개귀어수

煖氣歸火 動轉歸風 四大各離 今者妄身 當在何處
난기귀화 동전귀풍 사대각리 금자망신 당재하처

197 198
卽知此身 畢竟無體 和合爲相 實同幻化 四緣假合
즉지차신 필경무체 화합위상 실동환화 사연가합

妄有六根 六根四大 中外合成 妄有緣氣 於中積聚
망유육근 육근사대 중외합성 망유연기 어중적취

201
似有緣相 假名爲心 善男子 此虛妄心 若無六塵 卽
사유연상 가명위심 선남자 차허망심 약무육진 즉

201
不能有 四大分解 無塵可得 於中緣塵 各歸散滅 畢
불능유 사대분해 무진가득 어중연진 각귀산멸 필

202
竟無有 緣心可見 善男子 彼之衆生 幻身滅故 幻心
경무유 연심가견 선남자 피지중생 환신멸고 환심

亦滅 幻心滅故 幻塵亦滅 幻塵滅故 幻滅亦滅 幻滅
역멸 환심멸고 환진역멸 환진멸고 환멸역멸 환멸

203 203
滅故 非幻不滅 譬如磨鏡 垢盡明現 善男子 當知身
멸고 비환불멸 비여마경 구진명현 선남자 당지신

204
心 皆爲幻垢 垢相永滅 十方淸淨 善男子 譬如淸淨
심 개위환구 구상영멸 시방청정 선남자 비여청정

摩尼寶珠 映於五色 隨方各現 諸愚癡者 見彼摩尼
마니보주 영어오색 수방각현 제우치자 견피마니

24

實有五色 善男子 圓覺淨性 現於身心 隨類各應 彼
실유오색 선남자 원각정성 현어신심 수류각응 피

愚癡者 說淨圓覺 實有如是身心自相 亦復如是 由
우치자 설정원각 실유여시신심자상 역부여시 유

此不能遠於幻化 是故我說 身心幻垢 對離幻垢 說
차불능원어환화 시고아설 신심환구 대리환구 설

名菩薩 垢盡對除 卽無對垢 及說名者 善男子 此菩
명보살 구진대제 즉무대구 급설명자 선남자 차보

薩 及末世衆生 證得諸幻 滅影像故 爾時 便得無方
살 급말세중생 증득제환 멸영상고 이시 변득무방

淸淨 無邊虛空 覺所顯發 覺圓明故 顯心淸淨 心淸
청정 무변허공 각소현발 각원명고 현심청정 심청

淨故 見塵淸淨 見淸淨故 眼根淸淨 根淸淨故 眼識
정고 견진청정 견청정고 안근청정 근청정고 안식

淸淨 識淸淨故 聞塵淸淨 聞淸淨故 耳根淸淨 根淸
청정 식청정고 문진청정 문청정고 이근청정 근청

淨故 耳識淸淨 識淸淨故 覺塵淸淨 如是乃至 鼻舌
정고 이식청정 식청정고 각진청정 여시내지 비설

身意 亦復如是 善男子 根淸淨故 色塵淸淨 色淸淨
신의 역부여시 선남자 근청정고 색진청정 색청정

故 聲塵清淨 香味觸法 亦復如是 善男子 六塵清淨
고 성진청정 향미촉법 역부여시 선남자 육진청정

故 地大清淨 地清淨故 水大清淨 火大風大 亦復如
고 지대청정 지청정고 수대청정 화대풍대 역부여

是 善男子 四大清淨故 十二處 十八界 二十五有清
시 선남자 사대청정고 십이처 십팔계 이십오유청

211

淨 彼清淨故 十力 四無所畏 四無礙智 佛十八不共
정 피청정고 십력 사무소외 사무애지 불십팔부공

211

法 三十七助道品清淨 如是乃至 八萬四千 陀羅尼
법 삼십칠조도품청정 여시내지 팔만사천 다라니

門 一切清淨 善男子 一切實相 性清淨故 一身清淨
문 일체청정 선남자 일체실상 성청정고 일신청정

212

一身清淨故 多身清淨 多身清淨故 如是乃至 十方
일신청정고 다신청정 다신청정고 여시내지 십방

衆生 圓覺清淨 善男子 一世界清淨故 多世界清淨
중생 원각청정 선남자 일세계청정고 다세계청정

213

多世界清淨故 如是乃至 盡於虛空 圓裏三世 一切
다세계청정고 여시내지 진어허공 원리삼세 일체

平等 清淨不動 善男子 虛空如是 平等不動 當知覺
평등 청정부동 선남자 허공여시 평등부동 당지각

214

性 平等不動 四大不動故 當知覺性 平等不動 如是
성 평등부동 사대부동고 당지각성 평등부동 여시

乃至 八萬四千 陀羅尼門 平等不動 當知覺性 平等
내지 팔만사천 다라니문 평등부동 당지각성 평등

218
不動 善男子 覺性遍滿 淸淨不動 圓無際故 當知六
부동 선남자 각성편만 청정부동 원무제고 당지육

219
根 遍滿法界 根遍滿故 當知六塵 遍滿法界 塵遍滿
근 편만법계 근편만고 당지육진 편만법계 진편만

故 當知四大 遍滿法界 如是乃至 陀羅尼門 遍滿法
고 당지사대 편만법계 여시내지 다라니문 편만법

220
界 善男子 由彼妙覺 性遍滿故 根性塵性 無壞無雜
계 선남자 유피묘각 성편만고 근성진성 무괴무잡

222
根塵無壞故 如是乃至 陀羅尼門 無壞無雜 如百千
근진무괴고 여시내지 다라니문 무괴무잡 여백천

222
燈 光照一室 其光遍滿 無壞無雜 善男子 覺成就故
등 광조일실 기광편만 무괴무잡 선남자 각성취고

當知菩薩 不與法縛 不求法脫 不厭生死 不愛涅槃
당지보살 불여법박 불구법탈 불염생사 불애열반

224
不敬持戒 不憎毀禁 不重久習 不輕初學 何以故 一
불경지계 부증훼금 부중구습 불경초학 하이고 일

切覺故 譬如眼光 曉了前境 其光圓滿 得無憎愛 何
체각고 비여안광 효료전경 기광원만 득무증애 하

224
以故 光體無二 無憎愛故 善男子 此菩薩 及末世衆
이고 광체무이 무증애고 선남자 차보살 급말세중

生 修習此心 得成就者 於此無修 亦無成就 圓覺普
생 수습차심 득성취자 어차무수 역무성취 원각보

226
照 寂滅無二 於中 百千萬億阿僧祇 不可說 恒河沙
조 적멸무이 어중 백천만억아승지 불가설 항하사

諸佛世界 猶如空華 亂起亂滅 不卽不離 無縛無脫
제불세계 유여공화 난기란멸 부즉불리 무박무탈

228   228
始知衆生 本來成佛 生死涅槃 猶如昨夢 善男子 如
시지중생 본래성불 생사열반 유여작몽 선남자 여

昨夢故 當知生死 及與涅槃 無起無滅 無來無去 其
작몽고 당지생사 급여열반 무기무멸 무래무거 기

229
所證者 無得無失 無取無捨 其能證者 無作無止 無
소증자 무득무실 무취무사 기능증자 무작무지 무

231
任無滅 於此證中 無能無所 畢竟無證 亦無證者 一
임무멸 어차증중 무능무소 필경무증 역무증자 일

234
切法性 平等不壞 善男子 彼諸菩薩 如是修行 如是
체법성 평등불괴 선남자 피제보살 여시수행 여시

漸次 如是思惟 如是住持 如是方便 如是開悟 求如
점차　여시사유　여시주지　여시방편　여시개오　구여

235
是法　亦不迷悶　爾時　世尊　欲重宣此義　而說偈言
시법　역불미민　이시　세존　욕중선차의　이설게언

235　　　　235
普眼汝當知　一切諸衆生　身心皆如幻　身相屬四大
보안여당지　일체제중생　신심개여환　신상속사대

心性歸六塵　四大體各離　誰爲和合者　如是漸修行
심성귀육진　사대체각리　수위화합자　여시점수행

一切悉淸淨　不動遍法界　無作止任滅　亦無能證者
일체실청정　부동편법계　무작지임멸　역무능증자

236
一切佛世界　猶如虛空華　三世悉平等　畢竟無來去
일체불세계　유여허공화　삼세실평등　필경무래거

237
初發心菩薩　及末世衆生　欲求入佛道　應如是修習
초발심보살　급말세중생　욕구입불도　응여시수습

第四 金剛藏菩薩章
제 4 금 강 장 보 살 장

238
於是 金剛藏菩薩 在大衆中 卽從座起 頂禮佛足 右
어시 금강장보살 재대중중 즉종좌기 정례불족 우

繞三匝 長跪叉手 而白佛言 大悲世尊 善爲一切 諸
요삼잡 장궤차수 이백불언 대비세존 선위일체 제
238   239

菩薩衆 宣揚如來 圓覺淸淨 大陀羅尼 因地法行 漸
보살중 선양여래 원각청정 대다라니 인지법행 점

次方便 與諸衆生 開發蒙昧 在會法衆 承佛慈誨 幻
차방편 여제중생 개발몽매 재회법중 승불자회 환
240

翳朗然 慧目淸淨 世尊 若諸衆生 本來成佛 何故復
예랑연 혜목청정 세존 약제중생 본래성불 하고부
241

有 一切無明 若諸無明 衆生本有 何因緣故 如來復
유 일체무명 약제무명 중생본유 하인연고 여래부

說 本來成佛 十方異生 本成佛道 後起無明 一切如
설 본래성불 시방이생 본성불도 후기무명 일체여
241

來 何時復生 一切煩惱 唯願不捨 無遮大慈 爲諸菩
래 하시부생 일체번뇌 유원불사 무차대자 위제보
242

薩 開秘密藏 及爲末世 一切衆生 得聞如是 修多羅
살 개비밀장 급위말세 일체중생 득문여시 수다라

教 了義法門 永斷疑悔 作是語已 五體投地 如是三
교 요의법문 영단의회 작시어이 오체투지 여시삼

243

請 終而復始 爾時 世尊 告金剛藏菩薩言 善哉善哉
청 종이부시 이시 세존 고금강장보살언 선재선재

243　　　　　　　　　244

善男子 汝等乃能爲諸菩薩 及末世衆生 問於如來
선남자 여등내능위제보살 급말세중생 문어여래

甚深秘密 究竟方便 是諸菩薩 最上敎誨 了義大乘
심심비밀 구경방편 시제보살 최상교회 요의대승

244

能使十方 修學菩薩 及諸末世 一切衆生 得決定信
능사시방 수학보살 급제말세 일체중생 득결정신

永斷疑悔 汝今諦聽 當爲汝說 時 金剛藏菩薩 奉敎
영단의회 여금체청 당위여설 시 금강장보살 봉교

246　　　　　　　　　246

歡喜 及諸大衆 默然而聽 善男子 一切世界 始終生
환희 급제대중 묵연이청 선남자 일체세계 시종생

247

滅 前後有無 聚散起止 念念相續 循環往復 種種取
멸 전후유무 취산기지 염념상속 순환왕복 종종취

捨 皆是輪廻 未出輪廻 而辨圓覺 彼圓覺性 卽同流
사 개시윤회 미출윤회 이변원각 피원각성 즉동류

248

轉 若免輪廻 無有是處 譬如動目 能搖湛水 又如定
전 약면윤회 무유시처 비여동목 능요담수 우여정

249

眼 猶廻轉火 雲駛月運 舟行岸移 亦復如是 ²⁵⁰善男子
안 유회전화 운사월운 주행안이 역부여시 선남자

諸旋未息 彼物先住 尙不可得 何況輪轉 生死垢心
제 선미식 피물선주 상불가득 하황윤전 생사구심

曾未淸淨 觀佛圓覺 而不旋復 ²⁵¹是故汝等 便生三惑
증미청정 관불원각 이불선복 시고여등 변생삼혹

²⁵¹
善男子 譬如幻翳 妄見空華 幻翳若除 不可說言 此
선남자 비여환예 망견공화 환예약제 불가설언 차

翳已滅 何時更起 一切諸翳 何以故 翳華二法 非相
예이멸 하시갱기 일체제예 하이고 예화이법 비상

²⁵²
待故 亦如空華 滅於空時 不可說言 虛空何時 更起
대고 역여공화 멸어공시 불가설언 허공하시 갱기

²⁵³   ²⁵⁴
空華 何以故 空本無華 非起滅故 生死涅槃 同於起
공화 하이고 공본무화 비기멸고 생사열반 동어기

²⁵⁵
滅 妙覺圓照 離於華翳 善男子 當知虛空 非是暫有
멸 묘각원조 이어화예 선남자 당지허공 비시잠유

亦非暫無 況復如來 圓覺隨順 而爲虛空 平等本性
역비잠무 황부여래 원각수순 이위허공 평등본성

²⁵⁹
善男子 如銷金鑛 金非銷有 旣已成金 不重爲鑛 經
선남자 여소금광 금비소유 기이성금 부중위광 경

32

無窮時 金性不壞 不應說言 本非成就 如來圓覺 亦
무궁시 금성불괴 불응설언 본비성취 여래원각 역

260
復如是 善男子 一切如來 妙圓覺心 本無菩提 及與
부여시 선남자 일체여래 묘원각심 본무보리 급여

263   264
涅槃 亦無成佛 及不成佛 無妄輪廻 及非輪廻 善男
열반 역무성불 급불성불 무망윤회 급비윤회 선남

子 但諸聲聞 所圓境界 身心語言 皆悉斷滅 終不能
자 단제성문 소원경계 신심어언 개실단멸 종불능

至 彼之親證 所現涅槃 何況能以 有思惟心 測度如
지 피지친증 소현열반 하황능이 유사유심 측도여

265   266
來 圓覺境界 如取螢火 燒須彌山 終不能著 以輪廻
래 원각경계 여취형화 소수미산 종불능착 이윤회

267
心 生輪廻見 入於如來 大寂滅海 終不能至 是故我
심 생윤회견 입어여래 대적멸해 종불능지 시고아

268
說 一切菩薩 及末世衆生 先斷無始輪廻根本 善男
설 일체보살 급말세중생 선단무시윤회근본 선남

子 有作思惟 從有心起 皆是六塵 妄想緣氣 非實心
자 유작사유 종유심기 개시육진 망상연기 비실심

269
體 已如空華 用此思惟 辨於佛境 猶如空華 復結空
체 이여공화 용차사유 변어불경 유여공화 부결공

果 展轉妄想 無有是處 善男子 虛妄浮心 多諸巧見
과 전전망상 무유시처 선남자 허망부심 다제교견

不能成就 圓覺方便 如是分別 非爲正問 爾時 世尊
불능성취 원각방편 여시분별 비위정문 이시 세존

270

欲重宣此義 而說偈言 金剛藏當知 如來寂滅性 未
욕중선차의 이설게언 금강장당지 여래적멸성 미

270 270

曾有終始 若以輪廻心 思惟卽旋復 但至輪廻際 不
증유종시 약이윤회심 사유즉선복 단지윤회제 불

271

能入佛海 譬如銷金鑛 金非銷故有 雖復本來金 終
능입불해 비여소금광 금비소고유 수부본래금 종

273

以銷成就 一成眞金體 不復重爲鑛 生死與涅槃 凡
이소성취 일성진금체 불부중위광 생사여열반 범

273 274

夫及諸佛 同爲空華相 思惟猶幻化 何況詰虛妄 若
부급제불 동위공화상 사유유환화 하황힐허망 약

275

能了此心 然後求圓覺
능요차심 연후구원각

第五 彌勒菩薩章
제5 미륵보살장

276
於是 彌勒菩薩 在大衆中 卽從座起 頂禮佛足 右繞
어시 미륵보살 재대중중 즉종좌기 정례불족 우요

276　　277
三匝 長跪叉手 以白佛言 大悲世尊 廣爲菩薩 開秘
삼잡 장궤차수 이백불언 대비세존 광위보살 개비

277
密藏 令諸大衆 深悟輪廻 分別邪正 能施末世 一切
밀장 영제대중 심오윤회 분별사정 능시말세 일체

衆生 無畏道眼 於大涅槃 生決定信 無復重隨 輪轉
중생 무외도안 어대열반 생결정신 무복중수 윤전

278
境界 起循環見 世尊 若諸菩薩 及末世衆生 欲遊如
경계 기순환견 세존 약제보살 급말세중생 욕유여

279
來 大寂滅海 云何當斷 輪廻根本 於諸輪廻 有幾種
래 대적멸해 운하당단 윤회근본 어제윤회 유기종

性 修佛菩提 幾等差別 廻入塵勞 當設幾種 敎化方
성 수불보리 기등차별 회입진로 당설기종 교화방

279
便 度諸衆生 唯願不捨 救世大悲 令諸修行 一切菩
편 도제중생 유원불사 구세대비 영제수행 일체보

薩 及末世衆生 慧目肅淸 照耀心鏡 圓悟如來 無
살 급말세중생 혜목숙청 조요심경 원오여래 무

上知見 作是語已 五體投地 如是三請 終而復始 爾

상지견 작시어이 오체투지 여시삼청 종이부시 이

時 世尊 告彌勒菩薩言 善哉善哉 善男子 汝等 乃
시 세존 고미륵보살언 선재선재 선남자 여등 내

能爲諸菩薩 及末世衆生 請問如來 深奧秘密 微妙
능위제보살 급말세중생 청문여래 심오비밀 미묘

之義 令諸菩薩 潔淸慧目 及令一切 末世衆生 永斷
지의 영제보살 결청혜목 급령일체 말세중생 영단

輪廻 心悟實相 具無生忍 汝今諦聽 當爲汝說 時
윤회 심오실상 구무생인 여금체청 당위여설 시

彌勒菩薩 奉敎歡喜 及諸大衆 默然而聽 善男子 一
미륵보살 봉교환희 급제대중 묵연이청 선남자 일

切衆生 從無始際 由有種種 恩愛貪欲 故有輪廻 若
체중생 종무시제 유유종종 은애탐욕 고유윤회 약

諸世界 一切種性 卵生胎生濕生化生 皆因淫欲 而
제세계 일체종성 난생태생습생화생 개인음욕 이

正性命 當知輪廻 愛爲根本 由有諸欲 助發愛性 是
정성명 당지윤회 애위근본 유유제욕 조발애성 시

故能令 生死相續 欲因愛生 命因欲有 衆生愛命 還
고능령 생사상속 욕인애생 명인욕유 중생애명 환

依欲本 愛欲爲因 愛命爲果 由於欲境 起諸違順 境
의욕본 애욕위인 애명위과 유어욕경 기제위순 경

背愛心 而生憎嫉 造種種業 是故復生 地獄餓鬼 知
배애심 이생증질 조종종업 시고부생 지옥아귀 지

欲可厭 愛厭業道 捨惡樂善 復現天人 又知諸愛 可
욕가염 애염업도 사악요선 부현천인 우지제애 가

厭惡故 棄愛樂捨 還滋愛本 便現有爲 增上善果 皆
염오고 기애요사 환자애본 변현유위 증상선과 개

輪廻故 不成聖道 是故衆生 欲脫生死 免諸輪廻 先
윤회고 불성성도 시고중생 욕탈생사 면제윤회 선

斷貪欲 及除愛渴 善男子 菩薩變化 示現世間 非愛
단탐욕 급제애갈 선남자 보살변화 시현세간 비애

爲本 但以慈悲 令彼捨愛 假諸貪欲 而入生死 若諸
위본 단이자비 영피사애 가제탐욕 이입생사 약제

末世 一切衆生 能捨諸欲 及除憎愛 永斷輪廻 勤求
말세 일체중생 능사제욕 급제증애 영단윤회 근구

如來 圓覺境界 於淸淨心 便得開悟 善男子 一切衆
여래 원각경계 어청정심 변득개오 선남자 일체중

生 由本貪欲 發揮無明 顯出五性 差別不等 依二種
생 유본탐욕 발휘무명 현출오성 차별부등 의이종

障 而現深淺 ²⁹¹ 云何二障 一者理障 礙正知見 二者事
장 이현심천 운하이장 일자리장 애정지견 이자사

障 續諸生死 ²⁹² 云何五性 善男子 若此二障 未得斷滅
장 속제생사 운하오성 선남자 약차이장 미득단멸

名未成佛 ²⁹³ 若諸衆生 永捨貪欲 先除事障 未斷理障
명미성불 약제중생 영사탐욕 선제사장 미단리장

但能悟入 聲聞緣覺 未能顯住 菩薩境界 ²⁹⁹ 善男子 若
단능오입 성문연각 미능현주 보살경계 선남자 약

諸末世 一切衆生 欲汎如來 大圓覺海 先當發願 勤
제말세 일체중생 욕범여래 대원각해 선당발원 근

斷二障 ²⁹⁹ 二障已伏 卽能悟入 菩薩境界 ³⁰⁰ 若事理障 已
단이장 이장이복 즉능오입 보살경계 약사리장 이

永斷滅 卽入如來 微妙圓覺 滿足菩提 及大涅槃 善
영단멸 즉입여래 미묘원각 만족보리 급대열반 선

³⁰¹ 男子 一切衆生 皆證圓覺 逢善知識 依彼所作 因地
남자 일체중생 개증원각 봉선지식 의피소작 인지

法行 爾時修習 便有頓漸 ³⁰² 若遇如來 無上菩提 正修
법행 이시수습 변유돈점 약우여래 무상보리 정수

行路 根無大小 皆成佛果 ³⁰³ 若諸衆生 雖求善友 遇邪
행로 근무대소 개성불과 약제중생 수구선우 우사

見者 未得正悟 是則名爲 外道種性 邪師過謬 非衆
견자 미득정오 시즉명위 외도종성 사사과류 비중

307 307
生咎 是名衆生 五性差別 善男子 菩薩 唯以大悲方
생구 시명중생 오성차별 선남자 보살 유이대비방

便 入諸世間 開發未悟 乃至示現 種種形相 逆順境
편 입제세간 개발미오 내지시현 종종형상 역순경

308 308
界 與其同事 化令成佛 皆依無始 淸淨願力 若諸末
계 여기동사 화령성불 개의무시 청정원력 약제말

世 一切衆生 於大圓覺 起增上心 當發菩薩 淸淨大
세 일체중생 어대원각 기증상심 당발보살 청정대

願 應作是言 願我今者 住佛圓覺 求善知識 莫値外
원 응작시언 원아금자 주불원각 구선지식 막치외

310
道 及與二乘 依願修行 漸斷諸障 障盡願滿 便登解
도 급여이승 의원수행 점단제장 장진원만 변등해

311
脫 淸淨法殿 證大圓覺 妙莊嚴域 爾時 世尊 欲重
탈 청정법전 증대원각 묘장엄역 이시 세존 욕중

311 312
宣此義 而說偈言 彌勒汝當知 一切諸衆生 不得大
선차의 이설게언 미륵여당지 일체제중생 부득대

312
解脫 皆由貪欲故 墮落於生死 若能斷憎愛 及與貪
해탈 개유탐욕고 타락어생사 약능단증애 급여탐

瞋癡 不因差別性 皆得成佛道 二障永銷滅³¹² 求師得
진치 불인차별성 개득성불도 이장영소멸 구사득

正悟 隨順菩薩願 依止大涅槃³¹³ 十方諸菩薩 皆以大
정오 수순보살원 의지대열반 시방제보살 개이대

悲願 示現入生死 現在修行者 及末世衆生 勤斷諸
비원 시현입생사 현재수행자 급말세중생 근단제

愛見 便歸大圓覺
애견 변귀대원각

第六 淸淨慧菩薩章
제 6 청 정 혜 보 살 장

於是³¹⁴ 淸淨慧菩薩 在大衆中 卽從座起 頂禮佛足 右
어시 청정혜보살 재대중중 즉종좌기 정례불족 우

繞三匝 長跪叉手 而白佛言 大悲世尊³¹⁴ 爲我等輩³¹⁵ 廣
요삼잡 장궤차수 이백불언 대비세존 위아등배 광

說如是 不思議事 本所不見 本所不聞 我等今者³¹⁶ 蒙
설여시 부사의사 본소불견 본소불문 아등금자 몽

佛善誘 身心泰然 得大饒益 願爲諸來 一切法衆 重
불선유 신심태연 득대요익 원위제래 일체법중 중

317
宣法王 圓滿覺性 一切衆生 及諸菩薩 如來世尊 所
선법왕 원만각성 일체중생 급제보살 여래세존 소

317
證所得 云何差別 令末世衆生 聞此聖教 隨順開悟
증소득 운하차별 영말세중생 문차성교 수순개오

318
漸次能入 作是語已 五體投地 如是三請 終而復始
점차능입 작시어이 오체투지 여시삼청 종이부시

318   318
爾時 世尊 告清淨慧菩薩言 善哉善哉 善男子 汝等
이시 세존 고청정혜보살언 선재선재 선남자 여등

乃能爲諸菩薩 及末世衆生 請問如來 漸次差別 汝
내능위제보살 급말세중생 청문여래 점차차별 여

319   320
今諦聽 當爲汝說 時 清淨慧菩薩 奉教歡喜 及諸大
금체청 당위여설 시 청정혜보살 봉교환희 급제대

320
衆 默然而聽 善男子 圓覺自性 非性性有 循諸性起
중 묵연이청 선남자 원각자성 비성성유 순제성기

321
無取無證 於實相中 實無菩薩 及諸衆生 何以故 菩
무취무증 어실상중 실무보살 급제중생 하이고 보

322
薩衆生 皆是幻化 幻化滅故 無取證者 譬如眼根 不
살중생 개시환화 환화멸고 무취증자 비여안근 부

自見眼 性自平等 無平等者 ³²³衆生迷倒 未能除滅 一
자견안 성자평등 무평등자 중생미도 미능제멸 일

切幻化 於滅未滅 妄功用中 便顯差別 ³²⁵若得如來 寂
체환화 어멸미멸 망공용중 변현차별 약득여래 적

滅隨順 實無寂滅 及寂滅者 ³²⁵善男子 一切衆生 從無
멸수순 실무적멸 급적멸자 선남자 일체중생 종무

始來 由妄想我 及愛我者 曾不自知 念念生滅 故起
시래 유망상아 급애아자 증부자지 염념생멸 고기

憎愛 耽着五欲 ³²⁶若遇善友 敎令開悟 淨圓覺性 發明
증애 탐착오욕 약우선우 교령개오 정원각성 발명

起滅 卽知此生 性自勞慮 ³²⁸若復有人 勞慮永斷 得法
기멸 즉지차생 성자노려 약부유인 노려영단 득법

界淨 卽彼淨解 爲自障礙 故於圓覺 而不自在 此名
계정 즉피정해 위자장애 고어원각 이부자재 차명

凡夫 隨順覺性 ³³¹善男子 一切菩薩 見解爲礙 雖斷解
범부 수순각성 선남자 일체보살 견해위애 수단해

礙 猶住見覺 覺礙爲礙 而不自在 ³³²此名菩薩 未入地
애 유주견각 각애위애 이부자재 차명보살 미입지

者 隨順覺性 ³³⁵善男子 有照有覺 俱名障礙 是故菩薩
자 수순각성 선남자 유조유각 구명장애 시고보살

第六 淸爭慧菩薩章(제6 청정혜보살장)

常覺不住　照與照者　同時寂滅　譬如有人　自斷其首
상각부주　조여조자　동시적멸　비여유인　자단기수

首已斷故　無能斷者　則以礙心　自滅諸礙　礙已斷滅
수이단고　무능단자　즉이애심　자멸제애　애이단멸

無滅礙者　修多羅敎　如標月指　若復見月　了知所標
무멸애자　수다라교　여표월지　약부견월　요지소표

畢竟非月　一切如來　種種言說　開示菩薩　亦復如是
필경비월　일체여래　종종언설　개시보살　역부여시

此名菩薩　已入地者　隨順覺性　善男子　一切障礙　卽
차명보살　이입지자　수순각성　선남자　일체장애　즉

究竟覺　得念失念　無非解脫　成法破法　皆名涅槃　智
구경각　득념실념　무비해탈　성법파법　개명열반　지

慧愚癡　通爲般若　菩薩外道　所成就法　同是菩提　無
혜우치　통위반야　보살외도　소성취법　동시보리　무

明眞如　無異境界　諸戒定慧　及淫怒癡　俱是梵行　衆
명진여　무이경계　제계정혜　급음노치　구시범행　중

生國土　同一法性　地獄天宮　皆爲淨土　有性無性　齊
생국토　동일법성　지옥천궁　개위정토　유성무성　제

成佛道　一切煩惱　畢竟解脫　法界海慧　照了諸相　猶
성불도　일체번뇌　필경해탈　법계해혜　조료제상　유

43

如虛空　此名如來　隨順覺性　善男子　但諸菩薩　及末
여허공　차명여래　수순각성　선남자　단제보살　급말

世衆生　居一切時　不起妄念　於諸妄心　亦不息滅　住
세중생　거일체시　불기망념　어제망심　역불식멸　주

342
妄想境　不加了知　於無了知　不辨眞實　彼諸衆生　聞
망상경　불가료지　어무료지　불변진실　피제중생　문

342

是法門　信解受持　不生驚畏　是則名爲　隨順覺性　善
시법문　신해수지　불생경외　시즉명위　수순각성　선

343
男子　汝等當知　如是衆生　已曾供養　百千萬億　恒河
남자　여등당지　여시중생　이증공양　백천만억　항하

沙諸佛　及大菩薩　植衆德本　佛說是人　名爲成就　一
사제불　급대보살　식중덕본　불설시인　명위성취　일

343

切種智　爾時　世尊　欲重宣此義　而說偈言　淸淨慧當
체종지　이시　세존　욕중선차의　이설게언　청정혜당

344　　　　　　　　　　　　　　　　　　344

知　圓滿菩提性　無取亦無證　無菩薩衆生　覺與未覺
지　원만보리성　무취역무증　무보살중생　각여미각

344　　　　　　　　　　　　　　　　　　345

時　漸次有差別　衆生爲解礙　菩薩未離覺　入地永寂
시　점차유차별　중생위해애　보살미리각　입지영적

345

滅　不住一切相　大覺悉圓滿　名爲遍隨順　末世諸衆
멸　부주일체상　대각실원만　명위편수순　말세제중

346

生 心不生虛妄 佛說如是人 現世卽菩薩 供養恒沙³⁴⁷
생 심불생허망 불설여시인 현세즉보살 공양항사

佛 功德已圓滿 雖有多方便 皆名隨順智
불 공덕이원만 수유다방편 개명수순지

第七 威德自在菩薩章
제 7 위덕자재보살장

³⁵⁰
於是 威德自在菩薩 在大衆中 卽從座起 頂禮佛足
어시 위덕자재보살 재대중중 즉종좌기 정례불족

右繞三匝 長跪叉手 而白佛言 大悲世尊 廣爲我等
우요삼잡 장궤차수 이백불언 대비세존 광위아등

分別如是隨順覺性 令諸菩薩 覺心光明 承佛圓音
분별여시수순각성 영제보살 각심광명 승불원음

不因修習 而得善利 世尊 譬如大城 外有四門 隨方
불인수습 이득선리 세존 비여대성 외유사문 수방

來者 非止一路 一切菩薩 莊嚴佛國 及成菩提 非一
래자 비지일노 일체보살 장엄불국 급성보리 비일

方便 唯願世尊 廣爲我等 宣說一切 方便漸次 幷修
방편 유원세존 광위아등 선설일체 방편점차 병수

行人 總有幾種 令此會菩薩 及末世衆生 求大乘者
행인 총유기종 영차회보살 급말세중생 구대승자

速得開悟 遊戲如來 大寂滅海 作是語已 五體投地
속득개오 유희여래 대적멸해 작시어이 오체투지

如是三請 終而復始 爾時 世尊 告威德自在菩薩言
여시삼청 종이부시 이시 세존 고위덕자재보살언

善哉善哉 善男子 汝等 乃能爲諸菩薩 及末世衆生
선재선재 선남자 여등 내능위제보살 급말세중생

問於如來 如是方便 汝今諦聽 當爲汝說 時 威德自
문어여래 여시방편 여금체청 당위여설 시 위덕자

在菩薩 奉敎歡喜 及諸大衆 默然而聽 善男子 無上
재보살 봉교환희 급제대중 묵연이청 선남자 무상

妙覺 遍諸十方 出生如來 與一切法 同體平等 於諸
묘각 편제시방 출생여래 여일체법 동체평등 어제

修行 實無有二 方便隨順 其數無量 圓攝所歸 循性
수행 실무유이 방편수순 기수무량 원섭소귀 순성

差別 當有三種 善男子 若諸菩薩 悟淨圓覺 以淨覺
차별 당유삼종 선남자 약제보살 오정원각 이정각

心 取靜爲行 由澄諸念 覺識煩動 靜慧發生 身心客
심 취정위행 유징제념 각식번동 정혜발생 신심객

365
塵 從此永滅 便能內發 寂靜輕安 由寂靜故 十方世
진 종차영멸 변능내발 적정경안 유적정고 시방세

界 諸如來心 於中顯現 如鏡中像 此方便者 名奢摩
계 제여래심 어중현현 여경중상 차방편자 명사마

366
他 善男子 若諸菩薩 悟淨圓覺 以淨覺心 知覺心性
타 선남자 약제보살 오정원각 이정각심 지각심성

367
及與根塵 皆因幻化 卽起諸幻 以除幻者 變化諸幻
급여근진 개인환화 즉기제환 이제환자 변화제환

374
而開幻衆 由起幻故 便能內發 大悲輕安 一切菩薩
이개환중 유기환고 변능내발 대비경안 일체보살

從此起行 漸次增進 彼觀幻者 非同幻故 非同幻觀
종차기행 점차증진 피관환자 비동환고 비동환관

375
皆是幻故 幻相永離 是諸菩薩 所圓妙行 如土長苗
개시환고 환상영리 시제보살 소원묘행 여토장묘

376
此方便者 名三摩鉢提 善男子 若諸菩薩 悟淨圓覺
차방편자 명삼마발제 선남자 약제보살 오정원각

以淨覺心 不取幻化 及諸靜相 了知身心 皆爲罣礙
이정각심 불취환화 급제정상 요지신심 개위괘애

無知覺明 不依諸礙 永得超過 礙無礙境 受用世界
무지각명 불의제애 영득초과 애무애경 수용세계

及與身心 相在塵域 如器中鍠 聲出于外 煩惱涅槃
급여신심 상재진역 여기중굉 성출우외 번뇌열반

不相留礙 便能內發 寂滅輕安 妙覺隨順 寂滅境界
불상류애 변능내발 적멸경안 묘각수순 적멸경계

自他身心 所不能及 衆生壽命 皆爲浮想 此方便者
자타신심 소불능급 중생수명 개위부상 차방편자

名爲禪那 善男子 此三法門 皆是圓覺 親近隨順 十
명위선나 선남자 차삼법문 개시원각 친근수순 시

方如來 因此成佛 十方菩薩 種種方便 一切同異 皆
방여래 인차성불 시방보살 종종방편 일체동이 개

依如是 三種事業 若得圓證 卽成圓覺 善男子 假使
의여시 삼종사업 약득원증 즉성원각 선남자 가사

有人 修於聖道 敎化成就 百千萬億 阿羅漢辟支佛
유인 수어성도 교화성취 백천만억 아라한벽지불

果 不如有人 聞此圓覺 無礙法門 一刹那頃 隨順修
과 불여유인 문차원각 무애법문 일찰나경 수순수

習 爾時 世尊 欲重宣此義 而說偈言 威德汝當知
습 이시 세존 욕중선차의 이설게언 위덕여당지

383
無上大覺心　本際無二相　隨順諸方便　其數卽無量
무상대각심　본제무이상　수순제방편　기수즉무량

383
如來總開示　便有三種類　寂靜奢摩他　如鏡照諸像
여래총개시　변유삼종류　적정사마타　여경조제상

如幻三摩提　如苗漸增長　禪那唯寂滅　如彼器中鍠
여환삼마제　여묘점증장　선나유적멸　여피기중굉

386　　　　　　　　　　　387
三種妙法門　皆是覺隨順　十方諸如來　及諸大菩薩
삼종묘법문　개시각수순　시방제여래　급제대보살

因此得成道　三事圓證故　名究竟涅槃
인차득성도　삼사원증고　명구경열반

第八 辨音菩薩章
제 8 변 음 보 살 장

392
於是　辯音菩薩　在大衆中　卽從座起　頂禮佛足　右繞
어시　변음보살　재대중중　즉종좌기　정례불족　우요

392　　　　393
三匝　長跪叉手　而白佛言　大悲世尊　如是法門　甚爲
삼잡　장궤차수　이백불언　대비세존　여시법문　심위

希有 世尊 此諸方便 一切菩薩 於圓覺門 有幾修習
희유 세존 차제방편 일체보살 어원각문 유기수습

393   393
願爲大衆 及末世衆生 方便開示 令悟實相 作是語
원위대중 급말세중생 방편개시 영오실상 작시어

                                  394
已 五體投地 如是三請 終而復始 爾時 世尊 告辯
이 오체투지 여시삼청 종이부시 이시 세존 고변

          394
音菩薩言 善哉善哉 善男子 汝等 乃能爲諸大衆 及
음보살언 선재선재 선남자 여등 내능위제대중 급

                          394
末世衆生 問於如來 如是修習 汝今諦聽 當爲汝說
말세중생 문어여래 여시수습 여금체청 당위여설

395   395
時 辯音菩薩 奉敎歡喜 及諸大衆 默然而聽 善男子
시 변음보살 봉교환희 급제대중 묵연이청 선남자

                                      403
一切如來 圓覺淸淨 本無修習 及修習者 一切菩薩
일체여래 원각청정 본무수습 급수습자 일체보살

及末世衆生 依於未覺 幻力修習 爾時 便有二十五
급말세중생 의어미각 환력수습 이시 변유이십오

                    404(1법륜)
種 淸淨定輪 若諸菩薩 唯取極靜 由靜力故 永斷煩
종 청정정륜 약제보살 유취극정 유정력고 영단번

惱 究竟成就 不起于座 便入涅槃 此菩薩者 名單修
뇌 구경성취 불기우좌 변입열반 차보살자 명단수

奢摩他 若諸菩薩 唯觀如幻 以佛力故 變化世界 種
사마타 약제보살 유관여환 이불력고 변화세계 종

種作用 備行菩薩 淸淨妙行 於陀羅尼 不失寂念 及
종작용 비행보살 청정묘행 어다라니 불실적념 급

諸靜慧 此菩薩者 名單修三摩鉢提 若諸菩薩 唯滅
제정혜 차보살자 명단수삼마발제 약제보살 유멸

諸幻 不取作用 獨斷煩惱 煩惱斷盡 便證實相 此菩
제환 불취작용 독단번뇌 번뇌단진 변증실상 차보

薩者 名單修禪那 若諸菩薩 先取至靜 以靜慧心 照
살자 명단수선나 약제보살 선취지정 이정혜심 조

諸幻者 便於是中 起菩薩行 此菩薩者 名先修奢摩
제환자 편어시중 기보살행 차보살자 명선수사마

他 後修三摩鉢提 若諸菩薩 以靜慧故 證至靜性 便
타 후수삼마발제 약제보살 이정혜고 증지정성 변

斷煩惱 永出生死 此菩薩者 名先修奢摩他 後修禪
단번뇌 영출생사 차보살자 명선수사마타 후수선

那 若諸菩薩 以寂靜慧 復現幻力 種種變化 度諸衆
나 약제보살 이적정혜 부현환력 종종변화 도제중

生 後斷煩惱 而入寂滅 此菩薩者 名先修奢摩他 中
생 후단번뇌 이입적멸 차보살자 명선수사마타 중

修三摩鉢提　後修禪那　若諸菩薩　以至靜力　斷煩惱
수삼마발제　후수선나　약제보살　이지정력　단번뇌

已　後起菩薩　清淨妙行　度諸衆生　此菩薩者　名先修
이　후기보살　청정묘행　도제중생　차보살자　명선수

奢摩他　中修禪那　後修三摩鉢提　若諸菩薩　以至靜
사마타　중수선나　후수삼마발제　약제보살　이지정

力　心斷煩惱　復度衆生　建立境界　此菩薩者　名先修
력　심단번뇌　부도중생　건립경계　차보살자　명선수

奢摩他　齊修三摩鉢提　禪那　若諸菩薩　以至靜力　資
사마타　제수삼마발제　선나　약제보살　이지정력　자

發變化　後斷煩惱　此菩薩者　名齊修奢摩他　三摩鉢
발변화　후단번뇌　차보살자　명제수사마타　삼마발

提　後修禪那　若諸菩薩　以至靜力　用資寂滅　後起作
제　후수선나　약제보살　이지정력　용자적멸　후기작

用　變化世界　此菩薩者　名齊修奢摩他　禪那　後修三
용　변화세계　차보살자　명제수사마타　선나　후수삼

摩鉢提　若諸菩薩　以變化力　種種隨順　而取至靜　此
마발제　약제보살　이변화력　종종수순　이취지정　차

菩薩者　名先修三摩鉢提　後修奢摩他　若諸菩薩　以
보살자　명선수삼마발제　후수사마타　약제보살　이

變化力 種種境界 而取寂滅 此菩薩者 名先修三摩
변화력 종종경계 이취적멸 차보살자 명선수삼마

421(13법륜)

鉢提 後修禪那 若諸菩薩 以變化力 而作佛事 安在
발제 후수선나 약제보살 이변화력 이작불사 안재

422(14법륜)

寂靜 而斷煩惱 若諸菩薩 以變化力 無礙作用 斷煩
적정 이단번뇌 약제보살 이변화력 무애작용 단번

惱故 安住至靜 此菩薩者 名先修三摩鉢提 中修禪
뇌고 안주지정 차보살자 명선수삼마발제 중수선

423(15법륜)

那 後修奢摩他 若諸菩薩 以變化力 方便作用 至靜
나 후수사마타 약제보살 이변화력 방편작용 지정

寂滅 二俱隨順 此菩薩者 名先修三摩鉢提 齊修奢
적멸 이구수순 차보살자 명선수삼마발제 제수사

424(16법륜)

摩他 禪那 若諸菩薩 以變化力 種種起用 資於至靜
마타 선나 약제보살 이변화력 종종기용 자어지정

後斷煩惱 此菩薩者 名齊修三摩鉢提 奢摩他 後修
후단번뇌 차보살자 명제수삼마발제 사마타 후수

424(17법륜)

禪那 若諸菩薩 以變化力 資於寂滅 後住淸淨 無作
선나 약제보살 이변화력 자어적멸 후주청정 무작

靜慮 此菩薩者 名齊修三摩鉢提 禪那 後修奢摩他
정려 차보살자 명제수삼마발제 선나 후수사마타

433(18법륜)

若諸菩薩 以寂滅力 而起至靜 住於淸淨 此菩薩者
약제보살 이적멸력 이기지정 주어청정 차보살자

434(19법륜)

名先修禪那 後修奢摩他 若諸菩薩 以寂滅力 而起
명선수선나 후수사마타 약제보살 이적멸력 이기

作用 於一切境 寂用隨順 此菩薩者 名先修禪那 後
작용 어일체경 적용수순 차보살자 명선수선나 후

435(20법륜)

修三摩鉢提 若諸菩薩 以寂滅力 種種自性 安於靜
수삼마발제 약제보살 이적멸력 종종자성 안어정

慮 而起變化 此菩薩者 名先修禪那 中修奢摩他 後
려 이기변화 차보살자 명선수선나 중수사마타 후

436(21법륜)

修三摩鉢提 若諸菩薩 以寂滅力 無作自性 起於作
수삼마발제 약제보살 이적멸력 무작자성 기어작

用 淸淨境界 歸於靜慮 此菩薩者 名先修禪那 中修
용 청정경계 귀어정려 차보살자 명선수선나 중수

436(22법륜)

三摩鉢提 後修奢摩他 若諸菩薩 以寂滅力 種種淸
삼마발제 후수사마타 약제보살 이적멸력 종종청

淨 而住靜慮 起於變化 此菩薩者 名先修禪那 齊修
정 이주정려 기어변화 차보살자 명선수선나 제수

437(23법륜)

奢摩他 三摩鉢提 若諸菩薩 以寂滅力 資於至靜 而
사마타 삼마발제 약제보살 이적멸력 자어지정 이

54

起變化 此菩薩者 名齊修禪那 奢摩他 後修三摩鉢
기변화 차보살자 명제수선나 사마타 후수삼마발

438(24법륜)
提 若諸菩薩 以寂滅力 資於變化 而起至靜 清明境
제 약제보살 이적멸력 자어변화 이기지정 청명경

慧 此菩薩者 名齊修禪那 三摩鉢提 後修奢摩他 若
혜 차보살자 명제수선나 삼마발제 후수사마타 약

439(25법륜)
諸菩薩 以圓覺慧 圓合一切 於諸性相 無離覺性 此
제보살 이원각혜 원합일체 어제성상 무리각성 차

445
菩薩者 名爲圓修 三種自性 清淨隨順 善男子 是名
보살자 명위원수 삼종자성 청정수순 선남자 시명

446
菩薩 二十五輪 一切菩薩 修行如是 若諸菩薩 及末
보살 이십오륜 일체보살 수행여시 약제보살 급말

世衆生 依此輪者 當持梵行 寂靜思 惟求哀懺悔 經
세중생 의차륜자 당지범행 적정사유 구애참회 경

447
三七日 於二十五輪 各安標記 至心求哀 隨手結取
삼칠일 어이십오륜 각안표기 지심구애 수수결취

448
依結開示 便知頓漸 一念疑悔 卽不成就 爾時 世尊
의결개시 변지돈점 일념의회 즉불성취 이시 세존

448   448
欲重宣此義 而說偈言 辯音汝當知 一切諸菩薩 無
욕중선차의 이설게언 변음여당지 일체제보살 무

礙淸淨慧 皆依禪定生 所謂 奢摩他 三摩提 禪那
애 청정혜 개의선정생 소위 사마타 삼마제 선나

449
三法頓漸修 有二十五種 十方諸如來 三世修行者
삼법돈점수 유이십오종 시방제여래 삼세수행자

459
無不因此法 而得成菩提 唯除頓覺人 幷法不隨順
무불인차법 이득성보리 유제돈각인 병법불수순

460
一切諸菩薩 及末世衆生 常當持此輪 隨順勤修習
일체제보살 급말세중생 상당지차륜 수순근수습

依佛大悲力 不久證涅槃
의불대비력 불구증열반

第九 淨諸業障菩薩章
제 9 정제업장보살장

462
於是 淨諸業障菩薩 在大衆中 即從座起 頂禮佛足
어시 정제업장보살 재대중중 즉종좌기 정례불족

462   463
右繞三匝 長跪叉手 而白佛言 大悲世尊 爲我等輩
우요삼잡 장궤차수 이백불언 대비세존 위아등배

廣說如是 不思議事 一切如來 因地行相 令諸大衆
광설여시 부사의사 일체여래 인지행상 영제대중

463
得未曾有 覩見調御 歷恒沙劫 勤苦境界 一切功用
득미증유 도견조어 역항사겁 근고경계 일체공용

464
猶如一念 我等菩薩 深自慶慰 世尊 若此覺心 本性
유여일념 아등보살 심자경위 세존 약차각심 본성

465
淸淨 因何染汚 使諸衆生 迷悶不入 唯願如來 廣爲
청정 인하염오 사제중생 미민불입 유원여래 광위

我等 開悟法性 令此大衆 及末世衆生 作將來眼 作
아등 개오법성 영차대중 급말세중생 작장래안 작

465
是語已 五體投地 如是三請 終而復始 爾時 世尊
시어이 오체투지 여시삼청 종이부시 이시 세존

466
告淨諸業障菩薩言 善哉善哉 善男子 汝等 乃能爲
고정제업장보살언 선재선재 선남자 여등 내능위

466
諸大衆 及末世衆生 諮問如來 如是方便 汝今諦聽
제대중 급말세중생 자문여래 여시방편 여금체청

467
當爲汝說 時 淨諸業障菩薩 奉敎歡喜 及諸大衆 默
당위여설 시 정제업장보살 봉교환희 급제대중 묵

467
然而聽 善男子 一切衆生 從無始來 妄想執有 我人
연이청 선남자 일체중생 종무시래 망상집유 아인

衆生　及與壽命　認四顛倒　爲實我體　由此　便生憎愛
중생　급여수명　인사전도　위실아체　유차　변생증애

二境　於虛妄體　重執虛妄　二妄相依　生妄業道　有妄
이경　어허망체　중집허망　이망상의　생망업도　유망

472

業故　妄見流轉　厭流轉者　妄見涅槃　由此　不能入淸
업고　망견류전　염류전자　망견열반　유차　불능입청

472　　　　　　　　　　　　　　　　　474
淨覺　非覺違拒　諸能入者　有諸能入　非覺入故　是故
정각　비각위거　제능입자　유제능입　비각입고　시고

476
動念　及與息念　皆歸迷悶　何以故　由有無始　本起無
동념　급여식념　개귀미민　하이고　유유무시　본기무

明　爲己主宰　一切衆生　生無慧目　身心等性　皆是無
명　위기주재　일체중생　생무혜목　신심등성　개시무

479
明　譬如有人　不自斷命　是故當知　有愛我者　我與隨
명　비여유인　부자단명　시고당지　유애아자　아여수

順　非隨順者　便生憎怨　爲憎愛心　養無明故　相續求
순　비수순자　변생증원　위증애심　양무명고　상속구

480
道　皆不成就　善男子　云何我相　謂諸衆生　心所證者
도　개불성취　선남자　운하아상　위제중생　심소증자

498
善男子　譬如有人　百骸調適　忽忘我身　四支弦緩　攝
선남자　비여유인　백해조적　홀망아신　사지현완　섭

養乖方 微加針艾 則知有我 是故證取 方現我體 善
양괴방 미가침애 즉지유아 시고증취 방현아체 선

男子 其心 乃至 證於如來 畢竟了知 清淨涅槃 皆
남자 기심 내지 증어여래 필경요지 청정열반 개

是我相 善男子 云何人相 謂諸衆生 心悟證者 善男
시아상 선남자 운하인상 위제중생 심오증자 선남

子 悟有我者 不復認我 所悟非我 悟亦如是 悟已超
자 오유아자 불부인아 소오비아 오역여시 오기초

過 一切證者 悉爲人相 善男子 其心 乃至 圓悟涅
과 일체증자 실위인상 선남자 기심 내지 원오열

槃 俱是我者 心在少悟 備殫證理 皆名人相 善男子
반 구시아자 심재소오 비탄증리 개명인상 선남자

云何衆生相 謂諸衆生 心自證悟 所不及者 善男子
운하중생상 위제중생 심자증오 소불급자 선남자

譬如有人 作如是言 我是衆生 則知彼人 說衆生者
비여유인 작여시언 아시중생 즉지피인 설중생자

非我非彼 云何非我 我是衆生 則非是我 云何非彼
비아비피 운하비아 아시중생 즉비시아 운하비피

我是衆生 非彼我故 善男子 但諸衆生 了證了悟 皆
아시중생 비피아고 선남자 단제중생 요증료오 개

爲我人 而我人相 所不及者 存有所了 名衆生相 善
위아인 이아인상 소불급자 존유소료 명중생상 선

504
男子 云何壽命相 謂諸衆生 心照淸淨 覺所了者 一
남자 운하수명상 위제중생 심조청정 각소료자 일

504
切業智 所不自見 猶如命根 善男子 若心照見 一切
체업지 소부자견 유여명근 선남자 약심조견 일체

505
覺者 皆爲塵垢 覺所覺者 不離塵故 如湯銷氷 無別
각자 개위진구 각소각자 불리진고 여탕소빙 무별

506
有氷 知氷銷者 存我覺我 亦復如是 善男子 末世衆
유빙 지빙소자 존아각아 역부여시 선남자 말세중

生 不了四相 雖經多劫 勤苦修道 但名有爲 終不能
생 불료사상 수경다겁 근고수도 단명유위 종불능

506   508
成 一切聖果 是故 名爲正法末世 何以故 認一切我
성 일체성과 시고 명위정법말세 하이고 인일체아

508
爲涅槃故 有證有悟 名成就故 譬如有人 認賊爲子
위열반고 유증유오 명성취고 비여유인 인적위자

509
其家財寶 終不成就 何以故 有我愛者 亦愛涅槃 伏
기가재보 종불성취 하이고 유아애자 역애열반 복

509
我愛根 爲涅槃相 有憎我者 亦憎生死 不知愛者 眞
아애근 위열반상 유증아자 역증생사 부지애자 진

生死故 別憎生死 名不解脫 ⁵¹⁰云何當知 法不解脫 善
생사고 별증생사 명불해탈 운하당지 법불해탈 선

男子 彼末世衆生 習菩提者 以已微證 爲自淸淨 由
남자 피말세중생 습보리자 이이미증 위자청정 유

未能盡 我相根本 ⁵¹¹若復有人 讚歎彼法 卽生歡喜 便
미능진 아상근본 약부유인 찬탄피법 즉생환희 변

⁵¹¹欲濟度 若復誹謗 彼所得者 便生瞋恨 則知我相 堅
욕제도 약부비방 피소득자 변생진한 즉지아상 견

固執持 潛伏藏識 遊戱諸根 曾不間斷 ⁵¹²善男子 彼修
고집지 잠복장식 유희제근 증불간단 선남자 피수

道者 不除我相 是故 不能入淸淨覺 ⁵¹²善男子 若知我
도자 부제아상 시고 불능입청정각 선남자 약지아

空 無毁我者 有我說法 我未斷故 衆生壽命 亦復如
공 무훼아자 유아설법 아미단고 중생수명 역부여

⁵¹⁴是 善男子 末世衆生 說病爲法 是故 名爲可憐愍者
시 선남자 말세중생 설병위법 시고 명위가련민자

⁵¹⁵雖勤精進 增益諸病 是故 不能入淸淨覺 ⁵¹⁶善男子 末
수근정진 증익제병 시고 불능입청정각 선남자 말

世衆生 不了四相 以如來解 及所行處 爲自修行 終
세중생 불료사상 이여래해 급소행처 위자수행 종

不成就 或有衆生 未得謂得 未證謂證 見勝進者 心
불성취 혹유중생 미득위득 미증위증 견승진자 심

生嫉妬 由彼衆生 未斷我愛 是故 不能入淸淨覺 善
생질투 유피중생 미단아애 시고 불능입청정각 선

518
男子 末世衆生 悕望成道 無令求悟 惟益多聞 增長
남자 말세중생 희망성도 무령구오 유익다문 증장

518
我見 但當精勤 降伏煩惱 起大勇猛 未得令得 未斷
아견 단당정근 항복번뇌 기대용맹 미득령득 미단

令斷 貪瞋愛慢 諂曲嫉妬 對境不生 彼我恩愛 一切
령단 탐진애만 첨곡질투 대경불생 피아은애 일체

519
寂滅 佛說是人 漸次成就 求善知識 不墮邪見 若於
적멸 불설시인 점차성취 구선지식 불타사견 약어

520
所求 別生憎愛 則不能入 淸淨覺海 爾時 世尊 欲
소구 별생증애 즉불능입 청정각해 이시 세존 욕

520   520
重宣此義 而說偈言 淨業汝當知 一切諸衆生 皆由
중선차의 이설게언 정업여당지 일체제중생 개유

521   521
執我愛 無始妄流轉 未除四種相 不得成菩提 愛憎
집아애 무시망류전 미제사종상 부득성보리 애증

522
生於心 諂曲存諸念 是故多迷悶 不能入覺城 若能
생어심 첨곡존제념 시고다미민 불능입각성 약능

歸悟刹 先去貪瞋癡 法愛不存心 漸次可成就 我身[523]
귀오찰 선거탐진치 법애부존심 점차가성취 아신

本不有 憎愛何由生[523] 此人求善友 終不墮邪見 所求
본불유 증애하유생 차인구선우 종불타사견 소구

別生心 究竟非成就
별생심 구경비성취

第十 普覺菩薩章
제 10 보 각 보 살 장

於是[525] 普覺菩薩 在大衆中 卽從座起 頂禮佛足 右繞
어시 보각보살 재대중중 즉종좌기 정례불족 우요

三匝 長跪叉手 而白佛言 大悲世尊[525] 快說禪病[526] 令諸
삼잡 장궤차수 이백불언 대비세존 쾌설선병 영제

大衆 得未曾有 心意蕩然 獲大安隱 世尊[527] 末世衆生
대중 득미증유 심의탕연 획대안은 세존 말세중생

去佛漸遠 賢聖隱伏 邪法增熾 使諸衆生 求何等人
거불점원 현성은복 사법증치 사제중생 구하등인

依何等法 行何等行 除去何病 云何發心 令彼群盲
의하등법 행하등행 제거하병 운하발심 영피군맹

528
不墮邪見 作是語已 五體投地 如是三請 終而復始
불타사견 작시어이 오체투지 여시삼청 종이부시

528   528
爾時 世尊 告普覺菩薩言 善哉善哉 善男子 汝等
이시 세존 고보각보살언 선재선재 선남자 여등

乃能諮問如來 如是修行 能施末世 一切衆生 無畏
내능자문여래 여시수행 능시말세 일체중생 무외

                    529
道眼 令彼衆生 得成聖道 汝今諦聽 當爲汝說 時
도안 영피중생 득성성도 여금체청 당위여설 시

530   530
普覺菩薩 奉敎歡喜 及諸大衆 默然而聽 善男子 末
보각보살 봉교환희 급제대중 묵연이청 선남자 말

世衆生 將發大心 求善知識 欲修行者 當求一切 正
세중생 장발대심 구선지식 욕수행자 당구일체 정

        531
知見人 心不住相 不著聲聞緣覺境界 雖現塵勞 心
지견인 심부주상 불착성문연각경계 수현진로 심

恒淸淨 示有諸過 讚歎梵行 不令衆生 入不律儀 求
항청정 시유제과 찬탄범행 불령중생 입불률의 구

                                556
如是人 卽得成就阿耨多羅三藐三菩提 末世衆生 見
여시인 즉득성취아녹다라삼먁삼보리 말세중생 견

如是人 應當供養 不惜身命 [556]彼善知識 四威儀中 常
여시인 응당공양 불석신명 피선지식 사위의중 상

現清淨 乃至 示現種種過患 心無憍慢 況復摶財 妻
현청정 내지 시현종종과환 심무교만 황부단재 처

子眷屬 [557]若善男子 於彼善友 不起惡念 即能究竟 成
자권속 약선남자 어피선우 불기악념 즉능구경 성

就正覺 心華發明 照十方刹 [558]善男子 彼善知識 所證
취정각 심화발명 조시방찰 선남자 피선지식 소증

妙法 應離四病 云何四病 [558]一者作病 [558]若復有人 作如
묘법 응리사병 운하사병 일자작병 약부유인 작여

是言 我於本心 作種種行 欲求圓覺 彼圓覺性 非作
시언 아어본심 작종종행 욕구원각 피원각성 비작

得故 説名爲病 [559]二者任病 [559]若復有人 作如是言 我等
득고 설명위병 이자임병 약부유인 작여시언 아등

今者 不斷生死 不求涅槃 涅槃生死 無起滅念 任彼
금자 부단생사 불구열반 열반생사 무기멸념 임피

一切 隨諸法性 欲求圓覺 彼圓覺性 非任有故 説名
일체 수제법성 욕구원각 피원각성 비임유고 설명

爲病 [560]三者止病 [561]若復有人 作如是言 我今自心 永息
위병 삼자지병 약부유인 작여시언 아금자심 영식

諸念 得一切性 寂然平等 欲求圓覺 彼圓覺性 非止
제념 득일체성 적연평등 욕구원각 피원각성 비지

561 562
合故 說名爲病 四者滅病 若復有人 作如是言 我今
합고 설명위병 사자멸병 약부유인 작여시언 아금

永斷 一切煩惱 身心畢竟 空無所有 何況根塵 虛妄
영단 일체번뇌 신심필경 공무소유 하황근진 허망

境界 一切永寂 欲求圓覺 彼圓覺性 非寂相故 說名
경계 일체영적 욕구원각 피원각성 비적상고 설명

563
爲病 離四病者 則知淸淨 作是觀者 名爲正觀 若他
위병 이사병자 즉지청정 작시관자 명위정관 약타

565
觀者 名爲邪觀 善男子 末世衆生 欲修行者 應當盡
관자 명위사관 선남자 말세중생 욕수행자 응당진

566
命 供養善友 事善知識 彼善知識 欲來親近 應斷憍
명 공양선우 사선지식 피선지식 욕래친근 응단교

566
慢 若復遠離 應斷瞋恨 現逆順境 猶如虛空 了知身
만 약부원리 응단진한 현역순경 유여허공 요지신

心 畢竟平等 與諸衆生 同體無異 如此修行 方入圓
심 필경평등 여제중생 동체무이 여차수행 방입원

567
覺 善男子 末世衆生 不得成道 由有無始 自他憎愛
각 선남자 말세중생 부득성도 유유무시 자타증애

66

一切種子 故未解脫 若復有人 觀彼怨家 如己父母
일체종자 고미해탈 약부유인 관피원가 여기부모

568
心無有二 卽除諸病 於諸法中 自他憎愛 亦復如是
심무유이 즉제제병 어제법중 자타증애 역부여시

568
善男子 末世衆生 欲求圓覺 應當發心 作如是言 盡
선남자 말세중생 욕구원각 응당발심 작여시언 진

569
於虛空 一切衆生 我皆令入 究竟圓覺 於圓覺中 無
어허공 일체중생 아개령입 구경원각 어원각중 무

569
取覺者 除彼我人 一切諸相 如是發心 不墮邪見 爾
취각자 제피아인 일체제상 여시발심 불타사견 이

570   570   570
時 世尊 欲重宣此義 而說偈言 普覺汝當知 末世諸
시 세존 욕중선차의 이설게언 보각여당지 말세제

571
衆生 欲求善知識 應當求正覺 心遠二乘者 法中除
중생 욕구선지식 응당구정각 심원이승자 법중제

571   572
四病 謂作止任滅 親近無憍慢 遠離無瞋恨 見種種
사병 위작지임멸 친근무교만 원리무진한 견종종

境界 心當生希有 還如佛出世 不犯非律儀 戒根永
경계 심당생희유 환여불출세 불범비율의 계근영

572
清淨 度一切衆生 究竟入圓覺 無彼我人相 常依止
청정 도일체중생 구경입원각 무피아인상 상의지

智慧 便得超邪見 證覺般涅槃
지혜 변득초사견 증각반열반

第十一 圓覺菩薩章
제 11 원각보살장

574
於是 圓覺菩薩 在大衆中 卽從座起 頂禮佛足 右繞
어시 원각보살 재대중중 즉종좌기 정례불족 우요

574   575
三匝 長跪叉手 而白佛言 大悲世尊 爲我等輩 廣說
삼잡 장궤차수 이백불언 대비세존 위아등배 광설

575
淨覺 種種方便 令末世衆生 有大增益 世尊 我等今
정각 종종방편 영말세중생 유대증익 세존 아등금

者 已得開悟 若佛滅後 末世衆生 未得悟者 云何安
자 이득개오 약불멸후 말세중생 미득오자 운하안

居 修此圓覺 淸淨境界 此圓覺中 三種淨觀 以何爲
거 수차원각 청정경계 차원각중 삼종정관 이하위

576   577
首 唯願大悲 爲諸大衆 及末世衆生 施大饒益 作是
수 유원대비 위제대중 급말세중생 시대요익 작시

語已 五體投地 如是三請 終而復始 爾時 世尊 告
어이 오체투지 여시삼청 종이부시 이시 세존 고

577

圓覺菩薩言 善哉善哉 善男子 汝等 乃能問於如來
원각보살언 선재선재 선남자 여등 내능문어여래

如是方便 以大饒益 施諸衆生 汝今諦聽 當爲汝說
여시방편 이대요익 시제중생 여금체청 당위여설

時 圓覺菩薩 奉敎歡喜 及諸大衆 默然而聽 善男子
시 원각보살 봉교환희 급제대중 묵연이청 선남자

一切衆生 若佛住世 若佛滅後 若法末時 有諸衆生
일체중생 약불주세 약불멸후 약법말시 유제중생

具大乘性 信佛秘密大圓覺心 欲修行者 若在伽藍
구대승성 신불비밀대원각심 욕수행자 약재가람

安處徒衆 有緣事故 隨分思察 如我已說 若復無有
안처도중 유연사고 수분사찰 여아이설 약부무유

他事因緣 卽建道場 當立期限 若立長期 百二十日
타사인연 즉건도장 당립기한 약립장기 백이십일

中期百日 下期八十日 安置淨居 若佛現在 當正思
중기백일 하기팔십일 안치정거 약불현재 당정사

惟 若佛滅後 施設形像 心存目想 生正憶念 還同如
유 약불멸후 시설형상 심존목상 생정억념 환동여

69

來 常住之日 懸諸幡華 經三七日 稽首十方 諸佛名
래 상주지일 현제번화 경삼칠일 계수시방 제불명

字 求哀懺悔 遇善境界 得心輕安 過三七日 一向攝
자 구애참회 우선경계 득심경안 과삼칠일 일향섭

念 若經夏首 三月安居 當爲淸淨 菩薩止住 心離聲
념 약경하수 삼월안거 당위청정 보살지주 심리성

聞 不假徒衆 至安居日 卽於佛前 作如是言 我 比
문 불가도중 지안거일 즉어불전 작여시언 아 비

丘 比丘尼 優婆塞 優婆夷 某甲 踞菩薩乘 修寂滅
구 비구니 우바새 우바이 모갑 거보살승 수적멸

行 同入淸淨 實相住持 以大圓覺 爲我伽藍 身心安
행 동입청정 실상주지 이대원각 위아가람 신심안

居 平等性智 涅槃自性 無繫屬故 今我敬請 不依聲
거 평등성지 열반자성 무계속고 금아경청 불의성

聞 當與十方如來 及大菩薩 三月安居 爲修菩薩 無
문 당여시방여래 급대보살 삼월안거 위수보살 무

上妙覺 大因緣故 不繫徒衆 善男子 此名菩薩 示現
상묘각 대인연고 불계도중 선남자 차명보살 시현

安居 過三期日 隨往無礙 善男子 若彼末世 修行衆
안거 과삼기일 수왕무애 선남자 약피말세 수행중

生 求菩薩道 入三期者 非彼所聞 一切境界 終不可
생 구보살도 입삼기자 비피소문 일체경계 종불가

587
取 善男子 若諸衆生 修奢摩他 先取至靜 不起思念
취 선남자 약제중생 수사마타 선취지정 불기사념

591
靜極便覺 如是初靜 從於一身 至一世界 覺亦如是
정극변각 여시초정 종어일신 지일세계 각역여시

592
善男子 若覺遍滿 一世界者 一世界中 有一衆生 起
선남자 약각편만 일세계자 일세계중 유일중생 기

593
一念者 皆悉能知 百千世界 亦復如是 非彼所聞 一
일념자 개실능지 백천세계 역부여시 비피소문 일

593
切境界 終不可取 善男子 若諸衆生 修三摩鉢提 先
체경계 종불가취 선남자 약제중생 수삼마발제 선

當憶想 十方如來 十方世界 一切菩薩 依種種門 漸
당억상 시방여래 시방세계 일체보살 의종종문 점

次修行 勤苦三昧 廣發大願 自熏成種 非彼所聞 一
차수행 근고삼매 광발대원 자훈성종 비피소문 일

595
切境界 終不可取 善男子 若諸衆生 修於禪那 先取
체경계 종불가취 선남자 약제중생 수어선나 선취

600
數門 心中了知 生住滅念 分齊頭數 如是周遍 四威
수문 심중료지 생주멸념 분제두수 여시주편 사위

71

儀中 分別念數 無不了知 ⁶⁰¹漸次增進 乃至得知 百千
의중 분별념수 무불료지 점차증진 내지득지 백천

世界 一滴之雨 猶如目睹 所受用物 非彼所聞 一切
세계 일적지우 유여목도 소수용물 비피소문 일체

境界 ⁶⁰²終不可取 是名三觀 初首方便 ⁶⁰³若諸衆生 遍修
경계 종불가취 시명삼관 초수방편 약제중생 편수

三種 勤行精進 卽名如來 出現于世 ⁶⁰³若後末世 鈍根
삼종 근행정진 즉명여래 출현우세 약후말세 둔근

衆生 心欲求道 不得成就 由昔業障 當勤懺悔 常起
중생 심욕구도 부득성취 유석업장 당근참회 상기

悕望 先斷憎愛 嫉妬諂曲 求勝上心 ⁶⁰⁴三種淨觀 隨學
희망 선단증애 질투첨곡 구승상심 삼종정관 수학

一事 此觀不得 復習彼觀 心不放捨 漸次求證 ⁶⁰⁵爾時
일사 차관부득 부습피관 심불방사 점차구증 이시

世尊 欲重宣此義 而說偈言 ⁶⁰⁵圓覺汝當知 ⁶⁰⁵一切諸衆
세존 욕중선차의 이설게언 원각여당지 일체제중

生 欲求無上道 先當結三期 懺悔無始業 經於三七
생 욕구무상도 선당결삼기 참회무시업 경어삼칠

日 然後正思惟 非彼所聞境 畢竟不可取 ⁶⁰⁶奢摩他至
일 연후정사유 비피소문경 필경불가취 사마타지

靜 三摩正憶持 禪那明數門 是名三淨觀 若能勤修⁶⁰⁷
정 삼마정억지 선나명수문 시명삼정관 약능근수

習 是名佛出世⁶⁰⁷ 鈍根未成者 常當勤心懺 無始一切
습 시명불출세 둔근미성자 상당근심참 무시일체

罪⁶⁰⁸ 諸障若銷滅 佛境便現前
죄 제장약소멸 불경변현전

第十二 賢善首菩薩章
제 12 현 선 수 보 살 장

於是⁶⁰⁹ 賢善首菩薩 在大衆中 卽從座起 頂禮佛足 右
어시 현선수보살 재대중중 즉종좌기 정례불족 우

繞三匝 長跪叉手 而白佛言 大悲世尊⁶⁰⁹ 廣爲我等⁶¹⁰ 及
요삼잡 장궤차수 이백불언 대비세존 광위아등 급

末世衆生 開悟如是 不思議事⁶¹¹ 世尊 此大乘教 名字
말세중생 개오여시 부사의사 세존 차대승교 명자

何等 云何奉持 衆生修習 得何功德⁶¹¹ 云何使我 護持
하등 운하봉지 중생수습 득하공덕 운하사아 호지

經人 流布此敎 至於何地 作是語已 五體投地 如是
경인 유포차교 지어하지 작시어이 오체투지 여시

612
三請 終而復始 爾時 世尊 告賢善首菩薩言 善哉善
삼청 종이부시 이시 세존 고현선수보살언 선재선

哉 善男子 汝等 乃能爲諸菩薩 及末世衆生 問於如
재 선남자 여등 내능위제보살 급말세중생 문어여

612   613
來 如是經敎 功德名字 汝今諦聽 當爲汝說 時 賢
래 여시경교 공덕명자 여금체청 당위여설 시 현

613
善首菩薩 奉敎歡喜 及諸大衆 默然而聽 善男子 是
선수보살 봉교환희 급제대중 묵연이청 선남자 시

經 百千萬億 恒河沙 諸佛所說 三世如來 之所守護
경 백천만억 항하사 제불소설 삼세여래 지소수호

615
十方菩薩之所歸依 十二部經 淸淨眼目 是經 名大
시방보살지소귀의 십이부경 청정안목 시경 명대

方廣圓覺陀羅尼 亦名修多羅了義 亦名秘密王三昧
방광원각다라니 역명수다라요의 역명비밀왕삼매

亦名如來決定境界 亦名如來藏自性差別 汝當奉持
역명여래결정경계 역명여래장자성차별 여당봉지

617
善男子 是經 唯顯如來境界 唯佛如來 能盡宣說 若
선남자 시경 유현여래경계 유불여래 능진선설 약

618
諸菩薩 及末世衆生 依此修行 漸次增進 至於佛地
제보살 급말세중생 의차수행 점차증진 지어불지

618
善男子 是經名爲 頓教大乘 頓機衆生 從此開悟 亦
선남자 시경명위 돈교대승 돈기중생 종차개오 역

619
攝漸修 一切群品 譬如大海 不讓小流 乃至蚊蝱 及
섭점수 일체군품 비여대해 불양소류 내지문맹 급

620
阿修羅 飮其水者 皆得充滿 善男子 假使有人 純以
아수라 음기수자 개득충만 선남자 가사유인 순이

七寶積滿三千大千世界 以用布施 不如有人 聞此經
칠보적만삼천대천세계 이용보시 불여유인 문차경

620
名 及一句義 善男子 假使有人 敎百千恒河沙衆生
명 급일구의 선남자 가사유인 교백천항하사중생

621
得阿羅漢果 不如有人 宣說此經 分別半偈 善男子
득아라한과 불여유인 선설차경 분별반게 선남자

若復有人 聞此經名 信心不惑 當知是人 非於一佛
약부유인 문차경명 신심불혹 당지시인 비어일불

二佛 種諸福慧 如是乃至 盡恒河沙 一切佛所 種諸
이불 종제복혜 여시내지 진항하사 일체불소 종제

625
善根 聞此經敎 汝善男子 當護末世 是修行者 無令
선근 문차경교 여선남자 당호말세 시수행자 무령

惡魔 及諸外道 惱其身心 令生退屈⁶²⁵ 爾時 世尊 欲
악마 급제외도 뇌기신심 영생퇴굴 이시 세존 욕

重宣此義 而說偈言⁶²⁶ 賢善首當知⁶²⁶ 是經諸佛說 如來
중선차의 이설게언 현선수당지 시경제불설 여래

善護持 十二部眼目 名爲大方廣圓覺陀羅尼 現如⁶²⁶
선호지 십이부안목 명위대방광원각다라니 현여

來境界 依此修行者 增進至佛地⁶²⁷ 如海納百川 飮者
래경계 의차수행자 증진지불지 여해납백천 음자

皆充滿⁶²⁷ 假使施七寶 積滿三千界 不如聞此經 若化⁶²⁸
개충만 가사시칠보 적만삼천계 불여문차경 약화

河沙衆 皆得阿羅漢 不如宣半偈⁶²⁸ 汝等於來世 護是
하사중 개득아라한 불여선반게 여등어래세 호시

宣持者 無令生退屈 爾時會中⁶²⁹ 有火首金剛 摧碎金
선지자 무령생퇴굴 이시회중 유화수금강 최쇄금

剛 尼藍婆金剛等 八萬金剛 幷其眷屬 卽從座起 頂
강 니람바금강등 팔만금강 병기권속 즉종좌기 정

禮佛足 右繞三匝 而白佛言⁶²⁹ 世尊 若後末世 一切衆
례불족 우요삼잡 이백불언 세존 약후말세 일체중

生 有能持此 決定大乘 我當守護 如護眼目 乃至道⁶³⁰
생 유능지차 결정대승 아당수호 여호안목 내지도

場 所修行處 我等金剛 自領徒衆 晨夕守護 令不退
장 소수행처 아등금강 자령도중 신석수호 영불퇴

轉 其家乃至 永無災障 疫病銷滅 財寶豐足 常不乏
전 기가내지 영무재장 역병소멸 재보풍족 상불핍

630
少 爾時 大梵王 二十八天王 幷須彌山王 護國天王
소 이시 대범왕 이십팔천왕 병수미산왕 호국천왕

631
等 卽從座起 頂禮佛足 右遶三匝 而白佛言 世尊
등 즉종좌기 정례불족 우요삼잡 이백불언 세존

631
我亦守護 是持經者 常令安隱 心不退轉 爾時 有大
아역수호 시지경자 상령안은 심불퇴전 이시 유대

力鬼王 名吉槃茶 與十萬鬼王 卽從座起 頂禮佛足
력귀왕 명길반다 여십만귀왕 즉종좌기 정례불족

632
右遶三匝 而白佛言 世尊 我亦守護 是持經人 朝夕
우요삼잡 이백불언 세존 아역수호 시지경인 조석

侍衛 令不退屈 其人所居 一由旬內 若有鬼神 侵其
시위 영불퇴굴 기인소거 일유순내 약유귀신 침기

632
境界 我當使其 碎如微塵 佛說此經已 一切菩薩 天
경계 아당사기 쇄여미진 불설차경이 일체보살 천

龍鬼神 八部眷屬 及諸天王梵王等 一切大衆 聞佛
룡귀신 팔부권속 급제천왕범왕등 일체대중 문불

所說 皆大歡喜 信受奉行
소설 개대환희 신수봉행

대방광원각수다라요의경

大方廣圓覺修多羅了義經

원각경요해(圓覺經了解)를 열며

이 경經은 돈교대승경頓敎大乘經으로, 돈기중생頓機衆生이 이 경을 좇아 지혜의 깨달음을 열며, 이 경은 여래如來의 청정불지淸淨佛智로 백천만억 항하사 모든 부처님께옵서 설하시어, 삼세 일체여래가 수호하는 경이며, 시방 대승보살大乘菩薩이 이 경에 귀의하여 불지佛地에 들며, 불설佛說 모든 경의 실상을 요의了義한 밝은 청정지혜의 눈이다. 시방 모든 보살과 말세중생이 이 경에 의지하고 귀의하여, 수행점차로 동動함 없고 파괴 없는 결정신심決定信心이 궁극을 향해 깊어지고, 구경을 향한 지혜가 증장하여 불각佛覺과 불지佛地에 이르는 돈교대승경頓敎大乘經이다.

경명經名이 경설에는 대방광원각다라니경大方廣圓覺陀羅尼經이며, 수다라요의경修多羅了義經이며, 비밀왕삼매경秘密王三昧經이며, 여래결정경계경如來決定境界經이며, 여래장자성

차별경如來藏自性差別經이다. 전해 온 경명이 대방광원각수다
라요의경大方廣圓覺修多羅了義經이며, 이 경명을 줄여 대방광
원각경大方廣圓覺經, 또는 원각요의경圓覺了義經, 또는 원각경
圓覺經이라고도 한다.

이 경經이 대방광원각다라니경大方廣圓覺陀羅尼經임은, 대방광
원각大方廣圓覺의 부사의공능 不思議功能 총지總持를 지니고 있
기 때문이다. 수다라요의경修多羅了義經임은, 불설佛說 모든 경
經의 실상을 요의了義하였기 때문이다. 비밀왕삼매경秘密王三昧
經임은, 여래의 부사의 삼매三昧 중 파괴됨이 없는 불가사의한 으
뜸인 무상대각삼매無上大覺三昧이기 때문이다. 여래결정경계경如
來決定境界經임은, 여래의 파괴됨이 없는 지혜의 결정성 경계이기
때문이다. 여래장자성차별경如來藏自性差別經임은, 여래장如來藏
부사의 삼종자성三種自性과 그 성품을 수순하는 적정행寂靜行 사
마타奢摩他와 여환행如幻行 삼마발제三摩鉢堤와 적멸행寂滅行
선나禪那의 여래장자성차별如來藏自性差別 삼종자성수순三種自
性隨順 원각수행 삼종묘법三種妙法의 가르침이기 때문이다.

경명經名이 대방광원각수다라요의경大方廣圓覺修多羅了義經은
여래如來의 대방광원각으로 모든 경經의 실상을 요의了義하였기
때문이다. 대방광원각경大方廣圓覺經이라 함은, 방方을 벗어나
일체에 두루한 원각圓覺의 가르침이기 때문이다. 원각요의경圓覺
了義經이라 함은, 원각圓覺을 요의了義한 무상대각심無上大覺心
본제무이상本際無二相 원융지혜의 가르침이기 때문이다. 원각경

81

圓覺經이라 함은 원각의 가르침이기 때문이다.

이 경經의 가르침과 수행이 청정본성 본각本覺의 불이원융不二圓融 원각일성圓覺一性으로 귀일歸一하며, 청정원각수순행으로 무명無明과 미혹의 상심상견相心相見 사상심四相心에 의한 각覺의 일체장애를 제거하여 본연공능자재本然功能自在한 청정자재원융淸淨自在圓融인 편재원융원만각성遍在圓融圓滿覺性에 이르게 한다. 원각圓覺은 곧, 일체여래와 일체중생의 불이원융不二圓融 본연일성本然一性인 부사의 본연각本然覺이다.

원각圓覺은 불佛과 중생의 일체차별을 벗어났고, 각覺의 점차와 지혜의 점차와 수행의 점차와 증득의 점차와 일체경一切經의 가르침의 점차와 식識의 일체차원 차별상을 벗어났으며, 미혹과 상심상견뿐만 아니라, 구경究竟의 깨달음과 일체지혜의 밝음까지도 벗어났으며, 유무와 생멸과 자타自他와 물심物心과 유위무위有爲無爲와 일체상무상一切相無相을 벗어났으며, 방方과 중中과 변邊과 일체 대對를 벗어난 불이원융편재성不二圓融遍在性으로, 시방十方 없이 편만遍滿하여 원융하고 충만하며, 시時와 상相과 공空에 걸림 없이 부사의 원융각이 일체에 원만구족하다.

부사의 원각공능圓覺功能 무한무변 묘각묘용妙覺妙用은, 부사의 시방 일체제불과 일체보살의 부사의 각성법계覺性法界를 건립하여, 부사의 일체각성지혜一切覺性智慧와 무한공능無限功能 원각다라니공덕묘법圓覺陀羅尼功德妙法과 부사의열반不思議涅槃인 바라밀각성광명波羅蜜覺性光明을 유출하여, 시방 일체중생계에 각성광명 지혜의 꽃이 시방삼세 심성광명 부사의 연광緣光을 따라 피어나고, 법성 시방광명 부사의 청정실상 사대공화四大空華가 온 우주 시방장엄 만물만상 실상진여화實相眞如華가 원만구족 장엄하다. 이 부사의 묘용이 원각공능圓覺功能 대방광원각다라니 大方廣圓覺陀羅尼 부사의사不思議事 묘각묘용妙覺妙用 이다.

대방광원각수다라요의경을 해설함에 있어서 단순 경經의 말씀을 옮김에 치중하지 않고, 경經이 드러내는 구절의 심오한 뜻義과 그 의미하는 바 법法의 부사의한 실체와 진성眞性을 살피고 가름하여, 불지혜佛智慧 방편의 그 미묘함을 따라 그 뜻을 살피고 궁구窮究하며, 그 참뜻과 그 실체를 드러내는 것에 치중하여, 관행지혜와 각성지혜로 경經의 한 글자의 의미와 구절의 뜻을 사유하고 살피며, 심식心識 헤아림의 분별을 벗어버린 한 글귀의 그 실상과 의미, 진의眞義를 사유해, 경經의 한 말씀 한 글귀의 심오한 뜻義과 각성지혜의 경계를 수용하고 새기려 정성을 기울였으며, 가르침 궁극의 불지혜佛智慧, 무상無上을 벗어버린 심오하고 예리한 깊은 뜻을 다하지 못함이 있어도, 이 원각경요해圓覺經了解를 보게 되는 불연佛緣의 소중한 모든 분이, 불지혜佛智慧의 뜻을 꿰뚫어 구경究竟의 진의眞義를 돈각頓覺하여, 이 경經의 인연 공덕으로 대원각장엄大圓覺莊嚴 구족원만 각성覺性에 들어, 삼세 부사의 일불一佛이 되시어, 세세생생世世生生 부사의법계 대원각 장엄불大圓覺莊嚴佛이 되시오며, 시방허공 중생계와 시방광명 불보살계에 각성광명 장엄이 충만하고 원만한 삼세三世의 삶이시기를 간절히 염원하고 바라오며, 청정일념 서원誓願으로 시방장엄 일체제불 각성광명 대비존大悲尊에 가사염원袈裟念願의 오체투지로 불력발원佛力發願을 하옵니다.

시방법계 일체제불 일체보살 일체현성 일체제천一切諸天 호법천중護法天衆 호법금강護法金剛, 이 돈교대승頓敎大乘 여래결정경계如來決定境界인 비밀왕삼매 대방광원각 여래장如來藏을 요의了義한 대방광원각수다라요의경 불설佛說의 글이나, 말이나, 행을 지니거나, 닦는, 시방국토 일체 수행자와 선근善根의 인연들에게 수호가피守護加被를 내리시어, 시방천지인목화토금수공풍식十方天地人木火土金水空風識의 일체사악사마사기一切邪惡邪魔邪氣 일체장애一切障礙를 소멸하여, 비밀왕삼매의 여래결정경계 대방광원각다라니공덕으로, 심신청청 원만각성을 성취하도록 시방법천十方法天 일체불력一切佛力 일체시방권속 밤낮 물러남이 없이 지키고 보살피며, 옹호하고 수호하소서.

대방광원각 원만시방 불이경不二境인 일체여래의 결정경계 수승불법인 대방광원각수다라요의경 한 글자라도 보는 이는, 여래결정경계 기연불광機緣佛光 원각공덕인연으로 세세생생 불연국토佛緣國土에 태어나고, 불법지혜 원만하여 복덕정혜福德定慧 구족하며, 대방광원각 결정경계의 한 글자 불가사의 결정불연結定佛緣 기연공덕機緣功德에, 시방세계 제불보살님과 일체제천一切諸天 불연광명佛緣光明으로, 불가사의 수승한 무량선지식이 두루 보살피고 옹호하며, 선근지혜 불연공덕佛緣功德으로 좋은 벗 두루 항

상하여 무진복락을 누리시고, 만사형통 각성공능覺性功能 청정무
염淸淨無染 무외법락無畏法樂을 세세생생 누리소서.

佛國淨土 佛前念願 世雄

大方廣圓覺修多羅了義經
대 방 광 원 각 수 다 라 요 의 경

본本 경經의 이름은 대방광원각수다라요의경 大方廣圓覺修多羅
了義經이다.

대방광大方廣은 원각圓覺의 체성體性을 일컬음이다. 대大는
측량할 수 없고 헤아릴 수 없어, 분별과 사량을 벗어났음을 일컬음
이다. 왜냐면, 이는 일체 상相과 식識을 벗어났기 때문이다. 대방
광大方廣은 일체 방方과 상相을 초월하여 방方 없이 일체에 원융
하고 두루 편만遍滿하며, 충만한 성품임을 일컬음이다. 이는 불가
사의한 원각圓覺의 체성體性이다.

원각圓覺은 중생과 제불諸佛과 일체생명의 본연본성本然本性
이다. 본연본성을 원각圓覺이라 함은, 원圓은, 일체 상相과 식識
을 초월해 무엇에도 걸림 없이 원융무애 청정하기 때문이다. 시
時, 상相, 방方, 식識, 유무有無와 일체지혜一切智慧를 초월하였

으니, 시時를 벗어나 걸림 없고 장애 없이 초월하여 여여如如하고, 상相을 벗어나 걸림 없고 장애 없이 초월하여 원융하고, 방方을 벗어나 걸림 없고 장애 없이 초월하여 두루 편재遍在하여 원만구족하고, 식識을 벗어나 걸림 없고 장애 없이 초월하여 일체 사량思量과 내외능소內外能所의 분별을 벗어나 일체적멸一切寂滅이며, 유무를 벗어나 걸림 없고 장애 없이 초월하여 불생불멸 청정부동淸淨不動이며, 일체지혜一切智慧를 초월하여 일체증一切證과 일체견一切見과 일체 깨달음과 일체경一切經과 일체다라니一切陀羅尼와 제불심요諸佛心了를 벗어났다. 각覺이라 함은, 미혹없고, 분별없이 항상 두루 밝게 깨어있기 때문이다. 본연본성을 원각圓覺이라 함은, 시時, 상相, 방方, 식識, 유무有無, 일체지혜에 두루 걸림 없고 장애 없는 원융한 편재성으로 밝게 깨어있기 때문이다. 원각圓覺은 곧, 본연본성 원융각명圓融覺明이다.

수다라修多羅는 불지혜佛智慧의 가르침 일체설一切說, 일체경一切經인 일체지혜다.

요의경了義經은 부처님의 가르침 일체지혜 일체경一切經의 실상과 뜻義과 그 지혜의 각성실체 실상을 드러내어 밝힌, 일체경一切經의 실상을 요의了義한 가르침임을 드러냄이다.

대방광원각수다라요의경은 원융무애한 대방광원각으로 일체 가르침을 요의了義한 경經이란 뜻이다. 이는 일체중생과 일체제불과 일체생명의 본연본성 원각圓覺에 대한 실상과 지혜를 드러내어 밝힌 요의경了義經이다.

序章
서 장

※ 일체여래의 신통대광명장 일체중생 청정각지에서 원만시방 일체정토를 드러내심이다.

如是我聞
여 시 아 문

이와 같이 나는 들었다.

● 여시아문은, 이 법法은 불설佛說이며, 이를 증명하며 천명闡明함이다.

※ 신통대광명장 삼매정수 불이수순(不二隨順) 불이경(不二境)에서 일체정토(一切淨土)를 드러낸다.

一時 婆伽婆 入於神通大光明藏 三昧正受 一切如
일시 바가바 입어신통대광명장 삼매정수 일체여

來 光嚴住持 是諸衆生 淸淨覺地 身心寂滅 平等本
래 광엄주지 시제중생 청정각지 신심적멸 평등본

際 圓滿十方 不二隨順 於不二境 現諸淨土
제 원만시방 불이수순 어불이경 현제정토

한때에 바가바께옵서 신통대광명장 삼매정수에 들어, 일체여래의 광명장엄에 머무르시니, 이는 일체중생의 청정각지라, 심신이 적멸한 평등본제로, 원만시방 불이수순 불이경에서 모든 정토를 드러내시었다.

♣ 한때에 부처님께옵서 일체에 걸림 없는 원각의 원융무애 자재한 신통대광명 삼매에 바로 드시어, 일체여래의 수승한 차별 없는 평등한 광명장엄에 머무르시니, 이는 일체중생의 본연본성 청정각지淸淨覺地라, 심신이 자성청정自性淸淨으로 적멸한 불이不二의 성품, 평등 본성이므로, 일체상을 초월하여 시방 두루 원만한 본연本然 불이不二의 성품을 수순한 불이경계不二境界에서 일체一切 정토淨土를 드러내시었다.

● 위의 구절은 원각圓覺 청정불이경계淸淨不二境界의 삼매三昧를 드러냄이다.
● **바가바**婆伽婆: 존귀尊貴한 최상공덕자最上功德者를 지칭함이니, 경經에는 세존世尊인 부처님을 일컬음이다.
● **신통대광명장**神通大光明藏: 원각경계를 드러냄이다. 신통神通은 일체상一切相, 일체식一切識 무엇에도 걸림 없는 원융자재함을 일컬음이다. 대광명장은 각성광명이 원만장엄함을 일컬음이다. 신통대광명장은 원각의 각성광명이 일체상, 일체식에 걸림 없이 원만편재융통자재함을 일컬음이다.
● **삼매정수**三昧正受: 본성의 각성광명 원각을 수순하여 듦을 일컬음이다.
● **일체여래**一切如來 **광엄주지**光嚴住持: 일체여래의 차별 없는 광명장엄에 머무름이다. 이는 일체제불이 차별 없는 무상대각無上

大覺 각성광명 장엄에 머무르심을 일컬음이다.

● 부처님께서 신통대광명장 삼매에 드시어 일체여래의 차별 없는 광명장엄에 머무르심이 곧, 일체중생의 본성인 청정각지清淨覺地임은, 본연본성本然本性은 중생과 불佛이 차별이 없고, 일체 미망迷妄과 무명無明을 벗어나 다를 바가 없는 본연本然의 청정성품이기 때문이다. 청정각지清淨覺地는 청정은 곧, 일체상에 물듦 없는 불이본성不二本性의 성품이며, 일체에 물듦 없어 시방에 두루한 원만각성의 성품을 일컬음이다. 각지覺地는 각覺의 바탕이니, 이는 각覺의 본처本處인 본연본성을 일컬음이다. 청정각지清淨覺地는 청정각清淨覺의 바탕이니, 곧, 본연본성을 일컬음이다.

● **심신적멸**心身寂滅 **평등본제**平等本際: 심신적멸은 심신의 자성自性이 공空하여 생멸 없는 적멸함이며, 평등본제平等本際는 일체에 차별 없는 평등한 본래의 성품이다. 이는 본성의 성품, 자성실상自性實相의 세계다. 본성 청정각지清淨覺地는 일체상의 성품이 공空하여 심신이 적멸한 경계이니, 이는 본성 불이不二의 실상성품이다. 본성은 청정무자성清淨無自性 성품이니, 일체에 차별 없고, 일체에 걸림 없으며, 일체에 평등하며, 일체에 원융하며, 일체에 두루 원만구족하여 광대무변廣大無邊하다. 평등본제平等本際는 일체에 평등한 본연 실상의 성품이니, 이는 본성성품의 평등이며, 일체차별을 벗어난 성품의 평등이며, 일체에 차별 없는 자성의 평등이며, 일체에 둘 없는 불이不二의 평등이며, 일체 다를 바 없는 절대성품 평등이며, 일체상, 일체식一切識을 벗어난 실상성품의 평등이다. 즉, 일여성一如性이다. 본제本際는, 본래성품이니, 본제本際의 본本은 시종始終 없는 본래의 것으로 차별 없고, 변함없는 것임을 일컬음이다. 본제本際의 제際는 본래성품, 실제實際, 실체實體, 실상實相을 일컬음이다. 즉, 본래의 본연성품이

90
序章

다. 평등본제는 일체차별을 벗어난 본성의 청정성품이다.

● **원만시방**圓滿十方 **불이수순**不二隨順 **어불이경**於不二境: 원각본성圓覺本性 청정각지淸淨覺地를 수순하는 불이심不二心의 불이경不二境이다. 원만시방圓滿十方은 원각본성이 일체상을 초월해 무변시방無邊十方 원융하여 충만함을 일컬음이다. 이는 곧, 각편재원만覺遍在圓滿으로, 각覺의 원융성인 불이본성不二本性이다. 이는 곧, 본성본각本性本覺의 성품이다. 불이수순不二隨順은 차별 없는 성품을 수순함이니, 이는 원융한 본성의 성품, 원각을 수순함이다. 본성을 원각이라 함은, 본성은 불이不二의 원융각圓融覺이므로 상相 없이 원융하여, 일체상一切相, 일체식一切識, 일체방一切方에 걸림 없이 그 체성體性과 작용이 원융하고 융통하여, 두루 밝게 깨어 있으므로 원각圓覺이라고 한다. 불이不二는 곧, 일체에 차별 없는 성품인 본성本性이며 본각本覺이다. 본각本覺이라고 함은 본래의 본연각本然覺이기에 본각本覺이라고 한다. 이는 일체에 걸림 없는 무자성無自性 원융각圓融覺이므로 원각圓覺이라고 한다. 본성이라고 함은 시종始終 없는 본래의 성품이기 때문이며, 본각本覺이라고 함은 시종始終 없는 본래의 각성覺性이기 때문이다. 본성을 본각이라고 함은, 본성의 깨어있는 성품이 곧, 각覺이기 때문이다. 본각을 본성이라 함은 본각이 곧, 본성의 성품이기 때문이다. 본성本性과 본각本覺을 원각圓覺이라고 함은, 본성과 본각의 성품이 무엇에도 걸림 없는 원융한 원각圓覺이기 때문이다. 원圓은 성품의 실체가 원융불이성圓融不二性이기 때문이며, 각覺은 그 부사의작용이 항상 깨어 있기 때문이다. 시종始終 없이 본래 깨어 있으므로 본각本覺이라고 하며, 항상 깨어 있는 성품이므로 각성覺性이라고 한다. 본성本性과 본각本覺의 본本은 창조되거나, 창조하거나, 조작하거나, 만들거나,

형성하거나, 성취하거나, 이루어 완성하는, 인위적인 성품이 아닌 시종始終 없는 본연의 것이므로 본성이며, 본각이라고 한다. 성性은 시종始終 없는 본연의 바탕이며, 근본 성품이기 때문이 본성이라고 한다. 각覺은 걸림 없이 두루 밝게 깨어있으므로 본각이라고 한다. 원만시방圓滿十方 불이수순不二隨順 어불이경於不二境은 원융시방 불이성不二性의 원각을 수순하는 원각불이성圓覺不二性의 경계를 일컬음이다.

● **현제정토**現諸淨土 : 이는 일체여래의 평등삼매 광명장엄인 신통대광명장 원만시방 불이수순不二隨順의 불이경不二境에서 드러내 보이시는 일체정토一切淨土의 세계다. 이는 일체여래의 각성광명장엄인 신통대광명장 평등삼매의 부사의정토不思議淨土다. 이는 원만시방 불이수순不二隨順의 신통대광명장 광명장엄光明莊嚴의 불이경不二境이 아니면 알 수가 없다. 이 경계가 일체여래의 각성광명 평등삼매인 신통대광명장神通大光明藏 불이수순不二隨順의 불이경不二境이기 때문이다. 이는 시방 일체세계가 각성광명 불이수순不二隨順의 불이경不二境인 각성광명시방원융신통대광명장覺性光明十方圓融神通大光明藏이기 때문이다. 이는 각일여평등삼매覺一如平等三昧며, 불이원융각성삼매不二圓融覺性三昧며, 실상불이일각삼매實相不二一覺三昧다. 일체 차별상과 차별계를 초월한, 일체불이一切不二 평등법성平等法性인 불이수순不二隨順 각요실각了實의 세계다. 그러므로 일체평등이며, 일체청정이며, 일체실상이며, 일체정토一切淨土의 세계다. 이는 일체 차별상과 차별계를 벗어난 실상장엄정토實相莊嚴淨土다. 이는 원각일심圓覺一心이다. 중생의 무명과 미망을 벗어버린 청정각지淸淨覺地 원각일명圓覺一明이다. 이는 일체중생의 본연본성 청정각지淸淨覺地며, 일체여래의 각성광명覺性光明인 신통대광명장神通大光

明藏이다.

● 신통대광명장神通大光明藏의 장藏은 각성공능覺性功能을 일컬음이다. 이는 본연본성 각성覺性이 가진 본능력本能力이다. 일체여래의 각성광명 평등삼매인 신통대광명이 곧, 각성공능覺性功能 속에 이루어짐을 드러냄이다. 여래께서 불佛의 인위적 신통력으로, 일체여래의 각성광명 평등삼매인 신통대광명장에 드는 것이 아니라, 본연본성 공능수순功能隨順으로 일체여래의 각성광명 평등삼매인 신통대광명장에 드는 것이다. 이는 각覺이 장애障礙 없기 때문이다. 각覺이 장애 없다는 것은, 각覺의 본연공능本然功能이 장애 없음이다. 일체중생의 무명과 미혹, 생사와 윤회는 곧, 심心의 작용에 본성공능本性功能의 신통대광명장神通大光明藏인 본연공능수순本然功能隨順이 장애되기 때문이다. 본연공능이 장애 없으면 불佛이며, 본연성의 공능수순功能隨順이 장애되면 미혹의 장애로 사상심 중생으로 떨어진다. 중생의 무명과 미혹은 본연공능이 장애되기 때문이다. 본연공능이 장애됨이 곧, 각覺의 장애다. 이 각覺의 장애를 제거하는 수행으로 이 경經의 내용이 이루어져 있다. 즉, 일체여래의 각성광명 평등삼매 신통대광명장이 장애됨을 제거하는 수행지혜의 내용으로 이루어져 있다. 이 장애 없는 중생의 본연을 시제중생是諸衆生 청정각지淸淨覺地라고 했다. 이는 일체여래의 각성광명 평등삼매인 신통대광명장의 성품이며, 여래께서 신통대광명장 삼매정수에 들은, 원만시방 불이수순 불이경不二境의 일체정토세계다.

그러므로 경經의 서두에서 대방광원각다라니大方廣圓覺陀羅尼며, 수다라요의修多羅了義며, 비밀왕삼매秘密王三昧며, 여래결정경계如來決定境界며, 여래장자성如來藏自性이며, 대방광원각수다라요의 大方廣圓覺修多羅了義인 신통대광명장 삼매정수에 들어, 일체여래의 광명장엄에 머무르시니, 이는 일체중생의 청정각지라, 심신이 적멸한 평등본제로, 원만시방 불이수순 불이경에서 모든 정토를 드러내신 것이다. 이 경經의 내용은, 일체여래의 각성광명 평등삼매인 신통대광명장을 장애하여, 심신이 적멸한 평등본제, 원만시방 불이수순 불이경에 들지 못함으로, 일체여래의 각성광명 평등삼매인 신통대광명장의 성품 무상대각심 無上大覺心 본제무이상 本際無二相인 여래장삼종자성종성 如來藏三種自性種性 여래성품 적정성 寂靜性 본성자성 本性自性과 여래성품 여환성 如幻性 본심자성 本心自性과 여래성품 적멸성 寂滅性 본각자성 本覺自性인, 여래장자성차별성품 如來藏自性差別性品 삼종자성수순법 三種自性隨順法인 사마타 奢摩他의 적정관 寂靜觀과 삼마발제 三摩鉢堤의 여환관 如幻觀과 선나 禪那의 적멸관 寂滅觀으로 각覺이 장애 없는 청정본연공능장 淸淨本然功能藏에 드는 수행법을 십이 상수보살이 수행경계를 따라 청법함으로, 여래께서 청법에 응하여 각覺의 장애를 제거하는 수행법과 수행세계와 수행지혜의 자상한 가르침으로 경經의 내용이 이루어져 있다.

※ 십이 상수보살이 평등법회에 동참한다.

與大菩薩摩訶薩 十萬人俱 其名曰 文殊師利菩薩
여 대 보 살 마 하 살 십 만 인 구 기 명 왈 문 수 사 리 보 살

普賢菩薩 普眼菩薩 金剛藏菩薩 彌勒菩薩 淸淨慧
보 현 보 살 보 안 보 살 금 강 장 보 살 미 륵 보 살 청 정 혜

菩薩 威德自在菩薩 辨音菩薩 淨諸業障菩薩 普覺
보 살 위 덕 자 재 보 살 변 음 보 살 정 제 업 장 보 살 보 각

菩薩 圓覺菩薩 賢善首菩薩 等 而爲上首 與諸眷屬
보살 원각보살 현선수보살 등 이위상수 여제권속
皆入三昧 同住如來平等法會
개입삼매 동주여래평등법회

더불어 대보살마하살 십만인과 함께 하심이니, 그 이름이 문수사리보살 보현보살 보안보살 금강장보살 미륵보살 청정혜보살 위덕자재보살 변음보살 정제업장보살 보각보살 원각보살 현선수보살 등이 상수가 되시어, 모든 권속이 더불어 다 삼매에 들어, 여래의 평등법회에 같이 머물렀다.

● 이 구절은 여래의 신통대광명장 정수삼매력正受三昧力으로, 법회의 모든 대중이 더불어 일체여래의 각성광명 평등삼매에 듦을 보임이다.

● 상수上首는 대중 가운데 법法과 덕德과 지혜와 자비의 위의威儀로 대중을 이끌고 도우며, 부처님의 뜻을 전하고, 대중과 미래세의 중생들을 위해 부처님께 청법請法하여, 중생들의 미혹을 벗게 하고, 지혜의 길을 열어주는 대중을 이끄는 중심이며 으뜸인 자들이다.

第一 文殊師利菩薩章
제 1 문 수 사 리 보 살 장

※ 일체여래 본기청정 인지법행 원조청정각성수순(圓照淸淨覺性隨順)
인 성불도(成佛道)를 설한다.

※ 문수보살이 지극한 일념으로 청법의식을 갖춘다.

於是 文殊師利菩薩 在大衆中 卽從座起 頂禮佛足
어 시 문 수 사 리 보 살 재 대 중 중 즉 종 좌 기 정 례 불 족

右繞三匝 長跪叉手 而白佛言
우 요 삼 잡 장 궤 차 수 이 백 불 언

이때에 문수사리보살께서 대중 속에 계시다 곧 자리에서 일
어나 부처님 발에 공손히 이마를 조아려 공경의 예를 올리고
지극한 존경심으로 받드시어 오른쪽으로 세 번 돌고 두 무릎
을 땅에 꿇어 두 손을 모아 부처님께 말씀을 사뢰었다.

● 위의 구절은, 둘 없는 일심으로 우러르는 지극한 존경심과 더
없는 생명 일념의 진실, 오직 귀의歸依의 정신이 극진한 신심信心
이 우러나오는 정성의 구절이다.

● **정례불족**頂禮佛足: 부처님 발에 머리를 조아리는 예경 禮敬으로, 지극한 공경과 존경과 귀의 歸依의 예 禮다.

● **우요삼잡**右繞三匝: 부처님을 중심한, 부처님의 오른쪽으로 세 바퀴를 도는 예경 禮敬이다. 우요삼잡은 단순한 인위적인 의식 儀式의 예경이 아니라, 존엄하고 숭고하며, 거룩한 생명의 섭리적 이념 理念의 심오한 뜻과 의미가 있다. 법 法의 세계는 존엄한 진리에 귀의하는 생명 법륜 法輪의 원리가 있다. 섭리의 세계는 이 理와 사 事, 체 體와 용 用, 주 主와 종 從한 생명 권속섭리의 상생 相生과 수순의 원리가 있다. 우요삼잡 공덕섭리는 생명, 길상 吉祥, 만덕 萬德, 지혜, 광명, 축복, 성취, 완성, 결정 結定, 절대 絶對, 수순 隨順, 평화, 행복, 사랑, 안정, 이상 理想의 이 理의 완연섭리 完然攝理가 있다. 우요삼잡 마음과 정신, 이념 理念의 섭리는 지극한 존경과 숭고한 예경과 무한 축복과 사랑의 섭리가 있다.

우요삼잡 右繞三匝이 무엇이며, 어떠한 중심 섭리와 원리, 의미가 있기에 이러한 이 理의 진리적 깊은 뜻과 상서로운 생명 길상 吉祥의 의미가 있을까? 우요삼잡의 섭리, 근원 중심원리는 생명의 섭리며, 우주만물 삼라만상 작용과 운행의 중심원리와 섭리가 바로 우요삼잡의 중심원리이기 때문이다. 이 우주 삼라만상 운행의 섭리가 우요삼잡의 섭리며, 생명의 작용과 운행의 섭리가 우요삼잡의 원리이기 때문이다. 우요삼잡은 곧, 우주 삼라만상 운행의 섭리다. 모든 만물의 존재는 그 존재의 근원 중심을 향해 작용하고 운행함으로, 그 개체는 그 세계 한 권속의 생명섭리 속에 존재할 수가 있다. 이것이 존재원리며, 만물섭리며, 존재 생명작용의 생태특성인, 한 생명생태 작용과 한 권속세계 섭리작용을 이루는 만물 존재섭리의 작용과 운행의 모습이다. 달의 존재섭리는 지구와 한생명 권속이 되어, 지구를 중심생명의 축으로 한생명작용 운행섭리를 따라 작용하며, 지구의 존재원리는 태양과 한생명 작용, 한 권속이 되어, 태양을 생명의 근원 중심축으로 한 생태섭리 운행작용하는 것이다. 우주 삼라만상은 그 생명 근원 중심을 향해 운행작용하기에, 그 한생명 생태작용 속에 존재해 있는 것이다. 모든 생명작용도 그 생명의 존재 중심 근원인 본성을 중심으로한 생명작용의 운행이다. 모든 존재는 그 생명 중심을 향한 생명작용 속에 존재하며, 그 근원 중심을 향해 작용하므로, 자기 존재의 생명력을 갖게 된다. 이는 존재의 섭리며, 존재의 생태며, 숭고한 생명작용의 질서며, 생명 존재와 삶의 숭고한 원리다. 우요삼잡은 단순한 종교적 행위나, 인위적 풍습과 의식儀式이 아니라, 지혜와 정신이 생명각성을 향해 열린 순수한 생명작용이며, 숭고한 생명섭리며, 자연 만물의 이理의 섭리에 순응하고 수순하는, 아름다운 숭고한 정신이 깨어 있는 생명각성生命覺醒의 작용이며, 승화된 깊은 생명정신이 열린 지혜며, 생명섭리에 순응하는 순수정신 이념의 행위다.

불佛의 지고한 깨달음은 만물의 근원, 곧, 우주의 중심이며, 불지혜佛智慧는 생명의 무명無明을 벗게 하는 지혜의 밝음인 태양이며, 중생의 모든 지혜로운 삶과 생명 삶의 축복과 행복의 중심세력은, 지고한 각성覺性이 태양처럼 두루 밝게 깨어 있는 존재, 곧, 불佛이다. 중생세계의 무명 없는 지혜로운 삶과 밝은 정신의 근원은 곧, 무명이 없이 밝게 깨어있는 각성, 숭고한 불지혜佛智慧의 광명이다. 그러므로 불佛은 일체중생의 귀의처며, 의지처며, 생명의 근원으로 돌아가는 지혜의 귀명처歸命處다. 불佛은 곧, 정신우주의 중심이며, 삶과 정신의 중심이며, 무명을 벗은 진리와 깨달음의 밝음, 지혜 근원의 중심이기에 귀의하여, 생명 길의 밝음과 지혜의 근원 무상존無上尊인 숭고한 부처님의 발에 머리를 조아려 지극한 공경과 존경의 예禮로 정례불족頂禮佛足하여, 둘 없는 생명의 일념, 그 진실한 정신으로 우러러 귀의하는, 숭고한 생명의 행위 우요삼잡을 하는 것이다.

우요삼잡右繞三匝은 깨어 있는 숭고한 정신과 지고한 생명의 행위다. 부처님이 계실 때에는, 생명 밝음의 으뜸이며, 존귀한 각성광명覺性光明 최상공덕最上功德인 부처님을 중심으로, 만물이 태양의 밝음을 향하고, 천체天體가 밝은 태양을 중심으로 돌 듯 우요삼잡을 하였으나, 부처님께서 열반에 드신 후에는 부처님의 사리舍利를 모신 불신불탑佛身佛塔인 사리탑舍利塔을 우요삼잡하는 탑돌이가 시대의 흐름 속에 전래하여 왔다. 탑돌이는 탑을 도는 것이 아니라, 곧, 대광명각성大光明覺性 부처님의 불신佛身인 불탑佛塔을 도는 것이다. 이는 대 우주의 가장 밝은 생명의 각성광명 밝음의 근원, 중심을 향한 숭고한 정신감응과 지혜감성으로 귀의하는 고귀하고 진실한 생명감성의 존엄한 행위다. 이 정신은 더없이 숭고한 생명 정신의 가치를 가진 숭고한 지극히 아름다운 정신의 행위다. 옛 사찰 법당에는 부처님을 우요삼잡할 수 있도록 불상佛像의 배치에 뒤의 공간을 마련하였다. 우요삼잡에는 깊은 진리의 순응과 깨어 있는 정신의 숭고한 섭리와 이상理想을 향한 원리가 깃들어 있다. 우요삼잡 그 자체가 예경이며, 존엄하고 숭고한 생명섭리며, 진리에 순응하고 귀의하는, 생명 무한각성발현無限覺性發顯인 생명이화生命理化의 무한 상생, 길상吉祥, 만덕萬德, 지혜, 광명, 축복의 법륜행法輪行이다. 이에는 생명 궁극을 향한 이상과 행복과 성취와 완성의 원리와 이념이 이 속에 있다. 이

법륜에는 생명 일념의 지극한 존경과 숭고한 예경과 무한 축복과 지극한 생명 사랑의 섭리와 원리가 그 속에 살아 있다.

● 장궤차수長跪叉手 : 공경과 예경의식禮敬儀式의 한 방법의 자세다. 장궤長跪는 두 무릎을 땅에 대고 몸을 바로 세우는 자세다. 차수叉手는 정갈한 마음으로 두 손을 겹쳐 잡거나, 합장하거나 모으는 공손한 모습이다. 이 또한, 예경과 공경의 자세다.

大悲世尊
대 비 세 존

대비하옵신 세존이시여!

※ 여래의 본기청정 인지법행을 부처님께 청법한다.

願爲此會 諸來法衆 說於如來 本起淸淨 因地法行
원 위 차 회　제 래 법 중　설 어 여 래　본 기 청 정　인 지 법 행

원하옵건대 이 법회에 온 모든 법의 대중을 위해 여래께옵서 본성을 발한 청정을 인지로 한 법행을 설하여 주옵소서.

♣ 무한 대비심으로 충만하옵신 세존이시여! 원하옵건대, 여래의 설법을 듣고자 이 법회에 모인 법을 구하는 모든 대중을 위하사, 여래께옵서 본성을 발發한 청정을 인지因地로 한 법행法行으로 불지佛地를 이루신 깨달음의 행行인, 본기청정本起淸淨 인지법행因地法行을 설하여 주시옵소서.

● **본기청정** 本起淸淨 : 본성의 청정성품을 발함이다. 본성과 청정은 다르지 않다. 본성의 성품이 청정이며, 청정이 곧, 모든 근본의 성품이다. 그러므로 본성을 발함이 청정을 발함이며, 청정을 발함이 본성을 발함이다. 청정淸淨은 상相 없는 성품이다. 청정본성은 심心과 물物의 일체 존재의 바탕이며 근본성품이므로 본성이라고 한다. 본성의 성품이 청정함은 실체가 없고 자성自性이 없어, 무자성無自性이라, 이름하고 일컬을 모양과 성품이 없기 때문이다. 청정은 무엇에도 치우침이나 걸림이 없는 불이성不二性이다. 이는 일체상이 적멸한 평등본제平等本際로, 원만시방 불이경不二境이다.

● **인지법행** 因地法行 : 본성 청정성품을 수순하는 본성법행本性法行이다. 인지因地는 근본지根本地와 과인지果因地의 두 가지 뜻이 있다. 근본지根本地는 청정성품을 일으킨 본성을 일컬음이며, 과인지果因地는 본기청정本起淸淨이 불과佛果를 이루는 인지因地임을 뜻한다. 본성은 불지佛地에 이르는 본바탕인 인지因地이니, 본성의 청정성품을 수순함이 곧, 인지법행因地法行이다. 이는 본성수순행인 원각행圓覺行이다.

● **본기청정** 本起淸淨 **인지법행** 因地法行 : 본성의 청정한 성품을 수순하는 법행法行이다. 이는 즉, 원각행圓覺行이다.

※ 대승을 구하는 자가 사견에 떨어지지 않도록 청한다.

及說菩薩 於大乘中 發淸淨心 遠離諸病 能使未來
급 설 보 살　어 대 승 중　발 청 정 심　원 리 제 병　능 사 미 래

末世衆生 求大乘者 不墮邪見
말 세 중 생　구 대 승 자　불 타 사 견

더불어 보살들이 대승 가운데 청정심을 발하여 모든 병에서 멀리 벗어나며, 능히 미래의 말세중생들이 대승을 구하는 자로 하여금 사견에 떨어지지 않도록 설하여주옵소서.

♣ 본기청정 인지법행을 설하시어, 더불어 보살들이 청정본성 대승의 성품 속에 일체차별 없는 실상성품 청정심을 발하여, 모든 전도顚倒된 견해를 벗어나며, 능히 미래의 말세중생이 대승을 구하는 자로 하여금 미혹으로 전도된 삿된 견해에 떨어지지 않도록 설하여 주시옵소서.

● 대승중大乘中 : 본성 청정성품 속에 있음이 대승大乘 속에 있음이다. 대승성품이 본성이며, 대승지혜가 본성지혜며, 청정심을 발함이 대승성품 청정지혜를 발함이다. 대승지혜는 청정무아보리심淸淨無我菩提心이며, 아뇩다라삼먁삼보리심이다. 이는 곧, 실상심實相心이며, 불이원융심不二圓融心이며, 청정원각심淸淨圓覺心이다. 대승심과 대승지혜는 자타와 일체차별을 벗어났다. 그러므로 대승이다. 대승大乘의 대大는 일체차별을 벗어버린 지혜성품이므로, 대소大小와 유무有無와 상相과 방方을 벗어났다. 이는 곧, 청정본성淸淨本性이며, 청정각성淸淨覺性이다. 이는 상相과 중中과 변邊과 방方을 벗어났다. 이를 이름하고 일컬어 대大일 뿐, 일체상一切相과 일체방一切方과 일체식一切識을 벗어났다. 곧, 본성 청정원융성품이다. 승乘은 대승大乘의 작용이다. 이는 청정본성과 청정각성의 작용이다. 왜? 일체상과 일체방과 일체식을 벗어난 본성 대大의 성품작용을 승乘이라고 하며, 대승大乘이라고 할까? 승乘은 본연본성 장애障礙인 무명과 미혹을 벗게 하는 지혜성품작용을 승乘이라고 한다. 그 지혜성품작용이 자타와 내외

능소경계와 무명 일체상이 끊어진 무한무변편재성無限無邊遍在性인 본성에 들게 함으로 대승大乘이라고 한다. 대大는 곧, 일체 무명과 미혹이 없는 성품 본성이다. 대승大乘은 곧, 본기청정인지법행本起清淨因地法行이다. 대승大乘의 체體는 일체를 초월한 무한 본성이며, 대승大乘의 용用은 일체상을 벗어버린 청정본연성품 원각수순 부사의작용이다. 본성수순 본기청정인지법행本起清淨因地法行 지혜성품작용이 대승大乘임은, 본연성품작용인 일체만법만상一切萬法萬相과 일체만법만심一切萬法萬心과 일체제불지혜一切諸佛智慧와 법法을 무한광대무변無限廣大無邊으로 수용섭수受用攝受하며, 무애자재無礙自在한 불가사의 작용이 있기 때문이다. 대승의 근본이 본성의 성품이며, 제불諸佛 각성覺性의 성품이다. 대승의 성품에는 일체중생과 일체제불과 일체만물이 차별이 없으며, 일체상을 벗어버린 불이성不二性이다. 대승을 벗어나면 일체가 차별이다. 차별은 중생과 불佛, 유有와 무無, 생生과 멸滅, 생사와 윤회, 자타自他와 만물萬物, 시時와 공空, 무상無常과 영원永遠, 중中과 변邊 등의 사상심四相心 차별상이다. 일체 차별은 곧, 대승성품과 대승지혜를 벗어난 중생세계다. 즉, 무명심無明心 미망계迷妄界다. 일러 이름하여 생사세계다. 이 일체가 사상심계四相心界다. 사상四相은 차별세계며, 타他를 수용할 수 없는 아我와 상심상견相心相見의 세계이므로, 사상심은 대승성품에 들지 못한다. 일체 차별심을 벗어나, 대승성품인 본성에 들어야 대승성품과 대승의 실체를 깨닫게 된다.

● **제병**諸病: 본성을 수순하지 못하는 미혹의 상심상견相心相見이다. 즉, 상相의 중생심이며, 중생견이며, 사상심이며, 사상견四相見이다. 이는 곧, 본성을 수순하지 못하며, 본성을 장애하는 무명인 미혹이다.

● **말세중생** 末世衆生 : 정법말세중생正法末世衆生이다. 상심상견으로 상相 없는 실상법을 수용하지 못하는, 불법실상사견행자佛法實相邪見行者다. 정법말세중생은 불佛께서 열반에 든지 오래되어, 정법의 지혜자는 찾기 어렵고, 정법 지혜견智慧見이 사라진 세상에, 불법佛法의 실상이 왜곡되어 사견邪見의 범람으로 중생들이 사견邪見에 물들어, 청정실상법을 상심상견으로 구하고 증득하려는 불법사견중생佛法邪見衆生들이다. 그러므로 정법말세중생들은 실상을 왜곡한 유위심有爲心으로 불법佛法이 있음을 정定해 보는 불법사견심佛法邪見心으로 불법佛法의 실상을 구하고자 수행하고 배우며 익히는 일체청정실상불법一切淸淨實相佛法이 상견相見에 왜곡된 불법사견행佛法邪見行이다. 실상정법實相正法이 왜곡된 유위사견심有爲邪見心으로 불법佛法을 익혀도 불지혜佛智慧를 이루지 못하며, 청정실상에 들지 못한다. 정법正法을 왜곡한 사견邪見은, 상相 없는 청정실상 청정정법淸淨正法을 수용하지 못하여, 법상法相으로 불법佛法을 헤아리고 분별하므로 불법佛法을 상심相心으로 구求하고, 상심상견으로 법法에 들려고 한다. 이는 불법佛法을 상심상견으로 왜곡하여, 불법佛法을 상相으로 구하고, 무명과 사상심도 실체가 있는 것으로 생각하여, 본연 청정성품을 수순하지 않고, 상相을 일으킨 상심으로 여의거나 멸滅하려 함으로, 오히려 무명의 미혹만 거듭할 뿐, 실상에 들 수가 없다. 상相 없는 일체 청정실상설을 상심상견으로 수용하고, 배우며 익히는 것이 정법말세중생이다.

● 말세중생이 대승大乘을 구하는 자者는, 일체상을 여의어 청정실상에 들려는 자와 중생의 미혹견 사상심을 여의려는 자와 본성의 실상 청정각성에 들려는 자다. 즉, 상심상견을 여의어 본성에 들려는 자다. 상相과 나我가 있으면 대승에 들 수가 없다. 나 없

음이 대승이며, 나 없는 실체가 청정본성淸淨本性이며, 청정원각 淸淨圓覺이다. 이것이 대승의 실체다. 청정원각은 본성의 성품 청 정성이 일체에 걸림 없이 원융하여 두루 장애가 없으므로 청정원 각이라고 한다. 대승심도 이 청정실상 불이심不二心과 불이경不 二境에서 대비심을 발하게 된다. 중생을 향한 대비심도 불이不二 의 대승지大乘智 본성의 청정지혜가 있어야 한다. 상심상견인 사 상심이 있으면, 대승대비大乘大悲의 능각해能覺海에 들 수가 없 다. 지혜와 자비는 다른 것이 아니다. 지혜는 본성심本性心이며, 자비는 청정 본성심으로 중생을 수용섭수함이다. 사상심인 차별 심에는 상심상견의 분별심이 있어, 자타 없는 자비로 타他를 수용 할 수가 없고, 대비심을 발하는 자타불이自他不二 무아인성無我因 性을 가질 수가 없다. 상相과 나 없는 본성에 들면, 일체차별심을 벗어나 청정 본성심 가운데 나 없는 대승의 자비심을 발하게 된다. 차별 없는 성품의 밝음이 지혜며, 그 지혜의 행이 둘 없는 자비로 나타난다. 태양이 스스로 밝음은 지혜며, 태양의 밝음이 만물과 만생명을 이롭게 함이 자비다.

※ 여시삼청 지극히 간곡한 청법을 올린다.

作是語已 五體投地 如是三請 終而復始
작 시 어 이 오 체 투 지 여 시 삼 청 종 이 부 시

이 말씀을 드리고는, 오체를 땅에 던져 간절히 절을 올리고, 다시 이와 같이 세 번을 반복하며 지극정성 간곡히 부처님의 가르침을 청하였다.

● **여시삼청**如是三請: 부처님에게 청법請法을 세 번을 똑같이 반복하여 법을 청함이다. 오체투지로 여시심청함은 대중과 말세중생을 위한 청법자의 간곡함이며, 중생구제의 보살심으로 부처님의 무한 대비심에 법을 청하는 간절함이다. 이는 중생을 향한 보살심이며, 보살행이다. 이 염원은 처음을 알 수 없는 숙세에 쌓아온 청정보살심, 중생을 향한 숙세의 원력행이다.

爾時 世尊 告文殊師利菩薩言
이시 세존 고문수사리보살언

이때 세존께옵서 문수사리보살에게 말씀하시었다.

※ 여래 인지법행으로 사견에 떨어지지 않도록 한다.

善哉善哉 善男子 汝等 乃能爲諸菩薩 諮詢如來 因
선재선재 선남자 여등 내능위제보살 자순여래 인

地法行 及爲末世 一切衆生 求大乘者 得正住持 不
지법행 급위말세 일체중생 구대승자 득정주지 불

墮邪見
타사견

착하고 착하도다. 선남자여! 너희들은 능히 모든 보살을 위해 여래의 인지법행을 물어, 더불어 말세의 일체중생이 대승을 구하는 자로 하여금 바르게 머무는 법을 얻어 사견에 떨어지지 않도록 하려는구나.

♣ 법회 대중과 미래세의 중생들을 위하고자 대비심을 발하고, 선근을 일으킴이 참으로 갸륵하고 훌륭하며, 착하고 착하구나. 상수 上首인 너희는 능히 모든 보살을 위해 여래의 청정행, 본기청정 인지법행을 물어, 더불어 말세의 일체중생이 일체상을 초월한 청정본성 실상성품인 대승을 구하는 자로 하여금, 상심상견의 무명과 사상심의 사견邪見에 떨어지지 않도록 하려는구나.

● 청법자 의중意中을 꿰뚫은 여래의 말씀이다.

※ 청법에 응하여 너희들을 위해 설하리라.

汝今諦聽 當爲汝說
여 금 체 청 당 위 여 설

너희들은 이제 자세히 살피어 들을지니라. 당연히 너희들을 위해 설하리라.

♣ 너희들은 이제 여래의 설함을 따라, 여래의 본기청정 本起淸淨 인지법행因地法行을 지혜로써 자세히 살피고 잘 사유하며, 지혜의 밝음으로 들을지니라. 당연히 너희의 간곡한 청정서원과 그 염원의 원력을 원만하게 하고, 부족함이 없이 그 서원을 구족하게 하고자, 너희들을 위해 설하리라.

※ 청법에 응하심과 지혜를 얻는 기쁨에 묵연이청하다.

時 文殊師利菩薩 奉敎歡喜 及諸大衆 默然而聽
시 문 수 사 리 보 살 봉 교 환 희 급 제 대 중 묵 연 이 청

그때 문수사리보살께서 환희심에 말씀을 받들어 모든 대중과
더불어 묵연히 귀를 기울였다.

● **여금체청**汝今諦聽 **당위여설**當爲汝說: 여금체청汝今諦聽은 사
견邪見에 떨어지지 않는 본기청정本起淸淨 인지법행因地法行인
대승大乘의 실상과 본기청정 실상심實相心인 청정심을 발함과 인
지법행인 각성覺性과 원각수순심을 분별하여 잘 살피라는 말씀이
시다. 당위여설當爲汝說은 대중과 말세중생을 위하고자 법을 청
한 청법자 문수사리보살의 대비심 선근의중善根意中을 꿰뚫어,
여래의 원만한 무상대비심無上大悲心을 발함이다.
● **봉교환희**奉敎歡喜: 여래께서 청법의중請法意中을 수용한 불佛
의 무상대비심無上大悲心에 무한 감사의 기쁨과 모든 보살과 대중
과 말세중생들이 여래 본기청정 인지법행의 법문을 듣게 되는 인
연사에 감사하는 기쁨이다.
● **묵연**默然: 적연부동심寂然不動心이다. 불佛의 지혜설에 미혹
을 타파하고, 각성광명을 열고자 마음의 동動을 끊어, 본성을 수
순하는 적연부동심寂然不動心의 선정禪定이다. 이는 일체사량과
분별이 없는, 청정선근심인 본연순수 청법심聽法心이다. 일체불
설一切佛說이 자성청정설自性淸淨說이므로 그 실체가 없고 성품
이 원만하여 자재함으로, 본성수순심 본연자성정本然自性定의 묵
연默然함에 듦으로, 여래如來의 일체설一切說이 묵연默然의 자
성을 따라 장애 없이 수용섭수하게 된다. 그러나 자성을 수순하는

지혜가 없으면 상심상견으로 법을 듣게 되고 법을 수용함으로 여래如來 불지혜佛智慧의 자성지혜설이 상견相見에 장애가 되어 중생상심 상법相法에 떨어진다. 그러므로 자성성품 묵연默然의 지혜로 들으면 여래의 일체설이 자성지혜 속에 상相 없이 원만구족하다. 자성지혜를 벗어나면 여래의 일체설이 상相의 차별경계인 법상法相에 떨어진다.

법을 듣는 청법심聽法心의 경계도 근기根機와 지혜차별에 따라 법法을 듣는 지혜와 심心의 경계가 다르다. 눈과 귀로 법을 듣는 자와 지식의 앎으로 법을 듣는 자와 분별심으로 법을 듣는 자와 자신의 알음알이인 견해로 법을 듣는 자와 차별경계에서 법을 듣는 자와 법에 대한 아견我見으로 법을 듣는 자와 법상法相으로 법을 듣는 자와 법을 구하는 마음으로 법을 듣는 자와 법을 여의려는 마음으로 법을 듣는 자와 구할 것 없고 여읠 것 없는 마음으로 법을 듣는 자와 평등심으로 법을 듣는 자와 불심佛心으로 법을 듣는 자와 깨달은 지견智見으로 법을 듣는 자와 깨달음 경계에서 법을 듣는 자와 불법佛法을 구하거나 여의려는 마음으로 법을 듣는 자와 이심전심以心傳心으로 법을 듣는 자, 이 일체가 곧, 분별심이다. 이것이 묵연이청默然而聽하지 못함이다. 왜냐면, 거기에는 분별심인 나 있기 때문이다. 나는, 나 아니라 곧, 분별심이니, 어떠한 불지혜설佛智慧說도 중생심 사견邪見에 떨어지며, 무명심 분별의 미혹에 떨어지며, 상심상견에 상법相法으로 떨어지니, 실상청정법 불지혜설佛智慧說이 중생망견衆生妄見인 분별의 무명각식無明覺識에 물들고 오염되게 된다. 이것이 정법말세며, 말세중생이다. 일체상에 걸림 없고 장애 없는 무상각無上覺 여래 지혜광명의 실다움이 중생의 망식망견妄識妄見에 물이 들고, 왜곡되는 까닭이다. 묵연이청은 중생심의 고요가 아니라, 일체차별과 분별심이 없는, 법을 듣는 장애 없는 최상공덕심最上功德心 자성묵연심自性默然心이다. 이는 아我에 의한 일체 분별심이 없는 성품의 묵연默然이다. 불지혜설을 바로 자성에서 수용하고, 수순하는 성품의 마음이다. 즉, 아我에 물듦 없는 본연심이다.

※ 무상법왕 대다라니문이 원각(圓覺)이다.

善男子 無上法王 有大陀羅尼門 名爲圓覺
선 남 자 무 상 법 왕 유 대 다 라 니 문 명 위 원 각

선남자야, 무상법왕의 대다라니 문이 있어, 이름하여 원각이니라.

♣ 선남자야, 더 없고, 위 없는 일체법의 근원이며 근본인, 무상법왕無上法王 일체총지一切總持인 공능功能 대다라니에 드는 문門이 있으니, 이름하여 원각이니라.

● **무상법왕**無上法王 : 더 없고, 위 없는 법의 왕王이다. 이는 원각이다. 그것이 무엇이며, 무엇이든, 수승하고 수승하며, 빼어나고 빼어난 것 중, 으뜸이어도 원각에 미치지 못하며, 원각을 능가하지 못한다. 또한, 그 어떠한 공덕이 수승하고 수승하며, 빼어나고 빼어난 것 중, 으뜸이어도 원각에 미치지 못하며, 원각을 능가하지 못한다. 그리고 그것이 무엇이며, 무엇이어도 원각의 영역과 한계를 벗어나 있지 않으며, 원각으로부터 비롯되지 않음이 없다. 그러므로 원각을 일러 무상법왕이라고 한다. 왜냐면, 원각은 일체의 근본이며, 근원이며, 일체가 원각의 영역세계며, 일체가 원각

第一 文殊師利菩薩章

공덕의 장엄상莊嚴相이기 때문이다. 원각은 일체상과 일체식一切識의 근원과 근본이며, 일체상과 일체식을 벗어난 청정원융각명淸淨圓融覺明인 자재심왕自在心王이다.

● **대다라니문**大陀羅尼門: 원각공능圓覺功能의 세계다. 이는 일체총지一切總持 공능功能의 문문門이니, 만법만상을 출현하고, 일체공덕을 섭수하며, 무한무량 불가사의공능으로 무량공덕 일체상을 창출하며, 제불일체각諸佛一切覺과 무량만법일체공덕을 창출하고 수용섭수하며, 일체중생심과 일체악근一切惡根을 소멸하며, 무량자비 공능功能으로 일체선一切善을 성숙하고 증장하며, 일체생명의 무진복락과 심성공덕을 무한광명으로 상승하게 하는 작용을 한다. 대다라니문은 원각공능행圓覺功能行으로 부사의공덕 일체를 유출하고, 수용섭수하는 원각공능圓覺功能 공덕의 부사의체不思議體와 능행자재행能行自在行이다. 대다라니문은 원각의 불가사의 무애자재한 공능功能의 세계다.

● **원각**圓覺: 만법의 근원이며, 근본인 각성覺性이다. 각성은 깨달음의 성품이 아니라, 시時와 방方과 상相과 식識을 초월한 원융원만구족편재성圓融圓滿具足遍在性인 보리菩提의 성품이다. 각覺을 원圓이라고 함은 각覺의 체體와 용用의 자재원융성을 일컬음이다. 각覺의 체성體性은 일체상과 시방을 초월해 원만구족한 원융편재성이므로 원각이라고 한다. 또한, 각覺의 용用은 일체상을 초월해 원융자재하여, 무엇에도 걸림이나 장애가 없으므로 원각이라고 한다. 이는 각覺의 체體와 용用의 원융불이성圓融不二性이다.

● **무상법왕 대다라니문**이 원각임은, 무상법왕이 곧, 원각이며, 원각공능부사의자재행圓覺功能不思議自在行이 곧, 무상법왕의 대다라니문이다. 이는 부사의각성不思議覺性의 부사의사不思議事

공능장엄계功能莊嚴界다.

※ 원각으로 모든 불법을 유출하며, 보살을 가르친다.

流出一切 淸淨眞如 菩提涅槃 及波羅蜜 敎授菩薩
유출일체　청정진여　보리열반　급바라밀　교수보살

일체 청정진여와 보리열반과 더불어 바라밀을 유출하여 보살들을 가르치고 이끄느니라.

♣ 원각은 무엇에도 물듦 없는 일체청정진여一切淸淨眞如와 생멸 없는 청정여여각성淸淨如如覺性인 보리열반과 일체평등청정심인 바라밀을 유출하여, 원만각성을 수순하지 못하거나, 지혜상에 머무는 보살들을 가르치고 이끄느니라.

● **청정진여**淸淨眞如 : 원각圓覺 자성성품이다. 청정은 물듦이나, 머묾이 없는 원각의 성품, 자성自性이다. 진여眞如는 물듦 없는 성품을 진眞이라고 하며, 일체에 자성차별이 없음을 여如라고 한다. 청정이 진여며, 진여가 청정이다. 이는 물듦 없는 원융한 원각의 성품이다. 항상 변함없으니 진眞이며, 자성自性이 차별 없는 불이성不二性이므로 여如다.

● **보리열반**菩提涅槃 : 보리는 원각의 실체인 각覺의 성품이다. 열반은 생멸 없는 보리의 성품이다. 보리열반은 각覺의 청정부동성이다. 이는 각覺의 무자성 원융성이다. 보리는 열반의 실체며, 열반은 보리의 생멸 없는 성품이다. 보리는 열반을 벗어나 있지 않고, 열반은 보리를 떠나 있지 않다. 이것이 곧, 원각이다.

● **바라밀**波羅蜜: 원각의 세계다. 일체상과 일체식一切識을 벗어
난 청정진여 보리열반의 세계다. 이는 원각의 성품 실상세계다.
이는 곧, 일체생명의 청정각지淸淨覺地다.
● **보살**菩薩: 원각의 지혜, 각성에 든 자다. 이는 각覺인 보리심
菩提心을 발한 자다.

※ 청정각성을 수순함이 불(佛)을 이루는 도(道)다.

一切如來 本起因地 皆依圓照淸淨覺相 永斷無明
일체여래　본기인지　개의원조청정각상　영단무명

方成佛道
방성불도

**일체여래는 본기인지로 모든 경계에 원조 청정각상을 수순하
여, 영원히 무명을 끊으며, 이 방편이 불을 이루는 도이니라.**

♣ 일체여래는 깨달음의 바탕인 근본지根本地, 본성성품을 발하여,
모든 일체경계에 두루 걸림 없는 원융한 청정각상淸淨覺相을 수순
하여, 영원히 무명을 끊으며, 이 방편이 불佛을 이루는 도道이니라.

● **본기인지** 本起因地: 본기 本起는 본연본성의 성품 청정지혜를
발함이다. 이는 본연본성의 성품을 수순함이다. 인지 因地는 청정
성품을 일으킨 바탕 인지 因地인 본성을 일컬음이다. 무명을 끊고,
불佛을 이루는 인因의 땅이 본연본성의 성품을 일으킨 본기인지
다. 곧, 본성의 성품을 수순함이 불佛을 이루는 인지 因地다. 그러
므로 인지 因地는 곧, 본연본성이다. 무명을 끊고, 깨달음을 얻으

며, 불佛을 이룸이 모두 본성의 성품 청정자성을 수순함이다. 본성이 인지因地임은 본성의 성품을 일으킨 본성의 성품 수순행으로 본연본성으로 돌아가기 때문이다. 불佛을 이루는 것은 중생이 불佛이 되는 것이 아니라, 청정본성을 수순하지 못하는 무명장애인 중생심을 제거하여, 본연의 청정본성으로 돌아가는 것이다. 그러므로 무명장애로부터 본연본성으로 돌아가는 방법은, 본연본성의 무명장애 없는 청정성품을 발하여 무명장애를 제거하고, 본성장애 없는 본연의 그 성품을 회복하는 길뿐이다. 성불成佛은 본연본성으로 돌아가는 본성회귀법本性回歸法이다. 성불의 비결秘訣은 본성의 성품을 발현한 청정지혜에 의지하지 않으면 본성으로 돌아갈 길이 없다. 본성으로 돌아가는 반야선般若船은 본성 청정성품의 지혜이니, 본성 청정성품의 지혜에 의지하지 않으면, 본성으로 돌아가는 길이 끊어진다. 일체수행은 본성으로 돌아가는 휘귀본능행回歸本能行이며, 본성으로 돌아가는 길과 지혜를 얻음이 본성의 청정성품을 발함이다. 본성이 본연의 불佛이니, 본성의 성품을 벗어나 불佛을 구하면, 영겁永劫을 수행해도 불佛을 이루거나 찾을 수가 없다. 그러므로 본기청정本起清淨인 본성 청정성품의 지혜를 발하기 전에는 일체가 본성장애에 의한 무명이며 미혹이니, 성불의 길을 알 수가 없다. 본기청정本起清淨인 본성 청정성품을 발함이 발아뇩다라삼먁삼보리며, 그 청정성품을 수순함이 본기청정本起清淨 인지법행因地法行인 원각수순행圓覺隨順行이다.

● **원조청정각상**圓照清淨覺相: 원조圓照는 일체경계에 두루 걸림 없이 밝음이니, 곧, 원각의 작용이다. 이는 곧, 본성원각本性圓覺의 성품이다. 청정각상清淨覺相은 원각圓覺의 실체이니, 무엇에도 물듦 없는 원융한 청정각의 성품이다. 원조청정각상은 일체상에 걸림 없고, 시방에 두루 편재遍在하여 밝은 원융각이다. 원조

청정각상에 개의 皆依함은 일체경계와 일체행에 원조청정각상을 수순하는 원각행이다. 이것이 영원히 무명을 끊는 방편법이며, 불佛을 이루는 도道다. 원조청정각상을 수순하는 원각행이 방편임은, 이에 의지해 본연본성 청정진여 보리열반의 불성佛性, 원조청정각상에 들기 때문이다. 일체 각성수순행을 초월한 본연본성에는 각성覺性을 수순하는 각성수순행도 없다. 일체가 그대로 각성覺性뿐, 수순할 것 있음이 망妄이며, 각성을 벗어난 무명이기 때문이다. 그러므로 원조청정각상을 수순함을 방편이라고 한다. 각성을 수순하고, 불佛을 이루는 도道의 일체가 방편일 뿐, 본성실本性實이 아니다. 그러므로 원각에 들면, 원각을 수순함도, 중생을 벗어 불佛을 이룸의 망견妄見도 벗어나게 된다. 원각본성에는 청정불이성淸淨不二性인 원융일심일각圓融一心一覺뿐, 무명과 각覺도 초월하고, 중생과 불佛도 초월한 청정진여일실淸淨眞如一實인 불이원융원각不二圓融圓覺이다.

※ 자신의 몸과 마음이 있음이 곧, 전도된 무명이다.

云何無明 善男子 一切衆生 從無始來 種種顛倒 猶
운 하 무 명　선 남 자　일 체 중 생　종 무 시 래　종 종 전 도　유

如迷人 四方易處 妄認四大 爲自身相 六塵緣影 爲
여 미 인　사 방 역 처　망 인 사 대　위 자 신 상　육 진 연 영　위

自心相
자 심 상

무엇을 무명이라 하는가 하면, 선남자야, 일체중생이 처음을 알 수 없는 지금에 이르기까지 좇아 가지가지 전도됨이, 마치

미혹한 사람이 네 방위를 잘못 알아 바뀌어 앎과 같음이니, 사대를 망령되이 인식하여 자신의 몸으로 알고, 육진에 인연한 그림자를 자기 마음으로 여기느니라.

♣ 무엇을 일러 무명이라 하는가 하면, 선남자야, 일체중생이 처음을 알 수 없는 지금에 이르기까지 무명을 좇아 가지가지 전도顚倒됨이, 마치 미혹한 사람이 동서남북 네 방위를 잘못 알아 바뀌어 앎과 같음이니, 인연으로 화합한 지수화풍 사대四大를 망령되이 인식하여 자기의 몸으로 알고, 육진六塵의 인연작용 색성향미촉법 그림자를 자기 마음으로 여기느니라.

● 위의 말씀은 무명無明이 곧, 인연으로 화합한 지수화풍地水火風 사대四大를 망령되이 자기의 몸으로 앎이며, 색성향미촉법 육진六塵 인연작용의 그림자를 자기 마음으로 앎이 무명임을 드러냄이다. 이는 사대四大를 몸으로 앎이 곧, 무명이며, 육진작용의 그림자를 마음으로 앎이 곧, 무명이다. 이것이 전도顚倒된 무명이다. 이는 자신의 본성과 본심을 모르므로, 사대의 몸과 분별의 육근의식六根意識을 자기로 알고 있는 전도됨이며, 무명이다.

※ 무명이 있으면 실상을 왜곡되게 본다.

譬彼病目 見空中華 及第二月
비 피 병 목 견 공 중 화 급 제 이 월

그것을 비유하건대, 눈병이 나면 공한 가운데에 헛꽃이나 또한, 달이 두 개로 보이는 것과 같으니라.

♣ 사대의 몸을 자신의 몸으로 알고, 육진의 경계 그림자를 자신의 마음으로 아는 전도顚倒된 무명을 비유하건대, 눈병이 나면, 아무것도 없는 빈 가운데 아지랑이와 같이 가물거리는 헛것이 보이며, 또한, 달은 원래 하나이나, 눈병으로 하나인 달이 두 개로 보이는 것과 같으니라.

● 위의 말씀은 전도된 무명으로, 실체가 없고 사실이 아닌 사대의 몸과 육진의 허망한 모습이 있는 것처럼 나타나 보임을 일컬음이다. 이것이 전도顚倒된 무명의 그림자, 허망한 허상虛相이다. 깨달음이란 곧, 전도된 무명無明의 일체상이 실체 없음을 깨달아, 일체상 없는 청정본성에 들게 된다. 그러므로 깨달음과 함께, 이 허망한 허상이 사라져, 전도된 무명, 아상과 사상심 일체를 벗어나게 된다.

※ 상이 공함을 모름이 자신의 미혹인 줄을 모른다.

善男子 空實無華 病者妄執 由妄執故 非唯惑此 虛
선 남 자 공 실 무 화 병 자 망 집 유 망 집 고 비 유 혹 차 허

空自性 亦復迷彼實華生處
공 자 성 역 부 미 피 실 화 생 처

선남자야, 공에는 실로 꽃이 없으나, 눈병이 난 자는 헛것을 집착함이니, 망령된 집착을 말미암은 연고로, 오직 이 꽃이 실체 없는 공한 자성을 모를 뿐 아니라, 또한, 실로 저 꽃이 생겨난 곳도 역시 모르느니라.

♣ 선남자야, 아무것도 없는 공空에는, 실로 눈에 나타나 보일 것이 없으나, 눈병이 난 자는 눈병으로 나타난 현상임을 알지 못하고, 눈병으로 나타난 헛것을 집착하느니라. 눈병으로 나타난 허상을 집착해 좇음으로 말미암아, 눈에 나타난 저 현상이 사실이 아니며, 실체 없는 허망한 것임을 모를 뿐 아니라, 저 현상을 나타나게 한 것이 자신의 눈병이어도, 저 허망한 현상만 좇음으로, 저 현상을 나타나게 한, 자신의 눈병을 역시 또한, 모르느니라.

● 위의 말씀은, 무명無明으로 나타난 환幻이, 실체 없는 허망한 것임을 모를 뿐 아니라, 환幻을 나타나게 한, 자신의 전도顚倒된 무명無明을 또한, 모름을 일컬음이다.

※ 윤전생사가 있어 무명이라 한다.
由此 妄有輪轉生死 故名無明
유 차 망 유 윤 전 생 사 고 명 무 명

이로 말미암아, 망령되이 윤전생사가 있음이니, 이름하여 무명이라고 하느니라.

♣ 전도顚倒된 무명無明으로 말미암아, 지수화풍 사대四大를 인연한 것을 나의 몸으로 알고, 육진六塵의 그림자를 나의 마음으로 앎으로, 망령되이 생사를 윤회하는 윤전생사가 있음이니, 사대四大의 인연을 나의 몸으로 알고, 육진六塵의 그림자를 나의 마음으로 아는 이것을 이름하여 무명이라고 하느니라.

第一 文殊師利菩薩章

● 윤전생사와 무명이 둘이 아니다. 인연한 사대를 자기 몸으로 알고, 육진의 그림자를 자기 마음으로 아는 이것이, 전도된 무명이다.

※ 일체상은 본래 생긴 바가 없다.

善男子 此無明者 非實有體 如夢中人 夢時非無 及
선 남 자　차 무 명 자　비 실 유 체　여 몽 중 인　몽 시 비 무　급

至於醒 了無所得 如衆空華 滅於虛空 不可說言 有
지 어 성　요 무 소 득　여 중 공 화　멸 어 허 공　불 가 설 언　유

定滅處 何以故 無生處故
정 멸 처　하 이 고　무 생 처 고

선남자야, 이 무명이라는 것은, 실로 실체가 있는 것이 아니므로, 꿈속의 사람과 같아서 꿈꿀 시에는 없는 것이 아니지만, 마침 깨어나면 얻을 바 없음을 깨닫듯이, 온갖 실체 없는 꽃이 허망하여 공함 속에 사라져도, 사라진 곳을 일컫거나 있다고 가히 말할 수 없음과 같으니라. 무슨 까닭이냐면, 생긴 바가 없기 때문이니라.

♣ 선남자야, 무명인 사대의 몸과 육진의 마음은 실체가 있는 것이 아니므로, 꿈속의 사람과 같아서, 꿈을 꿀 때에는 없는 것이 아니지만, 꿈을 깨어나면 꿈속 사람은 실체 없는 환幻이었음을 깨닫듯이, 온갖 실체 없는 허망한 현상이 실체 없어 공空하여 사라져도, 사라진 곳을 일컫거나 있다고 말할 수 없는 것과 같으니라. 무슨 까닭이냐면, 본래 생겨난 바가 없기 때문이니라.

● 눈병으로 나타난 현상은, 눈병이 사라짐과 함께 눈에 보이는 현상도 사라지니, 눈병이 나으면, 눈병에 의한 현상은 일컫고 지칭하며, 이름할 것이 없다. 왜냐면, 본래 생겨난 바가 없고, 사실이 아니기 때문이다.

※ 생멸을 봄이 곧, 윤전생사다.

一切衆生 於無生中 妄見生滅 是故 說名輪轉生死
일체중생 어무생중 망견생멸 시고 설명윤전생사

일체중생이 무생 속에 망령되이 일어나고 사라짐을 봄이니, 이러한 까닭으로 일컬어 윤전생사라 하느니라.

♣ 일체중생이, 생겨남이 없는 무생無生 속에, 망령되이 생겨나고 사라지는 생멸의 모습을 봄이니, 이러한 까닭으로 일컬어, 생사를 돌고 도는 윤전생사라 하느니라.

● 생멸이 있음을 보는 것과 윤전생사가 둘이 아니니, 생멸을 봄이 곧, 윤전생사심輪轉生死心이며, 윤전생사견輪轉生死見이다. 왜냐하면, 일체가 무생無生이기 때문이다. 생멸의 실체인 자성自性은 생멸이 없음이니, 생멸이 끊어진 것이 무생無生이다. 즉, 일체상이 생사생멸이 끊어진 진여진성眞如眞性이다. 생멸을 봄이 곧, 윤회견輪廻見이며, 전도顚倒된 무명견無明見이다. 이는 사대四大를 인연하여 나의 몸으로 알고, 육진六塵의 그림자를 나의 마음으로 앎이다. 실상實相인 무생無生에는 내가 없고, 무생無生을 벗어나면 생멸의 그림자인 허망한 허상을 나로 인식하게 된다. 나

있으면 곧, 실상實相인 무생無生이 아니며, 나 없으면 무생無生
이나, 무생無生을 아는 자者기 있으면, 그것이 곧, 나이니, 무생
無生을 깨달았거나 안다 하여 무생無生이 아니다. 무생無生에는
나 없을 뿐 아니라, 무생無生도 없다. 있다, 없다 함이 생멸이며,
나이니, 무생無生에는 생生도 무생無生도 없고, 있다, 없다도 없
고, 나와 나 아님도 없고, 없는 그것도 없다. 그러므로 무생無生이
라고 하며, 파괴됨이 없는 더 없는 결정성結定性에 듦으로 무생법
인無生法印이라고 한다. 이는 원각圓覺의 실체다.

※ 본성은 생사가 없어 윤회가 없다.

善男子 如來因地 修圓覺者 知是空華 卽無輪轉 亦
선 남 자　여 래 인 지　수 원 각 자　지 시 공 화　즉 무 윤 전　역

無身心 受彼生死 非作故無 本性無故
무 신 심　수 피 생 사　비 작 고 무　본 성 무 고

**선남자야, 여래인지에서 원각을 닦는 자는, 이것이 공화임을
알아 곧, 윤전이 없고, 또한, 저 생사를 받는 몸과 마음이 없
느니라. 지음이나 지음이 없는 까닭이 아니고, 본성에는 생사
가 없기 때문이니라.**

♣ 선남자야, 여래의 근본성품 여래인지如來因地에서 원각을 닦
는 자는, 사대四大의 일체와 육진六塵의 일체현상이 실체가 없는
공화空華임을 알아, 곧, 공화空華를 집착하거나, 머무르거나 좇는
생사생멸을 돌고도는 윤전생사가 없고, 또한, 저 생사를 받을 몸
과 마음이 없느니라. 이것은 생사생멸에 듦이 없는 마음을 지음의

연고가 아니고, 또한, 생사생멸에 드는 마음을 지음이 없기 때문이 아니니라. 그 까닭은 본성은 본래 생사생멸과 윤회가 없기 때문이니라.

● **여래인지**如來因地: 여래를 이루는 인因의 땅이다. 이는 본기청정인지本起淸淨因地이니, 본성의 청정성품을 일으킨 여래를 이루는 바탕이다. 이는 일체중생의 근본 청정각지淸淨覺地며, 곧, 여래의 본성자리다. 이는 본성 청정성품을 발하여 수순함이며, 곧, 원각의 본성이다.

● **여래인지**如來因地 **수원각자**修圓覺者: 여래인지에서 원각을 닦는 자다. 이는 여래인지는 여래를 이루는 인因의 바탕이니, 이는 곧, 청정본성을 일컬음이다. 청정본성이 인지因地가 아니면 여래를 이룰 수가 없다. 무엇을 찾아가거나, 무엇을 이루어 얻거나, 무엇을 구하여 성취하는 것에는, 일체제불의 유일한 성불법과 방편과 도道가 끊어져 없다. 만약, 무엇을 찾아가거나, 무엇을 이루어 얻거나, 무엇을 구하여 성취하는 것에 성불의 방편과 도道가 있다면, 그것은 여래의 뜻을 벗어났으며, 법상法相으로 불지혜佛智慧를 헤아리는 사견사법邪見邪法인 사상심의 상심상견이다. 불佛을 성취하는 중생을 위한 일체방편과 도道는 단지, 본성의 성품으로 미망의 분별심 사상심을 여의는 방편일 뿐이다. 여래인지는 청정본성이며, 원각은 청정본성의 성품이다. 이는 곧, 청정본성원각이다. 청정본성은 원각의 체성體性인 본성이며, 원각은 청정본성의 성품 원융각성이다. 그러므로 원각은 수행으로 생기거나 얻는 경계가 아니며, 수행으로 들어가는 경계가 아니며, 무엇을 구하여 성취하는 경계가 아닌, 본연본성 원융각성은 일체상과 시방을 초월하여 원융편재충만한 본연성이다. 이 본연성이 여래인지며, 일

체중생의 청정각지다. 원각은 그 성품 청정원융각이다. 다른 이름은 본연本然의 각覺이므로, 본각이다. 이 마음이 원융심인 본심이며, 이 성품이 원융성인 본성이다. 본각本覺, 본심本心, 본성本性의 본本이라 함은, 얻거나, 만들거나, 구하거나, 성취하거나, 수행하거나, 깨닫거나, 완성하는 등의 노력이나, 인위적인 노력과 수행으로 얻거나 성취하는 것이 아니다. 시종始終 없이 본래 그러한 본연본성의 성품이므로 본本이라고 한다. 본本이라고 함에는 생사생멸을 벗어났고, 유무와 유위무위를 벗어났고, 물物과 심心을 벗어났고, 중생과 불佛을 벗어났고, 열반과 적멸을 벗어났다. 본本은 시종始終 없는 본래 그러한 것이다. 그러므로 본연本然이라고 한다. 그러므로 여래인지에서 원각을 닦는 자란, 청정본성 원융지혜에 들어, 본성 원융무애원만각성圓融無礙圓滿覺性인 청정각성을 수순함이, 여래인지에서 원각을 닦는 자다.

● **수원각자**修圓覺者 **지시공화**知是空華: 원각을 닦는 자는, 이것이 공화임을 안다. 이는 원각을 닦는 자는, 사대의 일체와 육근과 육진에 의한 일체현상이 실체가 없는 공화空華임을 앎이다. 이는 원각이라 함에는 사대 일체와 육근 육진 일체가 무자성원융이라 걸리고 막힘이 없어, 두루 원융하며 융통하기에, 장애 없는 각성覺性이므로 원각이라고 한다. 원각경계에서는 일체가 실체가 없는 원융성임은, 일체가 그 성품이 무자성이며, 그 성품이 불이청정원융성不二淸淨圓融性이므로, 사대四大인 만물일체와 육근의 일체경계가 공화空華임을 안다. 이 경계가 곧, 원각의 원융지혜 성품의 세계다. 그러므로 여래인지에서 원각을 닦는 자는, 일체가 공화空華임을 안다. 이것이 청정본성 원각경계며, 원융본성 원각지圓覺智다. 이 청정원융성을 수순함이, 여래인지에서 원각을 닦는 자다.

● **비작고무**非作故無 **본성무고**本性無故 : 지음이나 지음이 없는 까닭이 아니고, 본성에는 생사가 없기 때문이다. 이는 여래인지如來因地에서 원각을 닦는 자는 사대四大와 육근六根과 육진六塵의 일체가 공화空華임을 알아, 윤전생사가 없다. 사대의 몸과 육근 육진의 마음이 없음이, 생사생멸에 듦이 없는 수행이나, 생사를 끊는 수행의 지음이나, 생사 없는 각覺을 지음이 아니다. 또한, 수행이나 각覺으로 생사생멸에 드는 마음을 지음이 없기 때문이 아님은, 일체 성품이 본래 생사와 생멸과 윤회윤전하는 실체가 없기 때문이다. 이는 수행이나, 노력이나, 마음씀에 의해 생사를 끊으므로 그렇게 되는 것이 아니고, 일체의 본성이 본래 생사와 생멸이 없기 때문이다. 단지, 그 지혜에 듦이 본성지本性智며, 그 각성覺性에 듦이 본각本覺이다. 일체불이원융성一切不二圓融性이면 곧, 원각이다. 이를 수순하면, 여래인지에서 원각을 닦는 자다. 만약, 수행심과 수행력으로 생사심을 짓지 않거나, 생사심을 일으키지 않으므로, 사대와 육근의 일체상을 벗어났거나, 생사윤전을 벗어났다면, 이는 지음이 있으므로 사상심과 상심상견과 사견사법邪見邪法이다. 즉, 이는 망견妄見이며 무명견無明見인 미혹이다. 지음을 벗어나고, 머묾도 벗어나고, 깨달음도 벗어나고, 벗어난 것도 벗어나, 나 없는 원융에 이르면 원융이란 티끌도 벗어나고, 무일물無一物의 티끌도 벗어버리면, 일체가 그대로 중中과 변邊이 사라진 원융에 이르며, 이름할 무엇이 없고, 일컬을 무엇이 없는 가운데 일체가 그대로 원융각이며, 청정진여다. 지음이 있거나, 머묾이 있거나, 행함이 있거나, 어떤 헤아림 그 무엇이 있어도, 그것은 차별 속에 있음이다. 원각은 일체불이각一切不二覺이다. 그러므로 원융각이다. 불이不二가 원圓이며, 일一과 불이不二와 여如도 없어, 청정원융으로 깨어 있으니, 각覺이라고 한다.

자타, 물심無心, 내외, 각불각覺不覺, 생사열반, 중생불衆生佛이 있으면 원圓이 아니며, 이를 벗어난 각覺이나 일물一物이 있으면 각覺이 아니다. 일체가 원각이면 자타, 물심無心, 내외, 각불각覺不覺, 생사열반, 중생불衆生佛이 없는 원융각이다. 그곳에서 비로소 중생과 불佛을 벗어나고, 불이不二를 벗어버린 여如를 알며, 원융일심圓融一心을 깨닫게 된다. 곧, 본연청정本然淸淨이다.

※ 공(空)을 깨달은 지혜도 망견(妄見)이다.

彼知覺者 猶如虛空 知虛空者 卽空華相 亦不可說
피지각자　유여허공　지허공자　즉공화상　역불가설

그것을 알거나 깨달은 자도 다만 똑같이 허망하여 공하며, 허망하여 공함을 아는 자도 즉, 공화상이니, 또한, 가히 설할 수 없느니라.

♣ 일체가 공화空華임을 알거나 깨달은 자도, 다만 똑같이 공화와 다를 바 없어 허망하여 공空하며, 그 허망함을 돌이켜 깨달아 일체가 공空함을 더불어 깨달아 아는 그자 또한, 곧, 실체 없는 공화상空華相이니, 이 또한, 일컫고 이름할 실체가 없어, 역시 불가설不可說이니라.

● 일체가 실체 없는 공空임을 깨닫고, 아는 이것 또한, 심식心識의 환幻임은, 그 실체가 없기 때문이다. 대상이 공空하여 환幻임을 인식하는 자 또한, 환幻임을 깨달은 그자, 역시 또한, 환幻임은, 그 실체가 없기 때문이다. 상相과 인식자가 환幻임을 깨달음

과 깨달은 자者 이 일체가 환幻이며, 망념妄念이다. 이는 실상과 미망迷妄의 두 가지의 뜻이 있다. 일체가 환幻임은 그 실체가 없기 때문이다. 이는 자성청정이며, 그 자체가 무자성이기 때문이다. 이는 일체의 실상을 일컬음이다. 또한, 일체가 미망迷妄임은, 상相과 인식자가 환幻임을 깨달음과 깨달은 자者는, 상相을 정定해 보는 유견有見이며, 나 있음의 상견相見으로 비롯한 실상을 모르는 미망견迷妄見이기 때문이다. 인식함의 일체와 깨닫고, 헤아리며, 증득한 일체가 실상을 모르는 망견妄見이며, 미혹이다.

● 공화상空華相 : 실체 없는 허망한 것이다. 일체가 실체 없는 무자성無自性임을 깨달음이 공화空華를 깨달음이다. 이것을 깨달은 자者 또한, 공화상空華相이다. 일체가 실체가 없고 상相이 없음을 깨달음이 공화空華를 앎이다. 그러면 사대四大의 일체와 육근六根의 일체가 실체 없는 허망한 공화空華임을 알게 된다.

※ 유무(有無)를 여읨이 청정각을 수순함이다.

無知覺性 有無俱遣 是則名爲 淨覺隨順
무 지 각 성 유 무 구 견 시 즉 명 위 정 각 수 순

각성은 앎이 없으니, 유무를 모두 여의면, 이를 곧, 이름하여 청정각을 수순함이라 하느니라.

♣ 각성覺性은 일체사량과 헤아림의 분별인 앎이 끊어졌으니, 유무有無의 일체분별을 여의어 벗어나면 이를 곧, 이름하여 청정각성淸淨覺性 원각圓覺을 수순함이라 하느니라.

● **각성**覺性: 깨어 있는 본연각성 本然覺性 이다. 일체분별을 벗어나 머묾 없는 청정한 성품이다. 각성을 수순하려면 유무의 일체분별심, 사상심 일체를 벗어나야 한다. 사상심 일체를 벗어나 유무의 일체 상심 相心과 상견 相見 없음이 청정각성 본성원각을 수순함이라 한다.

※ 여래장은 기멸(起滅)과 지견(知見)이 없다.

何以故 虛空性故 常不動故 如來藏中 無起滅故 無
하 이 고 허 공 성 고 상 부 동 고 여 래 장 중 무 기 멸 고 무

知見故
지 견 고

무슨 까닭이냐면, 비어 공한 성품인 까닭이며, 항상 동하지 아니하는 까닭이니라. 여래장 성품은 일어나고 멸함이 없는 연고로, 앎과 견이 없는 까닭이니라.

♣ 유무의 일체상을 여읨이 청정각성을 수순함이란 무슨 까닭이냐면, 각성 覺性은 상 相이 없어 무자성 청정공성 淸淨空性인 까닭이며, 항상 생멸과 유무의 일체상에 동 動함 없는 본연청정무자성 무유정 無有定의 성품이기 때문이니라. 부사의 청정진여 본성인 여래장 如來藏의 성품은, 분별심이 일어나고 멸함이 없는 까닭에 분별의 앎과 헤아림의 견 見이 없기 때문이니라.

● 각성부동 覺性不動은 각성 覺性이 생멸이나 분별심이 없어 일체상과 경계에 동 動함 없는 무자성 청정공성 淸淨空性인 무유정 無有

定의 성품임을 일컬음이다. 부동不動이 유무의 부동이나, 생멸의 부동이나, 상相의 부동이나, 견見의 부동이 아닌, 무자성 청정본연성을 일컬을 뿐이다. 즉, 본성의 성품 청정성이다.

● **여래장**如來藏: 본연성本然性을 여래장如來藏이라고 한다. 본연성을 여래장이라고 함에는, 여如는 물듦 없고 원융하여 변함없는 무자성 성품이기 때문이며, 래來는 청정원융자재한 부사의묘용이 있기 때문이다. 장藏이라고 함에는 무명無明인 미혹장迷惑藏과 각覺의 공능功能인 공능장功能藏이 있다. 미혹의 무명장無明藏은 무명식無明識인 사상심과 상심상견과 육근의식과 자아의식인 무명식에 가리어 알 수가 없어, 무명식에 여래의 성품이 감추어져 있기 때문에 여래장如來藏이라고 한다. 각覺의 공능功能인 공능장功能藏은 본연성 여래의 성품은 부사의하고 불가사의한 무한무량 공능功能을 함장含藏하고 작용하기에, 여래장如來藏이라고 한다. 여래장의 원융자재한 부사의공능不思議功能으로 일체만상만물이 생성하고, 일체생명이 작용하며, 그 일체를 또한, 원융무애수용섭수하며, 제불여래일체각성諸佛如來一切覺性과 공덕, 일체지혜선법一切智慧善法을 유출하고, 또한, 그 일체공덕을 수용섭수하기 때문이다. 깨달음으로 각성覺性에 들고, 불佛을 성취하며, 일체선법一切善法을 수용섭수하는 것도, 본연성 여래장의 부사의공능에 의함이다. 그러므로 여래장이라고 함에는, 무명식無明識에 감추어져 알 수 없는 비밀장秘密藏과 부사의 각성공덕 공능장功能藏이 있다. 중생들은 무명식에 의해 여래장 부사의공덕 공능장功能藏이 중생식에 감추어져 있어, 중생경계에는 알 수 없는 비밀장秘密藏의 세계며, 본연각성을 발하여 여래각성장엄如來覺性莊嚴 공능장功能藏에 들어, 여래장 부사의공능력으로 청정각성을 수순함이 곧, 여래장의 부사의공덕 여래공능장如來功能藏 원

각행이다.

● 법法을 분별하거나 수용함에는 지식과 견見과 지혜의 세 가지가 있다. 지식은 앎에 의지하여 사량하고 분별함이며, 견見은 법을 자기 견해로 규정하고 정定해 보는 법상法相인 식견識見으로 사량하고 분별함이며, 지혜智慧는 지식과 식견이나 견해가 아니라, 전후 없는 성품으로 사량과 분별없이, 법法이 그러한 실상을 볼 뿐이다. 그러므로 행行에도 지식행, 견해행, 지혜행의 차별이 있다. 지식행은 앎에 의지한 행이며, 견해행은 옳고 그름의 자기견自己見의 분별심행이며, 지혜행은 앎과 옳고 그름의 자기견이 없는 법성法性을 수순할 뿐이다.

● 이 구절은 원각성圓覺性의 실상 실체를 드러냄이다.

※ 법계성 청정자성 수순행 이름이 인지법행이다.

如法界性 究竟圓滿 遍十方故 是則名爲 因地法行
여 법 계 성 구 경 원 만 편 시 방 고 시 즉 명 위 인 지 법 행

여법계성은 구경원만하여 시방에 두루 편만한 까닭으로, 이를 수순함이 곧, 이름하여 인지법행이라 하느니라.

♣ 비어 공空한 성품이며, 항상 적멸하여 부동不動이므로, 일어나고 멸함이 없는 청정불이원융성淸淨不二圓融性인 여법계성如法界性은, 일체상을 벗어나 구경원만하여 시방에 두루 충만하고 편만遍滿한 까닭으로, 이를 수순함을 이름하여 인지법행因地法行이라 하느니라.

● **여법계성**如法界性: 청정불이淸淨不二 법계성이다. 이는 생멸 없고, 동動함 없는 성품인 법계성이다. 여如는 불이성不二性이니, 생멸 없고, 동動함 없는 청정진여불이성淸淨眞如不二性이다. 법계성은 청정무자성淸淨無自性과 시방법계원만성품十方法界圓滿性品의 뜻이 있으니, 청정무자성은 그 성품의 실체가 없기 때문이며, 시방법계원만성품임은 청정무자성이 시방편재원융성十方遍在圓融性이기 때문이다. 이 법계성품이 곧, 불이성不二性인 여如며, 여如가 일체법계의 바탕이며, 근본이므로 법계성法界性이라 한다. 여법계성如法界性은 곧, 진여眞如다. 이는 각覺의 성품이다.

● **구경원만**究竟圓滿: 구경은 일체 상相과 견見, 지혜궁극智慧窮極인 구경究竟을 벗어남이며, 원만은 각성시방원융편재覺性十方圓融遍在를 일컬음이다. 이는 각성이 일체 상相과 견見을 벗어난 청정원융편재성淸淨圓融遍在性이기 때문이다.

● **편시방**遍十方: 시방에 걸림 없고 장애 없이 원융편재圓融遍在함이다.

● **시즉명위**是則名爲 **인지법행**因地法行: 이를 곧, 이름하여 인지법행이라 한다. 이는 각성覺性이 구경원만究竟圓滿하여 시방에 두루 원융편재圓融遍在하므로, 원융편재한 본연각성을 수순함을 이름하여, 본기청정本起淸淨 인지법행因地法行이라고 한다. 인지因地는 근본지根本地인 본연본성이다. 인지법행은 본성을 수순하는 본성법행이다. 이것이 원각수순행이다.

※ 인지법행으로 사견(邪見)에 떨어지지 않는다.

菩薩因此 於大乘中 發淸淨心 末世衆生 依此修行
보 살 인 차 어 대 승 중 발 청 정 심 말 세 중 생 의 차 수 행

不墮邪見
불 타 사 견

보살은 이 인지법행으로 인하여 대승 가운데 청정심을 발하며, 말세중생이 이 인지법행 수행에 의지함으로, 사견에 떨어지지 아니하느니라.

♣ 보살은 인지법행 본성행으로 인하여, 대승大乘의 성품 청정본성 가운데에 대승심 청정본심을 발하며, 말세중생이 이 인지법행에 의지함으로, 일체 미혹과 전도顚倒된 무명의 사견邪見에 떨어지지 아니하느니라.

● 대승중大乘中은 불이성不二性인 여법계성如法界性이며, 청정진여본성이다. 대승의 실상이 불이성不二性이며, 대승의 성품이 청정본성이다.
● **발청정심**發淸淨心 : 청정심을 발한다. 청정이 본성이니 청정심은 본성심이며, 이는 곧, 본심本心이다. 본심을 발함이 청정심을 발함이며, 청정심을 발함이 본심을 발함이다. 대승의 청정심은 청정본성심이며, 대승의 성품이 본성이다. 본성인 청정본심을 벗어나면, 일체가 차별이며, 불이청정대승심不二淸淨大乘心을 발할 수가 없다. 대승의 청정은 불이본성不二本性의 청정이다. 불이청정본성不二淸淨本性을 벗어나면, 대승심을 발할 수가 없다. 불이不二는 대승의 문門이며, 불이심不二心은 대승심이며, 불이성不二性은 대승의 성품이다. 청정이 불이不二며, 불이不二가 본성本性이며, 청정이다.
● **사견**邪見 : 전도顚倒된 무명견無明見이다. 이는 실상 정견正見

을 벗어난 사상심견이다. 사견邪見은 청정실상에 미혹한 무명견이니, 이는 일체상견상심一切相見相心이다.

爾時 世尊 欲重宣此義 而說偈言
이시 세존 욕중선차의 이설게언

이때 세존께옵서 이 뜻을 거듭 널리 펴시고자 게송으로 말씀하시었다.

文殊汝當知
문수여당지

문수사리보살이여! 그대는 당연히 알지어다.

※ 여래는 본성 성품의 지혜로 무명을 요달한다.

一切諸如來 從於本因地 皆以智慧覺 了達於無明
일체제여래 종어본인지 개이지혜각 요달어무명

知彼如空華 卽能免流轉 又如夢中人 醒時不可得
지피여공화 즉능면류전 우여몽중인 성시불가득

일체 모든 여래는 본성의 인지를 좇아, 모두 각의 지혜로 무명을 요달하고, 저 공화가 생멸이 없음을 알아 곧, 능히 윤회의 흐름을 벗으며, 또한, 꿈속 사람과 같아서, 깨어난 때에는 가히 얻을 수가 없느니라.

♣ 일체 모든 여래는 본성의 성품 청정인지淸淨因地로, 본연의 청정성품을 좇아, 모두 본연 청정각성의 지혜로 전도顚倒된 무명의 실체를 요달하고, 사대와 육근 육진의 일체현상이 실체 없는 공화空華며 생멸이 없음을 알아, 곧, 능히 윤회의 흐름을 벗어나며, 또한, 사대와 육근 육진의 일체현상인 공화가 꿈속 사람과 같아서, 본성의 청정성품을 인지因地로 한 청정각성의 깨달음에 들면, 사대와 육근 육진의 일체현상 공화는 가히 얻을 수가 없느니라.

● **본인지** 本因地 : 본성인지本性因地다. 이는 본성이 즉, 보리菩提니, 본연본성 청정각성 보리를 인지因地로 한 것을 일컬음이다. 이는 청정본연각성 즉, 보리菩提인 본각本覺이다.

● 일체제여래一切諸如來가 본인지本因地의 각성지혜로 무명을 요달함은, 본연각성지혜가 아니면 무명의 실체를 요달할 수가 없기 때문이다. 왜냐하면, 인위人爲와 유위적有爲的인 일체지혜는 상相에 의지한 것이므로, 제법諸法의 성품과 무명의 실상을 요달할 수가 없기 때문이다. 오로지 본성 청정각성으로만 사대와 육근 육진의 일체현상이 무자성無自性인 공화空華임을 깨달을 수가 있기 때문이다. 왜냐면, 사대와 육근 육진의 일체현상인 무자성無自性 공화空華는 상심상견의 인위와 유위적 일체 지혜로는 알 수도 없고, 깨달을 수도 없기 때문이다. 다만, 상相 없는 본성의 청정지혜로만 만법萬法 본래의 성품, 실상인 무자성無自性을 알 수가 있기 때문이다. 그러므로 일체여래一切如來가 본인지本因地 청정각성지혜 보리菩提인 본각本覺으로 상相에 머묾의 무명을 요달하여, 상相에 머묾과 집착의 윤회를 벗어나며, 무명의 일체가 공화空華며, 미망迷妄을 좇아 일어난 실체 없는 공화空華임을 깨달아, 일체상의 집착과 윤회로부터 벗어나는 것이다. 깨달음은 상相

을 두고 깨달을 수가 없다. 일체상이 상相이 아님을 요달함이 깨달음이며, 상심상견인 무명의 실체를 요달함이니, 이는, 무명의 일체상을 벗어남이다. 상相을 벗어남은 상相을 두고 상相을 벗어나는 것이 아니다. 상相이 실체 없음을 깨달아, 일체에 물듦이 없는 본연본성 청정성이 드러나므로, 일체상이 실체 없어 머무를 상相이 없고, 있는 바의 상相이 없어 상相을 벗어나게 된다. 이것은 인위와 유위의 일체지혜로는 불가능하며, 알 수가 없다. 왜냐하면, 인위와 유위의 일체지혜는 상相에 의존한 지혜며, 상相에 의지한 상相의 상념想念 분별심이기 때문이다. 깨달음은 수행으로 얻거나, 지어 만들거나, 완성하거나, 성취하거나, 구하는 지혜가 아닌, 본래 본성보리本性菩提의 성품으로 어떤 상념想念의 분별과 장애 없이, 그대로의 청정실상을 보는 것이다. 이는 어떤 지식과 관념과 앎으로는 불가능하며, 어떤 배움의 학식으로도 불가능하다. 단지, 본래본성이 때묻음 없고 상견相見에 물듦 없는 청정진여각성지혜淸淨眞如覺性智慧 그대로 청정실상을 볼 뿐이다. 그러므로 일체여래가 본인지本因地의 청정본성지혜로 무명을 요달하여, 상相의 상념想念인 전도顚倒된 무명의식無明意識 상심상견의 환幻을 요달하고, 일체상이 실체 없는 공화空華임을 깨닫게 된다. 무명의 실체를 요달하는 것도 일체가 청정무자성공화淸淨無自性空華임을 깨달음으로 무명을 요달하게 된다. 일체가 청정무자성공화淸淨無自性空華를 깨닫지 못하면, 무명을 요달할 수가 없다. 무명을 요달하는 길은, 본성보리本性菩提인 청정본각淸淨本覺에 들어 일체가 환幻이며, 일체상이 무명으로 일으킨바, 무명의 환영幻影임을 깨달음으로 상심相心과 상견相見이 사라지며, 미망의 환각幻覺인 일체상념一切想念의 분별과 헤아림인 사상심이 사라지게 된다. 반드시 본연본성이 두루 밝은 원융무애청정각성圓融無礙清淨覺性인 원각圓覺의 보리菩提에 의해서만, 일체상의 실상을 깨달을 수가 있고, 본심본각 청정각성을 수순할 수가 있다. 이것이 여법계성如法界性인 구경원만으로 시방에 두루 편재한 편시방각성遍十方覺性이며, 이 행行이 본기청정인지법행本起淸淨因地法行이며, 청정진여보리열반淸淨眞如菩提涅槃인 청정각지淸淨覺地 무상법왕대다라니문無上法王大陀羅尼門인 일체여래의 광명장엄주지光明莊嚴住持다.

● **여공화**如空華: 여如는 생멸 없는 일체 본연성의 성품을 일컬으며, 공화空華는 무자성상無自性相을 일컬음이다. 여공화如空華는 일체상인 청정진여실상淸淨眞如實相을 일컬음이다.

● **성시불가득**醒時不可得: 깨어난 때에는 가히 얻을 수가 없다. 이는 일체상은 전도顚倒된 무명망견공화無明妄見空華이므로, 꿈속 사람과 같아서, 꿈을 깨어난 때에는 가히 꿈속 일체상을 얻을 수가 없다. 왜냐면, 일체상이 실체 없는 무자성청정공상無自性淸淨空相이기 때문이다. 무자성청정공상이라 함은, 일체상이 생멸 없는 청정환淸淨幻인 진여성眞如性이기 때문이다. 일체가 그대로 생멸과 유무가 끊어진 청정진여원융성淸淨眞如圓融性이다. 있는 그대로 이사불이원융理事不二圓融이며, 청정진여원융각淸淨眞如圓融覺이다. 이것이 원각이며, 이 성품이 일체중생 청정각지淸淨覺地인 심신적멸心身寂滅 평등본제平等本際로 원만시방圓滿十方 불이수순不二隨順의 불이경不二境이다. 눈병이 없으면, 눈병에 의한 현상은 가히 얻을 수 없으며, 일컫고 이름할 수가 없다. 왜냐면, 사실이 아니며, 실체가 없으며, 꿈속 사람과 같아, 미망 속 공화空華이기 때문이다. 꿈에서 깨어나면 본래 없었고, 얻을 수 없는 몽중환夢中幻임을 깨닫게 된다. 상相의 환영幻影인 꿈을 깨지 않고 깨달음에 들 수가 없으며, 상相을 끌어안고 상相 없는 청정

본성 깨달음에 들 수가 없다. 깨달으면, 모두 한가득 끌어안은 상相이 몽중사夢中事며, 미망迷妄에 가린 눈병의 환幻임을 깨닫게 된다. 꿈을 깨고, 눈병이 사라지면 일체환몽一切幻夢과 환영幻影이 일어난 바도 없으며, 사라진 바도 없다. 왜냐면 본래 없었기 때문이며, 꿈속 현상이며, 눈병에 의한 현상이었기 때문이다. 본래 없었고, 있지 않은 것이라 불가득不可得이며, 불가설不可說이다.

※ 각(覺)은 공(空)한 청정성이므로 불(佛)을 이룬다.

覺者如虛空 平等不動轉 覺遍十方界 卽得成佛道
각 자 여 허 공 평 등 부 동 전 각 편 시 방 계 즉 득 성 불 도

각이란 것은 비어 공한 여의 성품이므로, 평등하여 동함이나 유전하는 것이 아니니, 각이 시방세계에 편만하여 곧, 불도를 이루어 성취하느니라.

♣ 각覺이란 것은 청정하여 비어 공한 실체 없는 무자성無自性 여如의 성품이니, 그 성품은 일체 불이평등성不二平等性이며, 무자성청정부동성無自性清淨不動性이므로 동動함이 없어, 유무나 생멸이나, 윤전윤회 생사 없는 성품으로, 각覺이 시방 원융편재성圓融遍在性이므로, 그 성품에 들어 곧, 불도佛道를 이루어 성취하느니라.

● **각자여허공**覺者如虛空 **평등부동전**平等不動轉 **각편시방계**覺遍十方界 **즉득성불도**卽得成佛道: 각이란 것은 비어 공한 여의 성품이므로, 평등하여 동함이나 유전하는 것이 아니니, 각이 시방세계

에 편만하여 곧, 불도를 이루어 성취하느니라. 이는 일체상一切相과 일체식一切識과 일체견一切見과 일체증一切證과 일체지혜一切智慧와 일체능소경계를 벗어버린 청정각성清淨覺性의 실체와 그 성품으로 성불成佛하는 실도實道를 드러낸 것이다. 이는 대방광원각수다라요의경 요의실체了義實體다. 각자여허공 평등부동전 각변시방계는 원각의 실체 대방광원각을 드러냄이다. 즉득성불도는 대방광원각수순요의행大方廣圓覺隨順了義行인 원각행을 드러냄이다. 각자여허공 평등부동전 각변시방계 즉득성불도 이는 원각의 실체와 원각요의행圓覺了義行을 드러냄이니, 이 경經 전체의 내용과 뜻義을 드러낸 원각요의사구게圓覺了義四句偈다. 이 각覺은 깨달음의 각覺이 아니며, 본연각성 보리菩提다. 깨달음의 각覺은 미망迷妄이다. 미망의 망념妄念이 깨달음이며, 깨달음은 미망 속에 이루어지는 환사幻事다. 본연본성 각성보리覺性菩提에는 깨달음이 없다. 미망의 망념을 좇아 깨달음을 이루고, 법상法相을 가지며, 각覺과 불각不覺의 미망의 망념을 일으키니, 이는 무명사無明事며 중생사衆生事일 뿐, 본연본성 각성보리는 그 일체를 벗어났다. 깨달음이 망妄이며, 망념妄念의 아我가 있음이니, 깨닫고 깨닫지 못함을 분별한다. 깨달음 미망의 망념을 일으키는 일체가 곧, 전도무명顚倒無明의 사견邪見이다. 본기청정인지법행 원각수순행에 들면, 깨달음의 망견妄見 무명사견無明邪見이 타파되어, 본기청정인지법행 원각수순행에 들게 된다. 각覺에는 일체가 각覺일 뿐, 깨닫고 깨닫지 못함의 차별이 없다. 일체가 각覺이라 원융청정 불이성不二性일 뿐, 깨달음의 일체망념 상相의 분별인 티끌이 없다. 그러므로 원각이며, 청정진여이니, 원융이며 일성一性이다. 그러므로 시방편재하여, 일체 상相과 식識을 벗어났고, 원융청정각명각성圓融清淨覺明覺性이 원융무애자재하다. 깨닫고 깨닫지 못함은 상심상견 미망의 분별일 뿐, 각覺에는 깨닫고 깨닫지 못함의 분별과 미망이 없다. 그러므로 원융이며, 원각이며, 일성一性이다. 불이원각성不二圓覺性인 원융각이 즉, 청정심이며 청정각이다. 이는 본연일심本然一心이다. 일심一心의 일一은 일체를 벗어버린 불이원융不二圓融인 여如의 성품을 일컬으며, 심心은 불이원융원각不二圓融圓覺의 공능功能 부사의묘용을 일컬음이다. 일심一心은 원각의 실체며, 원각공능수순심圓覺功能隨順心이다.

여허공如虛空은 허공과 같음이 아니다. 왜냐면, 허공은 깨달음이 아니며, 허공은 보리菩提인 각覺이 아닌, 중생 상심상견 차별심인 망식妄識의 상념想念인 망견유상妄見有相이기 때문이다. 각覺을 허공과 같이 생각함이, 미망의 망념 분별심이며, 전도된 무명식無明識에 사견邪見의 때문은 티끌을 더할 뿐이다. 미망迷妄의 망념妄念도 벗어나고, 허공상虛空相도 벗어나고, 깨달음도 벗어나고, 각상覺相도 벗어나고, 일컫고 이름할 벗어날 것 없는 것에 이르러도, 이름이 나를 부여잡은 미망의 망념이니, 이르고 벗어난 것, 이를 또한, 벗어나야 한다. 각覺과 불각不覺, 깨달음과 깨닫지 못함, 상相과 무상無相, 생사와 열반, 차별과 평등, 유위와 무위, 중생과 불佛, 이 일체가 미망이며, 환사幻邪다. 앎이나, 지식이나, 불법佛法이나, 깨달음이나, 각覺이나, 열반 그 가운데 만약, 상相과 대對와 능소와 차별과 같음과 차별도 같음도 아닌 비非가 있거나, 또한, 일컫을 그 무엇이 있다면, 그것이 청정淸淨과 각覺이 아닌 사견邪見이며, 전도된 미망의 망념이다. 이 일체가 본연본성 각성보리가 아니면 벗어날 수 없는, 문수사리보살이 청법에 일컫은 미혹 상견相見의 병病이며, 망식妄識의 사견

邪見이다.

문수사리보살께서 여래에게 정례불족 우요삼잡으로 장궤차수
하며, 불전佛前에 오체투지로 간곡히 여시삼청함이, 본기청정인
지법행으로, 대승大乘의 성품 속에 청정심을 발하여, 모든 보살
과 말세 일체중생이, 전도된 모든 병病을 멀리 벗어나고, 사견邪
見에 떨어지지 않도록 간절히 발원하며, 여래에게 간곡히 청법한
것이, 바로 법法을 정定해 보는 병病인 법상法相과 전도顚倒된
사견邪見인 상법상견相法相見을 벗어나는 법法을 간곡히 물음이
다. 이는 전도된 법상法相의 미망병迷妄病과 무엇이든 상相으로
정定해 보는 무명업력 상심상견相心相見을 벗게 함이다. 허공에
도 각覺이 없고, 허공도 각覺이 아니니, 허공과 허공상虛空相을
각覺으로 알거나, 각覺에 비유하면, 허공이라는 이 말에 속아, 문
수사리보살께서 여래에게 오체투지 여시삼청으로 간곡히 청법한
공덕이, 미망迷妄의 망념妄念 분별의 허공상虛空相에 모래알 같
이 흩어진다. 미망 중에 헤아린 그것이 무엇이든 깨닫고 나면 일체
가 꿈속 망환妄幻이었음을 깨닫게 된다.

여허공如虛空은 여如는 본연본성의 실체며, 성품이다. 이는 원
각의 실체며, 원각의 성품이다. 일체차별과 일체여여一切如如도
벗어버린 원융성이며, 원융각이다. 이를 일러 여如라고 한다. 어
떤 사량과 헤아림의 혀끝을 댈 수 없는 이것에, 허공과 같다고 하
거나, 차별 없는 같음이거나 하면, 이는, 같거나 다른, 차별의 이
법二法을 둠이니, 이것이 문수사리보살이 일체보살과 말세 일체
중생을 염려한 제병諸病이며, 사견邪見이다. 여허공如虛空은 불
이不二 즉, 여如며, 청정淸淨 즉, 허虛며, 무자성無自性 즉, 공空

이다. 여허공如虛空에 허공과 같음을 생각하면, 이는 법상法相이며, 망견妄見이다. 왜냐면, 차별 속에 떨어졌으며, 법法을 정定해 보는 분별심 이견상二見相이다. 허공과 허공상으로는 각성에 들수가 없으니, 이는 본연각성원융각本然覺性圓融覺 시방편재불이성十方遍在不二性을 벗어난 망견망식妄見妄識이다. 여如는 불이성不二性이라 눈을 뜨나 눈을 감으나 여如인 불이각不二覺은 차별이 없다. 눈을 감으면 허공과 허공상을 알 수 없으니, 어찌 허공과 허공상을 각覺에 비유하거나, 같다고 할 수 있겠는가? 이는 단지, 감각 잃은 자의 더듬거림에 의한 눈먼 추측일 뿐이다. 감은 눈도 통하지 못하는 허공과 허공상을 벗어나야, 불이不二의 여如를 비로소 깨닫게 된다. 그러면 눈을 뜨나 눈을 감으나 여일如一한 불이성不二性, 여如의 실체를 깨닫게 된다. 여如는 곧, 불이청정성不二淸淨性이니, 제10 보각보살장에서 작지임멸作止任滅 네 가지 병病을 벗어나야 곧, 청정淸淨을 안다고 했다.

평등부동전平等不動轉은 평등이 상相의 평등이나, 차별 없는 평등이나, 무엇이든 같은 평등이 아니다. 불이不二 즉, 평등平等이니, 이는 각성원융覺性圓融이며, 자성불이自性不二의 성품이니, 평등을 벗어버린 절대성품이다. 단지, 상相에 미혹되어 일체 차별 속에 분별심을 가지므로 그 미혹을 구제하고자, 차별과 평등을 벗어난 자성평등이라 할 뿐이다. 이는 곧, 다름과 같음과 차별과 평등을 벗어난 본연본성의 성품 청정을 일컬음이다. 곧, 시방원융편재十方圓融遍在한 원각의 성품이다. 부동不動 또한, 상相의 부동이나, 고요의 부동이나, 적멸寂滅의 부동이 아닌, 생멸 없는 자성自性을 일컬을 뿐이다. 이는 곧, 본연본성의 성품 청정성淸淨性이다. 그러므로 불이성不二性이며, 시방편재원융성十方遍

在圓融性이다. 이 또한, 원각의 성품이다. 각覺은 불이성 不二性이라 청정공성 清淨空性이니 일체상을 벗어났고, 무엇에도 걸림 없는 청정진여성이므로 동動함이나, 생멸이나, 윤전생사가 없다. 이것이 원각 圓覺이다.

각편시방계 覺遍十方界는 원각의 원융편재성 圓融遍在性이니, 방方 없어 원융편재다. 이는 일체상의 실상성품이니 일체차별계를 벗어나, 각覺이 상相과 방方을 초월해 원융시방편재 圓融十方遍在다. 이는 육근경계 내외상 능소경계 일체대 一切對가 끊어지면 들게 된다.

즉득성불도 卽得成佛道는 각자여허공 평등부동전 각변시방계의 성품을 수순하여 곧, 불도 佛道를 이루어 얻음이다. 불도를 이루어 얻는 것에는 두 가지의 특성이 있으니, 첫째는 본연원각 本然圓覺이 일체상을 벗은 시방편재불이원융성 十方遍在不二圓融性이기 때문이다. 이는 본연성품이 일체상을 초월한 청정성품이므로, 그 성품으로 불도를 이루어 성취한다. 불도는 일체상을 벗은 본연원각 시방편재불이원융성에 듦이다. 이것이 불佛을 이루는 성도 聖道다. 둘째는 일체상을 벗은 본연원각 시방편재불이원융성 수순이다. 이것이 본성을 수순하는 일체여래의 광엄주지 光嚴住持 신통대광명장 청정각지 清淨覺地다. 이는 심신적멸 평등본제 원만시방 불이수순 不二隨順 불이경 不二境인 본기청정 인지법행이다. 이것이 곧, 원각수순행이다.

※ 각(覺)에는 도(道)를 이룸도 얻음도 없다.

衆幻滅無處 成道亦無得
중 환 멸 무 처　성 도 역 무 득

온갖 환이 멸하여 없는 곳에는 도를 이룸도, 또한, 얻음도 없느니라.

♣ 사대와 육근 육진의 일체상인 온갖 환幻이 멸하여 없는, 청정진여 불이원각 不二圓覺　원융시방편재불이성 圓融十方遍在不二性인 원각의 성품에는 도道를 이룸도, 또한, 얻음도 없느니라.

● **중환멸무처**衆幻滅無處 : 온갖 환이 멸하여 없는 곳이다. 이는 사대와 육근 육진의 온갖 환幻이 멸하여 없는 청정본성의 성품이다. 이는 원각이다.
● **성도역무득**成道亦無得 : 도를 이룸도, 또한, 얻음도 없다. 이는 원각의 실체며, 일체상과 분별심이 끊어진 원각수순심과 원각수순행의 원각청정경계 圓覺淸淨境界다.

※ 보리심을 발해야 사견(邪見)을 벗어난다.

本性圓滿故 菩薩於此中 能發菩提心 末世諸衆生
본 성 원 만 고　보 살 어 차 중　능 발 보 리 심　말 세 제 중 생

修此免邪見
수 차 면 사 견

본성은 원만한 까닭으로, 보살은 이 가운데 능히 보리심을 발하

며, 말세 모든 중생이 이를 수행함으로 사견을 벗어나느니라.

♣ 본성은 심心, 식識, 물物의 상相에 걸림이나, 머무름이나, 막힘이나, 장애가 없어 원융하여 시방편재원만하므로, 보살은 이 본성의 원만성품 가운데 본연보리本然菩提의 성품 본기청정 인지법행인 보리심을 발하며, 말세 일체중생이 청정본성을 수순함으로 상相의 일체사견一切邪見을 벗어나느니라.

● 본성원만고本性圓滿故 : 본성은 원융편재하여 원만함으로 부족함이 없다. 그러므로 각覺을 구하거나, 얻거나, 성취할 필요가 없다. 다만 심행心行에 본성 원만성품의 장애를 제거하면 될 뿐이다. 본성원만 성품, 이 가운데 보살은 대승大乘의 성품, 일체에 물듦 없는 본성청정심을 발하며, 일체중생 또한, 그 성품을 수순함으로 전도된 무명 일체상의 상심상견인 사견邪見을 벗어남을 설함이다. 일체원각수순행은 곧, 청정본성수순행이다. 이것이 시방편재불이원융성十方遍在不二圓融性인 원각행으로 본성 원만성품에 듦이다.

第二 普賢菩薩章
제 2 보 현 보 살 장

※ 일체 환(幻)이 여래의 원각묘심에서 나오며, 일체가 각(覺)이며,
환(幻)을 여의어 각(覺)에 듦을 설한다.

※ 보현보살이 지극한 일념으로 청법의식을 갖춘다.

於是 普賢菩薩 在大衆中 卽從座起 頂禮佛足 右繞
어 시 보 현 보 살 재 대 중 중 즉 종 좌 기 정 례 불 족 우 요

三匝 長跪叉手 以白佛言
삼 잡 장 궤 차 수 이 백 불 언

이때에 보현보살께서 대중 속에 계시다 곧 자리에서 일어나
부처님 발에 공손히 이마를 조아려 공경의 예를 올리고 지극
한 존경심으로 받드시어 오른쪽으로 세 번 돌고 두 무릎을 땅
에 꿇어 두 손을 모아 부처님께 말씀을 사뢰었다.

大悲世尊
대 비 세 존

대비하옵신 세존이시여!

願爲此會 諸菩薩衆 及爲末世 一切衆生 修大乘者
원 위 차 회 제 보 살 중 급 위 말 세 일 체 중 생 수 대 승 자

聞此圓覺 淸淨境界 云何修行
문 차 원 각 청 정 경 계 운 하 수 행

원하옵건대, 이 법회 모든 보살 및 대중과 더불어 말세 일체
중생이 이 원각 청정경계를 듣고 대승을 닦으려는 자는 어떻
게 수행해야 하옵니까?

♣ 더 없는 대비심으로 존귀하신 세존이시여! 원하옵건대, 이 법
회 모든 보살 및 대중과 말세 일체중생들이 이 원각 청정경계를 듣
고 대승을 닦으려는 자는, 본성성품 청정행을 어떻게 닦고, 어떻
게 수행을 해야 하옵니까?

● 누구나 이 청정원각 본성수순행 청정경계를 듣고, 수행선근을
일으킨 자는, 원각에 들려면 어떻게 원각수순행을 닦아야 할지,
이 수행으로 대승 원각에 들려는 수행욕구를 가지게 된다. 보현보
살께서 삼세 수행자와 말세 일체중생의 수행선근을 헤아려, 무상
지혜無上智慧 대비세존에게, 진실한 일념으로 중생구제를 위한
간곡한 보살심의 청법을 올린다.
● 수행修行의 뜻에는 능소能所 불이경계不二境界로 수용 섭수하
는 뜻과 의미가 있다. 수修는 능수能修이니, 이는 법리法理를 수

순히는 자신의 심신행心身行이며, 행行은 소행所行이니, 이는 일체경계에 법리法理를 행하는 수순행, 일체경계만행一切境界萬行이다. 그러므로 수행은 능소能所 내외경계가 사라지는 능소불이 원융원만행能所不二圓融圓滿行에 이르게 한다. 이 정수행正修行은 깊어질수록, 능소불이能所不二 원융경계에 이르며, 자연히 내외자타內外自他 없는 법法의 실상 대승경계大乘境界에 이르며 대승심을 발하게 된다. 이것이 능소수행能所修行의 청정묘용이다. 능소불이행能所不二行에 이르러야 불이일체상不二一切相인 본성 수순행에 들게 된다.

※ 환으로 어찌 환을 도리어 닦을 수 있사옵니까?

世尊 若彼衆生 知如幻者 身心亦幻 云何以幻 還修
세존 약피중생 지여환자 신심역환 운하이환 환수

於幻
어 환

세존이시여! 만약 저 중생들이, 환과 같음을 아는 자는 몸도 마음도 또한, 환일지니, 어찌 환으로써 도리어 환을 닦을 수 있사옵니까?

♣ 세존이시여! 만약 저 중생들이 일체가 실체 없는 환幻임을 아는 자는, 그의 몸도 마음도 또한, 실체 없는 환幻일지니, 어찌 실체 없는 환幻으로써 도리어 환幻인 수행을 닦을 수가 있사옵니까?

※ 심신(心身)이 없는데 환과 같은 수행을 하라 하옵니까?

若諸幻性 一切盡滅 則無有心 誰爲修行 云何復說
약 제 환 성　일 체 진 멸　즉 무 유 심　수 위 수 행　운 하 부 설

修行如幻
수 행 여 환

만약 모든 환의 성품 일체가 멸하여 다하면 곧, 마음이 없으리니 누가 수행을 하며, 어찌 다시 설하여 이르시되, 환과 같은 수행을 하라고 하시옵니까?

♣ 만약 일체 모든 것이 공화空華인 환幻의 성품이면, 일체환一切幻이 멸하여 모두 사라지면, 마음 또한, 사라져 없으리니, 누가 수행을 하며, 어찌 다시 설하시어 이르시되, 환幻과 같은 수행을 하라고 하시옵니까?

● 일체가 실체 없는 환幻이라고 하시니, 무엇을 하여도 그것이 환幻이며, 깨달음을 위하고 성도聖道를 위한 일체가 곧, 환幻이니, 무엇을 어떻게 해야만 이 환幻을 벗어나 깨달음에 들 수가 있으며, 일체환一切幻이 사실이면, 일체환에 전도顚倒된 사견邪見을 어떻게 해야 벗을 수 있는지, 미망경계에서는 막연할 뿐이다. 깨달아 각성보리覺性菩提에 들면, 깨달음을 위한 일체수행과 지혜증득과 깨달음의 일체가 미망의 환幻이며, 망념妄念임을 깨닫게 된다.

※ 망상심을 어찌 해탈이라고 하겠사옵니까?

若諸衆生 本不修行 於生死中 常居幻化 曾不了知
약 제 중 생　본 불 수 행　어 생 사 중　상 거 환 화　증 불 료 지

如幻境界 令妄想心 云何解脫
여 환 경 계　영 망 상 심　운 하 해 탈

만약 모든 중생의 본성은 수행할 것이 없다시면, 생사 가운데 항상 환화 속에 살면서 일찍이 환과 같은 경계를 깨달아 알지 못하오니, 망상심으로 하여금 어찌 해탈이라 하겠사옵니까?

♣ 만약 모든 중생의 본성은 원만한 까닭으로 닦고 수행할 것이 없다고 하시면, 생사 가운데 항상 환幻 속에 살면서, 일찍이 일체가 환幻의 경계임을 깨달아 알지 못하오니, 일체가 환幻임을 모르는 전도된 망상심을 어찌 해탈이라 하겠사옵니까?

● 일체중생의 청정각지淸淨覺地인 본래본성은 수행하여 닦을 것이 없다면, 본래본성의 각성覺性에는 일체가 환幻임을 여실히 깨닫고 알아야 함이나, 항상 생사의 공화空化 속에 살면서, 일찍이 사대육근 육진의 삶 일체 그것이 환幻임을 깨달아 알지 못하며, 중생의 본성은 수행하고 닦을 것이 없다고 하시니, 일체가 환幻임을 모르는 망상심으로 어찌 해탈이라 하겠는가? 미망 속에 참으로 답답하고, 어찌해야 할 바를 모를, 빠져나올 수 없는 갇힌 경계다.

願爲末世 一切衆生 作何方便 漸次修習 令諸衆生
원 위 말 세 일 체 중 생 작 하 방 편 점 차 수 습 영 제 중 생

永離諸幻
영 리 제 환

원하옵건대 말세 일체중생이 어떤 방편을 지어 점차 닦아 익힘으로, 모든 중생으로 하여금 영원히 모든 환을 벗어날 수가 있사옵니까?

♣ 일체중생의 본성이 원만각성이므로 수행으로 닦을 바가 없다고 하시어도, 일체중생이 생사환몽 속에 살면서, 일찍이 일체가 환幻임을 깨달아 알지 못해 망상경계에 묶여, 바로 본성원만각성에 들지 못하고 있사오니, 원하오니 말세 일체중생이 지혜가 부족하여 바로 본성원만각성에 들지 못하여도, 어떤 방편에 의지해야만 점진적으로 본성원만각성을 깨달을 수 있으며, 일체가 환幻임을 모르는 전도된 무명일체미망無明一切迷妄의 환幻을 벗어날 수가 있사옵니까?

※ 여시삼청 지극히 간곡한 청법을 올린다.

作是語已 五體投地 如是三請 終而復始
작 시 어 이 오 체 투 지 여 시 삼 청 종 이 부 시

이 말씀을 드리고는, 오체를 땅에 던져 간절히 절을 올리고, 다시 이와 같이 세 번을 반복하며 지극정성 간곡히 부처님의 가르침을 청하였다.

● 보현보살의 청법은 말세 일체중생까지 염려하여 구제하기 위한, 지극한 연민의 보살비행菩薩悲行이다. 중생을 자비심으로 수용한 진실한 대승심大乘心의 간곡한 보살원력의 청법이다.

爾時 世尊 告普賢菩薩言
이 시 세 존 고 보 현 보 살 언

이때 세존께옵서 보현보살에게 말씀하시었다.

※ 보살 여환삼매 방편점차로 환을 벗도록 하려는구나.

善哉善哉 善男子 汝等 乃能爲諸菩薩 及末世衆生
선 재 선 재 선 남 자 여 등 내 능 위 제 보 살 급 말 세 중 생

修習菩薩 如幻三昧 方便漸次 令諸衆生 得離諸幻
수 습 보 살 여 환 삼 매 방 편 점 차 영 제 중 생 득 리 제 환

착하고 착하도다. 선남자여! 너희들은 능히 모든 보살과 더불어 말세중생들을 위하여, 보살이 닦아 익히는 여환삼매와 방편의 점차를 물어, 모든 중생으로 하여금 모든 환을 벗어남을 얻도록 하려는구나.

♣ 보살과 말세중생들을 위하고자 법法을 물어 청하니, 착하고 착하도다. 선남자여! 너희들은 능히 모든 보살과 더불어 말세중생들을 위하여, 깨달음을 얻은 청정원각의 지혜로 원각성품을 수순하는 여환삼매如幻三昧와 청정원각의 지혜를 얻지 못하여도, 방편

의 점차로 청정원각지혜에 드는 법法을 물어, 모든 중생으로 하여 금, 일체상의 환幻을 벗어남을 얻도록 하려는구나.

● **여환삼매**如幻三昧 : 청정원각의 지혜로 무자성실상無自性實相 의 성품을 수순하는 환幻의 수행이다. 중생심만 망妄이며 환幻이 아니다. 수행일체가 망妄며 환幻이다. 그러므로 본성에 들고, 깨 달음을 얻는 일체가 여환삼매如幻三昧다. 그러나 망妄과 환幻의 인성因性이 다르니, 중생심의 망妄과 환幻은 무명심無明心의 미 혹이며, 수행심의 망妄과 환幻은 중생심 미혹의 일체 망妄과 환 幻임을 깨닫기 위함과 그 미혹을 벗어나고자 깨달음을 위한 망妄 과 환幻의 수행이다. 이것이 망妄과 환幻으로써 망妄과 환幻을 제거하는 환幻의 수행이다. 본성의 깨달음을 향한 일체수행은 무 명의 일체 망妄과 환幻을 제거하는 여환수행如幻修行이다. 중생 심도 망妄이며, 수행심도 망妄이며, 중생심도 환幻이며 수행심도 환幻이나, 중생심의 망妄과 환幻은 미혹으로 윤회와 생멸에 얽매 이게 되고, 수행심의 망妄과 환幻은 중생심의 망妄과 환幻의 실 상을 깨닫고, 미혹의 망妄과 환幻에 머무름을 제거하므로, 망妄 으로써 망妄을 제거하고, 망妄으로써 망妄을 벗어나며, 환幻으 로써 환幻을 제거하고, 환幻으로써 환幻을 벗어나는, 망멸법妄滅 法이며 환멸법幻滅法이다.
● **방편점차**方便漸次 : 닦아 익힘으로 점차 본성원만각성에 이르 며, 전도顚倒된 무명의 미혹 사상심四相心을 벗는 수행이다.

※ 청법에 응하여 너희들을 위해 설하리라.

汝今諦聽 當爲汝說
여 금 체 청 당 위 여 설

너희들은 이제 자세히 살피어 들을지니라. 당연히 너희들을
위해 설하리라.

♣ 너희들은 이제 여래의 설함을 따라, 보살이 닦아 익히는 여환
삼매와 방편의 점차를 지혜로써 자세히 살피고 잘 사유하며, 지혜
의 밝음으로 들을지니라. 당연히 너희의 간곡한 청정서원과 그 염
원의 원력을 원만하게 하고, 부족함이 없이 그 서원을 구족하게 하
고자, 너희들을 위해 설하리라.

※ 청법에 응하심과 지혜를 얻는 기쁨에 묵연이청하다.

時 普賢菩薩 奉敎歡喜 及諸大衆 默然而聽
시 보 현 보 살 봉 교 환 희 급 제 대 중 묵 연 이 청

그때 보현보살께서 환희심에 말씀을 받들어 모든 대중과 더
불어 묵연함 속에 귀를 기울였다.

※ 일체상이 원각묘심에서 생기며, 각심은 부동이다.

善男子 一切衆生 種種幻化 皆生如來 圓覺妙心 猶
선 남 자 일 체 중 생 종 종 환 화 개 생 여 래 원 각 묘 심 유

如空華 從空而有 幻華雖滅 空性不壞 衆生幻心 還
여공화 종공이유 환화수멸 공성불괴 중생환심 환

依幻滅 諸幻盡滅 覺心不動
의환멸 제환진멸 각심부동

선남자야, 일체중생의 가지가지 환화는 모두 여래의 원각묘
심에서 생겨남이니, 마치 공화가 공을 좇아 있음과 같으니라.
환꽃이 아무리 멸해도 공성은 파괴되지 않듯이, 중생 환의 마
음도 도리어 환을 따라 멸함이니, 모든 환이 멸하여 다하여
도, 각인 마음은 동하지 아니하느니라.

♣ 선남자야, 일체중생의 육근六根 심식작용心識作用의 일체현상
가지가지 환幻이 모두 여래의 청정원융원각묘심淸淨圓融圓覺妙心
에서 생겨남이니, 마치 공화空華가 공성空性을 좇아 생겨남과 같
음이니라. 자성自性이 없고 실체가 없는 공空한 환幻의 모습이
아무리 사라져도, 공空한 성품은 파괴되지 않듯이, 중생의 실체
없는 환幻의 마음도 환幻을 따라 사라짐이니, 모든 환幻이 사라
져 다하여도, 본각本覺인 마음은 동動함이 없느니라.

● 일체 현상이 여래원각묘심如來圓覺妙心에서 유출한다. 이는 본
심 부사의공능不思議功能이다. 일체상을 유출하는 여래원각묘심
은 원융본심부사의각성圓融本心不思議覺性이다. 여래원각묘심인
여如는 본심의 본성인 청정진여불이성淸淨眞如不二性이다. 래來
는 청정진여불이본성淸淨眞如不二本性의 부사의공능행不思議功能
行인 원융무애청정부사의작용圓融無礙淸淨不思議作用이다. 원圓
은 본심본성의 성품 불이원융성不二圓融性이다. 각覺은 본심본성

의 성품인 불이원융각성 不二圓融覺性이다. 묘심妙心은 불가사의
하고 부사의한 무애자재공능행 無礙自在功能行인 청정원융부사의
본심淸淨圓融不思議本心이다. 청정본심원각에 들면 여래원각묘심
부사의원융공능 不思議圓融功能을 따라 원각수순행을 하게 된다.
이는 청정본심본성 원융부사의공능청정수순행 圓融不思議功能淸淨
隨順行이다. 본심공능 本心功能의 공덕으로 삼라만상만법일체 森
羅萬象萬法一切를 유출하고, 제불 諸佛의 일체각 一切覺과 일체부
사의각성법 一切不思議覺性法을 유출하며, 또한, 삼라만상만법일
체와 제불 諸佛의 일체각 一切覺과 일체지혜부사의각성법 一切智慧
不思議覺性法을 본심공능공덕 本心功能功德으로 수용섭수함을 깨
닫게 된다. 이것이 본심부사의공능공덕 本心不思議功能功德에 의
한 공능력 功能力의 묘용 妙用이다. 이 일체가 원융본심의 불가사
의한 공능력 功能力이다. 미망을 벗어나면 본심은 청정원융무애각
성 淸淨圓融無礙覺性으로 시방원융원만편재성 十方圓融圓滿遍在性
임을 깨닫게 된다. 이 경계는 물物, 심心, 각覺, 성性, 일체가 불
이성 不二性인 원융일성 圓融一性이 시時와 상相과 방方을 초월한
원융불이청정일성 圓融不二淸淨一性이다. 일체가 청정진여원융일
성 淸淨眞如圓融一性이다. 일체 一切가 그대로 각覺이다. 원융성 圓
融性이므로 원각 圓覺이라고 하며, 일체불이불일성 一切不二不一性
이므로 청정 淸淨이라고 하며, 불이원융청정진여심 不二圓融淸淨眞
如心인 일심 一心이다. 일체 一切가 오직 원융 圓融인 심心 하나이
므로 일심 一心이라고 한다. 일 一이 곧, 여래성 如來性인 여如며,
불이원융 不二圓融이며, 심心은 일 一의 공능 功能 청정원만자재묘
용 淸淨圓滿自在妙用이다. 일심 一心에는 본심, 본각, 본성이 없다.
일체원융 一切圓融이라 그대로 일체가 오직 심心이며, 각覺이며,
성性이며, 일심 一心이며, 일각 一覺이며, 일성 一性이며, 원융심

圓融心이며, 원융각 圓融覺이며, 원융성 圓融性이다. 일체 미망의 분별과 사량 思量과 사상 四相과 깨달음과 중생과 불 佛과 본심과 본각과 본성을 벗어버린, 일체가 원융불이성 圓融不二性이라, 이름과 일체상이 끊어진, 원융시방원만편재불이충만청정원융성 圓融十方圓滿遍在不二充滿淸淨圓融性이다. 이 경계에는 일체상 청황적백 대소장단 靑黃赤白大小長短 두두물물이 그대로 생멸이 끊어진 무자성 청정진여불이성 淸淨眞如不二性이다. 일체상이 그대로 불가사의하고 불가사의한 청정진여무자성묘법 淸淨眞如無自性妙法이다. 보고 듣는 일체가 보는 자 者 없이 보고, 듣는 자 者 없이 듣는, 일체가 그대로 불이원융부사의원각 不二圓融不思議圓覺이다.

● 공화 空華가 공 空을 좇아 있음은, 일체상이 그대로 공성 空性이며, 공상 空相이며, 무자성상 無自性相이며, 청정부동실상본성 淸淨不動實相本性이다. 왜냐면, 그 성품이 본성 청정공성무자성 淸淨空性無自性이며, 무유정법무유정상 無有定法無有定相이기 때문이다. 일체가 청정실상공상 淸淨實相空相이다. 일체상이 생멸 유무이면, 그것이 곧, 청정실상을 모르는 상심상견 무명견 無明見이다. 일체상 그 자성 自性이 무자성 無自性이기에 부사의생멸상을 드러낸다. 이것이 부사의법성묘용 不思議法性妙用이다. 실체가 있거나 유무의 상 相이면 존재할 수가 없다. 이사불이 理事不二는 일체상의 청정실상묘용 淸淨實相妙用이다. 일체상이 그대로 이사불이 理事不二의 편재공성 遍在空性이 아니면, 부사의생멸상을 드러낼 수가 없다. 이것이 일체 존재상 이사원융 理事圓融의 부사의사 不思議事다.

● 일체상 환 幻의 모습인 상 相이 멸하여 사라져도, 공성 空性은 파괴되거나 사라지지 않음은, 공성 空性은 상 相이 아니며, 자성 自性이 없는 무자성 無自性이므로, 파괴되거나 파괴할 수 없는 불괴

성不壞性이기 때문이다. 그러므로 법성法性은 파괴되거나 파괴할
수 없는 성품이므로, 법인성法印性이다. 그러므로 파괴되지 않는
결정성結定性, 법성부사의인성法性不思議印性인 삼법인三法印은
불법佛法과 불지혜佛智慧가 살아있는 원융실법圓融實法인 법계
원융불이실상법法界圓融不二實相法이다.

● 사대상四大相과 육진상六塵相과 육근상六根相과 제식상諸識
相인 일체환一切幻이, 환幻을 따라 멸滅함에는 두 가지 까닭에
의함이니, 상相의 상속相續과 상相의 청정자성묘용清淨自性妙用
인 공성자재空性自在다. 상相의 상속에 의한 상멸相滅은, 상相이
인연을 따르는 상속상相續相에 의함이다. 이는 상相이 인연을 따
르는 무주성無住性이다. 상相의 청정자성묘용清淨自性妙用인 공
성자재空性自在는 상相의 성품이 불생불멸성不生不滅性이므로,
그 체성이 무자성공성無自性空性이기에 환幻의 자성을 좇아 멸하
게 된다.

● 일체상이 멸滅하여 다하여도 각심覺心이 부동不動함은, 각심
覺心은 환심幻心이 아니며, 생멸심이 아니며, 상심相心과 식심識
心과 견심見心이 아니며, 미혹의 중생심이 아닌, 일체 상相과 식
識이 없는 청정본연각성清淨本然覺性인 보리심菩提心이기 때문
이다. 청정본연각성이 원융부동성圓融不動性이기에, 그 공능功能
으로 일체환화一切幻華인 원융부동청정각성圓融不動清淨覺性 속
에 부사의환화不思議幻華의 생멸작용이 있다. 각覺과 심心은 다
르지 않다. 각覺이 심心이며, 심心이 각覺이다. 사상중생四相衆
生은 상견상심 작용의식을 마음인줄 앎으로, 각覺과 심心이 다르
다. 사상심四相心인 상심의식은 상相의 분별심인 환영幻影일 뿐,
마음이 아니다.

※ 상(相)이 멸한 것을 부동(不動)이라 한다.

依幻說覺 亦名爲幻 若說有覺 猶未離幻 說無覺者
의 환 설 각 역 명 위 환 약 설 유 각 유 미 리 환 설 무 각 자

亦復如是 是故幻滅 名爲不動
역 부 여 시 시 고 환 멸 명 위 부 동

환에 의지해 각을 설해도, 또한, 일컫고 이름함이 환이며, 만약 각이 있음을 설하여도 오히려 환을 벗어난 것이 아니며, 각은 없는 것임을 설하여도 또한, 역시 이와 같으니라. 이러한 까닭으로 환이 멸한 것을 이름하여 부동이라 하느니라.

♣ 아我와 상심相心이 있어, 상심상견相心相見을 벗어나지 못하면, 무엇이든 상相으로 이해하고 헤아릴 수밖에 없다. 각覺은 일컫고 이름할 수 있는 상相이 아님이나, 일체상 환幻 속에 있는 중생의 상심상견에 의지해 각覺을 설해도, 각覺에 대한 상相의 상념想念, 법상法相을 가진다. 또, 각覺이 단멸斷滅이나, 무기無記나, 마냥 없는 것이 아니므로, 중생에게 각覺이 있음을 설하여도, 다만 상相으로 헤아리고 분별하므로, 중생이 헤아리는 각覺이 상념想念의 환幻을 벗어난 각覺이 아니다. 각覺이 실체가 없고, 자성自性이 없는 청정무자성이므로, 일체상이 없고, 실체가 없어, 각覺이 상相 없는 것임을 또한, 설하여도, 중생은 역시 아무것도 없는 단멸斷滅이나 무견상無見相의 망견妄見을 가진다. 이러한 까닭에 중생에게 각覺을 일컬어, 환幻이 멸한 부동不動이라 하느니라. 상相에 전도된 아我와 상심相心이 있는 미망의 중생에게 각覺을 설해도 사상중생은 각覺을 알 수가 없어, 상심相心으로 분별하고 각覺을 사량하며 아무리 헤아려도 알 수가 없다. 상심상

견 미망의 망념으로 각覺을 분별하고 헤아리면 미망의 망념만 더할 뿐, 각覺을 알지 못함으로, 중생에게는 일체상 환幻이 멸한 부동不動이라 하느니라. 왜냐면, 환幻이 멸한 부동不動이 곧, 각覺이기 때문이니라.

● 각覺이 아무것도 없는 무기無記나 일체가 끊어진 단멸斷滅이 아니므로, 상심상견을 벗어나지 못한 자에게 각覺이 있다고 설하여도, 상심相心으로는 일체상을 벗어난 각覺을 알 수 있는 것이 아니다. 각覺은 미망迷妄의 환幻인 일체상이 없으므로, 각覺은 일체가 없는 것임을 설하여도, 상심相心에는 일체상을 벗어난 각覺을 알 수 있는 것이 아니다. 일체상 없는 각覺을 드러내면, 상심相心에는 이를, 미망의 망념인 헤아림으로 무기無記나 단멸斷滅, 또는 허공상을 지음이니, 그러므로 미망의 망념 일체상인 환멸幻滅을 일러 부동不動이라 한다. 이는 일체상이 멸해야 각覺을 알 수 있으며, 일체상이 멸한 성품이 곧, 각覺이기 때문이다. 왜냐면, 미망의 망념 일체상의 환幻에 가리면 각覺을 알 수가 없기 때문이다. 이는, 상심상견이나, 사상심이나, 전도된 무명이나, 의식의 헤아림이나, 아상我相과 분별심으로는 각覺을 알 수가 없기 때문이다. 이것은 상심상견이나, 사상심이나, 전도된 무명이나, 의식의 헤아림이나, 아상과 분별심이 없어야 각覺을 알 수가 있기 때문이다. 그러므로 각覺을 부동不動이라고 한다. 그러나 상심상견을 벗어나지 못한 사상심四相心에는 각覺을 일러 부동不動이라고 하니, 청정원융淸淨圓融은 깨닫지 못하고, 움직임 없는 상相의 상념想念인 고정상固定相이나, 단멸무심상斷滅無心相이나, 텅 빈 허공상을 가진다. 이것이 미망의 망념이며, 상심상견을 벗어나지 못한 상심相心의 헤아림 망념妄念이다. 각覺과 부동不動은 다

르지 않다. 각覺에는 미망의 망념 일체상이 없으며, 일체상이 없으므로, 헤아리고 분별하는 일체의 망동妄動이 없다. 부동不動은 각覺의 성품이며, 각覺은 부사의공능력不思議功能力을 가진 청정원융시방편재불이원만각성각명淸淨圓融十方遍在不二圓滿覺性覺明이다. 보고 듣는 일체가 이 각성공능覺性功能의 부사의작용이다. 망중妄中에는 환幻과 각覺이 둘 다 환幻이며, 망妄이다. 그러므로 망중妄中이라고 한다. 망중妄中에 각覺을 헤아려도 원융부동성圓融不動性이 아닌 미망의 망념, 분별심 헤아림인 망중동妄中動이기 때문이다. 그것이 환사幻事다. 그 가운데는 분명히 헤아림의 내가 있다. 이것이 상相이며, 환幻이며, 동動이며, 미망이며, 망념이며, 망중妄中이다. 이것이 없음이 환멸幻滅이며, 부동不動이며, 무자성無自性이며, 무아無我며, 무상無相이며, 열반이며, 적정寂定이며, 적멸寂滅이며, 선정禪定이며, 삼매三昧며, 공空이며, 반야般若며, 구경究竟이며, 원융圓融이며, 불이不二며, 각覺이다. 그러나 그것을 증證한 자者가 있거나, 얻었거나, 성취하였거나, 이루었다 하면, 그것이 미망의 망념이며, 무명업식 상심상견이며, 아我와 상심相心을 벗어나지 못한 무명망견無明妄見의 헤아림 무명식無明識이다.

※ 상(相)의 허망한 경계를 벗어나야 한다.

善男子 一切菩薩 及末世衆生 應當遠離 一切幻化
선 남 자　일 체 보 살　급 말 세 중 생　응 당 원 리　일 체 환 화

虛妄境界
허 망 경 계

선남자야, 일체보살과 더불어 말세중생은 응당 일체환화인 허망한 경계를 멀리 벗어나야 하느니라.

♣ 선남자야, 일체보살과 말세중생이 사대와 육근 육진의 분별상, 사상심 일체환화一切幻化의 허망경계를 응당 멀리 벗어나야 하느니라.

※ 상(相)을 벗어나려는 마음도 벗어나야 한다.

由堅執持遠離心故 心如幻者 亦復遠離
유 견 집 지 원 리 심 고　심 여 환 자　역 부 원 리

멀리 벗어나려는 마음을 굳게 집착하여 가지는 까닭으로 말미암은 환과 같은 자의 마음도 역시 또한, 멀리 벗어나야 하느니라.

♣ 일체상을 벗어나려는 마음을 굳게 가지는 까닭으로 일어나는 환幻과 같은 자의 분별심인 일체 마음도 역시 또한, 멀리 벗어나야 하느니라.

※ 상(相)을 벗어남도 없어야 모든 상이 제거된 것이다.

遠離爲幻 亦復遠離 離遠離幻 亦復遠離 得無所離
원 리 위 환　역 부 원 리　이 원 리 환　역 부 원 리　득 무 소 리

卽除諸幻
즉 제 제 환

환을 멀리 벗어남도 또한, 역시 멀리 벗어나며, 멀리 벗어난 환도 벗어나, 또다시 멀리 벗어남으로, 벗어난 바가 없음에 이르러야 곧, 모든 환이 제거된 것이니라.

♣ 환幻을 멀리 벗어남도 또한, 환幻의 분별심이니, 역시 멀리 벗어나며, 멀리 벗어난 것도 또한, 환幻이니, 멀리 벗어난 환幻도 벗어나며, 그 벗어난 일체를 다시 여의어 멀리 벗어남으로, 벗어난 바가 없음에 이르러야, 벗어날 것과 벗어난 바가 없는 곧, 모든 환幻이 제거된 것이니라.

● 본래 각覺이 두루 밝아, 일체상이 청정하여 벗어날 것이 없다. 벗어날 것 있음이 분별심인 미혹의 환幻이며, 벗어난 것 있음이 분별의 무명경계인 망념妄念이다. 벗어날 것과 벗어난 것과 벗어난 바가 없으면, 벗어난 것도 없다. 환幻을 두고 벗어나거나 벗어난 것이 아니며, 벗어났음이 있거나 벗어난 바이면, 그것이 벗어나지 못한 무명경계의 망념妄念이다. 참으로 벗어난 것에는 생멸과 상相과 유무有無와 내외內外의 능소能所와 아我의 경계가 없다. 밖의 분별경계도 벗어나야 하지만, 안의 분별경계도 벗어나야 한다. 또한, 안과 밖을 벗어난 그것도 벗어나야 한다. 밖의 경계를 벗어나고, 안의 경계도 벗어나고, 안과 밖의 경계도 벗어난 그것도 벗어버리면, 벗어날 것도 없고, 벗음도 없는, 안팎의 소경계所境界와 안팎 없는 능경계能境界도 벗어나게 된다. 벗어남에는 벗어날 것이 있어 벗어남이 아니다. 벗어날 것, 일체가 본래 실체가 없고 벗어날 것이 없다. 벗어날 것 있는 그것이 미망迷妄의 환영幻影이니, 벗어날 것 없음을 깨달음으로, 일체상 일체환이 사라지면, 벗어날 것도 없고, 벗어나려는 자도 없고, 벗어난 그 자체

상태도 없다. 벗어날 것 있음이 바로 망妄이다. 벗어나려 함과 벗어나려 하는 자者가 바로 망妄이다. 벗어난 바가 있거나, 벗어난 자者 있음은, 그것이 바로 벗어야 할 미망의 망견妄見이다. 벗어날 것이 있어 벗어나는 것이 아니다. 꿈에서 깨어나면 꿈속 환幻이 본래 없다. 벗어날 것 없는 꿈속 환幻임을 깨달음이, 환幻으로부터 벗어난 것이다. 눈병으로 나타난 눈에 보이는 일렁임의 현상은, 눈병이 나으면 본래 그 현상은 없었던 것임을 깨닫게 된다. 꿈에서 깨어나고, 눈병이 나으면 꿈속에서 보았고, 눈병 가운데 보았던 일체현상은 일컫고 이름할 것이 본래 없다. 왜냐면 꿈 가운데 현상이며, 눈병 가운데 나타난 실체 없는 환幻이기 때문이다. 일체가 환幻임을 깨달으면, 깨달음의 순간 꿈을 깨듯, 눈병이 사라지듯 일체가 깨달음과 함께 사라진다. 그 깨달음은 다름 아닌 청정원각 본연본성을 발함이다. 그리고 본래본성인 각覺은 무엇에도 머무름이 없고, 머문 바가 없이 두루 밝아 청정이다.

상相에 머물러 있는 것이 나 아니며, 마음이 아니며, 상相을 분별하는 묶은 업력業力의 이끌림 환력幻力이다. 마음은 물듦 없어 청정하며, 각覺은 두루 밝아 시방청정원만이다. 본래 머물 것 없고, 머문 바 없으니, 벗어나려 함이 곧, 무명망념이며, 청정각淸淨覺을 장애하는 나 아닌 환幻의 분별업식分別業識인 미혹의 망념이다. 마음 청정본성이 분별업식에 가리어 육근에 비친 그림자 환영幻影을 분별하고 집착하는 업식業識을 내 마음으로 잘못 인식하고 있다. 그것은 청정본심 청정각성을 장애하는, 찰나에도 머묾 없는 무명업식 망념妄念의 환幻이다. 청정본심 청정각성인 본연본성을 발하면, 일체무명업식 환영幻影도 사라지게 된다. 본연본성 청정심淸淨心과 청정각淸淨覺에는 일체무명업식이 머물 수 없는 상相 없는 청정심이며, 상相 없는 청정각이기 때문이다. 이 경經 전체의 내용이 본연본성 성품인 청정자성을 수순하는 원각수순 가르침으로 이루어져 있다. 본연본성 청정원각심으로 본연본성을 장애하는 무명식無明識을 제거하는 수행법과 무상각無上覺 각성수행지혜로 이루어져 있다.

수행법은 본연본성 삼종자성三種自性의 청정성품 수순행으로 이루어져 있으며, 수행지혜는 본연본성의 성품 청정원각심으로 본연본성 삼종자성의 성품, 적정본성수순행寂靜本性隨順行인 사마타와 여환본심수순행如幻本心隨順行인 삼마발제와 적멸본각수순행寂滅本覺隨順行인 선나의 수행법, 본연본성 삼종자성 수순행으로 본연성품 각覺의 장애를 제거하여 본연각本然覺의 성품에 들게 한다.

본성과 본심과 본각은 본연본성의 성품 특성, 삼종자성三種自性의 성품이다. 시종始終 없는 본래의 성품이므로 본성本性이라고 하며, 시종 없는 본성심本性心이므로 본심本心이라고 하며, 시종 없는 본성각本性覺이므로 본각本覺이라고 한다. 본래 본성과 본심과 본각은 차별이 없으며, 둘이 아니며, 다르지가 않다. 하나를 알면 셋을 알게 되고, 하나를 깨달으면 셋을 한목 깨닫게 된다. 그러므로 이 경經의 수행법 삼종자성수순행 삼종정관三種淨觀에도, 수행자의 수행근기에 따라, 본성本性의 청정부동적정성淸淨不動寂靜性과 본성심本性心의 무염자재여환성無染自在如幻性과 본성각本性覺의 원융편재적멸성圓融遍在寂滅性인 한 성품 수순행을 닦거나, 아니면 두 성품 수순행을 닦거나, 아니면 세 성품의 수순행을 닦는 법法으로 이루어져 있다. 어느 한 성품을 수순하여 본연성에 들면, 본연본성의 성품 삼종자성이 원융원만하기 때문이다. 본성은 시종 없는 본연의 성품이므로 본성이라고 하며, 본연성의 마음이므로 본심이라고 하며, 본연성의 각성이므로 본각이라고 한다. 이것이 본연본성의 삼종자성 성품인, 청정열반清淨涅槃 본성성품과 무염진여無染眞如 본심성품과 원융보리圓融菩提 본각성품의 부사의 본연자성 삼대성三大性이다.

본연성품 부사의 특성 삼종자성의 성품인 불이청정성不二淸淨性 본성성품과 불이청정심不二淸淨心 본심성품과 불이청정각不二淸淨覺 본각성품의 부사의 삼대특성이 부사의묘용불이조화不思議妙用不二調和의 총화總和를 이루어, 무한조화無限造化의 공능功能이 원융무애원만자재圓融無礙圓滿自在하여 시방원융편만자재불이성十方圓融遍滿自在不二性으로 융통融通하고, 불가사의한 원융무애작용을 한다.

본연성품 성性, 심心, 각覺이 총화總和를 이루어, 그 공능功能 총화묘용總和妙用의 절정광명絶頂光明이 일심일기一心一機로 드러나니, 본연본성 삼종자성이 심心의 일실一實 삼대성三大性이 되어, 총화일기묘법광명장엄總和一機妙法光明莊嚴이 일심일기一心一機을 통해 발현한다.

심心의 삼대성三大性의 총화總和, 불이원융청정성不二圓融淸淨性인 본성은, 본심을 무애자재로 물듦이 없게 하고, 본각을 항상 시방 두루 편재遍在로 밝게 깨어있게 한다. 불이원융청정심不二圓融淸淨心인 본심은, 본성의 부사의공능不思議功能 무한공덕 부사의장엄無限功德不思議莊嚴을 드러내어 법계공덕장엄계法界功

德藏嚴界를 이루며, 본각의 각명각성부사의조화覺明覺性不思議造化의 각명공덕覺明功德 원만장엄충만법계圓滿莊嚴充滿法界를 이룬다. 불이원융청정각不二圓融清淨覺인 본각은, 본성의 성품을 원만구족 원융하게 하고, 본심이 항상 밝게 깨닫고 자재작용을 하게 한다. 불이청정성不二清淨性의 공능이 본심일기本心一機를 통해, 그 공능이 발현하고, 불이청정각不二清淨覺의 공능이 본심일기本心一機를 통해 그 공능의 원만장엄을 이룬다.

이 경經에서는, 부처님께옵서 본연성품 삼종자성三種自性의 성품 삼대성三大性인 청정불이원융성清淨不二圓融性과 청정불이원융심清淨不二圓融心과 청정불이원융각清淨不二圓融覺에 드는 원각수순방편법으로 적정관寂靜觀인 사마타와 여환관如幻觀인 삼마발제와 적멸관寂滅觀인 선나의 원각삼종자성수순삼관圓覺三種自性隨順三觀으로 각覺의 일체장애를 제거하여, 장애 없는 본연본성 원만각圓滿覺에 이르게 한다. 이는 삼종자성인, 청정원융성清淨圓融性과 청정원융심清淨圓融心과 청정원융각清淨圓融覺의 수순행으로 무상대각심無上大覺心인 본제무이상本際無二相에 들게 한다. 이는 본연본성의 부사의공능不思議功能인 원융수순행圓融隨順行이다.

이는 원각요의圓覺了義의 실實인 원융무애각성광명장엄圓融無礙覺性光明莊嚴이므로 신통대광명장神通大光明藏이라 했으며, 일체여래각성광명장엄一切如來覺性光明莊嚴이므로 일체여래광엄주지一切如來光嚴住持라고 했으며, 일체중생이 차별 없는 본연본성 청정각지本然本性清淨覺地이므로 일체중생청정각지一切衆生清淨覺地라고 했으며, 심신이 공空하여 적멸한 평등본성이므로 신심

적멸평등본제身心寂滅平等本際라고 했으며, 불이청정각성不二淸淨覺性이 원만시방편재圓滿十方遍在하여 불이원융수순불이경不二圓融隨順不二境이므로 원만시방불이수순어불이경圓滿十方不二隨順於不二境이라고 했으며, 본성의 청정성품을 바탕한 본성인지법행本性因地法行이므로 본기청정인지법행本起淸淨因地法行이라고 했으며, 불이본성不二本性인 대승大乘의 청정본심을 발함이니 대승중발청정심大乘中發淸淨心이라고 했으며, 구경본성부사의공능총지究竟本性不思議功能總持이므로 무상법왕대다라니문無上法王大陀羅尼門이라고 했으며, 무엇에도 걸림 없는 원융각圓融覺이므로 원각圓覺이라고 한다.

※ 환(幻)과 수행심이 둘 다 사라진다.

譬如鑽火 兩木相因 火出木盡 灰飛煙滅
비 여 찬 화 양 목 상 인 화 출 목 진 회 비 연 멸

비유하면, 양쪽 나무가 서로 인연이 되어 불이 나도록 마찰하면, 불이 일어나 나무가 다 타면 연기도 사라지고, 재도 흩어져 소멸함과 같으니라.

♣ 환幻에 의지해 환幻을 벗어나고, 벗어난 환幻 또한, 그 환幻을 벗어나는 환幻과 같은 수행을 하라고 함은, 일체상이 환幻이며, 환幻을 여의려는 것 또한, 환幻임을 비유하면, 두 나무를 이용하여 서로 마찰하여 불이나면, 마찰하여 일어난 그 불길에 두 나무가 다 타면, 두 나무가 불이 붙어 타는 과정의 불길과 연기도 사라지고, 불이 붙은 나무도 다 타고 사라져, 재까지 흩어져 두 나무

가 완전히 소멸하여 사라짐과 같으니라. 그리하여 일체환一切幻
과 환幻을 소멸하는 환幻 또한, 사라져 없느니라. 제거할 환幻도,
제거한 환幻도 없는 이것이, 모든 환幻이 제거된 것이니라.

※ 모든 환(幻)이 다하여도 단멸(斷滅)이 아니다.

以幻修幻 亦復如是 諸幻雖盡 不入斷滅
이 환 수 환 역 부 여 시 제 환 수 진 불 입 단 멸

**환으로써 환의 수행을 하는 것도 또한, 역시 이와 같아서, 모
든 환이 비록 다할지라도 단멸에 들지는 않느니라.**

♣ 환幻으로써 환幻을 닦는 수행을 하는 것도 또한, 역시 이와 같
아서, 모든 환幻이 비록 다할지라도, 아무것도 존재하지 않는 일
체가 끊어진 단멸斷滅에 들지는 않느니라. 왜냐면, 일체환一切幻
은 무명으로 일어난 환幻이므로 그 실체가 본래 없어, 무명이 다
함과 함께 사라지지만, 환성幻性이 일어난 바탕인 청정각성은 무
너지거나, 파괴되거나, 사라지지 않느니라.

● **불입단멸**不入斷滅: 단멸에 들지 않는다. 이는 밖의 사대육근四
大六根의 일체환一切幻과 마음에서 일으키거나 일어나는 사상심
일체환一切幻이 사라져도, 본성본각은 멸하거나, 사라지지 않음
을 일컬음이다. 무명으로 일으킨 망妄과 망념妄念으로 일어난 환
幻이 사라져도, 본각성을 사라지지 않는다. 또한, 나무와 불이 사
라져 각覺이 드러나도, 각覺이 나무나 불에서 생긴 것도 아니다.
망妄인 일체심에 각覺이 있는 것도 아니며, 망妄과 환幻을 멸하

는 수행으로 각覺이 생겨난 것도 아니다. 망妄과 환幻에 장애되어, 단지 각覺을 깨닫지 못하고 있으니, 망妄과 환幻이 사라지니 본연의 각覺이 그대로 드러난다.

● 미혹도 망妄의 환幻이며, 수행도 망妄의 환幻이다. 미혹도 망심妄心이며 수행도 망심妄心이다. 망妄으로 망妄을 제거하려 하고, 환幻으로 환幻을 제거하려 한다. 이것이 망妄의 수행이며 환幻의 수행이다. 둘 다 망妄이며 환幻이어도 차별이 있으며 같지 않음이니, 미혹의 망妄과 환幻은 분별의 사상심이며, 수행의 망妄과 환幻은 사상심을 제어, 조복, 소멸하는 망심妄心이다. 미혹망심迷惑妄心과 수행망심修行妄心이 두 나무며, 수행망심이 미혹망심을 제거하기 위한 수행의 행위가 두 나무가 부딪치며 마찰하는 행위다. 두 나무의 마찰로 두 나무를 태우는 불꽃이 지혜다. 그 불꽃의 지혜는, 두 나무의 자성自性과 실체와 실상과 본성을 여실히 봄이다. 그러므로 두 나무가 그 불길에 사라지게 된다. 그런데 그 불꽃은 두 나무를 인연하여 일어난 것이니, 두 나무가 불길에 다 타버리면, 나무가 불길에 흔적 없이 사라짐과 함께 불꽃도 사라진다. 그런데 수행에는 수행자의 지혜와 각력경계에 따라, 나무가 다 타도 불꽃이 꺼지지 않는 경우가 있다. 불꽃이 있다는 것은 아직 다 타지 않은 나무가 있음이다. 미혹망심이 완전히 사라지고, 또한, 수행망심도 완전히 사라지면, 자연히 지혜의 불꽃도 사라지기 마련이다. 그러나 나무를 태우는 불꽃이 있다는 것은, 아직 망념妄念이 있음이니, 수행망심과 수행지혜도 끊어져야 한다. 왜냐면 수행망심과 수행지혜가 미혹망심에 의지해 일어난 망妄이며, 환幻이기 때문이다. 불꽃이 있으면 수행망심과 수행지혜의 망妄과 환幻에 얽매이게 된다.

여기에서 완전한 각覺에 들지 못하고, 수행지혜의 지증사상智證四相에 묶여, 두 나무를 인연하여 일어난 불꽃이, 나무는 사라졌어도 오히려 꺼지지 않는 불꽃이 또 다른 망념망식妄念妄識이 되어, 이 미망을 스스로도 벗어나지 못하는 경우가 있다. 이를 비유하자면, 옷에 때가 묻으면, 옷에 묻은 때도 때이려니와 그 때를 지우기 위한 비누나 세제洗劑 또한, 때이니, 옷에 묻은 때가 있을 때에는 때를 지우기 위한 세제이지만, 옷에 때와 얼룩이 다 사라지면, 옷에 남아있는 세제는 세제가 아니라, 앞의 때와 다를 바 없는 또 다른 때이므로, 옷에 얼룩과 때가 사라지면, 때와 얼룩을 뺀 옷에 남아있는 또 다른 때인 세제를 씻어내기 위해, 맑은 물에 세제가 완전히 씻겨질 때까지 옷을 헹구게 된다. 불꽃이 있음은 아직 다 타지 않은 나무가 있기 때문이며, 옷에 묻은 때와 얼룩은 완전히 씻겨졌어도, 때와 얼룩을 뺀 또 다른 때인 세제가 옷에 남아 있으면, 그 또한, 앞의 때와 다를 바 없음이니, 그 세제까지 완전히 제거해야, 옷에 묻은 때와 세제가 둘 다 없는 깨끗한 본래 본연의 모습이 된다. 무명無明도 망환妄幻이며, 무명을 제거한 지혜 또한, 무명을 인연한 망환妄幻이니, 무명과 무명을 제거한 지혜상까지 사라져야 일체상을 벗어난 각覺을 깨닫게 된다.

※ 환을 벗으면 각이며, 각에는 점차가 없다.

善男子 知幻卽離 不作方便 離幻卽覺 亦無漸次
선 남 자 지 환 즉 리 부 작 방 편 이 환 즉 각 역 무 점 차

선남자야, 환임을 알면 곧, 벗어나며, 방편을 짓지 않아도 환을 벗으면 곧, 각이므로, 또한, 점차도 없느니라.

♣ 선남자야, 일체상이 환幻임을 모르기에 집착하고 머무르며 탐착을 함이나, 만약, 일체상이 환幻임을 깨달으면 곧, 환幻을 벗어남이니, 또다시 각覺을 얻기 위해 방편을 짓지 않아도, 환幻을 벗음인즉 곧, 각覺이니라. 각覺에는 수행의 점차漸次와 깨달음의 점차와 환幻을 여읨의 점차가 없느니라.

● **지환즉리**知幻卽離 : 환幻임을 알면 곧, 벗어난다. 환幻은 무명망념無明妄念과 상심상견相心相見과 사상심四相心이니, 이것이 환幻임을 알려면, 분별하고 헤아리는 상심相心으로는 알 수가 없다. 일체가 환幻임을 앎이 곧, 각覺이다. 일체가 환幻임을 앎이 환幻을 벗은 각覺이기 때문이다. 일체상이 환幻임을 아는 것이 각覺의 지혜다. 환幻이란 실체가 없어 머무를 수 없고, 집착할 수 없고, 탐착할 수가 없다. 그것이 공상空相이기 때문이며, 청정무자성상淸淨無自性相이기 때문이다. 환幻이라는 법어法語를 상심相心에서 분별하고 헤아리는 것과 각覺에서 바로 그 청정실상을 보는 것은 차별이 있다. 각覺의 지혜에는 일체상이 무자성 불생불멸청정공상不生不滅淸淨空相이나, 상심相心에는 일체상이 유有다. 그러므로 유견有見을 가지므로 유무와 생멸견을 가지게 된다. 그러나 일체상이 환幻임을 깨달으면 곧, 상심상견을 벗어나게 된다. 이것이 각覺의 지혜다. 일체상이 무자성공상無自性空相이므로 환幻이라고 한다. 환화幻華는 곧, 제법공상諸法空相을 일컬음이다.

● **부작방편**不作方便 : 방편을 짓지 않는다. 이는 각覺을 얻기 위한 방편수행을 하지 않음이다. 이는 망妄을 여의면 일체一切가 각覺이기 때문이다. 실체가 없는 것을 실체가 있다고 봄이 망妄이니, 망妄의 경계에는 일체가 망妄이다. 그러나 망妄 없는 각覺에

는 일체가 각覺이다. 일체수행의 사실은 각覺을 얻기 위한 수행이 아니라, 망妄을 제거하는 수행이다. 일체가 청정원융각淸淨圓融覺임을 모름이 망妄의 경계이기 때문이다. 그러므로 환幻을 벗음인즉 일체가 그대로 각覺이다. 각覺에 듦으로 일체가 환幻임을 아니, 망妄의 경계에서는 일체가 환幻이 아닌 사실이며, 실체다. 그러므로 청정각심淸淨覺心이 아닌 망심망견妄心妄見으로 분별하며 헤아리게 된다.

● **이환즉각**離幻卽覺 **역무점차**亦無漸次 : 환을 벗으면 곧, 각이므로, 또한, 점차도 없다. 이는 환幻을 벗음인즉 곧, 각覺이며, 각覺에는 수행의 점차가 없다. 이는 본래 닦을 것이 없는 본연각本然覺이다. 각覺의 성취를 위해 수행하거나, 닦을 것이 있음이 망견妄見이다. 각覺에는 수행의 점차가 없다. 깨닫고 보면, 각覺은 수행뿐만 아니라 깨달음과도 아무런 관련도 없음을 깨닫게 된다. 깨달아 각覺에 들면, 중생심만 망환妄幻이 아니라, 일체수행심과 수행정진과 또한, 깨달음도 곧, 부질없는 망妄이며 환幻임을 깨닫게 된다. 수행과 깨달음이 각覺과 아무런 관련이 없음은, 깨달아 각覺에 듦으로 비로소 깨닫게 되며, 깨달음으로, 일체가 망妄이며, 일체가 환幻임을 깨닫게 된다. 그러나 망妄과 환幻을 벗어나지 못하면, 망妄과 환幻은, 망妄과 환幻이 아니라 곧, 나며, 실체인 일체상이니, 나와 상심相心과 상견相見인 망妄과 환幻을 벗는 수행방편에 의지해야 한다. 깨닫고 보면 미혹의 망념妄念만 망견妄見이 아니다. 수행도 망견妄見이며, 미혹을 벗어난 깨달음도 망견妄見임을 알게 된다. 그러나 아我와 상심相心과 상견相見이 있으면, 망견妄見을 벗을 수 없으며, 일체상을 벗어나는 방편수행에 의지해야만 한다. 그것은 각覺을 얻기 위한 수행이 아니라, 아我와 상심相心과 상견相見을 제거하기 위한 수행이다. 왜냐하면,

아我와 상심相心과 상견相見이 곧, 전도된 무명망념이기 때문이다. 이는 나 아닌 것을 나라고 집착하며, 실체 없는 것을 실체 있는 것으로 집착하여 사상심을 가지며, 윤회에 들기 때문이다. 일체가 각覺이다. 꿈을 깨면 꿈속 환幻을 벗어나며, 눈병이 나으면 눈병에 의한 일체현상이 사라진다.

※ 일체보살이 각(覺)으로 모든 상(相)을 벗어난다.

一切菩薩 及末世衆生 依此修行 如是 乃能永離諸
일 체 보 살 급 말 세 중 생 의 차 수 행 여 시 내 능 영 리 제

幻
환

일체보살과 더불어 말세중생이 이 수행에 의지하여, 이와 같이 능히 모든 환을 영원히 벗어나느니라.

♣ 일체보살과 말세중생이 일체상이 멸滅하여 각覺에 드는 이 수행에 의지하여, 능히 영원히 모든 환幻을 벗어나느니라.

● **영리제환**永離諸幻 : 모든 환을 영원히 벗어난다. 이는 중생심 미혹의 망환妄幻과 수행심 정진의 망환妄幻과 수행 점차의 차별 망환妄幻과 수행증득의 차별상 일체망환을 벗어남이다.

爾時 世尊 欲重宣此義 而說偈言
이 시 세 존 욕 중 선 차 의 이 설 게 언

이때 세존께옵서 이 뜻을 거듭 널리 펴시고자 게송으로 말씀
하시었다.

普賢汝當知
보 현 여 당 지

보현보살이여! 그대는 당연히 알지어다.

※ 무명의 상(相)이 여래의 원각묘심을 좇아 건립된다.
一切諸衆生 無始幻無明 皆從諸如來 圓覺心建立
일 체 제 중 생　무 시 환 무 명　개 종 제 여 래　원 각 심 건 립

**일체 모든 중생이 시작을 알 수 없는 무명의 환이, 다 모두 여
래의 원각심을 좇아 건립되느니라.**

♣ 일체 모든 중생이 시작을 알 수 없는 무명에 의한 일체상의 환
幻이, 다 모두 여래의 청정본성 원각묘심圓覺妙心을 좇아 건립되
느니라.

● 무명에 의한 일체상이 청정본성원각묘심淸淨本性圓覺妙心의
부사의공능不思議功能으로 건립된다. 망심망견妄心妄見에 의한
망념妄念의 일체상도 청정본성원각묘심淸淨本性圓覺妙心의 공능
功能이며, 삼라만상만물 일체상도 시방원융불이청정편재원각十
方圓融不二淸淨遍在圓覺의 공능功能이다. 일체상이 원융일심圓融
一心의 묘용妙用이다. 그러므로 일체상이 환幻임을 깨달아 각覺

에 들면, 일체가 그대로 각覺이다. 일체상이 멸하는 법法은 일체상이 사라져 멸하는 것이 아니다. 일체상이 자성自性이 없는 환幻이며, 무염청정無染淸淨 무자성상無自性相임을 깨달음으로 일체상의 상념相念과 상견相見과 집착과 상심相心인 미망의 망념妄念, 일체상을 벗어나게 된다. 일체상이 무자성임을 깨달음이 일체상 청정을 깨달음이며, 상相의 실상을 깨달음이며, 일체상 즉공卽空을 깨달음이며, 무유정법無有定法 불법佛法을 깨달음이며, 일체가 청정실상 무염청정일체각성無染淸淨一切覺性을 깨달음이며, 시방원융원만편재각성十方圓融圓滿遍在覺性을 깨달음이며, 불생불멸성不生不滅性을 깨달음이며, 무생열반성無生涅槃性을 깨달음이며, 청정부동진여열반성淸淨不動眞如涅槃性을 깨달음이며, 무생무멸청정본성無生無滅淸淨本性을 깨달음이며, 일성일각일심원융불이성一性一覺一心圓融不二性을 깨닫게 된다. 그러면 비로소 원융일심圓融一心을 알게 되며, 불이성不二性 여如가 무엇이며, 원융무애자재성圓融無礙自在性 래來가 무엇임을 알게 되며, 청정淸淨이 다름없는 불이不二며 본성임을 깨닫게 된다. 청정淸淨과 무염無染이 나의 실상실체임를 깨달음으로, 원각행이 바로 나의 본성수순행임을 깨닫게 된다. 나의 본성수순행이 원각행일 뿐, 각覺을 얻거나, 구하거나, 성취하거나, 증득함이 아님을 깨닫게 된다. 각覺을 얻거나, 구하거나, 성취하거나, 증득함의 일체는 각覺을 모르는 미망경계에서 헤아리는 상심상견 망견망식妄見妄識이다. 그러므로 각覺을 얻거나, 구하거나, 성취하거나, 증득함의 일체행은 곧, 미망의 상심상견인 사상심을 끊는 방편이며, 망중수행妄中修行일 뿐이다. 일체가 각覺인데 구求한다 함이 망妄이며 환幻이니, 분별심이 사라지면 일체 망妄과 환幻이 사라져, 일체가 그대로 본성열반이며, 청정본성불생불멸부동성淸淨本性不生不滅不動性이며, 일체가 본각이며, 일체불이청정원융진여일성편재본성본각 一切不二 淸淨圓融眞如一性遍在本性本覺인 원각 圓覺이다.

※ 일체상이 멸해도 본성은 부동이다.
猶如虛空華 依空而有相 空華若復滅 虛空本不動
유 여 허 공 화 의 공 이 유 상 공 화 약 부 멸 허 공 본 부 동

다만 비어 공한 꽃과 같아서, 공에 의지해 모습이 드러나고, 공화가 만약 다시 멸하여도, 비어 공한 본성은 부동이니라.

♣ 물심 物心, 내외 일체상이 다만 실체 없는 청정한 공화 空華와 같음이니, 일체상 공화가 공성 空性에 의지해 그 모습 부사의공화를 드러낸다. 공화가 공성 空性의 꽃이라 만약 공성 空性에 의지해 다시 멸하여도, 실체 없는 청정한 비어 공한 본래의 성품 본연공성 本然空性은, 공화의 생生과 멸滅에 동動함이 없어, 본연 모습 그대로 청정여여진여 淸淨如如眞如의 성품으로 청정부동 淸淨不動 여여 如如이니라.

※ 각(覺)이 원만함은 각(覺)이 부동한 까닭이다.
幻從諸覺生 幻滅覺圓滿 覺心不動故
환 종 제 각 생 환 멸 각 원 만 각 심 부 동 고

환이 모두 각을 좇아 생겨나고, 환이 멸하여 각이 원만함도, 각심이 부동한 까닭이니라.

♣ 미망 일체환이 모두 각覺을 좇아 생겨나고, 미망의 일체환이 멸하여 각覺이 원만하여 짐도, 각覺인 마음이 환幻의 근본 성품이므로, 미망의 일체환이 생生하거나 멸滅하여도, 각심은 동動함이 없어 부동인 까닭이니라.

● **환멸각원만**幻滅覺圓滿 **각심부동고**覺心不動故 : 환이 멸하여 각이 원만함도, 각심이 부동한 까닭이다. 이는 각覺이 미망迷妄을 여의므로 얻는 것이나, 나타나는 것이 아님을 일컬으며, 수행으로 일체상 환幻을 벗으므로 얻거나 드러나는 것이 아님을 일컬음이다. 중생이 미망 속에 있든, 깨달음 속에 있든, 깨달음까지 벗어나 완연한 구경완성에 이르러도, 본래부터 일체가 각覺이었음을 일컬음이다. 각覺은 미망 속에 있다고 각覺이 완연하지 않음이 아니며, 미망 속에 각覺을 얻기 위해 수행을 하여도, 각覺을 벗어난 것이 아니며, 깨닫고, 증득하며, 성취한 각覺이어도, 그것이 깨달은 각覺이 아니며, 증득한 각覺이 아니며, 성취한 각覺이 아님을 일컬음이다. 각覺은 미망과 깨달음에 관계없이 일체가 그대로 각覺임을 일컬음이다. 그러나 미망 속에 있으면 일체가 각覺임을 알지 못해, 일체청정진여 불이원융不二圓融과 시방편재각성원만 불이원융일성十方遍在覺性圓滿不二圓融一性을 모르니, 그것은 미망 분별심이 나라는 상相의 환몽幻夢 속에 있기 때문이며, 나라는 상병相病의 미망 속에 있기 때문이다. 상相과 나는 둘이 아니니, 나 즉, 상相이며, 상相이 즉, 나다. 나 그것이 곧, 미망이며, 망념이며, 벗어야 할 환幻이다. 나 있으면 나라는 미망迷妄과 망념妄念과 환幻에 가려 각覺을 인지할 수가 없다. 나 있음이 무명無明이며, 윤회 중이다. 나 없으면 윤회할 실체가 없다. 나를 두고 각覺을 얻으려거나, 윤회를 끊으려 하면, 억겁億劫을 수행하여도

각覺을 얻거나, 윤회를 벗을 수 없으며, 미래천불未來千佛이 구제를 위해 출현하여도, 나 있는 자者는 구제할 수도 없고, 중생을 벗게 할 수가 없다. 왜냐면 나라는 것이 각覺을 얻거나, 윤회를 벗어나는 것을 장애하기 때문이며, 나 그것이 윤회의 주체 씨앗이기 때문이다. 빛과 어둠이 같이 존재할 수가 없듯, 나 있으면, 곧, 각覺 없는 미망이며, 만약 각覺이면 곧, 내가 없다. 각覺이 본래부동本來不動임을 알면 일체가 불이원융不二圓融이며, 청정진여원융일성시방편재각성원만심清淨眞如圓融一性十方遍在覺性圓滿心이다. 곧, 원각심圓覺心이며, 원융일심圓融一心이다. 일심一心이 곧, 원각심圓覺心이며, 시방원융불이편재성十方圓融不二遍在性이니, 일체가 각覺인 일심一心이다.

※ 각(覺)을 수순하면 모든 환(幻)을 벗어난다.

若彼諸菩薩 及末世衆生 常應遠離幻 諸幻悉皆離
약 피 제 보 살　급 말 세 중 생　상 응 원 리 환　제 환 실 개 리

만약 저 모든 보살과 더불어 말세중생이 항상 각에 응하여 환을 멀리 여의면, 모든 환을 남김없이 다 벗어나리라.

♣ 만약, 저 모든 보살과 더불어 말세중생이 즉경卽境에서, 항상 각覺에 응應하여 환幻을 멀리 여의면, 모든 환幻을 남김 없이 다 벗어나리라.

● **상응원리환**常應遠離幻 : 항상 각에 응하여 환을 멀리 여읜다. 이는 상常은 경계를 접하는 항상한 즉경卽境을 일컬음이다. 응應

은 각覺에 응應함이니, 이는 각覺을 수순함이며, 환幻의 실상, 상相의 청정자성淸淨自性에 응應하여 수순함이다. 원리환遠離幻은 상相에 머무름이 없음이다. 즉, 각성覺性을 여의지 않음이다. 상응원리환常應遠離幻은 항상 각覺에 응應하는 응각심應覺心이니, 이것이 본기청정인지법행本起淸淨因地法行이며, 본기인지本起因地 방성불도方成佛道다.

※ 각(覺)은 수행의 점차가 없다.

如木中生火 木盡火還滅 覺則無漸次 方便亦如是
여 목 중 생 화　목 진 화 환 멸　각 즉 무 점 차　방 편 역 여 시

나무에서 불이 일어나나, 나무가 다 타면 불이 도리어 멸함과 같음이니, 각에는 곧, 점차가 없고, 방편 또한, 이와 같으니라.

♣ 두 나무를 마찰하면, 나무에서 불이 일어나나, 나무가 다 타면 불도 도리어 사라짐과 같음이니, 각覺에는 망妄을 여의는 점차가 없고, 각覺을 구하거나, 성취하거나, 완전하게 하는 점차가 없느니라. 방편인 수행 또한, 망妄을 여의는 점차와 각覺을 구하거나, 성취하거나, 완전하게 하는 점차가 없느니라.

● 각覺과 수행이 점차가 없음을 일컬음이다. 이는 본연각本然覺이기 때문이며, 각覺은 상相과 식識이 아니기 때문이다. 각覺에 드는 방편인 수행 또한, 점차가 없음은, 수행 또한, 환幻이며, 망妄 그대로 곧, 각覺이기 때문이다. 수행은 단지, 망妄을 여의는 것일 뿐, 수행에 점차가 있어 각覺을 성취하는 것이 아니다. 망환

망幻을 멸滅함으로 각覺을 얻거나, 수행의 점차로 각覺을 얻었거나, 깨달음으로 각覺을 얻었거나 완전해진 것이 아니기 때문이다. 일체가 그대로 각覺이다. 일체가 청정진여시방편재불이원융원각성淸淨眞如十方遍在不二圓融圓覺性이 아니면 깨달음을 얻을 수도 없고, 각覺을 성취할 수도 없다. 그러므로 각覺 속에 일체수행이 이루어지며, 망妄을 여읨인즉, 항상한 각覺을 깨달을 뿐이다. 일체가 각覺이므로, 각覺을 성취하려는 것이, 나 있음의 망견妄見이니, 나 있음의 사상심 환幻의 꿈에서 깨어나면, 문득 깨달음에 들어, 각覺은 나 없어 수행점차도 없고, 각覺의 성취 없는 그대로, 각覺이 확연명백하다.

第三 普眼菩薩章
제 3 보 안 보 살 장

※ 4대 18계 일체세계 성품이 청정하며, 작지임멸 능소 없는 청정각,
원각수순행을 설한다.

※ 보안보살이 지극한 일념으로 청법의식을 갖춘다.

於是 普眼菩薩 在大衆中 卽從座起 頂禮佛足 右繞
어 시 보 안 보 살 재 대 중 중 즉 종 좌 기 정 례 불 족 우 요

三匝 長跪叉手 而白佛言
삼 잡 장 궤 차 수 이 백 불 언

이때에 보안보살께서 대중 속에 계시다 곧 자리에서 일어나
부처님 발에 공손히 이마를 조아려 공경의 예를 올리고 지극
한 존경심으로 받드시어 오른쪽으로 세 번 돌고 두 무릎을 땅
에 꿇어 두 손을 모아 부처님께 말씀을 사뢰었다.

大悲世尊
대 비 세 존

대비하옵신 세존이시여!

※ 보살수행의 점차를 자세히 살펴 설하여 주옵소서.

願爲此會 諸菩薩衆 及爲末世 一切衆生 演說菩薩
원위차회 제보살중 급위말세 일체중생 연설보살

修行漸次
수 행 점 차

원하옵건대 이 법회 모든 보살 및 대중과 더불어 말세 일체중생을 위하여 보살이 수행하는 점차를 이해하도록 자세히 살펴 널리 설하여 주옵소서.

♣ 무상지혜無上智慧 원만하신 대비 세존이시여! 원하옵건대, 이 법회의 모든 보살 및 대중과 더불어 말세 일체중생을 위하시어, 보살이 수행하는 과정인 망妄을 여의며, 각覺에 드는 점차의 과정을 이해할 수 있도록 자세히 살펴 널리 설하여 주시옵소서.

※ 어떻게 사유하며 어떻게 닦는지 깨달음을 주옵소서.

云何思惟 云何住持 衆生未悟 作何方便 普令開悟
운하사유 운하주지 중생미오 작하방편 보령개오

어떻게 사유해야 하며, 어떻게 머물러 닦아야 하는지 중생들이 깨닫지 못하오니, 어떤 방편을 지어야 하올지, 두루 살피시어 깨달음을 열어주옵소서.

♣ 여래께옵서 설하시는 망妄을 여의며 각覺을 수순하는 원각수순행의 말씀을 듣고도, 아직 수행지혜가 부족하여, 각성覺性을 수순하는 그 수행을 알 수가 없어, 어떻게 사유思惟를 해야 하며, 어떻게 마음을 머물러 닦아야 하는지 중생들이 깨닫지 못하고 있사오니, 어떤 방편에 의지해 수행해야 하올지, 두루 살피시어 깨달음을 열 수 있도록 이끌어 주시옵소서.

● 보안보살이 여래의 설법을 듣고, 말세중생의 미혹을 관觀하여, 중생을 향한 측은한 마음 대비보살심大悲菩薩心으로, 일체중생을 위해 부처님전에 대비청법大悲請法을 함이다. 중생들을 염려한 이 간절한 청법은 모든 중생의 무명과 미혹을 맑히게 될 것이다.

※ 설법을 듣고도 마음이 미혹하여 알지 못해 번민합니다.

世尊 若彼衆生 無正方便 及正思惟 聞佛如來 說此
세존 약피중생 무정방편 급정사유 문불여래 설차

三昧 心生迷悶 卽於圓覺 不能悟入
삼매 심생미민 즉어원각 불능오입

세존이시여! 만약 저 중생들이 바른 방편과 또한, 바른 사유 없이, 여래께옵서 설하신 그 삼매를 부처님에게 듣고도, 마음이 미혹하여 알지 못해 답답하고 번민할 뿐, 곧, 원각을 능히 깨달아 들 수가 없사옵니다.

♣ 세존이시여! 저 중생들이 닦은 바 지혜가 부족하여, 여래께옵서 설하시는 지혜의 경계를 바르게 이해할 수가 없어, 설하시는 바

방편의 지혜에 들 수가 없사옵니다. 미혹한 저 중생들이 바른 방편의 수행지혜와 또한, 바른 법의 사유思惟에 이르지 못해, 여래께옵서 설하시는 신통대광명장 삼매정수와 환幻을 여의며 각覺을 수순하는 방편법을 부처님에게 듣고도 마음이 미혹하여, 그 방편지혜와 방편수순과 수행방편 경계를 알지 못해, 수행지혜의 가르침을 듣고도 마음만 답답하고 번민할 뿐, 여래의 가르침으로 곧, 원각을 능히 깨달아 들 수가 없사옵니다.

※ 가설방편으로 법을 수용할 수 있도록 설하소서.
願興慈悲 爲我等輩 及末世衆生 假說方便
원 흥 자 비 위 아 등 배 급 말 세 중 생 가 설 방 편

원하옵건대, 풍족한 자비를 베푸시어, 저희 대중과 또한, 말세중생들을 위하여, 우선 가설방편을 설하여 주옵소서.

♣ 원하옵건대, 이 중생들이 여래의 지혜방편설을 듣고도, 수행지혜가 부족하여, 그 지혜방편설을 이해할 수가 없어, 참으로 답답해 하오니, 수행지혜가 부족하여 그 지혜방편설을 이해하지 못하는 사람들도 수용할 수 있고, 알아들으며, 기쁨이 일어나고, 만족하며, 풍족함을 느낄 수 있는 방편의 자비를 베푸소서. 저희 대중과 더불어 또한, 말세중생들은, 그 깊은 뜻을 아는 지혜가 없으면 바로 수용하거나 이해하거나 헤아리어 알 수 없으니, 우선 알아듣고, 이해할 수 있는 단계의 가설방편을 설하여 주옵소서.

● 보안보살께서 중생을 향한 끝없는 대비大悲며, 원력願力이며,

대중을 이끄는 상수보살上首菩薩의 청법지혜와 마음씀의 한 경계를 볼 수가 있다. 이 청법에서, 마음이 열린 보살정신과 마음이 열린 지혜 길을 헤아릴 수가 있다. 보안보살은 일체중생을 자신 원력의 대비심 연민의 가슴에 끌어안고, 간곡히, 그리고 간절히, 그 어리석은 중생들을 위해, 세존에게 정례불족 우요삼잡으로 두 무릎을 꿇어 장궤차수 오체투지로 간곡히, 그리고 간절히 여시심청如是三請으로, 부처님께 중생을 염려한 지극한 마음을 담아 청법을 올린다. 이 행위는 보안보살의 수승한 대비심이 원만한 정신세계가 드러남이며, 이는 삼세청정원력행이며, 무한대비 불佛의 궁극 성품 정점을 향한 각성일념 향상심이다.

※ 여시삼청 지극히 간곡한 청법을 올린다.

作是語已 五體投地 如是三請 終而復始
작 시 어 이 오 체 투 지 여 시 삼 청 종 이 부 시

이 말씀을 드리고는, 오체를 땅에 던져 간절히 절을 올리고, 다시 이와 같이 세 번을 반복하며 지극정성 간곡히 부처님의 가르침을 청하였다.

● 보안보살께서 하심下心하여 자기가 없고, 여래를 지극히 존중하며 정례불족하고, 우요삼잡하며 불전佛前에 두 무릎을 꿇어 장궤차수하여, 오체투지로 간절히, 그리고 간곡히, 여시삼청 청법을 올리는 것은, 그 보살비심菩薩悲心이 시공時空을 초월하여, 일체 중생을 사유하고 생각하는 궁극을 향한 대비의 모습이며, 중생을 향한 연민의 보살길의 삶을 사는, 이 우주의 불연광명佛緣光明 부

사의 인연 속에 서로 연결되어 있는, 어느 한 정신밝은 지혜자의
모습이며, 대비의 길인, 누구나 가야 할 연민의 지혜길, 깊은 대비
의 향기다.

爾時 世尊 告普眼菩薩言
이 시 세 존 고 보 안 보 살 언

이때 세존께옵서 보안보살에게 말씀하시었다.

※ 수행점차와 사유법과 가설 종종방편을 묻는구나.
善哉善哉 善男子 汝等 乃能爲諸菩薩 及末世衆生
선 재 선 재 선 남 자 여 등 내 능 위 제 보 살 급 말 세 중 생
問於如來 修行漸次 思惟住持 乃至假說 種種方便
문 어 여 래 수 행 점 차 사 유 주 지 내 지 가 설 종 종 방 편

**착하고 착하도다. 선남자여! 너희들은 능히 모든 보살과 더불
어 말세 중생들을 위해, 여래에게 수행의 점차와 사유를 가져
머무는 법과 또한, 가설 종종방편에 이르도록 묻는구나.**

♣ 착하고 착하도다. 보안보살이여! 너희들은 능히 모든 보살과
더불어 말세 중생들을 위해 수행차별 점차와 법을 수순하여 망妄
을 여의며, 각覺을 수순하는 사유를 가져 머무르는 법과 또한, 모
든 차별근기에 이르도록, 가설방편 조도법助道法인 가지가지 방
편수행을 묻는구나.

※ 청법에 응하여 너희들을 위해 설하리라.

汝今諦聽 當爲汝說
여 금 체 청 당 위 여 설

너희들은 이제 자세히 살피어 들을지니라. 당연히 너희들을 위해 설하리라.

♣ 너희들은 이제 여래의 설함을 따라, 수행의 점차와 사유에 머무는 법과 종종방편을 지혜로써 자세히 살피고 잘 사유하며, 지혜의 밝음으로 들을지니라. 당연히 너희의 간곡한 청정서원과 그 염원의 원력을 원만하게 하고, 부족함이 없이 그 서원을 구족하게 하고자, 너희들을 위해 설하리라.

※ 청법에 응하심과 지혜를 얻는 기쁨에 묵연이청하다.

時 普眼菩薩 奉敎歡喜 及諸大衆 默然而聽
시 보 안 보 살 봉 교 환 희 급 제 대 중 묵 연 이 청

그때 보안보살께서 환희심에 말씀을 받들어 모든 대중과 더불어 묵연히 귀를 기울였다.

♣ 세존께옵서, 대중을 위하고 말세중생을 염려하는 청법을 듣고, 대비심을 발함이니, 그때에 보안보살께서, 여래께서 청법에 응應하시어 대비심을 발하는 기쁨과 대중과 말세중생을 생각하는 환희심에 말씀을 받들어 모든 대중과 더불어 마음을 청정히 맑히어, 묵연히 귀를 기울였다.

※ 청정원각심을 구하려면 환을 벗어나야 한다.

善男子 彼新學菩薩 及末世衆生 欲求如來 淨圓覺
선 남 자 피 신 학 보 살 급 말 세 중 생 욕 구 여 래 정 원 각

心 應當正念 遠離諸幻
심 응 당 정 념 원 리 제 환

선남자야, 저 신학보살과 더불어 말세중생이, 여래의 청정원 각심을 구하기를 원한다면, 응당 정념으로, 모든 환을 멀리 벗어나야 하느니라.

♣ 선남자야, 대승大乘의 수승한 성품을 두루 갖춘 각覺을 수순 하는 법을 처음 새로 배우는 저 신학보살과 더불어 말세중생이 여 래의 청정원각심을 구하기를 원하면, 응당 각覺의 수순정념隨順 正念으로, 모든 환幻을 멀리 벗어나야 하느니라.

● 정념正念은 원각수순심으로 경계에 이끌림 없는 각覺의 바른 사유다. 무엇이든 각覺을 깨닫거나 각覺을 수순하려면, 무엇보 다 우선, 아我와 상견과 상심의 모든 일체상 환幻을 벗어나야 한 다. 그렇지 않으면 각覺을 알 수 없어, 각覺을 수순할 수가 없다. 각覺을 수순하려면 우선 상심을 여의어 사상심을 벗어나, 본성 원 융각을 깨달아야 한다. 사상심 없음이 각覺이니, 사상심이 있으면 청정원각심을 몰라, 각覺을 수순할 수가 없다. 그러므로 각覺을 모르는 자는 각성을 일깨우는 조도법에 의지해, 우선 각覺을 장애 하는 미망을 먼저 벗도록 하며, 각覺에 드는 인성因性을 성숙하게 한다.

※ 사마타에 의지해 계를 지키며 정사유해야 한다.

先依如來 奢摩他行 堅持禁戒 安處徒衆 宴坐靜室
선 의 여 래　사 마 타 행　견 지 금 계　안 처 도 중　연 좌 정 실

恒作是念
항 작 시 념

먼저 여래의 사마타행에 의지하여, 금하는 계를 굳게 지키며, 대중과 더불어한 수행처에 안거하여 조용한 곳에 좌선하되, 항상 이런 사유를 해야 하느니라.

♣ 먼저 여래의 가르침에 의지한 적정수행寂靜修行인, 번뇌를 끊고, 번뇌가 일어나지 않으며, 번뇌가 없는 적정관寂靜觀 사마타행에 의지해, 금하는 계戒를 굳게 지키며, 대중이 생활하는 수행처에 안거하여, 조용한 곳에서 좌선坐禪하되, 항상 이런 사유思惟를 해야 하느니라.

● 사마타행은 적정관寂靜觀이다. 이는 부동적정관不動寂靜觀이며, 마음이 경계에 동動함 없는 청정본성부동성품수순행淸淨本性不動性品隨順行이다. 그러므로 우선 조도助道의 방편으로, 가만히 있지 못하는 심신의 다스림인 대중의 수행처와 금하는 계戒를 굳게 지킬 것을 우선하여 설하게 된다. 그리고 좌선을 하되, 경계에 이끌리는 사대와 육근의 집착을 벗어나는 사유를 하도록 한다.
● 사마타행에도 여래사마타행과 보살사마타행과 중생사마타행이 있다. 사마타는 적정행寂靜行이니, 이는 본성청정부동심행本性淸淨不動心行이다. 여래사마타행은 본연본성 성품청정행이다. 이는 장애 없는 본연본성공능원만행本然本性功能圓滿行이다. 보

살사마타행은 본성 깨달음의 각력覺力에 의지한 본연본성청정수
순행이다. 이는 각력에 의지해 장애 없는 본연본성 부사의 공능 청
정성품수순행이다. 중생사마타행은 사상중생은 본성을 모르므로
본성청정부동성을 수순할 수가 없다. 그러므로 일어난 사상심인
상심상견相心相見을 그치는 지법止法과 제거하는 멸법滅法과 맑
히는 식청정법識淸淨法과 정법定法인 삼매관행三昧觀行 등에 의
지할 수밖에 없다. 이는 사상심이 있으면 본성청정지혜가 없으므
로 본성청정부동자성本性淸淨不動自性을 수순할 수 없기 때문이
다. 사마타도 지혜와 각력에 따라 수순각력의 차별이 있다. 그러
나 불이동일법성不二同一法性에 들면 사마타수순행과 수순의 점
차도 끊어져 없다. 왜냐면 수순과 수순의 점차는 곧, 불이동일법
성不二同一法性에 들지 못했기 때문이며, 상相과 능소경계심인
대對를 벗어나지 못했기 때문이다.
● 사마타, 삼마발제, 선나를 수행자의 수행각력지혜차별에 따라
원각수순법으로, 또는 원각수순을 위한 조도법助道法으로, 또는
원각조도圓覺助道를 위한 습기훈습법習氣薰習法으로 수용섭수하
여, 각覺의 장애업력을 수행경계에서 다스릴 수가 있다.

※ 사대가 흩어지면 허망한 몸도 없다.

我今此身	四大和合	所謂髮毛爪齒	皮肉筋骨	髓腦
아 금 차 신	사 대 화 합	소 위 발 모 조 치	피 육 근 골	수 뇌
垢色	皆歸於地	唾涕膿血	津液涎沫	痰淚精氣	大小
구 색	개 귀 어 지	타 체 농 혈	진 액 연 말	담 누 정 기	대 소
便利	皆歸於水	煖氣歸火	動轉歸風	四大各離	今者
변 리	개 귀 어 수	난 기 귀 화	동 전 귀 풍	사 대 각 리	금 자

妄身 當在何處
망신 당재하처

나의 지금 이 몸은 사대가 화합한 것이며, 소위 머리카락, 몸의 털, 손톱, 발톱, 이빨, 피부, 살, 근육, 뼈, 뼛골수, 골뇌, 때, 물질 등은 모두 땅으로 돌아가고, 침, 눈물, 고름, 피, 진액, 점액, 거품, 가래, 땀, 정기, 대소변 등은 다 물로 돌아가고, 따뜻한 기운은 불로 돌아가고, 움직이고 작용하는 것은 바람으로 돌아가니, 사대가 각각 흩어지면 지금 이 허망한 몸이 마땅히 어느 곳에 있으리오.

● 마음이 경계에 동動함을 제어 조복하여 동動함 없는 청정부동 본성을 수순하는 사마타 수행에 앞서, 우선 사대四大인 몸의 집착심을 벗도록 한다. 사대를 인연한 몸이 내 몸임을 앎이 집착의 뿌리며 근원이기 때문이다.

● 사대四大는 상相과 물질을 이루는 네 종류 물질성질의 특성이다. 사대四大는 지대地大, 수대水大, 화대火大, 풍대風大다. 대大라 함은 사대四大 성품의 원융편재성圓融遍在性을 말함이다. 이는 온 시방에 그 성품이 원융하여 눈에 보이지 않으며 느낄 수는 없으나, 인연을 따라 바로 감응하고, 작용하며, 나타나는 사대四大의 성품이다. 사대四大의 성품을 왜, 대大라 하는가 하면, 방方이 없고 끝도 없이 무한광대무변편재성無限廣大無邊遍在性이기 때문이다. 사대四大는 모든 상相과 물질 존재의 특성, 기본 성품과 성질의 특성을 지니고 있다. 그 기본 성품과 성질의 특성이 지성地性, 수성水性, 화성火性, 풍성風性이다. 사대四大의 성품이 원융하여 시방에 가득 편재遍在해 있어도, 인연을 따라 각각 응應

하고, 융화融化하여 그 성품 성질특성의 작용을 하며, 서로 인연 화합작용으로, 변하고 화하여 모양과 색깔과 빛과 소리와 향기와 맛과 촉감 등의 다양한 자유자재한 인연화합 성품특성의 작용과 형태는 무한 변화무쌍하며, 불가사의하다. 심신의 촉각과 마음으로 느끼는 일체세계가 곧, 사대四大의 자유자재 인연화합의 변화무쌍한 무한 작용특성의 세계다.

● 지대地大는 땅을 형성하는 성품으로, 물질이든 정신이든, 무엇이든 굳게 하는 성질의 성품이다. 이는 형태를 형성하고, 굳어지는 성질의 특성이 있어, 무엇이든 물질 또는, 심신心身으로 느낄 수 있든, 느낄 수 없든 상相을 형성하는 성품이다. 물질이든, 정신이든, 그 성품의 근원根源은 다르지 않으므로, 정신이든, 물질이든, 심리이든, 상相을 형성하는 것에는 반드시, 지대地大 성품 성질작용에 의함이다.

● 수대水大는 물水을 형성하는 성품으로, 물질이든, 정신이든, 무엇이든 젖게 하고, 끌어당기며, 흡수하는 성질의 특성이다. 그러므로 수대水大의 성품은 물질 또는, 심신心身으로 느낄 수 있든, 느낄 수 없든 젖게 하고, 끌어당기며, 흡수하는 융화와 화합과 결속結束을 형성하는 성품이다. 물질이든, 정신이든 그 성품의 근원은 다르지 않으므로, 정신이든, 물질이든, 심리이든 융화하고, 화합하며, 결속하고, 순응하여 젖게 하며, 끌어당기는 것에는 반드시 수대水大 성품 성질작용에 의함이다.

● 화대火大는 불火과 빛과 열熱을 형성하는 성품으로, 물질이든 정신이든, 무엇이든 불과 빛과 열을 발생하는 성질의 특성이다.

이는 무엇이든 물질 또는, 심신心身으로 느낄 수 있든, 느낄 수 없든 불과 빛과 열을 발생하는 성품이다. 그러므로 물질이든, 정신이든 그 성품의 근원은 다르지 않으므로, 정신이든, 물질이든, 심리이든 불火과 빛과 열熱을 발생하는 것에는 반드시 화대火大 성품 성질작용에 의함이다.

● 풍대風大는 움직이고, 작용하며, 유동하고, 흐르며, 변화를 형성하는 성품이다. 이는 물질이든, 정신이든, 무엇이든 움직이고, 작용하며, 유동하고, 흐르며, 변화하는 성질의 특성으로, 무엇이든 물질 또는, 심신心身으로 느낄 수 있든, 느낄 수 없든 움직이고, 작용하며, 유동하고, 흐르며, 변화하는 작용의 성품이다. 그러므로 물질이든, 정신이든, 그 성품의 근원은 다르지 않으므로, 물질이든, 정신이든, 심리이든 움직이고, 작용하며, 유동하고, 흐르며, 변화하는 것에는 반드시 풍대風大 성품 성질의 작용에 의함이다.

● 물질이든, 정신이든, 심리 또는 감정이든, 모든 상相과 존재에는 조건성 인연에 따라 지대地大, 수대水大, 화대火大, 풍대風大의 자유자재 인연화합의 변화무쌍한 작용에 의함이다. 그 변화무쌍한 지대성地大性, 수대성水大性, 화대성火大性, 풍대성風大性의 작용특성에 따라, 일체상의 차별특성이 있다. 무엇이든 지성地性, 수성水性, 화성火性, 풍성風性의 그 한 성품 성질만으로는 상相과 존재를 형성할 수가 없다. 조건성 인연에 따라 변화무쌍으로 서로 인연화합으로 각각 상相과 존재의 특성을 드러낸다.

● 심신心身으로 인지하고 느껴지는 상相과 존재인 땅, 또는 흙과 물과 불과 바람에는 단순히 사대四大의 각각 한 성품만으로 이

루어져 있는 것이 아니다. 땅과 흙에는 그 존재 특성의 작용이 눈에 보이지 않고, 인지할 수 없으나, 굳은 형태는 지대地大 성품 성질의 특성작용이며, 땅과 흙이 엉기게 하고 결합하는 것은, 수대水大 성품 성질의 특성작용이며, 땅과 흙이 뭉치고 수대水大의 작용을 원활히 하는 것에도, 따뜻한 온도의 작용인 화대火大 성품 성질의 특성작용이 더불어 조화造化를 같이하며 작용해야만 가능하다. 그러므로 땅과 흙에도 온도溫度가 있음이니, 이는 화대火大 성품 성질의 특성작용에 의함이다. 땅과 흙이 뭉치고 하나되는 변화와 작용에는, 풍대風大 성품 성질의 특성작용이 조화造化를 같이하며 작용해야만 가능하다. 왜냐면 풍대風大의 성품 성질의 특성작용은 움직이고, 작용하며, 유동하고, 흐르며, 변화의 작용이니, 무엇이든 작용에는 반드시 풍대風大 성품 성질의 특성작용이 조화造化를 같이하며 작용해야만 가능하다. 이러한 사대四大 작용의 근원은, 근원적 대大의 성품 작용의 특성에서 이루어지는 편재융화성遍在融化性에 의함이다.

● 심신心身으로 인지하고 느껴지는 상相과 존재인 물水에는 단순 수대水大만으로 형성되어 있는 것이 아니다. 물의 그 존재 특성의 작용이 눈에 보이지 않고, 인지할 수 없으나, 눈에 보이고 만져질 수 있는 물의 형태는, 지대地大 성품 성질의 특성작용이 조화造化를 같이하기에 가능하다. 왜냐면 수대水大 성품 성질의 특성은 젖게 하고 흡수하며 끌어당기는 성품의 특성만 있을 뿐, 형태를 드러내는 굳는 특성 성품의 성질이 없기 때문이다. 그러므로 물이 형체를 이루는 것에는, 지대地大 성품의 성질작용이 수대水大와 조화造化를 같이하며 작용해야만 가능하다. 그러나 수대水大와 지대地大가 어우른 그 작용에는 반드시 화대火大의 성품 성질

의 특성이 더불어 같이해야 함이니, 이는 수대水大와 지대地大 성품 성질의 작용에도, 따뜻한 온도가 없으면 불가능하니, 물이 물의 형태를 드러내고 갖추는, 물의 존재 원리의 작용 특성에도 화대火大 성품 성질의 특성작용이 조화造化를 같이해야만 가능하다. 그러나 또한, 수대水大와 지대地大와 화대火大의 조화造化와 작용에도 풍대風大의 성품 성질작용의 조화造化를 같이해야만 가능하다. 그것은 풍대風大의 성품 성질의 특성인 움직이고, 작용하며, 유동하고, 흐르며, 변화하는 섭리의 특성조화가 있어야만 가능하기 때문이다.

● 심신心身으로 인지하고 느껴지는 상相과 존재인 불火도, 단순 화대火大의 성품 성질만으로 이루어진 것이 아니다. 불의 근원적 존재원리는 눈에 보이지 않고, 인지할 수 없으나, 그 존재작용인 형태를 갖추는 것에는 반드시 지대地大 성품 성질의 특성인 형태를 형성하고, 굳어지는 성질의 특성이 화대火大의 성품 성질의 특성과 더불어 같이 조화造化의 작용을 하므로 불의 존재가 가능하다. 그러나 불이 존재를 드러내는 존재원리의 근원적 특성에는, 수대水大 성품 성질 특성인, 무엇이든 젖게 하고, 끌어당기며, 흡수하는 성질의 특성이 조화造化를 더불어 같이하여 작용함으로, 불의 존재형성 섭리가 가능하다. 그러나 또한, 풍대風大의 성품 성질의 특성인 움직이고, 작용하며, 유동하고, 흐르는 변화의 성품 성질의 특성작용이 없으면, 불의 존재는 불가능하니, 이는 불 또한, 모든 존재의 섭리 속에 존재할 수 있고, 존재하기 때문이다. 지대地大, 수대水大, 화대火大, 풍대風大, 사대四大 성품 성질의 특성은 모든 존재를 형성하게 하고, 존재하게 하는 섭리의 근원적 성품 성질특성이기 때문이다. 사대四大 성품은, 모든 상相과 존

재를 있게 하는 기본 바탕 성품특성 인연섭리의 성질이다. 그 섭리 특성 속에 존재 원리의 작용으로, 인연성의 작용에 따라 사대四大 성품 성질의 변화무쌍한 무한 자유자재 인연화합으로, 일체존재가 형성되고, 만물의 생성과 작용, 변화의 인연원리가 형성되며, 사대四大의 성품은 만물이 형성 존재하는 섭리의 근원적 성품 작용의 성질이다.

● 심신心身으로 인지하고 느껴지는 상相과 존재인 바람에도, 단순 풍대風大만으로 이루어진 것이 아니다. 바람의 그 존재 특성의 근원적 존재작용이 눈에 보이지 않고, 인지할 수 없으나, 눈이나 피부로 바람의 작용과 형태를 느끼는 것에도, 지대地大 성품 성질의 특성작용이 조화造化를 같이하기에 가능하다. 풍대風大 성품의 성질은 움직이고, 작용하며, 유동하고, 흐르며, 변화하는 것이나, 그 형태와 몸체를 이루는 것에는 지대地大가 조화造化를 같이하며 작용해야만 가능하다. 그러므로 바람의 형태와 모습을 드러낼 수가 있기 때문이다. 그러나 풍대風大와 지대地大만으로 되는 것이 아니다. 바람의 세력을 형성하고 모습을 갖추며 형태를 구성하는 것에도 수대水大의 성품 성질의 특성작용인 무엇이든 젖게 하고, 끌어당기며, 흡수하는 성질의 특성이 더불어 조화造化를 같이하여 작용하므로, 바람의 세력과 형태와 작용을 갖추게 된다. 그러나 또한, 화대火大의 불과 빛과 열을 발생하는 성질의 특성이 바탕이 되지 않으면, 바람의 발생과 기운은 형성되지 않으며, 바람 존재의 특성 원리에도 반드시 불과 빛과 열을 발생하는 성질의 특성인 화대火大의 성품 성질이 바람의 존재섭리 속에 더불어 조화造化의 작용을 같이함으로 바람의 존재가 생성되고 작용한다.

● 존재특성의 섭리와 원리에 의해 심신心身으로 인지하고 느껴지는 상相과 존재에는 조건성의 인연을 따라 사대四大 성품의 변화무쌍한 작용 속에 여러 성질이 복합되어 존재하는 것에도 지대地大, 수대水大, 화대火大, 풍대風大의 성품과 그리고 불법佛法에는 공대空大도 사대四大와 더불어한 존재성질의 근원적 성품과 성질임을 밝히고 있다. 공대空大는 지대地大, 수대水大, 화대火大, 풍대風大의 공간성空間性을 형성하게 하며, 그 성품 작용의 공간성과 그 내적 작용을 하는 공성空性 성품의 성질을 지니고 있다.

● 정신이나, 심리나, 감정이나, 마음씀이나 그 성품과 성질의 특성이 굳어지고, 형태의 상相을 갖추거나 드러내는 것은, 지대地大 성품 성질의 특성작용이다. 또한, 무엇이든 젖게 하고, 끌어당기며, 이끌림과 화합하며, 결속하고, 흡수하는 성질의 특성은, 수대水大 성품 성질특성의 작용이다. 또한, 무엇이든 불火이나고, 빛이나며, 열熱을 발생하는 것은, 화대火大 성품 성질특성의 작용이다. 또한, 무엇이든 움직이고, 작용하며, 유동하고, 흐르며, 변화하는 것에는, 풍대風大 성품 성질특성의 작용이다. 물질과 마음이 그 근원적 성품 본성本性이 다르지 않으니, 물질의 특성과 섭리와 원리가 마음의 특성과 섭리와 원리가 되어 드러나며, 또한, 마음의 특성과 섭리와 원리가, 물질의 특성과 섭리와 원리가 되어 드러난다. 그러므로 삼라만상 만물의 특성과 섭리와 원리가 몸과 마음의 존재 특성과 섭리와 원리로 작용하고, 또한, 정신과 심리와 마음과 몸의 존재 특성과 섭리와 원리의 작용이 우주 만물을 운행하는 섭리와 원리가 둘이 아닌 섭리 속에 더불어, 그 섭리의 운행과 순리를 같이 한다. 몸의 각 기능의 생성과 작용과 순환의 섭리가, 만물의 섭리며 운행의 원리를 같이하고, 정신과 심리와 마

음작용과 인과因果의 섭리와 운행이, 만물의 운행과 섭리, 순리의 작용을 벗어나 있지 않다. 그러므로 몸과 마음작용의 섭리와 운행의 원리를 깨달으면, 만물작용의 섭리와 운행의 원리를 깨닫게 되고, 또한, 만물작용의 섭리와 운행의 원리를 깨달으면, 몸과 마음작용의 섭리와 운행의 원리를 깨닫게 된다. 이것은 일체一切가 근원이 하나인 법성法性의 차별 없는 섭리와 순리의 운행이며, 작용이기 때문이다. 그러므로 또한, 법성의 섭리적 작용과 원리를 깨달으면, 만물의 흐름과 몸과 마음의 섭리와 순리를 더불어 깨닫게 된다. 이것이 삼법인三法印과 법성의 인연과因緣果와 상相의 생멸과 복덕정혜福德定慧 성품의 섭리와 순리의 흐름 세계인, 이사理事의 섭리와 순리의 운행인 법성작용의 세계다.

※ 몸은 실체 없는 환(幻)이다.

卽知此身 畢竟無體 和合爲相 實同幻化
즉 지 차 신 필 경 무 체 화 합 위 상 실 동 환 화

곧, 이 몸은 필경 실체가 없음을 알 것이니, 화합한 모습이므로, 실은 환임은 매한가지니라.

♣ 몸은 사대四大로 이루어져 있어, 사대가 각각 흩어지면 내 몸이라 할 것이 없음이니, 바른 사유思惟로 곧, 이 몸은 끝내 실체가 없음을 깨달을 것이다. 사대의 인연이 각각 흩어지면, 이 몸이라 할 것이 없으니, 이 몸 또한, 실은, 환幻과 다를 바 없음은 매한가지니라.

※ 육근의 분별심은 허망한 마음이다.

四緣假合 妄有六根 六根四大 中外合成 妄有緣氣
사 연 가 합　망 유 육 근　육 근 사 대　중 외 합 성　망 유 연 기

於中積聚 似有緣相 假名爲心
어 중 적 취　사 유 연 상　가 명 위 심

사대가 인연을 따라 잠시 합하여 허망한 육근이 있고, 육근사
대 안과 밖을 합해 이룬 허망한 인연기운이 있어, 그중에 쌓
이고 모여, 인연한 모습이 있는 듯하여, 다만 이름하여 마음
이라 하느니라.

♣ 사대四大가 인연을 따라 잠시 합하여 허망한 육근六根이 있고,
육근사대六根四大가 안과 밖을 합해 이루어져, 안과 밖을 분별하
고 헤아리는 허망한 분별의 기운이 생기어, 분별하는 헤아림을 따
라 쌓이고 축적되어 허망한 분별 인연의 모습이 있는 듯하여, 그
실체 없고, 환幻과 같은 허망한 분별의 그림자를 다만 이름하여
마음이라 하느니라.

● 육근六根은 대상을 인식하고 받아들이는 감각기능의 뿌리인
눈, 귀, 코, 혀, 몸, 뜻인 여섯 감각기능이다. 눈, 귀, 코, 혀, 몸의
오근五根은 인체의 감각기능이며, 뜻은 의근意根으로 의식의 작
용으로 대상을 분별하고 인식하는 작용의 의식체意識體다.
● 육진六塵은 육근六根으로 인식하는 대상인 육경六境이다. 인
식 대상인 육경六境을 여섯 티끌인 육진六塵이라고 한다. 티끌이
라 함에는 대상이 존재의 성격과 성질과 인지되는 상相의 특성을
지니고 있기 때문이며, 또한, 촉각과 감각으로 인식하고 대상을

받아들이며, 헤아리고 분별함으로, 의식과 정신이 그 대상을 집착하거나, 물이 들기 때문이다. 육진六塵은 눈으로 인식하는 대상인 색진色塵과 귀로 인식하는 대상 소리인 성진聲塵과 코로 인식하는 대상 향진香塵과 혀로 인지하는 대상 맛인 미진味塵과 몸의 감각으로 인지하는 대상 느낌인 촉진觸塵이다. 의근意根인 뜻으로 인지하는 대상을 법진法塵이라고 한다. 뜻으로 인지하는 대상을 법진法塵이라고 함에는, 사유思惟와 인식의 대상은, 인식되므로 곧, 상相이며, 상相이면, 존재이므로 곧, 법法이라고 한다. 법法은 상相을 일컬으며, 상相은 유有며, 유有는 존재를 일컬음이다. 사유思惟와 인식의 대상을 법法이라고 함은, 분별하게 하고, 헤아리게 하며, 추측하게 하고, 사유하게 하며, 생각을 일으키게 하고, 생각을 움직이게 하며, 마음을 이끌고, 마음을 따르게 하기 때문이다. 그러므로 인식하여 정의定義 하게 하며, 바르고 바르지 못함을 구별하게 하고, 옳고 그름을 가름하게 하며, 의식과 마음을 가만히 있지 않게 하는 것이다. 그러므로 인식과 존재의 대상, 그것이 형체가 있는 유형이든, 형체가 없는 무형이든, 의식에 존재하는 것이든, 생각 속에 일어나는 것이든 곧, 상相임은, 인식하고 인지되는 대상이기 때문이다. 티끌이라 함에는 의식을 요동搖動 하게 하고, 헤아리게 하며, 가만히 있지 못하게 하고, 분별하게 하며, 이끌리게 하고, 머무르게 하며, 집착하게 하는 성격과 성질의 특성을 지니고 있기 때문이다.

● 눈으로 인지되는 대상 물질인 사물을 색色이라 함에는, 색色은 물질 활성작용의 형태와 모습인 상相을 이루는, 생성원리 근원작용 속에 생성되는 성질의 것으로, 물질 일체를 색色이라고 한다. 사물과 물질에는 대부분 색성色性을 지니고 있으며, 인지의식은 형태적 모양의 특성보다, 색깔의 인지에 마음 이끌림이 우선하

게 된다. 형태보다 색성色性을 우선함은, 모양의 특성은 분별의 사고를 통해 의식감성意識感性에 전달되나, 색깔과 빛은 감성감각感性感覺으로 먼저 느끼며, 의식사고로 전달되기 때문이다. 형태적 모양을 분별함은 사고의 기능적 두뇌인 머리기능을 통해 감성의 바다인 가슴의 감성마음에 전달되며, 색깔과 빛은 사고의 분별보다, 감성에 먼저 젖게 되는 특성이 있으므로, 감성의 바다인 가슴의 순수 마음에 먼저 감성의 느낌으로 우선 느껴, 사고의 기능적 두뇌인 머리에 전달되는 자연감성수순自然感性隨順의 작용을 하게 된다. 감성은 순수한 자연성의 특성이 있어, 마음을 순수감성과 감정의 성질을 유발하고, 사고는 분별하고 헤아림의 작용을 하므로, 감성이 더불어 같이함이 없는 사고는, 인위적이라 삭막하다. 그러므로 자연성 순수감성에는 분별의 사고보다, 생각을 휴식하는 공간적 느낌의 작용이 마음의 상태를 풍성하게 하며, 풍요롭게 한다. 그러므로 마음은 분별하는 사고보다 우선 감성에 이끌리고, 사고의 분별과 헤아림보다, 가슴의 진실한 감성과 감정을 자연스럽게 우선하게 되므로, 어떤 선택과 결정과 마음 씀에 분별하는 사고보다, 감성과 감정의 이끌림을 우선하거나 중시하게 된다.

● 육식六識은 육근으로 인식하는 대상인, 육진을 받아들이며 인식하는 의식意識이다. 안근眼根으로 느끼고 인식하는 사물인 색진色塵을 인식하는 식識을 안식眼識이라고 한다. 이근耳根으로 느끼고 인식하는 소리인 성진聲塵을 인식하는 식識을 이식耳識이라고 한다. 비근鼻根으로 느끼고 인식하는 냄새와 향기인 향진香塵을 인식하는 식識을 비식鼻識이라고 한다. 설근舌根으로 느끼고 인식하는 맛인 미진味塵을 인식하는 식識을 설식舌識이라고 한다. 신근身根으로 느끼고 인식하는 촉각觸覺인 촉진觸塵을 인식하는 식識을 촉식觸識이라고 한다. 의근意根으로 느끼고 인식하는 상相인

법진法塵을 인식하는 식識을 의식意識이라고 한다.
● 육근六根과 육진六塵을 아울러 열두 곳인 십이처十二處 라고 하며, 육근六根과 육진六塵과 육식六識을 아울러 십팔경계十八境界라고 한다.

※ 허망한 마음의 뿌리는 육근이다.

善男子 此虛妄心 若無六塵 卽不能有
선 남 자 차 허 망 심 약 무 육 진 즉 불 능 유

선남자야, 이 허망한 마음은, 만약 육진이 없으면 곧, 능히 있지 않으니라.

♣ 선남자야, 사대四大가 모여 안과 밖을 형성하고, 안과 밖을 헤아리어 분별하는 허망한 기운이 육근六根 가운데에 비치어, 허망한 분별의 그림자 기운을 마음이라 하여도, 그 마음은 만약, 육진六塵이 없으면 능히 있지 않으니라.

※ 사대육진이 흩어지면 허망한 마음도 없다.

四大分解 無塵可得 於中緣塵 各歸散滅 畢竟無有
사 대 분 해 무 진 가 득 어 중 연 진 각 귀 산 멸 필 경 무 유

緣心可見
연 심 가 견

사대가 분해되면 육진도 가히 얻을 수 없어, 사대 인연 속에

201

육진이라 함이니, 사대가 각각 돌아가 흩어져 사라지면, 필경 육진 인연에 의한 마음은 가히 볼 수가 없느니라.

♣ 사대四大가 분해되면 육진六塵도 가히 얻을 수 없고, 사대의 인연으로 육진이라 함이니, 사대가 각각 흩어져 사라지면, 육근에 비친 안과 밖을 분별한 허망한 그림자 마음이라는 것은, 필경 가히 찾을 수 없고, 얻을 수도 없으며, 보고 느낄 수도 없느니라.

※ 상(相)은 멸하여도 청정본성은 멸하지 않는다.

善男子 彼之衆生 幻身滅故 幻心亦滅 幻心滅故 幻
선 남 자 피 지 중 생 환 신 멸 고　환 심 역 멸　환 심 멸 고　환

塵亦滅 幻塵滅故 幻滅亦滅 幻滅滅故 非幻不滅
진 역 멸　환 진 멸 고　환 멸 역 멸　환 멸 멸 고　비 환 불 멸

선남자야, 저 중생의 환의 몸이 멸한 연고로 환의 마음이 또한, 멸하며, 환의 마음이 멸한 연고로 환의 육진이 또한, 멸하며, 환의 육진이 멸한 연고로 환이 멸한 것도 또한, 멸하며, 환이 멸한 것도 멸한 까닭에, 환이 아닌 것은 멸하지 않느니라.

♣ 선남자야, 저 중생의 환幻과 같은 몸인 사대가 흩어져 없는 연고로 몸에 의지한 허망한 분별 환幻의 마음이 또한, 멸하며, 허망한 환幻의 마음이 없는 연고로 환幻의 육진六塵이 또한, 멸하며, 허망한 환幻의 육진六塵이 없는 연고로 환幻이 멸한 것도 또한, 없으며, 환幻이 멸할 것도 없는 까닭에, 허망한 환幻이 아닌 청정본성은 멸하지 않느니라.

※ 상(相)이 사라지면 밝은 본성이 드러난다.

譬如磨鏡 垢盡明現
비 여 마 경 구 진 명 현

비유하면, 거울을 닦아 때묻음이 다 사라지면, 밝음이 드러나는 것과 같으니라.

♣ 비유하면, 맑은 거울에 묻은 때를 닦아 때묻음이 다 사라지면, 거울의 본래 밝음이 드러나는 것과 같으니라.

● 미망의 망념 일체상을 여의면, 본연본성 청정각淸淨覺이 드러남을 일컬음이다.

※ 일체가 환임을 알면 시방이 청정원융하다.

善男子 當知身心 皆爲幻垢 垢相永滅 十方淸淨
선 남 자 당 지 신 심 개 위 환 구 구 상 영 멸 시 방 청 정

선남자야, 몸과 마음이 다 환의 티끌임을 당연히 알면, 티끌의 모습이 영원히 멸하여, 시방이 청정하니라.

♣ 선남자야, 몸과 마음이 다 실체 없는 환영幻影임을 당연히 알면, 깨달은 그 성품은 일체상이 영원히 멸滅하여, 시방이 걸림 없이 원융하여 청정하니라.

● 몸과 마음의 상相을 여의면, 그 성품이 시방청정원융十方淸淨圓融함을 일컬음이다.

※ 청정본심에는 일체상이 없다.

善男子 譬如淸淨摩尼寶珠 映於五色 隨方各現 諸
선남자 비여청정마니보주 영어오색 수방각현 제

愚癡者 見彼摩尼 實有五色
우치자 견피마니 실유오색

선남자야, 비유하면 청정한 마니보주가 오색이 비치어 방향
을 따라 각기 드러나니, 모든 우치한 자가, 저 마니보주에 실
로 오색이 있음을 보는 것과 같으니라.

● 일체상을 앎이, 시방편재본성十方遍在本性인 청정원융각성淸
淨圓融覺性으로 비롯됨이나, 미혹한 자는 육근六根의 안과 밖을
분별하고 인식하는 헤아림 속에 이루어지는 것으로 착각함을 일
컬음이다. 그러므로 분별과 인식의 주체인 사대四大를 내 몸으로,
육근六根의 그림자를 내 마음으로 착각하게 된다. 사대와 육근이
보고, 듣고, 인식하는 것이 아니다. 일체가 사대와 육근의 환幻을
벗어난 청정원융시방편재불이원만각성淸淨圓融十方遍在不二圓滿
覺性의 작용이다.

※ 청정원각이 몸과 마음의 류를 따라 나타난다.

善男子 圓覺淨性 現於身心 隨類各應 彼愚癡者 說
선남자 원각정성 현어신심 수류각응 피우치자 설

淨圓覺 實有如是身心自相 亦復如是 由此不能遠於
정원각 실유여시신심자상 역부여시 유차불능원어

幻化
환 화

선남자야, 원각의 청정성품은 몸과 마음의 류를 따라 각기 응하여 나타나니, 저 우치한 자는 청정원각을 설하여도, 이 몸과 마음이 자기의 모습인 양 실유로 여기는 이와 같은 집착을 또한, 되풀이하므로, 이로 말미암아 환화를 능히 멀리 벗어나지 못하느니라.

♣ 선남자야, 원각圓覺의 청정성품은, 일체중생의 각종 차별 몸의 종류와 심식心識의 종류를 따라 각기 응應하고 나타나니, 각覺을 모르는 저 우치한 자들은, 청정원각을 설하여도, 이 몸과 마음이 자기의 참 모습인 양 실유實有로 여기므로, 자기의 몸과 마음의 집착을 역시 되풀이하느니라. 이로 말미암아 능히 사대와 육근을 자기의 실체로 착각하여, 몸과 마음의 환幻을 멀리 벗어나지 못하느니라.

※ 몸과 마음이 환이며 티끌이다.

是故我說 身心幻垢
시 고 아 설   신 심 환 구

이러한 까닭에 내가 설하여, 몸과 마음이 환이며 티끌이라 하느니라.

※ 대(對)를 벗어나므로 보살이라고 한다.

對離幻垢 說名菩薩 垢盡對除 卽無對垢 及說名者
대 리 환 구   설 명 보 살   구 진 대 제   즉 무 대 구   급 설 명 자

대상인 환의 티끌을 벗어나므로 이름하기를 보살이라고 하며, 티끌이 다하여 대상이 사라지면 곧, 대상이나 티끌을 더불어 이름할 것이 없느니라.

♣ 인식되는 대상인 환幻의 일체상 티끌을 벗어나면, 대상이 없으므로 마음이 청정하여 이름함이 보살이며, 대상인 일체상 티끌이 다하여 대상이 없으면, 일체가 불이不二라 청정하고, 마음이 원융하고 무상편재無相遍在하며, 시방이 융통하여 자타自他가 사라지고, 물심物心의 경계가 사라져 시방이 청정하며, 일체가 원융한 융통이며, 자재自在다. 그러므로 대상이나 일체상 티끌을 더불어 이름할 것이 없느니라.

● 대對란 무엇일까? 무엇이든 인식됨이 있으면 그것이 대對다. 대對가 사라지면 마음이 원융하여 일체가 융통한 각覺이다. 그것이 무엇이든 인식되는 대상이 있으면 그것은 내가 아니며, 각覺이 아니며, 깨달음이 아니며, 원각이 아니며, 반야가 아니며, 열반이 아니며, 해탈이 아니며, 아뇩다라삼먁삼보리가 아니며, 구경究竟이 아니며, 선정禪定이 아니며, 불이不二가 아니다. 몸이든, 마음이든, 의식이든, 기쁨이든, 즐거움이든, 깨달음이든, 증득이든, 열반이든, 해탈이든, 지혜든, 밝음이든 그것이 무엇이든 인식할 수 있고, 느낄 수 있으면 그것은 대對며, 대상對相이므로 내가 아니다. 나는 나이므로, 나 자신이 대對나, 대상對相이 될 수가 없다. 그러므로 나는 나를 볼 수

가 없다. 나로 인식되는 그것이 무엇이든 나 아니다. 몸이든, 생각이든, 마음이든 느낄 수 있고, 알 수 있고, 인식되면 그것은 유형이든 무형이든, 물物이든, 심心이든, 보이는 것이든, 보이지 않는 것이든 그것은 나 아니다. 왜냐면 대對와 대상의 경계에서는 나를 알 수가 없다. 대對와 대상이 있음이 망환妄幻인 나 있음이다. 대對와 대상이 있다면 그것은 나 아닌 망妄의 분별인 사상심四相心이다. 대對와 대상이 사라지면 각覺을 깨닫게 되며, 원각을 깨닫게 되며, 일체상을 벗어버린 나의 성품을 깨닫게 된다. 만약, 대對와 대상이 있음 속에 내가 있다면, 그것은 내가 아니다. 나를 윤회에 들게 하는 무명의 분별식 사상중생식四相衆生識이다. 내가 나를 보거나 인식함이 곧, 미망이며 망념이다. 대對와 대상이 사라지면 대승大乘의 청정심을 발하게 된다. 대승발심大乘發心은 곧, 원각이며, 청정본성이다. 그러므로 대승심大乘心에는 자타가 없어 불이심不二心이다. 대對와 대상이 있으면 그것이 곧, 윤회중輪廻中이며, 윤회심輪廻心이다. 일체상과 일체심이 곧, 대對와 대상이 있음이다. 경계 그것이 대對며, 대상對相이다.

※ 대(對)가 끊어짐으로 무방청정(無方淸淨)하다.

善男子 此菩薩 及末世衆生 證得諸幻 滅影像故 爾
선 남 자　차 보 살　급 말 세 중 생　증 득 제 환　멸 영 상 고　이

時 便得無方淸淨
시　변 득 무 방 청 정

선남자야, 이 보살과 더불어 말세중생이 모든 것이 환임을 증득하면, 환영인 모습이 멸한 까닭에 이때에 곧, 방이 없어 청정함을 얻느니라.

♣ 선남자야, 이 보살과 말세중생이 일체상 모든 것이 실체 없는 환幻임을 증득하면, 일체상의 모습이 멸한 까닭에 곧, 시방이 사라져 청정하여 원융편재성圓融遍在性에 드느니라.

● 대對가 끊어짐으로 방方 없는 청정원융각淸淨圓融覺에 듦을 일컬음이다. 이는 능소적멸能所寂滅이다.

※ 무변각명 심청정으로 색진, 안근, 안식이 청정이다.

無邊虛空 覺所顯發 覺圓明故 顯心淸淨 心淸淨故
무변허공 각소현발 각원명고 현심청정 심청정고

見塵淸淨 見淸淨故 眼根淸淨 根淸淨故 眼識淸淨
견진청정 견청정고 안근청정 근청정고 안식청정

무변으로 비어 공한 각을 발현한 것이니, 각이 원융하여 밝은 까닭으로 청정한 마음이 드러나느니라. 마음이 청정함으로 견진이 청정하며, 견진이 청정함으로 안근이 청정하고, 안근이 청정함으로 안식이 청정하니라.

♣ 대對가 사라지니 방方이 사라져, 무변無邊 청정공성淸淨空性인 원융편재각圓融遍在覺을 발현함이니, 각覺이 원융하여 밝음으로 청정본심이 드러나느니라. 본심이 원융하여 청정한 까닭으로, 보이는 사물事物 일체가 청정원융하며, 보이는 사물 일체가 청정하므로, 보는 뿌리인 안근이 청정원융이며, 안근이 청정하므로, 보이는 것을 인지하는 안식이 청정원융하니라.

● 색진色塵, 안근眼根, 안식眼識이 원융하여 불이원융不二圓融
이다.

※ 18계인 6진, 6근, 6식이 청정원융이다.

識淸淨故	聞塵淸淨	聞淸淨故	耳根淸淨	根淸淨故
식 청 정 고	문 진 청 정	문 청 정 고	이 근 청 정	근 청 정 고
耳識淸淨	識淸淨故	覺塵淸淨	如是乃至	鼻舌身意
이 식 청 정	식 청 정 고	각 진 청 정	여 시 내 지	비 설 신 의

亦復如是
역 부 여 시

안식이 청정함으로 문진이 청정하고, 문진이 청정함으로 이
근이 청정하고, 이근이 청정함으로 이식이 청정하고, 이식이
청정함으로 각진이 청정하고, 이와 같이 내지 비설신의 역시
또한, 이와 같으니라.

♣ 안식이 청정하므로, 들리는 소리 일체가 청정원융하며, 들리
는 소리 일체가 청정하므로, 소리를 듣는 뿌리인 이근이 청정원융
하며, 이근이 청정하므로, 소리를 인식하는 이식이 청정원융이다.
이식이 청정하므로 깨닫는 티끌이 청정원융하며, 이와 같이, 내지
비설신의鼻舌身意 역시 또한, 이와 같으니라.

※ 색성향미촉법 6진이 청정원융이다.

善男子 根清淨故 色塵清淨 色清淨故 聲塵清淨 香
선 남 자　근 청 정 고　색 진 청 정　색 청 정 고　성 진 청 정　향

味觸法 亦復如是
미 촉 법　역 부 여 시

선남자야, 육근이 청정함으로 색진이 청정하며, 색진이 청정함
으로 성진이 청정하고, 향미촉법이 또한, 더불어 이와 같으니라.

♣ 선남자야, 육근이 청정하므로, 육근의 대상 색진이 청정원융하
며, 색진이 청정하므로, 성진이 청정원융하며, 향미촉과 법 또한,
더불어 역시 이와 같이 청정원융하니라.

※ 지수화풍 4대가 청정원융이다.

善男子 六塵清淨故 地大清淨 地清淨故 水大清淨
선 남 자　육 진 청 정 고　지 대 청 정　지 청 정 고　수 대 청 정

火大風大 亦復如是
화 대 풍 대　역 부 여 시

선남자야, 육진이 청정함으로 지대가 청정하고, 지대가 청정함으
로 수대가 청정하며, 화대와 풍대도 또한, 역시 이와 같으니라.

♣ 선남자야, 육진이 청정하므로, 지대가 청정원융하며, 지대가
청정하므로, 수대가 청정원융하며, 화대와 풍대 또한, 더불어
역시 이와 같이 청정원융하니라.

※ 12처, 18계, 25유가 청정원융이다.

善男子 四大淸淨故 十二處 十八界 二十五有淸淨
선 남 자 사 대 청 정 고 십 이 처 십 팔 계 이 십 오 유 청 정

선남자야, 사대가 청정함으로 십이처와 십팔계와 이십오유가 청정하느니라.

♣ 선남자야, 지수화풍 사대가 청정하므로, 색성향미촉법과 안이비설신의 십이처와 육진, 육근, 육식 십팔계와 삼계육도인 욕계와 색계와 무색계의 일체세계인 이십오유가 청정원융하니라.

※ 10력, 4무소외, 4무애지, 18불공법, 37조도품, 8만4천다라니문이 청정원융이다.

彼淸淨故 十力 四無所畏 四無礙智 佛十八不共法
피 청 정 고 십 력 사 무 소 외 사 무 애 지 불 십 팔 부 공 법

三十七助道品淸淨 如是乃至 八萬四千 陀羅尼門
삼 십 칠 조 도 품 청 정 여 시 내 지 팔 만 사 천 다 라 니 문

一切淸淨
일 체 청 정

저것이 청정함으로 십력과 사무소외와 사무애지와 불의 십팔불공법과 삼십칠조도품이 청정하며, 이와 같이 내지 팔만사천 다라니문 일체가 청정하니라.

♣ 십이처와 십팔계와 이십오유가 청정하므로 십력, 사무소외, 사

무애지, 불佛의 시팔불공법, 삼십칠조도품이 청정원융하며, 이와 같이 내지 팔만사천 다라니문 일체가 더불어 역시 청정원융하니라.

● **십력**十力 : 불佛의 10가지 능력이다.
● **사무소외**四無所畏 : 법法을 설함에 불佛이 두려움이 없는 네 가지다.
● **사무애지**四無礙智 : 불지혜佛智慧가 명료하여 장애가 없는 네 가지다.
● **십팔불공법**十八不共法 : 불佛이 갖춘 열여덟 가지 지혜의 능력이다.
● **삼십칠조도품**三十七助道品 : 37종三十七種의 수행법이다.
● **팔만사천다라니문**八萬四千陀羅尼門 : 본성공능일체공덕세계다. 부처님께서 설하신 일체경一切經과 부처님 일체공덕지혜세계다. 여래如來께옵서 설하신 일체경一切經 법의 세계와 그 공덕세계가 청정淸淨하다.

※ 시방 일체중생의 원각이 청정원융이다.

善男子 一切實相 性淸淨故 一身淸淨 一身淸淨故
선 남 자 일 체 실 상 성 청 정 고 일 신 청 정 일 신 청 정 고

多身淸淨 多身淸淨故 如是乃至 十方衆生 圓覺淸
다 신 청 정 다 신 청 정 고 여 시 내 지 십 방 중 생 원 각 청

淨
정

선남자야, 일체가 실상이며, 성품이 청정함으로 일신이 청정

하며, 일신이 청정함으로 다신이 청정하며, 다신이 청정함으로 이와 같이 또한, 시방 중생의 원각이 청정하니라.

♣ 선남자야, 일체가 실상이며, 그 성품이 청정하므로, 한 몸이 청정원융하며, 한 몸이 청정하므로, 많은 몸이 청정원융하며, 많은 몸이 청정하므로 이와 같이 또한, 시방중생의 본연각성 원각이 청정원융하니라.

※ 일체세계와 허공, 삼세일체가 원융청정부동이다.

善男子 一世界淸淨故 多世界淸淨 多世界淸淨故
선 남 자 일 세 계 청 정 고 다 세 계 청 정 다 세 계 청 정 고

如是乃至 盡於虛空 圓裏三世 一切平等 淸淨不動
여 시 내 지 진 어 허 공 원 리 삼 세 일 체 평 등 청 정 부 동

선남자야, 일세계가 청정함으로 다세계가 청정하며, 다세계가 청정함으로, 이와 같이 내지 허공도 사라져 다하고, 원융한 삼세 과거 현재 미래 모두 일체가 평등하고, 청정하여 부동이니라.

♣ 선남자야, 일세계가 청정하므로, 다세계가 청정원융하며, 다세계가 청정하므로, 이와 같이 내지 허공도 사라져 다하니 방方이 사라지고, 변邊이 사라지며, 빈 것인 허虛 또한, 사라져 다하고, 원융한 삼세일체 과거, 현재, 미래 모두 일체가 그 성품이 청정원융하여 평등하고, 그 청정원융한 그 성품은 부동不動이니라.

※ 허공도 평등부동이며 각성도 평등부동이다.

善男子 虛空如是 平等不動 當知覺性 平等不動
선 남 자 허 공 여 시 평 등 부 동 당 지 각 성 평 등 부 동

선남자야, 허공도 이와 같이 평등하여 부동이며, 당연히 각성도 평등하여 부동임을 아느니라.

♣ 선남자야, 허공도 이와 같이 그 성품이 평등하여 부동이며, 당연히 각성도 그 성품이 평등하여 부동임을 아느니라. 일체一切가 각覺이며, 일체가 원융하여 차별 없는 성품인 불이성不二性이니라.

● 허공평등은 허공이 비어서 평등한 것이 아니다. 허공평등이라고 함은, 각성覺性에는 허공상도 사라져 방方과 변邊이 없으니, 허공평등이 법성평등이며, 자성평등이므로, 일체사물과 허공이 차별 없는 불이성不二性이다. 그러므로 자성평등에는, 일체상 두두물물 그대로 차별 없는 평등각平等覺인 무자성불이청정각상無自性不二淸淨覺相이다. 생긴 그대로, 있는 그대로 제법공상諸法空相인 무자성 법성 자성평등계다. 자성평등自性平等에는 하늘과 땅과 사람과 나무와 불火과 물水이 차별이 없다. 생긴 그대로, 있는 그대로 곧, 청정실상불이성淸淨實相不二性이다. 이것이 법성평등이며, 자성평등이며, 더불어 각성평등覺性平等이다. 법성평등法性平等은 일컬을 것 있는 그것이 유무有無와 생멸상生滅相이 아니므로 그 성품이 원융편재하여 일체에 차별 없는 절대성絶對性인 성품의 평등이다. 자성평등自性平等은 모든 존재의 성품 그 자체가 유무와 생멸상이 아니므로 그 성품이 원융편재하여 일체

에 차별 없는 절대성 성품의 평등이다. 각성평등覺性平等은 일체상이 곧, 본연성품 절대성 청정각성 성품에 의해 나타난 각성발현覺性發顯 현상이니, 일체상이 차별이어도 그 자체가 곧, 청정각성 절대성 속에 이루어지는 차별 없는 각성현상이다. 일체상이 각성발현 절대성 속에 이루어지는 차별 없는 각성평등상이 아니면 각성에서 발현될 수가 없다. 각성절대성覺性絶對性의 평등성은 곧, 각성편재불이원융성覺性遍在不二圓融性이다. 이는 곧, 각覺의 편재성遍在性이다. 일체상이 그대로 차별 없는 불이성不二性의 성품 각성현상이다. 그러므로 불이성不二性에는, 어느 것 하나 파괴하거나 파괴되는 것이 아니며, 또한, 합하거나 겹치는 것이 아닌, 이二와 일一과 차별과 같고 다름의 일체 차별상을 벗어나게 된다. 일체가 자성평등으로 청정원융이며, 이사불이청정원융理事不二淸淨圓融이다. 일체가 각성에 의한 자성평등부동성自性平等不動性이다. 자성부동自性不動이란, 상심상견에서 헤아리는 움직이지 않는 것도 아니며, 가만히 있는 것도 아니며, 단지, 그 성품이 동動함이 없음이다. 이는 성품의 원융圓融이며 청정淸淨이다. 일체가 생生이어도 부동不動이며, 일체가 멸滅이어도 부동不動이다. 이 말은 생生과 멸滅이 있으나, 자성自性은 허공과 같이 일체상에 동動하지 않고 있다는 것이 아니다. 이러한 생각은 불이성不二性이 아니라, 상심상견의 헤아림 망견사량妄見思量인 분별상이다. 생生하는 그것이, 멸滅하는 그것이 생멸이 끊어진 부동성不動性임을 일컬음이다. 이는 일체상 그대로 곧, 자성自性이며, 평등자성이며, 평등법성이다. 이것은 불이각성편재不二覺性遍在에 들기 전에는 상심상견으로 헤아리거나 분별하여 알 수 있는 것이 아니다. 그러므로 생生이 생生이 아니며, 멸滅이 멸滅이 아니다. 생生이 불생不生이며, 멸滅이 불멸不滅이다. 그러므로 생生과 멸滅이 차별이 없다. 그러므로 생生이 멸滅과 차별 없는 불이성不二性이며, 멸滅이 생生과 차별 없는 불이성不二性이다. 일체가 자성평등이다. 일체차별이 그대로 차별 없는 불이성不二性이다. 이것이 각성평등불이성覺性平等不二性이다. 일러 청정淸淨이라고 하며, 원융圓融이라고 하며, 일체상 그대로 불이편재성不二遍在性이다. 청정이 곧, 무자성無自性이며, 원융이 시방편재성十方遍在性이다. 불이不二 즉, 무자성無自性이며, 부동不動 즉, 원융圓融이며, 편재遍在 즉, 각覺이다. 무엇이든 대對가 있거나 차별이 있으면, 그것은 법성法性이 아니며, 실상이 아니며, 본성이 아니다. 그러므로 원융불이圓融不二의 세계를 부사의不思議라고 하며, 불가사의계不可思議界라고 한다. 그러므로 묘법妙法이다. 이 실상을 보지 못하고, 알지 못해 상심상견으로 일체상을 분별하므로 무명無明이며, 미혹이며, 망견妄見이라고 한다. 이는 곧, 상相의 실상을 알지 못함이다. 이는 상相이 있고, 또한, 그 상相의 실상이 있는 것이 아니다. 있는 그대로 곧, 생멸 없는 무자성실상이다. 이것을 깨닫지 못하는 까닭은 본연본성이 장애되기 때문이다. 이 원인은, 처음을 알 수 없는 지금에 이르기까지, 상相을 집착하고, 머무르며 탐착한 숙세 업력장애의 이끌림인 무명無明 때문이다. 무명은 나의 다른 이름이다. 나 그것이 상相이며, 나를 비롯한 일체가 상심相心이다. 상심相心이 각覺의 장애의식 분별이다. 분별이 곧, 사상四相이다. 사상四相이 곧, 십팔경계, 육근六根, 육진六塵, 육식六識이다. 십팔경계가 삼라만상만물과 심식心識의 일체다. 되돌리면 일체가 곧, 분별심 나 하나로 되돌아간다. 분별심이 사라지면 나 없어 일체가 시방편재十方遍在 청정각淸淨覺이다. 그것이 나의 성품이다. 내가 있고 나의 성품이 있는 것이 아니다. 나 없다. 나 실체가 곧, 청정각이다. 나라고 생각하는 그것은 나 아니다. 그 처음을 알 수 없는 세세생생 환幻에 이끌리어 상相을 탐착한 숙세宿世 무명식無明識인 실체 없는 환幻이다. 나 있으면 윤회는 멈출 수가 없다. 나 그것은 숙세습기宿世習氣의 업력신業力身으로 받아나 육근六根에 잠복하여, 상相에 굶주려 허기진 잡귀雜鬼처럼 육근六根으로 상相을 탐하여 즐기다 또, 윤회에 흘러들어 상相을 집착하여 탐착하고 좇기 때문이다.

※ 일체가 자성평등으로 부동(不動)이다.

四大不動故 當知覺性 平等不動 如是乃至 八萬四
사 대 부 동 고　당 지 각 성　평 등 부 동　여 시 내 지　팔 만 사

千 陀羅尼門 平等不動 當知覺性 平等不動
천　다 나 니 문　평 등 부 동　당 지 각 성　평 등 부 동

사대가 부동이므로, 당연히 각성이 평등하여 부동임을 아느니라. 이와 같이 또한, 팔만사천 다라니문이 평등하여 부동이므로, 당연히 각성이 평등하여 부동임을 아느니라.

♣ 일체가 자성평등으로 불이원융不二圓融하여 사대가 부동不動인 까닭으로, 당연히 청정각성이 평등부동임을 아느니라. 이와 같이 또한, 팔만사천 다라니문이 평등하여 부동이므로, 또한, 당연히 각성이 평등하여 부동임을 아느니라.

● 불이원융각성不二圓融覺性에는 일체가 차별이 없으니, 무엇이든 다를 바가 없다. 이것은 자성自性이 평등하기 때문이며, 실상은 다를 바가 없기 때문이며, 본성은 차별이 없기 때문이다. 원융

각圓融覺에 들면 일체차별계를 벗어나 불이원융청정원만일성계 不二圓融淸淨圓滿一性界에 들게 된다. 이것은 상심상견에서 생각하는 모두가 똑같거나, 차별 없는 상심相心으로 헤아리는 그러한 세계가 아니다. 상심상견으로는 어떤 분별과 사량으로도 알 수가 없다. 단지, 상相을 여의어, 각일성覺一性에 들어야만 알 수 있을 뿐이다. 이는 청정진여불이일성계淸淨眞如不二一性界다.

● **팔만사천다라니문**八萬四千陀羅尼門: 본성의 무량무한 본연공능계本然功能界와 그 작용이 이루어지는 제불각성공능계諸佛覺性功能界다.

※ 각성이 원융하여 육근이 편만법계다.

善男子 覺性遍滿 淸淨不動 圓無際故 當知六根 遍
선 남 자　각 성 편 만　청 정 부 동　원 무 제 고　당 지 육 근　편

滿法界
만 법 계

선남자야, 각성이 편만하여 청정부동이며, 원만하여 끝이 없는 까닭으로, 육근의 편만법계를 당연히 아느니라.

♣ 선남자야, 각성이 시방원융편만十方圓融遍滿으로 청정원만하여 부동不動이며, 원융하여 그 성품이 무한하여 끝이 없으므로, 당연히 육근의 편만법계遍滿法界임을 아느니라.

● 육근편만법계六根遍滿法界는 육근이 시방에 원융편재圓融遍在하여 시방법계충만임을 일컬음이다. 상심상견으로는 헤아리거나

218

第三 普眼菩薩章

분별하여 추측하거나 헤아려 알 수 없는 불가사의계 不可思議界 다. 육근이 시방에 원융편재하여 법계충만함은, 사사원융이사불이 事事圓融理事不二 며, 이사불이원융일성법계 理事不二圓融一性法界 이기 때문이다. 한 티끌과 온 세계가 차별이 없어 둘이 아니며, 또한, 작은 티끌이 온 법계를 감싸고도 부족함이 없는 무자성 각성세계다. 불이원융성 不二圓融性 에 들면 원융한 일체편재성 一切遍在性 을 깨닫게 된다.

※ 6근, 6진, 4대와 다라니문이 청정원융이다.

根遍滿故 當知六塵 遍滿法界 塵遍滿故 當知四大
근 편 만 고 당 지 육 진 편 만 법 계 진 편 만 고 당 지 사 대

遍滿法界 如是乃至 陀羅尼門 遍滿法界
편 만 법 계 여 시 내 지 다 라 니 문 편 만 법 계

육근이 편만함으로 당연히 육진 편만법계임을 알며, 육진이 편만함으로 사대 편만법계를 당연히 아느니라. 이와 같이 내지 다라니문이 편만법계이니라.

♣ 육근이 원융시방편만 圓融十方遍滿 함으로 당연히 육진이 원융시방편만법계임을 알며, 육진이 원융시방편만법계이므로 당연히 사대가 원융시방편만법계임을 아느니라. 이와 같이 또한, 일체 다라니문이 원융시방편만법계이니라.

● 육근, 육진, 사대가 불이청정원융시방편만법계성 不二淸淨圓融十方遍滿法界性 이므로, 본성공능 本性功能 의 일체작용과 본성지혜

다라니문陀羅尼門이 불이청정원융시방편만법계성不二淸淨圓融十方遍滿法界性임을 알게 된다. 다라니문은 본성공능과 본성지혜의 일체공덕세계다.

● 다라니문陀羅尼門과 편만법계遍滿法界가 다르지 않다. 다라니문이 편만법계며, 편만법계가 다라니문이다. 편만법계가 다라니공능계며, 편만법계의 일체작용이 다라니 공능작용이다.

※ 묘각편만으로 6근 6진 다라니문이 파괴나 섞임이 없다.

善男子 由彼妙覺 性遍滿故 根性塵性 無壞無雜 根
선 남 자　유 피 묘 각　성 편 만 고　근 성 진 성　무 괴 무 잡　근

塵無壞故 如是乃至 陀羅尼門 無壞無雜
진 무 괴 고　여 시 내 지　다 라 니 문　무 괴 무 잡

선남자야, 저 묘각의 성품이 편만한 까닭으로 말미암아, 육근의 성품과 육진의 성품이 파괴됨이 없고 섞임이 없으며, 육근과 육진이 파괴되거나 섞임이 없으므로, 이와 같이 또한, 다라니문이 파괴됨이 없고 섞임이 없느니라.

♣ 선남자야, 저 부사의한 본연본성 청정묘각의 성품이 불이청정원융不二淸淨圓融하여 편만遍滿한 까닭으로 말미암아, 육근의 성품과 육진의 성품이 파괴됨이 없고 섞임이 없으며, 육근의 성품과 육진의 성품이 파괴됨이 없고 섞임이 없으므로, 이와 같이 또한, 일체청정각성一切淸淨覺性 공덕세계 다라니문陀羅尼門이 파괴되거나 섞임이 없느니라.

● 묘각妙覺은 곧, 본연본성의 각성覺性인 본각本覺이다. 본각本覺을 묘각妙覺이라고 함은, 그 성품이 부사의하기 때문이며, 상심상견으로는 어떤 헤아림이나, 분별이나, 추측으로도 헤아려 알 수가 없기 때문이다. 그러므로 본각은 부사의각不思議覺이다. 묘각妙覺의 묘妙는 사유思惟할 수 없고, 사량思量할 수 없는 불가사의하고 부사의함을 뜻한다.

● 다라니문陀羅尼門은 본연본성 부사의공능不思議功能과 본성공능의 청정지혜 일체각성공덕세계一切覺性功德世界다. 이는 본성 무한공능無限功能의 세계다. 공능功能은 공功은 본성이 가진 부사의조화不思議造化 법리法理인 본능력本能力이다. 능能은 본성이 가진 부사의조화不思議造化 이理의 무한자재작용이다. 이 공능작용에 의한 일체세계가, 삼라만물만상과 제불일체각성과 제불일체지혜 부사의세계와 중생의 일체 삶과 작용현상과 심식의 일체세계다. 그러므로 법성작용 일체존재의 세계가 곧, 본성공능작용의 세계이다. 본성공능을 벗어나면 일체존재와 작용세계가 끊어진다. 일체가 본성공능의 작용이다. 그러므로 본성공능은 부사의하고 불가사의하다. 이 본성공능 장애의식이 무명이며 미혹이다. 본성공능장本性功能藏이 여래장如來藏이며, 본성공능자재성에 듦이 각覺의 원만이며, 불이편재성不二遍在性이며, 각성원만불覺性圓滿佛이다. 본성공능을 수순함이 원각수순행이며, 본성공능이 장애됨이 중생의 무명 사상심이며, 상심상견이다. 본성공능 성품이 본성의 자성이며, 본성공능에 이르도록 수순함이, 본성삼종자성수순법, 본성자성수순관 사마타 적정관寂靜觀과 본심자성수순관 삼마발제 여환관如幻觀과 본각자성수순관 선나 적멸관寂滅觀이다. 이 경經의 일체가 본성공능을 수순하는 지혜와 수행 가르침의 경經이다.

※ 원각이 원융편만하여 파괴되거나 섞임이 없다.

如百千燈 光照一室 其光遍滿 無壞無雜
여 백 천 등 광 조 일 실 기 광 편 만 무 괴 무 잡

한 방에 백 개나 천 개의 등이 비치어 밝음이, 그 빛이 편만하여 파괴됨이 없고, 섞임이 없음과 같으니라.

♣ 사대四大, 육진六塵, 육근六根, 육식六識과 과거, 현재, 미래세, 일체삼세一切三世가 서로 장애 없어, 파괴되거나 섞임이 없이 원융편만圓融遍滿 함은, 한 방에 백 개나 천 개의 등이 비치어 밝음이, 서로 원융하여 편만함으로 파괴됨이 없고 섞임이 없음과 같으니라.

● 사대, 육근의 일체상과 각覺의 일체다라니문一切陀羅尼門이 파괴되거나 섞임이 없음은, 그 성품이 원융편만圓融遍滿 하기 때문이니, 이는 그 성품이 청정원융편재성淸淨圓融遍在性으로 무자성無自性이기 때문이다.

※ 보살은 일체에 분별심이 없는 청정심이다.

善男子 覺成就故 當知菩薩 不與法縛 不求法脫 不
선 남 자 각 성 취 고 당 지 보 살 불 여 법 박 불 구 법 탈 불

厭生死 不愛涅槃 不敬持戒 不憎毁禁 不重久習 不
염 생 사 불 애 열 반 불 경 지 계 부 증 훼 금 부 중 구 습 불

輕初學
경 초 학

선남자야, 보살은 각을 성취한 까닭으로 당연히 알아 법에 더불어 속박되지 않으므로, 법을 벗어나기를 구하지 않으며, 생사를 싫어하지 않으며, 열반을 좋아하지 않으며, 계를 굳게 지킴을 공경하지 않으며, 금하는 것을 헐어버림을 미워하지 않으며, 오랜 수행으로 성숙함을 중히 여기지 않으며, 처음 배움을 가벼이 여기지 않느니라.

♣ 선남자야, 일체불이원융각一切不二圓融覺을 성취한 보살은 당연히 일체법이 생멸이 없는 청정원융편재성淸淨圓融遍在性임을 알아 안과 밖의 능소경계가 없고, 더럽고 깨끗함이 없으며, 취하고 버릴 것도 없음을 알아, 일체법이 청정원융하여 법法을 벗어나기를 구하지도 않으며, 또한, 생사를 싫어하지도 않으며, 열반을 좋아하지도 않으며, 계戒를 굳게 지키는 것을 공경하지도 않으며, 금禁하는 계戒를 헐어버리는 것을 미워하지도 않으며, 오랜 수행으로 성숙한 것을 중히 여기지도 않으며, 처음 배우는 것을 가벼이 여기지도 않느니라.

● 보살심菩薩心은 보리심菩提心이니, 법法의 실實이며, 실상實相의 실實이며, 청정淸淨의 실實이며, 원만圓滿의 실實이며, 각覺의 실實이며, 진여眞如의 실實이며, 불이不二의 실實이기 때문이다. 실實은 곧, 원융圓融이며, 편재성扁提性이다. 이 실實을 벗어나면 일체가 차별심이며, 차별상이다.

※ 보살경계는 일체가 각이다.

何以故 一切覺故 譬如眼光 曉了前境 其光圓滿 得
하이고 일체각고 비여안광 효료전경 기광원만 득

無憎愛 何以故 光體無二 無憎愛故
무증애 하이고 광체무이 무증애고

무슨 까닭이냐면, 일체가 각인 까닭이니라. 비유하면 안광으로 전경을 명확하고 밝게 깨닫듯 그 빛이 원만할 뿐, 미움과 사랑 분별없이 얻음과 같으니라. 무슨 까닭이냐면, 광명체는 분별이 없어, 싫어하고 좋아함이 없는 까닭이니라.

♣ 보살이 일체에 차별심이 없음은, 일체가 청정원융한 각覺이기 때문이니라. 비유하면, 눈빛으로 앞의 사물과 전경을 명확하고 밝게 깨닫듯, 그 빛은 분별없이 편재遍在로 원만할 뿐, 미움과 사랑 분별없이 사물과 전경 일체를 얻음과 같으니라. 무슨 까닭이냐면, 광명체는 분별 없어, 싫어하고 좋아함이 없는 청정원융불이편재성淸淨圓融不二遍在性이기 때문이니라.

● 각覺에 든 자者는 일체 분별심이 끊어졌다. 그러므로 일체一切가 각覺이다.

※ 각(覺)의 보살은 일체적멸무이(一切寂滅無二)다.

善男子 此菩薩 及末世衆生 修習此心 得成就者 於
선남자 차보살 급말세중생 수습차심 득성취자 어

此無修 亦無成就 圓覺普照 寂滅無二
차무수 역무성취 원각보조 적멸무이

선남자야, 이 보살과 더불어 말세중생이 이 마음을 닦아 익힘으로, 성취함을 얻은 자는 이러한 닦음도 없고, 또한, 성취함도 없어, 원각이 두루 밝아 적멸하여 둘이 없느니라.

♣ 선남자야, 청정진여 각성을 수순하는 보살과 말세중생은, 분별심 없는 청정한 마음을 닦아 익힘으로, 이 각覺의 경계를 성취한 자는 청정각清淨覺 수순경계에는 닦음도 없고, 또한, 성취함도 없어, 청정진여불이원융성清淨眞如不二圓融性인 원각이 시방편재성으로 두루 밝아, 그 마음이 청정불이원융清淨不二圓融하여 적멸한 가운데 각覺이 원융할 뿐, 능소能所의 대對가 끊어져, 일체차별인 둘이 없느니라.

● 각覺을 수순하는 보살청정심의 경계를 드러냄이다. 이것이 본기청정인지법행本起清淨因地法行이며, 각성수순불이심불이경覺性隨順不二心不二境이다.
● **수습차심**修習此心: 이 마음을 닦아 익힘이다. 이는 원만시방圓滿十方 불이수순不二隨順인 불이경不二境이며, 청정각지清淨覺地의 신심적멸身心寂滅인 평등본제平等本際며, 본기청정本起清淨인 인지법행因地法行이며, 원각수순행이다. 이는 편재원융각遍在圓融覺을 수순함이다.
● **차무수**此無修 **역무성취**亦無成就: 이러한 닦음도 없고, 또한, 성취함도 없다. 이는 각覺을 수순할 뿐, 상심相心이나 분별심이 없다. 상심이나 분별심이 없어, 불이원융청정각성수순不二圓融清淨覺性隨順이 원각을 수순함이다.
● **적멸무이**寂滅無二: 적멸하여 둘이 없다. 이는 적멸寂滅은 원각성품이며, 무이無二는 원각경계다. 적멸무이寂滅無二는 원각본성

을 수순하여 일체분별이 없음이다. 이는 자성평등이며, 법성평등이며, 각성평등이다. 이는 곧 불이편재성不二遍在性이다.

※ 원각수순은 각(覺)과 상(相)에 부즉불리(不卽不離)다.

於中 百千萬億阿僧祇 不可說 恒河沙諸佛世界 猶
어중 백천만억아승지 불가설 항하사제불세계 유

如空華 亂起亂滅 不卽不離 無縛無脫
여공화 난기란멸 부즉불리 무박무탈

그 가운데는 백천만억아승지 불가설 항하사 제불세계도 오히려 공화와 같아 난기난멸이니, 각과 상에 즉한 것도 아니고, 각과 상을 벗어남도 아니니, 속박도 없고 벗어남도 없느니라.

♣ 원각보조圓覺普照 적멸무이寂滅無二인 원각성품이 두루 밝아 적멸성품 둘이 없는 가운데는, 백천만억 아승지 불가설 항하사 모든 부처님세계도 오히려 공화空華과 같아, 공적불이空寂不二 부사의사不思議事 공화空華의 난기란멸亂起亂滅이니, 이는 각覺과 상相에 즉卽한 것도 아니고, 각覺과 상相을 벗어난 것도 아니니, 각覺과 상相에 머묾이 없어, 각覺과 상相에 속박된 것도 없고, 각覺과 상相이 없으니, 각覺과 상相을 벗어남도 없다.

● 청정실상淸淨實相 원융각성圓融覺性의 실중경계實中境界를 잘 드러낸 구절이다.
● 백천만억아승지 불가설 항하사 제불세계도 오히려 공화空華임은, 이 일체가 청정각성원융법성묘용성품세계淸淨覺性圓融法性妙用性

用性品世界이기 때문이다.

● 난기란멸亂起亂滅은 부사의생不思議生 부사의멸不思議滅이다. 부사의청정법성묘법묘용不思議淸淨法性妙法妙用의 진여법성실상청정계眞如法性實相淸淨界를 적절히 잘 드러낸 구절이다. 즉, 있음이라 생生이어도 즉, 불생不生이며, 멸滅이어도 즉, 불멸不滅이며, 있음이나 상相이 아닌 청정진여원융불이성淸淨眞如圓融不二性이며, 청정법성淸淨法性의 부사의사不思議事 청정묘용淸淨妙用의 실상계實相界다. 난기란멸亂起亂滅의 난亂은 어지러움이나, 현란함이나, 종잡을 수 없음이 아니다. 이는 법성묘용 부사의사不思議事를 일컬음이니, 참으로 각성경계覺性境界의 묘妙함이 적절한 언어며, 불가사의不可思議함이 적절한 언어다. 왜냐면 난기란멸亂起亂滅이 곧, 이사무애사理事無礙事며 사사무애사事事無礙事이기 때문이다. 의상대사義湘大士는 화엄실상華嚴實相의 깨달음, 의상스님의 증도가證道歌인 법성게法性偈에는, 원융일심일성圓融一心一性의 깨달음 경계에서 난기란멸亂起亂滅을 번출여의부사의繁出如意不思議라 했다. 난기란멸亂起亂滅과 번출여의부사의繁出如意不思議는 언어는 달라도, 다를 바 없는 한 경계를 드러낸 원융일심일성圓融一心一性의 묘각묘현실상妙覺妙玄實相의 세계를 드러낸 것이다. 난기란멸亂起亂滅은 법성실상 묘현묘법妙玄妙法일 뿐, 난亂이 어지러움이나, 현란함이나, 종잡을 수 없음이 아니다. 이 난亂이 부사의각不思議覺이니, 난亂이 어지러움이나, 현란함이나, 종잡을 수 없음이면, 이는 실상지혜가 없어, 실상을 보지 못하고, 상심상견으로 이 난亂을 헤아리고 사량하여, 불이성不二性을 모르는 상相의 경계에서 헤아린 어지러움이나, 현란함이나, 종잡을 수 없음을 추측한 사량망견思量妄見일 뿐이다. 이것은 법성묘현法性妙玄인 청정원융부사의사淸淨圓融不思議事 이사

무애사理事無礙事와 사사무애사事事無礙事의 각성지혜가 없기 때문이다. 이는 이사무분별理事無分別인 상즉상입계相卽相入界이기 때문이다. 이는 곧, 원융편재圓融遍在이니, 의상스님의 법성게法性偈에는 이 경계를 이사명연무분별理事冥然無分別이라고 했으며, 이 현상을 우보익생만허공雨寶益生滿虛空이라 했으며, 이 각覺의 각성경계覺性境界에서 생사열반상공화生死涅槃常共和를 깨닫게 된다.

※ 중생이 즉불(卽佛)이며, 생사열반이 꿈속 환이다.

始知衆生 本來成佛 生死涅槃 猶如昨夢
시 지 중 생 본 래 성 불 생 사 열 반 유 여 작 몽

중생이 본래 이루어진 불임을 비로소 알게 되니, 생사와 열반이 다만 지난밤 꿈과 같으니라.

♣ 원각圓覺이 시방원융 두루 밝아 적멸照寂한 성품 둘 없는 그 가운데는, 중생이 본래 부족함이 없는 완연한 불佛임을 비로소 알게 되며, 생사와 열반 또한, 지난밤 꿈과 같으니, 생사를 여의고 열반을 구하는 일체가 바로 미망迷妄의 꿈속 환幻임을 깨닫느니라.

※ 각(覺)에는 생사열반과 기멸(起滅)과 오고 감이 없다.

善男子 如昨夢故 當知生死 及與涅槃 無起無滅 無
선 남 자 여 작 몽 고 당 지 생 사 급 여 열 반 무 기 무 멸 무

來無去
래 무 거

선남자야, 생사와 또한, 더불어 열반이 지난밤 꿈과 같음을
당연히 알아, 일어남도 없고 멸함도 없으며, 가는 것도 없고
오는 것도 없느니라.

♣ 선남자야, 원각圓覺에는 원융한 각성覺性이 두루 밝아, 생사
와 또한, 더불어 열반이 지난밤 꿈과 같음을 당연히 알아, 일체상
이 일어남도 없고 멸滅함도 없으며, 시時와 시절과 세월의 흐름
과 상相의 일체 변화의 현상 흐름이 오는 것도 없고, 가는 것도 없
느니라.

※ 각(覺)에는 득실취사와 작지임멸(作止任滅)이 없다.

其所證者 無得無失 無取無捨 其能證者 無作無止
기 소 증 자   무 득 무 실   무 취 무 사   기 능 증 자   무 작 무 지

無任無滅
무 임 무 멸

그것을 증한 자는 얻음도 없고 여읨도 없으며, 취함도 없고
버림도 없느니라. 능히 그것을 증한 자는 지음이 없고, 그침
도 없으며, 무엇에 의지함도 없고, 멸함도 없느니라.

♣ 원각圓覺을 증證한 자는 각覺을 얻음도 없고, 망妄을 여읨도
없으며, 각覺을 증證하여 취함도 없고, 환幻을 버림도 없느니라.

능히 그것을 증證한 자의 경계는, 각覺을 얻기 위해 수행을 지음도 없고, 망妄이 일어남을 그침도 없으며, 법法이나 지혜나 또한, 무엇에 의지함도 없고, 상相을 멸滅함도 없느니라.

● 각覺을 모르는 상심상견 중에는 각覺을 모르므로 망념을 여의려 하며, 각覺을 구하려 하며, 망妄을 여읜 각覺을 얻으려 한다. 망념이 사라지고 각覺에 들게 되면, 청정원융각성淸淨圓融覺性은 각覺을 구하거나, 망념을 여의거나, 깨달음을 구하는 수행에 의해 각覺에 든 것이 아님을 깨닫게 된다. 각覺에 드는 순간, 각覺에 들기 위해 깨달음을 구하려함과 망념을 여의어 열반을 구하려함의 일체수행과 청정원융무애각성淸淨圓融無礙覺性이 아무런 관련이 없음을 깨닫게 된다. 그것은 본래 본연본성에 원만구족해 있기 때문이다. 그러므로 각覺을 구하고, 망념을 여의며, 깨달음을 구하는 일체가 곧, 미망이며, 꿈속에 환幻을 좇는 전도顚倒된 망념이었음을 깨닫게 된다. 왜냐하면, 일체가 각覺이기 때문이다. 미망 속에 있거나, 깨달음을 얻은 각覺이어도, 각覺은 차별이 없으며, 일체가 청정원융진여일성원만각성각명계淸淨圓融眞如一性圓滿覺性覺明界이기 때문이다. 단지, 미망을 여의면 일체가 각覺임을 깨닫게 된다. 그러므로 깨달음을 얻고, 각覺을 구하는 일체수행이 곧, 미망의 망념인 분별심 사상심을 여의는 행위지음일 뿐이다. 미망의 망념 분별심인 사상심이 있으면 청정진여일심원융각淸淨眞如一心圓融覺을 알지 못해 그 각성覺性에 들지 못하기 때문이다. 청정각성淸淨覺性이 미망의 망념에 가리면 각명覺明을 잃은 무명에 떨어지고, 미망의 꿈을 깨면 일체가 꿈속 환幻임을 깨달으니, 미망의 눈병이 나으면 일체 환幻이 사라지고, 청정진여원융일심각성각명시방편재원만淸淨眞如圓融一心覺性覺明十方遍在圓

滿이, 망妄을 여읜 순간, 찰나에 확연히 미망의 장애 없이, 시방
광명청정각명 十方光明淸淨覺明 이 확트인다. 육근경계에 이끌림인
업성業性의 망동妄動이 끊어져 청정부동본성淸淨不動本性이 드
러나고, 상相에 머뭄의 업심業心이 사라져 청정무염본심淸淨無染
本心이 드러나며, 능소경계가 사라져, 상하좌우시방에 얽매여 갇
힌 업식業識이 끊어져, 식識의 티끌 한점 없이 확 트이어 시방편
재청정원융각명 十方遍在淸淨圓融覺明 이다.

※ 각(覺)에는 능소가 없어 법성평등하여 파괴됨이 없다.

於此證中 無能無所 畢竟無證 亦無證者 一切法性
어 차 증 중　무 능 무 소　필 경 무 증　역 무 증 자　일 체 법 성

平等不壞
평 등 불 괴

**이 증한 중에는 능도 없고 소도 없어, 필경 증함도 없느니라.
또한, 증한 자도 없어, 일체 법성이 평등하여 파괴됨이 없느
니라.**

♣ 이 원각圓覺 중에는 안內의 경계인 깨달은 바인 내자증內自證
과 자각自覺과 깨달음이 없고 미망과 망념을 여읨이 없으며, 밖의
경계인 증득證得과 각覺을 얻음과 구하여 성취한 각覺의 경계가
없어, 구경究竟인 무상無上과 또한, 무상각無上覺을 증證함도 없
느니라. 또한, 각覺에는 자아自我가 없어 사상심이 없으므로, 증
證한 자者가 없고 원융청정하며, 일체법성 그 성품이 원융평등하
여 그 성품이 파괴됨이 없느니라.

● **무능무소**無能無所: 내외 능소일체경계가 없음이다. 능能은 경계를 대하는 자신이며, 소所는 내가 대하는 일체경계다. 소所는 일체증득一切證得이며, 능能은 일체내자증一切內自證이다. 소所는 각득覺得이며 능能은 각증覺證이다. 소所는 구함과 얻음이며, 능能은 여읨과 멸滅함이다.

● **필경무증**畢竟無證: 필경의 증함이 없다. 이는 구경을 증득함이 없다. 수행의 점차와 미혹을 여의는 점차와 깨달음의 점차인 일체차별경계 점차의 구경究竟인 무상無上과 완성인 구경究竟의 상相이 없어, 무상無上인 각覺에 들어도 무상無上을 증證함이 없다.

● **역무증자**亦無證者 **일체법성**一切法性 **평등불괴**平等不壞: 또한, 증한 자도 없어, 일체 법성이 평등하여 파괴됨이 없다. 이는 구경究竟의 나我, 증각자證覺者가 없어 일체가 청정원융시방평등각淸淨圓融十方平等覺이다. 왜냐하면 나를 여의면 바로 각覺이다. 나와 각覺은 다를 바 없다. 그러나 경계를 대하는 내가 있으면 대對가 형성되므로 능소能所의 경계가 생기고, 차별에 떨어짐으로 각覺일 수가 없고, 미망의 망념 능소能所의 경계를 분별하고, 일체를 객관화시켜 미혹의 사상심을 유발한다. 그러므로 자타自他와 물物과 심心을 분별하며, 사상심의 차별심을 가지게 된다. 자타自他와 물심物心을 분별하는 그 마음은 마음이 아니라, 무엇이든 내외능소심에 대상對相을 객관화하는 분별심인 사상심이다. 그러므로 구경아究竟我인 증득아證得我가 없으면 바로 법성法性의 자성평등自性平等인 각성원융평등시방편재원각覺性圓融平等十方遍在圓覺에 들게 된다. 이것은 삼법인원융평등각성지三法印圓融平等覺性智인 법인지法印智다. 법인원융일성지法印圓融一性智에는 아我가 없다. 그러므로 법인일성원융편재청정지法印一性圓融遍在淸淨智 일성원융一性圓融의 결정성結定性인 법성인法性印

에 들게 된다. 법성法性의 인印은 파괴됨이 없는 법法의 결정성結定性으로 불변不變인 법성원융불이일성法性圓融不二一性인 각覺이며, 청정진여원융일성淸淨眞如圓融一性이다. 일체가 그대로 보리菩提며, 본성열반本性涅槃인 불이원융不二圓融이다. 구경증득아究竟證得我가 없는 무증자無證者이면, 일체가 각覺이므로 일체법성평등에 들며, 파괴됨이 없는 결정성結定性 법성인法性印인 각覺의 불괴성不壞性에 든다. 일체법성평등은 곧, 자성평등自性平等이며, 각성평등覺性平等이며, 일체상평등一切相平等이며, 시방평등十方平等이며, 중생불평등衆生佛平等이며, 생사열반평등生死涅槃平等이며, 각불각평등覺不覺平等이며, 번뇌보리평등煩惱菩提平等이며, 물심평등物心平等이며, 속박해탈평등束縛解脫平等이며, 상무상평등相無相平等이며, 자타평등自他平等이며, 내외평등內外平等이며, 능소평등能所平等이며, 무명각명평등無明覺明平等이다. 평등이 곧, 불이원융자성청정성不二圓融自性淸淨性이다. 이는 곧, 편재성遍在性으로 법성청정자성法性淸淨自性이며, 청정진여불이원융성淸淨眞如不二圓融性이다. 이 일체가 본연일성本然一性 본성세계며, 본심세계며, 본각세계다. 곧, 일심일각一心一覺이다. 상相의 평등에는 대對의 세계이며, 성性의 평등에는 능소일체대一切對가 끊어졌다. 그러므로 곧, 능소 없는 불이각不二覺이며, 원융각圓融覺이다. 그러므로 각覺의 평등이 원융이며, 청정일 뿐, 평등의 상相이 없다. 이것이 참으로 평등이므로 일러 절대성絶對性이라고 한다. 그러므로 절대성絶對性을 진여眞如라고 한다. 진여라고 함에는 무엇에도 물들거나 이끌림이 없는 청정체淸淨體이기 때문이다. 이는 곧, 심心이며, 성性이며, 각覺이다. 이는 본연성이므로 본本이라고 한다. 본本은 즉, 대對 없는 불이不二며, 무염청정성無染淸淨性이다. 이는 너나와 능소가 없는 그 자

체도 없는 절대성품의 세계다. 모든 존재는 이것을 뿌리로 한 청
정무염淸淨無染 법성法性과 각성覺性의 부사의 꽃이다. 청정진여
淸淨眞如 법계에 피어난 환幻과 같은 실상공화實相空華다.

※ 각(覺)을 수수하면 미혹으로 번민하지 않는다.

善男子 彼諸菩薩 如是修行 如是漸次 如是思惟 如
　선 남 자 피 제 보 살 　여 시 수 행 　여 시 점 차 　여 시 사 유 　여

是住持 如是方便 如是開悟 求如是法 亦不迷悶
　시 주 지 　여 시 방 편 　여 시 개 오 　구 여 시 법 　역 불 미 민

선남자야, 저 모든 보살이 이와 같이 수행하며, 이와 같이 점
차로 나아가며, 이와 같이 사유하며, 이와 같이 머물러 지키
며, 이와 같은 방편으로 이와 같이 깨달음을 열어야 하느니라.
이와 같이 법을 구하면, 또한, 미혹으로 번민하지 않으리라.

♣ 선남자야, 저 모든 보살이 이와 같이 대對가 끊어진 수행으로,
능소能所 없는 성품인 각覺을 수순하는 수행으로 점차로 나아가,
이와 같이 불이不二의 성품을 사유하며, 사유하는 바 능소 없는
일체행에 수순하여 지키며, 이와 같은 불이청정수순행不二淸淨隨
順行의 방편으로, 이와 같이 불이원융청정시방편재각성원만일성
不二圓融淸淨十方遍在覺性圓滿一性의 깨달음을 열어야 하느니라.
이와 같이 능소가 끊어진 불이법不二法을 구하면, 또한, 미혹으로
번민하지 않으리라.

爾時 世尊 欲重宣此義 而說偈言
이시 세존 욕중선차의 이설게언

이때 세존께옵서 이 뜻을 거듭 널리 펴시고자 게송으로 말씀
하시었다.

普眼汝當知
보안여당지

보안보살이여! 그대는 당연히 알지어다.

※ 각은 작지임멸(作止任滅)과 증함이 없다.
一切諸衆生 身心皆如幻 身相屬四大 心性歸六塵
일체제중생 신심개여환 신상속사대 심성귀육진

四大體各離 誰爲和合者 如是漸修行 一切悉淸淨
사대체각리 수위화합자 여시점수행 일체실청정

不動遍法界 無作止任滅 亦無能證者
부동편법계 무작지임멸 역무능증자

일체 모든 중생의 몸과 마음이 다 환 같으니, 몸의 모습은 사
대에 귀속하고, 마음의 성품은 육진으로 돌아가니, 사대 성품
이 각각 흩어지면 무엇을 일컬어 화합한 것이라 하겠느냐. 이
와 같이 점차 수행하면, 일체가 다 청정하여 성품이 동함 없
는 편만법계이니, 지음도, 그침도, 의지함도, 멸함도 없으며,
또한, 능히 증한 자도 없느니라.

♣ 일체 모든 중생의 몸과 마음이 다 환幻과 같음이니, 몸의 모습은 사대로 흩어지고, 마음의 성품은 육진으로 돌아가니, 사대의 성품이 각각 흩어지면, 무엇을 일러 몸의 모습이라 하겠느냐? 이와 같이 점차 수행하여 정진하면, 일체가 다 성품이 청정하여 각覺에 이르리니, 이 경계는 일체경계에 동動함 없는 청정원융부동清淨圓融不動 성품으로, 시방이 원융하여 두루한 편만성품 원만법계이니, 일체가 청정이라, 구하려는 지음作도, 그치려는 지止도, 법法이나 각覺에 의지하려는 임任도, 여의거나 벗어나는 멸滅도 없으며, 또한, 능히 깨달음이나 각覺을 증證하거나 머무르는 자者도 없어, 원융하여 원만한 편만성품이니라.

● 각覺의 성품은, 그것이 무엇이든 구할 것도, 지을 것도, 그칠 것도, 의지할 것도, 여의거나 멸滅할 것도 없으며, 증證이나, 각覺에 든 자者도 없다. 그러므로 시방청정이며, 불이원융不二圓融이며, 편재원만성遍在圓滿性이다.

※ 불세계는 삼세가 평등하여 오고 감이 없다.
一切佛世界 猶如虛空華 三世悉平等 畢竟無來去
일 체 불 세 계　유 여 허 공 화　삼 세 실 평 등　필 경 무 래 거

일체 불세계는 다만 비어 공화와 같아, 삼세가 다 평등하여 필경 오고 감이 없느니라.

♣ 일체불세계一切佛世界가 각성원융으로 청정하여 공화와 같음이니, 과거, 현재, 미래가 다 청정원융으로 불이평등不二平等하

여, 마침내 삼세의 흐름인 가고 옴이 없느니라.

● 윤회와 중생과 깨달음의 불계佛界가 청정공상淸淨空相 공화空華와 같아 자성원융평등自性圓融平等하여 차별이 없다.

※ 성불도(成佛道)는 작지임멸 능소 없는 원각수순이다.

初發心菩薩 及末世衆生 欲求入佛道 應如是修習
초 발 심 보 살 급 말 세 중 생 욕 구 입 불 도 응 여 시 수 습

초발심 보살과 또한, 말세중생이 불도에 들려면, 응당 이와 같이 닦고 익혀야 하느니라.

第四 金剛藏菩薩章
제 4 금 강 장 보 살 장

※ 상심상견의 분별로 여래의 원각을 알 수가 없으니, 먼저 윤회의 근본인 상심상견을 끊어야 함을 설한다.

※ 금강장보살이 지극한 일념으로 청법의식을 갖춘다.

於是 金剛藏菩薩 在大衆中 卽從座起 頂禮佛足 右
어 시 금 강 장 보 살 재 대 중 중 즉 종 좌 기 정 례 불 족 우

繞三匝 長跪叉手 而白佛言
요 삼 잡 장 궤 차 수 이 백 불 언

이때에 금강장보살께서 대중 속에 계시다 곧 자리에서 일어나 부처님 발에 공손히 이마를 조아려 공경의 예를 올리고 지극한 존경심으로 받드시어 오른쪽으로 세 번 돌고 두 무릎을 땅에 꿇어 두 손을 모아 부처님께 말씀을 사뢰었다.

大悲世尊
대 비 세 존

대비하옵신 세존이시여!

※ 원각청정 대다라니 인지법행 점차방편을 베푸옵니다.

善爲一切 諸菩薩衆 宣揚如來 圓覺淸淨 大陀羅尼
선 위 일 체　제 보 살 중　선 양 여 래　원 각 청 정　대 다 라 니

因地法行 漸次方便
인 지 법 행　점 차 방 편

일체 모든 보살과 대중들을 잘 이끌어 주시고자 여래께옵서 원각청정 대다라니 인지법행의 점차방편를 널리 베푸시옵니다.

♣ 대비심을 일으키심이, 끝없이 솟아오르는 샘물과 같아 그 지혜의 근원을 능히 알 수가 없고, 중생을 사랑하는 자비로운 지혜설은 무명을 맑히는 강물이 되어 끊임이 없사옵니다. 그 끝을 알 수 없는 깊고 깊은 자비로움이 원만하옵신 세존이시여! 일체 모든 보살 및 대중과 일체 말세중생을 원각을 수순하게 하고자, 여래 대비의 감로설甘露說은 지혜의 강물이 되어, 여기에 있는 모든 보살 및 대중의 수행심 깊은 심해心海에 흘러들어, 여래의 밝은 지혜와 자비 감로의 감화感化에 젖어, 무명의 어둠은 사라지고, 여래의 밝은 지혜의 빛으로 가득하옵니다. 여래 지혜의 강물은 시공을 초월해 끊임이 없이 흘러, 말세 일체중생 미혹의 가슴과 생명바다에 흘러들어, 그들 또한, 여래 지혜의 빛과 무한 자비의 감로설에 젖게 될 것이옵니다. 수행지혜의 부족으로 앞을 못 보는 자를 이끄시어 앞을 보는 광명을 주시옵고, 아상과 망념으로 심성이 거칠고, 미

혹의 망견으로 의식이 혼미한 자들의 마음을 지혜의 빛으로 보석처럼 가치 있고 빛나게 하시며, 빈약한 지혜성품의 심성들을 고귀하고 풍성하게 가꾸시옵니다. 삼계의 일체중생을 각성광명의 세계로 이끄시는 더 없는 존귀한 세존이시여! 여래께옵서 원각청정 대다라니의 인지법행 점차방편을 널리 베푸시어, 각성광명 지혜의 이로움이 이루 말할 수가 없사옵니다.

※ 부처님 가르침으로 지혜의 안목이 청정해졌습니다.

與諸衆生 開發蒙昧 在會法衆 承佛慈誨 幻翳朗然
여 제 중 생 개 발 몽 매 재 회 법 중 승 불 자 회 · 환 예 랑 연

慧目淸淨
혜 목 청 정

더불어 모든 중생이 어리석은 어둠에서 깨닫게 해주시어, 이 법회의 모든 대중은 부처님의 자비가 넘치는 가르침을 받아, 환의 가림에서 벗어나 밝음에 이르러, 지혜의 안목이 청정해졌사옵니다.

♣ 더불어 모든 중생이 지혜가 없고, 여래결정경계 여래비밀장 대원각을 모르며, 원각수순법이 무엇인지도 모르는 어리석은 어둠에서 깨닫게 해주셔서, 앞을 볼 수 없는 자에게 원각에 대해 눈을 뜨게 하시고, 원각수순법이 무엇인지 알게 되어, 이제 조그마한 식견이나마 부처님 지혜의 가피력에 힘을 입어, 밝은 법의 눈이 없는 어둠의 시야를 벗어나 바른 지혜의 눈을 뜨게 되옵니다. 이 법회의 모든 대중은 부처님의 자비심이 넘치는 가르침으로 미망에

의한 환幻의 가림에서 벗어나, 비로소 밝음에 이르러, 지혜의 안목이 청정해졌사옵니다.

※ 본래 불이면 무슨 까닭에 다시 무명이 있사옵니까?

世尊 若諸衆生 本來成佛 何故復有 一切無明 若諸
세존 약제중생 본래성불 하고부유 일체무명 약제

無明 衆生本有 何因緣故 如來復說 本來成佛
무명 중생본유 하인연고 여래부설 본래성불

세존이시여! 만약 모든 중생이 본래 이루어진 불이오면, 무슨 까닭으로 다시 일체 무명이 있사오며, 만약 모든 무명이 중생에게 본래 있었다면, 무슨 인연의 까닭으로 여래께옵서 다시 본래 이루어진 불임을 설하시옵니까?

♣ 세존이시여! 만약, 모든 중생이 본래 닦을 것이 없는 청정한 불佛을 이루어 있다면, 무슨 까닭으로 다시 일체무명이 있사오며, 만약 또한, 모든 무명이 중생에게 본래 있었다면, 무슨 인연의 까닭으로 여래께옵서 다시 본래 이루어진 불佛임을 설하시옵니까?

※ 본래 불이면 어떻게 무명과 번뇌가 생기옵니까?

十方異生 本成佛道 後起無明 一切如來 何時復生
시방이생 본성불도 후기무명 일체여래 하시부생

一切煩惱
일체번뇌

시방의 다른 중생들도 본래 이루어진 불이오면, 그 후에 어떻게 무명이 일어나며, 일체 여래께서는, 어느 때에 다시 일체 번뇌가 생기옵니까?

♣ 시방 모든 종류의 다른 중생들도 본래 닦을 것 없는 이루어진 청정한 불佛이오면, 그 후에 어떻게 무명이 다시 일어나며, 본래 이루어진 불佛인 중생이라도, 지금은 무명의 일체번뇌 속에 있사오니, 또한, 일체여래께서는 언제 다시 일체번뇌가 생기옵니까?

※ 비밀장을 여시어 미혹하여 의심함을 끊게 하소서.

唯願不捨 無遮大慈 爲諸菩薩 開秘密藏 及爲末世
유원불사　무차대자　위제보살　개비밀장　급위말세

一切衆生 得聞如是 修多羅敎 了義法門 永斷疑悔
일체중생　득문여시　수다라교　요의법문　영단의회

오직 원하옵건대 대자비를 감추어 없거나, 버리지를 마시옵고, 모든 보살을 위하여 비밀장을 여시어, 더불어 말세 일체중생을 위하며, 이와 같이 수다라 가르침의 요의법문을 얻어듣고, 미혹하여 의심함과 잘못의 과오를 영원히 끊어지게 하옵소서.

♣ 알 수 없고 알 수 없어, 오직 원하오니, 대자비심을 감추시어 없게 하거나, 버리지 마옵시고, 모든 보살을 위하여, 알 수 없는 비밀장秘密藏을 열어시어, 더불어 말세 일체중생을 위하시며, 이와 같이 지혜의 말씀인 수다라 가르침 그 뜻과 실상과 진실을 꿰뚫은 요의법문了義法門을 듣고, 미혹하여 자신이 본래불本來佛이라

하심을 의심함과 여래정안如來正眼의 말씀에 이러한 의심하는 잘못의 과오를, 바른 지혜의 안목을 열어주시어 영원히 끊어지게 하옵소서.

※ 여시삼청 지극히 간곡한 청법을 올린다.

作是語已 五體投地 如是三請 終而復始
작 시 어 이 오 체 투 지 여 시 삼 청 종 이 부 시

이 말씀을 드리고는, 오체를 땅에 던져 간절히 절을 올리고, 다시 이와 같이 세 번을 반복하며 지극정성 간곡히 부처님의 가르침을 청하였다.

● 법法을 구하는 간절함은, 말세중생들이 이 경經의 부처님 말씀에 티끌 같은 의심이라도 일으킴을 끊고자 함이다. 또한, 불멸 후 여래 없는 그 세상에도 이 경經의 지혜로 각覺에 들어 미혹 없기를 바라며, 부처님에게 간곡하게 청법함이니, 이는 말세중생까지 이 법法의 정안正眼으로 안락하게 하려는 보살자비행이며, 중생들을 염려하여 잊지 않는, 시공時空 흐름의 미래 그 중생들을 연민하여 미혹을 끊으려는 한 수행자의 진지한 보살심 청법이다.

爾時 世尊 告金剛臟菩薩言
이 시 세 존 고 금 강 장 보 살 언

이때 세존께옵서 금강장보살에게 말씀하시었다.

※ 여래의 깊고 깊은 비밀 구경방편을 묻는구나.

善哉善哉 善男子 汝等乃能爲諸菩薩 及末世衆生
선 재 선 재　선 남 자　여 등 내 능 위 제 보 살　급 말 세 중 생

問於如來 甚深秘密 究竟方便
문 어 여 래　심 심 비 밀　구 경 방 편

착하고 착하도다. 선남자여! 너희들은 능히 모든 보살과 더불어 말세중생을 위하여 여래의 깊고 깊은 비밀의 구경방편을 묻는구나.

♣ 말세중생들이 지혜가 부족하여, 여래의 진실한 말을 의심할 것임을 두루 살피고, 그들을 염려하며, 그들을 구제하고자 하는 자비의 염원을 가짐이니, 참다운 선근이며, 진실한 보살의 선근을 가진 착한 자야! 너희들은 능히 모든 보살과 말세중생을 위해, 여래의 깊고 깊어 비밀스러워, 능히 알 수 없는 구경의 심오한 방편을 묻는구나.

※ 최상교회 요의대승 결정신으로 미혹을 끊을 것이다.

是諸菩薩 最上敎誨 了義大乘 能使十方 修學菩薩
시 제 보 살　최 상 교 회　요 의 대 승　능 사 시 방　수 학 보 살

及諸末世 一切衆生 得決定信 永斷疑悔
급 제 말 세　일 체 중 생　득 결 정 신　영 단 의 회

이 모든 보살 최상 가르침의 이끎인, 요의대승으로 시방 수학 보살과 더불어 모든 말세 일체중생으로 하여금, 능히 결정신

을 얻어, 미혹하여 의심함과 잘못의 과오를 영원히 끊어지게
할 것이니라.

♣ 이 모든 보살 최상 가르침의 이끎인, 대승의 진실한 실상을 깨
닫는 요의대승으로, 시방세계에 각覺을 닦고 배우는 보살과 더불
어 모든 말세 일체중생으로 하여금, 능히 결정신을 얻어, 미혹으
로 자신이 본래 이루어진 불佛임을 의심함과 여래의 진실한 정안
正眼을 믿지 못하는 과오를, 지혜를 열어 영원히 끊어지게 할 것
이니라.

● 결정신決定信은 믿음에 의심치 않음이며, 믿음이 파괴 없는 결
정決定 경계에 들어 분별의 두 마음이 없음이다. 결정決定이란,
결決은 불신不信이 없음과 믿음에 망妄의 분별이 없음이다. 정
定은 그로 인하여 분별의 요동이 없어 믿음이 부동不動함이다. 결
정신은 법法의 결정決定 경계에 드는 인성因性이 된다. 믿음은
있다 없다의 단순한 선택과 상황을 일컬음이 아니다. 정안正眼과
정견正見과 정지正智와 실상實相과 각성覺性에 대한 믿음은 정
情적인 것이 아니며, 선택의 것이 아니며, 마음 근성根性의 밝음
인 선근 인연에 의함이다. 믿음은 있다 없다의 선택과 상황에 속
한 것이 아니라, 믿음이 선근 인연을 따라 나무와 같이 성장하고,
땅과 같이 굳어져, 믿음이 곧, 자신을 제도하고 변화시키므로, 미
혹의 업력을 벗게 한다. 법法의 믿음은 결정신에 이르게 하며, 결
정신의 믿음이 믿음일 뿐, 결정신에 들기 전에는 그 믿음에는 자신
의 사견邪見과 망견妄見과 분별의 의심이 함께함으로, 그 불신不
信은 자신의 어리석음을 반복하게 하며, 삿된 망견妄見의 행위를
멈출 수가 없어, 결정신이 자신을 제도하고 구제하게 된다. 이는

단지 믿음이 아니라, 믿음이 선근의 성숙이기 때문이다. 결정신은 법法의 파괴됨이 없는 인성印性인 결정성結定性에 들게 한다. 결정신決定信은 의심 없는 청정신淸淨信이며, 결정성結定性은 자신이 인성印性의 법체法體 실중實中에 듦이다. 이는 법인성法印性이다. 곧, 각覺의 실체며, 성性의 실체다. 이는 원융편제시방불이 원만일성청정일각圓融遍在十方不二圓滿一性淸淨一覺의 실체다.

※ 청법에 응하여 너희들을 위해 설하리라.

汝今諦聽 當爲汝說
여 금 체 청 당 위 여 설

너희들은 이제 자세히 살피어 들을지니라. 당연히 너희들을 위해 설하리라.

♣ 너희들은 이제 여래의 설함을 따라, 여래의 깊고 깊은 비밀의 구경방편, 모든 보살의 최상 가르침의 이끎인 요의대승을, 지혜로써 자세히 살피고 잘 사유하며, 지혜의 밝음으로 들을지니라. 당연히 너희의 간곡한 청정서원과 그 염원의 원력을 원만하게 하고, 부족함이 없이 그 서원을 구족하게 하고자, 너희들을 위해 설하리라.

※ 청법에 응하심과 지혜를 얻는 기쁨에 묵연이청하다.

時 金剛藏菩薩 奉敎歡喜 及諸大衆 默然而聽
시 금 강 장 보 살 봉 교 환 희 급 제 대 중 묵 연 이 청

그때 금강장보살께서 환희심에 말씀을 받들어 모든 대중과 더불어 묵연히 귀를 기울였다.

♣ 그때에 금강장보살께서 여래께옵서 청법에 응應하심에 환희하며, 법에 귀의하는 귀의심歸依心의 기쁨에, 모든 대중과 더불어 말씀을 받들어 식識을 맑히며, 마음의 동요를 끊어, 묵연청정심默然淸淨心으로 귀를 기울였다.

● 법을 듣는 청법심聽法心에 최상가르침 요의대승了義大乘 결정신決定信을 수순하는 법요청정청법심法了淸淨聽法心에 듦이다.

※ 일체 세계를 분별하는 마음, 그것이 곧, 윤회다.

善男子 一切世界 始終生滅 前後有無 聚散起止 念
선 남 자　일 체 세 계　시 종 생 멸　전 후 유 무　취 산 기 지　염

念相續 循環往復 種種取捨 皆是輪廻
념 상 속　순 환 왕 복　종 종 취 사　개 시 윤 회

선남자야, 일체 세계에 시작과 끝, 생함과 멸함, 앞과 뒤, 있음과 없음, 모이고 흩어짐, 일어남과 그치는 것, 생각생각의 상속, 순환과 왕복, 가지가지 취하고 버림이 다 이것이 윤회이니라.

♣ 선남자야, 일체경계에, 시작과 끝을 보는 것, 생함과 멸함을 보는 것, 앞과 뒤를 보는 것, 있음과 없음을 보는 것, 모이고 흩어짐을 보는 것, 일어남과 그치는 것을 보는 것, 생각생각이 끊임없이

이어지는 상속相續을 보는 것, 시간과 세월과 계절과 생사와 윤회처럼 돌고 도는 순환과 사물이 오고 가는 왕복을 보는 것, 가지가지 취하고 버림이 있는, 이것이 다 윤회이니라.

● 이 일체가 각覺의 장애인 미망의 상심상견 생멸생사심으로 곧, 무명의 윤회심輪廻心임을 일깨움이다.

※ 상심상견(相心相見)을 벗어나야 원각을 안다.

未出輪廻 而辨圓覺 彼圓覺性 卽同流轉 若免輪廻
미 출 윤 회 이 변 원 각 피 원 각 성 즉 동 류 전 약 면 윤 회

無有是處
무 유 시 처

윤회에서 벗어나지 아니하고 이 원각을 판단한다면, 그 원각성은 곧, 윤회의 흐름과 매한가지이니, 이로써 만약 윤회를 벗어나려면, 이런 곳은 있지 않으니라.

♣ 원각이 아닌, 상相의 상념 윤회심을 벗어나지 아니하고, 이 원각을 상심상견으로 미망 속에 분별하며 헤아리고 판단한다면, 그 원각성은 상相의 상념 사상심인 윤회견에서 생각한 것이므로, 그 원각은 윤회의 흐름과 매한가지니라. 원각은 윤회와 생사를 벗어난 것이니, 상심 사량에 의한 바인 그러한 분별의 원각으로 만약, 윤회를 벗어나고자 하면, 그런 곳은 있지 않으니라.

● 망妄 속에 분별하는 일체는 망견妄見을 벗어날 수가 없다. 원

각圓覺은 상심상견인 망妄이 없음이니, 원각은 원각으로만 알 수 있을 뿐, 망妄의 분별심으로는 원각만 모를 뿐 아니라, 스스로 물들어 있는 상심상견의 무명과 미혹인 망妄도 알 수가 없다. 무명과 미혹의 생사심이 곧, 시작과 끝남을 보는 것, 생함과 멸함을 보는 것, 앞과 뒤를 보는 것, 있음과 없음을 보는 것, 모이고 흩어짐을 보는 것, 일어남과 그치는 것을 보는 것, 생각생각이 끊임없이 이어지는 상속을 보는 것, 시간과 세월과 계절과 생사와 윤회처럼 돌고 도는 순환과 사물이 오고 가는 왕복을 보는 것, 가지가지 취하고 버림이 있는, 이것이 다 원각을 모르는 망념인 분별심이며, 윤회견이다.

● 나 있음이 곧, 무명과 미혹의 망妄이며, 그 마음이 윤회심이다. 나 없으면 일체가 원각이다.

※ 사견(邪見)으로 바로 보아도 일체가 왜곡된다.

譬如動目 能搖湛水 又如定眼 猶廻轉火 雲駛月運
비 여 동 목 능 요 담 수 우 여 정 안 유 회 전 화 운 사 월 운

舟行岸移 亦復如是
주 행 안 이 역 부 여 시

비유하여 눈을 움직이면 능히 잠잠한 물이 흔들림과 같으며, 또 눈이 가만히 있어도 불을 회전시키면 불바퀴를 보며, 구름이 흐르면 달이 움직이는 것 같고, 배가 가면 언덕이 이동하는 것도 또한, 역시 이와 같으니라.

♣ 원각圓覺을 잘못 앎을 비유하면, 눈을 요동하여 움직이면 잠잠

한 수면水面이 흔들리는 것과 같이 착각하게 되고, 또한, 눈은 가만히 있어도 불꽃을 회전시켜 돌리면 불바퀴가 있는 것처럼 착각하며, 구름이 흐르면 달이 움직이는 것과 같은 착각을 하게 되고, 배가 가면 언덕이 이동하는 것과 같은 착각을 함이니, 원각圓覺을 잘못 앎도 또한, 이와 같으니라.

※ 상심으로 원각을 알 수가 없다.

善男子 諸旋未息 彼物先住 尙不可得 何況輪轉 生
선 남 자 제 선 미 식 피 물 선 주 상 불 가 득 하 황 윤 전 생

死垢心 曾未淸淨 觀佛圓覺 而不旋復
사 구 심 증 미 청 정 관 불 원 각 이 불 선 복

선남자야, 모든 윤회의 마음을 쉬지 않으면, 저 사물들의 흐름이 먼저 멈춤은 더더욱 가히 얻지 못하리니, 어찌 하물며 윤전하고 생사하는 때묻은 마음은 이미 청정하지 않음으로, 불의 원각을 살펴도 알지 못하고, 미혹의 그릇됨만 거듭하느니라.

● 생사구심生死垢心 : 생사하는 때묻은 마음이다. 이는 이견심二見心이다. 나 있음에 의한 상심상견相心相見의 분별심이다.
● 증미청정曾未淸淨 : 이미 청정하지 않음이다. 이는 아직 사상심을 벗어나지 않음이다.
● 이불선복而不旋復 : 알지 못하고, 미혹의 그릇됨만 거듭함이다. 이는 유무의 상심相心으로 원각을 살펴도, 상相의 상념 미혹만 거듭하게 됨을 일컬음이다.

● 상견相見으로 원각성을 추측하고 헤아려도, 그 원각성은 곧, 상견 속의 헤아림이니, 상견으로 아무리 상을 벗어난 원각성을 헤아려도 상을 벗어난 원각성을 알 수가 없다. 원각은 상相을 벗어났으며, 상 없음이 곧, 원각이기 때문이다.

是故汝等 便生三惑
시 고 여 등 변 생 삼 혹

이런 까닭으로 너희들은 곧, 세 가지 미혹이 생기느니라.

※ 눈병이 사라지면 눈병에 의한 일체상도 사라진다.

善男子 譬如幻翳 妄見空華 幻翳若除 不可說言 此
선 남 자 비 여 환 예 망 견 공 화 환 예 약 제 불 가 설 언 차

翳已滅 何時更起 一切諸翳 何以故 翳華二法 非相
예 이 멸 하 시 갱 기 일 체 제 예 하 이 고 예 화 이 법 비 상

待故
대 고

선남자야, 비유하면 눈병에 의한 환과 같음이니, 헛것이 보이는 공화인 환도, 눈병이 만약 제거되면 가히 일컫고 말할 수 없음은, 이 눈병이 이미 사라졌으니, 어느 때에 다시 눈병의 일체 모든 것이 일어나겠느냐! 무슨 까닭이냐면, 눈병과 공화의 이법은, 머무르는 상이 아닌 까닭이니라.

♣ 선남자야, 상견相見으로 원각을 헤아려도 원각은 알 수 없고, 미혹의 상심相心만 거듭하여 그릇될 뿐이니라. 이를 비유하면, 눈병에 의한 환幻과 같음이니, 눈병으로 헛것이 보이는 공화空華인 환幻도, 눈병이 만약 제거되면, 가히 일컫고 말할 수 없음은, 이 눈병이 이미 사라졌으니, 어느 때에 다시 눈병에 의한 일체 모든 것이 일어나겠느냐! 무슨 까닭이냐면, 눈병과 눈병의 현상인 두 법法은 머무르는 상相이 아닌 까닭이니라.

● 상相으로 원각을 헤아림은 마치 눈병으로 헛것을 봄과 같으니, 눈병으로 헛것이 보여도, 만약, 눈병이 나으면 눈병에 의한 그 헛것을 볼 수가 없다. 무슨 까닭이냐면, 눈병과 눈병에 의한 헛것의 두 법法은 눈병이 나아도 볼 수가 있는 머무르는 상相이 아닌 까닭이다.
● 원각은 상심상견相心相見으로 헤아리고 추측하여 알 수 있는 것이 아니다. 상견相見으로 원각을 헤아리며 원각을 생각해도, 이는 상견相見의 상념일 뿐 원각이 아니다. 상심상견으로 무엇을 생각하고 무엇을 추측해도 상심과 상견의 상념일 뿐, 상을 벗어날 수가 없다. 그러므로 상심상견으로 원각을 알 수 없음은, 무명인 상심상견이 없는 그 자체가 곧, 원각이기 때문이다.

※ 실상에는 시(時)의 흐름이 끊어져 공화가 없다.
亦如空華 滅於空時 不可說言 虛空何時 更起空華
역 여 공 화 멸 어 공 시 불 가 설 언 허 공 하 시 갱 기 공 화

또한, 생멸 없는 공화는 시가 공하여 끊어져 불가설언이니,

비어 공함에 어찌 시가 있겠으며, 다시 공화를 생각하겠느냐!

♣ 생멸이 끊어진 청정한 성품如인 공화空華는, 생멸의 흐름인 시時가 공空하여 일체가 적멸이므로, 가히 일컫고 이름할 수 없음이니, 청정히 비어 공空한 성품에는, 어찌 생멸의 흐름인 시時가 있겠으며, 다시 허망한 생멸의 공화空華를 생각하겠느냐.

● 앞 구절은 눈병의 망중妄中 상相의 생멸공화生滅空華를 드러내나, 이 구절은 실상 무자성無自性 본성공화本性空華를 드러낸다.
● 여공화如空華의 여如는 공화의 청정본성淸淨本性을 일컬음이다. 이는 생멸 없는 성품으로, 상相의 생멸이 끊어진 청정한 성품이다.
● 앞 구절에는 미혹 눈병으로 망중妄中에서 공화空華를 보다가, 이 구절에서는 원각에서 공화의 실상을 드러냄이다. 실상에는 시時의 흐름인 생멸의 망환妄幻과 상相으로 헤아린 망妄의 원각이 없으며, 일체대상一切對相이 끊어져 상대相對할 수 없음을 드러냄이다.

※ 공성(空性)에는 생멸(生滅)이 없다.

何以故 空本無華 非起滅故
하 이 고 공 본 무 화 비 기 멸 고

무슨 까닭이냐면, 공에는 본래 꽃이 없어, 일어나고 멸함이 없기 때문이니라.

♣ 공空에는 시時와 상相이 끊어져 없음이 무슨 까닭이냐면, 청
정실상 공성空性 가운데는 본래 일체상이 없었고, 또한, 일어나고
멸하는 생멸이 없기 때문이니라.

● 망공화妄空華와 실상공화實相空華 구절의 총체적 결론이다.
청정성품에는 기멸起滅이 없고, 생멸상生滅相이 없어, 환幻인 공
화空華가 없음을 일컬음이다.

※ 묘각(妙覺)은 상견(相見)과 일체상을 여의었다.
生死涅槃 同於起滅 妙覺圓照 離於華翳
생 사 열 반 동 어 기 멸   묘 각 원 조 이 어 화 예

**생사와 열반은 일어나고 멸함이 매한가지며, 묘각은 원만히
밝으니 눈병과 꽃을 여의었느니라.**

♣ 생사와 열반은 일어나고 멸함이 매한가지며, 묘각妙覺은 일체
상심상견을 벗어나 청정성이므로 일체에 차별 없이 불이원융不二
圓融하여 원만히 밝으니, 미혹 망견妄見인 상심의 눈병과 그에 의
한 일체상 환꽃을 여의었다.

● 상견相見은 각성覺性이 장애되어 무엇이든 일체를 상견으로
분별하고 상相으로 헤아리므로, 생멸상生滅相도 상相으로 헤아
리며, 생멸 없는 열반도 상相으로 헤아린다. 그러므로 상심相心
과 집착의 망념을 여의어 생生이 없는 무생無生과 생멸 없는 열반
에 들려고 한다. 그러나 그러한 무생無生과 열반涅槃은 없다. 왜

냐면 여의려는 일체상과 집착의 망념을 벗어나 얻는 무생과 열반이 본래 없기 때문이다. 여의려는 일체상이 바로 무생無生이며 열반涅槃이니, 그것을 깨달으면 일체가 무생이며, 열반이다. 일체가 무생이며 열반임을 깨달으면 여읠 상相이 없고, 구하고 얻어야 할 무생과 열반이 따로 없다. 일체를 상相으로 봄으로 여의려 하며, 벗어나려고 한다. 일체가 무생이며 열반임을 깨달으면 여읨과 벗어남이 없이 일체 상심상견이 끊어져, 일체를 벗어나거나 여읨 없이 무생과 열반에 들게 된다. 그러므로 일체를 상相으로 봄으로 집착하게 되고, 머물며, 여의려 하고, 벗어나려고 한다. 그러므로 이를 일러 실상을 모르는 무명이며 미혹이라 한다. 실상을 깨달으면 일체가 무생이며 열반이므로 집착할 것이 없고, 또한, 머물 것이 없다. 일체가 그대로 무생이며 열반이기 때문이다. 그것을 깨달으면 집착하는 분별심을 벗어나게 되며, 자기의 실체성품, 두루 밝은 각覺이 청정원융시방편재성淸淨圓融十方遍在性임을 확연히 깨닫게 된다.

※ 상공화(相空華)는 생멸 없는 자성평등 본성이다.

善男子 當知虛空 非是暫有 亦非暫無 況復如來 圓
선 남 자　당 지 허 공　비 시 잠 유　역 비 잠 무　황 부 여 래　원

覺隨順 而爲虛空 平等本性
각 수 순　이 위 허 공　평 등 본 성

선남자야, 당연히 알아라, 비어 공한 이것은 잠깐 있는 것도 아니며, 또한, 잠깐 없는 것도 아니며, 상황을 따라 여래의 원각을 수순하여, 비어 공한 평등 본성이니라.

♣ 선남자야, 당연히 알아라. 일체상이 자성自性이 없어 청정한 무자성無自性으로 비어 공空한 이것은, 상相의 변화와 흐름의 시간 속에 찰나 생멸상으로 찰나에 잠깐 있는 것도 아니며, 또한, 찰나에 잠깐 있다 사라져 없는 것도 아니니라. 상황을 따라, 생멸 없는 부사의 청정여래清淨如來의 원각을 수순하여, 자성이 청정무자성清淨無自性으로 비어 공空한 불이원융청정성不二圓融清淨性이므로, 일체에 평등한 성품인 자성평등自性平等이며, 법성평등法性平等인 청정실상 청정본성이니라.

● **비시잠유**非是暫有 **역비잠무**亦非暫無 : 이것은 인연을 따르는 상相의 상속상相續相 찰나 생멸인 잠깐 있는 것도 아니며, 또한, 잠깐 없는 것도 아니다. 이는 상相의 흐름과 변화를 따라, 또는 사사무애事事無礙인 상즉상입相卽相入에 의해, 변화의 과정에서 그 모습이 찰나에 잠깐 생生하여 있거나, 또는 잠깐 멸滅하여 없어지거나 하는, 상相의 상속相續에 의한 찰나찰나 흐름의 생멸상이 아님을 일컬음이다. 이는 일체상 환幻의 성품이 생멸 없는 편재성임을 드러냄이다. 이 부분은 상견相見의 헤아림과 추측과 분별의 상相의 사량을 타파함이다. 자성실상自性實相을 깨달으면 상相의 상속相續 찰나찰나 생멸상과 찰나찰나 상속상相續相이 끊어진, 부사의 무유정법無有定法인 무자성 청정원융 편재성을 깨닫게 된다. 인연을 따르는 찰나찰나 생멸상은 자성지혜가 아니라 상견상심의 분별에 의한 미혹 망념임을 깨닫게 된다. 일체상 환幻이 있음은 청정본성에서 법성 무자성 실상환實相幻이 청정원각을 수순하여 각覺의 편재성 속에 부사의 자성청정상自性清淨相이 발현함을 깨닫게 된다. 일체상이 생멸이 끊어진 무자성 부사의 청정 실상환清淨實相幻이다. 본연본심자성수순관 삼마발제 실상여환

관實相如幻觀에 들거나, 환지환행幻智幻行 청정무염자재본심자성관淸淨無染自在本心自性觀에 들면, 생멸 없는 일체상, 무자성청정실상환無自性淸淨實相幻을 여실히 깨닫게 된다. 생주멸념분제두수生住滅念分齊頭數에서 상相의 원융편재성圓融遍在性을 깨달으면, 상相의 생멸을 인식하는 것은 상相의 멸상滅相을 인식하기 때문이다. 상相의 멸상滅相을 봄으로 상相의 유무생멸상有無生滅相을 인식하게 된다. 상相의 유무생멸상이 끊어진 지혜를 발하여 무위상無爲相에 들게 되면, 상相의 유무생멸상이 끊어진 주상住相인 청정무위상주상淸淨無爲常住相에 들게 된다. 일체상 유무생멸상이 끊어지고, 무위상無爲相에 들어 주상住相인 청정무위상주상淸淨無爲常住相에 들어도, 더욱 각성覺性을 발하여 주상住相인 청정무위상주상淸淨無爲常住相을 벗어나면, 유위상有爲相과 무위상無爲相 유위무위有爲無爲를 둘 다 벗어버린 각성覺性이 이사무애원융각理事無礙圓融覺에 이르게 된다. 이사무애원융각에 들면 유위有爲를 벗어난 청정무위지혜淸淨無爲智慧도 각성장애의 망妄임을 깨닫게 된다. 그러므로 무위청정각성無爲淸淨覺性도 벗어야 할 망妄이며 환幻임을 깨닫게 되며, 유위를 벗어난 무위청정본성경계無爲淸淨本性境界도 원융본성에 이르지 못한 경계임을 깨닫게 된다. 유위무위有爲無爲인 이사理事를 벗어나야 일체청정무위공지혜一切淸淨無爲空智慧를 벗게 된다. 유위무위有爲無爲의 이사理事를 벗어나면 일체청정무위경계一切淸淨無爲境界가 타파되며, 생멸 없는 부사의생환不思議生幻인 무자성실상환지無自性實相幻智를 발하게 된다. 무자성실상환지를 발하면, 상相의 생주멸상生住滅相 중에 멸상滅相이 끊어지고, 주상住相 또한, 끊어진 부사의 생환生幻을 보게 된다. 이 경계에 들면 일체상이 청정실상무자성상淸淨實相無自性相임을 깨닫게 되며, 불이원지혜不二圓智

慧인 심자재心自在와 상자재相自在를 깨닫게 된다. 이 경계가 이
사무애지理事無礙智며, 이 각성경계가 일승경계一乘境界다. 그러
나 이 경계에도 불승佛乘인 각원융편재성覺圓融遍在性에 들지는
못했다. 또한, 각성을 발하여 일승一乘 청정실상무자성淸淨實相無
自性인 무염청정진여성無染淸淨眞如性이 타파되면, 지혜능소智慧
能所가 끊어져 시방원융편재성十方圓融遍在性인 각원융覺圓融이
열리며, 불승지혜佛乘智慧에 들게 된다. 각원융覺圓融에 들면, 청
정실상무자성淸淨實相無自性 청정무염진여淸淨無染眞如가 타파
되며, 사대四大 지수화풍과 육근, 육진, 육식, 십팔경계가 시방원
융편재성에 들게 된다. 이 경계에서는 본성, 본심, 본각이 없는 불
이일성원융不二一性圓融으로 일체一切가 그대로 청정원융편재각
淸淨圓融遍在覺이다. 청정부동본성지淸淨不動本性智는 제법공상
諸法空相으로 유위상有爲相을 벗어난 무위경계無爲境界며, 이는
무위대승보살無爲大乘菩薩의 경계다. 청정실상무자성淸淨實相無
自性인 무염청정진여경계無染淸淨眞如境界는 유위와 무위를 벗어
버린 이사무애理事無礙 일승보살一乘菩薩의 경계다. 시방원융편
재각十方圓融遍在覺인 일체적멸원융一切寂滅圓融은 불승보살佛
乘菩薩의 경계다. 대승보살경계大乘菩薩境界는 무위청정본성부동
경계無爲淸淨本性不動境界며, 일승보살경계一乘菩薩境界는 청정
진여실상무자성심자재경계淸淨眞如實相無自性心自在境界며, 불승
보살경계佛乘菩薩境界는 각원융시방편재원만장엄일체각覺圓融十
方遍在圓滿莊嚴一切覺이다.

● **황부여래**況復如來 **원각수순**圓覺隨順 **이위허공**而爲虛空 **평등
본성**平等本性: 상황을 따라 여래의 원각을 수순하여, 비어 공한
평등 본성이니라. 이는 일체상이 자성이 평등한 본성으로 청정원
각수순성淸淨圓覺隨順性임을 드러냄이다. 본성이 무자성이기에,

인연을 따르고 만상을 드러내어도 일체상 그 성품이 무자성평등본
성無自性平等本性이며, 일체가 본성 여래원각如來圓覺을 수순하
는 자성평등성품이다.

● 여래如來란 청정본성과 청정성품작용이다. 여如는 생멸 없는
평등불이청정본성平等不二淸淨本性이다. 래來는 본성의 부사의공
능청정행不思議功能淸淨行이다.

● **이위허공**而爲虛空 **평등본성**平等本性: 비어 공한 평등본성이
다. 허虛는 무자성청정無自性淸淨을 허虛라고 한다. 허虛는 성품
의 무자성無自性 즉, 청정淸淨이니, 이는 잡을 수 없고, 볼 수 없
으며, 느낄 수도 없고, 일컬을 수도 없음을 말함이다. 이는 곧, 본
성 성품이다. 공空은 실체가 없음이다. 이는 성품의 실체다. 곧,
무유정성無有定性임을 뜻한다. 청정진여 성품의 체성이다. 평등
은 성품의 차별 없는 평등이니, 일체존재의 차별 없는 법성평등이
며, 성품의 평등이다. 평등은 곧, 청정무자성淸淨無自性 성품의 절
대성이다. 이는 본성의 특성이다. 본성이라고 함은 본本은 시종始
終 없는 본래 본연의 것이므로 본本이라고 하며, 성性이란 그 실
체 성품을 일컬음이다. 이위허공 평등본성은 일체불이청정원융절
대평등본연본성一切不二淸淨圓融絶對平等本然本性이다.

※ 본연본성(本然本性)이 여래의 원각이다.

善男子 如銷金鑛 金非銷有 旣已成金 不重爲鑛 經
선 남 자 　여 소 금 광 　금 비 소 유 　기 이 성 금 　부 중 위 광 　경

無窮時 金性不壞 不應說言 本非成就 如來圓覺 亦
무 궁 시 　금 성 불 괴 　불 응 설 언 　본 비 성 취 　여 래 원 각 　역

復如是
부 여 시

선남자야, 금광석을 녹임과 같아서, 금이 아닌 것이 있어도 녹일 때에 사라지니, 이미 벌써 금을 이루었다면 또다시 광석이 아니며, 무궁한 시간이 지나도 파괴되지 않는 금의 성품은, 이루어 완성한 것이 아닌 본래의 것임을 설하고 말하여도 믿지 아니함은, 여래의 원각도 역시 또한, 이와 같으니라.

♣ 선남자야, 비고 비어 청정한 공空한 성품은, 여래의 원각을 수순하여 비어 공空한 평등본성임은 금광석을 녹임과 같아서, 금광석에 금이 아닌 것이 있어도 녹일 때에 사라지니, 금광석을 녹여 이미 금을 이루었다면 다시는 금광석이 아니며, 금광석으로 돌아가지도 않느니라. 무궁한 시간이 지나도 파괴되지 않는 금의 성품은, 이루어 완성한 것이 아닌 본래의 것임을 설하고 말하여도 믿지 아니함은, 여래의 원각 또한, 이와 역시 같으니라.

● 금광석을 녹여 금을 완성한 것이, 녹이므로 없던 것이 생겨난 것이 아니라, 금광석에 있는 본래의 금임을 설하시어, 중생이 상相에 머묾의 미망을 여의어 각覺에 들어도, 수행이나 깨달음으로 각覺이 생겨나거나, 이루어 완성한 것이 아닌, 자기 본래의 본성임을 설하고 이해시키며 말을 해도, 중생은 깊이 상相에 젖은 미혹으로, 무엇이든 상相으로만 헤아리므로 각覺의 지혜와 동떨어져 있어, 도저히 믿지 않음을 일컬으심이다.

※ 일체여래 원각묘심에는 보리와 열반이 본래 없다.

善男子 一切如來 妙圓覺心 本無菩提 及與涅槃
선 남 자　일 체 여 래　묘 원 각 심　본 무 보 리　급 여 열 반

선남자야, 일체 여래의 묘원각심에는 본래 보리와 더불어 열반도 없느니라.

♣ 선남자야, 일체여래의 부사의하고 불가사의한 본연성 묘원각심에는 본래 보리도 없고, 더불어 또한, 열반도 없느니라.

● 일체여래一切如來의 묘원각심妙圓覺心이란, 일체 모든 부처님께서 깨달아 든 각성覺性이다. 각성覺性을 왜 묘원각심이라고 했을까? 묘妙라 함에는 상심상견으로는 알 수 없고, 헤아릴 수 없는 부사의하고 불가사의이기 때문이다. 각성覺性이 왜, 부사의며 불가사의인가 하면, 상相으로도 알 수 없고, 어떤 견해로도 알 수 없고, 유위와 무위로도 알 수 없고, 깨달아도 알 수가 없기 때문이다. 이는 오직, 본연심本然心 각覺으로만 알 수 있을 뿐, 깨달아 알았다 하여도 이 또한, 망妄의 경계다. 단지, 각성覺性에 들면, 일체가 각명覺明이다. 그러나 깨달았다 하여 일컫고 이름할 수 있는 것이 아니다. 이는 일체상과 일체식一切識의 분별을 벗어났으니, 일컫고 이름할 수 있는 상相이 아니기 때문이다. 그러므로 각성覺性을 묘妙라고 했다. 이는 각성이 부사의하고 불가사의하여 일컬을 수 없는 성품 묘체妙體이기 때문이다. 그럼, 각성覺性을 왜, 원각심이라고 했을까? 각성覺性은 두루 걸림 없고, 원융한 성품이기 때문이다. 상심相心은 상相에 머무르고, 상相을 집착하며, 상相을 분별하는 분별심이지만, 원각심은 청정적멸한 원융편재원각심圓融遍在圓覺心이다. 심心을 왜, 각覺이라고 했을까? 일체를 청정원융으로 밝게 두루 비치기 때문이다. 그러므로 각覺을 원융각, 또는 원각이라고 한다. 이 각覺은 원융한 편재성遍在性이므로 시방원융청정불이원만성十方圓融淸淨不二圓滿性이다. 그러

면 왜, 각覺을 심心이라고 할까? 그것이 곧, 부사의자재청정작용 不思議自在清淨作用의 마음이기 때문이다.

● 묘원각심妙圓覺心에는 본래 보리도 없고, 왜, 열반도 없을까? 묘원각심은 보리와 열반의 상相을 벗어난 것이기 때문이다. 보리와 열반의 본체며, 실체가 묘원각심이어도, 묘원각심 실체에는 보리와 열반이 없다. 그러므로 그것이 보리며, 열반이다. 그러므로 보리와 열반에 들면, 일컫고 이름할 보리와 열반이 없다. 그러므로 보리를 깨닫거나 구하면 망妄이다. 이는, 꿈속 환幻을 좇음이며, 번뇌를 벗어나 열반을 구하면, 그 또한, 망妄의 환幻을 좇는 꿈속 미망이다. 구하고 여읨이 곧, 병病이며, 구할 것과 여읠 것 있음을 봄이 곧, 사견邪見이며, 망견妄見이다. 일체분별은 상심미망相心迷妄이니, 보리와 열반도 상심상견으로 헤아리어 유견상有見相인 법상法相을 가지므로, 상심상견으로 얻고 구하려 한다. 보리와 열반은 상심상견이 없는 본연본성이므로, 상심상견이 없는 청정본성이 곧, 보리의 실체며, 열반의 본성이다. 본연본성은 상심相心과 상견相見으로 헤아려 알 수가 없으니, 일체상의 분별인 상심상견을 벗어나야, 보리와 열반을 깨달을 수가 있다. 보리와 열반은 상심상견이 없는 청정본성을 이름한 것이므로, 청정본성에는 상심상견으로 헤아리어 구하는 보리와 열반은 없다. 일체상을 벗어나 상심상견이 없는 본성에 이르면 일체번뇌와 아我와 상심상견뿐 아니라, 보리와 열반도 벗어나게 된다.

눈병이 난 자의 눈에는 망견공화妄見空華가 아른거리고, 눈병이 없는 자에게는 아른거리는 망견공화妄見空華가 없다. 구하고 여의려 함이 미혹에 가린 눈병이 있음이며, 눈병이 나으면 그 환영幻影은 미망의 꿈속 망견妄見이었음을 깨닫게 된다. 무엇이든, 있다 함도 망견이며, 없다 함도 망견이며, 다르다 함도 망견이며 다르지 않다 함도 망견이며, 같다 함도 망견이며, 하나다 함도 망견이며, 둘이다 함도 망견이다. 이 일체분별을 벗어버리면 그대로 일체가 각覺이다. 일체가 청정심淸淨心이며, 청정각淸淨覺의 세계다. 이를 벗어나면 곧, 분별심 일체미망법계一切迷妄法界다. 각심覺心에는 일체가 각覺이며, 상심相心에는 일체가 상相이다.

※ 원각에는 불을 이룸도, 윤회와 윤회를 벗음도 없다.

亦無成佛 及不成佛 無妄輪廻 及非輪廻
역 무 성 불 급 불 성 불 무 망 윤 회 급 비 윤 회

또한, 불을 이룸이 없어 성불이 아니며, 허망한 윤회와 윤회 아님도 없느니라.

♣ 일체여래의 묘원각심에는, 본래 분별상심인 망妄이 없어 청정성이므로, 불佛을 이룸이 없어 성불이 아니며, 아我와 상相이 본래 없어, 허망한 윤회와 윤회아님도 없느니라.

● 불佛을 이룸이 왜, 성불이 아닐까? 원각에는 일체분별과 사량이 끊어진 청정원융성이기 때문이다. 일체가 불佛이니, 불佛을 찾거나 이룸이 다 미망의 망견이며, 꿈속 환영幻影을 좇는 환각幻覺이다. 그러므로 묘원각심에는 윤회와 윤회아님이 없다. 구하는 자는 구하는 병病에 들어 있고, 여의는 자는 여의는 병病에 들어 있으며, 번뇌를 여의고 보리와 열반을 구함이 모두, 미망의 환영幻影을 좇는 꿈속 일일 뿐이다. 꿈을 깨면 꿈

속 일이 허망하듯, 각覺에 들면, 각覺은, 찾고 구하며, 얻고 성
취하며, 깨닫고 증득함과 아무런 관계가 없음을 깨닫게 된다. 천
년千年을 수행하고, 만년萬年을 선정禪定에 들어 있는 공덕
이, 깨달음의 한순간에 티끌처럼 사라진다. 천년 수행과 만년 선
정禪定을 지니고 있다면, 들에 아무렇게나 핀 작은 풀꽃 야생화
野生花의 꽃과 향기도 따를 수 없다. 왜냐면, 작은 풀꽃은 만년
선정萬年禪定을 벗어나 무염無染의 꽃을 활짝 피워 법계 청정
향기를 발하기 때문이다. 천년 수행과 만년 선정을 벗어나야만,
비로소 환幻을 벗어나 각覺을 깨닫게 되며, 그제야 미망의 눈
을 떠, 천년 수행과 만년 선정이, 부질없는 짓임을 비로소 깨닫
게 된다. 또한, 환幻 속에서 이 말의 뜻을 깨닫지 못해 미망견迷
妄見의 망념을 일으키면, 그 또한, 천겁千劫의 미망迷妄과 만겁
萬劫의 망환妄幻을 벗어나지 못한 것이다.

※ 상심(相心) 분별은 여래 원각경계를 알 수가 없다.

善男子 但諸聲聞 所圓境界 身心語言 皆悉斷滅 終
선 남 자　단 제 성 문　소 원 경 계　신 심 어 언　개 실 단 멸　종

不能至 彼之親證 所現涅槃 何況能以 有思惟心 測
불 능 지　피 지 친 증　소 현 열 반　하 황 능 이　유 사 유 심　측

度如來 圓覺境界
도 여 래　원 각 경 계

선남자야, 단지 모든 성문이 짓는 바 원각의 경계는, 몸과 마
음과 언어가 다 모두 끊어져 멸하여도, 마침내 능히 이르지
못하느니라. 저들은 증득함을 좋아함으로, 지은 바 나타난 열

반이니, 어찌 하물며, 능히 유의 사유심으로, 여래의 원각경계를 헤아려 알겠느냐.

♣ 선남자야, 단지, 모든 성문들이 수행하는 바 원각의 경계는, 몸을 벗어나고, 마음을 벗어나고, 언어를 벗어나, 다 모두 끊어져 적멸寂滅하여도, 마침내 능히 각覺에 이르지 못하느니라. 저들은 법法을 구하고, 증득하며, 성취하고, 완성함을 좋아함으로, 지은 바 나타난 유위열반이니, 어찌 하물며 능히 짓는 바가 있는 사유심思惟心으로, 여래의 원각경계를 헤아려 알겠느냐!

● 실중實中에서 한 발자국 발을 떼면 분별이며, 두리번거리는 바 있으면 벌써 망妄이며, 옳고 바름이 있으면 사邪며, 구하였거나 여의었으면 환幻이며, 성취하고 완성하였다면 꿈夢이다. 더구나, 실중實中을 찾으면 미망迷妄의 꿈속이다. 이 일체를 여의려면 그 길에는 불佛도 도道도 없다. 단지, 나 없음이 중中의 실實이니, 동서남북이 없어도, 중中의 실實을 벗어나지 않으며, 바람처럼 쫓기듯 돌아다녀도 중中의 실實을 벗어나지 않는다.

※ 구하고 여의는 것에는 원각의 길이 본래 없다.
如取螢火 燒須彌山 終不能著
여 취 형 화 소 수 미 산 종 불 능 착

반딧불을 취하여 수미산을 태우려함과 같음이니, 끝내 능히 불도 붙이지 못하느니라.

♣ 번뇌를 멸滅하고, 열반을 구하며, 수행으로 원각을 성취하려는 것이, 반딧불을 가지고 수미산을 태우려함과 같음이니, 끝내 능히 불도 붙이지 못하고, 어리석은 미혹만 더할 뿐이니라.

● 각覺은 오직, 각覺으로만 알 뿐, 그 어떤 선정禪定과 삼매三昧와 지혜와 오랜 수행의 힘과 깨달음으로도 알 수가 없다.

※ 상심은 상견을 더할 뿐, 여래적멸을 알 수가 없다.
以輪廻心 生輪廻見 入於如來 大寂滅海 終不能至
이 윤 회 심 생 윤 회 견 입 어 여 래 대 적 멸 해 종 불 능 지

윤회심으로는 윤회견을 일으킬 뿐이니, 여래의 대적멸해에 들고자 하여도, 끝내 능히 이르지 못하느니라.

♣ 상相을 분별하고, 상相에 머무름이 있는 윤회심으로는, 상相을 분별하고, 상相에 머묾인 윤회견을 일으킬 뿐이니, 여래의 대적멸해에 들고자 하여도 끝내 능히 이르지 못하느니라.

● 윤회輪廻는 무엇이며, 윤회심輪廻心은 무엇이며, 또한, 여래如來의 대적멸해大寂滅海는 무엇인가? 윤회는 상相에 머무름이다. 상相에 머무름이 윤회임은, 윤회는 상相에 머묾인 생멸심이기 때문이다. 윤회심은 상심相心을 일으킴이다. 이는 곧, 상相의 분별심이다. 이는, 나 있음이 윤회며, 나 있는 마음이 윤회심이다. 여래의 대적멸해는 곧, 각覺이다. 여래의 대적멸해는 대적멸이라 대적멸해가 아니다. 일체상이 없으므로 대적멸해니, 대적멸해는

곧, 각覺의 성품이다. 이는 청정진여각성광명시방편재원융일성 淸淨眞如覺性光明十方遍在圓融一性이다. 이 성품은 대적멸을 벗어 났으며, 또한, 각覺과 각覺의 청정성까지 벗어났다. 그러므로 여래의 대적멸해다. 이곳은 깨달음으로도 갈 수가 없고, 생멸생사를 벗은 대열반으로도 갈 수가 없고, 천년千年의 선정禪定과 만년萬年의 삼매력三昧力으로도 갈 수가 없고, 깨달음의 지혜로도 갈 수가 없다. 오직, 여래만이 갈 뿐이다. 그러므로 여래의 대적멸해라고 한다. 여래如來 즉, 각覺이다. 이는 말과 글과 모습과 형상과 생각과 사유와 일체선一切禪과 일체삼매와 일체선정과 일체열반과 일체수행공덕과 일체 깨달음과 일체각一切覺을 벗어났다.

※ 원각에 들려면 먼저 나와 일체 분별심 상견을 끊어라.
是故我說 一切菩薩 及末世衆生 先斷無始輪廻根本
시 고 아 설   일 체 보 살   급 말 세 중 생   선 단 무 시 윤 회 근 본

이러한 까닭에 내가 설하여, 일체보살과 더불어 말세중생은 먼저, 시작을 알 수 없는 윤회의 근본을 끊으라고 하였느니라.

♣ 어떤 사량과 어떤 추측과 어떤 헤아림으로도 각覺을 알 수가 없고, 각覺에 들 수가 없으니, 이러한 까닭으로 내가 설하기를 일체보살과 더불어 말세중생은 먼저 시작을 알 수 없는 윤회의 근본을 끊으라고 하였느니라.

● 윤회심이 있으면 각覺을 알 수 없을 뿐만 아니라, 각覺에 들 수도 없다. 그러므로 먼저 시작을 알 수 없는 윤회심을 끊으라고

한다. 윤회의 종자 씨앗은 나며, 윤회심은 분별심이며, 윤회계는 나 있는 세상이다. 윤회를 끊은 것은, 윤회를 끊은 것이 아니며, 윤회를 벗어난 것이 아니다. 윤회를 끊은 것이 곧, 나 있음이다. 나 없으면, 윤회도, 윤회를 끊음도 없다. 윤회의 근본은 나며, 나는 곧, 분별심이다. 윤회를 끊었다면 그것이 나 있음의 분별심이다. 깨달음의 경계에서 열반이 있거나, 증득이 있거나, 깨달음이 있으면 그것이 곧, 열반과 증득과 깨달음을 분별하는 그것이 곧, 나이므로, 그 경계가 열반과 증득과 깨달음이 아닌, 미망의 망념일 뿐이다. 바른 깨달음에 이르면 일체분별이 끊어져 열반과 증득과 깨달음의 상념이 끊어진다. 아직 깨닫고 증득함을 분별하는 그것이 곧, 미망의 망념일 뿐이다. 나 있으면, 그것이 분별이며 미혹이다.

※ 지음이 유(有)며, 곧, 나 있음이니 각(覺)이 아니다.

善男子 有作思惟 從有心起 皆是六塵 妄想緣氣 非
선 남 자　유 작 사 유　종 유 심 기　개 시 육 진　망 상 연 기　비

實心體
실 심 체

선남자야, 사유를 지음이 있음은 유를 좇아 마음이 일어남이니, 모두 이것이 육진의 망상에 인연한 기운이므로 실다운 마음 성품이 아니니라.

♣ 선남자야, 사유를 지음이 있으면, 유有인 상相에 의지하고 머물러, 분별하고 헤아림을 좇아 마음이 일어남이니, 모두 이것이

육진六塵의 망상妄想에 인연한 기운이므로 실다운 마음 성품이
아니니라.

※ 상심상견으로 분별하는 그곳에는 각(覺)이 없다.
已如空華 用此思惟 辨於佛境 猶如空華 復結空果
이여공화 용차사유 변어불경 유여공화 부결공과
展轉妄想 無有是處
전전망상 무유시처

**이것은 공화와 같아서, 이 사유로써 불의 경계를 분별한다면
오히려 공화와 같아서, 거듭 소득 없는 결과인 망상만 되풀이
할 뿐이니, 이곳에는 각이 없느니라.**

♣ 분별의 사유는 공화空華와 같아서, 이 사유로써 불佛의 경계
를 헤아리고 판단하며 분별한다면, 오히려 허망한 공화空華와 같
아서, 상相의 분별을 벗어날 수가 없으므로, 거듭 소득 없는 결과
인 상相의 상념 망상만 되풀이 할 뿐이니, 이곳에는 여래如來의
각覺이 없느니라.

※ 부질없는 분별견으로는 각을 성취하지 못한다.
善男子 虛妄浮心 多諸巧見 不能成就 圓覺方便 如
선남자 허망부심 다제교견 불능성취 원각방편 여
是分別 非爲正問
시분별 비위정문

선남자야, 허망한 부질없는 마음으로, 일체 모든 것을 이리저리 생각하고 꾀하는 소견으로는, 능히 각을 성취하지 못하리니, 원각방편을 이와 같이 분별하여 묻는 것은 바른 것이 아니니라.

♣ 선남자야, 허망한 부질없는 마음으로, 미리 추측하고, 판단하며, 사량하여 분간하고, 일체 모든 것을 이리저리 생각하고 꾀하는 소견으로는 능히 각을 성취하지 못하리니, 원각방편을 이와 같이 분별하여 묻는 것은 바른 물음이 아니니라.

爾時 世尊 欲重宣此義 而說偈言
이 시 세 존 욕 중 선 차 의 이 설 게 언

이때 세존께옵서 이 뜻을 거듭 널리 펴시고자 게송으로 말씀하시었다.

金剛藏當知
금 강 장 당 지

금강장보살이여! 당연히 알지니라.

※ 여래의 원각은 시종(始終)이 없다.
如來寂滅性 未曾有終始
여 래 적 멸 성 미 증 유 종 시

여래의 적멸성은 일찍이 시작도 끝도 있지 않으니라.

♣ 여래의 적멸성은 생성하거나, 만들거나, 이루거나, 성취하거나, 구하거나, 얻는 것이 아닌 본연본성이니, 일찍이 시작도 끝도 있지 않으니라.

● 여래의 적멸성은 곧, 원각이니, 수행으로 성취하는 것이 아니다. 그러므로 수행과 사유로써 이루거나 성취하는 것이 아니니, 다만, 상相만 없으면 일체가 각覺이다. 상相이 곧, 나다.

※ 상심(相心)으로 사유하면 미혹만 거듭할 뿐이다.

若以輪廻心 思惟卽旋復 但至輪廻際 不能入佛海
약 이 윤 회 심 사 유 즉 선 복 단 지 윤 회 제 불 능 입 불 해

만약 윤회심으로 사유하면 곧, 전도됨만 되풀이함이니 단지, 끝없는 윤회에 듦일 뿐, 능히 불의 대적멸해에 들지 못하느니라.

♣ 만약 윤회심으로 사유하면 곧, 그것이 미망의 전도됨만 되풀이함이니, 단지, 그것이 끝없는 윤회에 듦일 뿐, 능히 불佛의 각을 깨닫거나, 불佛의 대적멸해大寂滅海에 들지 못하느니라.

● 생각을 일으킴이 망妄이며, 사유함이 상相의 헤아림 차별상 분별이니 어찌, 여래如來의 각覺을 깨달을 것이며, 여래如來의 각성대해覺性大海에 들 수가 있겠는가! 일으킴과 여읨이 둘 다 생

生이며, 분별이니, 단지, 일체분별이 끊어지면, 그것이 곧, 각覺이다. 나 있음 속에 분별이 없으면, 그것은 각覺이 아니라, 무기無記나, 맹심盲心이나, 혼망昏忘이나, 망부동妄不動이나, 분별의 고정固定에 떨어지니, 각覺에서 분별이 없다함은 곧, 나 없음을 일컬음이다. 나 있으면 분별을 벗어날 수가 없으니, 그것은 나 있음이 곧, 분별이며, 내외 능소심能所心이 있기 때문이다. 나 있으면, 그것이 분별에 의한 차별 속에 있음이다. 나 있어도 분별이 없음은, 그 분별 없음은 분별 없음이 아니라 곧, 분별이다. 왜냐하면 그 분별 없음은, 분별 속에 분별하는 분별 없음을 생각하는 분별이다. 나 없어 분별이 없음은, 동서남북으로 부는 바람과 같이 분주해도 분별의 동動함이 없고, 깊은 밤의 어둠과 같이 적막해도 고요가 없다. 쉼 없이 분주해도 분별의 동動이 없음은, 나 없어 오고 감이 없으니, 시방원융청정편재원만각성十方圓融淸淨遍在圓滿覺性을 벗어나 있지 않기 때문이다. 고요하고 고요해도 고요한 적멸의 상相이 없음은, 그것에 머무는 자者가 없음이다. 만약 고요와 적멸이 있다면 그것은 곧, 상심이며 상견이니, 나 있음의 사상심 분별이다. 청정진여본성淸淨眞如本性은 고요한 적멸상寂滅相보다 더 적멸이기에 그 성품이 파괴됨이 없다. 한 생각 분별 속에 있으면 동動과 정靜이 둘이 되어, 한 생각이 멈추거나, 쉴 순간이 없어, 나 있음이 멈추거나 끊어짐이 없다. 한순간 나 없으면, 그것이 각覺이니, 동動과 정靜, 자自와 타他, 물物과 심心, 생과 멸, 유와 무, 상相과 무상無相, 유위와 무위, 색色과 공空, 아我와 무아無我, 생사와 열반, 이二와 불이不二, 차별과 일여一如, 번뇌와 각覺, 속박과 해탈, 중생과 불佛이 끊어진 원융청정각이다.

※ 본래불이어도 나와 견(見)이 없어야 불(佛)이다.

譬如銷金鑛 金非銷故有 雖復本來金 終以銷成就
비 여 소 금 광 금 비 소 고 유 수 부 본 래 금 종 이 소 성 취

비유하면 금광석을 녹임과 같음이니, 금은 녹이는 연고로 생겨난 것이 아니니라. 비록 또한, 본래의 금일지라도 마침내 녹이므로 이루어 얻느니라.

♣ 원각에 듦을 비유하면, 금광석을 녹임과 같음이니, 금金은 금광석을 녹이는 연고로 생겨난 것이 아니니라. 그러나 금은 본래의 금일지라도, 금광석이 곧, 금은 아님이니, 금광석을 녹이므로 마침내 금金을 이루어 얻는 것과 같으니라.

● 중생의 본성이 불佛이며 각覺이어도 미혹 속에 있음이니, 중생이 각覺을 성취한 불佛이 아니며, 중생이 수행으로 무명을 벗어나 각覺에 들어 불佛을 이룸이니, 이는 수행으로 본래의 각覺을 이룸이다.

※ 망인(妄因)이 완전히 사라지면 망(妄)에 들지 않는다.

一成眞金體 不復重爲鑛
일 성 진 금 체 불 부 중 위 광

한번 이루어진 진금체는, 다시는 광석으로 되돌아가지 않느니라.

● 뿌리가 있거나 씨앗이 있으면 다시 새싹이 돋아나지만, 각_覺에는 다시 새싹이 돋아날 망_妄의 뿌리와 씨앗이 없다.

※ 상견으로 열반과 불(佛)을 사유해도 망견(妄見)이다.

生死與涅槃 凡夫及諸佛 同爲空華相 思惟猶幻化
생 사 여 열 반　범 부 급 제 불　동 위 공 화 상　사 유 유 환 화

何況詰虛妄
하 황 힐 허 망

생사와 열반, 범부와 제불이 공화상임은 매한가지니라. 사유는 오히려 환을 만듦이니, 어찌 하물며 헛된 망령됨이 아니겠느냐?

♣ 미혹의 망념에는 생사를 벗어나 열반을 구하며, 중생을 벗어나 불_佛을 구하나, 생사와 열반, 범부와 제불이 미혹의 눈병에 의한 허망한 공화상_{空華相}임은 매한가지니라. 상심상견으로 헤아리는 사유는 오히려 분별의 환_幻을 만듦이니, 어찌 하물며 헛된 망령됨이 아니겠느냐?

● 각_覺은 중생만 아니라 불_佛도 없다. 속박만 아니라 해탈도 없다. 미혹만 아니라 지혜도 없다. 번뇌만 아니라 열반도 없다. 유위만 아니라 무위도 없다. 아_我만 아니라 무아도 없다. 상_相만 아니라 무상_{無相}도 없다. 유무_{有無}만 아니라 공_空도 없다. 허상만 아니라 실상도 없다. 여읨만 아니라 증득도 없다. 벗어난 것도 깨달음도 없다. 무엇이 있거나 무엇이 없는 것도 없다. 그러므로 각_覺이다. 각_覺은 얻거나 여읨 없는 시종_{始終} 없는 청정본성이다.

※ 본연심(本然心)을 요달함이 원각을 깨달음이다.

若能了此心 然後求圓覺
약 능 요 차 심 연 후 구 원 각

만약 능히 이 마음을 명확히 깨달은 연후에야, 구하는 원각을
알 수가 있느니라.

● 여읠 것이 있으면 그것은 각覺이 아니다. 여읜 것이 있어도 그
것은 각覺이 아니다. 각覺을 얻은 것이 있어도 그것은 각覺이 아
니다. 불佛을 성취하였어도 각覺이 아니다. 왜냐면 그 가운데는
내가 있기 때문이다. 나 있으면 그것은 심心이 아니라 분별의 망
견妄見이다. 왜냐면 나 그것이 분별의 환幻이며, 망견妄見이기
때문이다. 나 없으면 그것이 심心이다. 심心을 명료히 알면 각覺
을 안다. 왜냐면 심心이 곧, 각覺이기 때문이다.

第五 彌勒菩薩章
제 5 미 륵 보 살 장

※ 각(覺)의 장애, 이사이종장애(理事二種障礙)인 오성종성(五性種性)의 차별에 대해 설한다.

※ 미륵보살이 지극한 일념으로 청법의식을 갖춘다.

於是 彌勒菩薩 在大衆中 卽從座起 頂禮佛足 右繞
어시 미륵보살 재대중중 즉종좌기 정례불족 우요

三匝 長跪叉手 以白佛言
삼잡 장궤차수 이백불언

이때에 미륵보살께서 대중 속에 계시다 곧 자리에서 일어나 부처님 발에 공손히 이마를 조아려 공경의 예를 올리고 지극한 존경심으로 받드시어 오른쪽으로 세 번 돌고 두 무릎을 땅에 꿇어 두 손을 모아 부처님께 말씀을 사뢰었다.

大悲世尊
대 비 세 존

대비하옵신 세존이시여!

※ 비밀장을 여시어 윤회와 정사를 분별하게 하십니다.

廣爲菩薩 開秘密藏 令諸大衆 深悟輪廻 分別邪正
광 위 보 살 개 비 밀 장 영 제 대 중 심 오 윤 회 분 별 사 정

널리 보살들을 위하여 비밀장을 여시어, 모든 대중으로 하여금 윤회를 깊이 깨달아, 정사를 명확히 분별하게 하시옵니다.

♣ 더 없이 대비하옵신 세존이시여! 저희들과 말세중생들이 어리석어, 스스로 미혹에 갇히어 벗어나지 못하고, 미망 속에 머묾이 있으나, 자비가 충만하시어 더 없는 이끎을 위해, 밝음이 광대廣大한 원융지혜로 널리 보살과 말세중생들을 위하여, 무명으로 알지 못하는 지혜의 비밀장秘密藏을 여시어, 모든 대중으로 하여금, 윤회의 실상을 깊이 깨달아, 안목眼目이 바르고 바르지 못함의 정사正邪를, 밝은 지혜로 명확히 분별하게 하시옵니다.

※ 무외도안으로 윤회 소견이 일어나지 않게 하시옵니다.

能施末世 一切衆生 無畏道眼 於大涅槃 生決定信
능 시 말 세 일 체 중 생 무 외 도 안 어 대 열 반 생 결 정 신

無復重隨 輪轉境界 起循環見
무 복 중 수 윤 전 경 계 기 순 환 견

능히 말세 일체중생에게 무외도안을 베푸시어, 대열반과 결

정신을 생하여, 다시는 거듭 윤회의 경계를 따르는 반복된 소견이 일어나지 않도록 하시옵니다.

♣ 능히 걸림 없는 원융한 지혜로, 말세 일체중생에게 무엇에도 걸림 없는 두려움 없는 도道의 눈인, 무외도안無畏道眼을 베푸시어, 어떤 어리석음의 미세한 상심상견의 미혹과 망념도 침범할 수 없는 대열반과 무너짐이 없는 믿음인 결정신을 발하여, 다시는 거듭 윤회의 경계를 따르는 반복된 소견이 일어나지 않도록 하시옵니다.

※ 여래 대적멸해 들려면 어떻게 윤회의 근본을 끊습니까?
世尊 若諸菩薩 及末世衆生 欲遊如來 大寂滅海 云
세존 약제보살 급말세중생 욕유여래 대적멸해 운

何當斷 輪廻根本
하당단 윤회근본

세존이시여! 만약 모든 보살과 더불어 말세중생이, 여래의 대적멸해 기쁨에 젖고자 하면, 어떻게 마땅히 윤회의 근본을 끊어야 하옵니까?

♣ 세존이시여! 만약 모든 보살과 말세중생이 일체 생사와 미혹과 망념의 분별이 사라진 여래의 청정진여원융淸淨眞如圓融 각성광명覺性光明인 시방원융원만편재十方圓融圓滿遍在 대적멸해大寂滅海 원각의 기쁨에 젖고자 하면, 어떻게 마땅히 윤회의 근본을 끊어야 하옵니까?

※ 윤회종성 보리차별등급 교화방편종류는 어떠하온지?

於諸輪廻 有幾種性 修佛菩提 幾等差別 廻入塵勞
어제윤회 유기종성 수불보리 기등차별 회입진로

當設幾種 敎化方便 度諸衆生
당설기종 교화방편 도제중생

윤회하는 모든 종성이 얼마나 있으며, 불의 보리를 닦는 차별
등급이 얼마나 되오며, 진로에 든 윤회의 모든 중생을 제도하
심에, 마땅히 베푸시는 각종 교화방편의 종류가 얼마나 되옵
니까?

♣ 윤회하는 모든 중생의 종류는 얼마나 되오며, 불佛의 보리인
여래의 청정각성淸淨覺性을 닦는 차별 등급이 얼마나 되오며, 미
망으로 인하여 미혹의 진로塵勞에 든 모든 중생을 제도하심에는,
마땅히 베푸시는 각종 교화방편의 종류는 얼마나 되옵니까?

● 윤회중생 종류와 불보리佛菩提를 닦는 차별등급과 일체중생의
교화방편 종류를 물음이다.

※ 여래의 무상지견을 원만히 깨닫게 하옵소서.

唯願不捨 救世大悲 令諸修行 一切菩薩 及末世衆
유원불사 구세대비 영제수행 일체보살 급말세중

生 慧目肅淸 照耀心鏡 圓悟如來 無上知見
생 혜목숙청 조요심경 원오여래 무상지견

오직 원하옵건대, 세상을 구원하는 대비심을 버리지 마옵시고, 모든 수행하는 일체보살과 더불어 말세중생으로 하여금, 지혜의 눈이 더욱 청정해지고, 마음이 거울처럼 밝게 비치어, 여래 무상지견을 원만히 깨닫게 하옵소서.

♣ 오직 원하오니, 세상을 구원하시는 대비의 원력과 그 마음을 버리지 마옵시고, 모든 수행하는 일체보살과 더불어 말세중생으로 하여금, 지혜의 눈이 더욱 청정해지고, 마음이 거울처럼 맑아 각성覺性이 두루 밝게 비치어, 일체에 모름의 장애가 없는, 여래如來의 무상지견無上知見을 원만히 깨닫도록 하옵소서.

※ 여시삼청 지극히 간곡한 청법을 올린다.
作是語已 五體投地 如是三請 終而復始
작 시 어 이 오 체 투 지 여 시 삼 청 종 이 부 시

이 말씀을 드리고는, 오체를 땅에 던져 간절히 절을 올리고, 다시 이와 같이 세 번을 반복하며 지극정성 간곡히 부처님의 가르침을 청하였다.

● 각성이 장애되어 모르며, 또한, 수행길에 지혜의 눈이 없어, 대중과 말세중생의 수행장애를 능히 꿰뚫어 헤아려, 여래의 무상지혜無上智慧 밝음에 의지하여, 지혜 안목의 어둠을 밝게 하며, 중생들의 위 없는 깨달음을 향한 수행길에, 장애 없기를 바라는 간곡한 청법행이다. 이는 미륵보살의 청법지혜며, 일체중생을 생각하고 염려하는, 청정하고 진실한 어느 한 수행자의 보살염원, 중생을 향한 수승한 연민의 지혜와 대비의 감성을 느끼게 된다.

爾時 世尊 告彌勒菩薩言
이 시 세 존 고 미 륵 보 살 언

이때 세존께옵서 미륵보살에게 말씀하시었다.

※ 여래의 심오한 비밀의 미묘한 뜻을 묻는구나.

善哉善哉 善男子 汝等 乃能爲諸菩薩 及末世衆生
선 재 선 재 선 남 자 여 등 내 능 위 제 보 살 급 말 세 중 생

請問如來 深奧秘密 微妙之義
청 문 여 래 심 오 비 밀 미 묘 지 의

착하고 착하도다. 선남자여! 너희들은 능히 모든 보살과 더불어 말세중생을 위하여, 여래의 심오하고 비밀스러운 미묘한 뜻을 물어 청하는구나.

♣ 참으로 선근이 착하고 착하구나, 선남자여! 너희들은 능히 모든 보살과 더불어 말세중생을 위하여, 여래만이 알 수 있는 깊고 깊어 심오하고 심오하며, 비밀스러운 미묘한 부사의요不思議了 부사의의不思議義 그 뜻을 물어 청하는구나.

※ 청정지혜의 눈과 실상의 무생인을 갖추게 하리라.

令諸菩薩 潔淸慧目 及令一切 末世衆生 永斷輪廻
영 제 보 살 결 청 혜 목 급 령 일 체 말 세 중 생 영 단 윤 회

心悟實相 具無生忍
심 오 실 상 구 무 생 인

281

모든 보살로 하여금 깨끗하고 청정한 지혜의 눈과 더불어 일체 말세중생으로 하여금, 영원히 윤회가 끊어진 마음의 실상을 깨달아, 무생인을 갖추게 하리라.

♣ 모든 보살로 하여금 미혹에 장애됨이 없는 깨끗하고 청정한 지혜의 눈과 더불어 일체 말세중생으로 하여금, 영원히 윤회가 끊어진 마음의 진여진성眞如眞性 청정실상을 깨달아, 무명에 의한 상相의 분별과 윤회의 일체 생멸심이 없는, 무생인無生忍을 갖추게 하리라.

● 무생인無生忍 : 생멸 없는 마음이다. 즉, 각심覺心이다. 이는 상심相心의 무기무심無記無心이나, 무기부동심無記不動心이나, 일심일념一心一念이나, 무기허심無記虛心이나, 허공무심虛空無心이나, 무아망심無我妄心이 아니다. 무생인無生忍은 청정진여각심淸淨眞如覺心이다.

※ 청법에 응하여 너희들을 위해 설하리라.
汝今諦聽 當爲汝說
여 금 체 청   당 위 여 설

너희들은 이제 자세히 살피어 들을지니라. 당연히 너희들을 위해 설하리라.

♣ 너희들은 이제 여래의 설함을 따라, 영원히 윤회가 끊어진 마음의 실상을 깨닫는 여래의 심오하고 비밀스러운 미묘한 바른 법을 지혜로써 자세히 살피고 잘 사유하며, 지혜의 밝음으로 들을지

니라. 당연히 너희의 간곡한 청정서원과 그 염원의 원력을 원만하게 하고, 부족함이 없이 그 서원을 구족하게 하고자, 너희들을 위해 설하리라.

※ 청법에 응하심과 지혜를 얻는 기쁨에 묵연이청하다.

時 彌勒菩薩 奉敎歡喜 及諸大衆 默然而聽
시 미 륵 보 살 봉 교 환 희 급 제 대 중 묵 연 이 청

그때 미륵보살께서 환희심에 말씀을 받들어 모든 대중과 더불어 묵연히 귀를 기울였다.

● 가장, 기쁨 속에 숙연하고, 마음이 맑으며, 청정심 속에 법심法心의 환희로움과 또한, 안목과 지혜의 밝음을 여는 문턱 경계에선 순수의 기대감과 공덕심이 어우러져, 자신의 힘으로는 불가능한, 철저히 불佛의 지혜에 의지함으로 안목을 열 수 있는, 불지혜의 각성광명覺性光明 밝음에 접점하는 촉각 전前의 순수 정신승화의 기쁨이다. 이 또한, 아무런 어느 때나, 또한, 아무나 느낄 수 없는 법열法悅의 한 경계다.

※ 가지가지 은혜 사랑 탐냄 욕망으로 윤회가 있다.

善男子 一切衆生 從無始際 由有種種 恩愛貪欲 故
선 남 자 일 체 중 생 종 무 시 제 유 유 종 종 은 애 탐 욕 고

有輪廻
유 윤 회

선남자야, 일체중생이 시작을 알 수 없는 지금에 이르기까지 좇아, 가지가지 은혜와 사랑과 탐냄과 욕망이 있으므로 말미암은 까닭에 윤회가 있느니라.

♣ 선남자야, 일체중생이 시작을 알 수 없는 지금에 이르기까지 좇아, 가지가지 은혜가 습관이 되고 관계의 인연이 되며, 사랑이 습관이 되고 관계의 인연이 되며, 탐냄이 습관이 되고 관계의 인연이 되며, 욕망이 습관이 되고 관계의 인연이 되어, 그로 말미암은 까닭에 윤회가 있느니라.

※ 음욕으로 생명을 받으며, 사랑이 윤회의 근본이다.

若諸世界 一切種性 卵生胎生濕生化生 皆因淫欲
약 제 세 계　일 체 종 성　난 생 태 생 습 생 화 생　개 인 음 욕

而正性命 當知輪廻 愛爲根本
이 정 성 명　당 지 윤 회　애 위 근 본

만약 모든 세계의 일체 종성인 난생, 태생, 습생, 화생, 모두가 음욕의 원인으로 마땅히 성품의 생명을 받음이니, 당연히 윤회는 사랑함이 근본임을 알아야 하느니라.

♣ 만약 모든 세계 일체 종류의 성품인 알에서 태어나는 난생과 태에서 태어나는 태생과 습기에서 태어나는 습생과 변화로 태어나는 화생이 모두가 음욕의 원인으로, 마땅히 태어날 성품이 결정되어 생명을 받아 남이니, 당연히 윤회는 사랑함이 근본임을 알아야 하느니라.

※ 모든 것의 원인은 욕망으로 비롯된다.

由有諸欲 助發愛性 是故能令 生死相續 欲因愛生
유유제욕 조발애성 시고능령 생사상속 욕인애생

命因欲有
명인욕유

모든 것이 욕망을 좇아 있느니라. 사랑하는 성품을 발하고 도우므로, 이러한 까닭으로 능히 생사를 상속하느니라. 욕망으로 인하여 사랑함이 생기고, 목숨으로 인하여 욕망이 있느니라.

♣ 모든 것이 욕망을 좇아 있느니라. 사랑하는 성품을 발하고, 일으난 욕망의 사랑 성품을 도우므로, 이러한 까닭으로 멈춤 없는 생사의 윤회를 계속하느니라. 욕망으로 인하여 사랑함이 생기고, 목숨으로 인하여 욕망이 또한, 있느니라.

※ 목숨 애착이 욕망의 뿌리며, 생명을 받는 결과가 된다.

衆生愛命 還依欲本 愛欲爲因 愛命爲果
중생애명 환의욕본 애욕위인 애명위과

중생이 목숨을 애착함이 욕망의 뿌리가 되어, 윤회에 의탁하게 되고, 애착의 욕망으로 인하여 애착의 목숨을 받아나는 결과가 되느니라.

※ 욕망의 업력으로 지옥과 아귀로 다시 태어난다.

由於欲境 起諸違順 境背愛心 而生憎嫉 造種種業
유어욕경 기제위순 경배애심 이생증질 조종종업

是故復生 地獄餓鬼
시고부생 지옥아귀

욕망의 경계를 좇아 좋아하고 싫어하는 모든 것이 일어나며, 경계를 따라 사랑하고 멀리하는 마음이 있어, 미워하고 증오함이 생기므로 가지가지 업을 지음이니, 이러한 까닭으로 지옥 아귀로 다시 태어나느니라.

※ 욕망 없는 도와 선행으로 천상, 인간으로 태어난다.

知欲可厭 愛厭業道 捨惡樂善 復現天人
지욕가염 애염업도 사악요선 부현천인

욕망을 알아 가히 싫어하며, 애욕을 싫어하여 도의 업을 지으며, 악을 버리고 선을 즐기면, 다시 하늘이나 사람으로 태어나느니라.

※ 윤회를 끊지 못하면 최상선과라도 성불하지 못한다.

又知諸愛 可厭惡故 棄愛樂捨 還滋愛本 便現有爲
우지제애 가염오고 기애요사 환자애본 변현유위

增上善果 皆輪廻故 不成聖道
증상선과 개윤회고 불성성도

또 모든 애욕이 가히 나쁜 것임을 알아 싫어하는 까닭으로, 애욕을 멀리하고 버림을 즐겨도, 애욕의 뿌리는 또다시 자라나 바로 나타나 있으리니, 최상 으뜸 선의 결과를 증장하여도, 모두 윤회인 까닭으로 성도를 이루지 못하느니라.

● 좋고 나쁨, 선과 악, 깨끗함과 더러움을 능히 알아, 최상선最上善의 좋은 결과를 성취하여도, 이 또한, 상相에 머묾과 업業의 인과인 윤회 안의 일이니, 일체상과 업業을 벗어난 성도聖道를 이루지 못함을 일컬음이다.

※ 생사해탈하려면 먼저 탐욕과 갈애가 없어야 한다.
是故衆生 欲脫生死 免諸輪廻 先斷貪欲 及除愛渴
시 고 중 생 욕 탈 생 사 면 제 윤 회 선 단 탐 욕 급 제 애 갈

이러한 까닭에 중생이 생사를 해탈하고자 하거나, 모든 윤회를 벗어나고자 하면, 먼저 탐욕을 끊고, 갈애가 없어야 하니라.

● 생사해탈과 일체윤회를 벗고자 하면, 먼저 탐욕을 끊고, 사랑의 욕망과 갈증이 없어야 한다.

※ 보살이 변화신으로 세간에 시현함은 애욕이 아니다.
善男子 菩薩變化 示現世間 非愛爲本 但以慈悲 令
선 남 자 보 살 변 화 시 현 세 간 비 애 위 본 단 이 자 비 영

彼捨愛 假諸貪欲 而入生死
피 사 애 가 제 탐 욕 이 입 생 사

선남자야, 보살이 변화신으로 세간에 나타내 보임은 애욕이
근본이 아니니라. 단지, 자비로써 그 애욕을 버리게 하고자,
모든 탐욕을 방편으로 생사에 들게 되느니라.

● 보살이 몸을 나툰 변화신變化身으로 세상에 가지가지 나타내
보임은, 탐욕과 갈애가 아니라, 중생구제의 방편원력으로 시현함
을 일컬음이다.

※ 욕망 없는 청정심으로 여래의 원각에 든다.
若諸末世 一切衆生 能捨諸欲 及除憎愛 永斷輪廻
약 제 말 세 일 체 중 생 능 사 제 욕 급 제 증 애 영 단 윤 회

勤求如來 圓覺境界 於淸淨心 便得開悟
근 구 여 래 원 각 경 계 어 청 정 심 변 득 개 오

만약 모든 말세 일체중생이 능히 모든 욕망을 버리고, 미워하
고 사랑함을 제거하여 영원히 윤회를 끊고, 부지런히 여래의
원각경계를 구하면, 청정심에 곧, 깨달음을 열어 얻으리라.

● 모든 것을 취하고 버림이, 나의 욕망을 좇아 좋아하고 싫어하
는 사랑과 미움이 매한가지인 한 경계이니, 사랑과 미움을 제거하
여 영원히 윤회심을 끊고, 부지런히 원각圓覺을 구하면, 청정심에
곧, 원각을 깨달음을 일컬음이다.

청정심淸淨心을 이해함이 지혜의 차별경계에 따라 다르다. 일반범부의 청정심은 수행자 소승지혜小乘智慧의 청정심이 아니며, 소승小乘은 대승大乘의 청정심이 아니며, 대승大乘은 일승一乘의 청정심이 아니며, 일승一乘은 불승佛乘의 청정심이 아니며, 불승佛乘은 여래如來의 청정심이 아니다.

일반범부의 청정심은 더럽고 깨끗함이 자기경계에 오염된 분별심의 청정심이다. 더러움만 물드는 것이 아니다. 깨끗함도 분별심이니 물이 든다. 그러므로 범부의 마음에는 항상 더럽고 깨끗함이 공존한다. 소승小乘의 청정심은 심성선근 선악인과심善惡因果心으로, 악惡과 번뇌와 고苦에 물듦 없는 계행戒行과 범행梵行의 청정심이다. 대승大乘 보살의 청정심은 상相 없는 무상無相 무아無我의 청정심이다. 이는 유위상有爲相을 벗어나 상相 없는 무위청정심이다. 일승一乘 보살의 청정심은 청정진여심淸淨眞如心이다. 이는 유위와 무위를 벗어나 이理와 사事의 능소일체상能所一切相이 끊어진 무염청정진여자재심無染淸淨眞如自在心이다. 불승佛乘 보살의 청정심은 불이원융편재각不二圓融遍在覺이다. 이는 능소일체식能所一切識이 끊어진 무방청정원융편재각명無方淸靜圓融遍在覺明이다. 여래如來의 청정심은 부사의묘공능원만자재不思議妙功能圓滿自在다. 이는 여래부사의일체지혜如來不思議一切智慧와 여래부사의일체대비如來不思議一切大悲와 여래부사의일체선법如來不思議一切善法과 여래부사의일체법행如來不思議一切妙行과 여래부사의일체밀행如來不思議一切密行이다.

일반범부의 청정심은 더럽고 깨끗함에 오염된 분별심의 청정심이니 곧, 싫어하고 좋아하는 상심상견인 사상심이다. 소승小乘의 청정심인 선악인과善惡因果 청정심도, 인과상분별심因果相分別心이다. 대승大乘의 청정심은 상相을 벗은 무상無相 무아無我의 청정심이니, 이는 유위를 벗어난 무위청정심이다. 일승一乘의 청정심은 유위와 무위를 벗어버린 청정불이진여자재심淸淨不二眞如自在心이다. 불승佛乘의 청정심은 청정불이원융편재원만각심淸淨不二圓融遍在圓滿覺心이다. 여래如來의 청정심은 부사의무한공능원만자재심不思議無限功能圓滿自在心이다. 여래청정심은 불대비佛大悲와 불지혜佛智慧와 원만자재공능圓滿自在功能의 불가사의 청정불심淸淨佛心이다.

※ 각(覺)의 장애에 오성(五性)의 차별이 있다.

善男子 一切衆生 由本貪欲 發揮無明 顯出五性 差
선남자 일체중생 유본탐욕 발휘무명 현출오성 차

別不等 依二種障 而現深淺
별부등 의이종장 이현심천

선남자야, 일체중생이 탐욕의 근본으로 말미암아 무명이 발휘함에, 오성출현의 차별이 있어 평등하지 않음으니, 이종장애에 의해 얕고 깊음이 드러나느니라.

♣ 선남자야, 일체중생이 탐욕의 근본으로 말미암아 각성장애로 무명이 발휘함에 다섯 가지 성품인 오성五性이 출현하여, 각각 성품 장애의 차별 정도가 있어, 서로가 평등하지 않느니라. 이 장애는, 이理에 장애되는 이장理障과 사事에 장애되는 사장事障인 이종장애二種障礙로, 각각 장애의 얕고 깊음이 드러나느니라.

※ 이장(理障)은 정지견장애며, 사장(事障)은 생사윤회다.

云何二障 一者理障 礙正知見 二者事障 續諸生死
운 하 이 장 일 자 리 장 애 정 지 견 이 자 사 장 속 제 생 사

무엇을 일러 이장이라 하는가 하면, 첫째는 이장으로 정지견의 장애며, 둘째는 사장으로 모든 생사를 계속함이니라.

♣ 각각覺이 장애된 무명無明의 정도에 따라 오성차별五性差別이 있으니, 그 장애는 이종장애二種障礙로 드러난다. 무엇이 이종장애인가 하면, 첫째는 이장理障으로, 본성의 지혜인 정지견正知見이 장애됨이며, 둘째는 사장事障이니, 정지견 장애로 무자성 청정실상을 모르는 상相의 미혹으로, 상相에 머물러 윤회를 벗어나지 못하고 생사를 계속함이니라.

● 이종장애二種障礙는 각각覺이 장애되는 현상이다. 각각覺이 장애되면 이종장애로 드러난다. 이종장애는 이장理障과 사장事障이다. 이장理障은 본성장애며, 사장事障은 상相에 머묾이다. 본성이 장애됨은 무명에 의함이니, 본연본성을 모르기 때문에 지견知見의 장애를 일으킴이, 청정본성을 모르는 중생의 일체 무명식無明識이다. 청정본성을 깨달아 지견知見의 장애 일체 무명식을 벗어나 일체장애 없는 본성에 들면 정지견장애正知見障礙인 이장理障을 벗어나게 된다. 본성을 모름이 정지견正知見 장애며, 정지견의 장애로 청정본성을 모르므로 사대의 몸을 나로 알고, 육근작용의 분별심을 내 마음으로 알아, 사상심四相心 무명 중생의 삶을 살게 된다.
본성을 모르는 정지견 장애로 청정무자성 사事의 상相에 머묾이

사장事障이니, 이는 본성지혜가 없어 상相의 청정실상을 몰라 상相에 머묾의 집착으로 생사윤회를 거듭함이 사장事障이다. 사事의 장애 제거는, 본성의 지혜를 발하여, 일체상 무자성 청정실상을 깨달음으로 상相의 상념이 끊어져, 일체상에 머무름인 사장事障을 벗어나 생사윤회를 벗어나게 된다.

각覺의 장애 이종장애二種障碍를 제거하는 것이, 이 경經의 가르침 본연각성 장애를 제거하는 원각수순법이다. 이장理障과 사장事障인 이종장애를 본연본성삼종자성수순행으로 각覺의 이사장애理事障碍 없는 각원만覺圓滿에 든다.

※ 이종장애를 끊어 멸함이 완전해야 성불이다.

云何五性 善男子 若此二障 未得斷滅 名未成佛
운하오성 선남자 약차이장 미득단멸 명미성불

무엇 때문에 오성이라 하는가 하면, 선남자야, 만약 이 두 장애를 끊어 멸함을 얻지 못했다면, 성불이라 이름하지 않기 때문이니라.

♣ 무엇 때문에 각覺의 장애차별인 중생종성衆生種性 오성五性을 일컫느냐면, 선남자야, 만약 청정본성장애와 청정실상장애인 이사이종장애理事二種障碍를 끊어, 각覺의 장애를 완전히 벗어나지 못하면, 불佛이라 이름하지 않기 때문이니라.

● 중생종성 오성장애五性障碍를 벗어남이 불佛이며, 이사장애理事障碍를 완전히 제거하여, 각覺과 행行이 능소 일체무장애一

切無障礙가 불佛임을 설함이다. 이는 본연공능원만자재무장애本
然功能圓滿自在無障礙다.

※ 1. 성문연각종성은 사장은 끊고 이장을 끊지 못했다.

若諸衆生 永捨貪欲 先除事障 未斷理障 但能悟入
약 제 중 생 영 사 탐 욕 선 제 사 장 미 단 리 장 단 능 오 입

聲聞緣覺 未能顯住 菩薩境界
성 문 연 각 미 능 현 주 보 살 경 계

만약 모든 중생이 영원히 탐욕을 버리고, 먼저 사장을 제거하고 이장을 끊지 못했다면, 단지 능히 성문연각의 깨달음에 들었으나, 능히 보살경계의 뚜렷한 밝음에 머무름이 아니니라.

♣ 만약 모든 중생이 영원히 탐욕을 버리고, 상相이 장애가 되는 사장事障을 제거하고, 본심청정에 들지 못해 이장理障을 끊지 못했다면 단지, 성문연각의 깨달음에 들었으나, 능히 보살경계의 뚜렷한 밝음에 머무름이 아니니라.

● 오성차별五性差別에는 심心의 지혜근성智慧根性 지혜근기인 본성을 수순하는 지혜경계를 분별한 것이다. 경전經典에서 보는 부처님의 가르침에 의지하는 교단적敎團的 성문연각의 차원과 지혜근성 성문연각의 지혜근기 차별차원은 다르다. 성문연각이라도 지혜가 소승 성문연각의 지혜를 벗어나면, 지혜근기는 소승의 성문연각이 아니다. 그러므로 부처님 당시의 제자를 성문聲聞이라 경전經典에서 이름하나, 대승지혜를 발한 자者이면 그 지혜근기

는 소승 성문의 경계를 벗어난 대승보살이다. 그러므로 무조건 불제자佛弟子는 성문이라는 교단적 고정관념을 가져서는 안 된다. 만약 아뇩다라삼먁삼보리를 발하여 반야지혜에 들었다면 그 수행자는 곧, 보살지혜 경계에 들게 된다. 소승 인과법인 성문연각의 지혜는 사성체와 십이인연에 의지한 인과의 지혜이니, 만약 상심상견相心相見 인과법에 의지한 수행이나 지혜이면, 소승지혜와 소승수행자다. 보리심을 발하여 반야지혜로 상相을 벗어난 무위지혜와 무위수행이면, 대승지혜와 대승수행인 반야 보살지혜와 보살수행이다. 성문연각 이승二乘과 보살의 지혜차이는 아我와 상相을 벗지 못한 상심상견지혜면 소승小乘이며, 아我와 상相의 사상심 상심상견을 벗어났으면 보살지혜다. 지혜와 수행이 상심상견에 의지한 것이면 아我와 상相을 벗지 못한 소승지혜와 소승수행이며, 지혜와 수행이 상심상견을 벗어난 청정본성에 의지한 것이면 아我와 상相을 벗어난 보살지혜와 보살수행이다.

● 성문연각의 종성種性이 성문연각의 지혜와 수행으로 사장事障은 끊었으나, 정지견正知見을 발하지 못하여 이장理障을 끊지 못한 것은, 성문연각의 지혜가 사성체四聖諦의 인과지혜에 머물러 있기 때문이다. 인과지혜로는 사장事障은 끊을 수가 있어도 이장理障을 끊을 수가 없다. 왜냐면 이는, 상相을 벗지 못했고, 나를 벗지 못했기 때문이다. 사성체四聖諦와 십이인연十二因緣은 아我와 상相에 의지한 수행이다. 그러므로 인과수행因果修行과 인과지혜因果智慧는 나와 상相을 바탕한 근본이므로, 나와 상相을 벗어나지 못한다. 그러므로 사성체와 십이인연 인과수행과 인과지혜에는 고苦를 벗어나 낙樂을 구하며, 생사를 벗어나 열반을 구하며, 속박을 벗어나 해탈을 구하며, 중생을 벗어나 불佛을 성취하려 한다. 왜, 이러한 생각과 수행을 하는가 하면, 청정본성을 깨

달음이 없어, 그 수행은 항상, 나와 상심상견에 의지해 있기 때문이다. 그러므로 그 수행경계는 수행심의 바탕이 상相의 상념想念이라, 수행심에는, 항상 버릴 것이 있고 구할 것이 있으며, 생멸과 유무를 벗어나야 하고, 생멸 없는 열반을 구하며, 유무를 벗어난 무위에 들려고 한다. 그러나 보리심菩提心을 발하여 반야般若 대승보살지大乘菩薩智에 들면, 무위지혜無爲智慧를 발하여 유위상有爲相인 나와 상심상견을 벗어나니, 자성청정 속에 구할 것과 여읠 것이 없음을 알아, 구하고 여읨의 상相의 상념想念이 끊어진다. 소승지혜는 자성지혜自性智慧가 아니므로, 상심相心과 업심業心의 다스림으로, 상相에 머묾인 업심業心의 장애는 끊을 수 있으나, 이 또한 상相의 상념想念을 벗어난 것이 아니므로, 이 장理障인 지견知見의 장애를 끊을 각성지혜력覺性智慧力이 없어 이장理障을 제거할 수가 없다. 소승지혜로 사事의 장애를 소멸해도, 이것이 상相의 실상지혜가 아닌, 인과업심因果業心 다스림의 지혜로, 상相의 상념想念 속에 업심業心인 집착심, 탐貪과 욕慾의 사事의 장애를 끊음이다. 이는 상相의 상념想念 속에 이루어지는 상심상견의 수행심 유위심경계有爲心境界이므로, 대승大乘 반야지혜인 상相의 본성 무상청정지혜無相淸淨智慧로 사장事障을 끊거나 벗어나는 청정지혜경계와는 다르다.

단순, 사장事障을 벗어남이 중요한 것이 아니다. 무엇으로 사장事障을 벗어났느냐가 중요하며, 사장事障을 벗어난 경계가 어떤 각성경계인가가 중요하며, 사장事障을 벗어난 각성지혜종성覺性智慧種性이 중요하다. 이는 사장事障을 벗어난 각성지혜종성覺性智慧種性이 무엇인가를 일컬음이다. 사장事障을 벗어난 지혜종성智慧種性이 인과지혜 업심業心 다스림인 청정계행淸淨戒行과 청정범행淸淨梵行이 수승하여 사장事障을 끊어 업심業心의 이끌

림 생사심生死心을 벗어나도, 욕欲을 자성청정지혜自性清淨智慧
나 불이성不二性 각성원융편재지혜覺性圓融遍在智慧로 끊은 것이
아니라, 욕欲을 욕欲으로 끊음이며, 상相을 상相으로 끊음이며,
유심有心을 유심有心으로 끊음이며, 업業을 업業으로 끊음이다.
이 말은 곧, 업심業心인 욕欲을, 수행심의 욕欲으로 끊음이다. 욕
欲으로 끊었으니 끊은 욕欲에 머물러 벗어나지 못하며, 상相으
로 끊었으니 끊은 상相에 머물러 벗어나지 못하며, 유심有心으로
끊었으니 끊은 유심有心에 머물러 벗어나지 못하며, 업業으로 끊
었으니 끊은 업業에 머물러 벗어나지 못한다. 그것을 끊으려면 나
없는 성품, 자성청정지혜自性清淨智慧나 능소能所가 끊어진 불이
원융지혜不二圓融智慧를 발해야 한다. 본성지혜가 아니면 욕欲,
상相, 유심有心, 업業을 끊을 수가 없다. 자성청정지혜自性清淨
智慧는 자성실상지혜自性實相智慧며, 능소불이원융지혜能所不二
圓融智慧는 각성원융지혜覺性圓融智慧다. 이는 자재진여지혜自在
眞如智慧와 원융보리지혜圓融菩提智慧다.

욕欲으로, 상相으로, 유심有心으로, 업業으로 업심業心을 끊
어 생사심生死心이 없어도, 상심상견의 무명심을 벗을 수가 없어,
삼계생사三界生死를 벗어날 수가 없다. 그러므로 업력業力을 따
라 삼계三界의 욕계생사欲界生死 중 욕계상천계欲界上天界에 태
어날 수 있어도, 생사를 벗어날 수는 없으며, 욕계생사欲界生死와
색계생사色界生死와 무색계생사無色界生死인 삼계三界를 끊을
수 없고, 벗어날 수도 없다. 왜냐면, 욕欲을 욕欲으로 끊어, 욕欲
의 업業인 상相의 상념想念 무명을 지니고 있으니, 업성業性의
상태에 따라 욕계생사欲界生死 중 상천上天에 태어나거나, 욕계
업력생사欲界業力生死를 잠시 멈출 수 있어도 생사를 벗어난 것이
아니니, 지혜각성종성智慧覺性種性이 능소식멸能所識滅인 욕계

欲界와 색계色界와 식계識界를 벗어나지 못했고, 더불어 원願하여 구求하고자 하는 욕欲을 끊지 못했으니, 상相과 식識과 지혜의 증證과 각覺인 능소일체能所一切를 벗어버린 무원청정지혜성품無願淸淨智慧性品에 들지 못해, 욕계천생사欲界天生死뿐 아니라, 색계천생사色界天生死와 무색계천생사無色界天生死를 벗어날 수가 없다. 능소일체식能所一切識이 끊어져 욕계欲界와 색계色界와 식계識界인 삼계三界가 끊어지면 삼계천생사三界天生死를 벗어날 수가 있다. 이는 상심상견相心相見이나, 인과지혜因果智慧로는 삼계三界를 벗어날 수가 없다. 왜냐면, 상심상견과 인과지혜는, 물질인 색色과 의식意識인 업식業識에 얽매어 벗어나지 못하므로, 색色과 의식意識의 능소경계식能所境界識에 이끌리어 얽매인 업력業力으로, 욕계欲界와 색계色界와 식계識界의 삼계생사三界生死를 끊을 지혜각성智慧覺性이 없기 때문이다.

업심業心인 마음 다스림의 인과지혜로 사장事障을 벗어남은, 잠시 소낙비를 피한 것과 같고, 반야般若로 사장事障을 벗어남은, 비 내릴 하늘이 없음과 같다. 그러므로 성문연각은 업심業心에 이끌림을 소멸한 청정심이어도, 이 청정심이 아我의 상심상견相心相見이라, 사事인 상相을 벗어난 청정심이 아니다. 그러므로 성문연각은 대승보살이 사장事障을 끊은, 반야심般若心인 청정심을 헤아려 알 수가 없다. 이것은 지혜를 발發한 지혜근원 지혜성품종성智慧性品種性이 다르기 때문이다. 성문연각이 사장事障을 끊음은, 아我와 상相을 끊어 제거한 본성지혜에 듦이 아니고, 업심業心인 상相에 머묾의 마음을 멸滅하여, 업심業心에 이끌리지 않음이다. 그러나 업심業心의 이끌림을 멸滅하여 장애 되지 않는 그 마음의 상심상견을 또한, 벗어나지 못한다. 왜냐면 나我가 있기 때문이다. 대승보살이 사장事障이 없음은, 반야지혜로 머무를 상

相과 머무를 나 없어, 스스로 자성성품이 청정하여 사장事障이 끊어짐이다. 그러나 대승보살이 상相에 머묾의 사장事障을 끊었어도, 무위無爲에 머묾의 이장애理障礙를 끊으려면, 일불승보살一佛乘菩薩의 원융청정각지圓融淸淨覺智를 발發해야 한다. 그래야만 이사이종장애理事二種障礙를 완전히 벗게 된다.

● 오성차별지혜종성五性差別智慧種性를 알려면, 지혜작용 지혜종성경계智慧種性境界를 알아야 한다. 일반범부 마음씀의 지혜는 인과지혜가 열려있지 않으므로, 인과에 미혹한 심리와 감정과 욕망과 이익을 우선하거나, 지식과 생각과 습관의 특성에 의지한 이로움을 우선한 차제적 과정의 마음을 쓰게 된다.

● 소승지혜는 고락苦樂을 바탕한 정인정과법正因正果法인 인과에 의지한 지혜를 쓰게 된다. 인과지혜가 열리지 않은 범부는 고苦를 벗어나 낙樂을 원해도, 인과의 지혜가 열리지 않아, 낙樂을 원해도, 욕망에 이끌리어 선리善利를 멀리하고, 욕구慾求의 욕리慾利를 취하므로 그 결과로 스스로 고통을 받게 되는 악행惡行을 일삼게 된다. 만약, 정인정과법正因正果法의 인과지혜가 열리면, 선과善果를 얻기 위해 선인善因을 지으며, 악과惡果를 멸滅하기 위해 악인惡因을 멀리하며, 고과苦果를 멸滅하고자 고인苦因을 멀리한다. 이는 인과법에 의지한 업심業心의 마음 다스림이다. 소승은 법성지혜가 아니라, 업심業心의 제어, 조복, 소멸 등, 아我의 상심상견 마음 다스림에 의한 계행戒行과 범행梵行 등에 의지한 인과법이다. 소승의 지혜경계를 벗어나면 다스릴 마음이 없다. 소승은 상相 없는 본성이나 자성지혜에 이르지 못해, 업심業心에 이끌림의 소멸인 마음 다스림일 뿐, 나 없는 청정실상지혜가 아니다. 왜냐면 인과에 의지한 상심상견이기 때문이다. 상심상견을 벗어난 지혜는 자성심自性心이며, 원융각성圓融覺性이다.

※ 여래대원각에 들려면 이종장애를 끊어야 한다.

善男子 若諸末世 一切衆生 欲汎如來 大圓覺海 先
선남자 약제말세 일체중생 욕범여래 대원각해 선

當發願 勤斷二障
당발원 근단이장

선남자야, 만약 모든 말세 일체중생이, 여래의 대원각해에 들고자 하면, 먼저 당연히 이종장애 끊기를 발원하고 노력해야 하느니라.

♣ 선남자야, 만약 모든 말세 일체중생이, 무상각無上覺 여래의 시방청정원융편재원만불이성十方淸淨圓融遍在圓滿不二性인 대원각해大圓覺海에 들고자 하면, 먼저 당연히 심청정원융心淸淨圓融과 일체상청정원융불이성一切相淸淨圓融不二性 장애障礙인 이종장애二種障礙 끊기를 서원誓願하고, 청정각성수순행淸淨覺性隨順行을 노력해야 하느니라.

※ 2. 보살종성은 이종장애를 벗어난 깨달음에 들었다.

二障已伏 卽能悟入 菩薩境界
이장이복 즉능오입 보살경계

두 장애를 이미 벗어나 곧, 능히 깨달음에 들었다면 보살경계이니라.

♣ 사마타행으로 열반涅槃에 들어 일체상의 상념想念, 사상심四

相心인 사장事障을 벗어나 청정부동지淸淨不動智에 들고, 삼마발제행으로 진여眞如에 들어 무위상無爲相에 머묾의 이장理障을 벗어나, 이사장애理事障礙 없는 무염자재無染自在한 이사무애지혜理事無礙智慧에 들며, 선나행으로 보리菩提에 들어 능소일체식能所一切識을 벗어나 각성원융편재성覺性圓融遍在性으로 각覺이 장애 없으면, 원융시방편재각圓融十方遍在覺이 원융원만圓融圓滿함으로, 능히 각원만覺圓滿의 깨달음에 든 보살경계이니라.

● 보살지혜는 상相뿐만 아니라, 인과상因果相이 끊어졌다. 인과는 상相과 나의 관계이다. 이는 고인苦因을 멸하여 낙과樂果를 위하며, 생사을 벗어나 해탈과 열반을 구하는 인과세계다. 대승보살의 깨달음에 들면 반야지혜로 일체상 사상심 상相의 상념세계를 벗어나게 된다. 대승보살지혜는 유위를 벗어난 청정무위지혜다. 청정무위 대승보살지혜에서 더 나아가 각성원만원융지혜覺性圓滿圓融智慧인 일불승보살원융지혜一佛乘菩薩圓融智慧에 들어 대승보살지혜 무위청정부동지혜無爲淸淨不動智慧를 벗어난 원융일성각성각명원통원융지圓融一性覺性覺明圓通圓融智에 이르러, 각성지혜장覺性智慧障 이장애理障礙까지 벗어버린다.

※ 3. 여래종성은 이사 없는 여래원각원만대열반이다.

若事理障 己永斷滅 卽入如來 微妙圓覺 滿足菩提
약 사 리 장　이 영 단 멸　즉 입 여 래　미 묘 원 각　만 족 보 리

及大涅槃
급 대 열 반

만약 사와 이의 장애를 이미 영원히 끊어 멸하였다면, 곧, 여래의 미묘한 원각과 원만구족한 보리와 더불어 대열반에 이르렀느니라.

♣ 만약 사事와 이理의 장애인 이종장애를 이미 벗어나 영원히 끊어 멸하였다면 곧, 일체상과 일체유위무위와 일체깨달음과 일체공해탈삼매 一切空解脫三昧 와 일체선정 一切禪定 과 일체수행각성지혜와 일체선법 一切善法 과 일체경공덕 一切經功德 과 일체증득과 일체성취와 일체소멸과 일체열반과 일체바라밀과 일체각 一切覺 에 나아감과 일체각 一切覺 에 듦과 일체불 一切佛 에 나아감과 일체불 一切佛 에 듦과 청정본성과 청정진여와 청정각성과 불佛의 일체공덕과 삼신불원만지혜광명 三身佛圓滿智慧光明 과 시방허공무량무한일체불세계 十方虛空無量無限一切佛世界 를 벗어버린 여래如來의 불가사의하여 미묘한 원각圓覺 과 원만구족한 보리와 더불어 대열반에 이르렀느니라.

※ 4. 중생종성은 원각의 인지법행을 닦는 자다.

善男子 一切衆生 皆證圓覺 逢善知識 依彼所作 因
선 남 자 일 체 중 생 개 증 원 각 봉 선 지 식 의 피 소 작 인

地法行 爾時修習 便有頓漸
지 법 행 이 시 수 습 변 유 돈 점

선남자야, 일체중생이 원각을 원만히 다 증득한 선지식을 만나, 저 인지법행에 의지해 짓는 바 닦고 익히는 그때에 곧, 돈과 점이 있느니라.

♣ 선남자야, 일체중생이 원각을 원만히 증득한 선지식을 만나, 원각을 수순하는 본성행 인지법행을 닦고 익히며 수순하는 그때에 곧, 바로 원각에 듦인 돈頓과 점차漸次로 닦아 익히는 점漸이 있느니라.

● 원각에는 돈頓과 점漸과 점차漸次가 없다. 돈頓과 점漸과 점차漸次는 원각이나 법法에 있는 것이 아니라, 사람의 지혜근기의 차별일 뿐이다.

※ 여래 무상보리 정수행로면 누구나 불과를 이룬다.
若遇如來 無上菩提 正修行路 根無大小 皆成佛果
약 우 여 래　무 상 보 리　정 수 행 로　근 무 대 소　개 성 불 과

만약 여래의 무상보리 정수행의 길을 만나면, 근기의 대소가 없이 모두 불과를 이루느니라.

♣ 만약 일체에 걸림 없고, 일체에 두려움 없으며, 일체를 벗어버린 일체에 원융한, 여래의 무상보리 바른 수행길을 만나면, 사람의 성품 근기의 차별 없이, 모두 불과佛果를 이루느니라.

● 무상보리無上菩提와 원각이 다르지 않다.

若諸衆生 雖求善友 遇邪見者 未得正悟 是則名爲
약 제 중 생　수 구 선 우　우 사 견 자　미 득 정 오　시 즉 명 위

外道種性 邪師過謬 非衆生咎
외 도 종 성　사 사 과 류　비 중 생 구

만약 모든 중생이 아무리 좋은 선지식을 구해도 사견을 가진 자를 만나면, 바른 깨달음을 얻지 못하니, 이는 곧, 이름하여 외도종성이니라. 이는 사견을 가진 스승의 잘못이니, 중생을 탓할 바는 아니니라.

● 외도종성外道種性은 본성을 수순하거나 본성을 깨달을 수 있는 본성정도本性正道 밖의 종성임을 뜻한다. 외도外道는 정도正道가 아니니, 본성과 각覺과 원각과 불佛을 성취할 수가 없다. 왜냐면, 본성과 각覺과 원각과 불佛의 과果를 이루는 정인正因이 아니며, 무명無明과 상相을 벗어나는 정인正因이 아니기 때문이다. 과果의 정인正因이 아니면 정과正果를 얻을 수 없다. 정과正果를 얻으려면 과果의 정인正因을 지어야 한다.

아무 나무나 심으면서 사과의 열매가 열리기를 바라서는 안 된다. 사과의 열매를 원하면 사과나무를 심어야 한다. 왜냐면 사과의 열매는 사과나무의 열매며, 사과나무를 심어야만 사과의 열매를 얻을 수가 있다. 심은 나무에서 사과열매가 열리는 것은, 심은 그 나무가 사과나무이기 때문이다. 알고 심었든, 모르고 심었든, 사과나무가 어떤 것인지를 몰라도, 사과나무를 잘 아는 사람의 말을 듣고, 그 사람의 말을 신뢰하고 심었든, 신뢰하지 않고 심었든,

사과의 열매가 열리는 그 원인은, 심은 나무가 사과나무이기 때문이다.

나무를 심었는데 아무리 기다려도 사과의 열매가 열리지 않은 것은, 심은 그 나무가 사과나무가 아니기 때문이다. 또, 사과나무임을 분명히 확인하고 심었는데 아무리 기다려도 사과의 열매가 열리지 않는 것은, 사과나무라고 분명히 알고 심은 그것이 사과나무가 아니기 때문이다.

사과나무는 사과의 열매를 맺는다. 이것이 인과의 섭리며, 사과나무의 진리다. 나무는 인과의 섭리를 따를 뿐, 인과를 속이지 않는다. 인因을 따라 과果가 달라지고, 과果를 원하면 그 과果의 정인正因을 심어야 한다. 나무에서 그 꽃이 피어나는 것도, 그 나무 인성因性의 결과며, 그 열매가 열리는 것도, 그 나무 인성因性의 결과다.

세상사 모두가 인과因果의 세계며, 눈에 보이고 귀에 들리는 만물의 현상이 모두 정인정과正因正果인 인과의 현상이다. 아무 나무나 심어놓고 사과열매가 열리기를 기다리는 사람들이 있다. 또한, 자기가 심은 것이 사과나무임을 알고 심은 사람들도 있다. 그러나 사과의 열매가 열리지 않으면, 그 나무는 사과나무가 아니다. 나무는 정인정과의 섭리와 순리인 법성작용 인과因果의 이치로 생성된 것이니, 나무가 진실하지 않거나 속임은 없다. 단지, 그 나무가 무슨 나무인지를 몰랐을 뿐이다.

깨달음의 세계도 정인정과법正因正果法을 벗어나 있지 않다. 인因을 따라 과果가 일어나며, 무엇이든 그 과果는, 그 과果를 있게 한 원인인 정인正因이 있기 때문이다. 염念도 과果를 생성하는 씨앗이며, 행行도 과果를 생성하는 씨앗이며, 사유思惟하고 수행함도 과果를 향한 인행因行이다. 생각하고 사유하며 행함이 무엇이든, 그 씨앗의 성질과 성향의 특성에 따라 그 결과가 결정될 것이다. 일체수행도 과果를 향한 인因을 지음인 인행因行일 뿐이다. 그 결과인 열매는 인성因性의 특성을 따라 드러날 것이다. 인因이, 원하는 과果의 정인正因이 아니면 정과正果를 얻을 수가 없다. 얻으려는 과果를 성취하려면 그 과果의 정인正因을 심어야 한다. 또한, 심는 바가 정인正因이면 정과正果는 의심할 필요가 없다. 정인正因이어도 정과正果를 성취할 때까지 정연正緣이 끊임이 없어야 한다.

사과나무에는 사과열매가 열리고, 배나무에는 배의 열매가 열린다. 이것이 진리다. 깨달음을 얻고, 원각을 성취하며, 불佛의 원만보리圓滿菩提를 이루는 것도, 사과나무에서 사과열매가 열리고, 배나무에는 배 열매가 열리는 이 정인정과의 진리를 벗어나 있지 않다. 사과나무와 배나무가 존재하고, 사과나무와 배나무가 서로 다르며, 그 나무에는 그 나무 성품의 꽃과 열매가 여는 이것이 법성작용의 섭리며, 순리며, 진리며, 법성정인정과법法性正因正果法이다. 사과나무에서 사과꽃이 피고, 사과 열매를 맺는 이것이 단순한 진리가 아니다. 아주 단순한 것 같아도, 이 단순한 진리가 파괴됨이 없는 우주 만물과 일체생명 질서의 섭리며 순리다. 이 단순한 것 같은 당연한 섭리의 힘으로 우주삼라만상 만물이 질서 속에 생멸운행하며, 사람의 생사와 고락도 그 섭리 질서의 현상이다. 이 진리를 따라 삼세일체불이 각覺을 이루어 성불하고, 무량중생이 세세생생 생사윤회를 벗어나지 못하는 까닭이 있으며, 잘살고

못사는 삶의 길흉화복도 이 섭리의 작용에 있다.

　수행길에는 수행도 중요하겠으나, 수행보다 더욱 중요한 것은
수행의 바탕인 수행의 정지견正智見이다. 견見이 잘못되면, 행위
지음과 세월만 거듭할 뿐, 원하는 결과를 성취할 수 없으니, 여래
께옵서 거듭 일컫고 당부함이 이승二乘과 외도外道의 혹견惑見
과 사견邪見을 벗어나, 정원각正圓覺을 깨달은 정지견正智見의
선지식 구하기를 거듭 설한다. 이것은 정인正因이 아니면 정과正
果를 얻을 수 없고, 정인正因이어도 정연正緣을 벗어나면 정과正
果를 얻을 수 없기 때문이다. 깨달음과 각성인과覺性因果에 미혹
한 수행지견修行知見은, 깨달음과 원하는 바 결과를 성취할 수가
없다. 정과正果를 성취함은 정인正因에 의함이며, 정인正因으로
정과正果를 성취함은, 정과正果를 향한 정인正因의 정연행正緣
行이 끊임없었기 때문이다. 원하고 향하는 곳이 무엇이든 그 과果
를 향한 정인행正因行이 아니면 정과正果를 얻을 수 없고, 정인正
因이 확실해도 정연행正緣行을 벗어나면, 정과正果를 성취할 수
가 없다. 깨달음과 성불의 수행도 정인정과의 수행도修行道며, 또
한, 정연행正緣行이 아니면 정도정행正道正行을 벗어나므로 외도
법外道法이며, 외도행外道行이다. 수행의 정사正邪는 행에 있는
것이 아니라, 전후 없는 찰나찰나 수행정점修行頂點 그 점검 지견
知見의 정사正邪에 있다. 간절한 목적 성취를 위해 밤낮 없이 목
숨을 다해 노력해도, 나르는 화살이 과녁을 향해 있지 않으면 원하
는 결과를 얻을 수가 없다. 사견邪見이란, 생각과 행함이 정과正
果를 얻을 수 없는 잘못된 어리석은 안목이다. 이는 동쪽이 아닌
곳을 해 돋는 곳으로 착각해 나아감이다.

※ 이것이 이사(理事) 이종장애성품 오성차별이다.

是名衆生 五性差別
시 명 중 생 오 성 차 별

이를 일컬어 중생의 오성차별이라 하느니라.

※ 보살은 변화신의 역순경계로 중생구제를 해야 한다.

善男子 菩薩 唯以大悲方便 入諸世間 開發未悟 乃
선 남 자 보 살 유 이 대 비 방 편 입 제 세 간 개 발 미 오 내

至示現 種種形相 逆順境界 與其同事 化令成佛
지 시 현 종 종 형 상 역 순 경 계 여 기 동 사 화 령 성 불

선남자야, 보살이 오직 대비방편으로 일체 세간에 들어, 깨닫
지 못한 자를 깨닫게 하며, 또한, 가지가지 모습으로 역순경
계를 따라 시현하여 더불어 같이 동사하며, 변화신으로 하여
금 불을 이루도록 해야 하느니라.

♣ 선남자야, 보살이 오직, 대비방편으로 모든 세상 삶 속에 들어
가, 깨닫지 못한 자를 깨닫게 하며, 또한, 가지가지 모습과 행동으
로 대비방편을 나투며, 옳음이나 옳지 않음이나, 좋은 것이나 나
쁜 것이나, 역逆의 경계나 순順의 경계나 그 중생의 상황을 따라,
더불어 같이 생각하고 행동하며, 함께하는 변화신變化身으로 그
중생을 이끌어 불佛을 이루도록 해야 하느니라.

※ 보살행은 시작을 알 수 없는 청정원력에 의함이다.

皆依無始 淸淨願力
개 의 무 시　청 정 원 력

모두 시작을 알 수 없는 청정원력에 의함이니라.

♣ 중생을 고통에서 구제하고, 어리석음을 교화하며, 삿됨을 제도하고, 부족함을 이끌며, 잘못됨을 다스리어 이롭게 하고 위하는 이 모든 대비보살행의 일체가, 시작을 알 수 없는 무량한 무한 법계의 세월 속에 쌓아온, 청정서원 보살원력에 의함이니라.

※ 대원각에 들려는 청정대원으로 선지식을 구해야 한다.

若諸末世 一切衆生 於大圓覺 起增上心 當發菩薩
약 제 말 세　일 체 중 생　어 대 원 각　기 증 상 심　당 발 보 살

淸淨大願 應作是言 願我今者 住佛圓覺 求善知識
청 정 대 원　응 작 시 언　원 아 금 자　주 불 원 각　구 선 지 식

莫值外道 及與二乘
막 치 외 도　급 여 이 승

만약 모든 말세 일체중생이 대원각에 들려는 증상심을 일으키면, 당연히 보살의 청정대원을 발하여 응당 이렇게 말을 하되, 원하오니 내가 지금 불의 원각에 머물려는 자로서 선지식을 구하오니, 외도와 더불어 이승을 만나지 않게 하시옵소서.

♣ 만약 모든 말세 일체중생이 위 없는 각성광명 대원각에 들려는 더 없는 수승한 마음인 증상심增上心을 일으키면, 당연히 법계정안法界正眼에 들기 위해 보살의 청정대원을 발하여 이렇게 말을 하되, 원하오니 내가 지금 불佛의 원각에 머물려는 자로서 선지식을 구하오니, 외도와 더불어 소승의 지혜에 머문, 성문연각의 이승二乘을 만나지 않게 하시옵소서.

● 소승지혜는 아我의 상相과 상심相心과 상견相見을 벗어나지 못해, 원각수순의 지혜가 아닌, 생사와 고苦를 벗어나, 아我의 해탈과 열반을 구하는 것에 수행과 지혜를 치중하게 된다. 그러므로 소승지혜의 뿌리는, 나 있음의 상심상견에 근본 한다. 소승의 일체수행은 나와 상相에 의지하며, 소승의 모든 수행이 나와 상相을 벗어나지 못한다. 그러므로 소승은 상相의 분별심과 법상을 벗어나지 못하므로, 생사를 싫어하고 열반을 구하는 일체수행이다. 이는 상相을 벗지 못한 상심이며, 나의 상념 아견我見을 벗지 못해 반야의 깨달음이 없는 상相의 분별심이다. 그러므로 소승이 생사를 싫어해 성취한 열반으로는 반야지혜에 들 수가 없다. 소승지혜로 상相을 탐착하지 않고 업業을 짓지 않아 생사에 물듦이 없어도, 그것은 망견공화妄見空華일 뿐이다. 절대絶對의 길은 절대絶對의 세계이니, 그곳에는 안주安住할 미망도 없고, 안주安住할 자도 없다. 소승지혜로 생사를 벗어나 안주해 있다면, 그 안주安住는 미망으로 감싼 누에고치 속에서 세상의 풍파를 벗어난 듯 착각 속에 만족하는 생명체와 같다. 홀연히 밝은 지혜를 발하여 망妄의 집을 부수고 나오면, 시방이 원융한 광대무변한 광명세계가 열린다. 절대광명무변계絶對光明無邊界에 들면 자신이 머물렀던 소승지혜는 사방이 어둠 속에 갇힌 무명의 환영幻影이며, 미망이

었음을 깨닫게 된다. 단지, 생사를 벗는 것이 지혜로만 알고 있으면, 그것은 아我와 상相의 미망에 갇힌 몽중사夢中事다. 생사를 벗은 환각幻覺을 벗어나 각성광명에 이르면, 미망의 망집妄執 속에 자신을 얼마나 집착하며, 많은 생生을 놓지 못했는지, 그 미망의 껍질을 돌아보게 된다. 그러나 꿈을 깨어나지 못하면 꿈속을 벗어날 수가 없고, 꿈에서 깨어나면 일체가 꿈속 환幻임을 깨닫게 된다. 깨닫고 보면 중생을 벗어나 불佛의 성취를 위한 일체가, 지난밤 꿈속 환幻이다. 생사도 꿈속이며, 해탈도 꿈속이다. 그 꿈을 벗어나면, 몹시 거칠게 바람이 몰아치고, 무섭게 물결이 소용돌이치듯 천하를 태풍처럼 질풍노도해도, 걸리고 막힐 것이 없다. 하늘과 땅을 두루 다 덮고도 그 공덕이 부족함이 없고, 돌이킨즉 일점 흔적이 없으니, 생사가 어찌 구속하고 가둘 수 있으랴!

※ 서원에 의지한 수행은 대원각묘장엄경계를 증득한다.

依願修行 漸斷諸障 障盡願滿 便登解脫 淸淨法殿
의 원 수 행　점 단 제 장　장 진 원 만　변 등 해 탈　청 정 법 전

證大圓覺 妙莊嚴域
증 대 원 각　묘 장 엄 역

원에 의지해 수행하면, 모든 장애를 점점 끊어 원이 충만하면 장애가 다하여 사라지고, 곧, 해탈청정법전에 올라 대원각묘장엄경계를 증득하리라.

♣ 각성광명 수승한 법계정안法界正眼을 위한 보살의 청정대원淸淨大願 서원력誓願力에 의지한 수행으로, 모든 장애를 점점 끊어

원력이 충만하면 장애가 다하여 사라지고, 곧, 일체미망과 일체상과 일체정사一切正邪와 일체생멸과 일체유위무위와 일체유주무주一切有住無住와 일체상무상一切相無相과 일체선정해탈삼매一切禪定解脫三昧와 일체공청정열반一切空淸淨涅槃과 삼불원만광명三佛圓滿光明을 벗어버린 각성원융해탈법전覺性圓融解脫法殿에 올라 대원각묘장엄경계大圓覺妙莊嚴境界를 철증徹證하리라.

● 해탈청정법전解脫淸淨法殿은 성인聖人과 성인聖人이 서로 얼굴이 마주쳐도 서로를 알지 못한다.
● 대원각묘장엄경계大圓覺妙莊嚴境界는 성인聖人과 성인聖人이 서로 만나지 않아도, 서로 모르는 바가 없다.

爾時 世尊 欲重宣此義 而說偈言
이 시 세 존 욕 중 선 차 의 이 설 게 언

이때 세존께옵서 이 뜻을 거듭 널리 펴시고자 게송으로 말씀하시었다.

彌勒汝當知
미 륵 여 당 지

미륵보살이여! 그대는 당연히 알지어다.

※ 해탈을 얻지 못하면 탐욕으로 생사에 떨어진다.

一切諸衆生 不得大解脫 皆由貪欲故 墮落於生死

일 체 제 중 생 부 득 대 해 탈 개 유 탐 욕 고 타 락 어 생 사

일체 모든 중생이 대해탈을 얻지 못하면, 모두 탐욕에 말미암은 연고로 생사에 떨어지느니라.

※ 미움 사랑 탐진치 끊으면 모두 불도를 이룬다.

若能斷憎愛 及與貪瞋癡 不因差別性 皆得成佛道

약 능 단 증 애 급 여 탐 진 치 불 인 차 별 성 개 득 성 불 도

만약 능히 미워하고 사랑함과 더불어 탐진치를 끊으면, 차별 종성에 말미암지 않고, 모두 불도를 이루어 얻느니라.

♣ 만약, 능히 마음 가운데, 미워하고 사랑함과 더불어 탐진치를 끊으면, 각성장애차별 覺性障礙差別 인 오종성 五種性 의 차별경계에 말미암지 않고, 모두 불도 佛道 를 이루어 얻느니라.

※ 이사장애 끊은 깨달음으로 대열반에 들어야 한다.

二障永銷滅 求師得正悟 隨順菩薩願 依止大涅槃

이 장 영 소 멸 구 사 득 정 오 수 순 보 살 원 의 지 대 열 반

이장을 영원히 소멸하려면, 바른 깨달음을 얻은 스승을 구하여, 보살의 원을 수순하고, 대열반에 의지해 들어야 하느니라.

♣ 본성장애 이장理障과 일체상 자성장애 사장事障의 이종장애 二種障礙를 영원히 소멸하려면, 원각의 바른 깨달음을 얻은 스승을 구하여, 이사장애理事障礙를 벗기 위한 청정수행의 맺음인 청정대원 보살서원을 발하여 수순하고, 청정본성 대열반 성품에 의지해 들어야 하느니라.

※ 시방보살이 인도하리니 수행하면 대원각에 들리라.

十方諸菩薩 皆以大悲願 示現入生死 現在修行者
시 방 제 보 살　개 이 대 비 원　시 현 입 생 사　현 재 수 행 자

及末世衆生 勤斷諸愛見 便歸大圓覺
급 말 세 중 생　근 단 제 애 견　변 귀 대 원 각

시방의 일체보살이 모두 대비원력으로 생사에 들어 인도하리니, 현재 수행자와 더불어 말세중생들이, 사랑하고 집착하는 모든 견을 부지런히 끊으면 곧, 대원각에 들리라.

♣ 청정대원清淨大願을 발하여 서원수행誓願修行하면, 시방의 일체보살이 처음을 알 수 없는 서원과 원력을 따라, 모두 중생구제의 대비원력으로 생사의 삶 속에 들어, 순과 역의 일체행으로 인도하리니, 지금의 수행자와 더불어 말세중생이, 사랑하고 집착하는 모든 견을 부지런히 끊으면, 곧, 본성 대원각에 들리라.

第六 淸淨慧菩薩章
제 6 청 정 혜 보 살 장

※ 각(覺)의 수순과 수순각성 오종성(五種性)을 설한다.

※ 청정혜보살이 지극한 일념으로 청법의식을 갖춘다.

於是 淸淨慧菩薩 在大衆中 卽從座起 頂禮佛足 右
어 시 청 정 혜 보 살 재 대 중 중 즉 종 좌 기 정 례 불 족 우

繞三匝 長跪叉手 而白佛言
요 삼 잡 장 궤 차 수 이 백 불 언

이때에 청정혜보살께서 대중 속에 계시다 곧 자리에서 일어
나 부처님 발에 공손히 이마를 조아려 공경의 예를 올리고 지
극한 존경심으로 받드시어 오른쪽으로 세 번 돌고 두 무릎을
땅에 꿇어 두 손을 모아 부처님께 말씀을 사뢰었다.

大悲世尊
대 비 세 존

대비하옵신 세존이시여!

※ 부사의사 무한 가르침은 보고 들은 바도 없사옵니다.

爲我等輩 廣說如是 不思議事 本所不見 本所不聞
위 아 등 배 광 설 여 시 부 사 의 사 본 소 불 견 본 소 불 문

저희 모두를 위해 널리 이와 같이 부사의사를 설하심은, 본래 본 바도 없고, 본래 들은 바도 없었사옵니다.

♣ 지혜가 원만하여 시방이 원융으로 두루 넘치고, 그 각성광명覺 性光明의 밝음은 일체를 초월하여, 항하사 허공 시방국토 불가사 의 세계 그 어느 누구도 여래의 각성광명세계를 사량할 수가 없사 옵니다. 불가사의하고 불가사의한 심오한 지혜와 그 밝음의 광명 이 시방 어느 곳에도 두루 비치치 않는 곳이 없사옵니다. 원융하여 그 체성體性을 알 수가 없고, 그 지혜 궁극의 깊음은 어느 눈 밝은 생명도 그 다함을 알 길이 없사옵니다. 여래의 대비심이 측량할 수 없고, 그 무한함을 이루 다 일컬을 수가 없사옵니다. 세세생생 무 량겁을 넘나들며 닦으신 지혜와 그 밝음을, 여기에 있는 모든 대중 과 말세 일체중생을 위해 조금도 아낌이나, 숨김이나, 아까움 없 이 그 근본까지 베푸시옵니다. 그 무상대비심無上大悲心으로, 여 기에 있는 우리와 말세 일체중생들이 미혹과 미망의 어두움을 벗 어나, 여래의 각성광명 밝음과 법法의 향기에, 능히 끊지 못하는 미혹을 벗어나고, 얽매어 벗어나지 못하는 생사와 윤회의 굴레를 벗게 되었사옵니다. 저희들과 더불어 말세 일체중생의 지혜의 밝 음과 그 기쁨이 오직, 여래의 각성광명을 드러내시는 대비의 무한 함에 의한 밝음과 기쁨이옵니다. 시방중생을 모두 지혜의 밝음과 기쁨에 젖게 하시는 그 지혜의 밝음과 대비심은, 시방국토 생명세 계 아직 태어나지 않은 말법세상의 중생들에게까지, 그 지혜의 밝

음과 대비심의 공덕이 미치어, 그들의 수행심에도, 여래대비의 가
피력으로, 불지혜佛智慧 감화感化의 기쁨이 흘러넘칠 것이옵니
다. 여래의 지혜광명으로 법열에 젖어 기쁨으로 넘치는 이 공덕은
오직, 여래의 각성광명 지혜의 빛이옵니다. 대비하옵신 세존이시
여! 저희 모두를 위해, 무한한 불가사의 수승한 법의 향기와 심오
하고 미묘한 법을 설하심은, 본래 본 바도 없었고, 본래 들은 바도
없었사옵니다.

※ 미래중생을 위해 법왕의 원만각성을 베풀어 주소서.

我等今者 蒙佛善誘 身心泰然 得大饒益 願爲諸來
아 등 금 자　몽 불 선 유　신 심 태 연　득 대 요 익　원 위 제 래

一切法衆 重宣法王 圓滿覺性
일 체 법 중　중 선 법 왕　원 만 각 성

저희들은 지금 부처님의 지혜로운 이끄심의 가르침으로, 어
둠을 벗어나 심신이 크게 평안하며, 분수에 넘치는 크나큰
이로움을 얻었사옵니다. 원하오니 모든 미래에 일체 법을
구하는 중생들을 위해, 법왕의 원만각성을 거듭 베풀어 주
옵소서.

♣ 저희들은 지금 부처님의 지혜로운 이끄심의 가르침으로, 미혹
과 무명과 생사와 윤회의 어두움을 벗어나 심신이 크게 평안하옵
니다. 저희들로서는 능히 수행지혜가 그곳에 미치지 못하오며, 수
행 또한, 그곳에 이르지 못했으며, 미묘한 수행경계를 상상해 보
지도 않았던 세계인지라, 저희들의 지혜와 수행력으로는 분수에

넘치는 불가사의함이며, 상상을 넘어선 크나큰 이로움을 얻었사
옵니다. 원하오니 모든 미래에 구경究竟을 향해 일체법을 구하는
중생들을 위하시어, 위 없는 무상법왕無上法王 원만각성의 경계
와 그 세계를 거듭 베풀어 주시옵소서.

※ 중생, 보살, 여래가 증한 바 어떤 차별이 있습니까?
一切衆生 及諸菩薩 如來世尊 所證所得 云何差別
일 체 중 생 급 제 보 살 여 래 세 존 소 증 소 득 운 하 차 별

**일체중생과 또, 모든 보살과 여래 세존께옵서 증득한 바며,
얻은 바는 어떤 차별이 있사옵니까?**

※ 말세중생이 깨달음을 열어 점차 능히 들게 하소서.
令末世衆生 聞此聖敎 隨順開悟 漸次能入
영 말 세 중 생 문 차 성 교 수 순 개 오 점 차 능 입

**말세중생으로 하여금 이 성스러운 지혜의 가르침을 듣고, 깨
달음을 열어 수순하여, 점차 능히 들게 하시옵소서.**

♣ 말세중생으로 하여금, 무상법왕無上法王 원만각성의 경계와
그 세계의 성스러운 지혜의 가르침을 듣고, 깨달음을 열어 수순하
여, 점차 능히 그 세계에 들게 하시옵소서.

※ 여시삼청 지극히 간곡한 청법을 올린다.

作是語已 五體投地 如是三請 終而復始
작 시 어 이 오 체 투 지 여 시 삼 청 종 이 부 시

이 말씀을 드리고는, 오체를 땅에 던져 간절히 절을 올리고,
다시 이와 같이 세 번을 반복하며 지극정성 간곡히 부처님의
가르침을 청하였다.

● 청정혜보살께서 중생을 위하고자 하는 그 세심함의 배려는, 삼
세 지혜근기와 정법이 혼란한 말법 일체중생의 정지견 안목과 심
성의 지혜를 밝게 하며, 법法의 기쁨에 젖게 할 것이다.

爾時 世尊 告淸淨慧菩薩言
이 시 세 존 고 청 정 혜 보 살 언

이때 세존께옵서 청정혜보살에게 말씀하시었다.

※ 여래의 점차 차별경계를 물어 청하는구나.

善哉善哉 善男子 汝等 乃能爲諸菩薩 及末世衆生
선 재 선 재 선 남 자 여 등 내 능 위 제 보 살 급 말 세 중 생

請問如來 漸次差別
청 문 여 래 점 차 차 별

착하고 착하도다. 선남자여! 너희들은 능히 모든 보살과 더

불어 말세중생을 위해, 여래의 점차 차별경계를 물어 청하는 구나.

♣ 참으로 착하고 착하구나, 선남자야! 허공 시방十方의 길을 보살의 삶을 살며, 보살의 서원誓願으로 삶의 길을 선택하고, 처음을 알 수 없는 서원과 원력을 따라, 보살심을 항상 잊지 않고 일으켜, 너희들은 능히 여기에 있는 보살과 더불어 말세중생을 위해, 여래의 점차 지혜차별의 경계와 수행차별의 경계를 물어 청하는구나.

※ 청법에 응하여 너희들을 위해 설하리라.

汝今諦聽 當爲汝說
여 금 체 청 당 위 여 설

너희들은 이제 자세히 살피어 들을지니라. 당연히 너희들을 위해 설하리라.

♣ 너희들은 이제 여래의 설함을 따라, 여래의 원각에 드는 점차 차별경계를, 지혜로써 자세히 살피고 잘 사유하며, 지혜의 밝음으로 들을지니라. 당연히 너희의 간곡한 청정서원과 그 염원의 원력을 원만하게 하고, 부족함이 없이 그 서원을 구족하게 하고자, 너희들을 위해 설하리라.

時 清淨慧菩薩 奉敎歡喜 及諸大衆 默然而聽
시 청 정 혜 보 살 봉 교 환 희 급 제 대 중 묵 연 이 청

그때 청정혜보살께서 환희심에 말씀을 받들어 모든 대중과 더불어 묵연히 귀를 기울였다.

● 이 환희심 순수한 맑음의 청정함이, 이 경經의 지혜와 숙세 인연이 있어, 우연히 이 경을 보게 되는 모든 선근인연 심성에, 순수 기쁨이기를 발원합니다.

※ 원각(圓覺)의 성품은 취하고 증할 것도 없다.

善男子 圓覺自性 非性性有 循諸性起 無取無證
선 남 자 원 각 자 성 비 성 성 유 순 제 성 기 무 취 무 증

선남자야, 원각자성의 성품은 성품이 있는 바가 아니니, 윤회하는 모든 성품이 일어나도, 취할 것도 없고 증할 것도 없느니라.

♣ 선남자야, 원각자성의 성품에는 각覺이 장애되는 오종성五種性 차별의 성품이 있는 바가 아님이니, 각覺의 장애로 생멸하고 윤회하는 오성차별五性差別의 성품이 일어나도, 그들이 원각을 구하여 취取할 것도 없고, 또한, 원각의 경계를 증證할 것도 없느니라.

● 원각성은 취取하거나 증證할 것이 아님을 일컬음이다. 상相이 아니기 때문이며, 그 성품이 유위뿐만 아니라, 무위까지 벗어난 것이기 때문이다. 또한, 본래 벗어나지 않은 본연의 성품이기 때문이다.

※ 실상 중에는 보살과 중생이 없다.

於實相中 實無菩薩 及諸衆生 何以故 菩薩衆生 皆
어 실 상 중　실 무 보 살　급 제 중 생　하 이 고　보 살 중 생　개

是幻化 幻化滅故 無取證者
시 환 화　환 화 멸 고　무 취 증 자

실상 속에는 보살과 더불어 모든 중생이 실로 없느니라. 무슨 까닭이냐면 보살과 중생, 모두 이것이 환이며, 환은 적멸한 연고로 취하거나 증할 것이 없느니라.

♣ 실상 청정성품 속에는 보살과 더불어 모든 중생이 실로 없느니라. 무슨 까닭이냐면, 보살과 중생, 모두 이것이 실체 없는 환幻이며, 환幻은 실체가 없고, 무자성 청정적멸인 연고로, 취取할 것도 증證할 것도 없느니라.

● 이 구절은 바로 원각의 경계에서 무유정법無有定法인 상相의 무자성 실상을 드러내 보이심이다. 미망경계의 망환妄幻이 아니라, 상相이 있는 그대로 생멸이 끊어진 불생불멸 공상空相이며, 청정진여진성무자성淸淨眞如眞性無自性인 청황적백대소장단靑黃赤白大小長短 그대로 청정실상무유정법淸淨實相無有定法 청정부

동불이원융성淸淨不動不二圓融性인 생멸 없는 무자성청정부동성無自性淸淨浮動性이다. 미망의 상相인 머무를 수 있고, 집착할 수 있는 유상有相이 아니라, 무자성無自性 환幻인 머무를 수 없고, 집착할 것 없는 실상환實相幻이다. 이는 미망으로 집착하는 유무상심有無相心을 벗어나고, 대승반야대공지혜심大乘般若大空智慧心 무아청정無我淸淨도 벗어버린, 진여진성眞如眞性 원각원융청정불이경계圓覺圓融淸淨不二境界다. 환幻이라 함에도, 미망의 유무 생멸상의 경계와 대승반야의 무아무상無我無相 공무위空無爲의 경계와 일불승一佛乘 원융불이圓融不二의 경계가 있다. 무유정법실상환無有定法實相幻을 깨달으려면, 생멸유무범부상生滅有無凡夫相을 벗어나고, 무아무상대승무위상無我無相大乘無爲相도 벗어나고, 원융일성일통자재시방편재원만성圓融一性一通自在十方遍在圓滿性인 일불승一佛乘의 각성경계에 들어야 한다. 이 구절은 진여실상청정각성眞如實相淸淨覺性인 원각진여진성圓覺眞如眞性 무유정법실상無有定法實相을 드러냄이다. 이 환지幻智 수행이 삼마발제 여환관如幻觀이다. 일체상무자성一切相無自性 실상청정환지實相淸淨幻智에 들어, 상相에 머묾 없는 본심청정자재성本心淸淨自在性에 든다. 상相의 경계가 범凡과 소승과 대승과 일불승을 따라 그 업식과 각력차별에 따라 법구法句의 경계가 달라진다. 이 구절은 망환妄幻이 아니라 상相의 청정자성 실상지혜 각환覺幻을 드러내 보임이다.

※ 성품의 자성은 평등하여 평등도 없다.

譬如眼根 不自見眼 性自平等 無平等者
비 여 안 근　부 자 견 안　성 자 평 등　무 평 등 자

322
第六淸淨慧菩薩章

비유하면 안근과 같아서, 눈이 자신을 보지 못하듯이, 성품의
자성은 평등하여 평등한 것도 없느니라.

♣ 실상의 경계는 비유하면 안근眼根과 같아서, 눈이 자기 눈을
스스로 보지 못하듯이, 성품의 자성 또한, 평등하여 평등한 것도
없느니라.

● 자성평등自性平等은 무자성평등無自性平等이니, 상相의 평등
과는 다르다. 자성평등은 무자성절대성無自性絶對性이니, 자성평
등에는 평등이 없다. 평등이 없는 절대성, 그것이 절대차별 없는
평등을 벗어버린 절대평등이며, 자성평등이다. 그러므로 평등 없
는 평등이며, 일체차별 없는 절대성이다. 그러므로 청황적백대소
장단靑黃赤白大小長短이 그대로 차별 없는 절대평등이다. 평등을
같다고 생각하거나, 다르지 않다고 생각하거나, 같아야만 평등이
라고 생각하는 이것이 상相의 분별심이다. 자성평등에 들면, 청황
적백대소장단 그대로 일체상이 차별 없는 평등이다. 이 성품을 여
如라고 하니, 상심相心에는 같다고 생각하거나, 다를 바가 없다
고 생각하거나, 차별이 없다고 생각하게 된다. 여如는 일체분별과
일체상을 벗어버린 성품을 일컬음이다. 그러므로 여如는 곧, 청정
원융편재불이성淸淨圓融遍在不二性이다. 곧, 원각의 실체성품이
며, 여래如來의 실상實相이다.

※ 중생은 상을 멸하지 못하며, 망업의 차별일 뿐이다.
衆生迷倒 未能除滅 一切幻化 於滅未滅 妄功用中
중 생 미 도   미 능 제 멸   일 체 환 화   어 멸 미 멸   망 공 용 중

便顯差別
변현차별

중생은 미혹으로 전도되어, 능히 일체 환화를 제거하거나 멸하지 못하느니라. 멸한 것은 멸이 아니므로, 망업의 작용 중에는 곧, 차별만 드러나니라.

♣ 중생은 미혹으로 전도顚倒되어, 능히 유무와 생멸의 일체환화 一切幻華를 제거하여 멸하지 못하느니라. 상심상견으로 멸한 것은 멸이 아니니라. 멸할 것이 없는데, 멸하려 함이 망妄이며, 멸할 것이 없는데 멸하여 멸한 상相을 가지면, 이것은 실체가 없는 것을 유무와 생멸로 집착하여, 의식意識의 망식미집妄識迷執이 굳어지고, 망식미집으로 상相이 망집의식妄執意識 속에 굳어져, 상相에 머무르고 상相을 집착하여 생사의 삶을 살 듯, 망식미집 속에, 멸해야 할 상相의 상념을 만들고, 또 그 상相을 멸하여, 멸했다는 망식미집 속에 갇히어, 스스로 멸했다는 상념을 가지며, 망妄의 집을 지어 그 안에서, 미망의 망환妄幻 속에 젖어 있음이니라. 비유하면, 누에가 자기가 자기 몸을 갇히게 하여 애벌레가 되어 그 안에서 머무르듯, 유무의 상심을 벗어나지 못하면, 상相에 머무르거나, 상相을 멸하여 벗어나도, 그 또한, 망妄으로 비롯된 매한가지이니라. 망업妄業의 작용 중에는 망업의 차별상만 드러나니라.

● 망공용중妄功用中 : 망妄은 상견相見이며, 망공妄功은 상相과 유무와 생멸상에 머묾의 업식業識 작용이다. 망공용중은 망식妄識을 굴리는 작용의 세계다.

※ 여래의 적멸수순에는 적멸과 적멸자가 없다.

若得如來 寂滅隨順 實無寂滅 及寂滅者
약 득 여 래 적 멸 수 순 실 무 적 멸 급 적 멸 자

만약 여래의 적멸수순을 얻으면, 실에는 적멸과 더불어 적멸자도 없느니라.

♣ 만약 여래의 청정원융불이불생清淨圓融不二不生 인 적멸수순을 얻으면, 그 성품, 실實에는 적멸도 없고, 더불어 적멸자도 없느니라.

● 적멸寂滅이 있어, 여래가 적멸을 말하는 것이 아니다. 단지, 망妄 없음이 적멸이다. 적멸이란 중생의 미망경계를 수습하고, 수행방편을 세웠을 뿐, 여래의 경계에는 적멸이 없다. 적멸이라 함은 생生과 상相과 대對의 일체 능소가 끊어져 적멸이니 단지, 망식妄識이 없을 뿐이다. 일체 능소식能所識이 없어 원각이니, 원각은 능소 일체망一切妄을 벗어났다. 그러므로 적멸이다.

※ 망념 분별심 욕망을 좇아 오욕을 즐기고 탐착한다.

善男子 一切衆生 從無始來 由妄想我 及愛我者 曾
선 남 자 일 체 중 생 종 무 시 래 유 망 상 아 급 애 아 자 증

不自知 念念生滅 故起憎愛 耽着五欲
부 자 지 염 념 생 멸 고 기 증 애 탐 착 오 욕

선남자야, 일체중생이 처음을 알 수 없는 지금에 이르기까지

좇아, 허망한 상념의 나와 함께하며, 나를 사랑하는 것으로 말미암아 일찍이 자성을 알지 못해, 염념생멸로 미워하고 사랑함을 일으킨 까닭으로, 오욕을 즐기며 탐착하였느니라.

♣ 선남자야, 일체중생이 처음을 알 수 없는 지금에 이르기까지 좇아, 좋아하고 싫어하는 분별심 망상妄想을 나로 알고 함께하며, 좋아하고 싫어하는 분별망상을 나로 알아 집착함으로 말미암아, 일찍이 자기의 실체와 일체상의 자성自性을 알지 못해, 염념 분별심을 따라 생각생각 생멸로 미워하고 사랑함을 일으킨 까닭으로, 몸의 촉각과 감각의 욕망을 따라 오욕을 즐기며 탐착하였느니라.

※ 청정원각을 깨달으면 원각을 구함이 망념임을 안다.

若遇善友 敎令開悟 淨圓覺性 發明起滅 卽知此生
약 우 선 우　교 령 개 오　정 원 각 성　발 명 기 멸　즉 지 차 생

性自勞慮
성 자 노 려

만약 훌륭한 선지식을 만나 가르침을 따라 청정원각성을 깨달아 열면, 일어나고 멸함을 밝게 깨달아 곧, 이것이 생사임을 알아, 원각성품 청정자성 속에 힘들게 노력하고, 어지러이 분별하였음을 아느니라.

♣ 만약 원각을 두루 밝게 깨달은 훌륭한 선지식을 만나, 가르침을 따라 생멸 없고, 무엇에도 물듦 없는 청정원각성을 깨달아 열

면, 원융무애시방편재 부사의 생멸의 환幻이 일어나고 멸하는 무자성 청정진여, 모습 없고 뿌리 없는 환幻인 상相의 청정실상 성품을 밝게 깨달아 곧, 이 부사의 무자성청정실상환無自性淸淨 實相幻에 얽매임이 생사였음을 깨달음으로, 원융편재 원각성품 청정자성 본연성품 속에, 미망의 분별심 망념妄念을 좇아, 부질 없이 힘들게 노력하고, 어지러이 미망의 분별을 하였음을 아느 니라.

● 깨달음을 얻고자, 생사를 벗어나고자, 무명을 벗고자, 사상심 을 벗어나고자, 무진업장을 무르녹이고자 신심信心을 다하고, 수 행지혜와 수행경험이 부족해 수행길을 방황하며, 부단히 노력하 여, 아상과 유무와 사상심을 벗어나 일체청정에 이르러 깨달음을 얻으면, 보리각성菩提覺性은 수행뿐만 아니라, 깨달음까지 아무 런 상관도 없는 것임을 깨닫게 되어, 일체 수행과 깨달음이 부질없 는 미망의 짓이었음을 깨닫게 된다. 깨닫고 나면, 수행하여 미망 을 여의고, 해탈하겠다는 것이, 부질없는 미망의 꿈이며, 꿈속에 환幻이었음을 깨닫게 된다. 그 순간 스스로 미망의 망념을 좇는 환인幻人이었음을 깨닫게 된다. 꿈속의 환영은 꿈을 깨면 벗어날 수가 있다. 그러나 꿈을 깨지 못하면 꿈속의 환幻을 어떻게 할 수 가 없다. 그처럼 아무리 환幻임을 말하고, 공空임을 드러내며, 일 체청정을 설해도, 미망의 망념 사상심 속에 있으면, 사상심을 어 떻게 할 수가 없고, 또한, 벗어날 수가 없다. 그 병病을 제거하는 미망을 여의는 수행에 의지할 수밖엔 없다. 수행과 깨달음의 일체 가 단지, 분별심 망妄을 끊는 환幻의 행위일 뿐이다.

若復有人 勞慮永斷 得法界淨 即彼淨解 爲自障礙
약 부 유 인 노 려 영 단 득 법 계 정 즉 피 정 해 위 자 장 애

故於圓覺 而不自在 此名凡夫 隨順覺性
고 어 원 각 이 부 자 재 차 명 범 부 수 순 각 성

만약 또 사람이 있어, 수행에 힘써 노력하여 분별의 생각과 번뇌를 영원히 끊어 법계청정을 얻었다면 곧, 저 해탈한 청정이 자성을 장애함이니, 그러므로 원각이 자재하지 못하느니라. 이를 이름함이 범부가 수순하는 각성이니라.

♣ 만약 또 사람이 있어, 번뇌와 미망을 끊어 각覺에 들기 위해 수행에 힘쓰고 노력하여, 법계청정을 얻었다면 곧, 저 해탈한 청정은 수행증득한 청정함이니, 원융한 자성을 장애함이니라. 왜냐면, 수행증득하여 청정한 자는 청정상을 가지며, 청정상에 머물기 때문이니라. 그러므로 그 청정으로는 자성자재에 들지 못함으로 자성을 장애하느니라. 이를 이름함이 범부가 수순하는 각성이니라.

● 법계청정法界清淨도 법성法性과 본성本性과 자성自性과 각성覺性의 불이동일법성不二同一法性 청정이 아닌 상견상심相見相心의 청정이 있다. 상심청정은 각성장애의식이다. 이는 아我의 증득과 식識의 맑음과 구하고, 여의며, 성취에 의한 청정이다. 이는 각覺의 미혹인 상견청정相見清淨이다. 이는 이승청정二乘清淨이다. 또한, 이승청정인 상相의 청정을 벗어난 각성장애覺性障礙 대승무위지견大乘無爲智見과 보살지혜상지견菩薩智慧相智見이 있으

니, 이는 각覺의 밝음에 의한 지혜상智慧相이다. 이 또한, 각성을 장애한다.

여래의 본성, 각성보리覺性菩提에 드는 일체수행법이 그 종류는 다양하고 많으나, 이 모든 수행을 두 종류의 갈래 특성으로 나누어 볼 수가 있다. 그 하나는 정법말세에 이루어지고 있는 대부분의 수행 모습인, 아我의 상심상견으로 구하고 얻음의 성취를 향한 법상法相으로 각성보리를 구하고, 성취하며, 깨달으려는 아我와 상견相見에 의지한 증득을 위한 수행이다. 또 하나의 수행은 이 경經의 수행법으로, 구하고 얻는 상심에 의지한 증득을 위한 수행이 아니라, 각覺의 장애를 제거하는 원각수순행이다. 원각수순행은 중생의 일체 무명과 미혹의 원만각성 장애를 제거하는 청정본성수순법이다. 원각수순행은 청정본성수순행이므로 각覺을 증득하거나 성취하려 하지 않고, 각覺의 장애를 제거하는, 본연본성수순행인 본성적정자성수순행 사마타와 본심자재자성수순행 삼마발제와 본각적멸자성수순행 선나의 삼종자성정관三種自性淨觀으로 각覺의 장애를 제거하여, 이종장애二種障礙의 이장理障인 정지견장애正知見障礙를 제거하여 각성원각에 들고, 사장事障인 일체상 장애를 제거하여 생사윤회를 벗게 한다.

상심상견相心相見으로 각성보리를 구하고, 성취하며, 깨달으려는 상견相見에 의지한 증득수행은, 수행근원의식이 각覺을 성취하지 못한 무명과 미혹이 수행 바탕의식이므로 수행으로 각覺을 성취하려 한다. 원각수순행은 무명과 미혹은 본연본성 각성覺性이 장애됨이니, 각覺은 구하거나 성취하려는 것이 아니라, 본래에 갖추어진 본연본성 성품을 수순함으로 각성장애 무명업식을 제거하여 완연한 본성본각에 듦이다.

　깨달음을 이루고, 완연한 각覺을 이루는 일체수행법의 특성, 두 종류의 차별은, 하나는 무명으로부터 각覺을 성취하려 함이다. 이는 중생의 무명심이 수행심의 바탕이며 뿌리다. 또 하나는 무명 없는 본연 원만각성이 수행심의 바탕이며 뿌리다. 두 수행법의 갈래 특성이 하나는 불佛이 아니므로 스스로 무명중생의 상相에 속박되어 각覺과 열반과 불佛을 성취하려는 수행심리에 떨어진다. 본연본성 수순행은 본래 각覺이며, 열반이며, 불佛이므로, 단지, 각覺의 장애업력 아我와 상견相見을 제거하려 하므로, 스스로 각覺과 열반과 불佛을 성취하려는 수행심리에 떨어지지 않는다. 두 수행 특성의 차이는, 수행 근원점에서 수행심과 수행과정과 수행 길을 달리하게 된다. 각覺과 열반과 불佛을 성취하려는 수행자는 스스로 중생임을 인식하고, 법法을 구하고 얻으려는 무명상견 법상에 얽매인다. 그러므로 불佛을 구하고, 중생심을 여의려는, 구함과 여읨의 두 경계, 차별경계에 얽매인 수행심을 가지게 된다. 본래 자신이 각覺이며, 열반이며, 불佛인 수행자는, 단지 스스로 중생이라는 인식을 하지 않으므로, 불佛을 구하는 마음이 없어, 구하고 여읨의 차별경계에 얽매이지 않고, 단지 본래 불성佛性인 각성覺性을 수순할 뿐이다.

　각覺과 열반과 불佛을 성취하려는 수행자는 각覺과 열반과 불佛을 성취하려함이, 그 근원이 스스로 의식화한 수행적 얽매임인 중생과 미혹의 무명견無明見 때문이다. 본래 자신이 각覺이며, 열반이며, 불佛인 수행자는 본래 각覺이며, 열반이며, 불佛이므로, 각覺과 열반과 불佛을 구하려는 사견邪見이 없어, 본연성품을 수순하게 된다. 그러므로 이 두 수행길의 특성은, 중생이기 때문에 중생을 벗어나 불佛을 구하는 자와 불佛이기 때문에 단지, 각覺의 장애를 제거하는 본연성품을 수순함이 다르다. 이 두 수행 특성상, 수행과정에서 수행 바탕인 수행근원의식과 수행심리와 수행관점과 수행방향과 수행정신과 수행견해가 다르다. 각覺과 열반과 불佛을 성취하려는 수행자는, 자신이 각覺과 열반과 불佛이 아니기에 수행견이, 구하고 성취하려는 미망迷妄의 망견妄見, 사견邪見에 빠져 있다. 본래 자신이 각覺이며, 열반이며, 불佛인 수행자는 본래 원만구족하여 구하고 성취할 것이 없어, 수행견이 구하고 성취하려는 미망망견迷妄妄見의 사견邪見이 없어, 각覺의 장애를 제거하는 본연본성 수순행에 든다. 누구든 원각경 수행지혜를 통해 자신의 수행을 돌이켜 면밀히 점검하며, 수행관점과 수행방향과 수행견해를 지혜로 살피고 점검할 필요가 있다. 수행이 중요한 것이 아니라, 수행견해가 중요하며, 수행은 단지, 무명 미혹견을 제거하기 위한 행일 뿐이다. 그러므로 단지 수행함이 중요한 것이 아니라, 모든 수행의 목적이 무명의 장애 없는 각성보리覺性菩提다. 깨달음을 위한 그 수행이 무엇이든, 그 수행은 자신의 무명장애를 벗는 행위일 뿐이다.

※ 2. 보살 미입자(未入者): 견각(見覺)에 머무르며 각(覺)이 자재하지 못하다.

善男子 一切菩薩 見解爲礙 雖斷解礙 猶住見覺 覺
선 남 자 일 체 보 살 견 해 위 애 수 단 해 애 유 주 견 각 각

礙爲礙 而不自在
애 위 애 이 부 자 재

선남자야, 일체보살의 견해가 장애됨은, 비록 장애를 벗어나 끊었다 하여도, 오히려 견각에 머무름이니, 장애라 함은 각의 장애이니 자재함이 아니니라.

♣ 선남자야, 일체보살의 견해가 장애됨은, 비록 장애를 벗어나 끊었다 하여도, 상相을 벗어나고, 머무를 것 없는 청정한 각覺이어도, 그 각覺의 밝음이, 견見의 지혜인 견각見覺에 머무름이니, 장애라 함은 본연 각覺이 장애됨이니, 완연한 자재함에 이르지 못하느니라.

● 견각見覺은 각覺의 지혜다. 각覺은 청정원융의 성품일 뿐, 견見과 지혜가 없다. 두루 밝음의 견見과 각覺의 지혜가 곧, 청정원융 각覺의 자성自性을 장애함이다. 각覺의 장애라함은 본연 청정성품이 장애됨을 일컬음이다. 두루 밝은 견見과 지혜도 육근 식識의 분별이며, 망식妄識이다. 각覺에는 견見과 지혜가 없다.

※ 견각에 머무름이 보살 미입자의 수순각성이다.

此名菩薩 未入地者 隨順覺性
차 명 보 살 미 입 지 자 수 순 각 성

이를 이름함이 보살의 입지에 들지 못한 자의 수순각성이니라.

♣ 견각見覺에 머물러 각覺이 자재하지 못한 이 이름이 보살에 들지 못한 보살미입지자菩薩未入地者의 수순각성隨順覺性이니라.

● 모두 다, 깨달음을 이야기 하고, 여러 경經의 부처님 말씀을 한다. 이 모두가 다, 하나의 달月을 두고 이야기함이다. 달은 하나이나, 보이지 않는 달로부터 초승달과 반달과 완전한 모습인 보름달 만월滿月의 모습을 이야기한다. 또한, 날씨에 따라 달의 모습이 다르니, 날이 흐린 날의 달과 구름에 잠깐 가린 달과 구름 한 점 없는 날의 달의 모습을 이야기한다. 달은 하나라도 달이 보이는 현상은, 달의 운행에 따른 모습과 맑고 흐린 날씨의 상태와 구름이 있고 없는 하늘의 상태에 따라 달의 모습이 천 모습, 만 모습으로 나타나며, 또한, 달을 보는 자者의 눈의 정도나 상태에 따라, 무수한 변화의 달이 있다. 모두가 하나의 달 이야기라도 같을 수가 없다. 수 없는 달의 이야기도 하나인 그 달을 보라고 각각의 달에 대한 이야기가 있을 뿐이다. 어느 것이 달의 완전한 것이냐도 필요없는 분별이다. 달 이야기는 달을 보라고 한 것일 뿐, 어느 달 이야기가 맞는가를 분별하라는 것이 아니다. 어떠한 달 이야기도, 수 없는 달의 모습 중에 하나다. 수 없는 모습의 달 이야기가 달을 보도록 하는 이끎이다. 날씨가 흐려 달을 보지 못했거나, 보름달이어도, 구름이 살짝 가리어 온전한 달을 보지 못했거나, 완전하고 완연한 티 없는 밝은 모습 만월滿月을 보았어도, 그 또한, 분별이다. 자기가 완전하고 완연한 티 없는 밝은 모습 밝은 달이면, 아무리 밝은 모습의 완전한 달을 보았어도 달을 본 이야기가 끊어진다. 각성覺性에는 보이는 달도, 달을 보는 자者도 없다. 보이는 달 속에 자신이 들어갔어도, 달과 자기를 벗어난 것이 아니다. 달 속에 들어가 달이 사라졌어도 달이 사라진 상념想念과 달이 사라진 그곳에 자기가 있다. 이 또한, 자기가 달이 아닌 능소能所가 무너지지 않은 경계의 일이다. 달이 사라지고, 자기 또한, 사라져도, 이 또한, 능소의 경계를 벗지 못함은, 앞의 능소能所의 경계는 아니나, 능각

能覺이 또한, 외각外覺이 되니, 능能이 곧, 소所의 경계가 된다. 자기가 달이면, 불이원융不二圓融이므로 능能도 소所도 없다. 자기가 자기를 분별하고 봄이 곧, 능소가 있음이며, 차별 속에 있음이니, 능소가 사라졌어도, 사라진 그 경계가 곧, 능소상能所相을 벗지 못했음이다. 허공은 허공성虛空性을 볼 수가 없다. 왜냐면, 허공이 허공성이기 때문이며, 허공이 허공성을 본다면, 그것은 허공이 아니다. 빛의 밝음과 빛없음의 어둠과 비어있는 모습 허虛가 없는 허공의 실체를 아는 것은 쉽지 않다. 빛의 밝음이 있어야만 허공을 볼 수가 있다면, 그것은 허공이 아니라 비어있는 유상有相이다. 또한, 빛이 없어 어둠이라 허공을 볼 수가 없다고 하면, 그것은 눈으로 볼 수 있는 허공이라 눈에 보이는 허공은 유상有相이니 빈 것이 아니다. 빈 것은 비어 있기에 밝음으로도 물들일 수 없고, 어둠으로도 물들일 수 없다. 그것은 허공이기에 그런 것이 아니다. 허공은 빈 모습이 아니다. 비어 있는 것 없는 것이 허공성이다. 빈 것을 보았다면 그것은 허공성이 아니다. 허공은 빈 것, 그것이 없기에 비어있는 것이다. 허공을 보았고, 허공을 안다고 하면 그것은 허공성이 아니다. 본 것은 허공의 모습, 실체 허공성이 아니라 곧, 유상有相이다. 허공의 모습인 허공성을 보지 못하고서 허공을 보았다고 한다. 만약, 보았고, 알고 있고, 지금도 보고 있다고 하면 그것은 허공이 아니라 분별심, 상相의 상념想念 유상有相이다. 헤아림의 허공은 이러한 모습임을 헤아리어 분별한 분별상分別相이다. 허공성을 모르면 허공을 모른다. 허공은 눈으로도, 촉각으로도 느낄 수가 없다. 느끼는 허공은 허공성이 아니라 색色인 물物이다. 즉, 상相이다. 이것을 벗으나려면 허공성虛空性을 깨달아야 한다. 허공성을 깨달으면 상심상견으로는 알 수가 없다. 왜냐면, 상相의 마음은 상相을 헤아리고 분별하며, 상相

을 일으키며, 모든 것을 상相의 분별심으로 이해하려고 하기 때문이다. 만약, 허공성을 깨달아 알아도, 그것이 허공성이 아니다. 허공성은 깨닫고 아는 분별, 그곳에는 허공이 없다. 일체 분별은 곧, 유有며, 상相이다. 유有와 상相은 분별심인 사상심이며, 이는 무명이며, 미혹이다. 즉, 상相의 상념이다. 이를 일러 미망迷妄이라 한다. 미망 즉, 상심상견相心相見이다.

※ 비침도 각도 있으면 장애다. 비침과 내가 적멸이다.

善男子 有照有覺 俱名障礙 是故菩薩 常覺不住 照
선 남 자 유 조 유 각 구 명 장 애 시 고 보 살 상 각 부 주 조

與照者 同時寂滅
여 조 자 동 시 적 멸

선남자야, 비침도 있고 각도 있으면 모두 일컬어 장애이니라. 이런 까닭으로 보살은 항상 각에 머무르지 않으므로, 비침이나 비치는 자가 동시에 적멸하니라.

♣ 선남자야, 각覺이 일체상을 비치고, 또한, 일체상이 비치는 각覺이 있으면, 모두 일컬어 장애이니라. 이런 까닭으로 보살은 머무를 각覺의 실체가 없어, 항상 각覺에 머무르지 않으며, 비치는 일체상이나, 비치는 자가 동시에 끊어져, 능소 일체상과 경계가 없어, 적멸이니라.

● 불이원융청정적멸성不二圓融淸淨寂滅性에는 각覺에 비치는 상相과 상相을 비치는 각覺이 없음을 일컬음이다. 위의 구절을 거

울에 비유하면, 일체상이 거울에 비치며, 일체상을 비치는 거울도 있으면, 능소能所와 내외內外가 있음이니 모두 일컬어 장애다. 이런 까닭으로 불이청정각명不二淸淨覺明의 보살은 각상覺相과 각견覺見을 벗어났으며, 그러므로 청정원각상淸淨圓覺相과 청정원각견淸淨圓覺見을 벗어나, 비치는 일체상과 일체상을 비치는 자者가 동시에 끊어져 불이원융시방적멸청정원만不二圓融十方寂滅淸淨圓滿이다. 적멸寂滅은 능소일체能所一切 상相과 경계와 식識과 증證과 각覺이 끊어져 적멸이라 한다.

※ 장애가 자기이니 장애를 멸하면 자기가 없다.

譬如有人 自斷其首 首已斷故 無能斷者 則以礙心
비 여 유 인　자 단 기 수　수 이 단 고　무 능 단 자　즉 이 애 심

自滅諸礙 礙已斷滅 無滅礙者
자 멸 제 애　애 이 단 멸　무 멸 애 자

비유하여 사람이 있어, 자기의 머리를 끊으면 머리는 이미 끊어진 연고로, 능히 끊은 자가 없음과 같으니라. 곧, 장애의 마음이, 모든 장애를 멸함이 자기이니, 장애를 이미 멸하여 끊었다면, 장애를 멸한 자가 없느니라.

♣ 비유하여 사람이 있어, 자기의 머리를 끊으면, 보고 알며, 분별하고 사유하는 자者의 머리는 이미 끊어진 연고로, 능히 머리를 끊은 자기가 없음과 같으니라. 곧, 장애를 일으켜 장애 받는 그 마음이, 모든 장애를 끊음이 곧, 자기를 끊음이니, 장애를 이미 멸滅하여 다하였다면, 장애를 멸滅한 자기가 없느니라.

修多羅敎 如標月指 若復見月 了知所標 畢竟非月
수 다 라 교　여 표 월 지　약 부 견 월　요 지 소 표　필 경 비 월

一切如來 種種言說 開示菩薩 亦復如是 此名菩薩
일 체 여 래　종 종 언 설　개 시 보 살　역 부 여 시　차 명 보 살

已入地者 隨順覺性
이 입 지 자　수 순 각 성

모든 경의 가르침은 달을 가리키는 손가락과 같음이니, 만약 다시 달을 보았다면, 가리키는 손가락은 필경 달이 아님을 명확히 깨달아야 하느니라. 일체 여래의 가지가지 언설로 보살에게 드러내고 열어보임은 역시 또한, 이와 같으니라. 이를 이름함이 이미 보살지에 든 자의 수순각성이니라.

♣ 불지혜佛智慧의 모든 가르침인 경經은 유무와 자타와 고락苦樂과 생멸과 사상심 미혹과 미망의 분별심인 일체상과 일체견一切見에 걸림 없는 두루 밝게 비추는 원융무애 각명覺明인 밝고 밝은 심월각명心月覺明을 가리키는 표시인 손가락과 같음이니, 만약 손가락의 가리킴을 따라 달을 보았다면, 가리키는 손가락은 달이 아님을 명확하게 깨달아야 하느니라. 미망 속에 달의 밝음을 알지 못해, 일체여래의 가지가지 언설로 무명중생과 보살에게 달의 밝은 지혜를 드러내고, 달의 밝음을 열어 보임은, 또한, 달을 보도록 하고, 깨닫게 하는 손가락과 같음이니라. 이미 달을 보았다면, 하나의 달을 가리키는, 모든 방향의 손가락을 벗어났느니라. 모든 손가락을 벗어나 이미 달인 자는, 가리키는 손가락과 달과 자기가 사라져, 가리키는 손가락도 벗어났고, 도달해야 할 달도 벗어났

고, 달에 도달한 자기도 없어, 능소가 이미 끊어져 불이청정不二淸
淨이며, 스스로 밝아 원융하여 시방 두루 밝으므로 시방원융무애
편재원만각명十方圓融無礙遍在圓滿覺明이니라. 능소가 없어 불이
각不二覺이므로 원융편재각이라 하며, 두루 밝아 시방에 걸림 없
어, 원각이라 하느니라. 이에 이른 자를 이름하여 보살지에 든 자
者의 수순각성이니라.

※ 4. 여래수순각성: 일체장애가 해탈이며 열반이다.
善男子 一切障礙 卽究竟覺 得念失念 無非解脫 成
선 남 자 일 체 장 애 즉 구 경 각 득 념 실 념 무 비 해 탈 성

法破法 皆名涅槃
법 파 법 개 명 열 반

**선남자야, 일체 장애가 즉, 구경각이니, 얻음의 생각과 여읨
의 생각이 해탈 아님이 없느니라. 성취하는 법과 파괴하는 법
이 모두 이름이 열반이니라.**

♣ 선남자야, 일체장애의 번뇌가 즉, 그대로 구경究竟의 각覺이
며, 성취하고 얻으려는 미혹의 생각과 생사와 윤회를 멸하려는 여
읨의 생각이 그대로 해탈 아님이 없느니라. 성취하는 법과 파괴하
려는 법이 모두 이름이 열반이니라.

● 여래如來의 원융각圓融覺이다.

※ 미혹이 반야며, 외도가 보리며, 무명이 진여다.

智慧愚癡 通爲般若 菩薩外道 所成就法 同是菩提
지혜우치 통위반야 보살외도 소성취법 동시보리

無明眞如 無異境界
무명진여 무이경계

지혜와 우치가 걸림 없는 반야며, 보살과 외도가 법을 이루어 성취한 매한가지인 보리며, 무명과 진여가 다름없는 경계이니라.

♣ 지혜와 어리석음이, 일체상을 벗어버린 차별 없고 걸림 없는 청정한 반야며, 보살과 외도가 각覺을 이루어 성취한 매한가지 그대로 각성 보리며, 무명과 진여가 다름없는 각覺의 청정실상 경계이니라.

● 반야의 씨가 있고 싹이 돋아 지혜가 자라나서 밝은 반야가 되는 것도 아니며, 보살과 외도가 각覺을 벗어나 있는 것도 아니며, 무명과 진여가 둘이 아니다. 일체차별과 같음과 다름은 분별심의 경계다. 실상진여와 각성을 벗어나면, 단멸이라 색色이든, 심心이든, 일물一物도 존재할 수가 없다. 모름이 미망이며, 앎이 망념이며, 헤아리고 분별함이 차별일 뿐, 일체가 청정성품 아니면 존재할 수가 없고, 일체가 각覺이 아니면 분별할 수가 없다. 꿈에서 깨어나도, 몽환夢幻만이 사라졌을 뿐, 꿈꾼 자는 꿈 없는 그대로고, 일체상 그것이 각覺이다. 분별할 상相이 없으면 이름할 나와 대상이 끊어진다. 무엇이든 있다고 생각함이, 그 처음을 알 수 없는 숙세宿世의 묵은 습習 망념이며, 무엇이든 있어야만 알 수 있

음이, 묵은 세월에 상相를 벗어나지 못한, 무명장애無明障礙의 습
習이다.

※ 삼독이 범행이며 모든 중생국토와 지옥도 정토다.

諸戒定慧 及淫怒癡 俱是梵行 衆生國土 同一法性
제 계 정 혜　급 음 노 치　구 시 범 행　중 생 국 토　동 일 법 성

地獄天宮 皆爲淨土
지 옥 천 궁　개 위 정 토

모든 계정혜와 음란함과 성냄과 어리석음 이것이 모두 범행
이며, 중생국토도 동일법성이니, 지옥 천궁 모두가 정토이
니라.

♣ 모든 계정혜와 음란함과 성냄과 어리석음 이것이 모두 청정을
벗어남이 없는 범행梵行이며, 중생국토가 각覺과 동일법성同一法
性이니, 지옥과 천궁이 그대로 각성정토覺性淨土이니라.

※ 여래수순각성은 일체가 각이며 동일법성이다.

有性無性 齊成佛道 一切煩惱 畢竟解脫 法界海慧
유 성 무 성　제 성 불 도　일 체 번 뇌　필 경 해 탈　법 계 해 혜

照了諸相 猶如虛空 此名如來 隨順覺性
조 료 제 상　유 여 허 공　차 명 여 래　수 순 각 성

각성이 있거나 각성이 없거나 차별 없이 완연한 불을 이루었

으며, 일체번뇌가 필경해탈이며, 법계해의 지혜로 모든 상을 명료히 비춤이, 다만 비어 공한 청정각성이 같으니라. 이를 이름함이 여래 수순각성이니라.

♣ 밝은 각성이 있거나, 미혹하여 각성이 없거나, 평등하여 차별 없는 완연한 청정각 불佛을 이루었으며, 일체번뇌가 그대로 일체를 벗어버린 필경해탈이며, 각성대해覺性大海의 법계지혜로 모든 상相을 명료히 밝게 비춤이, 다만 성품이 청정히 비어 공空한 청정각성이 같으니라. 이를 이름함이 여래청정각 수순각성이니라.

※ 망념을 일으켜 쉬려거나 멸하려 하지 않아야 한다.

善男子 但諸菩薩 及末世衆生 居一切時 不起妄念
선 남 자 단 제 보 살 급 말 세 중 생 거 일 체 시 불 기 망 념

於諸妄心 亦不息滅
어 제 망 심 역 불 식 멸

선남자야, 단지, 모든 보살과 더불어 말세중생이 살면서, 어느 때나 망념을 일으키지 않아, 모든 망심을 또한, 쉬려거나, 멸하려 하지 않아야 하느니라.

♣ 선남자야, 단지, 모든 보살과 더불어 말세중생이 살면서, 어느 때나 각覺을 수순함으로 망념妄念을 일으키지 않아, 각覺을 수순하지 않으므로 일으킨 모든 망심妄心을 쉬려하거나, 멸滅하려 하지 않아야 하느니라.

※ 더 깨달을 것 없으니 실상을 분별하지 않아야 한다.

住妄想境 不加了知 於無了知 不辨眞實
주 망 상 경 불 가 료 지 어 무 료 지 불 변 진 실

망상경계에 머물러, 깨닫고 앎을 더하려 하지 말고, 깨닫고 알 것이 없으니, 참되고 실다움을 분별하지 않아야 하느니라.

♣ 일으킨 분별 망상경계에 머물러, 망상 없는 각覺을 깨달으려 하고, 앎을 더하려 하지 말고, 망상 없는 각覺은 깨닫거나 앎을 더하여 알 것이 없으니, 일체상이 각覺의 청정진여며, 청정무자성실상이니, 실다운 청정법성실상 부사의 각성세계를 분별하고 헤아리며, 판단하지 말아야 하느니라. 각覺을 수순하지 아니하고, 각覺이 장애된 망妄의 헤아림인 그러한 분별로는 각覺을 알 수 없고, 깨달을 수 없고, 각覺에 들 수가 없을 뿐 아니라, 또한, 각성실상계 법성실상청정진여 일체상을 깨달아 알 수가 없느니라.

※ 5, 신해수지 수순각성: 이 법문을 수순함이다.

彼諸衆生 聞是法門 信解受持 不生驚畏 是則名爲
피 제 중 생 문 시 법 문 신 해 수 지 불 생 경 외 시 즉 명 위

隨順覺性
수 순 각 성

저 모든 중생이 이 법문을 듣고 신해수지하면, 놀라거나 두려움이 일어나지 않으니, 이를 곧, 이름하여 각성을 수순함이니라.

♣ 저 모든 중생이 이 각성법문覺性法門을 듣고, 단지, 결정신決定信으로 각覺이 그러함을 알아, 그대로 받아 수용하면, 놀라거나, 두려움이 일어나지 않음이니, 이를 곧, 이름하여 신해수지信解受持 수순각성 隨順覺性이니라.

※ 신해수지 수순각성은 이미 무량불에 공덕을 심었다.

善男子 汝等當知 如是衆生 已曾供養 百千萬億 恒
선 남 자　여 등 당 지　여 시 중 생　이 증 공 양　백 천 만 억　항

河沙諸佛 及大菩薩 植衆德本
하 사 제 불　급 대 보 살　식 중 덕 본

선남자야, 너희들은 당연히 알지니라. 이와 같은 중생은, 이미 백천만억 항하사 제불과 더불어 대보살들을 벌써 받들어 자성공양으로 수없는 본성 지혜의 공덕을 심었느니라.

♣ 선남자야, 너희들은 당연히 알지니라. 각성법문을 듣고 결정신에 들어 바로 신해수지로 각성을 수순하는 자는, 이미 백천만억 항하사 제불諸佛과 대보살들을 벌써 받들어 심신을 기르고 선근을 쌓으며, 자성의 법공양으로 각성覺性의 수 없는 본성 지혜의 공덕을 심었느니라.

※ 각성을 신해수지함이 일체종지의 성취다.

佛說是人 名爲成就 一切種智
불 설 시 인　명 위 성 취　일 체 종 지

불이 이 사람을 일컬어, 일체종지를 성취하였다 하느니라.

♣ 불佛이 이 사람을 일컬어, 일체를 밝게 아는 일체종지一切種智를 성취하였다고 하느니라.

爾時 世尊 欲重宣此義 而說偈言
이 시 세 존 욕 중 선 차 의 이 설 게 언

이때 세존께옵서 이 뜻을 거듭 널리 펴시고자 게송으로 말씀하시었다.

清淨慧當知
청 정 혜 당 지

청정혜보살이여! 그대는 당연히 알지니라.

※ 원만각성에는 취함도 증함도 보살도 중생도 없다.
圓滿菩提性 無取亦無證 無菩薩衆生
원 만 보 리 성 무 취 역 무 증 무 보 살 중 생

원만보리의 성품에는 취함도 없고, 또한, 증함도 없고, 보살과 중생이 없느니라.

♣ 자성청정 성품평등인 원만각성 보리성품에는, 미迷와 망妄이

든, 상相과 해탈이든 또한, 지혜와 열반이든, 각覺과 청정이든 취取함도 없고 증證함도 없으며, 보살과 중생도 없느니라. 무엇하나 취取할 것이 있거나, 취取함이 있으면 각覺이 아니며, 무엇하나 증證할 것이 있거나, 증證함이 있으면 그것은 각覺이 아니니라. 그러므로 각覺을 증득하거나, 상심상견으로 분별하거나 헤아리거나, 법상견法相見으로 구하거나, 성취하였어도, 미혹만 거듭 더한 것일 뿐이니라.

※ 각을 몰라 중생은 해탈을 원하고 보살은 각에 머문다.

覺與未覺時 漸次有差別 衆生爲解礙 菩薩未離覺
각 여 미 각 시 점 차 유 차 별 중 생 위 해 애 보 살 미 리 각

각을 깨닫지 못할 시에 더불어 점차의 차별이 있으며, 중생은 장애를 벗고자 하며, 보살은 각을 벗어나지 못하느니라.

♣ 각覺을 깨닫지 못할 시에 차별 속에 있으므로, 더불어 여읠 것과 구할 것이 있어, 점차의 차별이 있으며, 중생은 일체 차별경계 장애 속에, 장애를 벗고자 해탈을 원하며, 보살은 깨달은 각覺의 지혜를 벗어나지 못하느니라.

※ 적멸이면 대각이 구족원만하여 이름이 편재수순이다.

入地永寂滅 不住一切相 大覺悉圓滿 名爲遍隨順
입 지 영 적 멸 부 주 일 체 상 대 각 실 원 만 명 위 편 수 순

영원한 적멸지에 들어 일체상에 머물지 않으면 대각이 구족 원만하여, 이름하여 편재수순이니라.

♣ 두루 비치는 각覺과 비치는 자者가 끊어져, 각覺의 능소能所가 끊어지고, 영원한 적멸지寂滅地에 들어, 일체상이 끊어진 각성 실상이 시방편재청정원만원융각성十方遍在淸淨圓滿圓融覺性 대각 실원만大覺悉圓滿이므로, 이름하여 각성편재수순覺性遍在隨順이 니라.

● **입지영적멸入地永寂滅** : 영원한 적멸지에 듦이다. 영원한 적멸 지는 일체상과 견見이 적멸한 시종始終 없는 본연본성의 성품 이다.
● **대각실원만大覺悉圓滿** : 각성성품이다. 대각大覺은 원융원만각 圓融圓滿覺이다. 대각大覺의 대大는 크고 작음의 분별을 벗어버 린 원융을 일컬으니, 시방구족편재성十方具足遍在性이다. 그러므 로 대각大覺은 곧, 시방편재청정원융각十方遍在淸淨圓融覺이다. 실悉은 구족具足함이다. 원만圓滿은 두루 가득하여 부족함이 없 음이다. 대각실원만은 원융불이시방편재구족원만청정각성圓融不 二十方遍在具足圓滿淸淨覺性이다. 이것이 편遍이며, 대각실원만을 수순함이 편수순遍隨順이다.

※ 상 분별심이 없으면 현세에 보살이다.
末世諸衆生 心不生虛妄 佛說如是人 現世卽菩薩
말 세 제 중 생   심 불 생 허 망   불 설 여 시 인   현 세 즉 보 살

말세 모든 중생이 마음에 허망함이 일어나지 않으면, 불은 이와 같은 사람을 일컬어, 현 세상에 곧, 보살이라 하느니라.

● 보살은 세상과 우주와 둘이 아닌 지혜자다. 차별심은 분리심分離心이니, 중생은 차별에 떨어져, 삼라만상 천지만물 중에 오직 자기 혼자다. 보이는 것, 들리는 것 일체가 다 객客이다. 차별심 그것이 중생심 집착이다. 보살의 자비심은 자타自他 없는 차별 없는 마음, 동체대비심同體大悲心에서 발현한다. 그러므로 보살 대비심에는 대對가 없다. 청정혜보살이 말세중생을 염려한 간곡한 청법 은혜로, 말세중생 미혹의 가슴에 여래의 각성법문 감로甘露에 젖는다.

※ 일체불 일체수행 방편이 모두 원각수순법이다.

供養恒沙佛 功德已圓滿 雖有多方便 皆名隨順智
공 양 항 사 불　공 덕 이 원 만　수 유 다 방 편　개 명 수 순 지

자성공양으로 항하사 불의 공덕이 이미 원만하여, 그 비록 수 많은 방편이 있어도, 모두 이름이 원각수순지니라.

♣ 항하사 일체불이 본연공능本然功能 자성공양自性供養으로, 본기청정인지법행本起淸淨因地法行 자성공덕自性功德이 이미 원만하여 불佛을 이루어, 비록 그 방편행이 무량무수이어도, 모두 그 수습修習의 이름이 원각수순지圓覺隨順智이니라.

● 청정혜보살께서 청법한 내용에, 여래께서 마무리를 지으시며 이르시기를, 항하사 무량일체불無量一切佛이 불佛을 이룬 여래인

지법행如來因地法行인 본기청정인지법행, 청정본성수순 자성공양 自性供養으로, 이미 자성공능원만自性功能圓滿의 불佛을 성취하여, 비록 항하사 제불의 무량방편이 무량무수이어도 그 이름이 청정본성지淸淨本性智인 원각수순행임을 일컬음이다. 이는 일체제불의 무량 수행방편이 곧, 모두 이 원각수순 방편행임을 일깨우심이다. 왜 그러냐면, 본연본성을 수순하여 본성장애를 제거하는 수행길 외는, 성불成佛의 법法과 도道와 행行이 없기 때문이다. 그것은 본성장애 없음이 불佛이며, 중생의 무명과 미혹이 곧, 본연본성 장애 때문이다. 본연본성의 성품 수순행만이 오직, 본연성품에 들며, 본연의 원만성품인 불佛을 이루는 유일한 법法과 도道와 행行이기 때문이다. 어떤 수행으로 깨달음에 들어 각覺에 이르면, 그 각覺은 본연본성의 성품이며, 그 각력覺力으로 누구나 본연본성수순행인 원각수순행에 들게 된다. 그러므로 어떤 차별의 수행이어도, 일체수행 궁극의 깨달음은 본연의 한 성품에 듦으로, 모든 수행의 궁극은 본연본성 자성수순의 일도일행一道一行를 벗어나지 않는다. 단지 모든 수행이 차별이 있어도 그 수행의 궁극은 본성으로 돌아가며, 모든 수행은 본연본성을 수순하기 위한 중생의 차별성품 섭수의 방편일 뿐이다. 일체 모든 수행이 차별이 있어도, 그 수행의 궁극은 본연본성의 자성수순으로 귀일歸一한다. 시방법계 과거, 현재, 미래의 일체천겁불一切千劫佛도 본성성품을 수순하여 불佛을 이루며, 일체제불一切諸佛의 지혜와 행이 본성성품의 지혜와 행이다. 본성성품을 벗어나면, 중생도 불佛도 일체가 끊어지며, 성불의 길도 도道도 없다. 일체수행은 본연본성 장애를 제거하는 법法과 도道와 행行일 뿐이다. 삼세불三世佛의 일체 방편수행은 단지, 본연본성으로 돌아가는 일도一道인, 중생근기와 지혜차별을 섭수한 수행일 뿐이다. 일체불一切佛의 일체수행은 본성수순 귀일법歸一法이다. 원각경에는 본연본성수순행 삼종자성 적정본성사마타, 자재본심삼마발제, 적멸본각선나 수행을 구체화하여, 수행자의 지혜에 따라 수용하고 섭수하도록 이루어져 있다. 일체수행법이 각각 특성이 있고, 차별이 있어도, 그 특성과 차별은 수행자의 지혜근기에 의한 차별일 뿐, 본연본성의 장애를 제거하며, 본연본성이 차별 없는 한 성품에 이르는 하나의 과정임은 다를 바가 없다. 수행에 우열이 있는 것이 아니다. 단지 그 수행을 수용하는 수행자의 각성근기와 지혜의 차별일 뿐이다. 산산 골짝마다 산새가 다르고, 흐르는 계곡의 모양과 물줄기가 달라도, 흘러흘러 끝내 바다에 이르면, 흘러온 그간의 일체차별의 시비가 끊어진다. 왜냐면 여래대적멸해如來大寂滅海 본연본성에 들면, 그간의 일체 형형색색 차별수행과 깨달음까지, 본연본성에 이르는 단지, 수단과 방편행이었음을 깨닫기 때문이다. 본연본성은 일체차별세계를 벗어났다. 옳고 그름과 바르고 삿됨은 본성을 벗어난 분별의 세계일 뿐, 분별을 벗어나면 그름과 삿됨 뿐아니라, 옳음과 바름도 부질없는 미망의 망념 분별임을 깨닫게 된다. 수행은 미망의 망념을 벗기 위함이니, 본연본성에 들면, 일체 티끌의 분별과 망념이 있을 수가 없다. 중생도, 불佛도, 일체선법一切善法도 본연본성을 따라 출현하였으니, 본연본성을 벗어나면 중생도, 불佛도, 일체선법도 단멸하여 끊어진다. 일체제불一切諸佛의 방편수행이 본성수순의 유일법唯一法이며, 본연본성 귀일법歸一法이다.

第七 威德自在菩薩章
제 7 위 덕 자 재 보 살 장

※ 사마타 삼마발제 선나 삼종수행과 수행경계를 설한다.

※ 위덕자재보살이 지극한 일념으로 청법의식을 갖춘다.

於是 威德自在菩薩 在大衆中 卽從座起 頂禮佛足
어시 위덕자재보살 재대중중 즉종좌기 정례불족

右繞三匝 長跪叉手 而白佛言
우요삼잡 장궤차수 이백불언

이때에 위덕자재보살께서 대중 속에 계시다 곧 자리에서 일
어나 부처님 발에 공손히 이마를 조아려 공경의 예를 올리고
지극한 존경심으로 받드시어 오른쪽으로 세 번 돌고 두 무릎
을 땅에 꿇어 두 손을 모아 부처님께 말씀을 사뢰었다.

大悲世尊
대 비 세 존

대비하옵신 세존이시여!

※ 각심광명 불의 원음으로 훌륭한 이로움을 얻었사옵니다.

廣爲我等 分別如是隨順覺性 令諸菩薩 覺心光明
광 위 아 등 분 별 여 시 수 순 각 성 영 제 보 살 각 심 광 명

承佛圓音 不因修習 而得善利
승 불 원 음 불 인 수 습 이 득 선 리

널리 저희들을 위하시고자 각성수순을 이와 같이 분별하시어, 모든 보살로 하여금 각심광명으로 이끄시는 불의 원음으로, 수행에 의하지 아니하고 훌륭한 이로움을 얻었사옵니다.

♣ 무한한 대비심으로 저희들을 생각하여 널리 살피어 위하시고자, 각성수순을 이와 같이 분별하시어, 모든 보살로 하여금 각覺의 대해大海 각심광명覺心光明으로 이끄시는 불佛의 원음圓音은, 일체장애를 초월한 원융으로, 일체상에 걸림 없고, 일체견에도 걸림 없으며, 일체지혜에도 걸림 없고, 일체증과—切證果에도 걸림이 없으며, 일체해탈에도 걸림 없고, 일체 깨달음과 선정과 삼매와 열반과 바라밀에도 걸림 없어 부사의하고 불가사의하여, 어떤 지혜와 어떤 해탈로도 사의思議할 수 없는 불가사의옵니다. 저희들의 지혜와 수행력으로는 감당할 수 없는 무한초월 각성광명의 세계를 수행으로 닦고 익히지 아니하고, 불가사의한 여래각성광명공능如來覺性光明功能의 이로움을 얻었사옵니다.

● **불원음**佛圓音: 불이원융법음不二圓融法音이니 불이설법不二說法이다. 이는 불이원융청정각성광명설不二圓融淸淨覺性光明說이며, 청정각성원각설淸淨覺性圓覺說이다. 이는 대방광원각설大方廣圓覺說이다.

※ 불세계 장엄한 보리 성취도 한 방편만이 아니옵니다.

世尊 譬如大城 外有四門 隨方來者 非止一路 一切
세존 비여대성 외유사문 수방래자 비지일노 일체

菩薩 莊嚴佛國 及成菩提 非一方便
보살 장엄불국 급성보리 비일방편

세존이시여! 비유하여 큰 성에 밖으로 통하는 네 개의 문이 있어, 네 문의 방향을 따라 오는 자가 한 길에만 그치지 않음과 같이, 일체보살이 불세계를 장엄하며, 보리를 이루는 것도 한 방편만이 아닐 것이옵니다.

♣ 세존이시여! 비유하여, 큰 성城에 밖으로 통하는 동서남북 네 개의 문이 있다면, 자기가 머물거나, 사는 곳과 멀고 가까움을 따라 성城안에 들어오려는 자者들이, 오직 한 길만을 선택하지는 않을 것이옵니다. 일체보살이 불세계를 장엄하는 원만각성을 성취하는 것도, 그와 같이 다만, 한 방편만은 아닐 것이옵니다.

※ 일체방편점차와 수행 모든 근기와 종류를 설해주옵소서.

唯願世尊 廣爲我等 宣說一切 方便漸次 幷修行人
유원세존 광위아등 선설일체 방편점차 병수행인

總有幾種
총유기종

오직 원하오니, 세존이시여! 널리 저희들을 위하여, 일체 방편점차와 아울러 수행인의 모든 근기와 종류를 설하시어 베풀어 주옵소서.

♣ 오직 원하오니, 세존이시여! 저희들과 말세중생 심성의 근기와 지혜의 경계를 두루 살피시어, 설說하심의 경계를 두지 마옵시고, 널리 저희들을 위하시어, 차별경계에 머물러 있는 저희들과 말세 일체중생을 염려하시어 일체방편의 점차와 아울러 수행인의 모든 근기와 그 종류를 설하시어 베풀어 주옵소서.

※ 여래의 대적멸해 법락에 젖게 하소서.

令此會菩薩 及末世衆生 求大乘者 速得開悟 遊戲
영 차 회 보 살　 급 말 세 중 생　 구 대 승 자　 속 득 개 오　 유 희

如來 大寂滅海
여 래　 대 적 멸 해

이 법회에 모인 보살과 더불어 말세중생이 대승을 구하는 자로 하여금 속히 깨달음을 열어 얻게 하시며, 여래의 대적멸해 법락에 젖게 해주옵소서.

♣ 이 법회에 모인 모든 보살과 더불어 말세중생이, 상相을 벗어나 대승의 지혜를 얻고자, 대승을 구하는 자들이 속히 깨달음을 열어, 여래의 일체초월성품 시방원융각성대적멸해十方圓融覺性大寂滅海 수승한 법락에 젖게 해주옵소서.

※ 여시삼청 지극히 간곡한 청법을 올린다.

作是語已 五體投地 如是三請 終而復始
작 시 어 이　 오 체 투 지　 여 시 삼 청　 종 이 부 시

이 말씀을 드리고는, 오체를 땅에 던져 간절히 절을 올리고, 다시 이와 같이 세 번을 반복하며, 지극정성 간곡히 부처님의 가르침을 청하였다.

● 누구를 생각하기에, 자신의 머리와 몸뚱어리를 땅에 던지며, 그토록 두 눈빛에 서린 서원誓願의 간절함이며, 일체생명 해탈의 기회를 놓칠 수 없어 간곡해야만 했던, 법의 세계, 어느 한 수행자의 자애慈愛와 비심悲心이 어리어 간곡한 원력청법 간절한 그 마음 인연으로, 까마득히 세월이 흐른 지금, 여래 없는 세상, 정법말세의 미혹 심성을 지혜감로智慧甘露에 젖게 한다.

爾時 世尊 告威德自在菩薩言
이 시 세 존 고 위 덕 자 재 보 살 언

이때 세존께옵서 위덕자재보살에게 말씀하시었다.

※ 선남자야 말세중생을 위해 여래에게 방편을 묻는구나.
善哉善哉 善男子 汝等 乃能爲諸菩薩 及末世衆生
선 재 선 재 선 남 자 여 등 내 능 위 제 보 살 급 말 세 중 생
問於如來 如是方便
문 어 여 래 여 시 방 편

착하고 착하도다. 선남자여! 너희들은 능히 모든 보살과 더불어 말세중생을 위하여, 여래에게 이와 같이 방편을 묻는구나.

♣ 참으로 착하고 착하구나. 청정시공淸淨時空 속에 처음을 알 수 없는 보살서원 일념원력一念願力을 위해 발원하고 발원하며, 그 보살길에 외로운 길도 있었고, 고난의 길도 있었고, 지옥을 헤매는 영혼의 아픔도 있었고, 역순逆順의 경계에서 세상의 허물을 뒤집어쓰고, 그 아픔과 고독을 혼자 삼키는 외로움도 있었고, 불길에 생명이 사라지는 것을 알면서, 몸과 마음을 그 불길에 던져야 했던 그 아픔이 있었어도, 중생 빛 어둠에 물듦 없이, 그 원력의 길을 따라 지금에 이르렀어도, 두 눈빛에는 청정일념 서원의 원력 빛 속에, 물듦 없고 티끌 없는 간절한 마음으로, 부처님의 발에 머리를 조아리며 정례불족頂禮佛足하고, 법계法界의 밝은 거울이며, 우주의 중심中心인 여래如來의 광명光明을 따라 세 번을 돌며 우요삼잡하고, 두 무릎을 땅에 꿇어 두 손을 모아 장궤차수하며, 여시심청如是三請 간곡히, 몸과 마음을 잊어버린 일념원력으로 서원청법誓願請法하며, 자신을 잊은 삶의 길에서 지금도 몸뚱어리 전체를 땅에 던져 간절히, 그리고 간곡히, 일심원력 오체투지를 하는구나. 참으로, 착하고 착한 선남자야! 너희들은 능히 모든 보살과 더불어 말세중생을 진정 위하여 그토록 간절히, 그리고 간곡히 여래에게 이와 같이 방편 길을 물어, 무명중생의 미혹의 눈을 뜨게 하고, 그 어리석음을 깨우치게 하고자 여래의 밝은 지혜를 구하며, 밀밀密密한 그 방편의 점차를 묻는구나.

※ 청법에 응하여 너희들을 위해 설하리라.

汝今諦聽 當爲汝說
여 금 체 청 당 위 여 설

너희들은 이제 자세히 살피어 들을지니라. 당연히 너희들을 위해 설하리라.

♣ 너희들은 이제 여래의 설함을 따라, 여래의 대적멸해에 드는 수순방편의 경계를, 지혜로써 자세히 살피고 잘 사유하며, 지혜의 밝음으로 들을지니라. 당연히 너희의 간곡한 청정서원과 그 염원의 원력을 원만하게 하고, 부족함이 없이 그 서원을 구족하게 하고자, 너희들을 위해 설하리라.

※ 청법에 응하심과 지혜를 얻는 기쁨에 묵연이청하다.

時 威德自在菩薩 奉敎歡喜 及諸大衆 默然而聽
시 위덕자재보살 봉교환희 급제대중 묵연이청

그때 위덕자재보살께서 환희심에 말씀을 받들어 모든 대중과 더불어 묵연히 귀를 기울였다.

※ 묘각은 여래와 일체법을 출생하며 방편이 무량하다.

善男子 無上妙覺 遍諸十方 出生如來 與一切法 同
선 남 자 무 상 묘 각 편 제 시 방 출 생 여 래 여 일 체 법 동

體平等 於諸修行 實無有二 方便隨順 其數無量
체 평 등 어 제 수 행 실 무 유 이 방 편 수 순 기 수 무 량

선남자야, 무상묘각은 모든 시방에 두루하여, 여래와 더불어 일체법을 출생하며, 체성이 동일해 평등하여, 모든 수행에 실

로 둘 없는 방편에 수순함이 그 수가 무량이니라.

♣ 선남자야, 본연본성 무상구경無上究竟인 무상묘각無上妙覺은 청정불이원융성淸淨不二圓融性으로, 모든 시방에 두루 편재원융하여 원만함으로, 그 청정묘각으로 일체제불여래와 더불어 불지혜공덕일체법을 출생하며, 본연본성은 일체여래와 일체중생과 일체만물 일체가, 그 체성體性이 동일同一해 불이평등不二平等하여 차별이 없어, 일체수행에 실로 둘 없는 성품인 본연본성 불이청정각성不二淸淨覺性 방편수순법이, 중생의 지혜근기와 차별특성을 따라, 그 방편문과 수순법이 무량하여, 그 수를 다 헤아릴 수 없느니라.

※ 원각섭수로 본성귀소 성품차별이 삼종이 있다.
圓攝所歸 循性差別 當有三種
원 섭 소 귀 순 성 차 별 당 유 삼 종

원각을 섭수해 본래로 돌아가는 데는, 성품을 수순하는 차별이 당연히 삼종이 있으니라.

♣ 본연본성 청정각성 원각을 섭수하여, 청정본연본성淸淨本然本性 장애 없는, 본래의 성품으로 돌아가는 데는, 본연본성의 성품을 수순하는 성품차별이, 당연히 삼종성품이 있느니라.

● 본연본성성품 삼종자성수순행 원각삼종자성법圓覺三種自性法을 일컬음이니, 본연본성 삼종자성수순행으로 장애 없는 본연본

성성품으로 돌아감을 일컬음이다. 이것이 회귀본성수순행 回歸本性隨順行인 본기청정인지법행 本起淸淨因地法行 삼종자성수순행인 열반성 涅槃性 적정수순행 寂靜隨順行인 사마타와 진여성 眞如性 여환수순행 如幻隨順行인 삼마발제와 보리성 菩提性 적멸수순행 寂滅隨順行인 선나다.

※ 1. 사마타 청정각심 적정행으로 적정지혜를 발한다.

善男子 若諸菩薩 悟淨圓覺 以淨覺心 取靜爲行 由
선 남 자　약 제 보 살　오 정 원 각　이 정 각 심　취 정 위 행　유

澄諸念 覺識煩動 靜慧發生 身心客塵 從此永滅
징 제 념　각 식 번 동　정 혜 발 생　신 심 객 진　종 차 영 멸

선남자야, 만약 모든 보살이 청정원각을 깨닫고, 청정각심 적정행에 의해 모든 생각이 고요함으로 말미암아, 번잡하게 움직이는 식을 깨달아 적정지혜를 발하니, 심신객진이 이를 좇아 영원히 멸하니라.

♣ 선남자야, 만약, 모든 보살이 청정원각을 깨닫고, 깨달은 청정원각 청정각심적정행 淸淨覺心寂靜行에 의해 일체념 一切念이 맑고 적정 寂靜하여, 부사의 불생불멸제법청정공상 不生不滅諸法淸淨空相 부사의사 不思議事에 번잡하게 움직이는 식識을 깨달음으로 곧, 적정본성지혜 寂靜本性智慧를 발하니, 심신 분별의 사상심과 일체상 만물이, 청정원각 적정본성지혜를 좇아, 영원히 멸하느니라.

● **각식번동** 覺識煩動 : 번잡하게 움직이는 식 識을 깨닫는다. 적정

본성寂靜本性의 깨달음에 들 때에 깨달음의 청정경계에서 식번동識煩動을 깨닫는다. 유위일체상에 머물러 있을 때는 식識의 동動함 속에 있으므로 식번동識煩動을 깨닫지 못한다. 적정본성 깨달음 경계에서 찰나에 식識의 동動이 끊어지며, 적적고요청정함에 들면, 순간 일체상의 동動함이 끊어지며, 찰나에 삼라만상이 적정경계에 들어, 일체가 적적고요청정해지며, 마음이 유리알과 같이 끝없이 맑고, 맑은 물방울과 같이 티 없이 맑음이 끝이 없고, 티끌 없는 허공과 같이 비어 고요히 맑으며, 청정함이 유리알의 끝없는 맑음과 물의 티 없는 맑음과 허공의 티끌 한 점 없는 비어 맑음과 동일법성同一法性에 듦으로 허공도 사라지며, 허공 삼라만상이 적정 고요하여, 몸을 움직여도 몸이 영혼 없는 그림자며, 허깨비와 같이 움직일 뿐, 마음은 동함이 없고, 순간, 이 몸이 내 아니며, 나는 생사가 없고 윤회가 없는 청정성품임을 깨달으며, 죽음이 없고 생사가 없는 본연 청정마음 부동성품不動性品을 깨닫게 된다. 본성 깨달음 적정경계는, 파도치는 식識의 바다가 찰나에 파도가 멈추어, 온 삼라 허공이 사라져 삼라일체가 고요한 거울처럼 맑고, 온 허공이 사라진 그곳에 거울처럼 맑고 맑은 청정마음 성품뿐. 그 경계에는 일체가 마음뿐, 파도가 찰나에 끊어져 거울처럼 맑은 청정성품에 일체 여래如來의 마음 청정성품이 오롯이 선명하고 뚜렷이 분명하게 드러나며, 삼라만상 일체상이 청정부동성품에 비치어 분명하고 또렷하게 드러나, 일체가 청정 마음이며, 삼라 일체가 마음성품 뿐이다. 몸으로 이리저리 돌아다녀도 마음 없고, 영혼 없는 허깨비와 같고, 천리만리 차를 타고 움직여도 마음은 움직임이 없는 부동성품으로 티끌 없이 맑고 맑아 일체 동動함이 없어, 가고 옴의 일체행이 끊어진, 청정부동淸淨不動 적정寂靜이다. 이 청정본성을 깨달으며, 일체유위상一切有爲相에 머물렀던 지난 삶이, 번잡한 식識의 경계에 바람처럼 이끌리어 동動하니, 몸을 자기로 알고, 경계에 이끌리는 육근六根의 분별식分別識이 자신의 마음으로 알고 살은 삶이, 마음 없고 영혼 없는 허깨비의 삶이었음을 깨닫게 된다. 또한, 몸도 내 아님을 깨닫게 되고, 사상四相의 분별심도 나 아님을 깨닫게 되며, 내 마음도 나 아님을 깨닫게 되어, 의식意識도, 육근심六根心도, 영혼도 내 아님을 깨닫게 되고, 분별심의 동動에 머물러, 분별심 그것이 나 자신의 삶인 줄 알고 살은 삶이 곧, 경계에 이끌리어 멈춤 없는 식識의 파도, 식번동識煩動이었음을 깨닫게 된다. 이 청정본성 깨달음의 경계가, 일체상이 공空하여 본성무위에 든 것이라, 일체상청정공一切相淸淨空인 무아무상청정공지無我無相淸淨空智며, 일체유위상一切有爲相을 벗어버린 무위본성청정각성지無爲本性淸淨覺性智다. 곧, 생멸 없고, 생사 없는 부동열반성不動涅槃性이다. 그러나 시간이 지나, 이 깨달음 각성경계도 구경究竟이 아님을 깨달아, 수행각력으로 벗어나게 된다. 영원히 깨트려지지 않을 것 같고, 부서지지 않을 것 같아 부동금강不動金剛과 같았던, 티 없이 맑은 부동각성지不動覺性智인 청정부동본성적정지淸淨不動本性寂靜智며, 열반부동성품각성지涅槃不動性品覺性智인, 무위부동본성無爲不動本性이 타파되어 벗어나, 이사무애불이성理事無礙不二性 무염진여자재심無染眞如自在心인 심자재진여각성지心自在眞如覺性智에 이르니, 천리만리 움직여도 깨어지지 않고, 동動함 없어 티 없이 맑고 맑아, 청정 허공과 밝은 거울과 청정 유리알과 같은 동일청정법성同一淸淨法性, 삼라일체가 청정부동淸淨不動으로 식識의 파도가 끊어져, 일체 마음바다 청정성품 뿐임이, 상승각력上昇覺力에 타파되어 청정부동열반본성지淸淨不動涅槃本性智를 벗어나게 된다.

무위본성부동지無爲本性不動智인 무위청정성無爲淸淨性을 벗어나, 이사무애불이성理事無礙不二性 무염진여자재심無染眞如自在心인 심자재진여각성지心自在眞如覺性智에 이르니, 일체상제법공一切相諸法空 무아무상견無我無相見과 열반부동성涅槃不動性 청정반야淸淨般若와 일체삼매一切三昧 일체선정一切禪定과 일체열반一切涅槃 자성청정自性淸淨이 벗어나야 할 각覺의 미망경계迷妄境界였음을 깨닫게 된다. 왜냐면 무위각성경계無爲覺性境界의 능소일체상能所一切相이 끊어져 벗어났기 때문이다. 비로소 이 각성경계에서 청정부동본성열반지淸淨不動本性涅槃智가 청정무위열반성淸淨無爲涅槃性에 머무른 것임을 깨닫게 된다. 이사무애불이성理事無礙不二性인 무염진여자재심無染眞如自在心에 이르니, 이 몸도 환幻이고, 청정무위본성淸淨無爲本性도 끊어져 없고, 청정무위본성 경계에서 있었던 청정무위열반부동심淸淨無爲涅槃不動心인 마음도 사라져 없고, 청정부동본성지淸淨不動本性智에 머물렀던 각성覺性 경계가 흔적 없이 사라져 그 자취가 끊어졌다. 청정淸淨도 끊어지고, 부동不動도 끊어지고, 청정심淸淨心도 끊어지고, 본성本性도 끊어지고, 열반涅槃도 끊어지고, 일체공一切空도 끊어지고, 일체유위상一切有爲相을 벗어난 청정무위淸淨無爲의 깨달음에 든 청정부동열반본성지淸淨不動涅槃本性智도 끊어져, 타파한 각覺의 경계가, 일체공一切空 청정무위경계에 머무른 각성장애覺性障礙로, 깨달음의 각覺이 청정무위淸淨無爲에 머물렀던 망경계妄境界였음을 깨닫게 된다. 생멸일체유위상生滅一切有爲相도 사라지고, 제법공일체무위상諸法空一切無爲相인 본성도 사라져, 유위有爲와 무위無爲를 둘 다 벗어나, 이사무애불이성理事無礙不二性인 무염진여자재심無染眞如自在心에 이르니, 법보화신삼신불法報化身三身佛이 망환妄幻이라 흔적 없이 사라지고, 삼신불원만불지혜三身佛圓滿佛智慧도 끊어져, 그 흔적을 찾을 수가 없다. 아我도 끊어지고, 상相도 끊어지고, 공空도 끊어지고, 심心도 끊어지고, 본성本性도 끊어지고, 무위無爲도 끊어져 일체상무자성실상환지一切相無自性實相幻智에 들게 된다. 이 경계가 무염진여자재심無染眞如自在心이다. 무엇에도 물듦 없는 유위무위불이성有爲無爲不二性이라, 유위무위有爲無爲의 상相이 없어, 마음 없는 마음, 이사무애자재심理事無礙自在心인 본연청정무염자재본심本然淸淨無染自在本心이다. 청정부동본성지淸淨不動本性智에서는 청정무위열반부동심淸淨無爲涅槃不動心이였지만, 유위무위有爲無爲를 벗어버린 이사불이理事不二 일체상무자성실상환지一切相無自性實相幻智에 이르니, 청정무위열반부동심淸淨無爲涅槃不動心이 타파되어, 나 없는 무위無爲인 청정부동심淸淨不動心에서, 이사무애불이성理事無礙不二性에 이른다. 마음 없는 마음이라 환幻과 같은 무염자재무염본심無染自在無染本心인 무염진여자재심無染眞如自在心이다. 마음이 있는 것도 아닌 무염진여심無染眞如心이 작용을 하니 마음이 없는 것도 아니며, 머묾 없어 물듦 없고, 마음 또한, 아니니, 단지, 청정진여무염자재성품淸淨眞如無染自在性品인 여환如幻이며, 환심幻心이다. 무염진여심無染眞如心이 청정무자성환淸淨無自性幻이다. 그러므로 이 이사무애각성지理事無礙覺性智가 있는 것도 아니며, 없는 것도 아니며, 생生도 아니며, 멸滅도 아니며, 머묾이 없어 없는 가운데 나타나고, 있는 가운데 없는 환지환심각성幻智幻心覺性에 이르게 된다. 이 경계에서 환幻의 일체상一切相이 생주멸상生住滅相 중에 멸상滅相도 끊어지고, 주상住相도 끊어진, 일체一切 부사의 각성覺性의 생환生幻을 깨닫게 된다. 주멸상住滅相이 끊어져, 일체상이 부사의 생生이라, 주住가 없으니 일체가 환幻이라 머무를 상相이 없고, 일

체무자성실상一切無自性實相인 여환지각성如幻智覺性를 발발發하
게 된다. 이는 무염진여심無染眞如心인 본연본심本然本心이며, 진
여진성무염자재심眞如眞性無染自在心으로 유위무위有爲無爲를
둘 다 벗어난 이사무애각성지理事無礙覺性智다. 이 실상무염자재
각성지實相無染自在覺性智를 상승각력上昇覺力으로 또한, 타파하
여 벗어나, 본연본심本然本心 진여진성무염자재심眞如眞性無染自
在心인 이사무애각성지理事無礙覺性智도 끊어져, 무염진여진성無
染眞如眞性까지 끊어져 흔적 없이 사라진다.

　청정부동무위본성지淸淨不動無爲本性智와 무염자재진여본심지
無染自在眞如本心智의 차별은, 청정부동무위본성지淸淨不動無爲
本性智는 일체유위상一切有爲相을 제법공諸法空의 깨달음 각력으
로 벗어나 무위청정無爲淸淨 부동각성不動覺性에 듦이다. 무염자
재진여본심지無染自在眞如本心智는 제법공諸法空으로 일체유위
상을 벗어나 청정무위부동본성에 든 각성지覺性智를 또한, 타파
하여, 유위有爲와 무위無爲를 둘 다 벗어남이다. 그러므로 이사불
이무애理事不二無礙인 원지圓智에 들게 된다. 즉, 불이원지不二
圓智인 이사무애지理事無礙智에 듦이다. 이는 무염자재진여본심
지無染自在眞如本心智에 듦이다. 이 경계는 일체가 진여진성실상
眞如眞性實相이며, 무염진여진성심無染眞如眞性心이다. 이는 무
염자재청정진여본심지無染自在淸淨眞如本心智다. 이 지혜의 경계
는 유상有相과 무상無相, 유위有爲와 무위無爲, 상相과 본성本
性, 이理와 사事가 끊어져 벗어난 이사무애理事無礙 원지각성圓
智覺性으로, 일체상무자성실상환지一切相無自性實相幻智다. 그러
므로 무위청정지혜각성경계無爲淸淨智慧覺性境界가 끊어져 심자
재무염진여성품心自在無染眞如性品에 듦이다. 일체상一切相이 그

대로 환지환성 幻智幻性인 여환진여성 如幻眞如性이다. 이 각성경계인 무염자재진여본심지 無染自在眞如本心智도 또한. 구경이 아니니, 상승각력 上昇覺力으로 증證과 각覺의 능소일체상이 끊어져, 무자성환지 無自性幻智 이사무애각성원지 理事無礙覺性圓智인 무염자재진여본심지 無染自在眞如本心智를 또한, 타파하여 벗어나게 된다. 무염자재진여본심지 無染自在眞如本心智가 타파되는 것은, 증證과 각覺의 일체능소식 一切能所識이 끊어져, 시방 十方이 사라진 시방원융편재각성 十方圓融遍在覺性인 일체원융원만보리성 一切圓融圓滿菩提性에 이르게 된다. 이 각성원융편재 覺性圓融遍在에 이르면, 무자성실상환 無自性實相幻인 부사의 생환 生幻도 끊어지고, 무염진여진성 無染眞如眞性 무염본심 無染本心도 끊어져, 시방이 끊어진 각성원융편재성 覺性圓融遍在性에 들며, 일체만상 一切萬相이 각원융편재성 覺圓融遍在性에 원융섭수되며, 일체상이 사사무애편재성 事事無礙遍在性으로 서로 그 성품이 걸림이 없이 원융편재하다. 일체가 원융하여 편재 遍在임으로, 일체상의 전중후 前中後, 과거, 현재, 미래, 일체삼세상 一切三世相이 각각 장애 없는 사사무애각성원융편재성 事事無礙覺性圓融遍在性이다. 깨달음의 지혜 각성계 覺性界인, 일체상을 타파하여 무위청정본성인 청정부동무위본성열반지 淸淨不動無爲本性涅槃智는 청정무위대승보살지 淸淨無爲大乘菩薩智다. 이사무애각성자재심 理事無礙覺性自在心인 무염자재진여진성본심지 無染自在眞如眞性本心智는 일승보살지 一乘菩薩智다. 원융편재보리각성 圓融遍在菩提覺性인 각원융시방편재각성보리원만지 覺圓融十方遍在覺性菩提圓滿智는 불승보살지 佛乘菩薩智다.

※ 시방여래심이 거울같이 밝게 드러나니 사마타다.

便能內發 寂靜輕安 由寂靜故 十方世界 諸如來心
변 능 내 발　적 정 경 안　유 적 정 고　시 방 세 계　제 여 래 심

於中顯現 如鏡中像 此方便者 名奢摩他
어 중 현 현　여 경 중 상　차 방 편 자　명 사 마 타

문득 능히 안으로 적정으로 심신 객진을 벗은 가볍고 평안함을 발하니, 적정을 말미암은 연고로 시방세계 모든 여래의 마음이 그 가운데 밝게 드러남이 거울 속에 모습과 같으니라. 이 방편의 이름이 사마타이니라.

♣ 찰나에 무량삼세와 일체사상심과 내외일체상이 문득 사라져 능심적정能心寂靜으로, 안으로 일체상념 심신객진心身客塵을 벗어버린 가볍고 평안함을 발하니, 적정으로 말미암은 연고로 청정본성부동성淸淨本性不動性에 시방여래청정심이 그 가운데 선명하게 밝게 드러남이, 거울 속에 모습과 같으니라. 이 원각방편의 이름이 청정본성적정행淸淨本性寂靜行인 사마타이니라.

● **적정견안**寂靜輕安: 심신객진 내외일체상 상相의 상념想念이 끊어짐으로, 무량삼세와 일체사상심과 일체사상견一切四相見과 상심상견이 끊어진 청정부동열반본성淸淨不動涅槃本性의 적정성寂靜性에 가볍고 편안함이다. 이는 일체상 분별경계에 이끌리는 업業의 장애심이 끊어진, 상相 없는 청정심의 홀가분함이다.
● **여래심**如來心: 일체의 근본인 본연본성 동일법성同一法性이며, 차별이 없는 청정본성심이다.
● **사마타**奢摩他: 적정행寂靜行이다. 이는 본연성 장애 없는 성품

으로 돌아가는 본연성품수순 삼종자성三種自性 중에 본성자성수순행이다. 본성자성은 청정부동적정성清淨不動寂靜性으로 일체상이 생멸이 끊어진 고요한 청정본성인 청정부동적정성清淨不動寂靜性이다. 이는 본연본성의 성품 본성자성이다. 본연본성 삼종자성 중에 본성자성 적정자성수순행寂靜自性隨順行이 적정행寂靜行인 사마타다. 이 방편행은 본성수순적정관행本性隨順寂靜觀行이다. 유심삼매법有心三昧法이 아니며, 청정원각에 의지한 청정본성수순으로 생멸이 끊어진 부동성품정관행不動性品定觀行이다. 곧, 적정관행寂靜觀行으로, 생멸부동열반적정관행生滅不動涅槃寂靜觀行이며, 청정본성자성관행清淨本性自性觀行이다.

※ 2. 삼마발제로 육식 육근 육진 모두 환임을 깨닫는다.

善男子 若諸菩薩 悟淨圓覺 以淨覺心 知覺心性 及
선 남 자　약 제 보 살　오 정 원 각　이 정 각 심　지 각 심 성　급

與根塵 皆因幻化
여 근 진　개 인 환 화

선남자야, 만약 모든 보살이 청정원각을 깨닫고, 청정각심으로 마음의 성품과 더불어 육근과 육진이 모두, 환이 화한 바임을 깨달아 앎이니라.

♣ 선남자야, 만약 모든 보살이 청정원각을 깨닫고, 깨달은 청정원각심으로 마음의 작용인 육식六識과 능식能識과 소식所識과 번뇌와 사상심과 무명과 미혹과 더불어 육근과 육진이 모두 청정무자성 법성수순묘법法性隨順妙法인 이사불이理事不二의 화화幻

化임을 깨달아, 일체가 환幻임을 앎이니라.

● 개인환화皆因幻化 : 일체가 청정무자성실상환清淨無自性實相幻임을 일컬음이다. 이는 상견망환相見妄幻이 아니라 실상각환實相覺幻인 청정실상무자성무유정법清淨實相無自性無有定法이다. 이는 이사원융사사환지理事圓融事事幻智며, 제법청정무자성공상諸法清淨無自性空相이다. 공空을 색色이 아닌 것으로 생각하는 것은 곧, 유무이견상有無二見相이다. 공空 즉, 색色임은 자성실상을 일컬음이다. 일체상이 불생불멸청정상不生不滅清淨相이다. 생멸이 있다함이 상견相見이니, 대對를 벗어나면 실상묘유實相妙有를 깨닫게 된다. 묘유妙有는 묘妙하게 있음이 아니다. 묘妙는 부사의 불이성不二性이며, 유有는 불생불멸청정무자성실상환不生不滅清淨無自性實相幻이다. 이 각성으로 삼마발제 원각수순행 청정각환清淨覺幻인 여환관如幻觀에 든다.

※ 중생구제를 위한 환지(幻智)에서 대비경안을 발한다.

卽起諸幻 以除幻者 變化諸幻 而開幻衆 由起幻故
즉 기 제 환 이 제 환 자 변 화 제 환 이 개 환 중 유 기 환 고

便能內發 大悲輕安
변 능 내 발 대 비 경 안

곧, 모든 환의 지혜를 일으켜 환을 제거한 자는, 변화의 모든 환 속에 환의 중생을 깨닫게 하고자 환의 지혜를 발한 까닭으로 말미암아 곧, 능히 안으로 대비경안을 발하느니라.

♣ 청정원각을 깨달은 청정원각심으로 곧, 일체상이 그대로 청정진여불생불멸무자성실상清淨眞如不生不滅無自性實相임을 여실히 깨달은 무유정법無有定法 환지幻智를 일으켜, 내외일체상이 머무를 상相이 없어, 아我와 상심相心과 상견相見의 망환妄幻이 끊어진 청정자淸淨者는, 무자성無自性 공능功能의 변화무쌍한 일체불이청정공상一切不二淸淨空相의 제환諸幻 속에, 환幻의 중생을 깨닫게 하고자 환지幻智를 발한 까닭으로 말미암아, 곧, 둘 없는 진실의 마음, 능히 각覺의 능심能心에서 시방청정불이일심무애대비경十方淸淨不二一心無礙大悲境인 대비경안大悲輕安을 발發하느니라.

● 환지幻智는 무자성환지자재심無自性幻智自在心이다. 이는 청정무자성실상환지淸淨無自性實相幻智에 들어 마음이 환幻에 머묾 없는 불이자재심不二自在心이다. 이는 실상원각수순방편지實相圓覺隨順方便智며, 제상무자성청정원융지諸相無自性淸淨圓融智다. 원각에 들면 자연히 깨닫게 되는 각성지혜다. 상심相心으로는 헤아려 알 수 없는 실상원각의 각성경계다. 원각방편수순을 하려면 일단, 본연본성 청정원각을 깨달아야 한다. 그렇지 않으면 이 각성원각실상경계覺性圓覺實相境界를 수순할 수가 없다. 그러나 이 가르침에 결정신決定信으로 신해수지信解受持하면, 홀연히 미망경계를 벗어날 수가 있다. 신해수지의 신信은 그러함을 믿는 대법對法으로 수용하는 것이 아니다. 대對 없는, "그렇다."이다. 그러함을 믿는 것은 대對에 떨어진다. 이는 믿음이 아니라 사량과 분별의 대상일 뿐이다. 법法이 본래 그러면 그것을 수용하고, 법法이 본래 그러함을 알고, 그 이치를 깨달아야 할 뿐, 수용해야 하느냐, 수용하지 않아야 하느냐의 분별의 대상이 아니다.

만물이 하나하나 생긴 모습을 보며, 하늘과 땅, 해와 달, 물과 불, 많은 종류의 나무와 수많은 꽃이 하나하나의 모습이 본래 그러한 모습임을 알 뿐, 그것이 옳은가 옳지 않은가를 분별하여 수용할 문제가 아니다. 그리고 이것이 자신의 얼굴이며, 손과 발이며, 몸임을 알아 수용할 뿐, 이것이 내 얼굴인가, 내 손과 발인가, 내 몸인가를 생각하고 분별하여 내 얼굴과 몸으로 받아들이는 것이 아니다. 이 얼굴이, 이 손과 발이, 이 몸이 나의 얼굴과 손발과 몸임을 자각으로 수용할 뿐, 나의 몸인가 아닌가를 헤아리고 분별하여 확인하고, 수용할 것인가 아닌가를 결정해야 할 문제가 아니다. 본래 그것이 나의 감각체이므로 자연스럽게 자기의 몸으로 수용하게 되고, 자기의 얼굴이며 몸이므로, 이생에 받아 태어난 자기의 얼굴과 몸을 이롭게 가꾸고 관리하며, 삶의 도구로 수용하여 그 몸을 활용해 생활하며, 탄생으로 받아 난 그 몸에 의지해, 한 생의 생명 삶을 살아가게 된다. 본래 그러한 법法은 그런 것일 뿐, 그것을 수용하고 수용하지 않거나, 옳거나 옳지 않거나 하는 것을 결정해야 할 문제가 아니다. 무명으로 바르지 못한 미혹의 견해는, 밝은 정견正見의 불지혜佛智慧에 의지해 따를 뿐이다. 그것을 수용하고 따르며 깨닫는 지혜가 필요할 뿐, 그것에 이유와 이해와 사량의 분별이 있을 수가 없다. 왜냐면, 무명과 미혹의 상심상견相心相見은 자신의 무명과 미혹을 벗어날 수가 없기 때문이다. 그러므로 무명과 미혹 없는 정견正見 불지혜佛智慧는 자신의 무명상심無明相心으로 옳고 그름을 헤아리거나 분별하지 말고, 그런 것임을 깨닫고, 알고 받아들일 뿐이다. 정견正見과 정지혜正智慧가 없으면, 불佛의 정안正眼과 정견正見과 정지혜正智慧에 의지하지 않으면, 자신의 무명과 미혹을 벗어날 선택의 길이 없다. 신해수지信解受持에서 정신正信인 신신信은 분별이 없으므로 대對가 사라진다. 해解는 일체행에 법法과 업력경계의 부딪힘인 순역順逆의 경계에서, 법法에 의지한 긍정적 정해지正解智로 순順과 역逆을 풀어가며, 정신력행正信力行이 이루어진다. 수受는 일체상 일체행에 법法이 그러함을 정수용正受用함이다. 지持는 일체가 그 법法의 경계에 있으며, 그 법法을 벗어나지 않는 불지혜佛智慧를 수용한 정지正持이다. 신해수지信解受持를 바로 대하는 경계에서 수용해야지, 경계에서 수용하지 않으면 법法이 아니며, 망상분별의 대법對法인, 분별의 법상法相일 뿐이다. 신해행증信解行證, 또한, 이와 다를 바가 없다. 신信은 믿음의 대상對相인 부처님의 가르침 경經이나 법法이 아니다. 이 또한, 경계에서 수용해야 살아 있는 법法이다. 신信은 "그렇다."이다. "그렇다."이면, 경계에서 법法에 응應하는 정해지正解智를 발發하게 된다. 믿음 신력信力의 각성력覺醒力에 따라 의심이 없으므로, 법法에 응應하는 정해지심正解智心이 무명과 미혹을 제거하게 된다. 해解는 일체경계를 신信하여 "그렇다."이므로, 법신法信의 정해正解로써 자기업력自己業力의 순順과 역逆의 경계를 정해正解함이다. 경계에서 미망을 풀어가는 순응順應이 해解며, 순응順應의 역경계逆境界와 역경계업심逆境界業心을 법신정해法信正解의 지혜로 법法을 정수正受하여 해解하며 수순함이다. 행行은 법法에 의지한 심행心行과 신행身行의 삶이다. 증證은 이증二證이 있으니, 하나는 자기경계에서 하나하나 증證해 나가는 수행과정의 증證이다. 그러므로 신해행증은 일행一行 속에 신해행증 법法이 갖추어진다. 자신이 머무른 경계를 벗어나는 수행과정의 증證이다. 이것이 신해행증 과정의 점수증漸修證이다. 신해행증 점수漸修의 향상일로向上一路에는 자신이 선 그 자리, 견처見處를 벗어남이 점수증漸修證이다. 그 점수증漸修證이 완성의 공덕대해功德大海로 흐르는 점차 차별경계의 증證이다. 완전하지 않은 차별견差別見에 묶이면 무명과 미혹의 고정관념이 된다. 그러므로 끊임없는 수행심 향상의 점수증漸修證으로 구경을 향해 머묾 없이 여래如來의 각覺의 대해大海로 흘러야 한다. 또 하나의 증證은 구경究竟인 완전한 완성이다. 신해행증은 일체 육근경계를 법法으로 신信함이며, 신信하면, 경계를 해解하게 되고, 순역경계順逆境界를 법신法信의 정해지正解智를 발發하여 행行함이, 바로 그 자리서 증득해 나가는 향상법이다. 신해수지와 신해행증은 경계에서 과과果의 인행因行을 지어나가는 법法의 수순법이다. 인행법因行法에는 차별경계에서 지금 자기 머묾의 경계와 자기견해를 벗어나는 향로向路가 중요하다.

● 대비경안大悲輕安은 사마타 적정경안寂靜輕安과 달라 상심경계相心境界에서는 이해가 간단하지 않다. 대비경안을 알게 되면 보살대비와 여래대비의 세계를 조금이나마 이해하리라 믿는다. 여환지如幻智에서 발하는 대비경안은 청정원각을 깨닫고 청정원각심에서, 청정각성각명淸淨覺性覺明의 청정실상환지淸淨實相幻智를 발하므로, 일체상청정자재一切相淸淨自在 실상환지實相幻智 속에, 풀벌레들이 환영幻影인 불꽃을 좇아, 자신의 몸과 생명이 불꽃에 타서 고통 속에 죽을 줄도 모르고 뛰어드는 풀벌레들을 보며 일으키는, 청정무이淸淨無二의 깊고 깊은 곳 각성본처覺性本處로부터 솟아나는 대비력大悲力에, 처음을 알 수 없는 자신의 무량겁無量劫의 묵은 무의식無意識 업력들이 그 대비력大悲力 각성공덕覺性功德으로, 근원과 근본과 뿌리 없이 한목 찰나에 무르녹으며, 알 수 없는 얽히고 얽매인 깊고 깊은 업력으로부터 벗어나는 평온함이 대비경안大悲輕安이다. 대비력大悲力으로 업력業力과 식識의 장애를 벗어남이다. 이 대비경안으로 깊은 보살원력 청

정무한대비력淸淨無限大悲力이 갖추어진다. 중생심과 중생 삶의 경계에서 이와 유사함을 비유하자면, 미움이 짙어 용서할 수 없는 원수怨讐인 사람이 있다면, 그 미움을 가진 사람을 성현聖賢의 가르침으로 아무리 좋은 말로 달래고 이끌어도, 그 미움을 놓지 못할 것이다. 그러므로 미움을 버리는 것도 어려운데, 그 원수를 사랑하는 마음은 더더욱 어렵다. 그런데 원수라는 마음도 버리지 않고, 미움이 맺힌 마음도 버리지 않고, 원수를 사랑할 마음도 가지지 않은 상태에서, 이 모든 것을 한순간에 초월하여, 원수라는 마음과 미움이 맺힌 마음과 사랑할 수 없는 마음을 완전히 초월하고, 또한, 그 사람의 미운 짓과 나쁨을 생각하거나, 그 까닭을 묻지도 않고 모든 것을 초월해 다 용서하고, 자비심을 가지며 사랑하는 대비大悲의 경우가 있다. 그것은 의식의 교육이나 심신의 수행으로 되는 것이 아니다. 환지보살幻智菩薩이 대비경안大悲輕安으로 자신의 묵은 업력의 세력을 한순간 벗어나듯, 중생심의 경계에서도, 한찰나, 한순간 순수본성을 자극하는 대비심 때문에, 자신의 묵은 업력을 자신도 모르게 벗어버리는 유사한 경우가 있다. 그것은 도저히 용서할 수 없는 미움이 맺힌 원수심이 치성한 상태에서도 한순간, 가슴 속에 굳고 굳은 미움이 뿌리째 한목 사라져 풀어지며, 그 원수를 지극히 더 없는 보살의 자비심으로 사랑하며, 자신 또한, 그로 인하여, 그 미움뿐 아니라, 배움과 수행으로도 다생多生에 무르녹이기 어려운 다른 묵은 업력까지 자비심 때문에 자기도 모르는 무의식에 묶인 업력들을 벗어버리는 경우가 있다. 그러한 계기는 삶 속에 우연히 맞닥뜨리는 찰나 정신각성의 변화로 이루어진다. 그것은 가슴 깊은 곳 진심眞心을 자극하여 우러나오는 주체할 수 없는 강렬한 대비심에, 자기도 모르는 가슴 깊은 곳 밑이, 찰나에 뻥 뚫리어 숙세宿世의 묵은 업력들이 순간 사라지는 지극한 청정대비심의 경계 대비경안大悲輕安이다. 그 경우는, 원수를 도저히 용서할 수 없어 미워하고 미워함이 굳고 굳어 원수심이 맺힌 가운데, 어느 한 정점의 순간에 그 원수를 보니, 말로 형언할 수도 없고, 도저히 상상도 할 수 없을 정도로 너무나 참혹한, 비참한 모습을 맞닥뜨리는 그 순간, 순수본심의 당혹한 놀라운 자극으로, 자기가 그토록 미워했던 그 감정과 원수심은 한순간 뿌리째 사라지고, 순수한 본심에서 우러나오는 측은함에, 그 원수의 모든 것을 용서하게 되고, 자신도 모르게 솟구친 강렬하고 진실한 연민의 대비심에 의해 마음속에 묵은 다른 무거운 업력의 짐들이 자신도 모르게 사라지고, 대비보살大悲菩薩의 삶을 살 수도 있다. 중생의 삶으로 어찌 보살 대비경안大悲輕安의 경계를 헤아리며, 어찌 알 수가 있겠냐만은, 불보살佛菩薩의 대비심은 분별의 마음에서 나오는 것이 아니라, 지혜의 각력覺力에서 발현함으로, 삼세三世를 넘나들어도 처음을 알 수가 없는 그 원력願力의 길을 처음처럼 변함없이 가게 된다. 아무리 악惡한 마음을 가진 자者라도, 철없는 어린 아기가 사물을 분별할 줄을 몰라, 자신이 죽을 줄도 모르고 깊은 낭떠러지에 엉금엉금 기어가거나, 불구덩이 쪽으로 기어가고 있다면, 아무리 악惡한 자라도, 그 아기가 자신의 아기가 아니어도 그 아기를 구하고자, 자신도 모르게 재빨리 몸을 움직일 것이다. 중생은 헤아림의 분별심에서 무엇이든 일으키는 것이므로, 자신에게 참으로 옳은 것이며, 이롭고 좋은 것이라도, 그 마음이 한나절을 변함없이 곧게 가기가 쉽지 않다. 분별심으로 일으킨 것은, 분별심으로 또, 무너지게 된다. 왜냐면, 중생심은 모두가 멈춤 없는 분별의 헤아림이기 때문이다. 분별심이 곧, 중생의 마음이며, 행이며, 삶이다. 분별이 없으면 중생의 삶을 벗어난다. 중생은 스스로 분별을 하지 않아도 분별 속에 있다. 왜냐면 분별을 벗어날 수가 없기 때문이다. 중생들은 분별하는 그 분별심을 나로 알고 있다. 나 있음이 곧, 분별이니, 나 없어야 일체분별이 끊어진다. 중생은 분별심이 없으면, 분별심이 없는 나 있는 상태이기에, 각覺이 아니므로, 무기無記나 단멸斷滅, 무관심無關心이나 맹심盲心, 혼망昏忘에 떨어진다. 그러므로 나 있으면 원각圓覺을 알 수가 없다. 나 없음이 시방원융청정각명각성十方圓融淸淨覺明覺性이다.

※ 실상환지(實相幻智)로 상(相)과 아(我)를 벗는다.

一切菩薩 從此起行 漸次增進 彼觀幻者 非同幻故
일 체 보 살　종 차 기 행　점 차 증 진　피 관 환 자　비 동 환 고

非同幻觀 皆是幻故 幻相永離
비 동 환 관　개 시 환 고　환 상 영 리

일체보살이 이 환의 지혜를 발한 행을 좇아 점차 증진하여, 저 환을 관하는 자는 환과 같지 아니한 까닭으로, 환과 같지 아니함도 관하여, 모두가 이 환인 까닭으로, 환의 모습을 영원히 벗어나느니라.

♣ 일체보살이 일체상이 무자성청정정상無自性淸淨相임을 여실히 관觀하는 실상환지행實相幻智行을 좇아 점차 정진하여, 저 환幻을 관觀하는 자는 환幻과 같지 아니한 까닭으로, 환幻과 같지 않은 자도 또한, 환幻임을 관觀하여, 내외와 능소의 경계가 사라지고, 일체불이청정각성무자성실상청정지一切不二淸淨覺性無自性實相淸淨智에 들어, 일체청정무자성실상一切淸淨無自性實相인 까닭으로, 상相의 망념 미혹의 경계를 영원히 벗어나느니라.

※ 환지(幻智) 보살행 원각묘행이 이름이 삼마발제다.

是諸菩薩 所圓妙行 如土長苗 此方便者 名三摩鉢
시 제 보 살　소 원 묘 행　여 토 장 묘　차 방 편 자　명 삼 마 발

提
제

이 모든 보살이 원각묘행인바 흙에서 싹이 자람과 같아서, 이 방편 이름이 삼마발제이니라.

♣ 이 모든 보살이 청정본성 원각묘행圓覺妙行인바, 흙에서 싹이 자라남과 같이 일체실상환一切實相幻이 청정성품에서 싹이 자람과 같아서, 이 방편의 이름이 청정실상무자성환지환관淸淨實相無自性幻智幻觀인 삼마발제이니라.

● **삼마발제**三摩鉢提 : 청정실상무자성환관淸淨實相無自性幻觀이다. 이는 본연성 장애 없는 성품으로 돌아가는 본연성품수순 삼종자성 중에 본심자성수순행本心自性隨順行이다. 본심자성은 청정무애자재성淸淨無礙自在性이니, 일체상에 무애자재한 청정본심으로 청정무염무애자재여환성淸淨無染無礙自在如幻性이다. 본연본성의 성품 심자재성心自在性, 이 환지행幻智行에서 본심자재자성本心自在自性에 들며, 불이여환지不二如幻智인 보살행의 지혜를 두루 갖추게 된다. 이 방편행은 청정본심수순무자성환관淸淨本心隨順無自性幻觀이다. 곧, 실상환지행實相幻智行이며, 실상환관實相幻觀으로 자성청정실상관自性淸淨實相觀이다. 이는 상相의 청정무자성부사의사묘법관淸淨無自性不思議事妙法觀이다. 삼법인관三法印觀 청정실상법인관淸淨實相法印觀인 제행무상인실상관

諸行無常印實相觀과 제법무아인실상관諸法無我印實相觀이 결합한
관觀이다. 곧, 법성무주묘행관法性無住妙行觀이다. 여환관如幻觀
환지幻智로 본심청정무애자재성本心淸淨無礙自在性에 이르며, 물
듦 없는 본심무애자재 환지행幻智行으로 중생구제 보살행의 일체
응화신一切應化身을 나툰다.

※ 청정각심으로 심신을 깨달아 아는 모든 것이 장애다.

善男子 若諸菩薩 悟淨圓覺 以淨覺心 不取幻化 及
선 남 자 약 제 보 살 오 정 원 각 이 정 각 심 불 취 환 화 급

諸靜相 了知身心 皆爲罣礙
제 정 상 요 지 신 심 개 위 괘 애

선남자야, 만약 모든 보살이 청정원각을 깨닫고 청정각심으
로 환화와 더불어 모든 적정상을 취하지 아니하여도, 심신으
로 깨달아 아는 모두가 장애며 걸림이니라.

♣ 선남자야, 만약 모든 보살이 청정원각을 깨닫고 청정각심으로
삼마발제의 환지경계幻智境界 일체상 환화幻化와 더불어 모든 적
정경계 적정상寂靜相을 취하지 아니하여도, 심신心身의 소所로
능能으로 깨달아 아는 모두가, 각覺이 장애됨이며, 걸림이니라.

● 각覺의 지견知見이 본연원융각本然圓融覺을 장애함을 일컬음
이다. 이는 각覺의 지혜가 곧, 각覺을 장애하여 마음이 원융하지
못하고, 자재自在하지 못함을 일컬음이다.

※ 본연각 밝음은 장애 지견 지혜 초월까지 초월했다.

無知覺明 不依諸礙 永得超過 礙無礙境
무 지 각 명 불 의 제 애 영 득 초 과 애 무 애 경

각의 밝음은 지견이 없어, 모든 장애에 예속되지 않음으로,
장애의 경계와 장애가 없음과 얻음과 벗어난 초월까지 영원
히 벗어났느니라.

♣ 각覺의 밝음은 무엇이나 알거나, 깨닫거나, 아는 바 지견知見
이 없어, 모든 장애에 예속되지 않음으로, 일체장애경계와 일체무
장애경계一切無障礙境界와 일체증득과 일체초월까지 영원히 벗어
났느니라.

● 본각本覺은 각覺과 깨달음의 증득, 법法을 보는 일체견, 청정
무애일체초월, 장애 없는 무장애無障礙, 밝고 밝은 일체각명지혜
를 벗어났다. 갇힘이 견見이며, 알음알이가 깨달음이며, 보는 것
과 벗어남의 일체가 분별이니, 다 각覺의 장애다. 그럼 각覺이 무
엇인가 생각하는 그것도 대對를 건립한 분별심으로 각覺을 알려
고 하는 상심상견이다. 단지, 분별이 없으면 수순으로 대對의 장
애를 벗어나, 각명覺明을 깨달을 수 있을 뿐, 알려고 하거나 찾고
자 분별하면 더욱더 멀어진다. 각覺은 각覺으로만 알 뿐이다.

※ 각은 번뇌나 열반이 얽매이거나 장애하지 않는다.

受用世界 及與身心 相在塵域 如器中鍠 聲出于外
수 용 세 계 급 여 신 심 상 재 진 역 여 기 중 굉 성 출 우 외

煩惱涅槃 不相留礙
번뇌열반 불상류애

세계를 수용하여 심신이 더불어 상의 육진 속에 있어도, 그릇이나 종의 가운데서 소리가 밖으로 나가듯, 번뇌와 열반이 서로 얽매임이나 장애하지 않느니라.

♣ 세계를 수용하여 몸과 마음이 더불어 상相의 육진六塵 속에 있어도, 그 성품 자성이 원융하여 얽매임이나 장애가 없는 것은, 그릇이나 종 소리가 그릇과 종에 얽매이거나 장애 없이 밖으로 걸림 없이 나가듯, 번뇌와 열반이 서로 얽매거나 장애함이 없느니라.

● 적멸행 선나로 각원융覺圓融에 들면, 육진과 심신과 번뇌와 열반이 서로 원융하여 장애가 없다.

※ 3. 선나는 적멸경안을 발하여 원융묘각을 수순한다.

便能內發 寂滅輕安 妙覺隨順 寂滅境界 自他身心
변능내발 적멸경안 묘각수순 적멸경계 자타신심

所不能及 衆生壽命 皆爲浮想 此方便者 名爲禪那
소불능급 중생수명 개위부상 차방편자 명위선나

곧, 능히 안으로 적멸경안을 발하여, 묘각을 수순하는 적멸경계에 자타 심신이 능히 미치지 못하는 바이며, 중생과 수명이 모두 흐르는 상념임을 아느니라. 이 방편의 이름이 선나이니라.

♣ 일체청정원융하여 곧, 능히 무엇 하나 잡을 것 없고, 걸릴 것 없는 청정원융적멸무애淸淨圓融寂滅無礙로 일체에 장애되거나 걸림 없는 적멸경안寂滅輕安을 발하여, 불가사의원융묘각수순不可思議圓融妙覺隨順 적멸경계에는 사상四相인 나 있는 아상과 타他가 있는 인상인 분별의 심신으로는 능히 미치지 못하는 바이며, 또한, 상相의 분별 집착심인 중생상과 상相의 흐름과 생멸을 보는 분별심 수명상 일체가 모두 미혹의 상념 흐름임을 여실히 깨달아 요달하니라. 이 원각수순방편의 이름이 일체불이청정적멸원융성一切不二淸淨寂滅圓融性인 선나이니라.

● **적멸경안**寂滅輕安 : 청정원각을 깨달아, 각성장애 시방식十方識의 장벽에 갇힌 식識이 한순간 찰나에 끊어져, 상하좌우 내외일체 광대무한시방이 무너지고 사라져 원융으로 탁 트여, 무한무변광대청정적멸원융편재각성無限無邊廣大淸淨寂滅圓融遍在覺性에, 시방을 부여잡은 업식業識이 사라진, 가볍고 평안한 적멸경안이다.

● **선나**禪那 : 내외능소일체경계가 끊어진 적멸원융각관행寂滅圓融覺觀行이다. 선나는 내외경계 능소적멸행能所寂滅行이다. 이는 본연성 장애 없는 성품으로 돌아가는 본연성품수순 삼종자성 중에 본각자성수순행이다. 본각자성은 내외능소식內外能所識이 끊어진 청정원융적멸성이다. 내외능소일체경계상이 적멸한 청정본각성으로 청정적멸일체불이원융각성淸淨寂滅一切不二圓融覺性이다. 본연본성의 성품 본각자성이다. 본연본성 삼종자성 중에 본각자성 적멸자성수순행이 적멸원융편재행寂滅圓融遍在行인 선나다. 이 방편행은 본각수순적멸관本覺隨順寂滅觀이다. 청정원각에 의지한 불이원융각성관不二圓融覺性觀이다. 이는 내외능소일체상과 능소증득적멸경계能所證得寂滅境界인 적멸원융관寂滅圓融觀이다. 이는

곧, 청정본각원융자성관淸淨本覺圓融自性觀이며, 불이청정원융각 不二淸淨圓融覺을 수순하는 불이각관不二覺觀이다.

※ 삼종자성수순행이 시방여래가 불(佛)을 이룬 법이다.

善男子 此三法門 皆是圓覺 親近隨順 十方如來 因
선 남 자　차 삼 법 문　개 시 원 각　친 근 수 순　시 방 여 래　인

此成佛
차 성 불

선남자야, 이 세 법의 문은 모두 이 원각을 수순하여 익히고 여의지 않음이니라. 시방여래가 불을 이룬 것이 이 법이니라.

♣ 선남자야, 본연본성 삼종자성인 본성자성 청정부동적정성淸淨 不動寂靜性 수순 사마타와 분심자성 청정무애자재성淸淨無礙自在 性 수순 삼마발제와 본각자성 청정적멸원융성淸淨寂滅圓融性 수 순 선나의 삼종자성수순 삼법三法의 문門은, 모두 이 청정본연성 원각圓覺을 수순하여 익히고, 여의지 않으며, 벗어나지 않음이니 라. 시방여래가 불佛을 이룬 것이 바로 본연본성 삼종자성수순행, 바로 이 법이니라. 본성수순 사마타 적정부동관寂靜不動觀과 본심 수순 삼마발제 실상여환관實相如幻觀과 본각수순 선나 적멸원융 관寂滅圓融觀으로, 어느 한 관觀이든 별관別觀인 일관一觀이 깊 어 삼관三觀을 융통하고, 또한, 각각 별관別觀으로 삼관三觀을 두루 통섭統攝하여 융통일관融通一觀에 이르며, 본기청정本起清 淨 원통원각관圓通圓覺觀으로 일체청정불이원융성一切淸淨不二 圓融性에 이르는 불이청정원융일성법不二淸淨圓融一性法이니라.

※ 시방보살 가지가지 일체수행이 삼종자성수순행이니라.

十方菩薩 種種方便 一切同異 皆依如是 三種事業
시 방 보 살   종 종 방 편   일 체 동 이   개 의 여 시   삼 종 사 업

若得圓證 卽成圓覺
약 득 원 증   즉 성 원 각

시방 보살의 가지가지 방편 일체가 같거나 다름이, 다 이와 같이 삼종자성 수순행에 의함이니, 만약 원융함을 증하여 얻으면 곧, 원각을 이룸이니라.

♣ 시방보살의 가지가지 수행방편 일체가 같거나 다름이, 다 이와 같이 본연본성 청정성품에 의지한 삼종자성수순행인 본기청정행업本起淸淨行業에 의함이니, 만약 원융하여 불이청정不二淸淨을 얻으면 곧, 시방원융의 원각을 이루느니라.

※ 백천만억아라한 벽지불 성취도 이 법 수순만 못하다.

善男子 假使有人 修於聖道 敎化成就 百千萬億 阿
선 남 자   가 사 유 인   수 어 성 도   교 화 성 취   백 천 만 억   아

羅漢辟支佛果 不如有人 聞此圓覺 無礙法門 一刹
라 한 벽 지 불 과   불 여 유 인   문 차 원 각   무 애 법 문   일 찰

那頃 隨順修習
나 경   수 순 수 습

선남자야, 가령 사람이 있어 성도를 닦아 교화하여, 백천만억 아라한과와 벽지불과를 성취하였어도, 또 사람이 있어 이 원

각의 무애법문을 듣고, 일 찰나경이라도 수순하여 닦아 익힘 보다 못하느니라.

♣ 선남자야, 가령 사람이 있어 성도聖道를 닦아 교화하여, 백천만억 아라한과阿羅漢果와 백천만억 벽지불과辟支佛果를 성취하였어도, 또 사람이 있어 이 원각의 무애법문을 듣고, 한 찰나라도 원각수순을 익힘보다 못하느니라.

● 번뇌를 멸하여 아라한과阿羅漢果를 이루고, 독각獨覺을 이루어 벽지불과辟支佛果를 얻어도, 여래대원각如來大圓覺의 경계와 공덕에 능히 미치지 못함을 일컬음이다.

爾時 世尊 欲重宣此義 而說偈言
이 시 세 존 욕 중 선 차 의 이 설 게 언

이때 세존께옵서 이 뜻을 거듭 널리 펴시고자 게송으로 말씀하시었다.

威德汝當知
위 덕 여 당 지

위덕자재보살이여! 그대는 당연히 알지어다.

※ 무상대각심 본제무이상 여래총개시 삼종수행이다.

無上大覺心 本際無二相 隨順諸方便 其數卽無量
무 상 대 각 심　본 제 무 이 상　수 순 제 방 편　기 수 즉 무 량

如來總開示 便有三種類
여 래 총 개 시　변 유 삼 종 류

무상대각심 본제무이상을 수순하는 모든 방편이, 그 수가 곧
무량하여도, 여래가 모두를 드러내 보이니 곧, 세 종류가 있
느니라.

♣ 일체중생들이 무명과 미혹을 벗어나게 하고자 각성법覺性法
을 물어, 여래에게 오체투지로 간곡히 청법한 위덕자재보살이여!
그대는 당연히 알지어다. 무상대각청정심無上大覺淸淨心인 본연
본성 본제本際는 일체에 물듦 없는 청정원융무이상淸淨圓融無二
相이니, 그 성품을 수순하는 모든 방편행이, 중생의 지혜와 근기
의 성품을 따라, 또는 일체여래의 지혜방편을 따라 곧, 그 수數가
무량하여도, 여래가 일체수행의 성품을 따라, 모든 수행의 근본을
모두 드러내 보이니, 삼종자성수순행 삼종정관三種淨觀이니라.

※ 사마타는 거울에 상이 비침과 같고, 삼마발제는 싹이 자람과 같
고, 선나는 그릇 가운데 소리와 같다.

寂靜奢摩他 如鏡照諸像 如幻三摩提 如苗漸增長
적 정 사 마 타　여 경 조 제 상　여 환 삼 마 제　여 묘 점 증 장

禪那唯寂滅 如彼器中鍠
선 나 유 적 멸　여 피 기 중 굉

적정 사마타는 거울에 모든 상이 비침과 같고, 여환 삼마발제는 싹과 묘종이 점점 자람과 같고, 적멸 선나는 저 그릇 가운데 소리와 같으니라.

♣ 적정사마타寂靜奢摩他는 적정본성부동성寂靜本性不動性이라 성품이 동動함이 없어, 맑고 맑아 고요하여, 거울에 모든 상相이 비침과 같고, 여환삼마발제如幻三摩鉢堤는 본심이 일체상에 물듦 없이 청정무애자재淸淨無礙自在하여 청정무자성실상환淸淨無自性實相幻이 청정성품 속에 싹이 돋아 자람과 같고, 적멸선나寂滅禪那는 적멸본각원융성寂滅本覺圓融性이니 내외와 능소 일체가 끊어져, 그릇 가운데 소리와 같아, 안과 밖에 얽매임 없어 시방편재원융十方遍在圓融하니라.

● 사마타와 삼마발제와 선나는 무상대각심본제무이상無上大覺心本際無二相인 본연본성의 성품, 삼종자성 수순법이다. 무상대각심無上大覺心의 무상無上은 곧, 본제무이상本際無二相인 불이성不二性을 일컬음이다. 불이성不二性은 일체차별, 일체점차, 일체경계를 벗어난 성품이다. 원각수순삼관인 사마타와 삼마발제와 선나는 곧, 본연성품을 수순함이다. 그러면 사마타와 삼마발제와 선나는 무상대각심본제무이상無上大覺心本際無二相의 어떤 성품을 수순함이냐면, 사마타는 본연청정부동성本然淸淨不動性을 수순함이니, 이는 곧, 본성적정자성本性寂靜自性이다. 삼마발제는 본연무염자재성本然無染自在性을 수순함이니, 곧, 본심자재자성本心自在自性이다. 선나는 본연원융편재성本然圓融遍在性을 수순함이니, 이는 곧, 본각적멸원융자성本覺寂滅圓融自性이다. 이는 본연성품 부사의작용 삼종자성이니, 사마타는 본성자성부동성품인 청

정본성적정수순행淸淨本性寂靜隨順行이다. 삼마발제는 본심자성자재성품인 여환본심무염수순행如幻本心無染隨順行이다. 선나는 본각자성원융성품인 편재본각적멸무이원융수순행遍在本覺寂滅無二圓融隨順行이다. 이 불이본성관不二本性觀를 간단히 요약하면, 사마타는 성性의 적정성寂靜性인 부동관不動觀이다. 삼마발제는 심心의 여환성如幻性인 자재관自在觀이다. 선나는 각覺의 적멸성寂滅性인 원융관圓融觀이다. 사마타의 적정寂靜은 청정부동성淸淨不動性이다. 삼마발제의 여환如幻은 무자성실상환無自性實相幻이다. 선나의 적멸寂滅은 능소적멸원융성能所寂滅圓融性이다. 원각수순삼관행인 사마타 적정수순寂靜隨順으로 불이청정본성不二淸淨本性의 성품에 들고, 삼마발제 여환수순如幻隨順으로 불이무염본심不二無染本心의 성품에 들며, 선나 적멸수순寂滅隨順으로 불이원융본각不二圓融本覺의 성품에 든다. 그러므로 사마타는 본성자성성품을 수순함이며, 삼마발제는 본심자성성품을 수순함이며, 선나는 본각자성성품을 수순함이다. 본성, 본심, 본각의 불이성不二性이 곧, 무상대각심본제무이상無上大覺心本際無二相이다. 사마타와 삼마발제와 선나를 요약일관要約一觀하면, 무자성원융관無自性圓融觀이다. 마음성품종성차별에 따라 요약하면, 사마타 적정 奢摩他寂靜觀은 본성관本性觀이며, 삼마발제여환관三摩鉢堤如幻觀은 본심관本心觀이며, 선나적멸관禪那寂滅觀은 본각관本覺觀이다. 차별관을 요약하면 사마타 적정관은 청정부동관淸淨不動觀이며, 삼마발제 여환관은 무자성실상관無自性實相觀이며, 선나 적멸관은 불이원융편재관不二圓融遍在觀이다. 불이자성실상성품不二自性實相性品을 요약하여 드러내면 사마타적정은 열반성涅槃性이며, 삼마발제여환은 진여성眞如性이며, 선나적멸은 보리성菩提性이다. 사마타적정은 본연성本然性이며, 삼마발제여환은 본연심本然心이며, 선나적멸은 본연각本然覺이다. 이 일체를 요약하면 성性, 심心, 각覺이다. 요약하면 셋이 하나인 바로 심心이다. 그러나 이 심心은, 중생식심衆生識心이 아니기에, 사마타 적멸관으로 구경 결정성結定性을 꿰뚫어 돈각철증頓覺徹證하고, 삼마발제 여환관으로 구경 결정성을 꿰뚫어 돈각철증하고, 선나 적멸관으로 구경 결정성을 꿰뚫어 돈각철증하면, 사마타 적정도 끊어져 없고, 삼마발제 여환도 끊어져 없고, 선나 적멸도 끊어져 없어, 사마타 적정이 망환妄幻이며, 삼마발제 여환도 망환이며, 선나 적멸도 망환이다. 또한, 본성도 끊어져 없고, 본심도 끊어져 없고, 본각도 끊어져 없어, 본성도 망환妄幻이며, 본심도 망환이며, 본각도 망환이다. 그리고 열반성도 끊어져 없고, 진여성도 끊어져 없고, 보리성도 끊어져 없어, 열반도 망환妄幻이며, 진여도 망환이며, 보리도 망환이다. 구경의 결정성結定性을 꿰뚫은 돈각철증頓覺徹證에는 심心이라 해도, 억겁億劫의 무명중생으로 떨어진 망견妄見일 뿐이다. 그러나 마음에 일컫고 이름할 것이 있으니, 억겁億劫 무명중생으로 떨어진 망견妄見을 제거하고자, 중생망환衆生妄幻을 제거하는 지혜방편문을 건립해 세우니, 그것이 원각삼종자성수행방편문 사마타 적정관과 삼마발제 여환관과 선나 적멸관이다. 중생의 지혜근성의 차별에 따라, 각각 별관別觀에 들기도 하며, 삼관三觀을 각각 섭수하기도 하며, 삼관三觀을 융통하기도 한다.

※ 삼종묘법문은 능소 없는 원각수순이다.

三種妙法門 皆是覺隨順
삼 종 묘 법 문 개 시 각 수 순

삼종묘법문은 모두 이 원각을 수순함이니라.

♣ 원각수순행인 사마타와 삼마발제와 선나의 부사의 삼종정관三種淨觀 묘법문은, 모두 내외일체상과 능소일체경계가 끊어져 원융불이성圓融不二性인, 원각수순법이니라.

※ 시방 일체여래와 일체보살이 이 법으로 불도를 이룬다.

十方諸如來 及諸大菩薩 因此得成道 三事圓證故
시 방 제 여 래 급 제 대 보 살 인 차 득 성 도 삼 사 원 증 고

名究竟涅槃
명 구 경 열 반

시방 모든 여래와 더불어 모든 대보살이 이 법으로 도를 이루어 얻음이니, 삼사를 원만히 증득한 연고로 이름이 구경열반이니라.

♣ 시방의 모든 여래와 더불어 모든 대보살이 이 원각수순행으로 구경究竟의 무상도無上道를 이루어 얻음이니, 사마타와 삼마발제와 선나의 원각수순행 삼관삼사三觀三事를 원만히 증득한 연고로, 그 이름이 구경열반이니라.

● 삼사三事 : 사마타와 삼마발제와 선나의 원각수순행이다. 사마타 심부동청정행心不動淸淨行이 적정행寂靜行이다. 삼마발제 심무주무염행心無住無染行이 여환행如幻行이다. 선나는 심원융편재행心圓融遍在行이 적멸행寂滅行이다. 이 삼관三觀이 불이청정원

융행不二淸淨圓融行이며, 대공적멸원융행大空寂滅圓融行이다.

● **구경열반**究竟涅槃: 구경究竟은 무상無上이며, 열반涅槃은 불이不二이니, 무상불이無上不二인 구경열반은 곧, 본연성本然性이다. 이는 곧, 불이성不二性이며, 불이심不二心이며, 불이각不二覺이다. 시종始終 없는 본연의 성품이니 곧, 본성이라 하며, 시종 없는 본연심이니 본심이라 하며, 시종 없는 본연각이니 본각이라 한다. 원융하여 두루 걸림 없으니 원각이라 하며, 물듦 없고, 무엇이든 공능功能으로 수용하니 청정이라 하며, 무엇에도 공능功能이 걸림 없어 원융이라 하며, 일컬을 일체 상相과 분별을 벗어났으므로 불가사의라 한다. 그러나 그것을 알려거나 깨달으려면, 일체 이름과 상相을 벗어나고, 여의어야 한다. 왜냐면 이름과 상相으로는 알 수가 없기 때문이다. 이름과 상相을 벗어나려면, 나라는 분별체 상념이 없어야 한다. 일체 이름과 상相은 나라는 분별체 상념의 그림자다. 그러므로 일체 이름과 상相이 끊어져 사라지면 이름 없고 상相 없어, 처음 없고 끝도 없는 성품이 밝게 드러난다. 그것이 일체 수행자가 세세생생 수행을 멈추지 않고 생生에 생生을 더하며, 찾고 구하는 자기 궁극의 실체다.

■ 각종 수행과 원각삼종자성 수행과의 관계

본성청정부동자성수순행 사마타와 본심무염자재자성수순행 삼마발제와 본각원융편재자성수순행 선나의 수행도, 본연성품을 발한 깨달음으로 원각삼종정관수순행圓覺三種淨觀隨順行과 깨달음을 얻기 위한 수행 삼종자성방편조도수행三種自性方便助道修行은 다르다. 본연본성을 깨달아 본연성품을 발한 원각행은 본연성품

원각삼종자성수순행이며, 본연성품을 깨닫지 못해 원각을 모르는 수행자는 삼종자성방편조도수행三種自性方便助道修行에 의지할 수밖에 없다. 깨달은 원각수순수행자는, 본연본성 여래장如來藏 삼종자성 본연공능 청정자재원융성을 수순함이며, 본연본성을 깨닫지 못해 원각을 수순할 수 없는 수행자는, 상심상견相心相見 사상심과 내외경계심과 능소 일체심을 맑히며, 정화하며, 제어하며, 소멸하며, 조복하는 수행으로 수용섭수하게 된다. 깨달음을 위한 수행 일체가, 무명 사상심을 벗기 위한 수행이며, 보리菩提를 증득하기 위한 수행이다.

깨달음 각력에 의한 원각수순행은 사상四相 없는 본연본성 공능功能인 청정자재원융수순행이며, 원각을 깨닫기 위한 방편수행은 수행지혜가 상심상견 사상四相에 머물러 있으므로, 원각수행을 수용하여도 사상심인 상심상견을 벗어날 수가 없다. 그러므로 그 수행경계는 본연성품인 청정자재원융성을 모르므로, 그 수행심이 상심상견행相心相見行을 바탕한 지止, 정定, 멸滅, 사유思惟, 관觀, 선정禪定, 삼매三昧, 증득證得 등, 상심상견 작지임멸作止任滅에 얽매이게 된다.

그 수행이 무엇이든 홀연히 기연機緣으로 본연성품을 발하여 사상심이 끊어지는 각력인성覺力因性에 따라 본성성품 청정부동열반성淸淨不動涅槃性에 들거나, 본심성품 무염진여자재성無染眞如自在性에 들거나, 본각성품 원융편재보리성圓融遍在菩提性에 들거나, 청정과 자재와 원융 일체를 벗어난 무연일성無緣一性에 들게 된다.

그 수행이 무엇이든 본성을 깨닫고자 하거나, 대승지혜大乘智慧에 들고자 하거나, 일체상을 벗어나고자 하거나, 공空을 깨닫고자하거나, 무위無爲에 들고자 하거나, 무상무아無相無我에 들고자하거나, 일체열반을 얻고자 하거나, 생사를 벗고자 하거나, 일체해탈 하고자 하거나, 생멸부동生滅不動에 들고자 하거나, 견성見性을 하고자 하거나, 상심상견 사상심四相心을 벗고자 하거나, 무명과 미혹을 벗고자 하거나 하는 일체수행은, 청정본성에 드는 사마타의 영역 수행에 들게 된다. 그러나 원각본성에 들면 일체 이러한 차별과 상심상견과 내외능소경계 없는 원각수순행이다.

그 수행이 무엇이든 본심에 들고자 하거나, 일승지一乘智에들고자 하거나, 실상을 깨닫고 자하거나, 심자재에 들고자 하거나, 진여진성에 들고자 하거나, 무위無爲를 벗고자 하거나, 공空을 벗고자 하거나, 이사무애지혜理事無礙智慧에 들고자 하거나, 생멸불이生滅不二에 들고자 하거나, 실상환지實相幻智에들고자 하거나, 무자성실상에 들고자 하는 일체수행은 자재본심에 드는 삼마발제의 영역 수행에 들게 된다. 그러나 깨달음으로원각본심에 들면 이러한 일체 차별심과 차별상이 없는 원각수순행에 들게 된다.

그 수행이 무엇이든 본각에 들고자 하거나, 불승지혜佛乘智慧에들고자 하거나, 각원융을 깨닫고자 하거나, 시방편재에 들고자 하거나, 불이원융不二圓融에 들고자 하거나, 불지혜佛智慧에 들고자 하거나, 사사원융지혜事事圓融智慧에 들고자 하거나, 일체각一切覺에 들고자 하거나, 시방편재원만각성十方遍在圓滿覺性에 들려는 일체수행은, 본각에 드는 선나의 영역 수행에 들게 된다. 원

융본각에 들면 일체 이러한 차별과 상심상견과 내외능소경계 없는
원각수순행에 들게 된다.

　그 수행이 무엇이든 만약 상심상견, 유무생멸, 자타일체, 내외
능소, 구함과 여읨, 멸함과 얻음, 견見과 증證, 아我와 상相, 지
혜와 깨달음, 각覺과 불佛이 있다면 원각이 아니며, 원각수순경
계가 아니다. 일체각一切覺을 증證하여 들어도 청정, 자재, 원융,
삼종자성을 벗어나 있지 않으며, 과거, 현재, 미래, 시방삼세일체
불세계의 수승한 수행길이어도 그 수행은 본연본성 공능행功能行
청정淸淨, 자재自在, 원융圓融 삼종자성수순행을 벗어나 있지 않
다. 만약 그 수행이 청정, 자재, 원융을 벗어났다면, 그 수행은 단
지, 청정자재원융에 들기 위한 방편행일 뿐이다. 깨닫고 나면, 시
방삼세 일체불과 일체보살이 국토의 언어와 경계를 따라 방편을
달리한 한 지혜, 한 뜻뿐, 그 지혜는 다를 바 없는 동일법성同一法
性, 청정자재원융 일지일행一智一行 불이일도不二一道다.

　그 수행이 무엇이든 수행견修行見이 청정자재원융 본연성을 벗
어났으면 사견邪見이며, 그 도道는 사도邪道며, 그 결과는 불佛
을 성취하지 못하는 무명망견無明妄見인 상견행相見行이다. 그
수행이 무엇이건 본연성 청정자재원융을 벗어나 있지 않으면, 아
我와 상심상견 사상심과 내외능소 상相과 견見이 없어, 구하고
여읨과 증證과 깨달음 없는 초월, 여래의 결정경계 비밀대원각심
이다. 그러나 청정이 있고, 자재가 있으며, 원융이 있거나, 청정자
재원융한 자者가 있으면, 그것은 청정자재원융이 아닌, 상심상견
미망의 망념, 아我에 의지한 사상행자四相行者다.

第八 辨音菩薩章
제 8 변 음 보 살 장

※ 25종 청정정륜 삼종자성수순행을 설한다.

※ 변음보살이 지극한 일념으로 청법의식을 갖춘다.

於是 辯音菩薩 在大衆中 卽從座起 頂禮佛足 右繞
어 시 변음보살 재 대 중 중 즉 종 좌 기 정 례 불 족 우 요

三匝 長跪叉手 而白佛言
삼 잡 장 궤 차 수 이 백 불 언

이때에 변음보살께서 대중 속에 계시다 곧 자리에서 일어나
부처님 발에 공손히 이마를 조아려 공경의 예를 올리고 지극
한 존경심으로 받드시어 오른쪽으로 세 번 돌고 두 무릎을 땅
에 꿇어 두 손을 모아 부처님께 말씀을 사뢰었다.

大悲世尊
대 비 세 존

대비하옵신 세존이시여!

※ 일체보살이 닦는 원각수행이 몇 가지가 되옵니까?

如是法門 甚爲希有 世尊 此諸方便 一切菩薩 於圓
여시법문 심위희유 세존 차제방편 일체보살 어원

覺門 有幾修習
각문 유기수습

이와 같은 법문은 심히 희유하옵니다. 세존이시여! 이 모든 방편으로 일체보살이 원각문에 의지하여 닦아 익힘이 몇 가지가 있사옵니까?

※ 방편을 열어 실상을 깨닫게 하옵소서.

願爲大衆 及末世衆生 方便開示 令悟實相
원위대중 급말세중생 방편개시 영오실상

원하옵건대 대중과 또한, 말세중생을 위해 방편을 열어 보이시어 실상을 깨닫게 하옵소서.

※ 여시삼청 지극히 간곡한 청법을 올린다.

作是語已 五體投地 如是三請 終而復始
작시어이 오체투지 여시삼청 종이부시

이 말씀을 드리고는, 오체를 땅에 던져 간절히 절을 올리고, 다시 이와 같이 세 번을 반복하며 지극정성 간곡히 부처님의 가르침을 청하였다.

爾時 世尊 告辯音菩薩言
이시 세존 고변음보살언

이때 세존께옵서 변음보살에게 말씀하시었다.

※ 말세중생을 위해 닦고 익히는 법을 묻는구나.

善哉善哉 善男子 汝等 乃能爲諸大衆 及末世衆生
선재선재 선남자 여등 내능위제대중 급말세중생

問於如來 如是修習
문어여래 여시수습

착하고 착하도다. 선남자여! 너희들은 능히 모든 대중과 더불어 말세중생들을 위해, 여래에게 닦고 익히는 법을 이와 같이 묻는구나.

※ 청법에 응하여 너희들을 위해 설하리라.

汝今諦聽 當爲汝說
여금체청 당위여설

너희들은 이제 자세히 살피어 들을지니라. 당연히 너희들을 위해 설하리라.

♣ 너희들은 이제 여래의 설함을 따라, 청정원각을 닦고 익히는 여래장如來藏의 성품 삼종자성 수순행을 지혜로써 자세히 살피고

잘 사유하며, 지혜의 밝음으로 들을지니라. 당연히 너희의 간곡한 청정서원과 그 염원의 원력을 원만하게 하고, 부족함이 없이 그 서원을 구족하게 하고자, 너희들을 위해 설하리라.

※ 청법에 응하심과 지혜를 얻는 기쁨에 묵연이청하다.

時 辯音菩薩 奉敎歡喜 及諸大衆 默然而聽
시 변 음 보 살 봉 교 환 희 급 제 대 중 묵 연 이 청

그때 변음보살께서 환희심에 말씀을 받들어 모든 대중과 더불어 묵연히 귀를 기울였다.

※ 일체여래 원각청정은 수습과 수습자가 없다.

善男子 一切如來 圓覺淸淨 本無修習 及修習者
선 남 자 일 체 여 래 원 각 청 정 본 무 수 습 급 수 습 자

선남자야, 일체 여래의 원각청정은 본래 닦고 익힐 것이 없고, 닦고 익힐 자도 없느니라.

♣ 선남자야, 일체여래의 원각청정은 시종始終 없는 본연본성이라, 본래 수행으로 닦아 얻는 것이 아니며, 또, 중생의 심성을 이끌어 훈습하여 이루어 성취하는 것도 아니다. 또한, 원각청정은 무엇에 물이 들거나, 미혹해지거나, 무명심으로 어두워지는 것이 아니므로, 닦고 익힐 자者도 없느니라.

● **청정원각**清淨圓覺: 청정淸淨은 시종始終 없는 본연의 성품이다. 이는 실체 없는 무자성無自性이라 청정성품이다. 원각圓覺은 걸림없고 장애 없는 원융각圓融覺이다. 청정원각은 청정원융편재각淸淨圓融遍在覺이다. 청정원각은 어떤 것으로도 성취하거나, 얻거나, 도달하거나, 이룩하는 것이 아니다. 그러므로 청정원각을 깨닫고 그 성품의 수순행인 사마타와 삼마발제와 선나 행으로써 그 성품에 들게 된다. 청정원각을 수순하려면 우선 그 성품인 청정원각을 깨달아야 함은, 청정원각을 모르면 그 성품을 수순할 수가 없기 때문이다. 이는 길이 보이지 않거나 길이 없으면, 목적지를 향해 가고자 하여도, 갈 수가 없는 것과 같다. 청정원각은 일체상을 벗어난 성품이므로 상심상견으로는 청정원각을 알 수가 없다. 그러므로 원각수순은 어떤 앎으로, 식識으로, 지식으로, 분별로, 생각과 헤아림으로 수순할 수가 없다. 그것은 청정원각은 상相이 아니기 때문이며, 분별의 헤아림과 식견識見으로 알 수 없기 때문이다. 청정원각을 수행으로 이루어 얻거나, 성취하는 것은 미혹의 상심相心에서 분별하는 상견相見이며, 분별심의 미혹견迷惑見이다. 왜냐면 청정원각은 본연본성이므로 이루어 얻거나, 성취할 것이 없기 때문이다. 어떤 수행의 결과로 본성을 깨닫게 되면, 깨달은 후後의 일체수행은 깨달은 각력覺力으로 본성을 수순하는 각성수순행이다. 수행으로 도달하고자 하여도, 처소處所가 없고, 수행으로 익히고 훈습하여 이룩하고자 하여도, 익히고 훈습할 체성體性이 없다. 그러므로 청정원각을 깨닫고 본연성품을 수순하는 법으로 사마타와 삼마발제와 선나의 원각수순행을 설하게 된다. 본연성품 수순법으로 단지, 삼종자성정관三種自性淨觀을 드러내는 것은, 삼종자성을 수순함으로 본연성품을 장애하는 장애식障礙識과 장애심障礙心을 제거하여, 본성공능本性功能이 장애 없는

원각능행 圓覺能行에 들기 위함이다.

　그럼, 본성은 어떤 특성이 있기에, 사마타와 삼마발제와 선나의 삼종자성 수순관으로 본성을 수순하도록 하며, 또한, 사마타와 삼마발제와 선나는 어떤 특성을 가진 수행이기에, 이 법으로 일체불 一切佛이 불佛을 성취하며, 또한, 시방일체불十方一切佛이 이 법과 이 법을 수순하는 일체방편법과 조도법으로 일체중생을 구제하며, 또한, 일체대보살이 이 법에 의지해 원융지혜로 불과佛果를 위해 수행하며, 또한, 일체 원력보살이 중생구제를 위해 중생계에서 물듦 없는 보살행을 함이 또한, 이 법에 의함이니, 그 성품의 어떤 특성으로 이러한 불가사의한 법계부사의지혜와 원융지혜행이 펼쳐질까? 그것은 본성의 부사의공능不思議功能에 의함이다. 본성의 부사의공능에 들려면, 우선 본성을 깨달아야 하며, 본성공능이 장애되면 본성수순행으로 본성을 장애하는 장애식障礙識을 제거해야 한다. 장애식을 제거하는 본성수순행인 사마타와 삼마발제와 선나의 원각수순행을 하도록 한다.

　그런데 왜, 본성수순법을 세 종류의 수행법으로 드러내는가 하면, 여기에는 두 가지의 특성이 있다. 첫째는 일체중생의 차별근성 때문이다. 둘째는 본성 성품의 부사의작용 삼대특성에 의함이다. 이 삼대특성으로 일체중생의 차별근성을 모두 섭수하고 수용함이다. 일체중생의 차별근성은 선근차별, 근기차별, 지혜차별, 각성성품차별, 수행차별, 업력차별 등이다. 그리고 중요한 것은 본성의 부사의 삼대특성이 아니면 일체중생을 구제할 수가 없을 뿐만 아니라, 보리菩提의 원만각圓滿覺이나 불佛을 성취할 수가 없다. 왜냐면, 본성 성품을 벗어나면 무명을 벗어남과 불佛을 이루는 길이 끊어지기 때문이다. 그것은 본성장애 없음이 불佛이며, 본성장애가 있음이 무명이며, 미혹이며, 사상심이며, 윤회며, 생사며, 중생이기 때문이다. 불佛을 이루는 성불도成佛道는 본성 수순 본성행이기 때문이다. 그 연유는 본성 장애가 곧, 무명과 미혹, 생사윤회이기 때문이다. 여래의 일체지혜와 일체수행이 본성의 성품과 섭리와 순리와 인과작용의 법성세계다. 만약 불설佛說이 이를 벗어나 있다면, 그것은 중생이 본성 성품을 수순할 수가 없어, 중생의 습기와 업력을 섭수한 조도방편법助道方便法이며, 그래도 조도방편법을 수순할 수가 없으면, 중생근기훈습법을 설說하고, 그래도 수순할 수가 없으면, 중생 삶을 이롭게 하는 정인정과법正因正果法으로 선과善果로 나아가게 하며, 악도惡道에 떨어지지 않는 법으로 중생들을 이롭게 하며, 더불어 마음 다스리는 일체방편의 지혜길을 여시고, 일체중생 상중하上中下의 근기根機 일체를 제도하신다.

본성수순지혜는 청정원각의 지혜이므로, 청정원각을 깨닫지 못하면, 본성 성품을 수순할 수가 없다. 만약, 청정원각을 깨닫지 못하였다면, 본성을 깨닫는 수행을 해야 한다. 그 또한, 사마타와 삼마발제와 선나를 본성수순행이 아닌, 본성수순조도법本性隨順助道法으로 수용하면 된다.

그러면 본성은 어떠한 성품의 특성이 있기에, 본성의 성품을 수순하는데 삼종자성의 특성을 따라 적정성품행寂靜性品行 사마타와 여환성품행如幻性品行 삼마발제와 적멸성품행寂滅性品行 선나의 삼종자성정관三種自性淨觀으로 수행하도록 했을까? 그것은 본성의 부사의성품 특성에 있다. 삼종정관 수행차별순서인, 사마타와 삼마발제와 선나 수행순서의 우선 차별을 둠은, 두 가지의 특성 때문이다. 첫째는 중생업식이 일체경계에 이끌림으로 경계에 동動함을 끊어 중생업식을 우선 제거함으로 본성을 수순하도록 하기 위함이다. 본연본성 부사의 청정각심淸淨覺心이 일체경계에 이끌림은, 맑고 고요한 부사의 본성의 청정성품으로 본심이 극밀명료極密明瞭한 진여성眞如性으로 무애자재하며, 본각이 원융하여 극명極明의 밝고 밝은 성품이기 때문이다. 둘째는 사마타와 삼마발제와 선나의 수행지혜가 본성 성품을 수순하는 각성지혜의 성품 깊이와 광대廣大의 차이가 있기 때문이다. 그것은 각각 성품의 차별에 의한 사마타, 삼마발제, 선나의 수행특성 때문이다. 사마타의 특성은 본성부동성이며, 삼마발제의 특성은 본심자재성이며, 선나의 특성은 본각원융성이다. 사마타의 적정寂靜 성품은 청정부동성淸淨不動性이며, 삼마발제의 여환如幻 성품은 실상무주성實相無住性이며, 선나의 적멸寂滅 성품은 불이원융성不二圓融性이다.

사마타는 본성성품 청정부동적정성淸淨不動寂靜性에 일체여래一切如來의 청정성품과 삼라만상이 거울이 비치듯 드러난다. 삼마발제는 본심성품 무자성실상자재성無自性實相自在性에 일체만상이 청정환淸淨幻으로 청정성품에서 싹이 돋아나고 자라는 것과 같다. 선나는 본각성품 내외원융편재성內外圓融遍在性에 시방 두루 걸림 없이 원융하여, 그릇 가운데 소리가 그릇에 얽매임 없이, 원융함과 같다. 삼종관을 각각 별관別觀을 하거나, 또, 한 관觀의 주관主觀에서 다른 것을 섭수응관攝受應觀하거나, 또는 각력과 관력의 깊이에 따라 삼관원융일성관三觀圓融一性觀에 들면 된다.

사마타 적정지寂靜智에서 삼마발제를 섭수하려면, 무염적정부동성지無染寂靜不動性智에서 무자성청정실상환無自性淸淨實相幻을 응관應觀하고 섭수해야 한다. 만약, 사마타의 적정지寂靜智에서 선나를 섭수하려면, 내외적멸원융편재성內外寂滅圓融遍在性을 응관應觀하고 섭수해야 한다.

삼마발제 실상환지實相幻智에서 사마타를 섭수하려면, 무자성청정실상환지無自性淸淨實相幻智에서 무염적정부동성無染寂靜不動性을 응관應觀하고 섭수해야 한다. 또, 삼마발제의 실상환지實相幻智에서 선나를 섭수하려면, 내외무자성청정환자성지內外無自性淸淨幻自性智에서 내외적멸원융편재성內外寂滅圓融遍在性을 응관應觀하고 섭수해야 한다.

선나 적멸원융각지寂滅圓融覺智에서 사마타를 섭수하려면, 내외적멸원융지內外寂滅圓融智에서 무염적정부동성無染寂靜不動性을 응관應觀하고 섭수해야 한다. 또, 선나의 내외적멸원융지內外寂滅圓融智에서 삼마발제를 섭수하려면, 내외적멸원융지內外寂滅圓融智에서 무자성청정실상환無自性淸淨實相幻을 응관應觀하고 섭수해야 한다.

그러나 일성원융一性圓融에 들거나, 일심원융一心圓融에 들거나, 일각원융一覺圓融의 청정불이성淸淨不二性에 들면, 삼종정관경계를 벗어나 청정무이원융일성淸淨無二圓融一性에 든다. 삼종정관이 융통한 일성一性에 들면, 삼종정관에 의지할 필요가 없다. 그러면 본연일성수순각本然一性隨順覺에 들게 된다. 이는 무상대원각無上大圓覺 본제무이상本際無二相의 장애 없는 본연각本然覺이다.

본연본성 삼종자성은, 시종始終 없는 본연의 본성과 본심과 본각의 성품이다. 본성수순은 적정관寂靜觀 사마타로 본성청정부동성을 수순한다. 본심수순은 여환관如幻觀 삼마발제로 청정무애무염자재성淸淨無礙無染自在性을 수순한다. 본각수순은 적멸관寂滅觀 선나로 청정원융편재성淸淨圓融遍在性을 수순한다. 제일관第一觀 사마타는 본연성품 장애로 마음의 부동본성이 요동하여 분별하고 동動하니, 부동성품수순으로 성품의 장애를 제거하여 성품이 동動함 없는 청정부동성품에 든다. 제이관第二觀 삼마발제는 본연성품 장애로 마음 자재본심이 상相에 머물러 물드니, 무자성실상수순으로 장애성품을 제거하여 상相에 주住함 없는 무염자재성품無染自在性品에 든다. 제삼관第三觀 선나는 본연성품 장애로 마음 원융각성이 내외능소경계가 생기므로 적멸원융수순으로 장애성품을 제거하여 각覺이 내외능소 없는 편재遍在 불이원융성품不二圓融性品에 든다. 그러나 본연본성은 본제무이상本際無二相 청정원융불이성淸淨圓融不二性이니, 사마타, 삼마발제, 선나로 본연성품에 이르면 사마타와 삼마발제와 선나 없는 본제무이상本際無二相인 일체불이원융각一切不二圓融覺 원융일성圓融一性에 이르게 된다. 이것이 원각일성圓覺一性이다. 이것이 본연성품이며, 이 성품을 수순함이 본성을 발한 청정을 인지因地로 한 법행이므로 본기청정本起淸淨 인지법행因地法行이며, 본제무이상本際無二相 수순제방편隨順諸方便이며, 이는 일체중생본연본성이므로 시제중생是諸衆生 청정각지淸淨覺地며, 이 본연본성수순이 평등본제원만시방불이수순어불이경平等本際圓滿十方不二隨順於不二境이다.

본연본성은 유위도 아니며 무위도 아니므로 성性이라 했으며, 본연본심은 유위도 아니며 무위도 아니므로 심心이라 했으며, 본연본각은 유위도 아니며 무위도 아니므로 각覺이라 했다. 그러나 그 체성體性이 다를 바 없고, 둘이 아닌 동일법성同一法性이니 불이不二라 했으며, 일체가 불이평등不二平等이기에 성性으로, 심心으로, 각覺으로 부사의묘용이 있음은, 본연성품의 부사의 자재공능自在功能에 의함이다. 공능장애功能障礙가 청정성장애며, 무염심장애며, 원융각장애다. 공능장애심이 중생심이며, 공능무장애심이 불佛이다. 일체 청정성장애, 무염심장애, 원융각장애 이를 벗어나는 법이 삼종자성수순행이다. 일체무장애는 청정성무장애, 무염심무장애, 원융각무장애다. 장애가 있으면 성性, 심心, 각覺을 분별하므로 셋이 차별에 떨어지며, 장애가 없으면 셋이 다를 바 없어, 성性으로, 심心으로, 각覺으로 무한원융 부사의 공능조화功能造化를 이루게 된다. 이것이 여래본성공능원만장엄如來本性功能圓滿莊嚴이다. 이것이 성性, 심心, 각覺의 공능행功能行이다. 공功은 본연체성구족원만부사의이성력本然體性具足圓滿不思議理性力이며, 능能은 부사의자재不思議自在며, 행行은 공능행功能行으로 드러나는 일체불一切佛과 일체중생과 만물만법이 드러나고 운행작용하는 일체다. 이 일체가 장애 없는 본연성품의 세계다. 일체가 유위이면 법성이 끊어진 단멸斷滅에 떨어지고, 일체가 무위이면 또한, 법성이 자재하지 못한 적적공멸寂寂空滅에 떨어지니, 유위도 무위도 아니기에 유위와 무위를 둘 다 구족하게 하며, 유위와 무위에 물듦이 없음은, 유위도 무위도 아닌 성性이며, 심心이며, 각覺이기 때문이다. 유위에 머무른 자를 중생이라 하고, 무위에 든 자를 대승보살이라 하며, 유위와 무위를 벗어난 자를 일승보살이라 하며, 유위와 무위에 물듦 없는 그것도 없는 원융한 자를 불승보살이라고 하며, 원융도 없는 공능원만자재함이 불佛이다. 불佛은 본연공능청정자재원만행자本然功能淸淨自在圓滿行者

다. 불佛은 체용불이體用不二라 그대로 일체가 성性, 심心, 각覺인 불이일성원만不二一性圓滿이다. 분별심은 일체가 차별이다. 분별심이 없으면 차별도, 차별 없음도, 같은 평등도, 다름없는 같음도 없다. 중생의 분별심 경계가 끊어지면, 일컫고 이름함이 일체가 허물이며, 분별일 뿐이다. 분별이 끊어지면 이름할 여래如來와 성性, 심心, 각覺이 없다. 이를 일러 법구法句 청정淸淨이라 한다. 유위도 무위도 아닌 청정淸淨은 법구法句가 아니라, 이름 없고 일컬을 것 없는 여래如來며, 성性, 심心, 각覺이다. 여래如來는 본연성품이니, 중생이 무명을 벗어 불佛을 이루는 망계妄界가 아니다. 이 일체가 여래장如來藏인 본연공능장本然功能藏이다. 원각에 들면 유위도 무위도 벗어나, 중생도 불佛도 성性, 심心, 각覺도 아닌 본연공능행本然功能行에 들게 된다. 여래如來라 하니, 무명을 벗어나 이루는 불佛을 생각한다. 이는 곧, 자신의 근본을 깨닫지 못했기 때문이다. 자신의 근본행이 불각행佛覺行이며, 근본을 모르면 중생이라고 한다. 중생이라도 중생이 아니며, 불佛을 성취하였어도 불佛이 아니다. 그러므로 중생도 불佛도 아니고, 유위도 무위도 아니기에 불佛이 되기도 하고, 중생이 되기도 하고, 유위도 되기도 하고, 무위도 되기도 한다. 그것은 유위와 무위와 중생과 불佛에도 예속되거나 걸림 없는 성품이기 때문이다.

※ 각성 장애를 제거하는 25종 청정정륜이 있다.

一切菩薩 及末世衆生 依於未覺 幻力修習 爾時 便
일체보살 급말세중생 의어미각 환력수습 이시 변

有二十五種 淸淨定輪
유이십오종 청정정륜

일체보살과 더불어 말세중생이 각이 완전하지 못하므로 의지하는, 환력으로 닦아 익히는 이때에 곧, 이십오종의 청정정륜이 있느니라.

♣ 일체보살과 더불어 말세중생이 청정원각을 깨달았으나 각覺이 완전하지 못하여 장애됨이 있으면, 각성원만자재를 위하여 각성에 의지하는 환력幻力으로 각覺을 수순하여 닦아 익히는 이십오종 청정정륜 각성수순법이 있느니라.

● 이십오종 청정정륜은 청정원각을 깨닫고, 각覺이 완전하지 못하여 각覺의 장애가 있으므로, 각성을 수순하는 원각수순행이다. 수행자의 수행지혜에 따라 사마타와 삼마발제와 선나를 각각 하나하나 별관別觀, 또는, 어느 것 하나를 주관主觀으로 수행하되, 다른 것을 주관主觀을 돕는 조도관助道觀으로 수용하는 응관應觀과 또는, 서로 섭수하여 상응하고 융화하는 융화관融化觀과 또는, 서로 융섭하는 융섭관融攝觀과 또는, 불이원융관不二圓融觀 등이다.

※ 1. 사마타

若諸菩薩 唯取極靜 由靜力故 永斷煩惱 究竟成就
약 제 보 살 유 취 극 정 유 정 력 고 영 단 번 뇌 구 경 성 취

不起于座 便入涅槃 此菩薩者 名單修奢摩他
불 기 우 좌 변 입 열 반 차 보 살 자 명 단 수 사 마 타

만약 모든 보살이 (청정원각을 깨치고 원각을 수순함에) **오직 지극히 고요한 성품을 취하여 고요의 힘을 말미암은 연고로 적정**

경계를 벗어나지 아니하고 구경을 성취하여 영원히 번뇌를 끊어 곧, 열반에 들면, 이 보살은 사마타 하나만 닦음이니라.

♣ 만역 모든 보살이 청정원각을 깨치고 원각을 수순함에, 오직 성품이 지극히 고요한 청정자성부동성清淨自性不動性에 의지하여 성품이 고요한 적정부동성력寂靜不動性力을 좇아 그 적정력寂靜力 경계에서 벗어나지 아니하고 구경을 성취하여 영원히 자성장애自性障礙 번뇌를 끊어, 바로 본연청정자성열반성本然清淨自性涅槃性에 들면, 이 보살은 사마타 하나만 닦음이니라.

● **사마타**奢摩他 : 본성청정부동성本性清淨不動性을 수순하는 원각수행이다. 대승본성지혜수순행大乘本性智慧隨順行이다.

※ 2. 삼마발제

若諸菩薩	唯觀如幻	以佛力故	變化世界	種種作用
약 제 보 살	유 관 여 환	이 불 력 고	변 화 세 계	종 종 작 용

備行菩薩	清淨妙行	於陀羅尼	不失寂念	及諸靜慧
비 행 보 살	청 정 묘 행	어 다 라 니	불 실 적 념	급 제 정 혜

此菩薩者	名單修三摩鉢提
차 보 살 자	명 단 수 삼 마 발 제

만약 모든 보살이 (청정원각을 깨치고 원각을 수순함에) **오직 여**환관으로 불력의 연고로 변화의 세계에 가지가지 지혜작용의 행을 갖춘 보살 청정묘행 다라니로, 적념과 더불어 모든 고요한 지혜를 잃지 않으면, 이 보살은 삼마발제 하나만 닦음이니라.

♣ 만약 모든 보살이 청정원각을 깨치고 원각을 수순함에 오직 일체상이 실체 없는 청정무자성실상환淸淨無自性實相幻임을 관觀하여 환력지혜幻力智慧 속에 불력佛力인 시방삼세제불지혜행十方三世諸佛智慧行을 생각하며 잊지 않고, 청정실상환淸淨實相幻의 세계에서, 중생구제의 가지가지 각성지혜 작용의 자재행을 갖춘 보살의 청정묘행 자성공능각행自性功能覺行으로 상相에 이끌림 없는 자재심과 모든 자성지혜를 잃지 않으면, 이 보살은 삼마발제 하나만 닦음이니라.

● **불력**佛力 : 삼마발제 환지보살행幻智菩薩行에서 항상 시방제불지혜행十方諸佛智慧行을 잊지 않고 사유하며, 제불보살의 지혜와 청정원력행淸淨願力行을 하는 것이다.
● **변화세계**變化世界 : 일체상 청정무자성실상세계다. 이는 이사무애사사원융세계理事無礙事事圓融世界다. 곧, 무자성실상계다.
● **다라니**陀羅尼 : 각성공능覺性功能 작용이다.
● **적념**寂念 : 상염相念이 끊어진 마음이다. 원각에서 적寂은 능소적멸能所寂滅이니, 즉, 상相에 이끌림 없는 마음이다.
● **정혜**靜慧 : 청정지혜淸靜智慧로 상相에 물듦 없는 자성지혜다. 즉, 심자재지心自在智며, 곧, 무염지혜無染智慧다.
● **삼마발제**三摩缽堤 : 청정무자성실상환지행淸淨無自性實相幻智行이다. 이는 자성실상환관自性實相幻觀이다. 실상무자성행實相無自性行 청정환지淸淨幻智를 발하여, 일체상제환一切相諸幻 청정자재심에 들게 된다. 삼마발제 환지幻智는 일체상청정실상지一切相淸淨實相智다. 삼마발제 환지청정지혜경계幻智淸靜智慧境界가 실상묘법연화계實相妙法蓮華界다. 묘법妙法이 실상實相이며, 연화蓮華는 상相에 머묾 없고 물듦 없는 청정무

염본심淸淨無染本心이다. 이 지혜가 삼마발제 청정무염진여진성 淸淨無染眞如眞性 환지행幻智行이다.

● **여환관**如幻觀 : 수행 지혜차별에 따라 유위여환관有爲如幻觀과 무위여환관無爲如幻觀과 실상여환관實相如幻觀이 차별이 있다. 유위여환관有爲如幻觀은 생멸여환관生滅如幻觀이며, 무위여환관 無爲如幻觀은 무상여환관無相如幻觀이며, 실상여환관覺如幻觀은 원융여환관圓融如幻觀이다. 원각수순여환지圓覺隨順如幻智는 생 멸환生滅幻도 아니며, 무상환無相幻도 아니며, 일체상 그대로 무 염청정진여불이성無染淸淨眞如不二性인 법성원융환法性圓融幻이 다. 그러므로 상相이 그대로 무자성실상이다. 상相을 벗어나거 나, 또는 상相을 떠나서 따로 실상이 없다.

※ 3. 선나

若諸菩薩 唯滅諸幻 不取作用 獨斷煩惱 煩惱斷盡
약 제 보 살   유 멸 제 환   불 취 작 용   독 단 번 뇌   번 뇌 단 진

便證實相 此菩薩者 名單修禪那
변 증 실 상   차 보 살 자   명 단 수 선 나

만약 모든 보살이 (청정원각을 깨치고 원각을 수순함에) **오직 모 든 환이 멸하여 작용을 취하지 아니함으로 스스로 번뇌가 끊 어지고, 번뇌가 끊어짐이 다하여 바로 실상을 증하면, 이 보 살은 선나 하나만 닦음이니라.**

♣ 만약 모든 보살이 청정원각을 깨치고 원각을 수순함에, 오직 내외일체상과 능소일체경계가 끊어져 일체적멸로 모든 환幻이 멸

하여, 마음의 작용이나 경계를 취할 것이 없어 스스로 번뇌가 끊어지고, 각覺이 원융하여 번뇌가 끊어짐이 다하여 바로 본연본성 청정원융편재각성실상淸淨圓融遍在覺性實相을 증證하면, 이 보살은 일체적멸원융편재一切寂滅圓融遍在 성품수순인 선나 하나만 닦음이니라.

● **선나**禪那: 적멸행寂滅行으로 내외일체상과 능소일체경계가 끊어진 원융성품을 수순함이다. 이 수행으로 일체불이청정원융시방편재원만각성一切不二淸淨圓融十方遍在圓滿覺性에 이르게 된다.
● 심心과 각覺의 청정성품이 곧, 성性이며, 무애자재 신령스럽게 작용함이 곧, 심心이며, 두루 밝아 걸림 없음이 곧, 각覺이다. 성性은 동動함 없어, 항상 청정하며, 심心은 신령神靈하여 부사의 공능자재功能自在로 항상 물듦 없이 일체一切에 응應하여 자재하며, 각覺은 항상 원융하여 두루 밝게 깨어있어 원융편재성圓融遍在性이다. 성性은 청정부동성淸淨不動性이며, 심心은 무애자재성無礙自在性이며, 각覺은 편재원융성遍在圓融性이다. 성性의 성품 청정부동이 장애되어 심心의 성품이 망동妄動하므로, 적정수순관寂靜隨順觀으로 망妄의 요동搖動을 제거하여, 동動함 없는 성性의 청정부동본성淸淨不動本性에 들게 한다. 심心의 성품 무애자재성無礙自在性이 장애되어, 상相의 무자성청정실상無自性淸淨實相 환지환관幻智幻觀으로 상相에 머묾의 상심相心을 제거하여 주住함 없는 본심자재本心自在에 이르게 한다. 각覺의 성품 원융편재성圓融遍在性이 장애되어, 내외적멸관內外寂滅觀으로 내외능소內外能所가 끊어져 원융시방불이편재圓融十方不二遍在인 각覺의 원융본각에 이르게 한다. 성性은 청정자성부동淸淨

自性不動이며, 심心은 청정자재작용淸淨自在作用이며, 각覺은 청정원융편재淸淨圓融遍在다. 그러므로 삼종자성 원각수순행에서 성性의 성품 적정성寂靜性을 수순하고, 심心의 성품 여환성如幻性을 수순하며, 각覺의 성품 적멸성寂滅性을 수순한다. 성性의 성품 적정寂靜으로 성품의 부동성不動性에 이르고, 심心의 성품 여환如幻으로 심心의 자재성自在性에 이르고, 각覺의 성품 적멸寂滅로 각覺의 원융편재성圓融遍在性에 이른다. 성性은 부사의 청정자성淸淨自性이며, 심心은 부사의 자재작용自在作用이며, 각覺은 부사의 원융편재圓融遍在다. 성性의 적정寂靜으로 청정부동淸淨不動에 들고, 심心의 환지幻智로 무염자재無染自在에 들며, 각覺은 적멸寂滅로 원융편재圓融遍在에 든다. 성요性了는 적정성寂靜性이 길이며, 심요心了는 여환성如幻性이 길이며, 각요覺了는 적멸성寂滅性이 길이다. 그러므로 성요性了는 적정寂靜 사마타로, 심요心了는 여환如幻 삼마발제로, 각요覺了는 적멸寂滅 선나다. 성性의 작용 청정자성 모습이 적정부동寂靜不動이며, 심心의 작용 자재自在의 모습이 여환如幻이며, 각覺의 작용 밝은 모습이 적멸원융寂滅圓融이다. 본성과 본심과 본각의 수순과 조도助道와 훈습薰習과 방편이 무량하다. 그러나 원융일성圓融一性에 들면 본성과 본심과 본각뿐 아니라, 수행법 사마타, 삼마발제, 선나뿐만 아니라, 일체수행차별경계와 일체지혜차별경계가 끊어져, 본제무이상本際無二相인 본성, 본심, 본각이 차별 없는 본연청정불이원융편재성本然淸淨不二圓融遍在性에 든다.

※ 4. 사마타 → 삼마발제

若諸菩薩 先取至靜 以靜慧心 照諸幻者 便於是中
약 제 보 살　선 취 지 정　이 정 혜 심　조 제 환 자　편 어 시 중

起菩薩行 此菩薩者 名先修奢摩他 後修三摩鉢提
기 보 살 행　차 보 살 자　명 선 수 사 마 타　후 수 삼 마 발 제

만약 모든 보살이 (청정원각을 깨치고 원각을 수순함에) **먼저**
(사마타)**지극히 고요함을 취하여 고요한 지혜심에,** (삼마발제)
모든 것이 환임을 밝게 보는 자가 곧, 이 속에서 보살행을 일
으키면, 이 보살은 먼저 사마타를 닦고 뒤에는 삼마발제를 닦
음이니라.

♣ 만약 모든 보살이 청정원각을 깨치고, 원각을 수순함에 먼저
성품이 지극한 청정부동성 적정성품에 의지해 적정부동지혜심寂
靜不動智慧心으로, 청정무자성실상환지淸淨無自性實相幻智를 발
하여 모든 것이 환幻임을 밝게 보는 지혜자가 곧, 이 청정실상환
지淸淨實相幻智 속에서 심자재心自在 청정보살행을 일으키면, 이
보살은 먼저 적정행寂靜行 사마타를 닦고, 뒤에는 환지행幻智行
삼마발제를 닦음이니라.

● 정혜靜慧는 성청정부동지혜性淸淨不動智慧 다. 정혜심靜慧心
은 성청정부동지혜심性淸淨不動智慧心이다.

※ 5. 사마타 → 선나

若諸菩薩 以靜慧故 證至靜性 便斷煩惱 永出生死
약 제 보 살　이 정 혜 고　증 지 정 성　변 단 번 뇌　영 출 생 사

此菩薩者 名先修奢摩他 後修禪那
차 보 살 자 명 선 수 사 마 타 후 수 선 나

만약 모든 보살이 (청정원각을 깨치고 원각을 수순함에) (사마타)**고요한 지혜로 말미암아, 지극히 고요한 성품에 들어 곧, (선나)번뇌를 끊고 영원히 생사를 벗어나면, 이 보살은 먼저 사마타를 닦고 뒤에는 선나를 닦음이니라.**

♣ 만약 모든 보살이 청정원각을 깨치고, 원각을 수순함에 청정자성 지혜로 말미암아, 지극히 고요한 성품 적정부동성寂靜不動性에 들어 곧, 능소적멸로 일체번뇌가 끊어져, 각원융지覺圓融智에 들어 영원히 생사를 벗어나면, 이 보살은 먼저 적정행寂靜行 사마타를 닦고, 뒤에는 적멸행寂滅行 선나를 닦음이니라.

※ 6. 사마타 → 삼마발제 → 선나

若諸菩薩 以寂靜慧 復現幻力 種種變化 度諸衆生
약 제 보 살 이 적 정 혜 부 현 환 력 종 종 변 화 도 제 중 생

後斷煩惱 而入寂滅 此菩薩者 名先修奢摩他 中修
후 단 번 뇌 이 입 적 멸 차 보 살 자 명 선 수 사 마 타 중 수

三摩鉢提 後修禪那
삼 마 발 제 후 수 선 나

만약 모든 보살이 (청정원각을 깨치고 원각을 수순함에) (사마타)**동함 없는 고요한 지혜에서 다시** (삼마발제)**환의 지혜력을 드러낸 가지가지 변화로 모든 중생을 제도하고, 뒤에** (선나)

번뇌를 끊어 적멸에 들면, 이 보살은 먼저 사마타를 닦고 중간에 삼마발제를 닦으며 뒤에는 선나를 닦음이니라.

♣ 만약 모든 보살이 청정원각을 깨치고 원각을 수순함에, 성품이 동動함 없는 청정부동 성품 고요한 지혜에서 다시 청정무자성실상환지淸淨無自性實相幻智를 발하여, 가지가지 변화신變化身으로 모든 중생을 제도하고, 뒤에는 일체적멸 성품으로 번뇌를 끊어, 원융각 청정원융적멸淸淨圓融寂滅에 들면, 이 보살은 적정행寂靜行 사마타를 닦고, 다음은 환지행幻智行 삼마발제를 닦고, 뒤에는 적멸행寂滅行 선나를 닦음이니라.

● **적정혜**寂靜慧: 적寂은 심心의 동動이 끊어진 성품의 부동이다. 정靜은 성품의 동動함이 없어 성품이 고요함이다. 혜慧는 성품의 부동으로 고요하고 맑은 지혜다. 적정혜는 본성을 수순하는 청정부동지혜淸淨不動智慧다.
● 삼종정관三種淨觀은 깨달음의 각覺이 완연하지 못하여 본연본성을 장애하는 장애식障礙識을 깨달음의 각력수순으로 본연본성 장애를 제거함이다.

본연성품 청정부동 성품이 장애되면, 본연성품의 청정부동성을 벗어나게 된다. 성품의 동動은 상相과 경계에 이끌리어 사상심 무명과 미혹에 떨어진다. 그러므로 본연본성 자성성품 청정부동성淸淨不動性으로 성품의 장애를 제거하게 한다. 이것이 사마타 적정행寂靜行이다.

본연성품 심心의 무애자재 성품이 장애되면, 본연 자재심이 상相에 머무르며, 심心이 자재하지 못하다. 심心이 무애자재하지 못하여 장애되면 상相에 머묾이다. 그러므로 본연심 성품장애를 제거하기 위해, 일체상의 실상 무자성청정실상을 깨달아 실상환지實相幻智를 발하여 심자재에 들어, 본연본심의 자성성품 무주자재성無住自在性을 수순하여 심心의 장애를 제거한다. 이것이 삼마발제 청정실상환지清淨實相幻智인 무자성청정실상환지행無自性清淨實相幻智行이다. 이 환지행幻智行으로 청정무염진여진성清淨無染眞如眞性 자재심에 들게 된다.

본연성품 본연각本然覺인 원융각圓融覺이 장애되어 장애식障礙識에 갇히면, 각覺의 원융편재성이 장애되어, 안과 밖의 경계를 생生하여 분별하고, 능소경계식能所境界識으로 시방원융편재성을 잃어, 상하좌우 동서남북 시방분별 중심中心에 갇혀, 상하좌우와 동서남북과 시방을 벗어나지 못하고, 내외일체경계와 능소일체경계심에 상하좌우 동서남북 시방 분별경계심에 얽매인 무명식견無明識見의 장애를 벗어날 수가 없다. 내외일체경계와 능소일체경계심이 끊어지면 본연성품이 시방편재원융하다. 본연본성 각覺의 자성장애를 제거하기 위해, 일체식一切識의 적멸寂滅로 내외능소일체분별업식內外能所一切分別業識이 끊어져 시방원융 두루 밝은 각覺의 편재 본연성품에 이른다. 이것이 본연각성 원융성품을 수순하는 선나 적멸행寂滅行이다.

본성은 청정부동이나, 성품의 동動으로 본연본성 부사의공능작용인 제불여래 청정성품과 시방만물만상이 원융으로 거울 비치듯 밝게 비침의 작용이 장애되어, 일체만물상이 중생의 무명업식 분별상견分別相見으로 수용하므로, 사상심으로 일체상을 업식에 따라 분별하고 집착하게 된다.

본심은 무애자재이나, 사상심이 상相에 머뭄으로 본연본심 부사의공능작용 무염자재심無染自在心은 시방삼라만상을 두루 품어 수용섭수해도, 걸림 없는 청정무애자재심淸淨無礙自在心이나, 한 티끌 환幻과 같은 상相에 머물고 얽매여, 본연본심 무염자재공능 無染自在功能이 장애되어, 상에 머물러 집착하는 사상심이 자기의 마음인 양 인식하게 된다.

본각은 원융각명이지만, 장애로 각覺이 원융하지 못하여, 본연 본각 원융각성공능이 시방을 걸림 없이 두루 밝게 비치는 시방원 융편재원만청정각성광명十方圓融遍在圓滿淸淨覺性光明이 장애되어 원융하지 못하고, 상하좌우 시방분별 능소경계식能所境界識에 얽매여, 각성원융 시방편재성에 들기 전에는 시방분별 장애심에서 한 발자국도 벗어날 수가 없다.

삼종자성관은 본연성품의 특성 청정부동성과 청정자재성과 청정원융성을 수순하는 법이다. 본연성품 청정부동성품으로 동動함 없고 물듦 없는 그 성품이 본성이며, 청정자재작용을 하는 그 성품이 본심이며, 두루 밝게 깨어있어 원융한 그 성품이 본각이다.

마음이 무엇이든 유형무형의 심心, 식識, 물物을 밝게 비치는 것은 청정원융 성품의 작용에 의함이다. 이것을 본각성품이라 한다. 무엇이든 크고 작은 변화와 작용을 걸림 없이 알며 깨닫는 것은 청정자재 성품의 수용섭수 작용에 의함이다. 이것을 본심성품이라 한다. 본심성품의 청정자재작용성淸淨自在作用性과 본각성품의 청정원융각명성淸淨圓融覺明性은 시종始終 없는 무자성청정부동본연본성無自性淸淨不動本然本性에 의함이다. 청정부동성淸淨不動性인 본성과 청정자재성淸淨自在性인 본심과 청정원융성淸淨圓融性인 본각은 본연성품의 부사의 작용특성 삼대성三大性일 뿐, 셋이 따로 있거나, 다른 것이 아니다. 본연성품의 부사의 작용이 같지 않은 성품의 자성 특성을 요별了別한 것이니, 그 체성體性이 본연일성本然一性을 벗어나 있지 않다. 일성一性이 곧, 청정淸淨

이며, 자재自在며, 원융圓融이다. 본연청정本然淸淨이 시종始終 없는 본연본성성품이며, 본연자재本然自在가 시종 없는 본연본심 성품이며, 본연원융本然圓融이 시종 없는 본연본각성품이다.

　본연일성本然一性이 맑고 고요해 물듦 없고, 동動함 없는 성품 이니 청정부동성이라 하며, 걸림 없이 작용하고, 일체를 수용하 고 섭수하며, 부사의 무량공덕 자재공능自在功能을 발현하니 심 心이라 하며, 부사의 작용성품이 원융하여 두루 밝게 비치니 원융 각이라 일컬을 뿐, 셋이 서로 다른 것이 아닌, 부사의 일성一性이 라, 본연성품 작용 삼대성三大性 공능功能의 작용으로 총화總和 를 이루어, 삼라만상만물을 출현하고, 삼세제불三世諸佛 일체법 이 이 삼대성三大性을 따라 지혜장엄 무량법無量法이 무량삼세에 원만구족하다. 다함 없는 불지혜佛智慧가 시방제불十方諸佛의 것 이 아니라, 티끌 하나 더하지 않고, 티끌 하나 묻지 않은 무염청정 無染淸淨을 불지혜佛智慧로 드러내니, 스스로 잃은 것 없으나 모 르는 자者는 일체불법一切佛法이, 불佛의 지혜와 불佛의 입에서 출현한 것으로 알고 있다. 불佛의 입에서 나온 것은, 그분의 불지 혜佛智慧며, 불佛의 입을 거치지 않아, 더러움이나 깨끗함에도 굴 러떨어지지 않고, 물듦 없이 맑고 고요한 그대로 그 모습 간직하고 있어, 청정이라 이름하고, 무엇에도 걸림 없이 뛰어난 요술쟁이같 이, 항상 영명靈明하고 밝고 밝아 자유자재함으로 자재自在라고 하며, 두루 밝아 방方이 없고 걸림이 없으므로 원융이라고 한다. 변함없고 물듦 없는 그것이 만물의 바탕이니, 본성本性이라 이름 하며, 요술쟁이같이 자유자재하며, 영명靈明하여 태란습화胎卵濕 化 일체중생류 누구나 마음대로 마구 쓰니, 마음이라고 하며, 시 방 두루 밝아 어둠 없이 청황적백 대소장단 두루 밝게 비치니 각

覺이라 이름한다.

정定과 그침止, 열반으로 부동不動의 청정무염淸淨無染에 이르고자 함이, 동動함 없는 본성의 성품을 향함이다. 실상과 무자성과 무염진여無染眞如에 이르고자 함이, 머묾 없는 자재본심의 성품을 향함이다. 원융, 무상無上, 원만, 편재, 각명覺明에 이르고자 함이, 능소적멸 본각의 성품을 향함이다. 어느 것으로 원융에 들든, 한 성품으로 능소 없는 원융일성圓融一性에 듦으로, 두루 삼종자성을 한목 통通하게 된다. 원융일성에는 본성, 본심, 본각이라 이름하고 일컬을 것 없는, 일체가 끊어진 청정원융자재성淸淨圓融自在性일 뿐이다. 원융일성에는 물物과 심心의 경계가 사라져, 물物과 심心이 원융한 불이不二의 원융성 한 경계며, 풀잎 하나에도 부사의 여래공능如來功能 무량공덕이 충만하고, 땅에 기어 다니는 하잘것없는 작은 벌레도, 나와 조금도 여래如來의 공덕이 다를 바 없는 불성원만佛性圓滿이다.

※ 7. 사마타 → 선나 → 삼마발제

若諸菩薩 以至靜力 斷煩惱已 後起菩薩 淸淨妙行
약 제 보 살　이 지 정 력　단 번 뇌 이　후 기 보 살　청 정 묘 행

度諸衆生 此菩薩者 名先修奢摩他 中修禪那 後修
도 제 중 생　차 보 살 자　명 선 수 사 마 타　중 수 선 나　후 수

三摩鉢提
삼 마 발 제

만약 모든 보살이 (청정원각을 깨치고 원각을 수순함에) (사마타)**지극한 고요의 힘으로** (선나)**번뇌를 이미 끊고, 뒤에** (삼마

발제)보살의 청정묘행을 일으켜 모든 중생을 제도하면, 이 보살은 먼저 사마타를 닦고, 중간에 선나를 닦고, 뒤에는 삼마발제를 닦음이니라.

♣ 만약 모든 보살이 청정원각을 깨닫고 원각을 수순함에, 청정부동 성품의 지극한 적정寂靜의 힘으로 적멸성寂滅性에 들어 번뇌를 이미 끊고, 다음은 청정무자성실상환지淸淨無自性實相幻智 속에 보살청정묘행을 일으켜, 모든 중생을 제도하면, 이 보살은 먼저 적정행寂靜行 사마타를 닦고, 중간에 적멸행寂滅行 선나를 닦고, 뒤에는 환지행幻智行 삼마발제를 닦음이니라.

● 지정력至靜力은 성품의 적정력寂靜力이다. 본성청정부동성本性淸淨不動性을 수순하는 힘이다. 마음 성품이 지극히 고요하여 동動함이 없는 청정부동심력淸淨不動心力이다.

※ 8. 사마타 → 선나 + 삼마발제

若諸菩薩 以至靜力 心斷煩惱 復度衆生 建立境界
약 제 보 살 이 지 정 력 심 단 번 뇌 부 도 중 생 건 립 경 계

此菩薩者 名先修奢摩他 齊修三摩鉢提 禪那
차 보 살 자 명 선 수 사 마 타 제 수 삼 마 발 제 선 나

만약 모든 보살이 (청정원각을 깨치고 원각을 수순함에) (사마타) **지극한 고요의 힘으로** (선나)**마음의 번뇌를 끊으며, 또한,** (삼마발제)**중생을 제도하는 경계를 건립하면, 이 보살은 먼저 사마타를 닦고, 가지런히 선나와 삼마발제를 닦음이니라.**

♣ 만약 모든 보살이 청정원각을 깨닫고 원각을 수순함에, 청정부동 성품의 지극한 적정력寂靜力으로, 능소적멸행能所寂滅行을 수용하여 마음의 번뇌를 끊으며, 또한, 청정무자성실상환지淸淨無自性實相幻智로 중생제도의 환지경계幻智境界를 건립하면, 이 보살은 적정행寂靜行 사마타를 닦고, 적멸행寂滅行 선나와 환지행幻智行 삼마발제를 가지런히 닦음이니라.

※ 9. 사마타 + 삼마발제 → 선나

若諸菩薩 以至靜力 資發變化 後斷煩惱 此菩薩者
약 제 보 살 이 지 정 력 자 발 변 화 후 단 번 뇌 차 보 살 자

名齊修奢摩他 三摩鉢提 後修禪那
명 제 수 사 마 타 삼 마 발 제 후 수 선 나

만약 모든 보살이 (청정원각을 깨치고 원각을 수순함에) (사마타)**지극한 고요의 힘을 바탕으로** (삼마발제)**변화를 발하고 뒤에는** (선나)**번뇌를 끊으면, 이 보살은 가지런히 사마타와 삼마발제를 닦고 뒤에는 선나를 닦음이니라.**

♣ 만약 모든 보살이 청정원각을 깨닫고 원각을 수순함에 청정부동 성품 지극한 적정寂靜의 힘을 바탕하여, 청정무자성실상환지淸淨無自性實相幻智를 발하고, 뒤에는 적멸행寂滅行으로 번뇌를 끊으면, 이 보살은 가지런히 적정행寂靜行 사마타와 환지행幻智行 삼마발제를 함께 닦고, 뒤에는 적멸행寂滅行 선나를 닦음이니라.

若諸菩薩 以至靜力 用資寂滅 後起作用 變化世界
약 제 보 살   이 지 정 력   용 자 적 멸   후 기 작 용   변 화 세 계

此菩薩者 名齊修奢摩他 禪那 後修三摩鉢提
차 보 살 자   명 제 수 사 마 타   선 나   후 수 삼 마 발 제

만약 모든 보살이 (청정원각을 깨치고 원각을 수순함에) (사마타)**지극한 고요의 힘이** (선나)**적멸의 바탕으로 작용하며, 뒤에** (삼마발제)**변화세계에 작용을 일으키면, 이 보살은 사마타와 선나를 가지런히 닦으며 뒤에는 삼마발제를 닦음이니라.**

♣ 만약 모든 보살이 청정원각을 깨닫고 원각을 수순함에 청정부동 성품의 지극히 고요한 힘이 능소적멸能所寂滅의 바탕으로 작용하며, 뒤에 청정무자성실상환지淸淨無自性實相幻智의 세계에 들면, 이 보살은 적정행寂靜行 사마타와 적멸행寂滅行 선나를 가지런히 닦으며, 뒤에 환지행幻智行 삼마발제를 닦음이니라.

若諸菩薩 以變化力 種種隨順 而取至靜 此菩薩者
약 제 보 살   이 변 화 력   종 종 수 순   이 취 지 정   차 보 살 자

名先修三摩鉢提 後修奢摩他
명 선 수 삼 마 발 제   후 수 사 마 타

만약 모든 보살이 (청정원각을 깨치고 원각을 수순함에) (삼마발제)**변화력으로 가지가지를 수순함으로** (사마타)**지극한 고요함**

을 취하면, 이 보살은 먼저 삼마발제를 닦고 뒤에는 사마타를 닦음이니라.

♣ 만약 모든 보살이 청정원각을 깨닫고 원각을 수순함에 청정무자성실상환지淸淨無自性實相幻智 환력지혜幻力智慧로 가지가지 청정실상을 수순함으로 성품의 청정부동성에 이르면, 이 보살은 먼저 환지행幻智行 삼마발제를 닦고, 뒤에는 적정행寂靜行 사마타를 닦음이니라.

● **변화력**變化力 : 실상환지력實相幻智力이다. 실상지實相智 무염본심無染本心에 들면 무염진여자재성본심無染眞如自在性本心에서 청정실상환淸淨實相幻을 깨달아 일체가 청정실상무자성세계淸淨實相無自性世界다. 청정실상지혜淸淨實相智慧는 무염진여자성지혜無染眞如自性智慧다. 무자성실상無自性實相의 가지가지 변화에도 무염진여진성無染眞如眞性 본심자성지혜本心自性智慧로 머묾이 없어, 각력청정심覺力淸淨心을 잃지 않는다. 무염진여자재성본심無染眞如自在性本心의 경계가 곧, 청정실상무자성세계淸淨實相無自性世界다. 그러므로 청정실상무자성세계淸淨實相無自性世界는 곧, 무염진여자재성본심無染眞如自在性本心의 세계다.

※ 12. 삼마발제 → 선나

若諸菩薩 以變化力 種種境界 而取寂滅 此菩薩者
약 제 보 살 이 변 화 력 종 종 경 계 이 취 적 멸 차 보 살 자

名先修三摩鉢提 後修禪那
명 선 수 삼 마 발 제 후 수 선 나

만약 모든 보살이 (청정원각을 깨치고 원각을 수순함에) (삼마발제)**변화력으로 가지가지 경계에서** (선나)**적멸을 수순하면, 이 보살은 먼저 삼마발제를 닦고 뒤에는 선나를 닦음이니라.**

♣ 만약 모든 보살이 청정원각을 깨닫고 원각을 수순함에 청정무자성실상환지력淸淨無自性實相幻智力으로 가지가지 경계에서 내외능소경계가 끊어진 적멸성寂滅性을 수순하면, 이 보살은 먼저 환지행幻智行 삼마발제를 닦고, 뒤에는 적멸행寂滅行 선나를 닦음이니라.

※ 13. 삼마발제 → 사마타 → 선나

若諸菩薩 以變化力 而作佛事 安在寂靜 而斷煩惱
약 제 보 살　이 변 화 력　이 작 불 사　안 재 적 정　이 단 번 뇌

此菩薩者 名先修三摩鉢提 中修奢摩他 後修禪那
차 보 살 자　명 선 수 삼 마 발 제　중 수 사 마 타　후 수 선 나

만약 모든 보살이 (청정원각을 깨치고 원각을 수순함에) (삼마발제)**변화력으로 불사를 행하고,** (사마타)**적정을 수순하여 평안하며** (선나)**번뇌를 끊으면, 이 보살은 먼저 삼마발제를 닦고, 중간에는 사마타를 닦고, 뒤에는 선나를 닦음이니라.**

♣ 만약 모든 보살이 청정원각을 깨닫고 원각을 수순함에 청정무자성실상淸淨無自性實相 환지력幻智力으로 환幻의 세계에서 중생구제의 불사佛事를 행하고, 청정부동성淸淨不動性 성품을 수순하여 성품이 동動함 없어 평안하며, 내외능소적멸행으로 번뇌를

끊으면, 이 보살은 먼저 환지행幻智行 삼마발제를 닦고, 중간에는 적정행寂靜行 사마타를 닦고, 뒤에는 적멸행寂滅行의 선나를 닦음이니라.

● **약제보살**若諸菩薩 **이변화력**以變化力 **이작불사**而作佛事 : 만약 모든 보살이 변화력으로 불사를 행한다. 이는 모든 보살이 무염청정진여진성각無染淸淨眞如眞性覺에 들어, 일체실상청정환지一切實相淸淨幻智 속에 시방일체불보살十方一切佛菩薩의 각행覺行과 자비행慈悲行을 잊지 않고, 환지세계幻智世界에서, 환幻과 같은 중생을 구제하고, 제도하며, 무염진여환지보살행無染眞如幻智菩薩行의 불사佛事를 지음이다.

※ 14. 삼마발제 → 선나 → 사마타

若諸菩薩 以變化力 無礙作用 斷煩惱故 安住至靜
약 제 보 살   이 변 화 력   무 애 작 용   단 번 뇌 고   안 주 지 정

此菩薩者 名先修三摩鉢提 中修禪那 後修奢摩他
차 보 살 자   명 선 수 삼 마 발 제   중 수 선 나   후 수 사 마 타

만약 모든 보살이 (청정원각을 깨치고 원각을 수순함에) (삼마발제)**변화력의 무애작용으로** (선나)**번뇌를 끊은 연고로,** (사마타)**지극한 고요에 안주하면,** 이 보살은 먼저 삼마발제를 닦고 중간에 선나를 닦고 뒤에는 사마타를 닦음이니라.

♣ 만약 모든 보살이 청정원각을 깨닫고 원각을 수순함에 청정무자성실상淸淨無自性實相 환지력幻智力으로 일체상에 걸림 없는

청정무애자재심淸淨無礙自在心으로 내외능소적멸하여 번뇌를 끊은 까닭으로, 지극히 고요한 성품 청정부동성淸淨不動性에 안주하면, 이 보살은 먼저 환지행幻智行 삼마발제를 닦고, 다음은 적멸행寂滅行 선나를 닦고, 그다음은 적정행寂靜行 사마타를 닦음이니라.

※ 15. 삼마발제 → 사마타 + 선나

若諸菩薩 以變化力 方便作用 至靜寂滅 二俱隨順
약 제 보 살　이 변 화 력　방 편 작 용　지 정 적 멸　이 구 수 순

此菩薩者 名先修三摩鉢提 齊修奢摩他 禪那
차 보 살 자　명 선 수 삼 마 발 제　제 수 사 마 타　선 나

만약 모든 보살이 (청정원각을 깨치고 원각을 수순함에) (삼마발제)**변화력의 방편작용으로** (사마타)**지극한 고요와** (선나)**적멸 두 가지를 함께 수순하면, 이 보살은 먼저 삼마발제를 닦고 가지런히 사마타와 선나를 닦음이니라.**

♣ 만약 보살이 청정원각을 깨닫고 원각을 수순함에, 청정무자성실상환지淸淨無自性實相幻智의 심자재여환心自在如幻 방편행 작용으로 지극한 청정부동성淸靜不動性과 적멸원융寂滅圓融의 두 가지 성품을 함께 수순하면, 이 보살은 먼저 환지행幻智行 삼마발제를 닦고, 다음은 적정행寂靜行 사마타와 적멸행寂滅行 선나를 함께 닦음이니라.

若諸菩薩 以變化力 種種起用 資於至靜 後斷煩惱
약 제 보 살 이 변 화 력 종 종 기 용 자 어 지 정 후 단 번 뇌

此菩薩者 名齊修三摩鉢提 奢摩他 後修禪那
차 보 살 자 명 제 수 삼 마 발 제 사 마 타 후 수 선 나

만약 모든 보살이 (청정원각을 깨치고 원각을 수순함에) (삼마발제)**변화력으로 가지가지 작용을 일으킴이 바탕이 되어** (사마타)**지극히 고요하여, 뒤에** (선나)**번뇌를 끊으면, 이 보살은 가지런히 삼마발제와 사마타를 닦고 뒤에 선나를 닦음이니라.**

♣ 만약 모든 보살이 청정원각을 깨닫고 원각을 수순함에, 청정무자성실상환지淸淨無自性實相幻智로 가지가지 심자재지혜心自在智慧 각력覺力의 작용을 일으킴이 바탕이 되어, 지극히 고요한 성품 청정부동성淸淨不動性 적정寂靜에 이르고, 뒤에 내외능소적멸에 들어 번뇌를 끊으면, 이 보살은 환지행幻智行 삼마발제와 적정행寂靜行 사마타를 닦고 뒤에 적멸행寂滅行 선나를 닦음이니라.

若諸菩薩 以變化力 資於寂滅 後住淸淨 無作靜慮
약 제 보 살 이 변 화 력 자 어 적 멸 후 주 청 정 무 작 정 려

此菩薩者 名齊修三摩鉢提 禪那 後修奢摩他
차 보 살 자 명 제 수 삼 마 발 제 선 나 후 수 사 마 타

만약 모든 보살이 (청정원각을 깨치고 원각을 수순함에) (삼마

발제)**변화력이** (선나)**적멸의 바탕이 되어, 뒤에** (사마타)**청정에 안주하여 사유가 고요하여 분별의 지음이 없으면, 이 보살은 가지런히 삼마발제와 선나를 닦고 뒤에 사마타를 닦음이니라.**

♣ 만약 모든 보살이 청정원각을 깨닫고 원각을 수순함에, 청정무자성실상환지清淨無自性實相幻智 심자재지혜心自在智慧가 내외능소적멸행을 이루는 바탕이 되어, 뒤에 청정부동지清淨不動智에 머물러 고요하고 생각 지음이 없으면, 이 보살은 가지런히 환지행幻智行 삼마발제와 적멸행寂滅行 선나를 닦고, 뒤에 적정행寂靜行 사마타를 닦음이니라.

● 사마타, 삼마발제, 선나를 공가중空假中 삼관三觀에서 보면, 사마타는 청정부동자성淸淨不動自性인 공관空觀이며, 삼마발제는 실상환實相幻인 가관假觀이며, 선나는 적멸원융寂滅圓融인 중관中觀이다. 그러나 이것은 차별관差別觀에서 본 것일 뿐, 차별관을 벗어난 원각원융관圓覺圓融觀에 들면, 공가중空假中 삼관三觀이 원융일관圓融一觀이 된다. 공가중空假中 삼관三觀이 사라짐은 가假가 없기 때문이며, 공空이 없기 때문이며, 중中이 없기 때문이다. 유무有無는 범부견凡夫見이며, 가假도 허물이며, 망妄이기 때문이다. 또, 공空도 허물이며, 망妄이기 때문이다. 또한, 중中도 허물이며, 망妄이기 때문이다. 왜냐면 원융일성圓融一性에 들면 공가중이 사라지기 때문이다. 관觀도 대對를 벗으면 관觀이 끊어져 일실요의一實了義에 들게 된다. 일체一切가 실實일 뿐이다. 원각실상圓覺實相에 들면 공가중 삼관三觀도 망妄이며, 분별이다. 공가중 삼관三觀은 단지, 유무의 사상심 미망을 벗는 과정

일 뿐이다. 관觀할 것이 있으면 대對의 능소분별이며 망妄이다. 그러나 망妄이 있으면, 그 망妄을 제거하기 위해 수행방편에 의지할 뿐이다. 원각에 들면 원각을 장애하는 장애심을 제거하고자, 허망한 원각수순방편법에 의지할 뿐, 각覺의 밝음도, 수순도 망妄의 분별이며, 대對가 사라진 각명覺明에는, 각覺의 밝음도 또한, 수순할 것도 없다. 단지, 망妄을 제거하고자 망妄의 수순법, 장애제거 방편에 의지할 뿐이다. 병病을 고치기 위해 약藥에 의지할 뿐, 병病이 나으면 약藥은 필요가 없다. 약藥은 병病의 치료를 위한 방편일 뿐이다. 사마타, 삼마발제, 선나는 청정원각을 깨닫고 각覺이 원만하지 못하여 각覺이 장애되므로, 원각을 장애하는 장애식障礙識과 장애심障礙心 제거를 위해 각覺을 수순하는 원각수순법이다. 그러나 이 또한, 방편법임은, 원각이 장애 없으면 이 또한, 망妄이기 때문이다. 그러므로 원각수순법은 반드시, 그리고 철저히 본연본성을 수순해야 한다. 만약, 본연본성을 수순하는 것이 아니면 그것은 청정원각을 깨닫지 못해 청정원각을 깨닫게 하거나, 아니면 원각수순방편법에 들도록 하는 방편조도법方便助道法이거나, 그것도 아니면, 방편조도법을 수용해 근기根機를 다스리고 제습除習을 위한 근기훈습법根機薰習法이다.

수행의 근본은 본연본성 장애인 각력장애, 무명 미혹의 상심상견 사상심 때문이다. 그러므로 본연본성을 깨달음으로 본연본성을 수순하는 각력수행이 구경究竟을 향한 각력수순의 마지막 수행이다. 본연본성이 장애되면 일체一切가 차별이다. 그러므로 본연본성을 벗어난 수행경계는 일체차별 속에 있다. 깨달음으로 각성覺性을 수순하는 본연성 수순행은 구경수행究竟修行의 길이다. 그러므로 최상수행법最上修行法은 본연본성수순법이다. 최상구경수행最上究竟修行은 본연본성수순행이며, 구경究竟을 향한 수행심은 본연본성수순심이다. 본연본성수순행을 하려면, 먼저 본연본성을 깨달아야 한다. 본연본성수순행은 본연본성을 장애하는 무명식無明識 장애식障礙識과 무명심無明心 장애심障礙心을 본성수순 청정성품으로 벗어나는 수행이다. 이것이 깨달음 각지覺智의 무상수행無上修行이다. 깨달음을 얻은 자者가 각覺이 완연하지 못하여 본연본성이 장애되면, 깨달음 각력覺力으로 장애식障礙識과 장애심障礙心을 제거하는 본연본성수순행 청정각행淸淨覺行에 자연히 들게 된다. 각覺의 완연함이란, 본연본성을 깨달은 그 깨달음이 완연을 일컫는 것이 아니다. 본연본성을 깨달은 그 깨달음이 완연함은 기본이며, 바탕이다. 그것이 구경究竟이 아니다. 구경究竟의 완연함은 본연본성의 부사의공능행不思議功能行이 원융원만圓融圓滿하여 본연공능本然功能이 자재하여 일체장애가 없음이다. 본연본성의 부사의공능이란, 본연본성이 본래부터 가지고 있는 능행자재能行自在한 부사의이不思議理 공리功理를 공功이라고 하며, 능能은 부사의공리자재不思議功理自在 공功의 원융행인 무애자재능행작용無礙自在能行作用이 능能이다. 본연본성 공능功能은 궁극을 벗어난 불가사의며 불가사의다. 시방삼세일체부사의불十方三世一切不思議佛이 불佛을 이룸도 본연본성 공능력功能力이며, 일체불일체각력지혜一切佛一切覺力智慧가 곧, 본연본성 공능功能의 지혜다. 일체불일체불법一切佛一切佛法이 본연본성 공능세계功能世界며, 공능지혜功能智慧다. 또한, 일체중생과 일체만물이 생성하고 운행하는 삶의 일체가 곧, 본연본성 공능작용功能作用의 세계다. 본연본성 공능功能을 벗어나면 삼세제불三世諸佛도, 삼세일체중생도, 삼세유형무형일체만물만상도 존재할 수가 없다. 본연성품 부사의공능성품이 본성공능성품, 본

427

제8 변음보살장

심공능성품, 본각공능성품이다.

각覺이 장애됨이 본연본성 부사의공능 不思議功能이 장애됨이다. 깨달음의 지혜가 단순, 각覺에 드는 그것만을 일컬음이 아니다. 깨달음으로 각覺을 이루고, 각覺에 듦은 단연 기본이며, 각력覺力이 각覺의 본연본성 부사의 공능功能이 장애됨을 제거하는 각력수순이 궁극을 벗은 일체장애 없는 일체초월 본연본성 공능자재功能自在를 위한 수행이다. 본연본성 성품수순으로 부사의 공능자재행이 본성공능, 본심공능, 본각공능이 장애 없는 본연성품 삼종자성장애를 제거하는 것이 삼종자성수순행인 삼종정관三種淨觀이다.

깨달음의 각력지혜로 본연본성의 성품을 수순하는 각력수행이 곧, 부사의공능자재행不思議功能自在行인 육근원융본연본성자재각력원만공능행六根圓融本然本性自在覺力圓滿功能行에 들게 한다. 이는 육근원융자재六根圓融自在에 본연성품 부사의공능不思議功能이 장애 없음이다. 육신통자재六神通自在도 본연본성 공능功能의 한 부분일 뿐이다. 육신통六神通이 신神은 자재自在며, 통通은 원융으로 일체장애가 없음이다. 육신통六神通도 본연본성공능능행能行의 한 부분일 뿐이다. 본연본성을 미망에서 생각하는 것과 각성원융 각력지혜로 아는 것은 망妄과 각覺의 차이가 있다. 미망심에서 본연본성을 단순, 깨닫는 것으로만 생각해서는 안 된다. 우주삼라만상만물이 본성공능사本性功能事며, 이 일체一切를 두루 수용하고 섭수함이 공능功能을 행行하는 심心이다. 우주삼라만상만물이 사라져도, 공능功能을 행行하는 심心은 사라지지 않는다. 시방우주도, 공능功能을 행行하는 마음 한 자락에 불과

不過하다. 깨달음을 구경처究竟處로 삼는 미망迷妄의 자者는 깨달으면 그것뿐이지만, 각覺이 열린 자者는, 깨달음은 단연, 기본일 뿐, 그 미혹을 구경처究竟處로 삼지 않는다. 구경究竟은 각력무한覺力無限으로 열려 있을 뿐, 시종始終이 없다. 심心의 본연공능本然功能은 불가사의하고 불가사의하다. 일체시방우주가 일심공능작용一心功能作用이다. 이 말의 뜻을 이해하는 것도 망妄과 각覺의 차이가 있다. 망妄이면 그 헤아림이 망妄이며, 각覺이면 각覺의 무한 공능功能 불가사의다. 이 불가사의함이 곧, 심心의 공능 불가사의다.

수행으로 깨닫고 나면, 깨닫고 나서도 더 닦을 것이 있는가? 또는 닦을 것이 없는가 하는 것이 미망경계에서는 견해가 분분하다. 그것은 깨닫지 못한 미망경계에서 헤아리는 것과 깨닫고 나서 아는 것은 차이가 있다. 깨닫고 나서도, 더 닦고 깨달을 것이 있다면, 그 깨달음은 궁극을 초월한 깨달음이 아니다. 궁극을 초월한 완전한 깨달음이면, 미망경계에서 헤아리는 깨달음을 위한 수행은 없다. 이 깨달음에는 각覺을 위해 더 깨닫거나, 미망을 닦을 것도 끊어져 없다. 이 까닭은 미망뿐 아니라 각覺까지 벗어난 불이원융不二圓融 청정성품이기 때문이다. 그러면 깨달으면 불佛인가? 이 생각은 미망경계에서 헤아리는 분별심일 뿐이다. 왜냐면, 중생과 불은 무명의 미망심 분별의 망념妄念이기 때문이다. 불佛, 이를 망妄에서 헤아리는 것과 각覺에서 아는 것은 차이가 있으며, 같을 수가 없다. 망妄의 이견심二見心인 상심상견에서는 불佛과 중생衆生, 무명無明과 각覺이 둘이 되어 무명無明인 중생衆生을 벗어나, 각覺인 불佛을 성취하려 한다. 그러나 원융각에 이르면 무명無明의 중생衆生과 각覺의 불佛을 벗어나게 된다. 일체수행은 미망의 이견심二見心을 벗어나는 무명제거 방편법이다. 미망의 이견심이 있으면, 무명이든 깨달음의 지혜든 차별경계 능소심能所心과 능소각能所覺의 경계를 벗어날 수가 없다. 깨닫기 전에는 깨달음이 중요하겠으나, 깨달아도 지혜를 밝히고, 더 각력을 더하여 깨달을 바가 있다면 완전한 깨달음은 아니다. 깨달음 각성경계에서 깨달음보다 더 중요한 것은 본연공능本然功能이 일체 장애 없이 무애자재 완연한가가 중요하다. 본연공능자재本然功能自在가 완연하지 못하다면 그 깨달음은 견각見覺에 머무름이다. 견각見覺의 각성경계와 깊이가 무량하여도 그 깨달음으로는 본연공능이 자재할 수가 없다. 그러나 이 경계도 미망의 분별심으로 헤아릴 수 있는 경계가 아니다. 수행자가 깨달음에 들면, 본연공능이 일체장애 없는 무한공능자재수순행無限功能自在隨順行에 들게된다. 중생이 불佛이 되는 것이 중요하지 않다. 왜냐면 중생과 불佛이 미망의 분별심이기 때문이다. 깨달으면 중생만 벗어나는 것이 아니다. 중생을 벗음과 동시에 불佛까지 벗어나게 된다. 깨닫고 나면 중생이냐 불佛이냐 하는 것이 중요하지 않다. 그것은 미망의 사량思量이다. 깨닫고 나면 단지, 본연공능 일체장애 없는 공능자재가 중요할 뿐이다. 본연공능수순행에 들면 중생도 끊어지고, 부처도 끊어진다. 중생이 있거나 불佛이 있으면 그것은 깨달음이 아니며, 중생의 미망견迷妄見 망념일 뿐이다. 본연공능수순행에 중생이 있다면 사견邪見이며, 불佛이 있다면 망견妄見이다. 중생과 불佛은 망妄의 상념想念이다. 각覺에는 중생뿐 아니라 부처도 흔적이 없다. 그러므로 각覺이다. 깨달았다 하여 불佛이 아니다. 깨달았다 하여 불佛이면, 그것은 무명無明 미망迷妄의 망불妄佛이다. 견성見性도 망妄이다. 왜냐면 성性을 본다 함이 망妄이기 때문이다. 이는 대對를 벗지 못한 능소심能所心이다. 이는 능소경계와 능소 일체 증證과 각覺을 벗어나지 못한, 미망迷妄의 망념妄念 티끌이기 때문이다. 그러므로 견성성불見性成佛도, 능소能所의 증證과 각覺을 여의지 못한 미망경계迷妄境界의 무명망념無明妄念이다. 견성見性이 대對의 능소能所를 벗지 못한 미망이며, 성불成佛이 능소견能所見과 능소상能所相을 벗지 못한 미망迷妄의 망견妄見이다. 견성見性과 성불成佛의 미망경계를 벗어나야 완연한 성性이며, 완연한 불佛이다. 증證과 각覺의 능소심能所心과 능소상能所相과 능소견能所見이 있으면, 무명망견無明妄見의 미망중생迷妄衆生이다. 일체분별은 각覺이 장애되는 능소심能所心과 능소상能所相과 능소견能所見의 헤아림인 분별이니, 능소能所에 떨어지면, 그것이 어떤 증證이든, 어떤 각覺이든, 무명無明의 망념妄念이 거칠거나 미세한 능소분별육근심能所分別六根心일 뿐이다. 밝게 깨달으면 단지, 상심상견相心相見을 벗어나고, 능소경계와 일체 증證과 각覺을 벗어나 성지성품性智性品이 밝아 명료明瞭하여 원융할 뿐이다. 보리각성菩提覺性이 불佛이니, 불佛은 미망迷妄의 망견妄見인 깨달은 자가 아니다. 깨달은 자者는 그것 또한, 미망迷妄임을 다시 깨달아 벗어나야 한다. 불佛은 보리각성원만자재행자菩提覺性圓滿自在行者다. 깨달음, 그것은 미망迷妄이며, 망견妄見다. 불佛은 보리공능菩提功能이 일체장애 없는 각성공능원만자재행覺性功能圓滿自在行에 든 본연공능원만자재행자本然功能圓滿自在行者다. 깨달음의 경계가 수승해도, 다 미망迷妄이니, 깨달음 경계로 불佛을 논論할 필요가 없다. 중생과 불佛은 미망의 환영幻影이다. 각행覺行이 공능자재원만구족행功能自在圓滿具足行이면 불佛이다. 깨달음은 미혹迷惑의 환幻이며, 각覺의 미망迷妄이다. 그것으로 불佛을 논論할 것 같으면, 망견공화妄見空華를 좇음이다. 불佛을 논論함이, 입이 천千이고, 머리가 만萬이라도 일체가 분별이니, 그곳에는 불佛이 없다. 분별하고 논論하는 그곳에는 불佛이 없으니, 불佛은 분별하고 논論하는 대상이 아니라, 깨달음의 미혹을 벗어나, 일체 사량과 분별이 끊어진 그곳으로, 자성의 지혜와 각력을 더욱 밝히며, 묵묵히 자신에게 거짓과 가식 없는 오롯한 정신일념 서원행誓願行으로, 궁극을 벗어난 각성覺性으로 자신을 다스리며 가야 할, 시종始終 없는 각성공능무한覺性功能無限의 길이다.

본연본성을 깨닫는 깨달음, 그것은 대단한 것이 아니다. 각覺의 공능功能에는 깨달음 그것은 대단할 것 없는 단연, 기본이며, 일체행一切行의 바탕일 뿐이다. 자기가 자기를 깨달았는데 그것이 무슨 대단한 일이며, 마음이 마음을 돌이켜 깨달았는데 그것이 무슨 대단할 것이 있겠는가? 낮잠 자다 깨어난 것과 같을 뿐이다. 좋은 꿈을 꾸려고, 모진 마음먹고 밤잠을 청해도, 잠에서 눈을 뜨고 깨어나면, 처음부터 변함없는 그 모습 그대로다. 이를 또한, 헤아림이 망妄과 각覺의 차이가 있다. 꿈 속에 여래如來의 비밀인秘密印을 받아 꿈을 깨었어도, 옆에 같이 있던 사람이 서로 눈을 마주쳐도 그 사람은 간밤의 일을 알 수가 없다. 그러나 깨달음이 소중하고 중요한 것은, 깨달았다는 것이 아니라, 각覺의 불가사의 공능功能을 깨달음이며, 심心의 무한 공능功能을 향해 눈을 뜬 것, 그 가치 때문이다. 내가 눈으로 시방우주를 보는 것이 아니라, 시방우주가 내 동공瞳孔 안에서 벗어나지 못한다. 시방우주가 억겁億劫이 되어 사라져도, 내 동공瞳孔은 그대로 살아 있다. 이 또한, 본연본성 불가사의 공능功能의 한 조각일 뿐이다.

若諸菩薩 以寂滅力 而起至靜 住於淸淨 此菩薩者
약 제 보 살　이 적 멸 력　이 기 지 정　주 어 청 정　차 보 살 자

名先修禪那 後修奢摩他
명 선 수 선 나　후 수 사 마 타

만약 모든 보살이 (청정원각을 깨치고 원각을 수순함에) (선나)
적멸력에 (사마타)**지극한 고요함이 일어나 청정에 머물면, 이
보살은 먼저 선나를 닦고 뒤에 사마타를 닦음이니라.**

♣ 만약 모든 보살이 청정원각을 깨닫고 원각을 수순함에, 내외능
소가 끊어진 적멸력寂滅力에, 지극하여 동動함 없는 청정부동성
淸淨不動性 적정寂靜의 고요함이 일어나 청정성품에 안주하면,
이 보살은 먼저 적멸행寂滅行 선나를 닦고 뒤에 적정행寂靜行 사
마타를 닦음이니라.

● 적멸력寂滅力은 내외능소가 끊어진 일체식적멸一切識寂滅 선
나禪那의 힘이다. 내외능소경계 적멸寂滅로 원융각에 듦은, 내외
일체상이 끊어지고, 능소일체경계 증證과 각覺이 끊어진 적멸寂
滅로, 일체장애 내외능소가 없어 원융하기 때문이다. 그러므로 적
멸행寂滅行 선나는 시방편재원융각十方遍在圓融覺에 들게 된다.
각覺이 원융하지 못함은 내외능소심內外能所心이 적멸하지 못하
기 때문이다. 적멸寂滅의 적寂은 불이성不二性이다. 곧, 내외와
능소가 없다. 대對가 끊어짐으로 적멸寂滅에 들게 된다. 멸滅은
일체능소식一切能所識이 끊어짐이다. 즉, 청정원융편재淸淨圓融
遍在다.

※ 19. 선나 → 삼마발제

若諸菩薩 以寂滅力 而起作用 於一切境 寂用隨順
약 제 보 살 이 적 멸 력 이 기 작 용 어 일 체 경 적 용 수 순

此菩薩者 名先修禪那 後修三摩鉢提
차 보 살 자 명 선 수 선 나 후 수 삼 마 발 제

만약 모든 보살이 (청정원각을 깨치고 원각을 수순함에) (선나) **적멸력으로** (삼마발제)**작용을 일으켜 일체경계에 고요한 성품을 수순하면, 이 보살은 먼저 선나를 닦고 뒤에 삼마발제를 닦음이니라.**

♣ 보살이 청정원각을 깨닫고 원각을 수순함에 내외능소가 끊어진 적멸력寂滅力으로 청정무자성실상환지淸淨無自性實相幻智의 작용을 일으켜 일체경계에 환幻에 이끌림 없는 심자재지혜心自在智慧를 수순하면, 이 보살은 먼저 적멸행寂滅行 선나를 닦고, 뒤에 환지행幻智行 삼마발제를 닦음이니라.

● 원각수순행 삼종정관三種淨觀에서 사마타, 삼마발제, 선나 행行은 청정원각수순 경계이니, 무슨 말씀이어도, 청정원각경계에서 이루어지는 각력覺力이므로, 상심상견으로 적정寂靜과 여환如幻과 적멸寂滅을 헤아려서는 안 된다. 또한, 번뇌의 소멸도 마찬가지다. 상심상견에는 자신이 일으키는 선경계善境界는 낙樂으로, 역경계逆境界의 고뇌를 번뇌라고 한다. 그러나 자기가 일으키지 않아도, 무명無明 그 자체가 본성을 장애하는 근본번뇌다. 원각수순행에서 번뇌가 사라지는 말씀을, 중생의 일상日常 번뇌로 생각하면 안 된다. 여기에서 말하는 번뇌는 본연본성을 장애하는 장애식障礙識을 일컬음이다. 즉, 각覺을 장애하는 무명無明의 소

멸이다. 또한, 깨달음으로 각覺이 완연함과 각覺의 공능행功能行이 완연한 원만자재구족圓滿自在具足은 다르다. 깨달음으로 각覺이 완연함은 불이각不二覺의 성품에 듦이며, 각覺의 공능원만자재행功能圓滿自在行은 각覺의 성품발현 원만자재공능력행圓滿自在功能力行이다. 각행覺行은 각覺의 공능력功能力에 따라 공능각력행功能覺力行의 차별이 있다.

※ 20. 선나 → 사마타 → 삼마발제

若諸菩薩 以寂滅力 種種自性 安於靜慮 而起變化
약 제 보 살　이 적 멸 력　종 종 자 성　안 어 정 려　이 기 변 화

此菩薩者 名先修禪那 中修奢摩他 後修三摩鉢提
차 보 살 자　명 선 수 선 나　중 수 사 마 타　후 수 삼 마 발 제

만약 모든 보살이 (청정원각을 깨치고 원각을 수순함에) (선나) **적멸력으로** (사마타)**가지가지 자성에서 생각이 이끌림이 없어 고요하여 평안하며,** (삼마발제)**변화를 일으키면, 이 보살은 먼저 선나를 닦고 중간에는 사마타를 닦고 뒤에는 삼마발제를 닦음이니라.**

♣ 만약 모든 보살이 청정원각을 깨닫고 원각을 수순함에, 내외능소가 끊어진 적멸원융의 지혜력으로, 가지가지 일체상에 생각이 이끌림이 없어 고요하여 평안하며, 청정무자성실상환지淸淨無自性實相幻智 심자재지혜心自在智慧를 일으키면, 이 보살은 먼저 적멸행寂滅行 선나를 닦고, 다음에는 적정행寂靜行 사마타를 닦고, 뒤에는 환지행幻智行 삼마발제를 닦음이니라.

※ 21. 선나 → 삼마발제 → 사마타

若諸菩薩 以寂滅力 無作自性 起於作用 清淨境界
약 제 보 살　이 적 멸 력　무 작 자 성　기 어 작 용　청 정 경 계

歸於靜慮 此菩薩者 名先修禪那 中修三摩鉢提 後
귀 어 정 려　차 보 살 자　명 선 수 선 나　중 수 삼 마 발 제　후

修奢摩他
수 사 마 타

만약 모든 보살이 (청정원각을 깨치고 원각을 수순함에) (선나)
적멸력으로 자성에서 지음이 없고, (삼마발제)작용을 일으키
며, (사마타)청정경계에서 사유가 고요하여 적정에 들면, 이
보살은 먼저 선나를 닦고 중간에는 삼마발제를 닦고 뒤에는
사마타를 닦음이니라.

♣ 만약 모든 보살이 청정원각을 깨닫고 원각을 수순함에, 내외능
소 일체가 끊어진 청정적멸력淸淨寂滅力으로 자성自性에서 분별
의 지음이 없고, 청정무자성실상환지淸淨無自性實相幻智의 작용
을 일으키며, 청정경계에서 사유가 고요하여 동動함 없는 성품 적
정성寂靜性에 들면, 이 보살은 먼저 적멸행寂滅行 선나를 닦고,
다음은 환지행幻智行 삼마발제를 닦고, 그다음은 적정행寂靜行
사마타를 닦음이니라.

※ 22. 선나 → 사마타 + 삼마발제

若諸菩薩 以寂滅力 種種清淨 而住靜慮 起於變化
약 제 보 살　이 적 멸 력　종 종 청 정　이 주 정 려　기 어 변 화

此菩薩者 名先修禪那 齊修奢摩他 三摩鉢提
차 보 살 자 명 선 수 선 나 제 수 사 마 타 삼 마 발 제

만약 모든 보살이 (청정원각을 깨치고 원각을 수순함에) (선나) **적멸력으로** (사마타)**가지가지가 청정하여 사유가 적정에 머물러** (삼마발제)**변화를 일으키면, 이 보살은 먼저 선나를 닦고 가지런히 사마타와 삼마발제를 닦음이니라.**

♣ 만약 모든 보살이 청정원각을 깨닫고 원각을 수순함에, 내외능소적멸력 內外能所寂滅力 으로 일체상 가지가지가 생멸이 끊어져 청정하여, 사유 思惟가 청정부동성인 동 動함 없는 적정성 寂靜性에 머물러, 청정무자성실상환 淸淨無自性實相幻 속에 심자재청정환지 心自在淸淨幻智를 일으키면, 이 보살은 먼저 적멸행 寂滅行 선나를 닦고, 가지런히 적정행 寂靜行 사마타와 환지행 幻智行 삼마발제를 닦음이니라.

※ 23. 선나 + 사마타 → 삼마발제

若諸菩薩 以寂滅力 資於至靜 而起變化 此菩薩者
약 제 보 살 이 적 멸 력 자 어 지 정 이 기 변 화 차 보 살 자

名齊修禪那 奢摩他 後修三摩鉢提
명 제 수 선 나 사 마 타 후 수 삼 마 발 제

만약 모든 보살이 (청정원각을 깨치고 원각을 수순함에) (선나) **적멸력을 바탕으로** (사마타)**지극히 고요함에 이르러** (삼마발제)**변화를 일으키면, 이 보살은 먼저 가지런히 선나와 사마타를 닦고 뒤에 삼마발제를 닦음이니라.**

♣ 만약 모든 보살이 청정원각을 깨닫고 원각을 수순함에, 내외능소적멸력內外能所寂滅力을 바탕으로 적정부동성지寂靜不動性智에 이르러 청정무자성실상환지淸淨無自性實相幻智의 심자재환지행心自在幻智行을 일으키면, 이 보살은 먼저 가지런히 적멸행寂滅行 선나와 적정행寂靜行 사마타를 닦고, 다음은 환지행幻智行 삼마발제를 닦음이니라.

※ 24. 선나 + 삼마발제 → 사마타

若諸菩薩 以寂滅力 資於變化 而起至靜 淸明境慧
약 제 보 살　이 적 멸 력　자 어 변 화　이 기 지 정　청 명 경 혜

此菩薩者 名齊修禪那 三摩鉢提 後修奢摩他
차 보 살 자　명 제 수 선 나　삼 마 발 제　후 수 사 마 타

만약 모든 보살이 (청정원각을 깨치고 원각을 수순함에) (선나) **적멸력을 바탕으로** (삼마발제)**변화하며** (사마타)**지극한 고요함에 이르러 맑고 밝은 경계의 지혜에 들면, 이 보살은 가지런히 선나와 삼마발제를 닦고 뒤에 사마타를 닦음이니라.**

♣ 만약 모든 보살이 청정원각을 깨닫고 원각을 수순함에, 내외능소적멸력內外能所寂滅力을 바탕으로 청정무자성실상환지淸淨無自性實相幻智에 들어 심자재일체작용心自在一切作用을 하며, 동動함 없는 지극한 적정부동성지寂靜不動性智에 들어, 동動함 없어 맑고 밝은 청정지혜에서 일체여래一切如來의 성품이 밝게 드러나는 이 보살은, 가지런히 적멸행寂滅行 선나와 환지행幻智行 삼마발제를 닦고, 다음은 적정행寂靜行 사마타를 닦음이니라.

若諸菩薩 以圓覺慧 圓合一切 於諸性相 無離覺性
약 제 보 살 이 원 각 혜 원 합 일 체 어 제 성 상 무 리 각 성

此菩薩者 名爲圓修 三種自性 淸淨隨順
차 보 살 자 명 위 원 수 삼 종 자 성 청 정 수 순

만약 모든 보살이 (청정원각을 깨치고 원각을 수순함에) **원각의 지혜로 일체가 불이로 원융하여, 모든** (사마타)**성품과** (삼마발제)**상이** (선나)**각성을 벗어남이 없으면, 이 보살은 원각수순 삼종자성 청정수순이니라.**

♣ 만약 모든 보살이 청정원각을 깨닫고 원각을 수순함에, 원각의 원융지혜로 일체一切가 둘 없는 불이不二의 원융성으로, 모든 성품인 일체본성一切本性과 일체심상一切心相이 불이원융편재원만각성不二圓融遍在圓滿覺性을 벗어남이 없으면, 이 보살은 무상대각심無上大覺心 본제무이상本際無二相 수순제방편隨順諸方便 원각수순 삼종자성 청정본연부동성淸淨本然不動性과 청정본연자재심淸淨本然自在心과 청정본연원융각淸淨本然圓融覺 삼종자성불이원융三種自性不二圓融 청정본연자성淸淨本然自性을 수순함이니라.

● 본연본성삼종자성수순행인 본성청정부동성本性淸淨不動性 수순행 적정지사마타寂靜智奢摩他와 본심무애자재성本心無礙自在性 수순행 여환지삼마발제如幻智三摩鉢堤와 본각원융편재각성本覺圓融遍在覺性 수순행 적멸원융지선나寂滅圓融智禪那의 원각수순삼종정관圓覺隨順三種淨觀 청정정륜이십오륜淸淨定輪二十五輪

은, 상심상견 작행作行인 작지임멸作止任滅로 무엇을 짓는 수행이 아니라, 청정원각을 깨닫고, 각력공능자재행覺力功能自在行이 장애됨이 있어, 청정원각을 수순하는 것이니, 유위심의 사량과 분별의 미망수행迷妄修行이 아니라, 깨달음 각성지혜 원융본성과 원융본심과 원융본각, 원각삼종자성수순행圓覺三種自性隨順行 무상대각심無上大覺心 본제무이상本際無二相 수순제방편隨順諸方便으로 청정원각불이일성淸淨圓覺不二一性에 드는 청정법성수순각성행淸淨法性隨順覺性行이다.

삼종자성원융불이일성관三種自性圓融不二一性觀에 들지 못하면, 하나하나 청정부동관淸淨不動觀 사마타와 무자성관無自性觀 삼마발제와 원융불이관圓融不二觀 선나를 각각별관各各別觀이나, 또는 전후섭수관前後攝受觀으로 닦으면 된다. 청정불이원융관淸淨不二圓融觀에 들면 불이일성관不二一性觀이 된다.

● 청정부동본성淸淨不動本性이 경계에 이끌리어 동動하면, 무염자재본심無染自在本心이 상相에 머무르게 되므로, 원융편재본각圓融遍在本覺이 편재원융성을 잃어 대경對境을 유발하니, 동動으로 상相을 일으키고, 상相으로 대對를 유발해, 내외능소심內外能所心에서 상하좌우 시방이 형성된다. 청정부동본성이 동動하니, 사마타 적정행寂靜行으로 성품의 동動인, 내동內動 외동外動과 능동能動 소동所動이 끊어져 본연청정부동성에 든다.

무염자재본심이 상相에 머무르고 집착하며 물들므로, 삼마발제 실상여환관實相如幻觀으로 일체상 내상內相 외상外相과 능상能相 소상所相이 끊어져 본연무염자재본심에 든다.

원융편재본각이 일체적멸 원융성을 잃어 분별경계 내외능소 상하좌우 시방경계를 유발하니, 선나 일체적멸 불이원융관不二圓融

觀으로 일체대一切對인 내경內境 외경外境과 능경能境 소경所境이 끊어져, 시방경계가 적멸하여 본연원융편재본각에 든다.

사마타 적정관寂靜觀 청정부동본성淸淨不動本性에서 일체여래심一切如來心과 만물만상이 거울에 비치듯 밝게 드러나고, 삼마발제 여환관如幻觀 무염자재본심無染自在本心에서 만물만상 실상환實相幻이 청정성품에서 싹이 점점 자람과 같고, 선나 적멸원융관寂滅圓融觀에서 시방원융편재본각十方圓融遍在本覺에서 일체가 원융하여, 그릇 가운데 소리가 얽매임 없이 안과 밖에 걸림 없듯, 모든 만물이 서로서로 걸림 없고 장애 없이 원융하여, 원융편재성이다.

사마타 적정행寂靜行으로 청정부동본성지淸淨不動本性智에 들며, 삼마발제 여환관如幻觀으로 청정진여실상환지淸淨眞如實相幻智에 들며, 선나 적멸원융관寂滅圓融觀으로 시방편재불이원융지十方遍在不二圓融智에 든다.

● **어제성상**於諸性相 **무리각성**無離覺性: 모든 본성과 모든 상相이 원융편재각성圓融遍在覺性을 벗어남이 없다. 관행觀行에서 성性에서 심心과 각覺을 보며, 심心에서 성性과 각覺을 보며, 각覺에서 성性과 심心을 보면, 성性이 심心이며 각覺이며, 심心이 성性이며 각覺이며, 각覺이 성性이며 심心이다. 또한, 관행觀行이 깊어지면, 상相이 성性이며 심心이며 각覺이다. 상相, 성性, 심心, 각覺이 차별 없는 원융에 들면, 상相, 성性, 심心, 각覺의 일체경계가 사라지며, 불이不二의 원융일성圓融一性에 이르게 된다. 일체가 오직 원융불이일성圓融不二一性인 심心이며 성性이며 각覺이다. 일체 성性, 심心, 각覺이 바로 상相을 벗어나 있지 않다. 왜냐면, 성性, 심心, 각覺, 물物 일체가 심心의 작

용을 벗어나면 건립될 수가 없기 때문이다. 상相의 건립은 심心에 건립建立된 환幻이며, 성性과 각覺 또한, 심心의 작용을 이름한 것이다. 심心은 원융圓融이며, 여如며, 청정淸淨이며, 불이不二다. 성性의 청정불가사의본성공능淸淨不可思議本性功能과 각覺의 청정불이시방원융원만편재각성광명淸淨不二十方圓融圓滿遍在覺性光明도 부사의청정자재심不思議淸淨自在心의 공능功能이 없으면, 성性과 각覺이 스스로 불가사의공능不可思議功能을 드러낼 재간才幹이 없다. 그러므로 성性의 무한공능無限功能과 각覺의 부사의각명不思議覺明이 총화總和를 이루어 심心으로 표출된다. 성性은 심心의 바탕과 뿌리가 되고, 각覺은 두루 융섭融攝하는 조화造化의 공능功能을 행行하며, 성性과 각覺의 공능조화功能造化로 피어난 청정환淸淨幻 실상묘법화實相妙法華 일기一機가 곧, 심心이다. 일체一切가 일체상에 물듦 없는 자재심 마음에서 피어난 실상묘법화實相妙法華니, 일체상이 그대로 심청정心淸淨 연화蓮華다. 심心이 불이성不二性이라 내외가 없으니, 일체상 그대로 물듦 없는 청정한 마음 꽃 청정심연화淸淨心蓮華다. 심心은 성性과 각覺의 조화造化 속에 한목 일체상을 드러내어도, 심心 또한, 자재하고 원융하여 머묾 없어 환幻과 같으며, 무자성 실상환지實相幻智로 상相에 머묾의 무명 미혹심을 구제하고 제도하여, 본심자재本心自在에 이르게 한다. 심心에는 바탕 뿌리인 성性이 함께하고, 동서남북 시방만물을 융섭融攝하는 각覺의 공능조화功能造化가 더불어 같이 한다. 바탕인 뿌리의 청정불가사의본성공능력淸淨不可思議本性功能力이 무한불가사의여도, 심心이 없으면 뚫고 나올 구멍이 없고, 각覺이 청정불이시방원융편재원만각성광명淸淨不二十方圓融遍在圓滿覺性光明 공능력으로 시방 우주만물을 두루 담고 있어도, 그것을 드러내어 쓰는 자者인, 심心

이 없으면, 시방천지만물인들 무엇하겠는가? 지구가 소중한 것은, 개구리 한 마리라도 있으니 지구가 그 개구리 때문에 소중하고, 지구에 꽃 한 송이가 피었기에, 그 꽃 한 송이 때문에 지구가 소중한 것이다. 만약, 지구에 개구리 한 마리도 없으면 지구가 소중할 이유가 없고, 꽃 한 송이가 지구에 피어있지 않으면, 지구가 소중할 이유가 없다. 지구가 소중한 것은, 개구리 한 마리의 생명 때문이며, 한 송이 피어난 꽃이 있기에 지구가 소중한 것이다. 또한, 나도 그중에 한 생명일 뿐이다. 저곳에 피어있는 꽃, 너도 나와 같은 한 생명이다. 한 송이 꽃이 피어남이 아름다운 것은, 꽃이 아름다운 것이 아니라, 꽃을 아름답게 보는 물듦 없는 청정한 정신의 승화력昇華力이다. 만약, 꿈 같이, 아름다운 꽃이 찰나에 피어났다가 찰나에 사라지는 환꽃이라면, 더욱 보는 자의 마음이 상승하고 승화하는 아름다운 꽃과 구경究竟의 아름다운 마음일 것이다. 이는, 무엇에도 물듦 없는 눈빛, 모든 사물事物과 생명에 자비심 청정불淸淨佛의 청정진여심淸淨眞如心일 것이다.

여래본연본성如來本然本性 부사의 여래성품如來性品 청정불성淸淨佛性 삼종자성三種自性은, 여래성如來性 본성청정원융부동자성本性淸淨圓融不動自性과 여래심如來心 본심청정원융자재자성本心淸淨圓融自在自性과 여래각如來覺 본각청정원융각명자성本覺淸淨圓融覺明自性이다. 여래원각수순행如來圓覺隨順行은, 여래본성청정원융부동자성수순행如來本性淸淨圓融不動自性隨順行과 여래본심청정원융자재자성수순행如來本心淸淨圓融自在自性隨順行과 여래본각청정원융각명자성수순행如來本覺淸淨圓融覺明自性隨順行이다. 이는 곧, 불성본성수순행佛性本性隨順行과 불성본심수순행佛性本心隨順行과 불성본각수순행佛性本覺隨順行이다. 시방일체불十方一切佛이 청정본연본성삼종자성구경원융원만불淸淨本然本性三種自性究竟圓融圓滿佛이다. 청정본연성삼종자성淸淨本然性三種自性을 여의면 일체불一切佛과 일체불성一切佛性과 일체불법一切佛法을 구하고 얻을 곳이 없다. 불佛이 곧, 청정성淸淨性이며, 청정심淸淨心이며, 청정각淸淨覺이다. 불佛과 성性, 심心, 각覺이 차별이 없다. 성性, 심心, 각覺이 장애 없으면 불佛이며, 성性, 심心, 각覺이 장애되면 중생이다. 그러나 성性, 심心, 각覺은 불佛도 중생도 아니기에, 불佛의 경계에서 성性, 심心, 각覺을 수용하면, 성性, 심心, 각覺이 장애가 없어 청정원융자재원만불淸淨圓融自在圓滿佛이며, 중생의 경계에서 성性, 심心, 각覺을 수용하면, 성性, 심心, 각覺이 장애되어 무명 미혹중생이다. 이는 본연공능 장애 없는 청정원융자재원만행과 본연공능이 장애되는 무명 미혹행의 차별이다. 중생이 수행으로 불佛에 이르려고 하는 것은, 성性, 심心, 각覺의 장애를 제거하기 위함이다. 불佛은 성性, 심心, 각覺이 장애 없어 일체행이 청정원융자재원만이며, 중생은 본연공능력이 장애 되어, 무명 미혹상심상견장애로 드러난다. 그러므로 중생은 일체행이 원융하지 못하여, 성性, 심心, 각覺 공능자재 법성원융자성 일체만물이 각성장애의식 속에 집착하고 머무를 상相으로 드러난다. 수행으로 각성장애를 벗어나면 머물고 집착할 일체상이 제거되어 대對가 끊어져 적멸에 이르면, 내외능소 일체가 끊어져, 성性, 심心, 각覺 청정원융에 들면, 성性이 삼세三世 다함 없는 시종始終 없는 생명이며, 심心이 삼세 다함 없는 시종 없는 마음이며, 각覺이 삼세 다함 없는 시종 없는 지혜임을 깨닫는다.

사마타는 본성수순행이며, 삼마발제는 본심수순행이며, 선나는 본각수순행이다. 동動함 없는 청정부동성수순행淸淨不動性隨順行은 본성수순행이며, 일체상에 머묾 없는 청정무자성자재행淸淨無自性自在行은 본심수순행이며, 내외능소가 끊어져 원융하여 일체에 두루 걸림 없고 막힘 없는 청정원융불이편재행淸淨圓融不二遍在行이 본각수순행이다. 본연본성 삼종자성인 청정부동자성淸淨不動自性, 청정자재자성淸淨自在自性, 청정원융자성淸淨圓融自性이 장애됨이 있으면, 삼종자성수순행을 닦아야 한다. 일체수행 그것이 무엇이든, 본연본성 삼종자성을 벗어나 있지 않다. 일체수행 궁극이 삼종자성을 수순하여, 삼종자성 실상 원융성품에 듦이 구경의 불佛이다. 삼종자성을 수순하지 못하여, 삼종자성 실상 원융성품에 들지 못하면 조도법助道法과 방편문方便門을 건립하고, 조도법과 방편문에도 들지 못하면 근기훈습법을 설립하고, 근기훈습법에도 들지 못하면 무명 미혹을 벗어나게 함보다, 자신이 느끼는 심신고心身苦를 벗어 낙樂을 얻게 하는, 발등에 떨어진 불똥을 우선 제거하게 한다. 조도법은 삼종자성을 수순하지 못하므로, 수순할 수 있도록 닦는 수행일체며, 방편문과 방편법은 조도법을 비롯하여 선과善果를 이루게 하는 일체법이다. 삼종자성이 장애가 없으면, 수순법이나, 조도법이나, 방편문이 필요가 없다. 수순법이나, 조도법이나, 방편문 일체가 삼종자성 장애를 제거하는 지혜의 방편문方便門일 뿐이다.

※ 일체보살이 수행하는 보살의 이십오륜이다.

善男子 是名菩薩 二十五輪 一切菩薩 修行如是
선남자 시명보살 이십오륜 일체보살 수행여시

선남자야, 이 이름이 (청정원각을 깨치고 원각을 수순하는) 보살
의 이십오륜이며, 일체보살이 이와 같이 수행하느니라.

♣ 선남자야, 이 이름이 청정원각을 깨치고 원각으로 삼종자성을
수순하는 보살수행의 이십오륜이며, 일체보살이 이와 같이 수행
하느니라.

※ 25륜 닦으려면 범행과 적정사유와 참회해야 한다.

若諸菩薩 及末世衆生 依此輪者 當持梵行 寂靜思
약 제 보 살　급 말 세 중 생　의 차 륜 자　당 지 범 행　적 정 사

惟 求哀懺悔
유　구 애 참 회

만약 모든 보살과 더불어 말세중생이 이 원각수순 이십오법
륜을 닦으려는 자는, 당연히 범행으로 경계에 이끌림이나 물
듦 없이 적정을 사유하며, 각의 장애를 애절히 참회하고, 간
절히 구해야 하느니라.

♣ 만약 모든 보살과 말세중생이, 삼종자성을 수순하는 원각수순
이십오륜을 닦으려는 자는, 당연히 청정한 범행梵行으로 경계에
이끌림이나 물듦 없는 성품 적정寂靜을 사유하며, 각覺의 장애를
애절히 참회하고, 원각을 간절히 구해야 하느니라.

※ 참회21일 지나면 25륜 중 하나를 선택하여 수행한다.

經三七日 於二十五輪 各安標記 至心求哀 隨手結
경삼칠일 어이십오륜 각안표기 지심구애 수수결

取 依結開示 便知頓漸 一念疑悔 即不成就
취 의결개시 변지돈점 일념의회 즉불성취

그렇게 21일이 지나면, 이십오륜 수행법 하나하나를 각각 표에 정성을 다해 기록하고, 지극한 마음으로 애절히 구원해 주실 것을 발원하여, 손이 느낌따라 가는 대로 표를 결정하여 취하고, 열어, 지시하는 바 보이는 수행을 결정하여 의지해 닦으면, 곧, 돈으로 점으로 깨달으리니, 한 생각이라도 의심이나 후회함이 있으면 곧, 성취하지 못하느니라.

♣ 범행梵行으로 경계에 이끌림 없이 삼종자성을 사유思惟하며, 각覺이 장애됨을 애절히 슬피하고 참회하며, 원각 구하기를 간절히 소원하기를 21일이 지나면, 이십오륜 수행법 하나하나를 각각 표 하나하나에 정성을 다해 기록하고, 글이 보이지 않도록 하여, 지극한 마음으로 애절히 구원해 주실 것을 발원하며, 손이 느낌따라 가는 대로 표를 집어 결정하고, 취하여 열어보면, 지시해 보이는 수행을 결정하여 의지해 닦으므로 곧, 돈頓과 점漸으로 깨달으리니, 한 생각이라도 의심이나 후회함이 있으면 곧, 성취하지 못하느니라.

● 모든 것이 우연이듯 하나, 일체가 인연이듯, 의심 없는 믿음이 곧, 무한 궁극을 뚫는 힘이니, 의심 없는 믿음에 크고 작은 일체 분별심이 끊어져, 넘을 수 없는 크고 작은 일체 장애를 능히 뚫어

넘으며, 의심 없는 바른 수행에 수修와 행行의 정과正果를 얻게 된다. 과과의 정인正因이며, 정연행正緣行이면, 정과正果는 의심 할 필요가 없다. 수승한 근기는 분별심이 없어 수행이 청정하고, 작은 것에 연연한 자는 의심이 많아 스스로 분별심에 얽매어 자신을 허물게 되고, 작은 것도 이루지 못한다.

爾時 世尊 欲重宣此義 而說偈言
이 시 세 존 욕 중 선 차 의 이 설 게 언

이때 세존께옵서 이 뜻을 거듭 널리 펴시고자 계송으로 말씀 하시었다.

辯音汝當知
변 음 여 당 지

변음보살이여! 그대는 당연히 알지어다.

※ 일체보살 청정수행이 사마타 삼마발제 선나 25륜이다.

一切諸菩薩 無礙淸淨慧 皆依禪定生 所謂 奢摩他
일 체 제 보 살 　 무 애 청 정 혜 　 개 의 선 정 생 　 소 위 　 사 마 타

三摩提 禪那 三法頓漸修 有二十五種
삼 마 제 　 선 나 　 삼 법 돈 점 수 　 유 이 십 오 종

일체 모든 보살이 무애 청정지혜로, 모든 선정을 발하여 수순

함이, 말한 바와 같이 사마타와 삼마발제와 선나, 삼법을 돈과 점으로 닦음이 이십오종이 있느니라.

♣ 일체 모든 보살이 성품이 장애됨이 없는 무애 청정지혜로, 모든 선정禪定을 얻어 수순함이, 말한 바와 같이 청정부동성淸淨不動性에 이르는 사마타와 무염자재심無染自在心에 이르는 삼마발제와 원융원만각圓融圓滿覺에 이르는 선나, 삼법을 지혜근기에 따라 돈頓과 점漸으로 닦음이 이십오종이 있느니라.

※ 시방여래와 삼세수행자가 이 법으로 보리를 이룬다.
十方諸如來 三世修行者 無不因此法 而得成菩提
시 방 제 여 래 삼 세 수 행 자 무 불 인 차 법 이 득 성 보 리

시방 모든 여래와 삼세 수행자가 이 법에 의하지 않고는 보리를 이루어 얻지 못하느니라.

♣ 시방 모든 여래와 삼세 수행자가 본연본성의 성품을 수순하는 삼종자성법에 의지하지 않으면, 본래의 본연각성本然覺性인 청정자재원융성 보리菩提를 이루어 얻지 못하느니라.

● 본연본성을 수순하는 삼종자성법이 아니면 시방제여래十方諸如來와 삼세수행자가 보리菩提를 얻지 못함은, 보리는 수행으로 얻거나, 깨달음으로 증득하거나, 무명업장을 소멸해 생겨나는 것이 아닌, 본래의 본연본성이기 때문이다. 단지, 본연본성 각성이 장애가 되어, 무명 속에 있어도, 그 무명이 즉, 보리인 본연본성의

성품 각성이니, 단지, 각성장애 무명 속에 미혹해 있을 뿐이다. 무명의 미혹 속에 있어도, 밝은 각성인 보리가 없음이 아니니, 무명과 미혹과 번뇌와 사상심이 바로 보리며, 각覺이다. 중생심이 곧, 각覺이나, 중생은 본연본성 보리가 장애되고, 불佛은 본연본성 보리가 장애가 없을 뿐, 보리는 불佛과 중생이 티끌만치도 차별이 없고, 간격이 없다. 맑은 물이 더러워도 깨끗하게 되는 법은 본래의 본 모습으로 돌아가는 길뿐이다. 이 법은 본연본성 삼종자성인 부동본성, 자재본심, 원융본각으로 돌아가는, 불성佛性 회귀본연回歸本然 수순법이다. 본연성품 수순법은 삼종자성 성품을 수순하여, 삼종자성 실상 원융성품 불성佛性에 듦이다. 그러므로 삼종자성을 벗어나 또 다른 각성과 성불의 길이 있을 수가 없다. 삼종자성은 곧, 본연본성의 성품 청정부동성, 청정자재성, 청정원융성이다. 청정부동성은 동動함 없는 본성 청정열반성품이며, 청정자재성은 물듦 없는 본심 무자성진여성품이며, 청정원융성은 능소 없는 본각 원융원만보리성이다. 열반부동성은 청정본성성품의 이理며, 진여자재성은 무염본심성품의 이理며, 보리원융원만성은 각명본각성품의 이理다.

삼종자성 수순 이십오륜 중에 열반본성성품 수순함을 본경本經에서 사마타 적정수순寂靜隨順이라 하였으며, 진여본심성품 수순함을 삼마발제 여환수순如幻隨順이라 하였으며, 보리본각성품 수순함을 선나 적멸수순寂滅隨順이라 했다. 본성성품이 곧, 열반적정성涅槃寂靜性이며, 본심성품이 곧, 진여여환성眞如如幻性이며, 본각성품이 보리적멸성菩提寂滅性이다. 삼종자성수순행은 적정寂靜인 열반부동자성涅槃不動自性과 여환如幻인 진여무염자성眞如無染自性과 적멸寂滅인 보리원융자성菩提圓融自性 본연원각성품인 불성佛性의 실상을 수순함이다. 본성성품이 열반부동성涅槃不動性이며, 본심성품이 진여자재성眞如自在性이며, 본각성품이 보리원융성菩提圓融性이다. 그러므로 사마타 적정행寂靜行이 청정열반수순淸淨涅槃隨順 부동관不動觀이며, 삼마발제 여환행如幻行이 무염진여수순無染眞如隨順 무자성실상자재관無自性實相自在觀이며, 선나 적멸행寂滅行이 원융보리수순圓融菩提隨順 능소적멸원융관能所寂滅圓融觀이다. 사마타행으로 청정열반성淸淨涅槃性에 들며, 삼마발제행으로 무염진여성無染眞如性에 들며, 선나행으로 원융보리성圓融菩提性에 든다.

원각을 벗어난 상심상견으로 적정寂靜과 여환如幻과 적멸寂滅을 헤아리면, 청정불이성淸淨不二性인 본연성 본제무이상本際無二相 무상대각심無上大覺心의 불성佛性 성품을 몰라, 상심상견에 왜곡된다. 상심상견으로 적정과 여환과 적멸을 헤아리어 이해하면, 원각성품을 수순할 수 없으며, 더더욱 불성佛性 본연본성에는 들 수가 없다. 왜냐면, 원각성품은 곧, 청정불성淸淨佛性이니, 적정과 여환과 적멸은 곧, 열반과 진여와 보리의 본연성품이다. 만약 상심상견으로 이를 헤아리면, 적정과 여환과 적멸이 청정원융하지 못하고, 상심상견상相心相見相에 떨어진다.

원각성품 적정寂靜은, 적寂은 성품이 동動함 없어 고요하고 맑음인 정靜의 적寂이니, 동動이 끊어진 것이다. 정靜은 청정성으로 동動함 없는 성품이다. 정靜은 물들거나 물들 것도 없는 성품, 지극히 고요한 동함 없는 성품의 맑음이다. 적정성품 적정부동성寂靜不動性은 상相의 동動과 부동不動을 벗어난 성품의 청정부동성이다. 성품이 지극히 고요히 맑은 동動함 없는 청정부동성은,

본연성품 여래장如來藏 삼종자성 중에 청정부동열반성清淨不動涅槃性인 청정자성부동본성清淨自性不動本性을 일컬음이다. 자성삼보自性三寶 법보화신法報化身 삼신자성불三身自性佛에서 자성청정법신自性清淨法身의 실체성實體性이다. 여래장如來藏 삼종자성 삼종정관三種淨觀에서 이 열반성품을 수순하는 수행법이 적정부동수순행寂靜不動隨順行 사마타다. 삼신불三身佛에서 신身이란 성품의 실實이니, 곧, 불佛의 삼신三身의 청정성을 일컬음으로, 삼신불三身佛이 곧, 여래장삼종자성청정원만삼신불如來藏三種自性清淨圓滿三身佛이다.

원각성품 적멸寂滅은 원융성품이며, 각覺의 성품이다. 적寂은 멸滅의 적寂이니, 적寂은 곧, 성품이 대對가 없음이다. 대對는 곧, 경계차별이니, 내외內外와 능소能所다. 내외는 안과 밖의 일체一切다. 능소는 주主와 객客의 일체一切다. 내외능소는 안과 밖, 주主와 객客의 일체 물物, 상相, 심心, 염念, 식識, 행行, 증證, 득得, 실失, 생生, 멸滅, 유有, 무無, 인因, 연緣, 과果, 업業, 분별, 대對, 견見, 각覺 등이다. 적멸寂滅의 멸滅은 성품이 대對가 끊어짐으로 내외능소가 멸滅함이다. 적멸로 내외능소 일체 상相과 증證과 각覺의 대對가 끊어져 원융하여 방方이 없어 시방편재에 든다. 상相과 증證과 각覺의 능소일체식能所一切識이 끊어진 불이원융성不二圓融性이다. 내외일체상과 능소일체경계가 끊어진 적멸로 원융하면, 방方이 끊어져, 시방편재불이원융원만청정각성十方遍在不二圓融圓滿清淨覺性을 발한다. 시방장애에 묶여 시방을 벗어날 수 없어, 상하좌우 시방에 갇힌 장애업식障礙業識이 끊어져 원융편재각에 듦으로, 시방장애를 벗어나게 된다. 시방장애를 벗어나면 육근六根 십팔경계가 심신원융각지心身圓融覺智에 들게 된다. 내외능소 일체상이 끊어지면 내외능소불이원융內外能所不二圓融 청정무염진여淸淨無染眞如에 이르고, 내외능소 상相과 증證과 각覺인 일체식이 끊어지면 원융각성실원만圓融覺性實圓滿 원융편재보리성圓融遍在菩提性에 들게 된다. 이 각명覺明은 시방청정원융편재원만각성각명十方淸淨圓融遍在圓滿覺性覺明이다. 이는 본연본성 삼종자성 중에 본각성품 원융보리성圓融菩提性이다. 즉, 능소일체경계 없는 청정원융원각이다. 이는, 법보화신法報化身 자성삼신불自性三身佛에서 자성원만보신自性圓滿報身의 실체성實體性이다. 삼종자성 삼종정관三種淨觀에서는 이 성품을 수순하는 수행법이 일체적멸수순행 선나禪那이다.

원각성품 여환如幻은, 여如는 환幻의 여如이니, 여如는 곧, 상相에 물듦 없는 불이성不二性 청정진여성품淸淨眞如性品이다. 여如는 곧, 일체상의 성품이다. 일체상이 생멸 없는 자성自性을 여如라고 한다. 일체상의 성품이 곧, 청정불이성淸淨不二性 여如다. 이는 여래如來의 여如와 다를 바 없다. 일체상相이 왜, 여如인가 하면, 상相이 무자성無自性이며, 자성성품이 생멸이 끊어진 불생불멸청정진여성不生不滅淸淨眞如性이기 때문이다. 여환如幻의 환幻은 곧, 일체상을 일컬음이다. 일체상이 왜, 환幻인가 하면, 법성의 자성작용, 이사무애理事無礙 사사원융事事圓融 무자성 법성작용 섭리 속에 피어난 무자성 현상이기 때문이다. 여환如幻이 자성자재自性自在한 일체상의 실상이다. 여환如幻이 본연본성 삼종자성 중에 본심자성本心自性임은, 여환如幻이 곧, 심상心相이다. 무염無染 심자재성心自在性 작용으로 드러난 무유정법無有定法 무자성환無自性幻이다. 그러므로 여환如幻이 곧, 무염심無染心이며 심자재상心自在相이다. 일체상이 곧, 심자재心自在

마음작용으로 드러난 무자성 현상이다. 심자재작용心自在作用과 여환如幻은 다른 것이 아니며, 둘이 아니다. 심자재心自在의 경계가 여환如幻이며, 여환如幻이 심자재心自在다. 상심相心에서는 자기의 마음이 무엇에도 머묾이 없어야 심자재心自在라고 생각한다. 이것은 상相에 머묾의 의식으로 생각하는 미혹이다. 본심이 본래 자재自在하고, 무엇에도 머묾이 없기에 일체상을 요별了別하고 밝게 깨닫는다. 일체상은 곧, 마음자재에 비친 환幻이다. 그러므로 마음이 상相에 머물러 자재하지 못하기에, 상相의 무자성청정실상 여환如幻을 깨달아 상相에 머묾을 끊어, 본래본심 자재에 이르게 한다. 여환如幻 그 자체가 상相의 실상이며, 심자재실상心自在實相이며, 곧, 본심자재성本心自在性이다. 중생이 상相에 머물러도 심心은 무염자재다. 심心이 일체에 머묾 없는 자재심自在心이 아니거나, 일체상에 물듦 없는 무염심無染心이 아니면, 일체상을 인식할 수가 없다. 중생이 상에 머물러 마음이 자재하지 못하여도, 그 마음이 곧, 무염자재심이며, 중생이 상에 머물러 선악시비에 물들어 있어도, 그 마음은 무염심이다. 또한, 중생이 일체상이 머물러 있는 유상有相으로 생각해도 상相의 실상은 여환如幻이다. 상相을 집착하고 머물며 탐착해도, 집착하고 머물며 탐착하는 그 상相은 실체 없는 환幻이다. 만약 상相이 환幻이 아니면, 법성섭리 속에 존재할 수가 없다. 일체상이 환幻임은, 그 모습과 성품이 실체가 없기 때문이며, 법성이 무자성이기 때문이며, 머묾 없는 환幻이기 때문이다. 또한, 머묾 없고 물듦 없는 무염자재심에 비친 환영幻影이기 때문이다. 그러므로 여환如幻이 곧, 심상心相이며, 심자재心自在며, 상相의 실상이다. 상相이 무자성청정실상환無自性淸淨實相幻이다. 여환如幻과 심자재心自在와 무자성실상無自性實相과 청정본심은 다르지 않으며, 둘이

아니다. 그러므로 본연성품 본심자성관이 삼마발제 여환관如幻觀
이며, 청정실상환지淸淨實相幻智로 심자재心自在에 들어, 본심자
성장애 상相에 머묾의 장애인 내외능소 일체상을 끊어, 청정진여
무염성淸淨眞如無染性인 무염본심청정자성에 들게 된다. 여환如
幻이 심자재心自在며, 무자성실상이며, 청정본심이다. 또, 심자재
心自在가 여환如幻이며, 무자성실상이며, 청정본심이다. 또한, 무
자성실상이 여환如幻이며, 심자재心自在며, 청정본심이다. 또한,
청정본심이 여환如幻이며, 심자재心自在며, 무자성실상이다. 그
러므로 중생이 상相에 머물러 있어도 그 자체가 곧, 청정본심이며
심자재心自在며, 상相 그대로 여환如幻이며 무자성실상이다. 상
相이 장애되어 상相에 마음이 자재하지 못하니, 여환如幻 환지幻
智로 상相의 자성 청정무자성실상을 깨달아 곧, 상相에 머묾 없
는 심자재心自在에 들게 한다. 환幻, 여환如幻, 환지幻智 그 자체
가 진여진성眞如眞性 본심자재성本心自在性이다. 본심자재성 그
자체가 곧, 환幻, 여환如幻, 환지幻智 다.

　본연본성 여래장如來藏 삼종자성, 자성본성 청정부동본성은 사
마타 적정수순행으로 성품의 동動이 끊어진 청정부동지淸淨不動
智 청정원융부동본성淸淨圓融不動本性인 청정무염성淸淨無染性
에 들게 한다. 자성본각 청정원융본각은 선나 적멸수순행寂滅隨順
行으로 성품의 대경계對境界 내외능소가 끊어진 청정원융지淸淨
圓融智로 시방청정원융불이편재원만각성十方淸淨圓融不二遍在圓
滿覺性 청정원융각淸淨圓融覺에 들게 한다. 자성본심 청정자재본
심은 삼마발제 여환수순행如幻隨順行으로 성품장애의 상相을 끊
어 청정무자성실상여환지淸淨無自性實相如幻智로 청정무애자재본
심淸淨無礙自在本心 청정자재심淸淨自在心에 들게 한다. 그러므

로 여래장如來藏 원각삼종자성수순행 적정사마타寂靜奢摩他, 여환삼마발제如幻三摩鉢堤, 적멸선나寂滅禪那로 본연본성 청정무애성품의 장애를 벗게 된다.

여환如幻인 무자성청정실상 일체환一切幻이 삼마발제에는 청정성품에서 일체상 여환如幻이 싹이 돋는 것과 같다. 이것이 청정자성 속에 이루어지는 법성부사의사法性不思議事 이사원융사사무애일체상환理事圓融事事無礙一切相幻인 청정여환부사의생멸환淸淨如幻不思議生滅幻이다. 일체상 그대로 곧, 청정부동진여실상淸淨不動眞如實相 청정법신淸淨法身이다. 이것이 청정실상환지淸淨實相幻智의 세계며, 부사의본성공능不思議本性功能의 실상법성세계實相法性世界다. 부사의실상진여계不思議實相眞如界 이사무애사사원융理事無礙事事圓融의 부사의작용이 청정성품 속에 생멸이 끊어진, 무자성환無自性幻이 싹이 돋는 것과 같다. 이는 법성묘유부사의사法性妙有不思議事다. 여환관如幻觀 실상으로 환지幻智 속에 부사의 가지가지 무염진여無染眞如 환지보살행幻智菩薩行을 하며, 환幻의 중생을 구제하고, 청정무염심淸淨無染心 속에 물듦 없는 청정환지淸淨幻智를 일으켜 대비심을 발하여, 청정환지淸淨幻智 속에 환幻과 같은 원만보살행을 갖추게 된다. 청정무애자재성淸淨無礙自在性은 본연본성 삼종자성 중에 무염진여본심성품이다. 이는 법보화신法報化身 자성삼신불自性三身佛에서 이사원융사사무애일체상理事圓融事事無礙一切相인 무자성진여실상부사의환지無自性眞如實相不思議幻智 속에 청정자성법신淸淨自性法身이 청정자성환지淸淨自性幻智를 발하여 청정자재본심환지淸淨自在本心幻智로 가지가지 청정본심공능자재淸淨本心功能自在의 대비심행大悲心行이 천백억응화신千百億應化身의 실체성實體性이다.

456

삼종자성 삼종정관에는 이 성품을 수순하는 수행법이 여환수순행 如幻隨順行인 삼마발제다

● 본연본성삼종자성을 따라 염불 念佛함이 삼종자성염불 三種自性念佛이 있으니, 법신염불 法身念佛, 보신염불 報身念佛, 화신염불 化身念佛이다. 법신염불 法身念佛은 청정열반무량공덕염불 清淨涅槃無量功德念佛이며, 보신염불 報身念佛은 각성보리무량광명염불 覺性菩提無量光明念佛이며, 화신염불 化身念佛은 자재진여응화불신염불 自在真如應化佛身念佛이다. 불 佛은 무상대각행 無上大覺行이며, 청정열반진여보리행 清淨涅槃真如菩提行이다. 염념은 곧, 불념 佛念이니, 불성수순 佛性隨順 각성발현심 覺性發顯心이다. 불성이 곧, 열반진여보리 涅槃真如菩提다. 이는 청정자재원융심 清淨自在圓融心이다.

● 법신염불 法身念佛은 열반사마타행 涅槃奢摩他行이니, 항상 마음이 무엇에 물들거나 때묻음이 없는 청정부동 清淨不動으로 동 動함 없는 성품 행 行이 청정열반무량공덕염불 清淨涅槃無量功德念佛인 청정법신염불 清淨法身念佛이다.

● 보신염불 報身念佛은 보리선나행 菩提禪那行이니, 항상 마음이 보리행 菩提行에 들어, 경계에 항상 대 對가 끊어져, 내외일체와 능소일체가 끊어진, 지혜바라밀각성원만행 智慧波羅密覺性圓滿行이니, 항상 무엇에도 걸림 없어 청정원융원만심 清淨圓融圓滿心 각성보리무량광명염불 覺性菩提無量光明念佛인 각성광명원만보신염불 覺性光明圓滿報身念佛이다.

● 화신염불 化身念佛은 진여삼마발제행 真如三摩鉢堤行이니, 항상 마음이 상 相이 끊어져, 상 相 없는 성품이 자재하며, 무자성환지 無自性幻智 속에, 환경계 幻境界에 응 應하여 청정자비심 清淨慈悲

心을 발하고, 중생을 이롭게 함이 자재진여응화불신염불自在眞如
應化佛身念佛인 천백억응화신염불千百億應化身念佛이다.

● 법신염불法身念佛은 동動함 없는 성품으로, 물들거나 때묻음
없는 청정부동성품염불淸淨不動性品念佛이며, 보신염불報身念佛
은 대對가 끊어져, 내외능소가 없는 각성광명원융원만염불覺性光
明圓融圓滿念佛이며, 화신염불化身念佛은 중생구제 업장소멸 청
정원만성취행淸淨圓滿成就行인 지혜자비응화심행원만염불智慧慈
悲應化心行圓滿念佛이다.

● 응화신應化身은 응신應身의 응應은 상대相對를 진리로 섭수
攝受함이니, 이는 내가 상相의 대對 없는 불이화합융화不二和合
融和가 응應이다. 신身은 진리응신眞理應身이니, 이는 대對 없는
불이화합융화不二和合融和를 행行하는 진리응신眞理應身이다.
화신化身의 화化는 내가 스스로 진리로 돌아감이니, 이는 스스로
진리체眞理體가 되어, 상대相對의 관계에 상相의 대對 없이 불이
화합융화不二和合融和함이다. 신身은 진리화신眞理化身이니, 이
는 상대相對에게 상相의 대對 없이 불이화합융화不二和合融和를
행行하는 진리화신眞理化身이다. 응應은 소경계所境界를 멸하여
능能이 진리에 응應하여 돌아감이니, 이는 내가 상대相對에게 응
應하여 불이화합不二和合으로 진리로 응함이며, 화化는 능경계
能境界를 멸하여 소所를 진리로 섭수해 화化하여 돌아감이니, 이
는 나 스스로 진리체眞理體가 되어 상대相對를 불이화합융화不二
和合融和함이다. 진리는 불이화합융화상생성不二和合融和相生性
이며, 진리행은 불이화합융화상생행不二和合融和相生行이다.

● 법신염불法身念佛을 하면, 성품이 동動함 없어, 청정법신염불
淸淨法身念佛로 내가 청정법신불淸淨法身佛이 된다. 보신염불報
身念佛을 하면, 대對가 끊어져, 내외內外가 없고 능소일체能所一

切가 끊어진 각성광명원만보신염불 覺性光明圓滿報身念佛 로 내가 원만보신불 圓滿報身佛 이 된다. 화신염불 化身念佛 을 하면, 상대 相對 와 대對 가 없어 불이융화진리체 不二融化眞理體 가 되어 천만 억응화신길상원만염불 千百億應化身吉相圓滿念佛 로 내가 천만억 응화신길상원만불 千萬億應化身吉相圓滿佛 이 된다. 법신염불 法身 念佛, 보신염불 報身念佛, 화신염불 化身念佛 을 하면, 법보화신염 불 法報化身念佛 의 공덕이 원만하고 구족하여, 법계원만구족 法界 圓滿具足 한 법보화신 法報化身 원만삼신광명불 圓滿三身光明佛 이 된다. 법신염불 法身念佛, 보신염불 報身念佛, 화신염불 化身念佛 의 세계는, 청정무염부동불 淸淨無染不動佛, 청정원만각성불 淸淨 圓滿覺性佛, 청정응화자비불 淸淨應化慈悲佛 의 대원력불보살행 大 願力佛菩薩行 이며, 공덕장엄원만불성취세계 功德莊嚴圓滿佛成就 世界 다. 이는 불성원만장엄행 佛性圓滿莊嚴行 인 청정열반원만불 장엄행 淸淨涅槃圓滿佛莊嚴行 이며, 원융보리원만불장엄행 圓融菩 提圓滿佛莊嚴行 이며, 무염진여원만불장엄행 無染眞如圓滿佛莊嚴行 이다. 이는 곧, 일체제불 一切諸佛 의 자성공양성불도 自性供養成佛 道, 본기청정인지법행 本起淸淨因地法行 자성공덕행 自性功德行 인 삼신원만불자성공덕장엄행 三身圓滿佛自性功德莊嚴行 이다.

※ 원각 25종 수행에서 돈각인과 불수순자는 제외다.

唯除頓覺人 幷法不隨順
유 제 돈 각 인 병 법 불 수 순

오직, 단박 각에 든 사람과 법을 수순하지 않고 물리치는 자는 제외이니라.

♣ 일체보살이 청정지혜로 의지함이, 삼종자성수순행 사마타와 삼마발제와 선나를 수행근기 따라, 삼법三法을 돈頓과 점漸으로 닦음이 이십오종이니, 시방제여래十方諸如來와 삼세 수행자가 이 법에 의하지 않고는 보리菩提를 이루어 얻지 못함이나, 오직, 단박 깨달아 각에 든 돈각인頓覺人과 본연본성 삼종자성수순행 법法을 수순하지 않고 물리치는 자는 제외이니라.

● 돈각인頓覺人은 삼종정관三種淨觀 수행에 의지하지 않고, 바로 장애 없는 원만각圓滿覺에 든 사람이다. 누구나 반드시 삼종정관에 의지해야만 원만각圓滿覺에 드는 것은 아니다. 근기따라 원만각圓滿覺에 듦이 차별이 있으니, 어떤 자는 단박 깨달아 완연히 장애 없는 원만각圓滿覺에 들고, 어떤 자는 깨달아도, 각覺이 완연하지 못해, 본연성품수순행으로 각覺의 완연함에 들고, 어떤 자는 깨달음을 얻고자 각覺에 들기 위하여, 깨달음을 위한 방편과 조도법으로 삼종정관에 의지하기도 한다. 또한, 본연본성 삼종자성수순행을 불신不信하거나, 각覺에 들려고 하지 않는 자者는 삼종정관에서 제외된다.

※ 25법륜을 수순하면 불의 대비력으로 열반을 증득한다.

一切諸菩薩 及末世衆生 常當持此輪 隨順勤修習
일 체 제 보 살 급 말 세 중 생 상 당 지 차 륜 수 순 근 수 습

依佛大悲力 不久證涅槃
의 불 대 비 력 불 구 증 열 반

일체 모든 보살과 더불어 말세중생이 항상 당연히 이 법륜에

의지해 수순하며, 부지런히 닦고 익히면, 불의 대비력에 의지
해 오래지 않아 열반을 증득하리라.

♣ 일체 모든 보살과 더불어 말세중생이 항상 당연히 삼종자성수
순행 법륜法輪에 의지해 수순하고, 부지런히 닦고 익히면, 본연본
성 삼종정관 이십오법륜 불佛의 대비력에 의지해, 머잖아 본연본
성 성품인 열반涅槃을 증득하리라.

第九 淨諸業障菩薩章
제 9 정 제 업 장 보 살 장

※ 지증사상(智證四相)과 자타사상(自他四相)으로는 청정각을 이루지 못함을 설한다.

※ 정제업장보살이 지극한 일념으로 청법의식을 갖춘다.

於是 淨諸業障菩薩 在大衆中 卽從座起 頂禮佛足
어 시 정 제 업 장 보 살 재 대 중 중 즉 종 좌 기 정 례 불 족

右繞三匝 長跪叉手 而白佛言
우 요 삼 잡 장 궤 차 수 이 백 불 언

이때에 정제업장보살께서 대중 속에 계시다 곧 자리에서 일어나 부처님 발에 공손히 이마를 조아려 공경의 예를 올리고 지극한 존경심으로 받드시어 오른쪽으로 세 번 돌고 두 무릎을 땅에 꿇어 두 손을 모아 부처님께 말씀을 사뢰었다.

大悲世尊
대 비 세 존

대비하옵신 세존이시여!

爲我等輩 廣說如是 不思議事 一切如來 因地行相
위 아 등 배 광 설 여 시 부 사 의 사 일 체 여 래 인 지 행 상

令諸大衆 得未曾有
영 제 대 중 득 미 증 유

저희 모두를 위해 이와 같이 널리 설하시는 부사의사 일체여래의 인지행상으로 모든 대중은 미증유를 얻었사옵니다.

♣ 깊고 깊은 무한 지혜로, 불가사의하고 불가사의하여 일체 사유思惟를 벗어버린, 깊고 깊은 미묘한 불가사의함을 베푸시는 대비하옵신 세존이시여! 저희 모두를 위해 이와 같이 무한한 가르침을 널리 설하시는 사의思議할 수 없는 미묘한 법, 일체여래의 근본지根本智로 행하시는 그 비밀스러운 청정지혜 경계행상境界行相의 가르침으로, 대중들은 지금까지 듣지도, 알지도, 경험하지도 않았던, 깊고 깊어 부사의하고 불가사의함을 얻었사옵니다.

覲見調御 歷恒沙劫 勤苦境界 一切功用 猶如一念
도 견 조 어 역 항 사 겁 근 고 경 계 일 체 공 용 유 여 일 념

我等菩薩 深自慶慰
아 등 보 살 심 자 경 위

부처님께옵서 항하사 겁의 오랜 세월을 애써 노력하신 일체 부사의 각력 수행경계를, 오히려 한생각 꿰듯이 자세히 분별

하여 보이시니, 저희 보살들은 저절로 깊이 감탄하며 감사하고 위로가 되옵니다.

♣ 부처님께옵서 항하사 겁의 무량한 오랜 세월을 애써 노력하신 일체 부사의 각력 수행공덕 수행세계, 그 많은 세월의 수행을 오히려 한 생각 꿰듯이 보시고, 자세히 분별하여 보이시니, 저희 보살들은 희유함이라 저절로 깊이 감탄하며, 또한, 경사스럽고 감사하며, 수많은 세월의 수행과 경험으로 터득하고 깨달아도 알기 어려운 깊고 깊은 미묘한 지혜를 얻었사옵니다. 지금도 수행 중에 미혹하여 수행길을 헤매고 있어, 깊은 불지혜佛智慧와 대자비의 이끄심으로, 스스로 노력하지 않고, 수행으로 애써 힘쓰지 않아도, 분명하고 명백한 밝은 수행지혜의 길을 찾게 되어, 아직도 수행장애 속에 있사오나, 수행길을 명백하게 알게 되므로, 그 기쁨에 스스로 위로와 위안이 되옵니다.

※ 본성이 청정하면 어찌 미혹으로 원각에 들지 못하옵니까?
世尊 若此覺心 本性淸淨 因何染汚 使諸衆生 迷悶
세존 약차각심 본성청정 인하염오 사제중생 미민
不入
불입

세존이시여! 만약 이 각의 마음 본성이 청정하면, 어떤 인연으로 더러움에 물들어, 모든 중생이 미혹으로 번민하며, 원각에 들지 못하옵니까?

♣ 대비 세존이시여! 만약, 이 각覺의 마음 본성이 더럽거나 물들지 않고, 항상 깨끗하여 맑은 청정성품이면, 어떤 인연으로 더러움에 물들어, 모든 중생이 미혹으로 번민하며, 원각에 들지 못하고 있사옵니까?

※ 법성을 깨닫게 하시어 밝은 지혜의 눈을 주옵소서.

唯願如來 廣爲我等 開悟法性 令此大衆 及末世衆
유 원 여 래　광 위 아 등　개 오 법 성　영 차 대 중　급 말 세 중

生 作將來眼
생　작 장 래 안

오직 원하오니, 여래께옵서 널리 저희들을 위하시어, 법성의 깨달음을 열어 주시오며, 이 대중과 더불어 말세중생이 장래에 밝은 지혜의 눈을 갖도록 해주옵소서.

♣ 오직 원하오니, 세존이시여! 여래께옵서 널리 저희들을 위하시어, 청정하여 물들지 않는 법성의 성품을 깨닫도록 열어주시오며, 이 대중과 더불어 말세중생이 다가올 앞날에, 청정하여 물듦 없는 법성지혜의 밝은 눈을 갖도록 해주옵소서.

※ 여시삼청 지극히 간곡한 청법을 올린다.

作是語已 五體投地 如是三請 終而復始
작 시 어 이　오 체 투 지　여 시 삼 청　종 이 부 시

이 말씀을 드리고는, 오체를 땅에 던져 간절히 절을 올리고, 다시 이와 같이 세 번을 반복하며 지극정성 간곡히 부처님의 가르침을 청하였다.

爾時 世尊 告淨諸業障菩薩言
이시 세존 고정제업장보살언

이때 세존께옵서 정제업장보살에게 말씀하시었다.

※ 말세중생을 위해 여래에게 방편을 자문하는구나.

善哉善哉 善男子 汝等 乃能爲諸大衆 及末世衆生
선재선재 선남자 여등 내능위제대중 급말세중생

諮問如來 如是方便
자문여래 여시방편

착하고 착하도다. 선남자여! 너희들은 능히 모든 대중과 더불어 말세중생을 위하고자 여래에게 이와 같은 방편을 자문하는구나.

※ 청법에 응하여 너희들을 위해 설하리라.

汝今諦聽 當爲汝說
여금체청 당위여설

너희들은 이제 자세히 살피어 들을지니라. 당연히 너희들을
위해 설하리라.

♣ 너희들은 이제 여래의 설함을 따라, 사상四相을 멸하여 청정법
성에 듦을, 지혜로써 자세히 살피고 잘 사유하며, 지혜의 밝음으
로 들을지니라. 당연히 너희의 간곡한 청정서원과 그 염원의 원력
을 원만하게 하고, 부족함이 없이 그 서원을 구족하게 하고자, 너
희들을 위해 설하리라.

※ 청법에 응하심과 지혜를 얻는 기쁨에 묵연이청하다.
時 淨諸業障菩薩 奉敎歡喜 及諸大衆 默然而聽
시 정제업장보살 봉교환희 급제대중 묵연이청

그때 정제업장보살께서 환희심에 말씀을 받들어 모든 대중과
더불어 묵연히 귀를 기울였다.

※ 망상 집착인 사상으로 나 실체가 있다고 생각한다.
善男子 一切衆生 從無始來 妄想執有我人衆生 及
선 남 자 일 체 중 생 종 무 시 래 망 상 집 유 아 인 중 생 급

與壽命 認四顚倒 爲實我體
여 수 명 인 사 전 도 위 실 아 체

선남자야, 일체중생이 처음을 알 수 없는 지금에 이르기까지 좇아
망상을 집착하여, 아인중생과 더불어 수명이 있어 네 가지가 전도
되어 인식하므로, 실다운 나의 실체가 있다고 여기느니라.

♣ 선남자야, 일체중생이 처음을 알 수 없는 지금에 이르기까지 좇아 망상을 집착하여, 상심상견 아상, 인상, 중생상과 더불어 수명상이 있어, 사상인 네 가지가 전도되어 인식하므로, 실다운 나의 실체가 있다고 여기느니라.

● 아상我相은 존재상를 일컬음이다. 유형이든 무형이든, 색깔이 있든 색깔이 없든, 물질의 것이든 정신의 것이든, 실재實在이든 환상幻相이든, 생각이든 짐작이든, 헤아림이든 추측이든, 꿈이든 현실이든, 추측할 수 있든 추측할 수 없든, 마음이 머무름이든 마음이 벗어남이든, 증득함이든 깨달음이든, 여읠 것이든 벗어날 것이든, 구함이든 성취함이든, 기쁨이든 슬픔이든, 괴로움이든 행복이든, 생生이든 사死이든, 유有이든 무無이든, 유위이든 무위이든, 함이 있든 함이 없든, 색色이든 공空이든, 심心이든 물物이든, 열반이든 해탈이든, 선정禪定이든 삼매三昧든, 보리菩提든 각覺이든, 중생이든 불佛이든, 자自든 타他든, 순간이든 영원이든, 무명이든 미혹이든, 선이든 악이든, 좋은 것이든 나쁜 것이든, 일컬을 그것이 있음이 아我며, 아我가 있다고 인식함이 아상我相이다.

인상人相은 차별상이다. 대對가 있음이 인人이니, 같음과 같지 않음이 있으며, 다름과 다르지 않음이 있으며, 차별과 평등이 있으며, 상대와 대상이 있는 이것이 인人이며, 이것을 일으키거나 인식함이 인상人相이다.

아我가 있어 아我의 상相이 일어나니 아상我相이라 한다. 아상이 있어 인人을 일으키며, 이것과 저것, 나와의 관계 등, 같고 다름의 차별상이 있으니 그것이 인상이다. 인상이 있으니, 인상인 차별상을 분별하여 머무름과 좋아함과 싫어함과 집착함과 구하려 함과 여의려 함과 성취하려함과 잊으려함과 미워함과 사랑함 등, 인상에 마음이 머물러 집착함이 중생상衆生相이다.

중생상衆生相으로 인상人相에 머무르니, 생生과 멸滅을 인식하고, 시간과 세월의 흐름과 변화를 인식하고, 생명과 행복과 불행과 인생과 번뇌와 기쁨과 생각과 사물과 현상 등이 변화함과 일어남과 사라짐과 성장하고 소멸함을 인식하는 것, 이것이 수명상壽命相이다. 수명상이 있기에 좋은 것과 행복한 것은 오래 머물고 영원하기를 바라며, 즐거움과 복력은 점차 쌓아지기를 바란다. 또한, 싫은 것과 불행은 빨리 끝나기를 바란다. 세월 속에 꿈을 가지며, 시간이 빨리 오거나 가기를, 또는 멈추어 주기를 바란다.

아상我相, 인상人相, 중생상衆生相, 수명상壽命相 속에 중생의 일체 삶이 이루어진다. 수명상이 있음은 중생상이 있기 때문이며, 중생상이 있음은 인상이 있기 때문이며, 인상이 있음은 아상이 있기 때문이며, 아상이 있음은 아我의 실상을 모르는 무명無明이 있기 때문이며, 무명이 있음은 각覺의 밝음이 장애되기 때문이다. 각覺의 밝음이 장애됨을 무명이라고 한다. 무명은 곧, 본연본성 무한공능無限功能이 장애됨이다. 시방청정무자성무염부동성十方淸淨無自性無染不動性이 장애됨이, 본연본성 무한공능이 장애되는 무명이며, 청정무애무자성시방자재심淸淨無礙無自性十方自在心이 장애됨이, 본연본성 무한공능이 장애되는 무명이며, 시방원융청정불이편재원만각성각명十方圓融淸淨不二遍在圓滿覺性覺明이 장애됨이, 본연본성 무한공능이 장애되는 무명이다. 무명은 곧, 각

覺의 밝음이 장애되어 무명이라 한다. 무명으로 시방청정무자성무염부동성十方清淨無自性無染不動性이 동動하여 마음이 어지럽고, 혼란하며, 청정무애무자성시방자재심清淨無礙無自性十方自在心이 아상, 인상, 중생상, 수명상, 사상四相에 머물러 집착하여 각覺을 등진 생사윤회를 하고, 시방원융청정불이편재원만각성각명十方圓融清淨不二遍在圓滿覺性覺明이 원융하지 못하고 방方에 갇히어, 각覺의 밝은 지혜를 잃어, 상하좌우 시방 허공 땅 우주 만물 경계를 생生하며, 감각으로 익힌 촉각과 경험과 앎의 지식에 의지한 분별의식으로, 지식과 앎과 경험과 촉각으로 분별하고 헤아리는 삶이, 각覺을 잃은 태란습화胎卵濕化 일체중생의 삶이다.

각覺이 장애 없이 밝으면 무명無明이 없고, 무명이 없으면 아상이 없고, 아상이 없으면 인상이 없고, 인상이 없으면 중생상이 없고, 중생상이 없으면 수명상이 없다. 수명상이 없음은 중생상이 없기 때문이며, 중생상이 없음은 인상이 없기 때문이며, 인상이 없음은 아상이 없기 때문이며, 아상이 없음은 무명이 없기 때문이며, 무명이 없음은 각覺이 장애 없기 때문이다. 각覺이 장애 없음은 시방청정무자성무염부동성十方清淨無自性無染不動性인 본성성품이 장애 없기 때문이며, 청정무애무자성시방자재심清淨無礙無自性十方自在心 본심성품이 장애 없기 때문이며, 시방원융청정불이편재원만각성각명十方圓融清淨不二遍在圓滿覺性覺明 본각성품이 장애 없기 때문이다. 본연본성 삼종자성 시방청정무자성무염부동성十方清淨無自性無染不動性 본성성품과 청정무애무자성시방자재심清淨無礙無自性十方自在心 본심성품과 시방원융청정불이편재원만각성각명十方圓融清淨不二遍在圓滿覺性覺明 본각성품이 불이일성不二一性으로, 원융하고 융통하는 총화부사의일심總和不思

議一心이 곧, 무명 없는 각覺이다. 각覺을 잃으면, 무명 속에 아상, 인상, 중생상, 수명상으로 망집妄執을 짓고 사상심 속에 삶이니, 무명 자아의식은, 사상四相을 분별하고 헤아리는 분별심을 나로 알고 있다. 나, 그것은 내가 아니라, 찰나에도 멈춤이 없는, 사상을 분별하고 헤아리는 분별심일 뿐이다. 나, 그것은 곧, 사상 분별과 집착에 물이 든 업식業識이다. 나의 마음 성품은 바로 각覺이다. 그러므로 나의 본연성품 삼종자성 무염청정본성자성無染淸淨本性自性, 자재청정본심자성自在淸淨本心自性, 원융청정본각자성圓融淸淨本覺自性을 수순하는 삼종자성수순행으로, 이 경經 전체의 공덕세계와 시방삼세일체불과 삼세일체보살과 시방삼세중생의 본연본성 각성광명 원각세계를 드러낸다.

※ 허망한 나를 집착하여 망령된 업으로 윤회가 있다.

由此 便生憎愛二境 於虛妄體 重執虛妄 二妄相依
유차 변생증애이경 어허망체 중집허망 이망상의

生妄業道 有妄業故 妄見流轉
생망업도 유망업고 망견류전

이로 말미암아 곧, 미워하고 사랑하는 두 경계가 생기느니라. 허망한 환에 허망한 집착을 거듭하는 두 망상에 의해, 망령된 업의 도가 생기느니라. 망령된 업이 있는 까닭으로, 망령된 견해로 윤회의 흐름이 있느니라.

♣ 일체중생이 사상四相으로 나의 실체가 있다고 여기므로 말미암아, 곧, 미워하고 사랑하는 두 경계가 생기느니라. 허망한 실체

없는 환에 의해 허망한 집착인, 미워하고 사랑하는 두 망상을 거듭하므로, 허망한 업業의 도道가 생기느니라. 미워하고 사랑하는 망령된 업業이 있는 까닭으로, 망령된 견해로 윤회의 흐름이 있느니라.

※ 윤회를 싫어해 열반을 구하니 청정각에 들지 못한다.

厭流轉者 妄見涅槃 由此 不能入淸淨覺
염 류 전 자 망 견 열 반 유 차 불 능 입 청 정 각

윤회의 흐름을 싫어하는 자는 망령된 견해로 열반을 구하므로, 이로 말미암아 능히 청정각에 들지 못하느니라.

♣ 윤회의 흐름을 싫어하는 자는 망령된 견해로 열반을 구하여도, 싫어하고 좋아하는 아我와 상견相見을 벗어나지 못해, 이로 말미암아 능히 청정각淸淨覺에 들지 못하느니라.

※ 각은 멀리하거나 거부할 수 있는 것이 아니다.

非覺違拒 諸能入者 有諸能入 非覺入故
비 각 위 거 제 능 입 자 유 제 능 입 비 각 입 고

각은 멀리하거나 거부할 수 있는 것이 아니니, 모두 완전히 각에 든 자이니라. 모두 능히 들어 있어도, 각에 들어 있음을 모르는 까닭이니라.

♣ 각覺은 멀리 하거나, 거부하여 벗어날 수 있는 것이 아니니, 불佛이나 일체중생이 차별 없이 완전히, 모두, 각覺에 든 자者이니라. 모두 능히 완전한 각覺 속에 들어 있어도, 완전히 각覺에 들어 있음을 모르는 까닭이니라.

● **비각위거**非覺違拒 : 각覺을 멀리하거나, 거부할 수 없다. 이는 각覺은 취할 수도 없고, 성취할 수도 없고, 증득할 수도 없고, 그렇다고 버릴 수도 없고, 두고 떠날 수도 없고, 멸하거나 여읠 수도 없다. 각覺을 취할 수 없고, 성취할 수 없고, 증득할 수 없음은, 벌써 완전한 각覺 속에 있기 때문이다. 그렇다고 버릴 수도, 두고 떠날 수도, 멸하거나 여읠 수도 없음은, 일체一切가 각覺이기 때문이다. 각覺은 취할 수도 없고, 성취할 수도 없고, 증득할 수도 없고, 그렇다고 버릴 수도 없고, 두고 떠날 수도 없고, 멸하거나 여읠 수도 없음은, 각覺은 취하거나, 성취하거나, 증득하거나, 그렇다고 버리거나, 두고 떠나거나, 멸하거나 여읠 수 있는, 그러한 상相이 아니기 때문이다. 그럼 무엇이 각覺인가? 나, 곧, 청정이니 즉, 각覺이다. 이 말에 상相을 가지거나, 타他와 사물事物과 다른 나를 생각한다면 그것은 무명망념無明妄念이다. 나, 상相 없어, 능소能所 없는 적멸원융편재성寂滅圓融遍在性인 바로 각覺이다. 각覺이 시방청정원융편재성十方淸淨圓融遍在性이니, 어떻게 여의고 벗어날 수 있겠는가? 일체一切가 완전한 각覺이니, 그러므로 구함의 법이나, 여읨의 법이나, 성취의 법으로는 청정각淸淨覺에 들지 못한다. 단지, 각覺이 장애되므로, 각覺을 수순하는 삼종자성수순행 인지법행因地法行인 본기청정本起淸淨 원각수순행을 여래께서는 무량생을 쌓은 수행지혜로 삼종자성수순행 삼종정관으로, 각覺에 이르는 일체수행을 삼관자성법륜三觀自性法輪으로 섭수한다.

● **제능입자**諸能入者 : 모두가 완전히 각覺에 들어 있는 능입자能入者다.

※ 일체가 각이니 생멸심이 모두 미혹과 번민이다.

是故動念 及與息念 皆歸迷悶
시 고 동 념   급 여 식 념   개 귀 미 민

이런 까닭으로 생각이 동하거나 더불어 생각을 쉬려하면, 모두 미혹과 번민으로 돌아가느니라.

♣ 모두 능히 각覺에 들어 있으므로, 각覺을 구하고자, 각覺의 청정을 벗어나 생각이 동動하거나, 각覺에 들고자 더불어 생각을 쉬려함이 곧, 각覺을 모르는 무명이며 미혹이니, 각覺을 벗어나 아我와 상견相見에 의한 일체 분별은, 모두 미혹과 번민에 떨어지느니라.

● 위의 구절은 각覺이 두루 밝아, 각覺을 모르는 아我와 상견相見에 의한 일체 분별인 동動과 정靜, 생生과 멸滅, 주住와 무주無住, 구하고 여읨, 성취와 증득 등 일체가 곧, 무명이므로, 이 모두가 미혹에 떨어짐을 일컫는다. 상심상견에는 위의 구절의 뜻과 실상을 헤아리거나 알 수가 없다. 그것은 각覺을 모르기 때문이다. 혹시, 상심상견으로 이 구절을 이해하고 수용하여, 망심妄心에서 생각을 쉬게 되면 각覺이 아니라, 무기無記나 단멸斷滅, 혼망昏忘과 맹심盲心에 떨어진다. 위의 뜻은 각覺을, 망妄으로 장애하거나, 각覺을 벗어나 미망에 떨어지지 말라는 뜻이다. 각覺

을 모르는 미망이면, 각覺을 깨닫는 수행을 우선해야 한다. 깨닫고 구하는 마음이 무명의 망념妄念이나, 각覺을 모르면 마음을 쉴 수가 없다. 각覺을 깨달으면 허망하고 망령된 분별심인 나를 벗어남으로 망동妄動을 쉬게 된다. 나, 그것이 망妄이니, 나 있으면 망동妄動을 쉴 수가 없다. 나 있으므로 남이 있고, 안과 밖의 경계가 있으며, 밖의 사물을 집착하는 사상심이 있다. 사상四相의 사四는 상相이 곧, 아我며, 대對가 인人이며, 욕慾이 중생衆生이며, 생生이 수자壽者다. 사상四相의 상相은 아我가 상相이며, 대對가 상相이며, 욕慾이 상相이며, 생生이 상相이다. 아我가 있음은 아욕我欲이 있음이다. 인人이 있음은 대욕對欲이 있음이다. 중생衆生이 있음은 욕욕慾欲이 있음이다. 수자壽者가 있음은 생욕生欲이 있음이다. 사상四相이 있음은 아我, 대對, 욕慾, 생生의 분별分別인 사아四我와 사대四對와 사욕四慾과 사생四生이 있음이다. 그러므로 나 있음이 곧, 망동妄動의 상태다. 나 있으면, 생각을 일으키지 않아도 가만히 있는 내가 있다. 이것이 동動하지 않는 것이 아니다. 가만히 있어도 내외, 자타, 보고, 듣고, 가만히 있는 자가 있으니, 이것이 곧, 망동중妄動中이다. 나 있으면 쉰다는 것을 이해할 수가 없다. 쉬는 것이 나 없음이 쉼이다. 그것은 망동妄動이 없음이다. 각覺의 완연함에 들기 전에는 망妄을 쉴 수가 없다. 망妄은 곧, 각覺의 일체장애를 일컬음이다. 망妄이 곧, 아我와 상심상견이다. 아我 있음이 무명無明의 동動인 분별심이며, 상심과 상견이 있음이며, 내외일체상과 능소일체분별경계가 있음이다. 아我가 있으면 무명일체 중생식 경계가 벌어진다.

※ 나와 나의 몸과 나의 마음이 있음이 무명이다.

何以故 由有無始 本起無明 爲己主宰 一切衆生 生
하 이 고 유 유 무 시 본 기 무 명 위 기 주 재 일 체 중 생 생

無慧目 身心等性 皆是無明 譬如有人 不自斷命
무 혜 목 신 심 등 성 개 시 무 명 비 여 유 인 부 자 단 명

무슨 까닭이냐면, 시작을 알 수 없는 근본 무명을 일으키는 자기의 주재가 있기 때문이니라. 일체중생이 지혜의 안목이 없어 일으키는, 몸과 마음 등의 성품이 모두 이 무명이니라. 비유하여 사람이 있어 자기 목숨을 끊지 못함과 같으니라.

♣ 생각이 동動하거나 생각을 쉬려함이 모두 미혹과 번민으로 돌아감은 무슨 까닭이냐면, 각覺이 완전하지 못할 때에는, 시작을 알 수 없는 근본무명根本無明을 일으켜, 자기를 인식하고 분별하며 움직이게 하는 내가 있기 때문이니라. 일체중생이 각覺의 지혜안목이 없어, 일어나는 내 몸과 마음이 있음을 분별하고, 내가 있음을 아는 성품이 모두 이 무명이니라. 비유하여, 자기가 자기의 목숨을 끊지 못하듯, 무명이 무명성품을 끊지 못함과 같으니라.

● 깨달음이란 곧, 각覺을 깨달음이다. 각覺을 깨달음이란 자기 실체를 깨달음이다. 자기 실체를 깨달음이란, 자기의 몸과 마음과 자기라고 하는 그 자체가, 나 아니며, 실체 없는 허망한 것임을 깨달음으로 벗어나는 것이다. 수행으로 깨달음을 얻어 무명과 사상심과 생멸과 유무와 자타와 심心과 식識과 물物의 일체상이 끊어지는 것이, 수행심과 수행력으로 망妄을 멸滅하고, 번뇌를 여의어 깨달음에 드는 것이 아니다. 심心, 식識, 물物의 일체상과 망

妄과 번뇌는 끊는 것이 아니다. 왜냐면 본래 실체가 없는 것이므로 끊지 않아도, 실체 없는 그 성품을 깨달으면 사라진다. 실체 없는 환幻을 끊으려는 것이 무명심이다. 그럼 수행으로 일체상과 망妄과 번뇌가 끊어져 깨달음에 들게 되는 것은 어떤 까닭인가? 그것은 곧, 본연본성을 깨닫기 때문이다. 무명은 무명을 제거할 수가 없다. 이는 어둠이 어둠을 제거할 수 없음과 같다. 어둠은 빛이 없음이며, 빛이 있으면, 어둠을 제거하지 않아도 어둠은 사라진다.

수행으로 무명無明의 어둠이 사라져, 깨달음을 여는 것은 각覺의 밝음이 무명을 사라지게 하기 때문이다. 아무리 어둠이 짙고 짙어 앞을 분간할 수가 없어도, 그 어둠이 빛에 붙거나 의지할 수가 없듯, 수행의 우연한 계기에, 본연본성을 깨닫게 되면, 아我와 상견相見의 일체는 사라지게 된다. 무명은 상相이므로 일체상과 망妄과 번뇌가 붙고, 뿌리를 내리며 자랄 수 있어도, 본연본성에는 일체상과 망妄과 번뇌가 붙거나, 의지하거나, 뿌리를 내릴 수 없음은, 뿌리를 내리고 의지할 바탕인 근根, 곧, 상相이 없기 때문이다. 그러므로 우연한 기회에 본연본성을 깨달으면, 상相의 분별심 무명의 일체상과 망妄과 번뇌인 사상심은, 잠을 깨면 곧, 꿈속 환幻이 사라지듯, 찰나에 사라진다. 그러므로 본연본성을 발함으로 깨달음을 얻을 뿐, 수행으로 일체상과 망妄과 번뇌를 여의므로 깨달음을 얻는 것이 아니다. 만약 수행과정 중에 본연본성을 깨닫지 못하면, 아무리 수행을 고난도高難度로 철저히, 그리고 영원히 해도, 영원한 수행만 있을 뿐, 깨달음은 없다. 수행으로 일체상과 망妄과 번뇌를 여의는 것이 수행지혜가 아니며, 수행 목적이 아니다. 일체상과 망妄과 번뇌가 본래 없음을 깨닫는 것이 수행지혜

며, 본연본성을 깨닫는 것이 깨달음을 위한 수행의 목적이다. 본
연본성을 깨달으면, 곧, 일체상과 망妄과 번뇌는 본연본성에 머물
거나, 뿌리를 내리거나 붙을 수가 없어, 흔적 없이 사라진다. 본연
본성을 깨달아도 각覺이 장애됨이 있어, 완연하지 못하면, 본연본
성의 성품수순행 수순력으로 각覺의 장애를 제거해야 한다. 본연
본성을 발하고, 본연본성의 성품을 수순하는 것, 그 외는 무명과
미혹을 벗는 길이, 억만불億萬佛을 만나고, 무한한 우주의 천상천
하를 돌아다녀도, 이 외는 길도, 도道도 없다. 그 까닭과 이 지혜
와 섭리는 이 경설經說에서도 부처님께옵서 그 연유를 세세히 밝
혔다. 그러므로 부처님께서 시방일체불十方一切佛이 불佛을 이루
는 비결秘訣이 본기청정인지법행本起淸淨因地法行 삼종자성수순
행이라고 했다. 이는 시방일체불十方一切佛이 불佛을 이룬 여래
如來의 성불법이다.

　사람이 미망을 벗어나 깨닫고, 깨어나는 것에는, 책 수십 권과
몇 날 밤과 낮의 광장설廣長舌이 필요한 것이 아니다. 맑은 정신
가운데 찰나에 끌리어, 정신이 밝아져 지혜의 눈을 뜨는, 짧은 한
마디 말과 글귀의 빛이다. 여러 말과 글이라야 변할 수 있는 그 사
람은 지혜가 없어 우둔한 사람이다. 지혜로운 사람이 깨닫는 것에
는 말과 글이 그렇게 많을 필요가 없다. 왜냐면, 그 사람은 이미
선근善根이 다 이루어져 있기 때문이다. 지혜를 향한 순수의 열정
이 없으면, 일체 분별을 벗어버린 나를 초월한 지혜에 들 수가 없
다. 궁극을 향한 순수의 이끌림, 무한을 향한 오롯한 일념이 없으
면, 분분한 분별에 관심과 사량의 시비에 얽매어, 궁극을 초월한
성품에 들 수가 없다. 자신의 어리석음을 벗으려는 오롯한 일념 정
신이 살아 있지 않으면, 많은 것을 보고 들어도, 분분한 분별의 옳

고 그름에 얽매어 사랑만 더할 뿐, 눈먼 자신의 어리석음은 일깨울 수가 없다. 자신을 일깨우려는 정신이 부족하고, 지혜도 없고, 거기에 믿음도 없으면, 지혜의 말과 글로도 제도하거나 구제할 수가 없다.

※ 미움과 사랑이 무명이니 도를 성취하지 못한다.

是故當知 有愛我者 我與隨順 非隨順者 便生憎怨
시 고 당 지　유 애 아 자　아 여 수 순　비 수 순 자　변 생 증 원

爲憎愛心 養無明故 相續求道 皆不成就
위 증 애 심　양 무 명 고　상 속 구 도　개 불 성 취

이런 까닭으로 당연히 알아라. 나를 사랑함이 있는 자는 내가 더불어 순히 따르고, 나를 순히 따르지 않는 자는 곧, 미워하고 원망함이 일어나느니라. 미워하고 사랑하는 마음이 무명을 기르는 까닭으로, 무명의 상속 속에 도를 구하여도 모두 성취하지 못하느니라.

♣ 각覺이 장애되면 근본무명을 일으키는 자기가 있는 까닭으로 당연히 알아라. 나를 사랑함이 있는 자를 내가 더불어 순히 따르고, 나를 순히 따르지 않는 자는 곧, 미워하고 원망함이 일어나느니라. 미워하고 사랑하는 마음이 무명으로부터 일어나 무명을 기르는 까닭으로, 무명의 상속相續 속에 도道를 구하여도, 무명의 상속을 벗어나지 못해, 모두 성취하지 못하느니라.

善男子 云何我相 謂諸衆生 心所證者
선 남 자 운 하 아 상 위 제 중 생 심 소 증 자

선남자야, 무엇을 일러 아상이라 하는가 하면, 모든 중생이 마음에 증한 바 그것이니라.

♣ 선남자야, 무엇을 일러 아상我相이라 하는가 하면, 모든 중생이 마음에 깨달음을 얻음인, 증함이 그것이니라.

● **아상**我相: 심소증자心所證者다. 마음에 깨달음 얻는 각증覺證이 아상我相이다.

● 이 구절에서 사상四相은 자타를 분별하는 자타사상自他四相이 아니니, 깨달음 증득證得에 의한 지증사상智證四相이다. 자타사상은 내가 있어, 나와 남과 안과 밖의 상을 분별하고 집착하는 사상이다. 지증사상은 깨달음 과정에 각覺이 완전하지 못하여, 깨달음 증득의 지혜상을 가지는 지증사상이다.

● 아상我相이란 깨달음 얻음인 증證함이다. 이는 깨달음이 없는 가운데 얻음인 소증상所證相이니, 심소증자心所證者다. 깨달음 얻음이 왜, 아상인가 하면, 얻음 있음이 아상으로 비롯한 증證의 상이기 때문이다. 지증사상智證四相은 깨달음을 얻으므로 일어나는 증證을 바탕한 지증사상이다. 이는 깨달음이 완전하지 못한 장애상障礙相이다.

깨달음 얻음인 소증상所證相이 왜 일어나는가 하면, 유위상심有爲相心의 상견수행심相見修行心에서 유위상有爲相 타파打破인 공空의 깨달음 과정에서, 일체유위상一切有爲相이 타파되어

무위無爲에 들면, 유위일체상 타파로 무위청정無爲淸淨 경계에 들게 된다. 상相이 타파되는 상견수행심相見修行心 경계에서 일체공一切空 무위無爲의 깨달음 얻음인 증證이 상이 되며, 이 증證을 얻음은 상견수행심相見修行心인 수행아修行我로 비롯된 증득상證得相인 얻음의 상이니, 깨달음 증證함이 곧, 아상이다.

그러나 이것은 유위상有爲相은 타파하여 무위無爲를 깨달았으나, 아我를 완전히 타파하지 못한 각覺의 장애 미혹상이므로, 완전한 깨달음에 들지 못한다. 증證함이나, 얻음이 있으면, 아我를 타파하지 못했음이니, 완전한 깨달음이 아니다. 깨달음의 증證이나, 얻음이 있는 아상은, 유위상심有爲相心의 아我가 완전히 타파되지 못하여, 유위아有爲我를 반연하여 일어나는 깨달음의 상이다. 이는, 무위를 깨닫게 되나, 나 없는 완전한 무위에 들지 못하여, 오히려 무위상無爲相을 일으켜, 무위상을 가지게 된다. 유위도 벗어나야 할 상이나, 무위 또한, 벗어야 할 상이다. 그러나 일단, 무위를 깨닫고, 무위를 알게 되면 유위아상有爲我相과는 같지 않다. 무위를 깨달으면 대승大乘의 공空을 알고, 인과因果에 묶인 상相의 지혜를 벗어나며, 사상심 없는 경계를 깨달으며, 불법佛法의 유위법상有爲法相을 벗어나게 된다. 무위를 깨달으면 반야般若의 공空에 든다. 그러나 이것 또한, 완전한 지혜가 아니다.

완전한 지혜에 들려면, 유위有爲를 벗어나고, 또한, 증證한 무위無爲도 벗어나고, 무아무상無我無相과 적멸공寂滅空도 벗어나, 일체불이원융지一切不二圓融智에 들어야 한다. 무위에 들면 상相이 공空함을 깨닫게 된다. 그러나 불이원융지不二圓融智에 이르지 못했기에, 일체상 청정불이원융지淸淨不二圓融智에는 들지 못한다. 무위에서는 일체상공一切相空을 알아도, 이는 무위상無爲相일 뿐, 일불승一佛乘 원융지圓融智 불이원융실상공不二圓融實

相空과는 다르다. 그러므로 공空의 지혜각력이 깊지 못해 유위상 有爲相의 공空함을 알아도, 청정무위清淨無爲 또한, 공空함을 깨 닫는 지혜각력이 부족해 무위청정상無爲淸淨相을 가지게 된다. 무 위대승지無爲大乘智에서는 상相이 공空함을 알아도, 상相이 그 대로 생멸부동청정실상진여生滅不動淸淨實相眞如임은 모른다. 실 공實空에는 얕고 깊음이 없다. 만약 공空의 지혜에 얕고 깊음이 있으면 그것은 실공實空이 아니라 차별지혜 공상空相이다. 무위 대승지無爲大乘智에 들어도, 원융지圓融智인 일불승一佛乘의 일 승지一乘智의 경계를 알 수가 없다. 원융지圓融智에 들려면, 소승 小乘인 성문연각과 대승무위경계大乘無爲境界를 벗어나야 한다. 소승小乘인 성문연각은 아我를 벗어나지 못하여, 일체수행이 고 苦를 벗어 해탈을 구하는 열반에 일체수행심이 매달리게 된다. 그 러므로 소승小乘인 성문연각은 고집별도苦集滅道 사성체四聖諦 와 무명을 끊는 십이인연법 속에 이루어진다. 즉, 인과법에 의지 해 고苦와 무명을 벗어, 열반과 해탈을 구한다. 그러나 대승무위 지大乘無爲智를 얻으면, 열반과 해탈이 구할 것 없는 자성自性임 을 깨닫게 된다. 그러므로 금강경金剛經에서 아뇩다라삼먁삼보리 심을 발한 대승大乘과 최상승最上乘만 금강경金剛經을 수지독송 受持讀誦할 수 있다는 말씀이 있다. 그러나 청정실상일체불이원 융지淸淨實相一切不二圓融智에 이르면, 대승지혜大乘智慧가 유위 상有爲相을 벗어난 무위無爲와 무아무상공無我無相空에 각력覺 力이 들어 있음을 깨닫게 된다. 청정실상일체불이원융지淸淨實相 一切不二圓融智에 들면, 대승지혜大乘智慧를 벗어나 일승지一乘 智에 들게 된다. 그러면 원융청정일승지圓融淸淨一乘智는 범부凡 夫의 유무생멸상有無生滅相과 소승인과법小乘因果法과 대승공무 위법大乘空無爲法의 경계를 벗어나 일체불이원융일성청정무이진여실상一切不二圓融一性淸淨無二眞如實相을 깨닫게 된다.

그러면 시방원융일성十方圓融一性을 깨달아 일체상이 그대로 청정실상진여淸淨實相眞如임을 알게 된다. 이 법계法界는 일체一切가 그대로 청정법신진여淸淨法身眞如다. 대승공지혜大乘空智慧는 일체상무아청정一切相無我淸淨을 깨달아 동動함 없는 부동본성청정성不動本性淸淨性 무위無爲에 들어 유위상有爲相을 벗어나 무아무상無我無相인 색즉공色卽空의 지혜다. 그러나 이것은 무위본성을 깨달았을 뿐, 각원융지覺圓融智에 들지 못한다. 각원융지覺圓融智에 들려면, 무위청정본성공無爲淸淨本性空도 벗어나 색色과 공空을 둘 다 벗어나야 한다.

깨달음이 대승大乘의 무위청정부동성無爲淸淨不動性에 들면, 일체상이 사라지고, 일체一切가 텅 빈, 본성청정부동성本性淸淨不動性에 들게 된다. 이것도 청정본성淸淨本性의 깨달음이지만, 이 깨달음에 들어도, 스스로 자신 깨달음의 지혜를 돌이키면 깨달음 각력이 미진함을 깨닫게 된다. 이 청정무위淸淨無爲 경계를 벗어나기 전에는, 그 까닭을 알 수가 없고, 일체상이 사라진 청정무위경계淸淨無爲境界가 도道이거나, 깨달음이거나, 불성佛性이거나, 구경究竟으로 착각할 수도 있다. 왜냐면 일체청정무위一切淸淨無爲이니, 유위수행심이 유위상을 벗어나 무위無爲에 들어 일체유위상이 공空하여 끊어지니 심청정心淸淨하여 더 나아갈 곳이 없기 때문이다. 그러므로 이 청정무위淸淨無爲를 또한, 벗어나야 하는 경계임을 모른다. 어떻게 해야 또, 이 무위無爲를 벗어나며, 또한, 대승무위大乘無爲와 일불승一佛乘 원지각성圓智覺性과의 차별을 알 수가 없다. 청정무위상淸淨無爲相에 머무르면 유위상有爲相을 벗어나 색色이 공空한 무위無爲가 구경究竟으로 잘못 인식할 수도 있다. 왜냐면 색色이 공空하므로, 자기 경계에서 더 나

아갈 길이 공청정무위空清淨無爲로 끊어지기 때문이다. 그리고 이 색공무위경계色空無爲境界에 들면, 어떻게 더 나아가야 할지를 모른다. 그 이유는 무엇이든 있으면 벗어나려 하겠지만, 일체청정무위一切清淨無爲에 드니, 벗어나거나 더 나아가야 할 무엇이 없기 때문이다. 이렇게 되는 것은, 유위상有爲相에서 상심相心이 타파되어 공空에 드니 상相이 끊어지기 때문이다. 그러므로 일체가 유위상공有爲相空이니, 상심수행相心修行으로 나아가는 수행심이 공空의 청정무위清淨無爲에 들어, 공空의 장벽 무위無爲를 뚫지 못하는 것이다. 이 무위공無爲空을 뚫어 벗어나려면 상견수행심相見修行心으로는 무위공無爲空의 장벽을 뚫을 수가 없다. 또한, 무위심無爲心으로는 색공무위청정色空無爲清淨의 장벽을 뚫을 수가 없다. 무위無爲와 무위공無爲空과 색공色空 일체가 유위상有爲相은 아니나, 색공무위상色空無爲相이다. 색色과 공空, 유위有爲와 무위無爲를 둘 다 벗어나야 한다. 이를 벗어나려면 색色도 없고 공空도 없고, 유위有爲도 없고 무위無爲도 없는 각성覺性을 발發해야 한다.

색色도 없고 공空도 없고, 유위有爲도 없고 무위無爲도 없는 경계에 들면, 원지圓智를 발發하게 된다. 원지圓智에 들면, 지혜성품 각성각력覺性覺力에 따라 청정실상진여清淨實相眞如 일승성품一乘性品에 들거나, 각원융편재성覺圓融遍在性 불승성품佛乘性品에 들게 된다. 이것이 대승무위大乘無爲를 벗어난 일승一乘과 불승佛乘의 원지圓智 일불승一佛乘의 각성경계覺性境界다. 색공色空 무위無爲에 든 상심수행지相心修行智와 무위각성지無爲覺性智로는, 무위공심無爲空心에서 실상지實相智와 원융지圓融智 일불승一佛乘의 깨달음 각력경계를 알 수가 없으며, 또한, 일승一乘과 불승佛乘인 일불승一佛乘의 깨달음에 이르기 위해 어떻게 나아가야 하는지를 모른다. 왜냐면 지혜각력智慧覺力이 색공청정무위色空清淨無爲 경계에 묶여있기 때문이다.

　청정부동본성무위경계清淨不動本性無爲境界에서 벗어나 일불승대각원융一佛乘大覺圓融에 들어야 한다. 대각원융大覺圓融에 들면 본성청정부동성本性清淨不動性이 유위有爲를 벗어난 무위청정경계無爲清淨境界에 머묾임을 깨닫게 된다. 이 경經에서 본연본성삼종자성원각수행本然本性三種自性圓覺修行 삼종자성관을 하도록 함에는, 미묘한 각성지혜의 차별이 있기 때문이다. 그 특성을 본연본성삼종자성원각수행으로 각覺의 차별 일체장애를 벗어나 구족원만하게 함이다. 대승무위지혜인 일체상청정본성부동성一切相清淨本性不動性에 들면, 일체상이 끊어진 청정부동성에 듦으로, 유위상을 벗어남으로 스스로 깨달았다는 생각을 하게 된다. 그러나 그것으로는 각覺의 원융에 들지 못했음을 돌이켜 깨달아 더 나아가야 한다. 그 까닭은 상相의 사상일체상事相一切相에서 이성부동본성理性不動本性을 깨달았을 뿐, 이사무애理事無礙와 사사무애事事無礙의 불이원융성不二圓融性에 들지 못했기 때문이다. 그 깨달음이 사事의 유위상을 벗어나 이理의 본성에 듦으로 일체청정부동一切清淨不動에 들어도, 그것 또한, 벗어야 할 상相임을 깨닫지 못한 것이다. 유위상을 타파하여 무위공無爲空에 들면, 무위공견無爲空見을 또 타파하여, 색色이 공空한 청정무위清淨無爲를 벗어나야 한다. 왜냐면 이 또한, 유위상은 아니나 무위상無爲相에 머묾인 청정공상清淨空相이기 때문이다. 깨달음을 얻은 수행자가 일체一切가 비고 비었으며, 물듦 없고, 티끌 없이 청정하여 텅 빈 것이라, 비고 빔을 찬탄함이, 단지, 이 본성 무위無爲 이理를 깨달은 경계다. 그러나 이 또한, 유위상심상견有爲相心相見은 벗어났으나, 이 또한, 망妄이다. 이 경계를 벗어나 이사무애사사

원융理事無礙事事圓融 각성원만에 들면, 청정본성부동淸淨本性不
動인 물듦 없는 청정본성지淸淨本性智의 비고 빈 청정경계도 곧,
벗어야 할 미혹이며, 각覺이 머무른 망妄임을 깨닫게 된다.

　일체청정一切淸淨도 범부청정凡夫淸淨과 소승청정小乘淸淨과
대승청정大乘淸淨과 일승청정一乘淸淨과 불승청정佛乘淸淨과 여
래청정如來淸淨이 다르다. 범부청정은 모습 상相의 더러움이 없
는 깨끗함이다. 소승청정은 악惡에 물듦 없는 선善을 행하는 몸
과 마음이 더러움 없는 청정한 계행戒行과 범행梵行이다. 대승청
정은 상相 없음이다. 이는 유위상이 끊어져 상相 없는 무위무아
청정無爲無我淸淨이다. 일승청정은 유위와 무위가 끊어져, 무위청
정을 벗어나, 마음이 유위상과 무위청정에도 물듦 없는 진여자재
심眞如自在心이다. 이는 이사理事를 벗어난 이사무애자재심理事
無礙自在心이다. 불승청정은 이사무애理事無礙도 벗어난 능소일
체식能所一切識이 적멸寂滅하여 각원융시방편재원만성覺圓融十
方遍在圓滿性인 사사원융편재각성事事圓融遍在覺性이다. 여래청
정은 본연본성부사의무한공능자재원만행本然本性不思議無限功能
自在圓滿行이다.

　또한, 일체청정이 본연본성삼종자성청정경계本然本性三種自性
淸淨境界가 있으니, 본성청정은 성품이 동動함 없어 물듦 없는 본
성청정이므로, 성품이 동動하면 본성청정을 잃어, 성품이 무명망
동無明妄動에 물든다. 본심청정은 마음이 상相에 머묾 없어 무염
자재無染自在함이 본심청정이니, 마음이 상相에 머물면, 마음이
상相에 젖어 본심청정을 잃는다. 본각청정은 각성불이원융覺性
不二圓融의 각성청정이니, 각성覺性이 원융성을 잃으면 각성장애
로, 내외능소 차별경계를 유발하여 각성원융청정성을 잃게 된다.

그러므로 일체청정도 지혜각성 각력성품 경계를 따라 차별이 있다. 본연본성삼종자성청정경계가 각성성품 차별이 있어 같지 않으므로, 본연본성삼종자성 청정원각수순행을 하도록 하는 것도, 자성차별경계 일체장애를 제거하여, 각覺의 원만구족을 위함이다. 본연본성삼종자성수순행을 하도록 함에는, 수행과정 중의 지혜로는 그 까닭의 궁극을 다 알 수가 없다. 여래의 부사의지혜의 그 오묘함과 궁극의 비밀스러움을 밝게 다 알려면, 부사의할 뿐이니, 수행경계를 통해 지혜를 하나하나 성취하게 되므로, 스스로 터득하게 되는 각성지혜의 수승한 경계일 뿐이다. 그러므로 본연본성삼종자성 차별경계가 있으므로, 삼종자성수행으로 각성원만에 이르도록한 여래무상지혜如來無上智慧의 대비며, 일체지一切智를 성취한 여래각성광명 지혜의 무한 밝음일 뿐이다.

일승지一乘智는 색色과 공空을 둘 다 벗어나, 색공불이色空不二인 색色이 그대로 무자성청정실상無自性清淨實相인 진여실상경계眞如實相境界에 들게 된다. 그러므로 대승지大乘智에서는 원융지圓融智에 들지 못하였으므로 색공色空인 무위청정無爲清淨만 알 뿐, 색色도 없고 공空도 없는 일체실상청정진여一切實相清淨眞如를 알 수가 없다. 이것이 무위대승지혜無爲大乘智慧와 청정실상진여불이일승지清淨實相眞如不二一乘智와의 각성지혜 차별이다. 수행자의 각력성품 차별에 따라 다르겠으나, 대승무위청정지大乘無爲清淨智로는 원각수순삼종자성청정경계圓覺隨順三種自性清淨境界를 바로 응관應觀하여 수순하기가 쉽지 않다. 왜냐면, 무위각력無爲覺力으로는 상相의 본성 무위성無爲性만 알 뿐, 이사무애자재심理事無礙自在心 불이원융실상청정환지不二圓融實相清淨幻智의 경계와 시방원융편재원만각성十方圓融遍在圓滿覺性의 경계를 알 수가 없기 때문이다. 그것은 대승지大乘智로는 일체공지혜一切空智慧에 들어 있으므로, 대승무위일체부동청정지大乘無爲一切不動淸淨智를 또한, 벗어나야, 유위와 무위를 둘 다 벗어난 진여실상원융지혜眞如實相圓融智慧에 들게 된다. 일승지一乘智에 들면, 생멸유무만 상이 아니라, 무위無爲, 공空, 무아無我, 무상無相, 반야般若 등 대승무위일체지혜 大乘無爲一切智慧가 청정무위상淸淨無爲相임을 깨닫게 된다. 일승지一乘智에 들면, 범부와 중생과 불佛이 차별 없는 청정불이진여실상지혜淸淨不二眞如實相智慧에 들게 된다. 일체차별 그대로 청정진여실상淸淨眞如實相이다. 유위무위와 번뇌열반이 차별 없는 청정진여실상淸淨眞如實相이다. 대승지혜는 유위상을 벗어나 무아무상無我無相인 무위청정지혜無爲淸淨智慧에 머물러 있으므로 지혜상을 가지며, 일체공무위청정一切空無爲淸淨에 젖어 있다. 그러므로 대승반야大乘般若와 일승진여一乘眞如의 각성覺性 깊이, 각성성품종승覺性性品種乘의 차별이 있다. 대승반야大乘般若는 유위상을 벗어난 무위인 색공반야色空般若며, 일승진여一乘眞如는 색色도 없고 공空도 없는 무자성일성진여실상지無自性一性眞如實相智다. 대승大乘과 일승一乘은 각성지혜의 성품 각성종승覺性種乘이 다르다. 일반범부는 유위상에 머물러 있고, 대승지혜大乘智慧는 색色이 공空하여 무위無爲에 안주安住해, 일체공청정무위一切空淸淨無爲에 들어 있다. 그러므로 색色과 공空이 유위와 무위 식識의 이분화二分化다. 그러므로 대승지혜는 상의 본성 청정무위상淸淨無爲相인 색色이 공한 본성공本性空에 들어 있다. 이것을 비유하면 상심상견 중생은 일체유위상에 젖어, 성품 바다의 끊임 없는 생멸의 차별상 파도만을 볼 뿐, 파도 아닌 물 자체는 보지 못하며, 대승은 파도는 물의 작용일 뿐, 물은 파도가 아님을 깨달은 것이다. 상심상견 중생은 파도 아닌 물은 보지 못하고 끊임 없이 일렁이는 차별상 파도만을 보며, 대승은 파도가 쉼 없어도 물은 파도가 아님을 깨달 아, 물의 성품에 들어 파도에 이끌림이 없다. 상심상견 중생은 파 도가 치면 물이 파도가 친다고 하며, 파도가 치지 않으면 물이 잠 잠하다고 한다. 그러나 물은 파도나 잠잠한 것, 그 어느 것도 물의 모습이 아니다.

대승지혜는 일체상이 본성평등이나, 일승지혜는 일체상 그대로 불이평등不二平等이다. 이 까닭은, 대승지혜는 상相의 본성지혜 본성견本性見에서 상相을 보며, 일승지혜는 유위와 무위를 벗어 버린 이사무애진여성理事無礙眞如性에서 사상事相과 이성理性을 벗어나 이사무애무염지혜理事無礙無染智慧로 일체상이 무자성이 라, 일체상 그대로 생멸 없는 성품, 무자성 평등실상진여平等實相 眞如다. 대승지혜는 무위본성지無爲本性智며, 일승지혜는 실상진 여지實相眞如智다. 이 각성경계차별은 미묘함이라, 그 각성차별경 계를 각력覺力으로 벗어남으로, 비로소 자신이 머물렀던 그 경계 의 허虛와 실實의 차별성을 명료히 깨닫게 된다.

수행지혜의 경계는 각증지혜성품종성경계覺證智慧性品種性境界 의 깊이와 광대廣大에 따라, 각성지혜성품종성覺性智慧性品種性 의 특성인 차별장엄경계가 열린다. 본연본성삼종자성도 그 자성 성품지혜종성自性性品智慧種性에 따라 성품지혜장엄경계의 차별 이 있다. 본연성품본성자성本然性品本性自性과 본연성품본심자성 本然性品本心自性과 본연성품각성자성本然性品覺性自性의 자성성 품 차별특성에 따라 차별장엄경계가 있다. 본연성품본성자성지혜 장엄이 열리면 무위청정부동성지無爲淸淨不動性智가 열리며, 일체상이 생멸이 끊어진 청정무위본성에 듦으로, 비로소 대승반야지大乘般若智를 열며, 무상무아제법공상無相無我諸法空相을 깨닫게 된다. 그러므로 대승반야경大乘般若經의 무위지혜 대승경계大乘境界에 들게 된다. 이 또한, 대승열반지혜大乘涅槃智慧와 청정부동무염열반경계淸淨不動無染涅槃境界에 들게 된다. 이 지혜경계가 자성부동본성自性不動本性을 근본으로 한 본성지혜경계다. 그러나 이 본성지혜경계에서도, 묘법연화경妙法蓮華經의 실상지혜장엄 묘법경계에는 들 수가 없다. 묘법연화경妙法蓮華經의 실상지혜장엄實相智慧莊嚴 묘법경계妙法境界 묘법연화심妙法蓮華心에 들려면 색色과 공空이 차별 없는 불이不二의 일승실상지一乘實相智에 들어야 한다. 일승지一乘智에 들려면 무위본성청정부동지無爲本性淸淨不動智를 벗어나야 한다. 왜냐면 불이일승지不二一乘智는 유위有爲의 동動과 무위無爲의 부동不動을 벗어난 불이실상각성경계不二實相覺性境界이기 때문이다. 본성부동대승지本性不動大乘智에서 실상일승지實相一乘智에 듦으로 유위와 무위를 둘 다 벗어나게 된다. 유위와 무위를 둘 다 벗어나, 유위와 무위가 불이不二의 경계에 듦으로, 본성 이리理까지 벗어나 이사불이理事不二의 이사무애일승지理事無礙一乘智에 들게 된다. 이사불이理事不二의 일승지一乘智에 듦으로 깨닫게 되는 것은 청정부동본성대승지淸淨不動本性大乘智도 유위를 벗어나 무위본성에 들었으나, 무위청정상無爲淸淨相에 머물러 있는 곧, 각覺의 장애障礙 미혹임을 깨닫게 된다. 대승무위본성부동지大乘無爲本性不動智에서 불이일승지不二一乘智에 들려면, 본심진여자성환지本心眞如自性幻智에 들어야 한다. 묘법연화경妙法蓮華經의 근본지혜가 본심진여무염자성환지本心眞如無染自性幻智다. 묘법연화妙法蓮華 그 자체가 본심진여실상환지本心眞如實相幻智다. 묘법妙法은 무자성

청정실상환無自性淸淨實相幻이다. 연화蓮華는 내외일체상에 물듦 없는 본심진여本心眞如며, 심자재지心自在智다. 일승一乘이 물듦 없음과 대승大乘이 물듦 없는 것은, 그 각성종성覺性種性 자성성 품각성경계自性性品覺性境界가 다르다. 대승지혜大乘智慧로 물듦 없음은 유위상有爲相에 물듦 없는 청정부동무위본성지淸淨不動無 爲本性智다. 그러나 동動함이 없는 청정부동성지淸淨不動性智도 일승지一乘智에 들면 곧, 각覺의 장애障礙가 있음을 깨닫게 된 다. 왜냐면 일승지一乘智는 동動과 부동不動이 끊어진 원지불이 경圓智不二境이기 때문이다. 대승大乘은 상相에서, 상相의 본성 을 깨달아, 청정본성에 안주安住함이다. 이는 유위에서 무위를 깨 달아, 청정무위부동성淸淨無爲不動性에 안주安住함이다. 즉, 사 事에서 이理에 듦이다. 그러나 일승一乘은 사事와 이理를 둘 다 벗어나 이사불이자재환지理事不二自在幻智에 듦이다. 묘법妙法은 본심진여자성환지本心眞如自性幻智다. 환지幻智에 들면 자재自在 한 심心이 일체상 여환如幻 속에 청정진여자재심淸淨眞如自在心 이 물듦 없는 무염연화無染蓮華임을 깨닫게 된다. 이 환지심幻智 心은 일체환一切幻 속에 물듦 없이 본연본심 그대로다. 대승大乘 의 물듦 없는 청정본심은, 제법공상諸法空相이므로 마음이 동動 함이 없는 부동심不動心이다. 일승一乘이 물듦 없는 것은 일체상 이 진여실상환眞如實相幻이라 환幻에 물듦 없는 무염진여자재심 無染眞如自在心이다. 대승大乘의 청정심은 공심空心의 부동청정 심不動淸淨心이며, 일승一乘의 청정심은 본심진여本心眞如 무염 환지환심無染幻智幻心이다. 중생구제와 중생구제응화신衆生救濟 應化身은 환지환심幻智幻心 무염진여無染眞如 속에 이루어지며, 묘법연화경妙法蓮華經은 일승지혜一乘智慧 진여진성성품을 근본 각성으로 무염자재일승지혜無染自在一乘智慧와 일승방편환지행

一乘方便幻智行인 보살무염자재심행菩薩無染自在心行이 이루어진다. 이 원각경圓覺經에도 삼종자성수순행 삼마발제 환지幻智 속에, 환幻과 같은 중생을 구제하는 보살행이 이루어진다. 이 환지세계幻智世界가 묘법연화경妙法蓮華經의 청정자성실상지혜일승무염자재보살심행清淨自性實相智慧一乘無染自在菩薩心行인 무염진여심계無染眞如心界다.

묘법연화경妙法蓮華經의 근본지혜 일승지혜一乘智慧인 무염청정진여지혜無染清淨眞如智慧도, 대방광불화엄경大方廣佛華嚴經의 대방광불화엄장엄계大方廣佛華嚴莊嚴界에 들려면, 청정실상본심환지清淨實相本心幻智인 상相에 머묾 없는 진여자재심眞如自在心으로도 그 각성장엄覺性莊嚴에 들기 어려우니, 심자재지혜心自在智慧에서 불승佛乘의 각원융편재원만지覺圓融遍在圓滿智에 들어야 한다. 묘법연화경과 대방광불화엄경 두 경經이 불이성지혜不二性智慧이므로 불이일성원교不二一性圓教에 속한다. 그러나 묘법연화경과 대방광불화엄경의 지혜발현성품종성智慧發顯性品種性이 달라, 원교원지圓教圓智일지라도, 그 자성지혜성품경계가 다르니, 묘법연화경은 원지일승지圓智一乘智며, 대방광불화엄경은 원지불승지圓智佛乘智다. 둘 다 원지圓智이므로, 일승一乘과 불승佛乘을 아울러 일불승一佛乘이라고도 하며, 일불승一佛乘을 줄여 또는 일승一乘이라고도 한다. 인과지혜因果智慧 성문연각聲聞緣覺 이승二乘과 무위지혜無爲智慧 대승大乘을 벗어나야, 인과지혜因果智慧와 무위지혜無爲智慧를 벗어난 불이원지不二圓智 일불승一佛乘의 각성지혜覺性智慧에 들게 된다. 일불승一佛乘의 각성지혜覺性智慧를 원지圓智라고 함은, 이사理事를 벗어나 각성覺性이 불이성不二性 이사원융理事圓融에 들었기 때문이다. 일승一乘과 불승佛乘을 일불승一佛乘이라고 하며, 일불승一佛乘을 줄여 일승一乘이라고도 하나, 일승一乘과 불승佛乘은 지혜각성 성품차별이 있다. 일승지一乘智는 묘법연화경의 근본종성지根本種性智인 무염진여자재실상성품無染眞如自在實相性品이며, 불승지佛乘智는 대방광불화엄경의 근본종성지根本種性智인 원융보리원만성품圓融菩提圓滿性品이다. 무자성자재심환지無自性自在心幻智로 묘법연화지혜妙法蓮華智慧에서 대방광불화엄장엄大方廣佛華嚴莊嚴의 각성경계에 들려면, 심자재환지心自在幻智로는 장애가 있다. 왜냐면, 무자성자재심환지無自性自在心幻智에서 각성원융편재원만지覺性圓融遍在圓滿智에 들어야 하기 때문이다. 대방광불화엄경의 근본종성지根本種性智는 각성원융편재원만지覺性圓融遍在圓滿智다. 각성원융편재원만지가 불승지佛乘智다. 일승불이심자재지一乘不二心自在智와 불승불이각원융지佛乘不二覺圓融智의 차별은, 일승一乘은 청정진여심자재淸淨眞如心自在며, 불승佛乘은 각원융보리원만성覺圓融菩提圓滿性이다. 일승一乘 심자재心自在의 각성지혜경계는 무자성청정실상자재심無自性淸淨實相自在心이며, 이는 일체상이 불생불멸청정진여不生不滅淸淨眞如인 여환지如幻智이므로, 심心이 상相인 환幻에 물듦 없고, 머묾이 없어 무염자재無染自在하다. 불승佛乘은 각원융覺圓融의 각성지혜경계는 원융시방편재원만각성圓融十方遍在圓滿覺性이며, 이는 일체대경一切對境 내외능소적멸편재원융內外能所寂滅遍在圓融인 원융원만각圓融圓滿覺이므로, 각覺이 내외능소일체식內外能所一切識 일체대一切對의 경계가 끊어져 시방원융편재十方圓融遍在다. 불승佛乘은 각원융지覺圓融智이므로, 본성원융각本性圓融覺이 대對가 끊어져, 시방원융편재원만각성十方圓融遍在圓滿覺性이 대방광불大方廣佛이며, 일체만물만상장엄一切萬物萬象莊嚴

이 각성장엄이니, 이것이 화엄장엄이다. 대방광불大方廣佛의 불佛은, 시방편재원만十方遍在圓滿인 대방광大方廣의 실체 각성보리원만覺性菩提圓滿이다. 대방광불화엄경의 근본지根本智는 불승원융지佛乘圓融智다. 일승一乘과 불승佛乘의 차이가 심자재각성지혜心自在覺性智慧인 본심자성진여자재지혜本心自性眞如自在智慧와 각원융각성지혜覺圓融覺性智慧인 본각자성원융편재지혜本覺自性圓融遍在智慧의 차별이다.

대방광불大方廣佛과 대방광원각大方廣圓覺은 다를 바 없다. 대방광大方廣은 시방편재광대원만원융성十方遍在廣大圓滿圓融性이다. 불佛과 원각圓覺은 차별이 없으나 그 특성을 요별하여 차별할 것 같으면, 원각圓覺은 불佛의 실체며, 불佛은 원각圓覺의 부사의 공능功能의 작용이다. 대방광불화엄경大方廣佛華嚴經은 각성공능장엄계覺性功能莊嚴界인 시방편재광대원만불이각성광명장엄계十方遍在廣大圓滿不二覺性光明莊嚴界며, 대방광원각수다라요의경大方廣圓覺修多羅了義經은 원각실상요의圓覺實相了義로 원각실상을 드러낸 것이다. 그 각성과 지혜성품경계를 드러내는 경명이 대방광원각다라니大方廣圓覺陀羅尼며, 수다라요의修多羅了義며, 비밀왕삼매秘密王三昧며, 여래결정경계如來決定境界며, 여래장자성차별如來藏自性差別이다. 본연본성삼종자성本然本性三種自性의 자성종성성품차별自性種性性品差別을 드러냄으로 대승반야각성지혜大乘般若覺性智慧인 본성청정부동지本性淸淨不動智와 일승묘법연화각성지혜一乘妙法蓮華覺性智慧인 본심실상자재지本心實相自在智와 불승대방광불화엄각성지혜佛乘大方廣佛華嚴覺性智慧인 본각편재원융지本覺遍在圓融智를 드러내며, 삼지원융불이일성三智圓融不二一性에 들어 본연불각本然佛覺 장애 없는 불지佛

地에 이르게 한다. 수행과정에서 본성부동지本性不動智 삼마타에서 구경究竟에 바로 들어 불각佛覺을 이루거나, 본심자재지本心自在智 삼마발제에서 구경에 바로 들어 불각佛覺을 이루거나, 본각원융지本覺圓融智 선나에서 구경에 바로 들어 불각佛覺을 이루거나, 또는, 수행지혜근기에 따라 본성청정부동지本性清淨不動智와 본심무염자재지本心無染自在智와 본각편재원융지本覺遍在圓融智를 섭수하여 각원만覺圓滿을 이룬다.

다시 요약하면, 본성성품은 동動함 없는 생멸부동生滅不動 성품이다. 이는 유위일체상의 본성이 생멸 없는 청정무위성품이기 때문이다. 이는 사마타 적정수순행寂靜隨順行으로 청정부동성清淨不動性에 이른다. 본심성품은 주住함 없는 무주자재無住自在 성품이다. 이는 일체상 실체가 상相과 본성이 따로 없는, 생멸 없는 일체무자성실상환一切無自性實相幻이기 때문이다. 이는 삼마발제 실상여환수순實相如幻隨順으로 무염자재심無染自在心에 이른다. 그러므로 환지행幻智行 일체가 실상여환자재심實相如幻自在心이다. 이 경계에서 실상묘법으로 무염연화심無染蓮華心에 들게 된다. 본각성품은 대對 없는 원융편재성품이다. 이는 내외일체상과 능소일체경계가 끊어져 시방원융편재불이원만각성十方圓融遍在不二圓滿覺性이다. 이는 선나 내외능소 적멸원융수순행寂滅圓融隨順行으로 시방원융편재각성十方圓融遍在覺性에 이른다. 이 경계에서 대방광불화엄장엄각성大方廣佛華嚴莊嚴覺性에 들게 된다.

그러므로 이 원각경에서 본연본성삼종자성 원각수순하도록 한 까닭이, 삼종자성의 성품차별특성 때문이다. 유무상심有無相心의 장애를, 본성자성청정부동성수순本性自性清淨不動性隨順으로 일

체유위상을 벗어 대승무위지혜大乘無爲智慧에 든다. 대승반야무
아무상공지혜大乘般若無我無相空智慧의 각성장애를, 상相과 본성
本性을 벗어버린 일승지혜一乘智慧 불이일성不二一性의 심자성
자재실상환지心自性自在實相幻智로 벗어나게 된다. 일승지혜一乘
智慧의 각성장애는 무염진여無染眞如를 벗어버린 불승지혜佛乘智
慧의 각자성적멸원융지覺自性寂滅圓融智로 벗어나게 된다. 각성
자성수순지혜覺性自性隨順智慧를 닦아도, 각覺이 장애되거나 완
연하지 못하여 미진함이 있으면, 여환지如幻智를 더불어 닦음으
로 각覺의 미진한 장애를 완전히 벗어날 수도 있다. 또한, 본성부
동청정지本性不動淸淨智를 더불어 닦음으로, 각覺의 미진함을 완
전히 벗어날 수가 있다. 이는 수행자의 업력근성과 지혜성품 각
력차별의 특성에 따라 다를 수가 있다. 성품이 동動하여 청정하
지 못하면 부동적정관不動寂靜觀으로 성동性動의 미혹을 제거한
다. 성품이 상相에 자재하지 못하면, 무염본심자재관無染本心自在
觀이나 무자성여환관無自性如幻觀으로 심상心相의 미혹을 제거
한다. 성품이 능소能所와 대對를 유발하여 방方과 식識에 얽매
이거나 원융하지 못하면 능소적멸관能所寂滅觀이나 원융편재각성
관圓融遍在覺性觀으로 각覺의 미혹을 제거한다. 이 모두를 각각
의 자성에 의지하지 않고 불이원각일성不二圓覺一性 하나로 다스
릴 수 있다. 그러므로 삼종자성원각수순 청정이십오륜淸淨二十五
輪인, 열반부동본성자성涅槃不動本性自性 적정부동성수순행寂靜
不動性隨順行인 사마타와 무염진여본심자성無染眞如本心自性 여
환자재성수순행如幻自在性隨順行인 삼마발제와 원융보리본각자
성圓融菩提本覺自性 적멸원융성수순행寂滅圓融性隨順行인 선나의
삼종정관三種淨觀을 두루 닦아 각覺의 장애를 완전히 제거하여
각성원만에 이르도록 한 여래지혜방편행의 심오한 그 뜻의 연유와

깊이를, 각覺의 장애경계에서는 다 헤아려 알 수가 없다. 단지, 수행으로 각覺의 차별장애를 벗어나면서, 스스로 수행각성경계 체험 속에 느끼고, 깨달으며, 여래如來 불지혜佛智慧의 각성광명 무한대비를, 몸소 지혜경계에서 경험으로 느끼고, 자각하며, 지혜로 분별하고, 그 미묘함을 체득할 뿐이다.

　지혜성품차별에 따라 간략하게 요약하면, 범부는 상견상심 유견有見이다. 이승二乘은 상견상심 유위인과견有爲因果見이다. 대승大乘은 유위상을 벗어난 제법공상諸法空相 무위본성견無爲本性智이다. 일승一乘은 유위와 무위인 상相과 본성本性을 둘 다 벗어난, 이사무애자재심理事無礙自在心인 무자성실상진여無自性實相眞如 본심청정자재지本心淸淨自在智다. 불승佛乘은 이사무애자재심인 무자성실상진여 본심청정자재지本心淸淨自在智도 벗어버린, 내외능소적멸인 일체원융원만각一切圓融圓滿覺인 시방원융각성편재원만각지十方圓融覺性遍在圓滿覺智다.
　범부는 상심相心이며, 이승二乘은 인과심因果心이며, 대승大乘은 무위심無爲心이며, 일승一乘은 자재심自在心이며, 불승佛乘은 편재심遍在心이다.
　범부는 상相의 분별심이며, 이승二乘은 인과因果의 분별심이며, 대승大乘은 무위無爲의 공심空心이며, 일승一乘은 본성本性과 무위無爲와 공空이 없는 불이실상심不二實相心이며, 불승佛乘은 실상實相이 없는 원융편재심圓融遍在心이다.
　범부는 상심분별 사상심四相心이며, 이승二乘은 고락인과苦樂因果 해탈수행심解脫修行心이며, 대승大乘은 생멸부동 열반부동심涅槃不動心이며, 일승一乘은 자재실상 진여무염심眞如無染心이며, 불승佛乘은 원융편재 보리원만심菩提圓滿心이다.

범부는 집착행執着行이며, 이승二乘은 고멸행苦滅行이며, 대승大乘은 청정공심행淸淨空心行이며, 일승一乘은 무염진여자재행無染眞如自在行이며, 불승佛乘은 원융각성원만행圓融覺性圓滿行이다.

※ 나 있음을 몰라도 자극하면 나 있음을 안다.

善男子 譬如有人 百骸調適 忽忘我身 四支弦緩 攝
선 남 자　비 여 유 인　백 해 조 적　홀 망 아 신　사 지 현 완　섭

養乖方 微加針艾 則知有我
양 괴 방　미 가 침 애　즉 지 유 아

선남자야, 비유하여 사람이 있어, 온몸이 조화롭고 맞을 때에는 홀연히 나의 몸을 잊었다가, 사지가 당기거나 느슨해져 어긋난 곳을 따라 다스려 잡고자, 침이나 쑥뜸으로 조금만 가해도 곧, 내가 있음을 아는 것과 같으니라.

● 아상我相을 인식하지 못해도, 역逆과 순順의 경계에서 아상이 드러남을 일컬음이다.

※ 증하고 취하는 곳에서 나 있음이 드러난다.

是故證取 方現我體
시 고 증 취　방 현 아 체

이러한 까닭으로, 증하고 취하는 곳에서 나의 실체가 있음이

드러나느니라.

● 증證함이 있고, 깨달음을 취取함이 곧, 아상我相이 있음이다.

※ 여래 구경열반을 깨달아 알아도 이것이 아상이다.

善男子 其心 乃至 證於如來 畢竟了知 淸淨涅槃
선 남 자 기 심 내 지 증 어 여 래 필 경 요 지 청 정 열 반

皆是我相
개 시 아 상

선남자야, 그 마음이 또한, 여래의 필경을 깨닫고 알아 청정
열반을 증하여도, 다 이것이 아상이니라.

♣ 선남자야, 그 마음이 또한, 여래의 필경畢竟을 깨닫고 알아 청
정열반을 증證하여도, 그 자체가 곧, 모두 미혹의 분별인 아상我
相으로 비롯된 증득상證得相이니라.

※ 2. 인상은 깨달은 나다.

善男子 云何人相 謂諸衆生 心悟證者
선 남 자 운 하 인 상 위 제 중 생 심 오 증 자

선남자야, 무엇을 일러 인상이라 하는가 하면, 모든 중생이
마음에 깨달음 증득이 있는 자니라.

● 인상人相인 심오증자心悟證者는, 내가 깨달음을 얻었다는 인식이 상相이니, 이것이 인상人相이다. 이는 나는 깨달은 자者다. 라는 생각이다. 이것이 인상人相이다. 이것은 깨달음 증證함인 아상我相으로 비롯된 미혹의 상심상견 분별심 인상人相이다.

※ 깨달음으로 나를 초월하였어도 이것이 다 인상이다.

善男子 悟有我者 不復認我 所悟非我 悟亦如是 悟
선 남 자　오 유 아 자　불 부 인 아　소 오 비 아　오 역 여 시　오

己超過 一切證者 悉爲人相
기 초 과　일 체 증 자　실 위 인 상

선남자야, 나 있음을 깨달은 자는, 다시는 나를 인정하지 않으나, 깨달은 바 나 없어도 깨달음 역시 이와 같으니라. 깨달음이 나를 초월하여 벗어났어도, 일체 증한 것, 다 인상이니라.

♣ 선남자야, 깨달은 상相인, 깨달음에 머무른 나 있음을 다시 돌이켜 깨달은 자는, 깨달은 나를 벗어나므로, 다시는 깨달은 나를 인정하지 않음이나, 깨달은 나 없어도, 깨달음이 있는 그 깨달음 또한, 역시 나를 벗어난 것이 아니니라. 깨달음이 나를 초월하여 벗어났어도, 일체一切 증득한 것, 이것이 다 인상人相이니라.

※ 일체 깨달음이 다 인상이다.

善男子 其心 乃至 圓悟涅槃 俱是我者 心在少悟
선 남 자　기 심　내 지　원 오 열 반　구 시 아 자　심 재 소 오

備殫證理 皆名人相
비 탄 증 리 개 명 인 상

선남자야, 그 마음이 또한, 원만한 깨달음의 열반이어도, 이는 나라는 것에서 이루어짐이니, 마음에 작은 깨달음이라도 있거나, 진리를 증득하여 두루 갖추어도, 다 이름하여 인상이니라.

● 얻음이 있고, 증득하고, 또한, 깨달음과 열반 등, 일체경계가 나 있음에 의한 것이니, 어떤 깨달음과 지혜증득과 법리法理를 두루 이루어 다 갖추었어도, 다 이것이 인상이다.

※ 3. 중생상은 아상 인상이 못 미치는 각에 머묾이다.
善男子 云何衆生相 謂諸衆生 心自證悟 所不及者
선 남 자 운 하 중 생 상 위 제 중 생 심 자 증 오 소 불 급 자

선남자야, 무엇을 일러 중생상이라 하는가 하면, 모든 중생이 마음에 스스로 증득(證:我相)하고 깨달은 바(悟:人相)로는 미치지 못하는 것을 일컫느니라.

♣ 선남자야, 무엇을 일러 중생상이라 하는가 하면, 모든 중생이 마음으로 스스로 증證함의 상相인 아상과 깨달은 자者인 인상으로는 미치지 못하는, 증證과 오悟를 벗어난 깨달음에 머묾을 일컫느니라.

※ 나, 상(相)이 중생이니, 중생은 나도 저도 아니니라.

善男子 譬如有人 作如是言 我是衆生 則知彼人 說
선 남 자　비 여 유 인　작 여 시 언　아 시 중 생　즉 지 피 인　설

衆生者 非我非彼
중 생 자　비 아 비 피

선남자야, 비유하여 사람이 있어 이와 같이 말을 하되, 나, 이것이 중생이다. 하면 곧, 저 사람이 알고 말한 바 중생이라는 것은, 나도 아니고 저도 아님이니라.

♣ 선남자야, 비유하여 사람이 있어 이와 같은 말을 하되, 상심상견相心相見의 나, 이것이 중생이다. 하면 곧, 저 사람이 아는 말한 바 중생이라는 것은 나도 아니고, 저도 아님이니라.

● 나는 중생이다는 나는, 상심상견인 사상심의 나를 일컬음이다. 미혹 상심상견의 나我 중생은, 실제實際 나 아니기에 내가 아니며, 또한, 저 사람의 실제도 아니기에 저도 아니다. 왜 이런 말씀을 하실까? 그것은 중생상은 나, 아상도 아니고, 너, 인상도 아닌 것이기 때문이며, 나와 저, 아상과 인상이 아닌 깨달음에 머묾인 집착이 지증사상智證四相의 중생상이기 때문이다.

※ 나와 저는 상(相)의 중생이 아니기 때문이니라.

云何非我 我是衆生 則非是我 云何非彼 我是衆生
운 하 비 아　아 시 중 생　즉 비 시 아　운 하 비 피　아 시 중 생

非彼我故
비 피 아 고

어찌하여 내가 아니냐면, 나, 이것을 중생이라 했으니 곧, 일컫는 나 아니기 때문이며, 무엇 때문에 저도 아니냐면, 나, 이것이 중생이니, 저도 나 아닌 까닭이니라.

♣ 어찌하여 내가 아니냐면, 사상심의 나 이것이 중생이니 곧, 나는 이 중생이 아니기 때문이다. 무엇 때문에 저가 아니냐면, 사상심의 나 이것이 중생이니, 저도 사상심의 나 아닌 까닭이니라.

※ 중생상은 각상(覺相)을 일으켜 머무름이다.

善男子 但諸衆生 了證了悟 皆爲我人 而我人相 所
선 남 자　단 제 중 생　요 증 료 오　개 위 아 인　이 아 인 상　소

不及者 存有所了 名衆生相
불 급 자　존 유 소 료　명 중 생 상

선남자야, 단지 모든 중생이 요달하여 증하고(我相), 요달한 깨달음(人相) 모두가 아상이며 인상이니라. 아상과 인상으로는 미치지 못하는 것을 요달한 바가 있어 존재하므로, 이름하여 중생상이니라.

● 중생상은 아상요증我相了證과 인상요오人相了悟가 미치지 못하는 요달함이 있는 각覺의 상념想念, 각상覺相을 일으켜 머물러 집착함이다. 아인중생수명상我人衆生壽命相의 일체가 각覺의 법상을 벗어나지 못함이다. 그리고 아상, 인상, 중생상, 수명상 일체가 곧, 아상我相의 차별상이므로, 사상四相 전체가 곧, 아상이며, 아상으로 비롯한 아상의 차별상이다.

※ 4. 수명상은 심이 청정하여 비침이다.

善男子 云何壽命相 謂諸眾生 心照清淨 覺所了者
선 남 자 운 하 수 명 상 위 제 중 생 심 조 청 정 각 소 료 자

一切業智 所不自見 猶如命根
일 체 업 지 소 부 자 견 유 여 명 근

선남자야, 무엇을 일러 수명상이라고 하느냐면, 모든 중생이 심이 비치어 청정하며, 각을 요달한 바의 것이니, 일체 업의 지혜가 자신을 보지 못하는 바가 다만 명의 뿌리와 같아 일컫느니라.

● 수명상은 심조청정心照淸淨 각소요자覺所了者이니, 이는 각覺의 청정으로 두루 비치는 각조소요상覺照所了相이다. 아상은 각득상覺得相이며, 인상은 각증자상覺證者相이며, 중생상은 각주상覺住相이며, 수명상은 일체에 각覺을 두루 비치는 각조覺照인 각요상覺了相이다. 수명상 또한, 아我의 근본을 끊지 못해, 아我의 수명이 끊어지지 않음으로 수명상壽命相이라 한다. 일체 사상이 아상의 차별상이므로, 아상이 없으면 일체 사상이 없다. 아我가 있으므로 아我의 상념想念 차별상인 사상이 있다.

※ 각을 깨달음이 육진을 벗어나지 못한 까닭이다.

善男子 若心照見 一切覺者 皆爲塵垢 覺所覺者 不
선 남 자 약 심 조 견 일 체 각 자 개 위 진 구 각 소 각 자 불

離塵故
리 진 고

선남자야, 만약 마음으로 밝게 비추어 보는 일체 각이란 것이, 모두 육진의 때이니라. 각을 깨달았다는 것은 육진을 벗어나지 못한 까닭이니라.

● 깨달음의 각覺으로 일체一切를 두루 밝게 비치는 일체一切 각覺의 작용이, 육진경계를 벗어나지 못한 것이며, 각覺을 깨닫고, 각覺의 깨달음을 알고, 각覺에 머무르며, 각覺이 두루 밝은 이것이 곧, 육진경계를 벗어나지 못한 까닭이다. 왜냐면, 나 곧, 육진경계심이기 때문이다. 육진경계심이 없으면, 나의 존재는 사라진다. 앎과 증證함과 깨달아 앎과 깨어있음과 두루 밝고, 또한, 두루 밝게 비치는 이 일체가 곧, 나 있고, 나 있음의 육진경계의 그림자며, 각覺이 두루 밝아 원융하여도, 곧, 나 있음의 육진상六塵相다.

※ 내가 존재하므로 내가 깨달았다는 것이다.
如湯銷氷 無別有氷 知氷銷者 存我覺我 亦復如是
여 탕 소 빙　무 별 유 빙　지 빙 소 자　존 아 각 아　역 부 여 시

얼음이 끓는 물에 녹음과 같아서, 얼음이 있어 얼음이 녹는 것으로 아는 것과 별다름이 없느니라. 내가 존재함으로 내가 깨달았다는 것도, 역시 또한, 이와 같으니라.

● 깨달음이 나 있음이며, 두루 밝음이 나 있음이다. 나 없음이 깨달음이나, 무엇이든 그 가운데 나 있으면, 그것이 상相이며, 능소분별이며, 미망이니, 그것이 단지, 나 있음의 육진경계심의 티끌이다. 육진 그 자체가 곧, 분별이며, 나 있음이니, 아무리 각覺이

두루 밝아도 그것은 각覺이 아니라, 육진六塵의 그림자 분별상
인, 나임을 깨달아야 한다.

※ 사상을 요달하지 못하면 불을 이루지 못한다.

善男子 末世衆生 不了四相 雖經多劫 勤苦修道 但
선남자 말세중생 불료사상 수경다겁 근고수도 단

名有爲 終不能成 一切聖果
명유위 종불능성 일체성과

선남자야, 말세중생이 사상을 깨닫지 못하고, 비록 아무리 많
은 겁이 지나도록 괴로움을 다해 힘써 노력하며 도를 닦아도,
단지 이름하여 유위이니, 끝내 능히 일체 성과를 이루지 못하
느니라.

♣ 선남자야, 말세중생이 아我와 상견相見인 사상을 밝게 깨달아
아와 상견을 벗어나지 않고, 비록 아무리 많은 겁劫이 지나도록
괴로움을 다해 힘써 노력하며 수행해도, 단지 이름하여 아의 상심
상견을 벗어나지 못한 유위심有爲心이니, 끝내 능히 나를 벗어난
일체성과一切聖果를 이루지 못하느니라.

※ 아와 상견으로 깨달음을 구함이 정법말세다.

是故 名爲正法末世
시고 명위정법말세

이러한 까닭으로 이름하여 정법말세라고 하느니라.

♣ 아我와 상相에 의지한 상심상견으로 깨달음을 구하며, 불佛을 성취하려함이 유위有爲의 사상심이니, 상심상견에 의지해 수행하고, 깨달음을 구하는 무명과 상심相心 미혹의 까닭으로, 이름하여 정법말세正法末世라고 하느니라.

● 정법말세正法末世란 실상정법말세實相正法末世이니, 실상정견實相正見의 지혜가 없어, 청정실상清淨實相 불법佛法을 상견법상相見法相으로 수용하고, 상심상견으로 불법佛法을 구하고 성취하려 함이다. 이는, 아我와 상견相見으로 구하고, 여의고, 멸하고, 성취하려 하고, 해탈하려 하고, 열반에 들려하고, 성불하려 하고, 사상심 여의려 하고, 반야를 구하고, 아뇩다라삼먁삼보리를 구하고, 중생을 벗어나려 하고, 공空의 지혜를 얻으려 하고, 삼매를 구하고, 선정을 닦고, 깨달음을 얻으려 하고, 생사를 벗으려 하고, 윤회를 끊으려 하고, 고苦를 벗으려 하고, 낙樂을 구하고, 각覺을 성취하려 하고, 불佛을 이루려는 이 일체가 실상정법實相正法을 모르는, 아我와 상심상견相心相見의 유위有爲며, 사상심이며, 상법相法이며, 법상法相이다. 곧, 정법말세 사상심 상심상견 중생들의 불법세계며, 상심상견 유위심有爲心으로 수행하고, 닦고 배우는 유위세계다. 이 일체를 성취하거나 구할 필요가 없는 것은, 곧, 자성自性 속에 이 일체가 원만구족하기 때문이다. 그러므로 시방일체불十方一切佛이 본연성품수순 본기청정인지법행本起清淨因地法行으로 불佛을 이루며, 시방불十方佛이 일체보살과 수행자에게 본연본성수순 삼종자성수순행으로 삼종자성의 성품실상 청정원융성에 안주하게 한다.

※ 정법말세는 열반과 깨달음과 증득이 나를 위함이다.

何以故 認一切我 爲涅槃故 有證有悟 名成就故
하 이 고 인 일 체 아 위 열 반 고 유 증 유 오 명 성 취 고

무슨 까닭이냐면, 일체법에 나를 인식하고, 위함의 열반인 까
닭으로, 증득함이 있고, 깨달음이 있어, 이름하여 성취라고
하느니라.

♣ 정법말세라 함은 무슨 까닭이냐면, 일체법을 구함에, 상심상견
으로 나를 인식하여, 나를 위한 열반인 까닭으로, 증득함이 있고,
깨달음이 있어, 이름하여 성취라고 하느니라.

※ 도적을 자식으로 알아 끝내 성취하지 못한다.

譬如有人 認賊爲子 其家財寶 終不成就
비 여 유 인 인 적 위 자 기 가 재 보 종 불 성 취

비유하여 사람이 있어 도적을 자식으로 알아 위함으로, 그 집
의 재산과 보물을 끝내 이루지 못함과 같으니라.

● 무명을 여의려 함이 무명을 더하고, 미망을 벗으려 함이 미망
을 더하고, 깨달음을 얻으려 함이 깨달음을 장애하고, 열반을 구
하려 함이 열반을 장애하고, 각覺을 얻으려 함이 각覺을 장애한
다. 그것은 무명은 무명을 거듭하고, 미망은 미망을 더하기 때문
이다. 구하려 하고, 얻으려 함이, 오히려 장애되어 구하지 못하고,
얻지 못하니, 아我의 상심상견으로 구하고 성취하려 함이, 자신의
수행공덕을 훔치는 도적인 줄을 모른다.

※ 나를 사랑하니 나를 위한 열반도 집착하여 구한다.

何以故 有我愛者 亦愛涅槃 伏我愛根 爲涅槃相
하 이 고 유 아 애 자 역 애 열 반 복 아 애 근 위 열 반 상

무슨 까닭이냐면, 나를 사랑함이 있는 자는 역시 열반도 사랑하며, 나를 사랑하는 뿌리가 잠복하여 열반상을 이루려 하느니라.

♣ 나 있으면 각覺을 성취할 수 없는 까닭은, 나를 사랑함이 있는 자는, 역시 나를 위해 열반도 사랑하며, 나를 사랑하는 뿌리가 잠복하여 나를 위해 열반상을 추구하느니라.

※ 생사가 싫어 생사를 벗어났어도 해탈이 아니다.

有憎我者 亦憎生死 不知愛者 眞生死故 別憎生死
유 증 아 자 역 증 생 사 부 지 애 자 진 생 사 고 별 증 생 사

名不解脫
명 불 해 탈

내가 싫어하는 것이 있으면, 역시 생사도 싫어하며, 사랑하는 것이 참 생사임을 알지 못하는 까닭에, 생사를 싫어하여 벗어났어도, 이름하여 해탈이 아니니라.

● 생사를 싫어하여 벗어나도 그것이 해탈이 아님은, 나를 사랑하고 집착하는 그것이 무명이며 미혹이기 때문이며, 또한, 각覺을 장애하는 참 생사生死는 곧, 나를 사랑함인 무명이다.

※ 어찌 해탈이 아니냐면 아상을 벗지 못했기 때문이다.

云何當知 法不解脫 善男子 彼末世衆生 習菩提者
운하당지 법불해탈 선남자 피말세중생 습보리자

以已微證 爲自淸淨 由未能盡 我相根本
이이미증 위자청정 유미능진 아상근본

어찌하여 법을 벗어난 해탈이 아님을 당연히 알아야 하는가 하면, 선남자야, 저 말세중생이 보리를 익힌 자로서, 이미 작은 증함으로 스스로 청정하다 하여도, 아상의 근본을 능히 다하지 못한 까닭이니라.

♣ 생사를 싫어해 해탈하여 벗어났어도, 어찌하여 법을 벗어난 해탈이 아님을 당연히 알아야 하는가 하면, 저 말세중생이 보리를 구하고 닦으며 익힌 자로서, 이미 작은 증득으로 스스로 청정하다고 하여도, 일체가 바로 나로 비롯한 것이며, 나를 근본하여 해탈과 청정상을 일으킴이니, 이는 아상我相을 능히 다하지 못한 까닭이니라.

● 싫어함이 있어 해탈을 구하고 성취하여, 싫어함을 벗어난 청정과 해탈을 얻었어도, 이 또한, 나를 벗지 못한 분별상이다. 법을 벗어남이란, 구하고 성취한 청정과 해탈이 아니라, 나 있음이 곧, 법法이 있음이니, 여의어야 할 법이 나며, 나 있음이 상相이며 분별이니, 나 없음을 일러, 청정과 해탈이라 한다.

※ 그를 칭찬하고 찬탄하면 환희심을 일으킬 것이다.

若復有人 讚歎彼法 卽生歡喜 便欲濟度
약 부 유 인 찬 탄 피 법 즉 생 환 희 변 욕 제 도

만약 다시 사람이 있어 그의 법을 찬탄하면, 곧, 환희심을 일으키며, 문득 제도하려고 할 것이다.

♣ 생사를 싫어하여 벗어나 해탈을 이루어 청정하여도, 이 또한, 아상을 여의지 못한 근본이니, 만약 사람이 있어 그의 법을 찬탄하면, 곧, 아상의 환희심을 일으켜, 문득, 제도하려 할 것이다.

※ 아상이 잠복해 육근욕망을 탐하고 즐기며 끊임 없다.

若復誹謗 彼所得者 便生瞋恨 則知我相 堅固執持
약 부 비 방 피 소 득 자 변 생 진 한 즉 지 아 상 견 고 집 지

潛伏藏識 遊戲諸根 曾不間斷
잠 복 장 식 유 희 제 근 증 불 간 단

만약, 다시 비방하면, 그 비방을 받은 자는 곧, 성을 내고 원한심을 가질 것이다. 즉, 아상을 견고하게 집착하여 가져, 장식 속에 잠복해 잠기어 있으므로, 모든 육근의 욕망을 즐기고 탐하며, 일찍이 잠시도 끊어짐이 없었음을 알아야 하느니라.

♣ 만약, 다시 그자를 비방하면, 그 비방을 받은 자는 곧, 성을 내고 원한심을 가질 것이다. 이는 곧, 아상을 견고히 집착하여 가져, 감추어진 잠재의식 속에 잠복해 잠기어 있으므로, 모든 육근의 욕

망으로 즐기고 탐하며, 또한, 싫어함을 벗어나, 청정해탈을 얻었다 하여도, 아상이 일찍이 잠시도 끊어짐이 없었음을 알아야 하느니라.

※ 아상이 있어 아상이 끊어진 청정각에 들지 못한다.

善男子 彼修道者 不除我相 是故 不能入淸淨覺
선 남 자 피 수 도 자 부 제 아 상 시 고 불 능 입 청 정 각

선남자야, 저 수도자는 아상을 제거하지 않아, 이러한 까닭으로 능히 청정각에 들지 못하느니라.

♣ 선남자야, 저 수도자는 아상을 제거하지 않아, 이러한 까닭으로 능히 아我와 상견相見이 끊어진 청정각에 들지 못하느니라.

※ 나 공임을 알면 나는 이미 사라져 없느니라.

善男子 若知我空 無毁我者 有我說法 我未斷故 衆
선 남 자 약 지 아 공 무 훼 아 자 유 아 설 법 아 미 단 고 중

生壽命 亦復如是
생 수 명 역 부 여 시

선남자야, 만약 나, 공임을 알면, 나라는 것은 허물어져 없느니라. 설하는 법에 나 있으면, 나를 끊지 못한 연고이니라. 중생상 수명상도 또한, 역시 이와 같으니라.

♣ 선남자야, 만약 내가 공_空임을 알면, 나라는 실체는 사라져 없느니라. 설하는 법_法에 아_我가 있으면, 나를 끊지 못한 까닭이니라. 싫어함이 있어, 벗어나고자 구하는 중생상과 싫어함을 벗어난 청정과 해탈에 머묾의 수명상 또한, 이와 같이, 나를 끊지 못한 까닭이니라.

● 만약, 설하는 법이 아_我 있으면 곧, 상법_{相法}이며, 설하는 법이 만약 상_相이 있으면 아_我를 벗어나지 못한 설이다. 아가 상이며, 상이 아다. 아가 무명이며, 무명이 아다. 아가 상에 머묾이며, 상에 머묾이 무명이다. 아와 상과 무명은 다른 것이 아니다. 아 있으면 상과 무명이 있음이며, 상 있으면 아와 무명이 있음이며, 무명이 있음은 아와 상이 있음이다. 또한, 법을 들음에 아가 있으면 법상을 가지게 된다. 만약, 법을 들음에 구할 바가 있고, 얻을 바가 있으면 그것이 법상이며, 아 있음이며, 상이 있음이며, 무명이 있음이다. 만약, 법을 들음에 구할 바 없고, 얻을 바 없고, 성취할 바 없음은, 아와 상과 무명은 있으나 법상이 없어 곧, 본연성을 장애하는 아와 상과 무명을 소멸하는 본연성품수순행 본기청정인지법행에 들게 된다. 본연성품수순행 본기청정인지법행은 구함이 없고, 얻음이 없고, 성취함이 없다. 왜냐면 구하려 하고, 얻으려 하는 일체가, 본연 마음에 본래 원만구족하기 때문이다. 단지 본연 마음을 장애하는 아, 상, 무명만 제거하면 될 뿐이다. 청정각 그것은 아, 상, 무명 없는 마음 성품이다.

※ 말세중생에게 법을 설해도 법을 집착하는 병이 된다.

善男子 末世衆生 說病爲法 是故 名爲可憐愍者
선 남 자 말 세 중 생 설 병 위 법 시 고 명 위 가 련 민 자

선남자야, 말세중생에게 법을 설하여도 병이 됨이니, 이런 까닭에 이름하여 가련하고 가엾은 자라고 하느니라.

♣ 선남자야, 말세중생에게 법을 설하여도, 아상을 벗어나지 못해, 상심상견으로 법을 수용하여 법상을 가지므로, 설한 법이 있음을 헤아리어 법에 머물러 법을 구하고 집착하므로, 말세중생에게는 법을 설하여도, 오히려 법상을 가짐으로 병病이 됨이니, 이런 까닭으로 이름하여, 가련하고 가엾은 자라고 하느니라.

● 상심상견相心相見에는 상相 없는 무엇을 설說해도 상심상견으로 이해하고 수용할 수밖에 없음은, 상相을 벗어나 보지 못했기 때문이며, 상相 없는 청정과 실상, 본성과 본심, 열반과 해탈, 선정과 지혜, 반야와 보리, 무아와 무상, 법성과 자성, 공空과 무자성無自性 그것이 무엇인지를 모르기 때문이다. 그러므로 상相 없는 실상을 설해도 상심상견으로 알 수가 없으므로 단멸斷滅이나, 무無나, 허공과 같이 생각하게 된다. 불법佛法을 법法과 상相으로 수용함으로 구하고, 얻으며, 성취하려고 한다. 열반과 해탈, 반야와 공空, 각覺과 불佛 일체가 자신 성품에 구족해 있으므로 얻고 성취할 것이 없다. 단지, 무명만 벗어나면 일체불법一切佛法이 구족하다. 구하고, 여의며, 성취하려 함이 일체가 망妄이다. 그러나 무명이 있으면 망妄을 벗어날 수 없으니, 자신에게 부족함이 없는 성품의 부동不動과 열반으로 이끌어, 나 없어 상相 없는 반

야지혜로 청정자성을 깨닫게 할 뿐이다. 본래 원만구족하여 부족함이 없는 자기 성품을 깨닫는 것, 이것이 깨달음이다. 본래 나 없고 상相 없는 청정성품을 명료히 밝게 보는 지혜가 반야다. 그러므로 청정본연성품을 수순하게 한다. 그것이 본기청정인지법행本起淸淨因地法行 본연성품수순행이다.

※ 나 위한 수행은 미혹만 거듭할 뿐 청정각에 못든다.

雖勤精進 增益諸病 是故 不能入淸淨覺
수 근 정 진 증 익 제 병 시 고 불 능 입 청 정 각

아무리 부지런히 정진해도, 모든 병을 더할 뿐이니, 이런 까닭에 능히 청정각에 들지 못하느니라.

♣ 아무리 나를 위해 부지런히 정진하여도, 모든 것이 나의 집착을 위한 상심상견 미혹만 거듭하는 병을 더할 뿐이니, 이러한 까닭으로 능히 나 없는 청정각淸淨覺에 들지 못하느니라.

● 나 없음이 청정각淸淨覺이며, 나 있음이 무명이니, 나 있음의 일체행이 무명행이다. 무명행은 나 있음의 상심상견의 행이니, 나 있으면 상심상견 무명의 미혹만 거듭할 뿐이다. 나 있으므로 부지런히 정진해도, 그것이 무엇이든 깨달음과 해탈의 청정각이 아니다. 왜냐면 나 곧, 무명이니, 나 없는 그것이 곧, 무명 없는 청정각이다.

※ 사상이 있으면 끝내 청정각을 성취하지 못한다.

善男子 末世衆生 不了四相 以如來解 及所行處 爲
선남자 말세중생 불료사상 이여래해 급소행처 위

自修行 終不成就
자수행 종불성취

선남자야, 말세중생이 사상을 깨닫지 못하면, 여래의 견해와 더불어 행한 바의 것으로 자기 수행으로 삼아도, 끝내 성취하지 못하리라.

♣ 선남자야, 말세중생이 아인중생수명상我人衆生壽命相을 깨달아 벗어나지 못하면, 여래의 견해와 더불어 여래가 행한 바의 것으로 자기의 수행으로 삼아도, 나와 상견相見을 벗어나지 못해, 끝내 성취하지 못하느니라.

● 사상을 벗어나는 길은 무명과 사상의 소멸이 아니라, 청정본연성품을 발함이다. 이것이 본기청정인지법행이다. 무명과 사상을 소멸한 것은 무명과 사상을 소멸한 것이 아니라, 무명과 사상을 소멸한 나 있음의 다를 바 없는 미혹이다. 그 또한, 무명과 사상의 나를 벗어나지 못한 것이다. 무명과 사상이 있거나, 무명과 사상을 소멸한 것은, 다를 바 없는 나 있음의 미혹만 거듭한 것뿐이다. 나 곧, 상相이며, 무명이다. 그러므로 구하거나 여읨이 나 있음의 미혹이니, 구함과 여읨을 벗어나, 청정본연성품을 수순하게 한다. 그것은 본래 구족원만한 불성佛性을 바로 수순하게 함이다. 불성佛性을 바로 수순하지 못함이 상심상견의 미혹, 사상심 때문이다. 나 없음이 사상이 없음이며, 나 없음의 불성佛性이 원각圓覺이다.

원각圓覺 수순행이 곧, 원만구족한 청정불성淸淨佛性을 수순함이다. 나 있으면 청정불성淸淨佛性을 수순할 수가 없다. 그러므로 원각圓覺을 수순하려면, 나와 사상심을 여의어야 청정불성淸淨佛性인 청정각淸淨覺에 든다고 한다. 청정각淸淨覺은 곧, 나 없고, 사상 없는 청정불성淸淨佛性이기 때문이다.

※ 나를 사랑하는 자는 청정각에 들지 못한다.
或有衆生 未得謂得 未證謂證 見勝進者 心生嫉妒
혹 유 중 생 미 득 위 득 미 증 위 증 견 승 진 자 심 생 질 투

由彼衆生 未斷我愛 是故 不能入淸淨覺
유 피 중 생 미 단 아 애 시 고 불 능 입 청 정 각

혹 중생이 있어 얻지 못해도 얻었다고 하며, 증득하지 못해도 증득했다고 하느니라. 견이 수승하고 뛰어난 자라도 마음에 질투가 일어나면, 저 중생은 나를 사랑함을 끊지 못했음이니, 이런 까닭으로 능히 청정각에 들지 못하느니라.

♣ 혹 중생이 있어, 여래의 견해와 여래의 경계를 자기 것인 양, 각覺을 얻지 못하고도 얻었다고 하며, 증득하지 못하고도 증득했다고 하느니라. 견見이 수승하고 뛰어난 자라도 마음에 질투가 일어나면, 저 중생은 나를 사랑함을 끊지 못했음이니, 이런 까닭으로, 능이 나를 벗어난 청정각에 들지 못하느니라.

※ 나를 벗어남 없어, 많이 들어도 아견만 더할 뿐이다.

善男子 末世衆生 悕望成道 無令求悟 惟益多聞 增
선 남 자　말 세 중 생　희 망 성 도　무 령 구 오　유 익 다 문　증

長我見
장 아 견

선남자야, 말세중생이 도를 이루기를 희망하여도 깨달음을 구함이 없어, 많이 들어 이롭게 생각하여도, 아견만 증장하느니라.

♣ 선남자야, 말세중생이 도道를 이루기를 희망하여도, 나를 벗어나는 깨달음을 구함이 없어, 많이 들음을 이롭게 생각해도, 아상我相을 더하는 아견我見만 증장하느니라.

※ 법을 따라 정진하면 불이 설한 바를 따라 성취한다.

但當精勤 降伏煩惱 起大勇猛 未得令得 未斷令斷
단 당 정 근　항 복 번 뇌　기 대 용 맹　미 득 령 득　미 단 령 단

貪瞋愛慢 諂曲嫉妬 對境不生 彼我恩愛 一切寂滅
탐 진 애 만　첨 곡 질 투　대 경 불 생　피 아 은 애　일 체 적 멸

佛說是人 漸次成就
불 설 시 인　점 차 성 취

오직, 당연히 정진하고 노력하면, 번뇌를 항복받아 대용맹이 일어나 얻지 못한 것을 얻고, 끊지 못한 것을 끊으며, 탐내고 성내며 사랑하고 오만함과 아첨하고 굽히며 미워하고 시기함이 대

하는 경계마다 일어나지 않으면, 저와 나의 은애가 일체 적멸하여, 불이 설한 바를 따라 이 사람은 점차 성취할 것이니라.

♣ 오직, 설한 법을 따라 당연히 정진하고 노력하면, 아我와 무명과 미혹으로 비롯된 번뇌를 항복받아, 각覺의 밝음을 위한 대용맹심이 일어나, 얻지 못할 것을 능히 얻고, 끊지 못할 것을 능히 끊으며, 무명과 미혹의 아我로 비롯된 탐내고 성내며, 사랑하고 오만함과 아첨하고 굽히며, 미워하고 시기함이, 대하는 경계마다 일어나지 않으면, 저와 나의 은애가 일체적멸하여, 불佛이 설한 바를 따라, 이 사람은 점차 각覺을 온전히 성취할 것이니라.

※ 사견 사랑 미움 벗지 못하면 청정각에 들지 못한다.

求善知識 不墮邪見 若於所求 別生憎愛 則不能入
구 선 지 식　불 타 사 견　약 어 소 구　별 생 증 애　즉 불 능 입

清淨覺海
청 정 각 해

선지식을 구하여 사견을 물리치지 않으면, 만약 구하는 바가 있어도, 미워하고 사랑함이 일어남을 벗어나지 못하여 곧, 능히 청정각해에 들지 못하느니라.

♣ 선지식을 구하여 아我와 상견相見과 사견邪見을 물리치지 않으면, 만약, 구하는 바가 있어도, 미워하고 사랑함이 일어남을 벗어나지 못하여, 곧, 능히 아我와 상견相見과 사견邪見이 적멸한 청정각해에 들지 못하느니라.

爾時 世尊 欲重宣此義 而說偈言
이시 세존 욕중선차의 이설게언

이때 세존께옵서 이 뜻을 거듭 널리 펴시고자 게송으로 말씀
하시었다.

淨業汝當知
정업여당지

정제업장보살이여! 그대는 당연히 알지어다.

※ 나를 사랑하고 집착함으로 윤회에 흐르게 된다.
一切諸衆生 皆由執我愛 無始妄流轉
일체제중생 개유집아애 무시망류전

일체 모든 중생이 모두 나를 사랑하고 집착함으로 말미암아,
처음을 알 수 없는 지금에 이르기까지 망령되이 윤회에 흐르
게 되느니라.

♣ 일체 모든 중생이 모두, 나 있음이 윤회의 뿌리가 되고, 인因이
되어, 무명업력으로 나를 벗어나지 못하고 나를 사랑하고 집착하
는 까닭으로, 처음을 알 수 없는 지금에 이르기까지, 망령된 생사
를 벗지 못하고, 윤회에 흐르게 되느니라.

※ 아인중생수명 사상심으로 보리를 이루지 못한다.

未除四種相 不得成菩提
미 제 사 종 상 부 득 성 보 리

아상 인상 중생상 수명상 사종상을 제거하지 않고는 보리를 이루어 얻지 못하느니라.

♣ 자타사상自他四相인 미망의 분별심을 자기로 착각하는 망령된 아상과 그에 의한 일체차별 인상과 차별됨을 탐하고 집착하는 중생상과 탐하고 집착하며 육근으로 즐기고, 머무는 수명상과 지증사상智證四相인 나 있어, 각覺을 증證함의 아상과 각覺을 깨달았다는 인상과 각覺에 머묾인 중생상과 각覺을 육근으로 두루 비치는 아我의 수명상을 벗어나야 함이니, 이것이 청정각에 들지 못하는 무명 미혹이므로, 사상을 제거하지 않고는, 아我와 상相 없는 청정각 보리를 이루어 얻지 못하느니라.

※ 사랑 미움이 모두 미혹이니 각성에 들지 못한다.

愛憎生於心 諂曲存諸念 是故多迷悶 不能入覺城
애 증 생 어 심 첨 곡 존 제 념 시 고 다 미 민 불 능 입 각 성

마음에 사랑하고 미워함이 일어나면 아첨하고 굽히는 모든 생각이 존재함으로, 이런 까닭으로 모두가 미혹이며 번민이니 능히 각성에 들지 못하느니라.

♣ 마음에 사랑하고 미워함이 일어나면 나를 위한 아첨과 굽히는

미혹의 모든 생각이 존재함으로, 이런 까닭으로 나 있음의 모두가 미혹이며 번민이니, 능히 각覺의 밝음인, 보리의 청정한 나 없는 각覺에 들지 못하느니라.

※ 탐진치와 법을 탐하는 마음도 없어야 각을 성취한다.

若能歸悟刹 先去貪瞋癡 法愛不存心 漸次可成就
약 능 귀 오 찰　선 거 탐 진 치　법 애 부 존 심　점 차 가 성 취

만약 능히 찰나에 깨달음에 돌아가려면 먼저 탐진치를 제거하고, 법을 사랑하는 마음도 존재하지 않으면 점차 가히 성취하리라.

♣ 만약 능히 찰나에 깨달음에 돌아가려면 먼저 탐진치를 제거하고, 싫어하는 것을 벗고자 해탈을 구해 법法을 탐착하는, 나를 사랑하는 마음에 잠식됨이 존재하지 않으면, 점차 각覺의 밝음을 가히 성취하리라.

● 해탈하여 각覺을 이루고자 함이, 구하고 성취하는 법法이 아니라, 단지 각覺을 수순하지 못하는, 각覺의 장애 때문이다. 각覺을 장애하는 무명과 미혹이 제거되면, 각覺을 구하지 않아도 이루게 되고, 성취하려 하지 않아도 완연한 각覺에 들게 된다. 왜냐면, 일체가 그대로 완전한 각覺이기 때문이다. 각覺을 잃어 각覺을 구하려 함이 아니며, 속박되어 해탈을 구하는 것이 아니다. 단지, 무명과 미혹으로 각覺이 장애되어, 일체가 완연한 각覺임을 모를 뿐이다. 깨달음이든, 각覺이든 머무르고 증證함이 있는 이 일체

가 곧, 분별심이며, 나를 뿌리로 한 무명임을 깨달아야 한다. 깨달음과 각覺에는 일체 분별심인 청정각淸淨覺을 장애하는 나, 그것이 없다. 나 없음이 곧, 깨달음이며, 각覺이기 때문이다. 이 일체가 자성自性에 구족원만하다.

※ 내 몸이 본래 없으니 미움 사랑이 일어날 곳이 없다.

我身本不有 憎愛何由生
아 신 본 불 유 증 애 하 유 생

나의 몸은 본래 있는 것이 아니니, 미움과 사랑이 무엇으로 말미암아 일어나겠느냐?

♣ 나의 몸은 본래 있는 것이 아님이니, 허망한 망념, 미움과 사랑이 무엇을 좇아 의지해 일어나겠느냐?

※ 선지식을 구하여 사견이 없어야 각을 성취한다.

此人求善友 終不墮邪見 所求別生心 究竟非成就
차 인 구 선 우 종 불 타 사 견 소 구 별 생 심 구 경 비 성 취

이 사람이 훌륭한 선지식을 구하면, 끝내 사견에 떨어지지 않으나, 구하는 바를 벗어난 마음을 일으키면, 구경을 성취하지 못하리라.

♣ 만약 능히 찰나에 깨달음에 들고자, 먼저 탐진치를 제거하고,

법法을 사랑하는 마음도 존재하지 않은 이 사람이, 훌륭한 선지
식을 구하면, 끝내 아我와 상相과 사견邪見에 떨어지지 않으
나, 각覺을 깨닫는 도道를 벗어난 마음을 일으키면, 아我와 상
심상견과 사견邪見의 무명이 끊어진 구경각究竟覺을 성취하지
못하느니라.

第十普覺菩薩章
제 10 보 각 보 살 장

※ 작지임멸(作止任滅) 네 가지 병(病)과 선지식을 구하고 섬기는 법을 설한다.

※ 보각보살이 지극한 일념으로 청법의식을 갖춘다.

於是 普覺菩薩 在大衆中 卽從座起 頂禮佛足 右繞
어 시 보 각 보 살 재 대 중 중 즉 종 좌 기 정 례 불 족 우 요

三匝 長跪叉手 而白佛言
삼 잡 장 궤 차 수 이 백 불 언

이때에 보각보살께서 대중 속에 계시다 곧 자리에서 일어나 부처님 발에 공손히 이마를 조아려 공경의 예를 올리고 지극한 존경심으로 받드시어 오른쪽으로 세 번 돌고 두 무릎을 땅에 꿇어 두 손을 모아 부처님께 말씀을 사뢰었다.

大悲世尊
대 비 세 존

대비하옵신 세존이시여!

※ 선병을 설하시어 확연히 밝은 평안을 얻었습니다.

快說禪病 令諸大衆 得未曾有 心意蕩然 獲大安隱
쾌 설 선 병 영 제 대 중 득 미 증 유 심 의 탕 연 획 대 안 은

쾌히 선병을 설하시어 모든 대중으로 하여금 미증유를 얻게 하시어, 마음과 뜻이 홀연듯 확연히 밝아지는 크나큰 안은함을 얻었사옵니다.

♣ 무상존無上尊! 무상지혜의 밝음이 두루하여 중생들을 무명과 미혹에서 구제하시는 대비 세존이시여! 걸림 없고 막힘 없는 지혜의 밝음으로 선병禪病의 경계와 뿌리를 쾌히 밝히시고 설하시니, 모든 대중으로 하여금, 능히 각覺을 성취하지 못하는 그 깊은 미혹의 선병禪病을 알기 어렵고, 수행지혜의 부족으로 스스로 깨닫지 못하며, 일찍이 누구에게도 들을 수 없었든 미묘한 깊은 미증유를 얻었사옵니다. 누구나 빨리 깨닫고 성취하겠다는 마음만 급급할 뿐, 자신의 어리석음의 깊이를 알지 못해, 스스로 지혜의 부족으로 어리석음을 몰랐고, 단지 수행으로 속히 성취하려고만 하였을 뿐, 어리석음으로 무명의 어둠을 벗어나지 못하고 있었음을 몰랐사오나, 무상존 지혜의 밝은 가르침에 마음과 뜻이 홀연듯 확연히 밝아지는 크나큰 안온함을 얻었사옵니다.

※ 여래멸후 사견을 제거하려면 어떻게 해야 하옵니까?

世尊 末世衆生 去佛漸遠 賢聖隱伏 邪法增熾 使諸
세존 말세중생 거불점원 현성은복 사법증치 사제

衆生 求何等人 依何等法 行何等行 除去何病 云何
중생 구하등인 의하등법 행하등행 제거하병 운하

發心 令彼群盲 不墮邪見
발심 영피군맹 불타사견

세존이시여! 부처님께옵서 열반하시고, 점점 세월이 흘러 먼 후일 말세 그 중생들 세상에, 현성은 숨고 나타나지 않아 사법은 더하여 치성하면, 모든 중생들이 가령 사람들 속에서 어떻게 선지식을 구해야 하며, 또, 법은 어떤 법에 의지해야 하며, 또한, 수행은 어떤 수행을 해야 하며, 그리고 또, 어떤 병을 제거해야 하며, 또, 어떻게 발심을 해야 저 눈먼 중생들이 또한, 사견에 떨어지지 않겠사옵니까?

♣ 시방세계에 지혜가 두루 밝아 무상존無上尊이신 세존이시여! 부처님께옵서 열반하시고 점점 세월이 흘러 먼 후일 말세 그 중생들 세상에, 지혜가 밝은 현성賢聖은 사라지고 부처님과 같은 무상지혜존無上智慧尊이 나타나지 않아, 정법正法과 정견正見은 사라져 사법邪法이 범람하여 치성하면, 모든 중생들이 가령 어떻게 사람들 속에서 선지식을 구해야 하며, 또, 법은 어떤 법에 의지해야 하며, 또한, 수행은 어떤 수행을 해야 하며, 그리고 또, 깨달음을 향한 수행과정의 잘못인 어떤 선병禪病을 제거해야 하며, 또, 어떻게 발심을 해야, 수행지혜와 각覺의 지혜가 부족한 저 눈먼 중생들이 또한, 사견邪見에 떨어지지 않겠사옵니까?

※ 여시삼청 지극히 간곡한 청법을 올린다.

作是語已 五體投地 如是三請 終而復始
작 시 어 이 오 체 투 지 여 시 삼 청 종 이 부 시

이 말씀을 드리고는, 오체를 땅에 던져 간절히 절을 올리고, 다시 이와 같이 세 번을 반복하며 지극정성 간곡히 부처님의 가르침을 청하였다.

● 여래 없는 세상, 세월이 많이 흘러, 정법정도정견正法正道正見을 가진 정법지혜자들이 사라지고, 사법사도사견邪法邪道邪見이 치성하여 법이 혼란한 세상이어도, 정법 정도 정견이 사라짐을 막고, 여래 없는 세상이어도, 중생을 구제하는 법의 정안正眼 여래 정법 정도정견이 사라지지 않기를 간절히 바라는, 이 생명 시공계時空界 어느 한 수행자의 정법염원 원력이며, 여래 없는 말법세상 그 중생들을 염려하고 생각하는, 정법수호의 간곡한 청법이다.

爾時 世尊 告普覺菩薩言
이 시 세 존 고 보 각 보 살 언

이때 세존께옵서 보각보살에게 말씀하시었다.

※ 말세중생에게 무외도안을 얻도록 하려는구나.

善哉善哉 善男子 汝等 乃能諮問如來 如是修行 能
선 재 선 재 선 남 자 여 등 내 능 자 문 여 래 여 시 수 행 능

施末世 一切衆生 無畏道眼 令彼衆生 得成聖道
시말세 일체중생 무외도안 영피중생 득성성도

착하고 착하도다. 선남자여! 너희들은 능히 여래에게 이와 같이
수행에 대해 자문하여, 능히 말세 일체중생에게 무외도안을 베
풀어, 저 중생들로 하여금 성도를 이루어 얻도록 하려는구나.

♣ 정법이 사라진 미래의 말법세상 그 중생들이, 스스로 지혜가
부족하여 의지해야 할 여래 없는 세상에, 말세중생들의 법의 혼란
을 염려하고 생각하는 그 마음은, 누구나 가지거나 일으키는 마음
이 아니니, 참으로 착하고 착하구나. 선남자여! 너희들은 능히 여
래에게 이와 같은 수행길을 자문하여, 능히 말세 일체중생에게 분
명하여 확실하고, 명백하여 두려움이 없는 수행의 무외도안無畏道
眼을 베풀어, 저 중생들로 하여금 성도聖道를 이루어 얻도록 하려
는구나.

● **무외도안**無畏道眼 : 망설임이나, 두려움이나, 의심할 바 없는,
확실하고 명백한 도道의 안목이다.

※ 청법에 응하여 너희들을 위해 설하리라.

汝今諦聽 當爲汝說
여금체청 당위여설

너희들은 이제 자세히 살피어 들을지니라. 당연히 너희들을
위해 설하리라.

♣ 너희들은 이제 여래의 설함을 따라, 성도聖道를 이루는 정지견正知見 무외도안에 대해, 지혜로써 자세히 살피고 잘 사유하며, 지혜의 밝음으로 들을지니라. 당연히 너희의 간곡한 청정서원과 그 염원의 원력을 원만하게 하고, 부족함이 없이 그 서원을 구족하게 하고자, 너희들을 위해 설하리라.

※ 청법에 응하심과 지혜를 얻는 기쁨에 묵연이청하다.
時 普覺菩薩 奉敎歡喜 及諸大衆 默然而聽
시 보 각 보 살　봉 교 환 희　급 제 대 중　묵 연 이 청

그때 보각보살께서 환희심에 말씀을 받들어 모든 대중과 더불어 묵연히 귀를 기울였다.

※ 큰 발심자는 당연히 정지견의 선지식을 구해야 한다.
善男子 末世衆生 將發大心 求善知識 欲修行者 當
선 남 자　말 세 중 생　장 발 대 심　구 선 지 식　욕 수 행 자　당

求一切 正知見人
구 일 체　정 지 견 인

선남자야, 말세중생이 장차 큰 발심으로 선지식을 구하여 수행하려는 자는, 당연히 일체 정지견의 선지식을 구해야 하느니라.

♣ 선남자야, 말세중생이 장차 각覺에 이르고자 큰 발심으로, 선

지식에 의지해 수행하려는 자는, 당연히 정각正覺의 밝음이 장애 없는 정지견正知見의 선지식을 구해야 하느니라.

※ 선지식은 성문연각을 벗어나 상법에 머묾 없어야 한다.

心不住相 不著聲聞緣覺境界 雖現塵勞 心恒淸淨
심 부 주 상 불 착 성 문 연 각 경 계 수 현 진 로 심 항 청 정

示有諸過 讚歎梵行 不令衆生 入不律儀 求如是人
시 유 제 과 찬 탄 범 행 불 령 중 생 입 불 율 의 구 여 시 인

卽得成就阿耨多羅三藐三菩提
즉 득 성 취 아 녹 다 라 삼 막 삼 보 리

마음이 상에 머물지 아니하고, 성문과 연각의 경계를 집착하지 아니하며, 비록 세상사 속에 있어도 마음이 항상 청정하여, 모든 매사에 있어서 범행을 찬탄하며, 중생으로 하여금 행할 바가 아니면 들지 않게 하는, 이와 같은 선지식을 구하면 곧, 아녹다라삼먁삼보리를 성취하여 얻으리라.

♣ 구하는 선지식의 마음이 상相에 머물러 집착하지 않고, 아我와 상견에 얽매어, 자신의 해탈을 구하는 성문과 연각의 경계에 머무르거나 집착하지 않으며, 비록 세상사 속에 살아도 마음을 항상 청정하게 하고, 모든 매사에 있어서 청정한 범행梵行을 찬탄하며, 중생으로 하여금 능히 행할 바인 율의律儀가 아니면 들지 않게 하는, 이와 같은 선지식을 구하면 곧, 아녹다라삼먁삼보리를 성취하리라.

● 아뇩다라삼먁삼보리阿耨多羅三藐三菩提는 무상정등정각無上
正等正覺이다. 이는 원각圓覺이다. 원圓이 무상정등無上正等이
며, 각覺이 무상각無上覺인 정각正覺이다. 아뇩다라삼먁삼보리
무상정등정각無上正等正覺이라 함은 차별지差別智에서 원각圓覺
을 헤아린 것이며, 원각圓覺은 아뇩다라삼먁삼보리 각성경계에서
청정원융淸淨圓融한 각覺의 실체를 드러낸 것이다. 그러므로 일
체 차별지差別智, 차별각差別覺을 벗어나 아뇩다라삼먁삼보리에
이르면 무상無上도 끊어지고, 정등正等도 끊어지며, 정각正覺도
끊어진 무연성품無緣性品, 원융한 청정원각淸淨圓覺이다.

■ 승(乘)의 세계

승乘은 이승二乘, 삼승三乘이 있으며, 소승小乘, 대승大乘, 일
불승一佛乘 등이 있다. 승乘은 법法을 수용하고 섭수하는 지혜성
품의 특성, 각력성품 차별특성을 일컬음이다. 승乘은 각행종성覺
行種性을 일컬으며, 자타自他를 법法의 세계로 이끎을 뜻하기도
한다. 법法이란 진리의 실상이며, 본체며, 근본인 본연본성本然
本性이다. 본연본성 자성작용 성품의 특성이 성性, 심心, 각覺이
며, 이는 본성本性, 본심本心, 본각本覺이다. 진리의 근본을 성性
이라 함은, 진리는 곧, 성性 그 자체이기 때문이다. 진리를 심心
이라 함은, 진리 일체가 심心의 세계이기 때문이다. 진리를 각覺
이라 함은, 진리 일체가 보리菩提인 각覺의 세계이기 때문이다.
성性, 심心, 각覺은 본연본성 부사의작용 성품의 특성이므로, 그
성품작용의 특성을 요별了別한 것일 뿐, 서로 다른 것이 아니다.
성性의 성품이 본연성이며, 심心의 성품이 본연심이며, 각覺의

성품이 본연각이다. 성性, 심心, 각覺의 성품이 본성, 본심, 본각임은 서로 다른 것이 아님을 일컬음이다. 왜냐면 본성, 본심, 본각의 본本이라 함이 곧, 본연성임을 일컫기 때문이다. 본本이라고 함은 생겨나거나, 변하거나, 만들거나, 조작하거나, 인위적이 아닌 시종始終 없는 본래 항상하는, 변함없는 본연성품이기 때문이다. 이 본연본성 성품을 수용하고 섭수함에 있어서 지혜와 마음작용이 본연성품이 깨어있는 각력覺力의 깊이와 광대廣大의 차별이 있어, 지혜와 마음작용에 본연성품이 깨어있는 정도를 구분하고, 그 차별되는 정도를 드러내고 밝힌 것이 승乘의 차별이다. 지혜차별과 마음작용의 특성과 성품이 깨어있는 정도의 차별은, 지식이나 어떤 앎으로 이해하거나, 알 수 있거나, 구분할 수 있는 것이 아니다. 그 성품의 특성을 요별할 수 있는 본연본성의 지혜가 열려야만 가능하다. 이러한 성품의 구분과 정도를, 일체생명의 심성근기와 지혜차별을 밝게 아는 불지혜佛智慧의 경설經說에서 중생의 지혜차별과 성품특성을 따라, 이승二乘과 삼승三乘, 소승小乘과 대승大乘과 일불승一佛乘으로 구분하였다. 그러나 이 성품경계와 지혜특성을 알려면, 수행으로 그 경계의 지혜와 성품의 특성을 밝게 아는 지혜가 열림으로, 지혜차별의 성품특성을 요별하여 알 수 있을 뿐이다. 이 특성의 차별경계를 알게 되므로, 자기수행의 지혜향상을 기하게 된다. 왜냐면, 이것은 일체중생의 지혜각력 차별특성이기도 하지만, 수행자 자신의 지혜발현에 따른 자기 각성성품 특성이도 하기 때문이다. 중생의 지혜차별과 성품특성을 보는 지혜력은 곧, 자신의 경계를 보는 지혜력이기도 하다.

승乘은 중생을 수용하고 섭수하는 지혜성품특성이기도 하나, 이 승乘은 밖의 중생만 법法의 세계로 이끄는 것만을 일컫는 것이 아니다. 이 승乘에는 자타중생구제에 각력覺力으로 수용하고 섭수하는 지혜발현 성품의 세계다. 승乘 이 자체가, 지혜발현의 경계와 일체행 성품특성으로, 수행자 자신의 지혜발현과 본연성품이 열린 정도를 드러내는 각력성품 작용의 세계다. 이 지혜작용 각성차별과 성품근기의 특성을 나누어 이승二乘과 삼승三乘, 또는 소승小乘, 대승大乘, 일불승一佛乘으로 나누기도 한다. 이승二乘과 삼승三乘은 그 차별성품의 특성을 둘二로, 셋三으로 구분한 승乘의 차별이며, 또한, 소승小乘, 대승大乘, 일불승一佛乘은 지혜성품의 특성을 소小로, 대大로, 일一로 승乘을 구분한 것이다.

이승二乘은 성문聲聞과 연각緣覺이다. 성문은 부처님에게 직접 법法을 들으며, 지혜를 밝히고, 지혜성품의 각력을 상승하는 수행자다. 그러나 대승불교大乘佛敎의 발달로 인하여, 소승지혜小乘智慧에 머무른 수행자를 일컫기도 한다. 그러므로 성문승聲聞乘을 이해함에는, 부처님 말씀에 의지한 수행자로 보는 관점과 대승지혜 차별경계에서 보는 관점이 있다. 불설佛說인 대승지혜大乘智慧 대승경大乘經인 반야경般若經과 일승경一乘經인 묘법연화경妙法蓮華經과 불승경佛乘經인 대방광불화엄경大方廣佛華嚴經 등이 있으니, 성문을 무조건 대승지혜大乘智慧에 이르지 못한 수행자로만 보는 것은 문제가 있다. 그러므로 성문을 이해하고 생각할 때에는 어느 경계와 어느 관점 중심에서 논論하는가를, 그 말씀과 뜻의 경계를 구분하고 명확하게 알아야 한다. 대승지大乘智를 발하지 못한 수행자를, 성문과 연각 이승二乘으로 볼 때에는, 아我와 상견相見과 인과지혜 속에 있는 수행자다. 그러므로 아我와 상견相見과 인과지혜에 머물러 있으므로, 자신의 고苦를 벗어 열반을 구하며, 생사를 벗어나 해탈을 구하는 것에 지혜와 수행을 치중하며, 그 지혜와 수행은 인과법 사성체四聖諦에 의지해 고인苦因을 멸하여 열반락涅槃樂과 바라밀에 듦을 치중하며, 생사를 벗어나 구경해탈에 듦과 생사윤회의 인因인 무명無明을 벗어나는 십이인연멸十二因緣滅에 치중하게 된다. 소승小乘인 이승二乘은 수행심 수행견修行見이 아我와 상相과 상견相見과 인과상因果相에 얽매인 상심상견행자相心相見行者다.

연각緣覺은 이름이 인연법을 깨달은 수행자다. 자연의 섭리와 심식心識의 순리에서 인연법을 깨달은 인과지혜가 열린 수행자다. 그러나 인과지혜를 열은 지혜근기에 따라, 그 깊이는 수행자의 지혜각력에 따라 다르다. 연각의 지혜로 인과지혜를 바탕하여 인연의 청정본성을 깨달아 본성지本性智를 열어 대승지大乘智를 발할 수도 있다.

삼승三乘은 지혜의 차별과 마음작용 성품의 특성을 셋으로 나눈 것이다. 이는 성문승聲聞乘, 연각승緣覺乘, 보살승菩薩乘이다. 성문聲聞, 연각緣覺, 보살菩薩의 지혜차별을 나눌 때에는 성문과 연각은 소승小乘이며, 보살은 대승大乘이다. 소승小乘, 대승大乘의 승乘의 차이는 소小와 대大의 승乘의 차이다. 승乘의 소小와 대大의 차이는 지혜작용과 마음작용 본연성품이 열린 각성覺性의 차별특성이다. 소승의 지혜작용과 마음작용 성품특성이 대승의 지혜작용과 마음작용 성품특성에 들지 못함이며, 대승은 지혜작용과 마음작용 성품특성이 소승을 벗으난 것이다. 소승과 대승의 지혜작용과 마음작용 성품특성은 소승은 상심상견相心相見으로 아我의 고멸苦滅에 치중해, 생사해탈과 열반성취를 위해 무명의 상심상견 인과지혜因果智慧 속에 이루어지는 지혜작용과 마음작용 특성의 성품이다. 대승은 아我와 상심상견과 인과지혜를 벗어난, 본성 청정지혜의 작용과 마음작용 특성의 성품이다. 그러므로 소승인 성문과 연각은 아我와 상견相見에 의지한 사상심四相心의 지혜와 마음작용이며, 대승보살은 아我와 상相과 상견相見인 사상심을 벗어난 무위본성지혜작용의 특성에 의한 성품종승性品種乘이다. 소승은 아我와 상견相見인 사상심에 의지한 지혜종승智慧種乘이며, 대승은 사상四相 없는 무위본성無爲本性 청정대승심淸淨大乘心에 의한 지혜종승智慧種乘이다. 지혜차별에 의하면 소승은 아뇩다라삼먁삼보리심을 발하지 못한, 반야지혜를 얻기 전의 아我와 상견相見의 사상심에 의지한 수행자며, 대승은 아뇩다라삼먁삼보리를 발하여, 본연본성에 들어 본연본성심本然本性心인 반야지혜의 수행자다. 대승지大乘智에 들면 청정본성 지혜인 무아무상無我無相 본성지혜작용으로 동체대비보살심同體大悲菩薩心을 발하게 된다. 대승본성지大乘本性智에 듦으로 비로소 보살지혜 본성성품에 들게 된다. 그러므로 대승지大乘智는 본성공本性空 무아지혜無我智慧며, 자타自他 없는 청정공심淸淨空心의 본성작용이 이루어진다. 아我와 상심상견이 있으면 능히 들 수 없는 지혜성품 작용의 세계다. 대승大乘은 아我와 상심상견이 끊어진 본성성품을 발현한 지혜작용과 마음작용 특성의 성품종승性品種乘이다.

보살종승菩薩種乘의 근본지혜와 성품특성은 아뇩다라삼먁삼보리심을 발發한 본성지혜 반야와 자타 없는 성품의 작용인 청정본성심과 본성지혜작용으로 자타불이청정공심지혜종승自他不二淸淨空心智慧種乘이다. 보살은 본성지혜종승本性智慧種乘이니, 보살의 구분영역은 아뇩다라삼먁삼보리심을 발하여 본성지혜에 들면 보살지혜에 듦이니, 본성지혜 반야 혜안慧眼을 가진 모든 자를 보살이라고 한다. 그러므로 보살의 영역이, 대승大乘과 일불승一佛乘에 이르기까지 수용되고 섭수되며, 광대영역은 일체불보살一切佛菩薩이 대승 속에 수용되고 섭수된다. 왜냐면 본성지혜는 차별이 없기 때문이다.

본성지혜 반야般若를 얻었어도 보살지혜의 차별이 있는 것은, 각성覺性이 장애되는 각력경계 심자재心自在와 각원융覺圓融의 각력작용 성품특성의 차별이 있기 때문이다. 그 지혜작용 각력특성의 성품차별을 대승大乘과 일불승一佛乘의 성품종승性品種乘의 차별이 있다. 대승大乘은 성품종승이 무위본성지無爲本性智며, 일불승一佛乘은 불이원융지不二圓融智다. 대승지혜는 일체유위상을 벗어나 청정무위본성부동지淸淨無爲本性不動智에 듦이며, 일불승一佛乘은 유위와 무위를 둘 다 벗어난 불이원융지不二圓融智에 듦이다. 이것을 경經의 지혜로 말할 것 같으면, 대승지혜大乘智慧는 반야경般若經의 지혜며, 일불승지혜一佛乘智慧는 묘법연화경妙法蓮華經과 대방광불화엄경大方廣佛華嚴經의 지혜다. 그러므로 무위본성청정부동지無爲本性淸淨不動智에 들어도 묘법연화경妙法蓮華經과 대방광불화엄경大方廣佛華嚴經의 각성성품경계에 들려면 막연하다. 왜냐면 유위뿐만 아니라 부동성무위不動性無爲까지 벗어난 불이원융각성지不二圓融覺性智이기 때문이다. 수행으로 깨달음을 열어 유위일체상을 벗어나 무위본성청정부동지無爲本性淸淨不動智에 들어 성품이 상相에 걸림이 없음을 깨달으나, 스스로 각성覺性이 자재自在함이 한계가 있음을 인식하게 된다. 왜냐면, 각력覺力이 완전히 원융자재하지를 못하기 때문이다. 이 지혜경계에 들어 각覺이 완연하지 못함을 인식해도 수행 지혜가 부족하면, 어떻게 해야 이 경계를 벗어나 완연한 각성覺性에 들 수 있는지를 모른다. 유위일체상을 벗어나 무위청정본성에 들어, 스스로 능히 일체청정一切淸淨을 깨달아 알아도 원융자재하지 못함을 깨닫기 때문이다. 그러나 이 경계를 또한, 벗어나 일불승一佛乘에 들면, 그 까닭을 알 수가 있다. 그 연유는 청정무위본성淸淨無爲本性에 머물러 있기 때문이다. 무위본성청정부동지無爲本性淸淨不動智에 머묾을 벗어나 일승원지一乘圓智의 각성覺性에 들면, 무위본성청정부동지無爲本性淸淨不動智에 머물러 있었음을 깨닫게 된다. 그러나 청정본성에 들면, 성품이 아我가 사라져 상相 없음을 깨달음으로, 자신이 깨달은 청정본성 그 자체가 유위상과는 다른 청정공淸淨空 무위無爲에 머묾임을 깨달을 수가 없다. 왜냐면, 유위상有爲相을 벗어나 일체상이 끊어진 청정무위부동성품淸淨無爲不動性品이기 때문이다. 그러나 이 또한, 각覺이 장애되는 청정무위상淸淨無爲相이니, 이를 또한, 벗어나야 한다. 깨달음으로 이 경계에 들면, 일체청정무위본성一切淸淨無爲本性을 깨달아, 일체一切가 비고 비어 허령청정虛靈淸淨하며, 물들거나 동動함이 없는 청정무염성품淸淨無染性品임을 깨닫게 되며, 자성自性이 생사 없고, 생멸 없는 자기 본성을 깨닫게 되어, 자신은 죽음과 윤회가 없는 성품임을 비로소 깨닫게 된다. 그러나 일승원지一乘圓智에 들면, 이 또한, 망념이며 상분별相分別이며, 벗어나야 할 미혹임을 깨닫게 된다. 깨달음에 들어 자성自性이 비고 비어 청정함을 찬탄하는 것이 이 청정무위각성경계淸淨無爲覺性境界다. 그러나 비고 빈 망념妄念의 허령각虛靈覺 경계도 벗어나야 한다. 각覺에는 일체유위상一切有爲相인 상相도 없지만, 일체유위상이 빈 것, 일체공一切空 청정무위각성경계淸淨無爲覺性境

界 그것 또한, 없다. 그러므로 유위상을 벗어남으로 무위에 든 허령청정각虛靈淸淨覺, 이를 또한, 벗어나야 한다. 이 지혜경계에서 스스로 원융자재하지 못함을 또한, 느끼게 되는 이유는, 유위견은 벗었으나, 그 또한, 각覺의 장애를 완전히 벗어나지 못했기 때문이다. 이 지혜는 유위견은 벗어나 무위견에 듦이니, 그것으로 깨달음을 삼으면, 각覺의 장애인 미망을 완전히 벗어나지 못한다. 이 무위경계를 벗어나야 원지일승圓智一乘에 들게 된다.

대승大乘은 본성에 들어 대승반야지大乘般若智를 발하였으므로 보살승菩薩乘이다. 그러나 보살승의 각력성품 또한, 차별이 있음이니, 이 각력발현 성품차별에 따라, 대승大乘과 일승一乘과 불승佛乘의 각력성품종승覺力性品種乘의 차별이 있다. 일승一乘과 불승佛乘을 일불승一佛乘이라 함에는 대승大乘과 일불승一佛乘의 각력발현 각력성품종승覺力性品種乘의 차별 때문이다. 대승大乘 각력성품종승覺力性品種乘은 일체유위상의 본성지本性智인 청정무위본성지淸淨無爲本性智며, 일불승一佛乘은 유위와 무위를 둘 다 벗어버린 원지圓智다. 이는 사事의 상相과 이理의 무위본성을 벗어버린 불이원융지不二圓融智니, 원지圓智라고 한다. 일불승一佛乘이 불이성不二性 원지圓智이나, 원지圓智의 각력성품종승覺力性品種乘의 차별에 따라 또한, 나뉘니, 그것이 일승一乘과 불승佛乘이다. 일불승一佛乘은 원지각성圓智覺性인 일승一乘과 불승佛乘을 함께 일컬음이다. 일승一乘과 불승佛乘이 불이원지승不二圓智乘이니 일불승一佛乘을 줄여 일승一乘이라 하기도 한다. 그러나 엄연히 일승一乘과 불승佛乘은 원지圓智의 근원성품 각력종승차별覺力種乘差別이 있다.

대승大乘은 유위를 벗어나 무위본성에 들은 청정무상부동지清淨無相不動智다. 이는 사事의 유위상有爲相을 벗어나 이理의 청정무위清淨無爲 본성에 듦이다. 일승원지一乘圓智는 유위무위불이성有爲無爲不二性인 상相과 무상無相인 유위有爲와 무위無爲를 둘 다 벗어난 불이성원지不二性圓智다. 이는 사事와 이理를 둘 다 벗어난 청정진여불이실상심자재원지清淨眞如不二實相心自在圓智다. 불승원지佛乘圓智는 무염자재無染自在 능소일체식能所一切識도 벗어나 내외능소일체적멸內外能所一切寂滅인 능소적멸시방원융불이원지能所寂滅十方圓融不二圓智다. 이는 상하좌우 동서남북 시방을 벗어버린 시방원융각성편재불이원만성十方圓融覺性遍在不二圓滿性이다.

대승大乘 각력성품종승覺力性品種乘은 청정무아부동성清淨無我不動性이며, 일승一乘 각력성품종승覺力性品種乘은 진여실상자재성眞如實相自在性이며, 불승佛乘 각력성품종승覺力性品種乘은 각성원융편재성覺性圓融遍在性이다. 대승大乘은 부동본성열반성품종승不動本性涅槃性品種乘이며, 일승一乘은 무염본심진여성품종승無染本心眞如性品種乘이며, 불승佛乘은 원융본각보리성품종승圓融本覺菩提性品種乘이다. 대승大乘은 본성무위청정행本性無爲清淨行이며, 일승一乘은 본심진여자재행本心眞如自在行이며, 불승佛乘은 본각원융편재행本覺圓融遍在行이다.

대승大乘, 일승一乘, 불승佛乘은, 본연성품 지혜발현 각력성품종승覺力性品種乘의 차별일 뿐, 서로 다른 성품이 아니다. 본연성품 시종始終 없는 청정부동성清淨不動性이 일체작용의 체성體性이며, 본연성품 작용의 무염자재성無染自在性이 시종始終 없는 마음이며, 본연성품 작용의 원융편재성圓融遍在性이 시종始終 없는 두루 밝은 각覺이다.

청정부동성淸淨不動性이 열반본성涅槃本性이며, 무염자재성無染自在性이 진여본심眞如本心이며, 원융편재성圓融遍在性이 보리본각菩提本覺이다. 청정부동淸淨不動을 바탕으로 원융편재圓融遍在를 따라 무염자재無染自在 작용을 함이 무염진여자재심無染眞如自在心이다.

청정부동淸淨不動 열반본성涅槃本性이 청정부동심淸淨不動心이며, 무염자재無染自在 진여본심眞如本心이 무염자재심無染自在心이며, 원융편재圓融遍在 보리본각菩提本覺이 원융편재심圓融遍在心이다.

청정부동심淸淨不動心이 시종始終 없는 본심本心이며, 무염자재심無染自在心이 머묾 없는 부사의 환지환심幻智幻心인 무염진여無染眞如 작용심作用心이며, 원융편재심圓融遍在心이 시종始終 없는 각심覺心이다.

무염진여無染眞如 무염자재심無染自在心은 청정부동淸淨不動 본심을 바탕하며, 원융편재圓融遍在 본각을 따라 무염진여無染眞如의 자유자재무주무염행自由自在無住無染行을 한다.

깨달음 각성의 깊이와 광대廣大에 따라 청정부동성淸淨不動性의 성품에 들기도 하고, 무염자재성無染自在性의 성품에 들기도 하고, 원융편재성圓融遍在性의 성품에 들기도 한다.

청정부동성淸淨不動性의 성품에 들려면, 심心의 망동妄動 일체 생멸을 끊어 시종始終 없는 청정열반부동본성淸淨涅槃不動本性에 듦으로 청정부동성품淸淨不動性品을 발현하게 된다. 이것이 대승청정부동지大乘淸淨不動智 일체공청정무위각성지一切空淸淨無爲

541

覺性智다.

무염자재성無染自在性의 성품에 들려면, 심心의 망주妄住 일체상을 끊어 시종始終 없는 무염진여자재본심無染眞如自在本心에 듦으로 무염자재진여성품無染自在眞如性品을 발현하게 된다. 이것이 일승무염자재지一乘無染自在智 무자성실상각성지無自性實相覺性智다.

원융편재성圓融遍在性의 성품에 들려면, 심心의 망대妄對 일체 능소를 끊어 시종始終 없는 원융보리편재본각圓融菩提遍在本覺에 듦으로 원융편재보리성품圓融遍在菩提性品을 발현하게 된다. 이것이 불승원융편재지佛乘圓融遍在智 원융원만각성지圓融圓滿覺性智다.

본연의 한 성품 부사의 작용에, 각覺의 공능행功能行이 같지 않은 성품차별이 곧, 청정열반성淸淨涅槃性이며, 무염진여심無染眞如心이며, 원융보리성圓融菩提性이다. 청정열반성淸淨涅槃性이 부동본성不動本性이며, 무염진여심無染眞如心이 자재본심自在本心이며, 원융보리성圓融菩提性이 편재본각遍在本覺이다. 부동본성, 자재본심, 편재본각의 성품이 본연의 한 성품으로, 서로 자성 작용 공능功能의 조화造化를 수용섭수하여 불이일체不二一體를 이루어 함께한다. 이를 경經에서는 여래장如來藏 삼종자성三種自性이라 하였으며, 이 삼종자성三種自性 수순행을 삼종정관三種淨觀 사마타奢摩他, 삼마발제三摩鉢堤, 선나禪那 라고 했다. 사마타는 적정수순寂靜隨順 청정열반본성자성공능행淸淨涅槃本性自性功能行이며, 삼마발제는 여환수순如幻隨順 무염진여본심자성공능행無染眞如本心自性功能行이며, 선나는 적멸수순寂滅隨順 원융보리본각자성공능행圓融菩提本覺自性功能行이다. 그러나 삼종자성三種自性이 부사의 성품작용의 차별일 뿐, 본연의 한 성품이니, 궁극의 깨달음으로 본연 불이不二의 한 성품에 들게 된다. 다만 보살菩薩의 깨달음 각성발현 각력성품종승覺力性品種乘의 깊이와 광대廣大의 차별에 따라, 대승大乘, 일승一乘, 불승佛乘의 각성발현 성품차별이 있다. 이 각성발현 성품의 깊이와 광대廣大의 차별은 대승大乘의 무위본성부동지無爲本性不動智와 일승一乘의 진여본심자재지眞如本心自在智와 불승佛乘의 편재본각원융지遍在本覺圓融智의 각성성품이 열린 지혜발현 성품차별이다. 이 일체가 궁극을 향한 보살도菩薩道, 본연성 한 성품 속에 피어난 각력성품의 차별경계이니, 대승大乘은 청정부동열반본성지혜의 성품이며, 일승一乘은 무염자재본심지혜의 성품이며, 불승佛乘은 원융편재 본각지혜의 성품이다. 그러나 대승大乘과 일승一乘과 불승佛乘의 경계를 벗어나 무연일성無緣一性에 들면 전후前後가 끊어져, 열반도 벗어나고, 진여도 벗어나고, 보리도 벗어버린 실實을 비로소 깨닫게 된다.

대승大乘 지혜성품은 유위를 벗어나 심동心動이 끊어진 부동지不動智다. 일승一乘 지혜성품은 유위와 무위를 둘 다 벗어나, 유위와 무위의 일체 내외 능소심상能所心相이 끊어진 실상지實相智다. 불승佛乘 지혜성품은 내외능소 일체식一切識이 끊어져 적멸寂滅한 원융지圓融智다. 대승성품은 청정성淸淨性이며, 일승성품은 자재성自在性이며, 불승성품은 편재성遍在性이다. 청정성淸淨性은 본성성품이며, 자재성自在性은 본심성품이며, 편재성遍在性은 본각성품이다. 청정성淸淨性은 열반성涅槃性이며, 자재성自在性은 진여성眞如性이며, 편재성遍在性은 보리성菩提性이다.

승乘의 세계는, 소승小乘은 상相에 머묾으로 자아自我가 있고 사상四相이 있으므로 아我와 상심상견의 수행심이다. 수행경계에서 자기를 수용함과 남을 섭수함에 사상심이 있어 지혜성품이 사상성품종승四相性品種乘이므로, 타他와 일체상을 청정본성지혜로 수용섭수할 수 없어, 아我의 상심상견행이니 소승小乘이다.

대승大乘은 상相을 벗어난 제법공상諸法空相인 무위본성에 듦으로, 지혜경계에서 자타본성불이自他本性不二 무아무상無我無相인 제법청정공상諸法淸淨空相이니, 지혜성품이 자타 없는 무위성품종승無爲性品種乘이므로, 일체를 무아본성無我本性에서 자타 없이 수용섭수함으로 대승大乘이다.

일승一乘은 무위無爲 제법본성공諸法本性空인 대승무위본성지大乘無爲本性智도 벗어버린 심자재원융지心自在圓融智 무염진여일성無染眞如一性이므로, 그 지혜성품종승智慧性品種乘이 일승一乘이다.

불승佛乘은 일체공一切空 대승무위본성지大乘無爲本性智와 일승심자재원융지一乘心自在圓融智 무염진여일성無染眞如一性도 벗어버린 각원융성覺圓融性으로 시방편재원만각성十方遍在圓滿覺性에 듦으로 지혜성품종승智慧性品種乘이 일체에 원융하여 불승佛乘이다.

요약하면, 이승종승二乘種乘은 지혜성품경계에 차별상인 유무와 생멸상의 분별심 이법二法이 있으므로 지혜성품종승이 이승二乘이다. 대승종승大乘種乘은 지혜성품이 유위일체상이 제법공상諸法空相으로 무위본성일대공無爲本性一大空이니 지혜성품종승이 대승大乘이다. 일승종승一乘種乘은 지혜성품이 유위와 무위를 둘 다 벗어난 이사무애자재理事無礙自在의 무염자재진여진성無染自在眞如眞性인 불이일성원지不二一性圓智이니, 지혜성품종승이 일승一

乘이다. 불승종승佛乘種乘은 지혜성품이 대승지혜大乘智慧와 일승지혜一乘智慧도 벗어나 능소일체식能所一切識이 끊어져, 무엇에도 걸림 없는 시방원융편재원만각성十方圓融遍在圓滿覺性인 원융원만지圓融圓滿智니, 지혜성품종승이 불승佛乘이다.

지혜성품경계에 유무이법이견有無二法二見 생멸심이니 이승종승二乘種乘이며, 무위일대공無爲一大空인 불이본성심不二本性心이니 대승종승大乘種乘이며, 무이무염자재無二無染自在인 원지원심圓智圓心이니 일승종승一乘種乘이며, 원융원만각성圓融圓滿覺性인 원융편재심圓融遍在心이니 불승종승佛乘種乘이다.

대승大乘은 본성지혜이므로 그 광대영역이 시방제불보살十方諸佛菩薩이어도, 대승보살 각覺의 성품종승性品種乘이 차별이 있다. 이것이 보살지혜 각성작용성품종승 특성의 차별이다. 이 각성작용 성품종승 특성에 따라 대승大乘과 일불승一佛乘으로 성품종승을 달리한다. 대승大乘은 본성지本性智며, 일불승一佛乘은 실상원융지實相圓融智다. 이 차이는 대승은 상相의 본성지本性智이므로, 이는 이지理智이니 성품이 청정무위로 걸림 없음을 아나, 각력覺力이 자재하거나, 원융하지를 못하다. 그러므로 유위상을 벗어나 청정본성에 들었어도, 자성自性은 걸림 없으나, 각력覺力이 스스로 자재하지 못함을 인식하며, 상相의 유위견을 벗어나 무위견에 들었어도, 이 경계에서 부족한 지혜와 각력을 더 밝히기 위해 어떻게 해야 할지를 모른다. 수행자가 유위상견有爲相見을 타파하기 위해 노력하여 일체공지一切空智로 유위견有爲見을 벗어나고, 무위견無爲見에 들었어도, 각覺의 장애를 완전히 벗어난 것이 아니니, 이 경계에서 무위견無爲見을 또한, 벗어야 하는 경계를 맞닥뜨리게 된다. 무위경계 무위견無爲見을 벗어나면, 일불승지一佛乘智 원지圓智인 심자재원융지心自在圓融智에 들게 된다. 이는 유위상有爲相과 무위상無爲相을 둘 다 벗어남이다. 이는 일체상견一切相見뿐 아니라, 무위 대승본성지大乘本性智까지 벗어남으로 사事와 이理를 둘 다 벗어남이다. 그러므로 이사불이자재원융지理事不二自在圓融智에 들게 된다. 이 경계에서 수행자의 각력성품발현에 따라 일승一乘 또는 불승佛乘의 지혜각성종성에 들게 된다.

일불승一佛乘은 일승一乘과 불승佛乘을 더불어 일컬음이다. 또는 일불승一佛乘을 줄여 일승一乘이라 하기도 한다. 일승一乘과 불승佛乘인 일불승一佛乘을 원지圓智라고 함은 유위와 무위를 둘 다 벗어나, 상相과 무상無相인 유위와 무위인 사事와 이理에 걸림 없는 불이성不二性 자재원융지自在圓融智이기 때문이다. 이는 이사불이자재원융지理事不二自在圓融智에 듦이다. 일승一乘과 불승佛乘을 한목 일컬어 일불승一佛乘이라고 하나, 일승一乘과 불승佛乘은 미묘한 각성작용 원지성품종승圓智性品種乘의 차별이 있다. 이 각성작용 성품종승의 차별특성을 경지혜經智慧의 차별로 분별할 것 같으면, 일승一乘의 각성종승 성품지혜경性品智慧經이 실상묘법연화경實相妙法蓮華經이며, 불승佛乘의 각성종승 성품지혜경性品智慧經이 대방광불화엄경大方廣佛華嚴經이다.

실상묘법연화경實相妙法蓮華經은 곧, 일승묘법연화경一乘妙法蓮華經이다. 실상묘법연화實相妙法蓮華가 곧, 일승一乘의 각성종승覺性種乘 성품작용이다. 실상묘법實相妙法은 일체환一切幻이다. 이는 무자성실상청정진여상無自性實相淸淨眞如相이다. 일체상이 그대로 생멸 없는 실상 청정진여환淸淨眞如幻이다. 연화蓮華는 일체상환화一切相幻華에 물듦 없는 진여심眞如心이다. 제불보살이 실상묘법연화實相妙法蓮華의 무염청정본심無染淸淨本心 일체환지本心淸淨 속에 대비심大悲心을 발하여, 일체중생을 원각본심으로 이끄는 중생구제의 대비실상세계다. 일체제불보살이 일체실상환화묘법一切實相幻華妙法 속에 환幻과 같은 중생을 구제하기 위해, 환幻과 같은 대비심을 발하고, 실상묘법여환세계實相妙法如幻世界에 환지幻智를 일으켜, 원각청정본심자재圓覺淸淨本心自在로 무량방편지혜와 가지가지 응화신應化身으로 일체중생을 청정원각자성세계淸淨圓覺自性世界로 이끄는 환지방편실상지혜세계幻智方便實相智慧世界다. 환지幻智가 실상묘법연화實相妙法蓮華의 세계이니, 이는 무자성진여실상청정묘법연화장엄세계無自性眞如實相淸淨妙法蓮華莊嚴世界다. 이는 무위본성대승각성청정부동지혜無爲本性大乘覺性淸淨不動智慧의 각성발현으로는 들 수가 없다. 그 까닭은 대승본성지大乘本性智로 이사원융본심자재理事圓融本心自在 각력경계에 들려면 무위청정열반성無爲淸淨涅槃性에 머묾을 타파하지 못하는 각성장애가 있기 때문이다. 이 성품각성차별 경계를 대승반야경大乘般若經과 실상묘법연화경實相妙法蓮華經 지혜종승성품의 차별이다. 이것이 본연본성이 열린 성품종승 대승무위청정성품작용大乘無爲淸淨性品作用과 일승이사무애자재성품작용一乘理事無礙自在性品作用의 각성차이다. 대승무위본성지혜는 유위일체상이 공空한 본성에 듦이며, 일승이사무애실상묘법무염청정연화지혜一乘理事無礙實相妙法無染淸淨蓮華智慧는 유위상과 무위공無爲空를 둘 다 벗어버린 무애자재지혜無礙自在智慧다. 이는 대승종승성품지혜경계大乘種乘性品智慧境界를 벗어난 것이다. 대승지혜는 본성청정부동무위지혜本性淸淨不動無

爲智慧며, 일승지혜는 일승진여실상묘법연화심무염자재지혜一乘眞如實相妙法蓮華心無染自在智慧이기 때문이다.

　일승지一乘智와 불승지佛乘智가 둘 다 이사理事를 벗어나 불이원지不二圓智이나, 일승지一乘智는 실상묘법연화경實相妙法蓮華經의 성품종승 각성지혜작용이며, 불승지佛乘智는 대방광불화엄경大方廣佛華嚴經의 성품종승 각성지혜작용이다. 실상묘법연화경實相妙法蓮華經의 일승지一乘智에서 대방광불화엄경大方廣佛華嚴經의 각성작용 장엄불승지莊嚴佛乘智에 들려면 일승지一乘智의 성품종승 작용으로는 각성장애가 있다. 이는 무자성진여실상묘법자재심無自性眞如實相妙法自在心인 본심자재력本心自在力에서 각원융편재원만부사의장엄覺圓融遍在圓滿不思議莊嚴 경계에 들려면 일승성품종승一乘性品種乘으로는 무염청정진여성無染淸淨眞如性을 벗어나지 못하는 각성발현의 장애가 있기 때문이다. 일승지一乘智에서 불승지佛乘智의 각성경계에 들려면 능소일체각식能所一切覺識이 끊어진 각원융시방편재불이원만구족장엄覺圓融十方遍在不二圓滿具足莊嚴에 들어야 하기 때문이다. 그러므로 불승지佛乘智의 각성원만원융장엄覺性圓滿圓融莊嚴이 대방광불大方廣佛이며, 각원융시방편재불이원만구족장엄覺圓融十方遍在不二圓滿具足莊嚴이 대방광불화엄장엄大方廣佛華嚴莊嚴이다. 불승각佛乘覺은 대방광불화엄장엄계大方廣佛華嚴莊嚴界다. 대방광불화엄大方廣佛華嚴은 각원융장엄법계覺圓融莊嚴法界다.

　일승一乘이 무염진여진성無染眞如眞性에 드는 것은 유위와 무위를 벗어나, 유위와 무위에 물듦 없는 이사무애자재각성理事無礙自在覺性으로 무염자재진여진성無染自在眞如眞性에 들기 때문이다. 불승佛乘이 일승一乘의 무염자재진여진성無染自在眞如眞性을 벗어나는 것은, 유위와 무위를 벗어난 이사무애불이원지진여진성理事無礙不二圓智眞如眞性인 능소일체상能所一切相을 벗어나, 상相과 증證과 각覺의 능소일체식能所一切識이 적멸寂滅하여 시방원융편재원만보리각성十方圓融遍在圓滿菩提覺性에 들기 때문이다. 그러므로 일승一乘에서 불승佛乘에 들면, 일승一乘의 무염진여진성無染眞如眞性과 무염본심無染本心과 무염자재지無染自在智와 무자성진여청정실상환無自性眞如淸淨實相幻도 끊어진다. 그것은 각성지혜성품의 차별성 때문이다.

중생들이 상심상견으로 생멸상生滅相을 보는 것은 생멸상을 보는 것이 아니라, 멸滅의 상념상想念相인 멸상滅相만을 볼 뿐이다. 그러므로 상심상견으로는 상相의 생주멸生住滅 중에 부사의 환幻인 생生을 볼 각력覺力이 없어 생生을 볼 수 없고, 또한, 청정부동상淸淨不動相을 볼 각력覺力도 없어 주住도 볼 수가 없고, 상相에 머무른 상심상견相心相見으로 상相의 상념想念인 멸상滅相만 보게 된다. 그러므로 관념상 상相의 생멸상을 인식하는 것 같아도 생멸상을 보는 것이 아니라 상相의 상념상想念相인, 생生과 주住가 없는 멸상滅相만을 인식하게 된다. 그러나 각성을 발하여 멸상滅相이 끊어지면 주상住相을 보게 된다. 주住는 생生도 아니며, 멸滅도 아니므로, 생生도 없고 멸滅도 없는 주상住相에 머무르게 된다. 이것이 유무생멸상有無生滅相이 끊어져 공空하여 든 무위본성無爲本性이다. 무위본성에 들면 상相 없는 무위본성청정부동상無爲本性淸淨不動相이 상相 없고 모습 없어, 티 없이 맑고 고요한 열반청정성涅槃淸淨性이, 형상이 없어도 만상을 비추는 거울과 같이 끊어지지 않고, 항상 티 없이 맑고 고요한 청정무위성품이 끊어지지를 않는다. 이 경계에서 시방일체여래十方一切如來의 청정심淸淨心도 티 없이 맑고 고요한 청정한 성품에 확연히 명확히 비치어 드러나고, 만물만상의 모습이 심경성품心鏡性品 속에 걸림 없이 두루 다 명료히 비친다. 일체여래一切如來의 청정심이 다 드러나 비치는, 식識의 동動이 끊어진 본성적정해인삼매本性寂靜海印三昧다. 지혜각력으로 주상住相을 타파하여 벗어나면, 대승무위청정부동본성지大乘無爲淸淨不動本性智를 벗어나 일승지一乘智에 들게 된다. 일승지一乘智는 중생의 유무상有無相인 멸상滅相을 벗어나고, 대승지大乘智 제법공상諸法空相인 청정무위본성淸淨無爲本性 주상住相도 벗어나, 주住와 멸상滅相이 끊어진 부사의 생환生幻 각성지覺性智에 들게 된다. 부사의생환不思議生幻이 삼마발제의 여환지如幻智다. 일체상一切相이 생生이 있으나 주住와 멸滅이 끊어졌으니, 유有가 아니니 머무를 것 없고, 잡을 것 없으니, 부사의환不思議幻이다. 주住와 멸滅이 끊어진 생生이 곧, 여환如幻이다. 부사의생不思議生을 보는 각성지覺性智가 여환지如幻智다. 바로 상相의 무자성실상청정환無自性實相淸淨幻이다. 유위와 무위를 둘 다 벗어나 불이성不二性인 이사무애자재각성지理事無礙自在覺性智로, 유위와 무위도 벗어버린 무염진여진성無染眞如眞性이다. 이 지혜각성경계가 일체유위一切有爲와 일체무위一切無爲와 일체제법공상一切諸法空相의 능소일체상能所一切相이 끊어진 원지圓智인 무염자재진여진성無染自在眞如眞性이다. 능소일체상能所一切相이 끊어졌으므로 일체유위상一切有爲相과 일체무위상一切無爲相과 일체제법공상一切諸法空相을 벗어나 장애되거나 걸림이 없다. 그러므로 무염자재진여진성無染自在眞如眞性이다. 무염자재진여진성無染自在眞如眞性이 끊어지는 각성발현으로 주住와 멸滅이 끊어진 부사의생不思議生

도 끊어지면 생주멸生住滅이 없으므로 시방원융편재각성원만보리十方圓融遍在覺性圓滿菩提에 들게 된다. 이것이 불승지혜원만각성경계佛乘智慧圓滿覺性境界다.

생주멸상生住滅相은 삼라만상일체상森羅萬象一切相이어도 이는 염상念相이니, 염상念相이 끊어지면, 삼라만상일체상이 끊어진다. 일체가 심상心相이며, 상심상념相心想念에 맺힌 환영幻影의 상相이다. 삼라만상 일체생주멸상一切生住滅相은 곧, 생주멸념生住滅念이다. 그러므로 제11 원각보살장에서 모든 중생이 선나를 닦으려면, 먼저 수문을 취하여, 마음 가운데 생주멸념 분제두수를 깨달아야 한다고 했다. 왜냐면 생주멸념生住滅念이 끊어진 원융편재각에 들어야 하기 때문이다. 그러므로 능소일체식적멸能所一切識寂滅에 들어, 보리본각성품菩提本覺性品인 시방이 끊어진 시방원융편재각성十方圓融遍在覺性에 들기 때문이다. 일체유위상一切有爲相이 제법공상諸法空相이면 무위대승無爲大乘 청정본성부동지淸淨本性不動智에 들며, 유위무위有爲無爲의 능소일체상能所一切相이 끊어지면 일승一乘 각성지혜 무염자재진여진성無染自在眞如眞性에 들며, 능소일체식能所一切識이 끊어지면 불승佛乘 각성지혜 시방원융편재각성원만보리十方圓融遍在覺性圓滿菩提에 든다. 그러므로 대승각성지혜大乘覺性智慧와 일승각성지혜一乘覺性智慧와 불승각성지혜佛乘覺性智慧의 지혜성품각성발현종승智慧性品覺性發顯種乘이 다르다.

사법계四法界는 각성발현에 따른 법계지혜차별성품 각성법계覺性法界를 드러낸다.

사법계事法界는 멸상滅相을 보는 중생의식계다. 그러므로 사상 중생들은 유위상 유무생멸상을 인식하게 되므로 상相의 상념想念 사상심을 가지며, 상相에 머무르고 상相을 집착하게 된다.

이법계理法界는 각성지혜로 멸상滅相이 끊어짐으로 주상住相을 보는 무위대승청정부동본성지無爲大乘淸淨不動本性智다. 이는 유위일체상有爲一切相의 본성이며, 일체유위상이 공空함을 깨달아 무아무상無我無相인 제법공상諸法空相을 깨달음으로 드는 청정열반부동본성각성계淸淨涅槃不動本性覺性界다. 심동心動인 유무생멸有無生滅이 끊어지므로 들게 되는 각성지혜, 열반본성세계涅槃本性世界이다.

이사무애법계理事無礙法界는 각성지혜로 멸상滅相과 주상住相이 끊어짐으로 부사의 생환生幻을 보는 일승이사무애무염자재진여진성一乘理事無礙無染自在眞如眞性이다. 이는 지혜각성발현이 유위와 무위를 둘 다 벗어나므로 들게 되는 일승지一乘智다. 멸상滅相과 주상住相이 끊어진 부사의 생生은 부사의상不思議相인 여환如幻이며, 환지각성幻智覺性을 발하여, 무염자재진여진성본연본심無染自在眞如眞性本然本心에 들어 일체환지행一切幻智行으로 보살행을 두루 갖추게 된다. 유위와 무위를 둘 다 벗어나 불이성不二性에 듦으로 원지각성圓智覺性이다. 지혜각성발현으로 유위와 무위가 끊어지므로 들게 되는 진여진성무염본심세계眞如眞性無染本心世界다. 능소일체상能所一切相이 끊어지면 이르게 되는 불이각성원지무염자재본심不二覺性圓智無染自在本心이다. 일승一乘의 일一은 곧, 불이不二인 원지圓智다.

사사무애법계事事無礙法界는 각성지혜로 멸상滅相과 주상住相과 생상生相이 끊어지므로 들게 되는 능소일체식能所一切識이 끊어진 원융무애시방편재원만각성보리圓融無礙十方遍在圓滿覺性菩提 다. 능소일체식能所一切識이 끊어진 것을 원각경 선나禪那에서는 적멸寂滅이라고 했다. 적멸이 곧, 일체능소一切能所 증證과 각覺이 끊어진 적멸원융편재성寂滅圓融遍在性이다. 이는 지혜각성발현이 이사무애각성계理事無礙覺性界를 또한, 벗어남으로 일체식一切識이 적멸하여 원융편재성에 드는 원융각성보리성품편재원만圓融覺性菩提性品遍在圓滿인 사사무애편재각성법계事事無礙遍在覺性法界다. 이는 증證과 각覺의 능소일체식能所一切識이 끊어져 적멸寂滅에 듦으로, 과거, 현재, 미래 삼세상三世相이 원융무애한 시방원융편재성十方圓融遍在性인 각성보리원융원만성품계覺性菩提圓融圓滿性品界다. 불승佛乘의 불佛은 각覺인 원융圓融이며, 원만보리圓滿菩提다.

사법계事法界를 벗어나 청정열반부동성지淸淨涅槃不動性智 이법계理法界에 들려면, 본연본성수순 적정사마타寂靜奢摩他, 적정성품수순행寂靜性品隨順行으로 청정부동적정본성지淸淨不動寂靜本性智에 들면 된다. 이는 제법공상諸法空相을 깨달음으로 제법공적정부동청정무위본성계諸法空寂靜不動淸淨無爲本性界다. 이는 열반성품본성계涅槃性品本性界로 청정무위대승지淸淨無爲大乘智다.

이사무애법계理事無礙法界인 무염자재진여진성원지각성無染自在眞如眞性圓智覺性에 들려면, 여환삼마발제如幻三摩鉢堤 무자성실상수순행無自性實相隨順行으로 청정무자성실상여환지淸淨無自性實相如幻智를 발하여 무염자재본연본심진여진성無染自在本然本

553

心眞如眞性에 들면 된다. 능소일체상이 끊어지므로 들게 되는 진여성품본심계眞如性品本心界 불이일성무염진여不二一性無染眞如로 일승지一乘智다.

사사무애법계事事無礙法界인 시방원융편재원만보리각성十方圓融遍在圓滿菩提覺性에 들려면, 적멸선나행寂滅禪那行인 능소일체식적멸원융편재수순행能所一切識寂滅圓融遍在隨順行으로 능소일체식이 적멸하여 원융각성보리성품圓融覺性菩提性品에 들면 된다. 보리각성원융성품발현菩提覺性圓融性品發顯이며, 원융편재원만보리성圓融遍在圓滿菩提性인 불승지佛乘智다.

대승성품종승大乘性品種乘은 청정본성공부동성지淸淨本性空不動性智며, 일승성품종승一乘性品種乘은 청정본심진여실상자재성지淸淨本心眞如實相自在性智며, 불승성품종승佛乘性品種乘은 청정본각시방편재원융성지淸淨本覺十方遍在圓融性智다. 그러나 대승성품종승大乘性品種乘인 청정본성공부동성지淸淨本性空不動性智와 일승성품종승一乘性品種乘인 청정본심진여실상자재성지淸淨本心眞如實相自在性智와 불승성품종승佛乘性品種乘인 청정본각시방편재원융성지淸淨本覺十方遍在圓融性智를 두루 섭렵하여 원융에 들면, 무상대각심無上大覺心 본제무이상本際無二相인 불이원융일성각不二圓融一性覺을 이루니, 곧, 원만불지혜圓滿佛智慧다. 이를 두루 섭렵하도록 한 것이, 본연본성삼종자성수순本然本性三種自性隨順인 본성자성적정수순사마타행本性自性寂靜隨順奢摩他行과 본심자성진여실상여환수순삼마발제행本心自性眞如實相如幻隨順三摩鉢堤行과 본각자성적멸원융시방편재수순선나행本覺自性寂滅圓融十方遍在隨順禪那行이다. 이것이 시방삼세 일체불一

切佛이 佛을 이루는 성불법이며, 본연본성 각성일체장애를 제거하는 여래장부사의자성如來藏不思議自性 청정열반자성淸淨涅槃自性인 본성자성, 무염진여자성無染眞如自性인 본심자성, 원융보리자성圓融菩提自性인 본각자성 삼종자성수순법 원각행이다. 이 경계와 공덕과 지혜세계를 드러낸 구절이 다음과 같다.

● 서장序章에서, **신통대광명장**神通大光明藏 **삼매정수**三昧正受 **일체여래**一切如來 **광엄주지**光嚴住持 **시제중생**是諸衆生 **청정각지**淸淨覺地 **신심적멸**身心寂滅 **평등본제**平等本際 **원만시방**圓滿十方 **불이수순**不二隨順 **어불이경**於不二境 **현제정토**現諸淨土 : 신통대광명장 삼매정수에 들어, 일체여래의 광명장엄에 머무르시니, 이는 일체중생의 청정각이라, 심신이 적멸한 평등본제로, 원만시방 불이수순 불이경에서 모든 정토를 드러내시었다.

● **위덕자재보살장**에서, **무상대각심**無上大覺心 **본제무이상**本際無二相 **수순제방편**隨順諸方便 **기수즉무량**其數卽無量 **여래총개시**如來總開示 **변유삼종류**便有三種類 **적정사마타**寂靜奢摩他 **여경조제상**如鏡照諸像 **여환삼마제**如幻三摩提 **여묘점증장**如苗漸增長 **선나유적멸**禪那唯寂滅 **여피기중굉**如彼器中鍠 **삼종묘법문**三種妙法門 **개시각수순**皆是覺隨順 **시방제여래**十方諸如來 **급제대보살**及諸大菩薩 **인차득성도**因此得成道 **삼사원증고**三事圓證故 **명구경열반**名究竟涅槃 : 무상대각심 본제무이상을 수순하는 모든 방편이, 그 수가 곧, 무량하여도, 여래가 모든 것을 드러내 보이니 곧, 세 종류가 있느니라. 적정 사마타는 거울에 모든 상이 비침과 같고, 여환 삼마발제는 싹과 묘종이 점점 자람과 같고, 적멸 선나는 저 그릇 가운데 소리와 같으니라. 세 종류의 미묘법문은 모두 이 원각을 수순함이니라. 시방 모든 여래와 더불어 모든 대보살이 이 법으로 도

를 이루어 얻음이니, 삼사를 원만히 증득한 연고로 이름이 구경열
반이니라.

※ 정지견 선지식에 공양과 신명을 아끼지 말아야 한다.
末世衆生 見如是人 應當供養 不惜身命
말 세 중 생　견 여 시 인　응 당 공 양　불 석 신 명

말세중생이 이와 같은 선지식을 보면, 응당 당연히 공양하여,
몸과 목숨을 아끼지 말아야 하느니라.

♣ 말세중생이 이와 같은 정지견正知見의 선지식을 보면, 정正과
사邪를 밝게 아는 정법정도정견正法正道正見의 정안正眼을 가졌
으므로, 응당 당연히 공양하고, 몸과 목숨을 아낌없이 정성을 다
해야 하느니라.

※ 선지식이 교만 없어 재물과 처자권속 있은들 어떠리오.
彼善知識 四威儀中 常現淸淨 乃至 示現種種過患
피 선 지 식　사 위 의 중　상 현 청 정　내 지　시 현 종 종 과 환
心無憍慢 況復搏財 妻子眷屬
심 무 교 만　황 부 단 재　처 자 권 속

저 선지식이 행주좌와 가운데 항상 청정함이 드러나고, 또한,
가지가지 지나친 근심이 드러나 보여도, 마음에는 교만함이
없으니, 하물며 또한, 재물을 모았거나, 처자권속이 있은들

어떠리오.

♣ 저 선지식이 일상의 행주좌와 가운데, 항상 청정함이 드러나고, 또한, 가지가지 지나친 근심이 드러나 보여도, 마음에는 아상我相과 교만함이 없음이니, 하물며 또한, 재물을 모았거나, 처자권속이 있은들 어떠며, 마땅히 지혜에 의지해 닦고 배움에 무슨 상관있겠느냐?

※ 선지식을 의지하면 각을 성취해 시방세계를 비추리라.

若善男子 於彼善友 不起惡念 卽能究竟 成就正覺
약 선 남 자　어 피 선 우　불 기 악 념　즉 능 구 경　성 취 정 각

心華發明 照十方刹
심 화 발 명　조 시 방 찰

만약 선남자가 저 훌륭한 선지식에게, 악한 생각을 일으키지 않으면 곧, 능히 구경정각을 성취하여 마음 밝음이 발한 장엄이, 시방세계를 두루 밝게 비추리라.

♣ 만약 선남자가 저 훌륭한 선지식에게 나쁜 마음이나 악한 생각을 일으키지 않으며, 당연히 선근으로 공경하여 사견邪見을 여의면 곧, 구경정각을 성취하여 각의 마음 밝음이 발한 각성장엄이 시방세계를 두루 밝게 비추리라.

※ 선지식이 증한 묘법이 네 가지 병을 여의었다.

善男子 彼善知識 所證妙法 應離四病 云何四病
선 남 자 피 선 지 식 소 증 묘 법 응 리 사 병 운 하 사 병

선남자야, 저 선지식이 증한 바의 묘법이, 응당 네 가지 병을
여의었느니라. 무엇이 네 가지 병인가 하면은

♣ 선남자야, 저 선지식이 증한 바의 묘법이, 응당 아我와 상相과
상견相見의 미혹에 머묾인 네 가지의 병病을 여의었느니라. 무엇
이 네 가지 병病인가 하면은

※ 1. 작병(作病)이다.

一者作病
일 자 작 병

첫째는 작병이니라.

♣ 첫째는 구하고 얻으려는 행위 지음인 작병作病 이니라.

※ 원각성은 지어 구하고 얻음이 아니니, 병이니라.

若復有人 作如是言 我於本心 作種種行 欲求圓覺
약 부 유 인 작 여 시 언 아 어 본 심 작 종 종 행 욕 구 원 각

彼圓覺性 非作得故 說名爲病
피 원 각 성 비 작 득 고 설 명 위 병

만약 또한, 사람이 있어 이와 같은 말을 하되, 나는 본심으로 가지가지 행을 지어 원각을 구하려 한다. 하면, 저 원각성은 지으므로 얻는 것이 아닌 까닭에, 일컫되 병이라 하느니라.

♣ 만약 또한, 사람이 있어 이와 같은 말을 하되. 나는 본심으로 가지가지 수행을 지어 원각을 구하려 한다 하면, 저 원각성은 행을 지으므로 구하거나 얻는 성품이 아닌, 본래 갖추어진 자기 본연 자성성품이므로, 수행을 지으므로 얻는 원각성이 아닌 까닭에, 원각성을 얻기 위한 지음을 일컫되 작병 作病 이라 하느니라.

● 작종종행 作種種行 : 각종 상심상견의 수행을 함이다.

※ 2. 임병(任病)이다.

二者任病
이 자 임 병

둘째는 임병이니라.

♣ 둘째는 의지하여 맡기는 임병 任病 이니라.

※ 원각성은 의지해 맡기므로 얻는 것이 아니니, 병이다.

若復有人 作如是言 我等今者 不斷生死 不求涅槃
약 부 유 인　작 여 시 언　아 등 금 자　부 단 생 사　불 구 열 반

涅槃生死 無起滅念 任彼一切 隨諸法性 欲求圓覺
열 반 생 사　무 기 멸 념　임 피 일 체　수 제 법 성　욕 구 원 각

彼圓覺性 非任有故 說名爲病
피 원 각 성　비 임 유 고　설 명 위 병

만약 또 사람이 있어 이와 같이 말을 하되, 우리는 이제 생사를 끊지 않으며, 열반을 구하지도 않는다. 생사와 열반이라는 생각을 일으키거나 멸함이 없으니, 저 일체 모든 법성을 수순함에 맡기어 원각을 구하려 한다. 하면, 저 원각성은 의지하거나 맡길 수 있는 것이 아닌 까닭에, 일컫되 병이라 하느니라.

♣ 만약 또한, 사람이 있어 이와 같은 말을 하되, 우리는 이제 생사를 끊으려 하지도 않으며, 열반을 구하려 하지도 않는다. 생사를 벗어나려 하거나, 열반을 구하려는 생각을 일으키거나 멸滅하려 함이 없으니, 저 일체 모든 법성의 흐름을 따르고 수순하며 의지하여 맡김으로 원각을 구하려 한다 하면, 저 원각성은 상相이 아닌 까닭에, 의지하거나 맡기므로 구할 수 있는 것이 아니니, 법성을 따르고 수순하며 맡김으로 원각성을 구하려 함을 일러, 임병任病이라 하느니라.

※ 3. 지병(止病)이다.

三者止病
삼 자 지 병

셋째는 지병이니라.

♣ 셋째는 생각을 쉬며 그치는 지병止病이니라.

※ 원각성은 생각을 쉬어 합하는 것이 아니니, 병이다.

若復有人 作如是言 我今自心 永息諸念 得一切性
약 부 유 인　작 여 시 언　아 금 자 심　영 식 제 념　득 일 체 성

寂然平等 欲求圓覺 彼圓覺性 非止合故 說名爲病
적 연 평 등　욕 구 원 각　피 원 각 성　비 지 합 고　설 명 위 병

만약 또 사람이 있어 이와 같이 말을 하되, 나는 스스로 마음에 모든 생각을 영원히 쉬어, 일체 성품이 고요한 가운데 평등함을 얻어 원각을 구하려 한다. 하면, 저 원각성은 그치어 합하는 것이 아닌 까닭에, 일컫되 병이라 하느니라.

♣ 만약 또한, 사람이 있어 이와 같은 말을 하되, 나는 스스로 마음에 모든 생각이 끊어져, 생각이 일어나지 않도록 영원히 쉬어, 일체 성품이 고요하여 적연한 평등함을 얻어, 원각을 구하려 한다 하면, 저 원각성은 생각을 그치어, 적연한 평등함을 얻으므로 들거나, 합습하는 것이 아닌 까닭에, 생각을 그치어 원각성에 들려는 것을 일컫되 지병止病이라 하느니라.

※ 4. 멸병(滅病)이다.

四者滅病
사 자 멸 병

넷째는 멸병이니라.

♣ 넷째는 끊거나 여의는 멸병 滅病 이니라.

※ 번뇌를 멸한 적멸성으로 원각성을 구함이 병이다.

若復有人 作如是言 我今永斷 一切煩惱 身心畢竟
약부유인 작여시언 아금영단 일체번뇌 신심필경

空無所有 何況根塵 虛妄境界 一切永寂 欲求圓覺
공무소유 하황근진 허망경계 일체영적 욕구원각

彼圓覺性 非寂相故 說名爲病
피원각성 비적상고 설명위병

만약 또 사람이 있어 이와 같이 말을 하되, 나는 영원히 일체 번뇌를 끊어, 몸과 마음이 필경 공하여 있는 바가 없으리니, 어찌 하물며 육근과 육진의 허망경계가 있으랴. 일체가 영원히 적멸한 것으로 원각을 구하려 한다. 하면, 저 원각성은 적멸상이 아닌 까닭에, 일컫되 병이라 하느니라.

♣ 만약 또한, 사람이 있어 이와 같은 말을 하되, 나는 영원히 번뇌를 끊어, 몸과 마음이 필경 공 空 하여 있는 바가 없으리니, 어찌 하물며 육근과 육진의 허망경계가 있으랴. 일체가 영원히 적멸한 것으로 원각을 구한다 하면, 저 원각성은 적멸상이 아닌 까닭으로, 일체 번뇌와 몸과 마음이 끊어진 필경공 畢竟空 적멸상 寂滅相 이 원각성이 아니므로, 일체를 멸 滅 하여 원각성에 들려는 것을 일컫되, 멸병 滅病 이라 하느니라.

● 본래 끊을 것이 없고 멸할 것이 없으나, 끊을 것이 있고 멸할

것이 있다면 이것이 곧, 무명이니, 끊고 멸하여 든 원각성은 지어 만든 상념상想念相이니, 원각성이 아니다.

※ 네 가지 병을 벗어난 자는 곧, 원각성을 안다.

離四病者 則知淸淨 作是觀者 名爲正觀 若他觀者
이 사 병 자　즉 지 청 정　작 시 관 자　명 위 정 관　약 타 관 자

名爲邪觀
명 위 사 관

네 가지 병을 벗어난 자는 곧, 청정을 앎이니, 이렇게 관하는 것이 이름하여 정관이며, 만약 다르게 관하는 것을 이름하여 사관이니라.

♣ 원각성을 구하는 수행함인 지음의 작병作病과 흐름에 순응하며 응應하여 맡기는 임병任病과 생각을 그치고 쉬는 지병止病과 번뇌를 끊고 몸과 마음이 적멸한 멸병滅病인 네 가지 병病을 벗어난 자는 곧, 청정성품을 앎이니, 이렇게 관하는 것이 이름이 정관正觀이며, 만약 다르게 관하는 것이 사관邪觀이니라.

● 작임지멸作任止滅을 병病이라 함은, 작임지멸이 아我와 상相을 벗어나지 못하여 원각성을 법상法相으로 헤아리어 구하는 상심상견행相心相見行이기 때문이다. 아我와 상견相見을 벗어나지 못한 상태에서는, 원각성을 상견相見으로 헤아리어 성취하려 한다. 원각성은 본연본성이니, 구하는 것이 아니라, 일체가 그대로 원각성이니, 다만, 아我와 상견相見이 없으면 될 뿐이다. 아我와

상견相見을 벗어나지 못해, 무명과 미혹으로 원각圓覺이 장애되어, 원각성을 깨닫지 못할 뿐이다. 꿈속에서 아무리 꿈을 벗어나기 위해 꿈속에서 헤매어도, 꿈속을 벗어날 수 없듯, 꿈속에서는 꿈을 벗어난 것을 알 수가 없고, 또한, 꿈속에서 꿈을 벗어난 상태를 알았다 하여도, 그 또한, 꿈속의 헤아림인 분별이다. 단지 꿈을 깨면, 꿈속 일체환一切幻이 허망한 것임을 깨닫게 된다. 꿈에서 깨어나면, 꿈속 일체환이 사라져, 일체가 청정원각성이니, 지음으로, 맡김으로, 그침으로, 멸함으로 원각성에 들려 함이, 어찌 꿈이 아니며, 허공을 나는 새가 허공을 못 찾고, 물속 물고기가 물을 찾아 헤맴과 같다. 단지 스스로 허공을 나는 새가 환몽幻夢을 벗어나 허공임을 확연히 깨닫고, 물속 물고기가, 물을 찾아 헤매는 망념인 환幻을 벗어나 물속임을 명백히 깨달으면 될 뿐이다.

● 법구法句 청정은 원각성에 들어야만 깨닫게 된다. 더러움을 씻어 깨끗한 것은 청정이 아니다. 일체상을 벗어나면 청정을 깨닫게 된다. 청정이 곧, 불이不二며, 원각성圓覺性이기 때문이다. 범부청정은 더러움 없는 깨끗함이며, 소승청정은 계행戒行과 범행梵行이며, 대승청정은 상相 없음이며, 일승청정은 무염진여심이며, 불승청정은 적멸원융편재며, 불佛은 일체 지혜행과 자비행이다. 무연청정無緣淸淨은 자성自性이다.

● 정관正觀은 상相 없음이 정관이며, 차별 없음이 정관이며, 자타 없음이 정관이며, 생멸 없음이 정관이며, 유무 없음이 정관이며, 내외 없음이 정관이며, 둘 없음이 정관이며, 없는 그것도 없음이 정관이다. 일체가 자성自性을 벗어나면 사邪며, 망妄이다. 그러나 상견相見이 있어 정관正觀을 할 수가 없다면, 조도관助道觀에 의지해 자성정관지自性正觀智를 발해야 한다. 조도관은 무량관無量觀이 있어도, 일체관一切觀이 실상에 들기 위함이니, 인위적

분별심이 티끌만치도 없이, 단지, 분별심 없는 청정심으로 법성法
性의 무주성無住性을 관觀하여, 상相과 내외內外가 끊어져, 상
相과 대對가 사라지면, 그 경계에서 바로 나아가, 지증智證의 증
상證相과 능소能所가 끊어지고, 더 나아가, 각覺의 능소能所가
끊어진 각원융편재원만覺圓融遍在圓滿에 이르면 된다. 이 경계는
상相과 대對와 능소能所와 지증智證과 각조覺照와 각능覺能 일
체가 끊어진 무연각성無緣覺性이다. 이것이 무연청정無緣淸淨이
다.

※ 목숨이 다하도록 선지식을 공양하며 섬겨야 한다.

善男子 末世衆生 欲修行者 應當盡命 供養善友 事
선 남 자　말 세 중 생　욕 수 행 자　응 당 진 명　공 양 선 우　사

善知識
선 지 식

**선남자야, 말세중생이 수행을 원하는 자는 응당 당연히 목숨
이 다하도록, 훌륭한 선지식을 공양하며, 선지식을 섬겨야 하
느니라.**

♣ 선남자야, 바른 지견知見이 없어, 말세중생이 원각성을 수순하
거나 깨닫고자 수행을 원하는 자는, 응당 당연히 목숨이 다하도록
정법정견의 정안正眼을 가진 훌륭한 선지식을 공양하며, 선지식
을 위하고 섬겨야 하느니라.

彼善知識 欲來親近 應斷憍慢 若復遠離 應斷瞋恨
피 선 지 식 욕 래 친 근 응 단 교 만 약 부 원 리 응 단 진 한

저 선지식이 가까이 친하기를 바라여 오면, 응당 교만함이 없어야 하며, 만약 또한, 멀어지거나 떠나도 응당 성내고 원망함이 없어야 하니라.

♣ 저 선지식이 가까이 친하기를 바라여 오면, 수행심으로 받들며, 마음에 아상과 교만함이 없어야 하며, 만약 또한, 멀어지거나 떠나도, 중생심으로 응당 성내고 원망함이 없어야 하니라.

※ 선지식의 역순경계에도 구경 평등심임을 알아야 한다.

現逆順境 猶如虛空 了知身心 畢竟平等 與諸衆生
현 역 순 경 유 여 허 공 요 지 신 심 필 경 평 등 여 제 중 생

同體無異 如此修行 方入圓覺
동 체 무 이 여 차 수 행 방 입 원 각

역순경계를 드러내어도 다만, 비어 공함과 같아, 몸과 마음이 필경 평등하여, 모든 중생과 더불어 다름없는 동체임을 깨닫고 알아야 하느니라. 이와 같이 수행함의 방편력으로 원각에 드느니라.

♣ 선지식이 역순逆順의 경계를 드러내어도, 다만, 역순의 경계심이 없어, 비어 공空함과 같아, 몸과 마음이 필경 자성평등한 성품에 들어, 모든 중생과 더불어 자성평등인 불이不二의 한몸이므로,

역逆과 순順의 경계가 다름이 없음을 깨닫고 알아야 하느니라. 이와 같이 수행함의 방편력으로 원각성에 들게 되느니라.

※ 나와 남을 사랑하고 미워함으로 해탈하지 못한다.

善男子 末世衆生 不得成道 由有無始 自他憎愛 一
선 남 자　말 세 중 생　부 득 성 도　유 유 무 시　자 타 증 애　일

切種子 故未解脫
체 종 자　고 미 해 탈

선남자야, 말세중생이 도를 이루어 얻지 못함은, 시작을 알 수 없는 지금에 이르기까지 나와 남을 미워하고 사랑하는 일체 종자가 있으므로 말미암아, 해탈하지 못하는 연고이니라.

♣ 선남자야, 말세중생이 도를 닦고 수행하여도, 도를 이루어 얻지 못함은, 시작을 알 수 없는 지금에 이르기까지, 나와 남을 미워하고 사랑하는, 미움과 사랑의 일체종자에 훈습되어 이끌림의 업력을 벗지 못함으로 말미암아, 해탈하지 못하느니라.

※ 원수를 부모와 다름이 없으면 모든 병이 제거된다.

若復有人 觀彼怨家 如己父母 心無有二 卽除諸病
약 부 유 인　관 피 원 가　여 기 부 모　심 무 유 이　즉 제 제 병

만약 또한, 사람이 있어, 저 원수의 사람들을 보되, 자기의 부모와 같아, 마음에 둘이 없으면 곧, 모든 병이 제거되느니라.

♣ 만약 또한, 사람이 있어, 저 원수의 사람들을 보되, 자기의 부모와 같아, 내 부모를 지극히 생각하는 마음과 원수를 생각하는 마음이 다를 바 없으면 곧, 나와 남을 사랑하고 미워하는 모든 병病이 제거되느니라.

※ 모든 법에 미워하고 사랑함이 없어야 한다.

於諸法中 自他憎愛 亦復如是
어 제 법 중 자 타 증 애 역 부 여 시

모든 법 가운데, 나와 남을 미워하고 사랑하는 것처럼, 또한, 역시 이와 같으니라.

♣ 구할 것이 있고 여읠 것이 있으며, 성취해야 할 것이 있고 멸滅해야 할 것이 있으며, 무명과 미혹은 벗어나야 하고, 각覺과 지혜는 구해야 하며, 번뇌와 속박은 싫어하고, 열반과 해탈은 좋아하며, 괴로움을 싫어하고 즐거움을 좋아하는 이 일체가, 나와 남을 미워하고 사랑하는 것과 역시 다를 바 없어, 또한, 같으니라.

※ 원각을 구하고자 하면 이렇게 발심서원해야 한다.

善男子 末世衆生 欲求圓覺 應當發心 作如是言
선 남 자 말 세 중 생 욕 구 원 각 응 당 발 심 작 여 시 언

선남자야, 말세중생이 원각을 구하고자 하면, 응당 당연히 발심하되, 이와 같이 말을 해야 하느니라.

♣ 선남자야, 말세중생이 원각을 구하고자 하면, 원각성을 깨닫기 위해, 응당 당연히 마음의 맺음인 발심發心을 해야 하며, 이와 같이 서원誓願해야 하느니라.

※ 일체중생이 원각 속에서 각을 취하는 자가 없게 하리라.

盡於虛空 一切衆生 我皆令入 究竟圓覺 於圓覺中
진 어 허 공　일 체 중 생　아 개 령 입　구 경 원 각　어 원 각 중

無取覺者 除彼我人 一切諸相
무 취 각 자　제 피 아 인　일 체 제 상

허공이 다하도록 일체중생을 내가 다 구경원각에 들게 하여, 저들이 아인 일체 모든 상을 제거하여, 원각 중에 각을 취하는 자가 없게 하리라.

♣ 허공이 다하도록 일체중생을 내가 다 구경원각에 들게 하여, 저들이 나를 집착하는 아상과 좋고 싫음을 분별하는 인상과 욕망으로 탐착하는 중생상과 탐하여 즐기는 수명상과 깨달음을 집착하는 아상과 생사와 열반을 분별하는 인상과 깨달음을 구하여 탐착하는 중생상과 깨달음을 탐하여 머무르고 즐기는 수명상인 일체 모든 상相을 제거하여, 원각圓覺 가운데에서, 미망으로 각覺을 취取하는 자가 없게 하리라.

※ 서원 발심하여 사견에 떨어지지 않아야 한다.

如是發心 不墮邪見
여 시 발 심　불 타 사 견

이와 같이 발심하여, 사견에 떨어지지 않아야 하느니라.

♣ 이와 같이 마음의 맺음인 서원誓願과 발심發心을 하여, 아我와 상相에 얽매인 미혹의 사견邪見에 떨어지지 않아야 하느니라.

爾時 世尊 欲重宣此義 而說偈言
이시 세존 욕중선차의 이설게언

이때 세존께옵서 이 뜻을 거듭 널리 펴시고자 게송으로 말씀하시었다.

普覺汝當知
보각 여당지

보각보살이여! 그대는 당연히 알지어다.

※ 선지식을 구하되 정각의 선지식을 구해야 한다.
末世諸衆生 欲求善知識 應當求正覺
말세 제 중생 욕구선지식 응당구정각

말세 모든 중생이 선지식 구하기를 바라되, 응당 당연히 정각의 선지식을 구해야 하느니라.

♣ 말세 모든 중생이 원각을 깨닫고자 하거든, 선지식 구하기를 바라되, 응당 당연히 바른 깨달음인 정각正覺의 선지식을 구해야 하느니라.

※ 이승을 멀리해 작지임멸 네 가지 병이 없어야 한다.

心遠二乘者 法中除四病 謂作止任滅
심 원 이 승 자 법 중 제 사 병 위 작 지 임 멸

마음이 이승인 자를 멀리하여, 법 중에 작지임멸 네 가지 병이 없어야 하니라.

♣ 선지식을 구하는 마음은, 상相에 얽매여 해탈을 구하는 이승二乘인 자를 멀리해야 하며, 법法 중에는 상相에 얽매임인 작지임멸 네 가지 병病이 없어야 하니라.

● 이승二乘은 상견相見을 벗지 못해 청정원각을 모르므로, 이승二乘의 지견과 수행은 작지임멸 네 가지 병病을 벗어나지 못하여, 고苦를 벗어난 열반을 구하며, 생사를 벗어나고자 해탈을 구하며, 무명을 벗고자 보리를 구한다.

※ 선지식에게 교만함이나 성내고 원망함이 없어야 한다.

親近無憍慢 遠離無瞋恨
친 근 무 교 만 원 리 무 진 한

선지식과 친하여 가까워도 교만함이 없어야 하며, 멀어지거나 헤어져도, 성내거나 원망함이 없어야 하니라.

♣ 선지식과 친하여 가까워도, 마음에는 아我와 상相으로 교만함이 없어야 하며, 멀어지거나 헤어져도, 중생심에 얽매어 성을 내거나 원망함이 없어야 하니라.

※ 선지식을 부처님이 세상에 출현함 같이 생각해야 한다.

見種種境界 心當生希有 還如佛出世 不犯非律儀
견 종 종 경 계　심 당 생 희 유　환 여 불 출 세　불 범 비 율 의

戒根永淸淨
계 근 영 청 정

가지가지 경계를 보되, 마음에 당연히 희유함을 일으켜, 부처
님께옵서 세상에 출현함과 같이 돌이켜야 하느니라. 율의가
아니면 범하지 않으면 계근이 영원히 청정하리라.

♣ 선지식의 가지가지 경계를 보되, 마음에 당연히 희유함을 일으
켜, 선지식을 생각하기를, 부처님께옵서 세상에 출현함과 같이 돌
이켜야 하느니라. 율의律儀가 아니면 항상 범犯하지 않으면, 몸
과 마음이 영원히 청정하리라.

※ 중생을 구경원각에 들게 하면 각의 반열반을 증한다.

度一切衆生 究竟入圓覺 無彼我人相 常依止智慧
도 일 체 중 생　구 경 입 원 각　무 피 아 인 상　상 의 지 지 혜

便得超邪見 證覺般涅槃
변 득 초 사 견　증 각 반 열 반

일체중생을 구제하여 구경원각에 들게 하면, 저들이 아상 인
상이 없는 지혜에 항상 의지해 사상이 없으면 곧, 사견의 초
월을 얻어, 각의 반열반을 증득하리라.

♣ 일체중생을 구제하여 구경원각에 들게 하면, 저들이 아我와 상견에 얽매인 아상과 인상과 중생상과 수명상이 없는 원각지혜에 항상 의지해 수행하면 사상四相이 끊어져, 곧, 사견을 초월해 각覺의 반열반般涅槃을 증증證하리라.

● **증각반열반**證覺般涅槃 : 각覺의 반열반을 증증證함이다. 이는 본각本覺의 열반성이다. 각반열반은 각覺의 청정한 성품이다. 그러므로 각覺과 반열반이 다를 바가 없다.

第十一 圓覺菩薩章
제 11 원각보살장

※ 안거기간 가람건립 불전서원 등 안거법과 삼종정관 닦는 법을 설한다.

※ 원각보살이 지극한 일념으로 청법의식을 갖춘다.

於是 圓覺菩薩 在大衆中 卽從座起 頂禮佛足 右繞
어시 원각보살 재대중중 즉종좌기 정례불족 우요

三匝 長跪叉手 而白佛言
삼잡 장궤차수 이백불언

이때에 원각보살께서 대중 속에 계시다 곧 자리에서 일어나 부처님 발에 공손히 이마를 조아려 공경의 예를 올리고 지극한 존경심으로 받드시어 오른쪽으로 세 번 돌고 두 무릎을 땅에 꿇어 두 손을 모아 부처님께 말씀을 사뢰었다.

大悲世尊
대비세존

대비하옵신 세존이시여!

※ 청정각 가지가지 방편설이 큰 이익이 되었사옵니다.

爲我等輩 廣說淨覺 種種方便 令末世衆生 有大增
위 아 등 배　광 설 정 각　종 종 방 편　영 말 세 중 생　유 대 증

益
익

저희 대중을 위하여 널리 청정각의 가지가지 방편을 설하시어 말세중생에게도 크나큰 이익과 도움이 되었사옵니다.

♣ 무상지존無上智尊이신, 대비세존이시여! 저희 대중을 위하여 청정각淸淨覺의 지혜경계와 청정각의 장애를 제거하는 지혜수순법과 청정각에 드는 방편법과 방편수행 과정 원각지혜와 수행지혜 부족으로, 아我와 상견장애相見障礙로 청정각에 들지 못하는 경계 등을 설하시어, 무한 청정각 경계와 무한지혜의 가르침인 가지가지 방편설은 저희들뿐만 아니라, 말세중생에게도 크나큰 이로움과 도움이 되었사옵니다.

※ 원각 삼종정관 중에 어느 것을 우선해야 합니까?

世尊 我等今者 已得開悟 若佛滅後 末世衆生 未得
세 존　아 등 금 자　이 득 개 오　약 불 멸 후　말 세 중 생　미 득

悟者 云何安居 修此圓覺 淸淨境界 此圓覺中 三種
오 자　운 하 안 거　수 차 원 각　청 정 경 계　차 원 각 중　삼 종

淨觀 以何爲首
정관 이하위수

세존이시여! 저희들은 이제 이미 깨달음을 얻었사오나, 만약 불멸 후에 말세중생이 깨달음을 얻지 못한 자는 어떻게 안거하여, 이 원각의 청정경계를 닦아야 하오며, 이 원각 삼종정관 중에 어느 것을 우선해야 하옵니까?

♣ 세존이시여! 저희들은 부처님의 무상지혜광명無上智慧光明의 가르침으로 이미 깨달음을 얻었사오나, 만약 불멸佛滅 후에 말세중생이 깨달음을 얻지 못한 자는 어떻게 안거하여, 이 원각 청정경계를 닦아야 하오며, 이 원각 삼종정관 중에 어느 것을 우선해야 하옵니까?

※ 크나큰 이로움이 넘치도록 베풀어 주옵소서.

唯願大悲 爲諸大衆 及末世衆生 施大饒益
유원대비 위제대중 급말세중생 시대요익

오직 대비를 원하오니, 모든 대중과 더불어 말세중생을 위해, 크나큰 이로움이 넘치도록 베풀어 주시옵소서.

♣ 오직 여래의 대비를 원하오니, 모든 대중과 말세중생들을 위해, 지혜의 부족과 업력장애로 수행의 방황과 혼란이 없도록, 크나큰 이로움이 넘치도록 베풀어 주시옵소서.

※ 여시삼청 지극히 간곡한 청법을 올린다.

作是語已 五體投地 如是三請 終而復始
작 시 어 이　오 체 투 지　여 시 삼 청　종 이 부 시

이 말씀을 드리고는, 오체를 땅에 던져 간절히 절을 올리고,
다시 이와 같이 세 번을 반복하며 지극정성 간곡히 부처님의
가르침을 청하였다.

● 청請함이 간절함은, 가슴에 중생구제의 원력이 사무치기 때문
이며, 여래의 대비를 간곡히 청함은, 바른 지혜정안智慧正眼인 여
래가 없는 세상, 의지할 곳 없는 정법말세 중생들의 법法의 혼란
으로, 수행의 방황과 혼돈을 염려하기 때문이다.

爾時 世尊 告圓覺菩薩言
이 시 　세 존 　고 원 각 보 살 언

이때 세존께옵서 원각보살에게 말씀하시었다.

※ 모든 중생에게 크나큰 이로움을 주려고 하는구나.

善哉善哉 善男子 汝等 乃能問於如來 如是方便 以
선 재 선 재 　선 남 자 　여 등 　내 능 문 어 여 래 　여 시 방 편 　이

大饒益 施諸衆生
대 요 익 　시 제 중 생

착하고 착하도다. 선남자여! 너희들은 능히 여래에게 이와 같은 방편을 물어, 모든 중생에게 크나큰 이로움을 주려고 하는구나.

♣ 착하고 착하도다. 선남자여! 너희들은 능히 여래에게, 이와 같은 방편을 물어, 여래如來 없는 그 세상, 모든 중생에게 크나큰 이로움을 주려고 하는구나.

※ 청법에 응하여 너희들을 위해 설하리라.

汝今諦聽 當爲汝說
여 금 체 청　당 위 여 설

너희들은 이제 자세히 살피어 들을지니라. 당연히 너희들을 위해 설하리라.

♣ 너희들은 이제 여래의 설함을 따라, 깨달음을 위한 안거와 원각의 청정경계 삼종정관에 대해 지혜로써 자세히 살피고 잘 사유하며, 지혜의 밝음으로 들을지니라. 당연히 너희의 간곡한 청정서원과 그 염원의 원력을 원만하게 하고, 부족함이 없이 그 서원을 구족하게 하고자, 너희들을 위해 설하리라.

※ 청법에 응하심과 지혜를 얻는 기쁨에 묵연이청하다.

時 圓覺菩薩 奉敎歡喜 及諸大衆 默然而聽
시　원 각 보 살　봉 교 환 희　급 제 대 중　묵 연 이 청

그때 원각보살께서 환희심에 말씀을 받들어 모든 대중과 더불어 묵연히 귀를 기울였다.

※ 불의 비밀대원각심을 수행하려는 자는 이렇게 하라.

善男子 一切衆生 若佛住世 若佛滅後 若法末時 有
선남자 일체중생 약불주세 약불멸후 약법말시 유

諸衆生 具大乘性 信佛秘密大圓覺心 欲修行者
제중생 구대승성 신불비밀대원각심 욕수행자

선남자야, 일체중생은, 만약 불이 세상에 계시거나, 또는 불멸 후 만약 말법시거나, 모든 중생이 있어, 대승의 성품을 온전히 갖춘 불의 비밀 대원각심을 믿음으로 수행을 원하는 자는 이렇게 해야 하느니라.

♣ 선남자야, 일체중생은, 만약 불佛이 세상에 계시거나, 또는 불멸 후 말법시에 모든 중생이 있어, 능히 대승의 청정성품 원만각성을 온전히 두루 다 갖춘 불佛의 비밀스러운 부사의한 대원각심에 결정의 믿음을 가져, 수행을 원하는 자는 이렇게 해야 하느니라.

● **구대승성**具大乘性: 대승의 성품을 온전히 갖춤이다. 이는 원각삼종자성수행이 일체상과 일체무명식을 벗어난 대승의 청정지혜 각성을 두루 원만히 갖추어, 시방삼세일체불의 각성지혜와 시방삼세일체보살의 성불도成佛道 일체각성수순행을 두루 갖춘 불의 비밀대원각심임을 일깨움이다. 이는 일체 상심상견과 작지임멸作止任滅과 무명사상심을 벗어난 여래결정경계 대승성품 불의 비밀

대원각심 청정원각수행임을 뜻한다.

● **신불비밀대원각심**信佛秘密大圓覺心 : 불佛의 비밀대원각심에 청정신 지혜의 믿음이다. 신信은 알려는 호기심이 아니며, 궁금함으로 무엇인가 해결하려는 의지意志도 아니며, 알려고 파헤치는 욕심도 아니며, 알고 싶은 욕구도 아니다. 믿음은 단지, 그런 것임을 믿을 뿐, 긍정과 부정의 왜? 가 없다. 긍정과 부정은 분별이며, 사량이다. 긍정도 부정도 없어 분별과 사량이 끊어진 당연한 결정적 믿음은, 지혜의 부족과 지견知見과 업력장애가 있으면, 바로 그 장애를 없애고자 바른 믿음에 의지해 노력하게 된다. 그러므로 믿음은 자신 현재 상황과 상태를 바로 보게 하는 안목眼目과 밝은 견見을 열어 준다. 믿음은 이해理解에서 일으키는 것이 아니며, 헤아리고 분별하며 정正과 사邪를 논論하는 논지論知에서 일으키는 것도 아니다. 단지, 수용하여 의심없이 믿음으로, 바로 자신의 상황과 상태와 견해見解를 벗어나게 한다. 그러므로 신信은 분별과 사유의 헤아림이 끊어진 의심 없는 청정신이다. 청정신은 생각으로 일으키는 것이 아니므로, 생각의 과정을 거치지 않고, 바로 응應하는 지혜감응정신智慧感應精神으로 바로 들게 된다. 그러므로 믿음은 이해의 과정을 거치지 않는다. 이해는 분별이며, 앎이며, 헤아림의 지식 대상對相일 뿐이다. 분별하고 헤아림은 나의 이해를 요구하지만, 바로 믿음으로 응應하는 지혜감응정신은, 분별하고 헤아리는 나의 이해를 요구하지 않는다. 믿음의 그 순간에 나 스스로 그 믿음이 인因이 되어, 그 믿음의 세계로 나를 들게 하므로, 그 믿음이 바로 지혜를 발하게 된다. 그러므로 믿음도 숙세宿世의 선근이며, 전세前世로부터 닦은 근성根性이다. 사람과 사람의 순수관계도 분별과 사량 없이, 인연因緣과 감성感性으로 이끌리어 동動하듯, 법法의 관계 또한, 그와 다를 바 없다.

● **불비밀대원각심**佛秘密大圓覺心: 불佛이어야 알 수 있으므로 불비밀대원각심이다. 어떤 사량과 분별과 상심相心과 지식과 경經의 가르침을 배우고 익힘과 어떤 수행으로도 알 수가 없으므로 불佛의 비밀스러운 대원각심이라고 한다. 비밀이라 함은, 어떤 사량과 분별로도 알 수 없는, 부사의며 불가사의기 때문이다. 또한, 불佛이어야만 알 수가 있기 때문에, 대원각심을 불佛의 비밀이라고 했다. 이는 본연본성이 장애 없는 각원만覺圓滿이어야 깨닫게 된다.

※ 원각방편 수순함을 자세히 살피고 사유해야 한다.
若在伽藍 安處徒衆 有緣事故 隨分思察 如我已說
약 재 가 람 안 처 도 중 유 연 사 고 수 분 사 찰 여 아 이 설

만약 가람에 대중의 처소에서 안거해 있거나, 인연사 있는 곳에서 원각방편 수순법을 나누어 자세히 살피고, 사유하며, 내가 이미 설한 바와 같이 수행해야 하느니라.

♣ 불佛의 비밀대원각심秘密大圓覺心을 깨닫고자 수행하려면, 만약 가람에 대중의 처소에서 더불어 안거중에 있거나, 아니면 가람의 대중과 더불어 같이 있지 않아도 인연 있는 곳에서, 삼종자성수순관인 사마타와 삼마발제와 선나의 이십오종二十五種 원각방편 수순함을 나누어, 그 수행함을 자세히 살피고, 사유하며, 내가 이미 설한 수순의 경계와 방편, 발심과 서원誓願, 상견相見인 작지임멸에 머묾 없이, 이른 바와 같이 수행해야 하느니라.

제11 원각보살장

若復無有 他事因緣 卽建道場 當立期限 若立長期
약 부 무 유　타 사 인 연　즉 건 도 장　당 립 기 한　약 립 장 기

百二十日 中期百日 下期八十日 安置淨居
백 이 십 일　중 기 백 일　하 기 팔 십 일　안 치 정 거

만약 또한, 다른 일에 인연한 바가 없으면 곧, 도량을 세우고 당연히 기한을 정하되, 만약 긴 기간은 120일이며, 중 기간은 100일이며, 짧은 기간은 80일을 정하여 깨끗한 곳에 안거해야 하느니라.

♣ 만약 대중의 일이나 중생구제 등에, 수행을 할 수 없는 다른 일에 인연한 바가 없으면 곧, 수행을 위한 기간 설정인 도량을 세우고 당연히 기한을 정하되, 만약 긴 기간은 120일이며, 중 기간은 100일이며, 짧은 기간은 80일을 정하여 깨끗한 곳에 안거해야 하느니라.

● **타사인연**他事因緣: 대중의 일이나, 중생구제나, 또는 바쁜 개인적 일상이다.
● **즉건도장**卽建道場: 수행정진의 기간을 설정하고 건립함이다.

※ 불의 모습을 새기며 여래와 함께함과 같아야 한다.

若佛現在 當正思惟 若佛滅後 施設形像 心存目想
약 불 현 재　당 정 사 유　약 불 멸 후　시 설 형 상　심 존 목 상

生正憶念 還同如來 常住之日
생 정 억 념　환 동 여 래　상 주 지 일

만약 불이 현재에 있으면 당연히 정사유해야 하며, 만약 불멸 후이면, 불의 형상을 시설하여, 눈으로 불의 모습을 새기며, 마음에 불이 살아있게 하여 바른 것을 잊지 않고 생각을 떠올려, 여래가 항상 계신 날이 돌아온 것과 같아야 하니라.

♣ 만약 불佛이 현재에 있으면, 당연히 그 가르침을 따라 정사유해야 하며, 만약 불멸佛滅 후이면, 불佛의 형상을 모시어, 눈으로 불佛의 모습을 새기며, 마음에는 불佛이 살아계심과 같이 하여 여래의 가르침을 따라 바른 것을 잊지 않고 생각을 떠올려, 여래가 항상 계신 날이 돌아온 것과 같아야 하니라.

※ 21일 동안 시방제불에 간절히 참회하며 구해야 한다.

懸諸幡華 經三七日 稽首十方 諸佛名字 求哀懺悔
현 제 번 화 경 삼 칠 일 계 수 시 방 제 불 명 자 구 애 참 회

遇善境界 得心輕安 過三七日 一向攝念
우 선 경 계 득 심 경 안 과 삼 칠 일 일 향 섭 념

모든 번과 꽃으로 장엄하고, 21일이 지날 동안 시방제불 명호에 머리가 땅에 닿도록 간절히 절을 하며, 애절히 슬퍼 자신을 뉘우치고 참회하여 구하면, 좋은 경계를 만나 마음이 가볍고 평안함을 얻으리니, 21일이 지나도록, 오직 일념을 향한 서원의 마음가짐이 올곧아야 하니라.

♣ 제불諸佛의 공덕을 찬탄하는 모든 번幡과 꽃으로 도량을 장엄하고, 21일이 지날 동안 시방제불十方諸佛의 명호에 머리가 땅에

닿도록 간절히 절을 하며, 무명과 미혹, 아상我相과 상견相見의 장애, 나를 위한 육근에 잠복한 일체 사랑과 미움의 업식으로 각覺이 장애됨을 애절히 슬퍼하며 자신을 뉘우치고 참회하여 구하면, 선근발심의 좋은 경계를 만나, 마음이 가볍고 평안함을 얻으리니, 21일이 지나도록, 오직 일념을 향한 서원의 마음가짐이 올곧아야 하니라.

※ 청정보살경계 머무른 안거와 불전 서원을 해야 한다.

若經夏首 三月安居 當爲淸淨 菩薩止住 心離聲聞
약 경 하 수 삼 월 안 거 당 위 청 정 보 살 지 주 심 리 성 문

不假徒衆 至安居日 卽於佛前 作如是言
불 가 도 중 지 안 거 일 즉 어 불 전 작 여 시 언

만약 초여름을 지나 삼 개월을 안거하되, 당연히 청정보살 경계에 머물러, 마음이 성문을 벗어나, 옳지 않은 대중의 무리에 휩쓸리지 않고, 안거일에 이르면 곧, 불전에 이와 같이 서원해야 하느니라.

♣ 만약 초여름을 지나 삼 개월을 안거하되, 당연히 청정한 보살 경계에 머물러, 마음이 나의 해탈과 열반을 구하는 성문을 벗어나, 옳지 않은 대중의 무리에 휩쓸리지 않고, 안거일에 이르면 곧, 불전佛前에 이와 같이 서원해야 하느니라.

※ 저는 적멸행 청정실상 대원각 가람을 세웁니다.

我 比丘 比丘尼 優婆塞 優婆夷 某甲 踞菩薩乘 修
아 비구 비구니 우바새 우바이 모갑 거보살승 수

寂滅行 同入淸淨 實相住持 以大圓覺 爲我伽藍
적멸행 동입청정 실상주지 이대원각 위아가람

저 비구, 비구니, 우바새, 우바이 ○○는 보살승에 의지하여,
적멸행을 닦아 청정실상에 머물러 보전하는 대원각 저의 가
람을 세워 들고자 하옵니다.

♣ 저 비구, 비구니, 우바새, 우바이 ○○는 보살승에 의지하여,
일체상에 머묾 없는 적멸행을 닦아 청정실상에 머물러 보전保全
하는 대원각 저의 수행가람을 세워 들고자 하옵니다.

※ 평등성지 열반자성에 안거하여 무상묘각 닦겠습니다.

身心安居 平等性智 涅槃自性 無繫屬故 今我敬請
신심안거 평등성지 열반자성 무계속고 금아경청

不依聲聞 當與十方如來 及大菩薩 三月安居 爲修
불의성문 당여시방여래 급대보살 삼월안거 위수

菩薩 無上妙覺 大因緣故 不繫徒衆
보살 무상묘각 대인연고 불계도중

심신이 평등성지 열반자성에 안거하여, 얽매임이나 예속됨
이 없기를 저는 이제 공경히 청하오니, 성문에 의지하지 아니
하고, 당연히 시방 여래와 대보살과 더불어 삼 개월간 안거하

여, 보살의 무상묘각 대인연을 닦는 연고로, 대중의 무리에 휩쓸려 얽매이지 않겠습니다. 할지니라.

♣ 심신이 청정자성 평등성지, 일체 분별을 벗어버린 열반자성에 안거하여, 무엇에도 얽매임이나 예속됨이 없기를 저는 이제 공경히 청하오니, 해탈과 열반을 구하는 성문에 의지하지 아니하고, 당연히 시방여래와 대보살과 더불어 삼 개월간 안거하여, 보살의 무상묘각無上妙覺 대인연을 닦는 연고로, 대중의 무리에 휩쓸리거나 얽매이지 않겠습니다. 할지니라.

● **평등성지**平等性智 : 일체상 차별 없는 청정자성지혜이다.
● **열반자성**涅槃自性 : 생멸 없는 청정자성이다.
● **무상묘각**無上妙覺 : 위 없는 부사의각不思議覺이니, 원융본각圓融本覺을 일컬음이다.

※ 삼기일을 지나면 서원행을 따라 장애가 없으리라.
善男子 此名菩薩 示現安居 過三期日 隨往無礙
선 남 자 차 명 보 살 시 현 안 거 과 삼 기 일 수 왕 무 애

선남자야, 이를 이름하여 보살이 안거를 드러내어 보임이니, 삼기일을 지나면 서원행을 따라 장애가 없으리라.

♣ 선남자야, 이를 이름하여 보살이 안거를 드러내어 밝힘이니, 간절한 원력행願力行과 마음의 맺음인 서원행誓願行을 따라 수행하면, 수행의 기간인 삼기일이 지나면, 서원행을 따라 장애가 없으리라.

※ 수행 일체경계에 원각방편 아니면 끝내 취하지 마라.
善男子 若彼末世 修行衆生 求菩薩道 入三期者 非
선 남 자 약 피 말 세 수 행 중 생 구 보 살 도 입 삼 기 자 비

彼所聞 一切境界 終不可取
피 소 문 일 체 경 계 종 불 가 취

선남자야, 만약 저 말세에 수행하는 중생이, 보살도를 구하여 세 기간에 든 자가, 저 원각방편설에서 들은 바가 아니면, 일체경계를 끝내 가히 취하지 않아야 하느니라.

♣ 선남자야, 만약 저 말세에 수행하는 중생이, 무상묘각 無上妙覺 청정한 보살도를 구하여 세 기간에 든 자가, 저 원각방편설에서 들은 바가 아니면, 분별심으로 미혹을 더할 뿐이니, 일체경계를 가히 취하지 않아야 하느니라.

※ 1. 사마타 동함 없어 고요한 극에 이르면 곧, 각이다.
善男子 若諸衆生 修奢摩他 先取至靜 不起思念 靜
선 남 자 약 제 중 생 수 사 마 타 선 취 지 정 불 기 사 념 정

極便覺
극 변 각

선남자야, 만약 모든 중생이 사마타를 닦으려면 먼저 지극히 고요함을 취하여 사념이 일어나지 않음으로 고요함이 극에 이르면 곧, 각이니라.

♣ 선남자야, 만약 모든 중생이 사마타를 닦으려면, 먼저 지극히 고요함에 들어, 성품이 동動함 없어 사념思念이 일어나지 아니하여, 맑고 고요함이 극極에 이르면 곧, 각覺이니라.

● 원각圓覺을 닦는 삼종자성三種自性 청정수순 사마타와 삼마발제와 선나의 수행법은 본연성품 삼종자성수순행이므로, 수행으로 구하는 작행作行과 사상심을 일어나지 않게 하는 지행止行과 의지해 맡기므로 얻는 임행任行과 번뇌를 그치고, 무명과 미혹을 끊어 적멸寂滅에 드는 멸행滅行도 아니다. 깨달음을 얻기 위해 무엇을 행위하고, 일어나는 사상심과 무명과 미혹을 그치어 마음을 맑게 하고, 깨달음과 보리菩提에 의지하며, 일어난 번뇌와 집착을 끊어 열반본성에 들고, 이러한 것이 수행으로 알고 있다. 그러나 이것은 사실, 상견相見을 가진 수행의식修行意識이다. 이 모든 수행이 상견相見으로 구하고 성취하려는 작지임멸법作止任滅法이다. 이러한 수행에 의지해 닦고 있거나 닦은 수행자는 삼종자성 청정수순 수행지혜와 수행경계를 쉽게 수용하고 이해하기가 쉽지 않다. 왜냐면, 경중經中에 무상대각심無上大覺心 본제무이상本際無二相 수순제방편隨順諸方便이기 때문이다. 이는 본연본성 무상대각심無上大覺心의 성품 무이상無二相을 수순하는 방편행이기 때문이다. 삼종자성수순행 적정사마타寂靜奢摩他와 여환삼마발제如幻三摩鉢堤와 적멸선나寂滅禪那의 원각수순행을 설하시며, 이 수순행이 시방일체불十方一切佛이 성불한 법法이며, 또한, 삼종자성수순 방편문으로 일체보살과 일체수행자를 불도佛道에 들게 하는 까닭을 살펴야 한다. 그 까닭을 모르면 단지, 삼종자성수순행이 모든 수행법 중에 하나라는 생각을 하게 된다. 왜, 그렇게 생각하는가 하면, 본연본성 삼종자성 원각지혜가 없기 때문이다. 일

체수행은 미망경계행迷妄境界行이니, 이는 본성을 수순하지 못하는 상심상견 무명망견경계無明妄見境界의 행이므로 무명망견경계심無明妄見境界心 자기망견自己妄見의 허물을 벗기 위한 행이다. 그러므로 무명망견경계심無明妄見境界心 속에는 그것이 무엇이든 정해正解함이 실중實中을 알 수가 없어, 논論하고 헤아리며, 분별함이 벌써, 실중實中을 벗어난 무명의 분별심 망견妄見이다. 불佛을 성취한 일체불一切佛과 원융각성에 든 일체대보살一切大菩薩과 일체대각조사一切大覺祖師께서 깨달음의 지혜를 발하고 각覺을 이루어 지혜를 완성한 것이, 무상대각심 본제무이상 삼종자성지혜를 증득한 본제무이상本際無二相의 각명覺明에 들었기 때문이다. 무상대각심無上大覺心 삼종자성의 지혜가 원융하여 완연하지 못하면, 완연한 불지佛智에 들지 못한다. 삼종자성의 완연한 밝은 지혜에 들지 못했으면, 각覺의 장애 없는 완연한 깨달음이 아니다. 또한, 명확히 깨달음을 얻었어도, 삼종자성의 지혜가 원융하여, 본제무이상本際無二相 삼종자성원융일성三種自性圓融一性을 철증수순徹證隨順하지 못하면 아직 각覺의 장애 속에 있음이다.

본연본성 삼종자성 성품을 본경本經에는 청정부동성淸淨不動性을 적정寂靜이라 하였으며, 무애자재성無礙自在性을 여환如幻이라 하였으며, 원융편재성圓融遍在性을 적멸寂滅이라 했다. 적정관寂靜觀이 곧, 청정부동성淸淨不動性에 이르는 사마타며, 자재自在인 여환관如幻觀이 곧, 무애자재성無礙自在性에 이르는 삼마발제며, 적멸관寂滅觀이 곧, 원융편재성圓融遍在性에 이르는 선나다.

본연본성 삼종자성인 청정부동성淸淨不動性이 본성성품이며, 무애자재성無礙自在性이 본심성품이며, 원융편재성圓融遍在性이 본각성품이다. 본성과 본심과 본각은 본연본성의 성품작용 부사의특성 삼대성三大性으로, 본연본성 작용성품 삼종자성 청정부동성과 무애자재성과 원융편재성이다.

본연본성 본제무이상本際無二相을 왜 삼종자성三種自性으로 드러낼까? 그것은 본제무이상本際無二相 부사의사不思議事 묘용妙用에 작용성품이 동일하지 않은 특성이 있어, 그것이 적정성寂靜性인 본성성품 청정부동성淸淨不動性과 여환성如幻性인 본심성품 무애자재성無礙自在性과 적멸성寂滅性인 본각성품 원융편재성圓融遍在性이다. 그러나 삼종자성 청정부동자성淸淨不動自性과 무애자재자성無礙自在自性과 원융편재자성圓融遍在自性이 본제무이상本際無二相인 불이원융일성不二圓融一性이니, 사마타 적정수순寂靜隨順으로 청정부동성淸淨不動性 궁극에 들든, 삼마발제 여환수순如幻隨順으로 무애자재성無礙自在性 궁극에 들든, 선나 적멸수순寂滅隨順으로 원융편재성圓融遍在性 궁극에 들든, 또한, 사마타, 삼마발제, 선나를 별관別觀으로 닦든, 인연따라 각각 섭수하든, 삼관총섭관三觀總攝觀을 하든, 삼관원융관三觀圓融觀을 하든, 무엇이든 궁극의 구경究竟에 이르면 차별 없는 본제무이상本際無二相 원융일성圓融一性에 들어, 본연본성 청정무상대각심淸淨無上大覺心에 이르게 된다.

어떤 수행이든 깨달음을 이루고자 함이, 그 깨달음이 곧, 본연본성本然本性이며, 어떤 수행이든 불佛을 이루고자 함이, 그 불佛이 곧, 본연본성이며, 어떤 수행이든 속박을 벗어나 해탈하고자 함이, 그 해탈이 곧, 본연본성이며, 어떤 수행이든 번뇌를 벗어나 열반에 이르고자 함이, 곧, 그 열반이 본연본성이며, 어떤 수행이든 생사와 윤회를 벗어나 괴로움과 고통 없는 지고한 행복에 이르고자 함이, 그 행복이 곧, 본연본성이다. 그러므로 본연본성 삼종자성 청정부동성淸淨不動性과 무애자재성無礙自在性과 원융편재성圓融遍在性을 벗어나면, 성불도成佛道가 끊어지고, 보살도菩薩道도 끊어지고, 조사도祖師道도 끊어진다. 그러므로 본연본성 삼종자성 본성성품과 본심성품과 본각성품을 벗어난 상견相見으로 항하사겁恒河沙劫을 수행하여도, 단지, 무량억겁無量億劫의 수행자일 뿐, 무상대각심無上大覺心 본제무이상本際無二相에 드는 인성因性이 없는, 사견사도행邪見邪道行이다. 상견相見으로 아我를 끌어안고 삼계육도를 헤매며, 해탈하기를 간절히 바라도, 삼계육도를 벗을 수 없는 것은, 수행 잘못의 원인이 아니라, 수행지견修行知見이 바르지 못하기 때문이다. 지견知見이 바르지 못하면, 불과佛果를 이루는 정수행正修行이 될 수가 없다. 결과 없는 수행을 우선 탓하지 말고, 수행지견이 본연본성을 행한 정인正因과 정연正緣이어야 하며, 작지임멸作止任滅을 벗어나야 한다. 상견相見으로 애를 쓰고 수행해도 미망만 거듭할 뿐이다. 그러다 기연으로 깨달음을 얻어도, 아我와 상견相見인 환幻의 견각見覺이다.

※ 시초 고요는 일신을 좇아 일세계 지극하여 같다.

如是初靜 從於一身 至一世界 覺亦如是
여 시 초 정 종 어 일 신 지 일 세 계 각 역 여 시 이와 같은 시초의 고요함은 일신을 좇아 한 세계에 지극함이니, 각 또한, 이와 같으니라.

♣ 선남자야, 사마타로 지극히 고요함靜의 극極에 이르면 곧, 각覺이니, 이와 같은 시초始初의 고요한 성품, 극極을 넘어선 고요한 본연성本然性 정靜은 일신一身을 좇아 한 세계에 지극함이니, 각覺 또한, 이와 같으니라.

● 청정본성 적정寂靜에 들면, 몸과 마음과 시방 일세계一世界와 더불어 일체상 생멸이 끊어진 적정세계이니, 일체동一切動이 끊어진 청정부동적정성清淨不動寂靜性이다.
● 초정初靜은 초初는 무시초無始初며, 정靜은 본연자성本然自性이다. 그러므로 초정初靜은 시종始終 없는 그대로 변함없는 무시본성자성無始本性自性인 여여정如如靜이다.

※ 각 편만이 일세계이면 일세계 중생의 생각을 안다.
善男子 若覺遍滿 一世界者 一世界中 有一衆生 起
선 남 자 약 각 편 만 일 세 계 자 일 세 계 중 유 일 중 생 기

一念者 皆悉能知
일 념 자 개 실 능 지

선남자야, 만약 각의 편만함이 일 세계인 자는, 일 세계 속에 있는 한 중생이 일으키는 한 생각을 모두 다 능히 아느니라.

♣ 선남자야, 만약 적정寂靜으로 각覺이 두루한 편만함이 일세계

一世界인 자는, 그 각력覺力이 미치는 일세계 안에 있는 한 중생이 일으킨 한 생각을 모두 다 능히 아느니라.

※ 일체경계에 원각방편에 들은 바 아니면 취하지 마라.

百千世界 亦復如是 非彼所聞 一切境界 終不可取
백 천 세 계　역 부 여 시　비 피 소 문　일 체 경 계　종 불 가 취

백천 세계도 역시 또한, 이와 같음이니, 저 일체경계가 원각방편에 들은 바가 아니면, 끝내 가히 취하지 말아야 하느니라.

♣ 각력覺力이 미치는 바인, 백천 세계도 역시, 또한, 이와 같음이니, 수행 중에 일체경계가 원각방편에서 들은 바가 아니면, 사상四相인 아我와 상견相見, 작지임멸作止任滅 등은 끝내 취하지 말아야 하느니라.

※ 2. 삼마발제에 자아 인을 소멸해 취하지 말아야 한다.

善男子 若諸衆生 修三摩鉢提 先當憶想 十方如來
선 남 자　약 제 중 생　수 삼 마 발 제　선 당 억 상　시 방 여 래

十方世界 一切菩薩 依種種門 漸次修行 勤苦三昧
시 방 세 계　일 체 보 살　의 종 종 문　점 차 수 행　근 고 삼 매

廣發大願 自熏成種 非彼所聞 一切境界 終不可取
광 발 대 원　자 훈 성 종　비 피 소 문　일 체 경 계　종 불 가 취

선남자야, 만약 모든 중생이 삼마발제를 닦으려면, 먼저 당연

히 시방여래와 시방세계 일체보살의 가지가지 지혜문을 잊지
않고 생각하여 의지하며, 점차 수행으로 삼매에 힘써 노력하
고, 광대원을 발하여 자아를 이루는 인성을 소멸하며, 저 일
체경계가 원각방편 들은 바가 아니면, 끝내 가히 취하지 말아
야 하느니라.

♣ 선남자야, 만약 모든 중생이 삼마발제를 닦으려면, 먼저 당연
히 시방여래와 시방세계 일체보살의 가지가지 지혜의 청정경계와
청정수행을 잊지 않고 떠올려, 수행지혜와 수행방편을 의지해 점
차 수행하여 경계에 이끌림 없는 삼매에 힘쓰고 노력하며, 각覺에
들고자 광대원廣大願을 발하고, 자아를 이루는 망견인성妄見因性
을 소멸하며, 저 일체경계가 원각방편 들은 바가 아니면, 끝내 가
히 취하지 말아야 하느니라.

● 삼마발제의 수행은 마음 본성의 자재성自在性에 듦이니, 심心
과 물物의 일체상이 무자성無自性임을 관觀해 실상환지實相幻智
를 발하여, 머무를 상相이 없고, 또한, 머무를 자者, 마음이 없어,
심자재心自在에 든다. 환지幻智로 심자재에 이르게 하는 것은 본
성과 본각은 상相에 머물거나, 상심相心을 일으키지 않으나, 일
체상의 경계가 마음작용이기 때문이다. 그러므로 심자재성心自在
性에 이르도록 상相의 실상지實相智인 무자성환지無自性幻智를
발하여 실상여환지實相如幻智로써 본심자재성本心自在性에 이르
게 한다. 환지幻智가 곧, 무자성실상지無自性實相智며, 자재심自
在心인 청정진여자성지淸淨眞如自性智다.

※ 3. 선나는 먼저 생주멸념 분제두수를 깨달아야 한다.

善男子 若諸衆生 修於禪那 先取數門 心中了知 生
선 남 자　약 제 중 생　수 어 선 나　선 취 수 문　심 중 료 지　생

住滅念 分齊頭數
주 멸 념　분 제 두 수

선남자야, 만약 모든 중생이 선나를 닦으려면, 먼저 수문을
취하여, 마음 가운데 생주멸념 분제두수를 깨달아 알아야 하
느니라.

♣ 선남자야, 만약 모든 중생이 원융한 장애 없는 적멸원각寂滅圓
覺, 선나를 닦으려면, 마음 가운데 일체 적멸하여 장애가 없어야
함이니, 먼저 생멸生滅하는 수문數門을 취하여, 마음 가운데 일어
나고, 머물며, 멸하는 생각 분제分齊의 두수頭數, 편재遍在를 깨
달아 알아야 하느니라.

● 선취수문先取數門: 먼저 수문數門을 취해야 함이다. 여기에서
수數은 상相의 일체一切다. 선취수문은 상相의 성품을 밝게 깨
닫는 적멸수문寂滅數門이다. 수문數門이 숫자를 헤아리고 분별하
는 상심相心의 분별행위가 아니다. 생주멸生住滅의 상相의 자성
自性인 원융무애편재성을 깨달음이다. 이 수행으로 상相인 생生,
주住, 멸滅이 끊어진 일체상 원융편재성에 드는 각성수행법이다.
● 생주멸념生住滅念 분제두수分齊頭數: 생주멸념生住滅念은 생
각이 일어남과 머무름과 사라짐이다. 분제두수分齊頭數는 분제分
齊는 생각이 일어남, 생각이 머무름, 생각이 사라짐이 나누어 짐
이다. 생각이 일어남이 생분제生分齊며, 생각이 머무름이 주분제

住分齊며, 생각이 사라짐이 멸분제滅分齊다. 두수頭數의 수數는 생生, 주住, 멸滅의 일체一切다. 즉, 수數는 분별의 상相이며, 유위有爲다. 곧, 생주멸生住滅의 일체상이다. 두頭는 생각이 일어남, 생각이 머무름, 생각이 사라짐, 생生, 주住, 멸滅이 일어나는 성품이 두頭다. 또한, 생生, 주住, 멸滅이 각각 나누어지는 분제分齊, 시초始初 전前, 즉, 생生, 주住, 멸滅의 상相이 일어나기 전前이 생주멸념生住滅念 분제分齊의 두頭다. 그러므로 생주멸념 분제두수는 생주멸生住滅의 상相이 끊어진 적멸상태 즉, 원융각圓融覺이다. 생주멸념은 상相의 세계며, 분제두수分齊頭數는 일체 생生, 주住, 멸滅의 분제分齊가 각각 자성自性이 걸림 없고, 장애 없는 사사무애事事無礙, 원융한 편재성遍在性이다. 분제分齊의 두頭는 곧, 각覺이다.

중생은 생주멸生住滅 중에 멸滅을 인지함으로 분제두分齊頭 원융편재성圓融遍在性을 깨달을 수가 없다. 분제멸分齊滅을 봄으로 상相과 생멸生滅을 인식하며, 상相에 머무르고, 상相에 이끌린다. 생주멸념 분제分齊 속에, 멸념滅念이 끊어지거나, 주념住念가 끊어지거나, 생념生念이 끊어지면 깨달음의 각성지혜를 발하게 된다.

멸념滅念이 끊어지면, 멸滅 없는 일체상一切相이 공空한 무위본성無爲本性 무위대승청정부동각성지혜無爲大乘淸淨不動覺性智慧를 발하게 된다. 멸념滅念이 끊어져 적정부동공성寂靜不動空性에 드는 것이 사마타의 청정부동성지淸淨不動性智 적정행寂靜行이다.

멸념滅念과 주념住念이 끊어지면, 유위와 무위를 둘 다 벗어난 무자성환지無自性幻智인 무염진여진성지無染眞如眞性智 일승각성지一乘覺性智에 들게 된다. 멸상滅相과 주상住相이 끊어진 부사의 생生을 보는 각성지혜에 드니, 이것이 무자성실상환無自性實相幻 삼마발제의 여환如幻이다.

멸滅과 주住와 생生이 끊어지면 능소일체식能所一切識이 끊어져 적멸寂滅하여 원융각圓融覺에 이르니, 시방원융편재원만보리각성十方圓融遍在圓滿菩提覺性인 불승지佛乘智에 든다. 일체가 원융이며, 일체가 편재성이다. 그러므로 생주멸념 분제分齊의 자성自性이 각각 원융하고 편재하여 사사무애원융각성지事事無礙圓融覺性智를 이룬다. 생주멸념의 분제 일체 자성이 무자성無自性 성품이라, 각각 분제의 그 성품이 사사무애事事無礙로 원융하여 분제分齊가 사라져, 원융각성 적멸선나寂滅禪那로 생주멸념 그 자성이 원융한 보리원만성菩提圓滿性에 이르게 된다.

각성발현의 지혜성품 차별에 따라 각성장엄세계가 차별이 있다. 그것이 대승각성지혜大乘覺性智慧와 일승각성지혜一乘覺性智慧와 불승각성지혜佛乘覺性智慧의 세계이다.

대승무위지혜大乘無爲智慧는 일체유위상一切有爲相이 공空하여 멸상滅相이 끊어져 드는 청정부동열반본성지淸淨不動涅槃本性智며, 삼종자성수순행 중에 본성적정자성수순本性寂靜自性隨順인 사마타 적정성품수순행이다.

일승이사무애지혜一乘理事無礙智慧는 유위와 무위를 둘 다 벗어남으로 멸상滅相과 주상住相이 끊어져, 본심자재本心自在인 무염자재진여진성지無染自在眞如眞性智며, 삼종자성수순행 중에 본심무자성수순本心無自性隨順인 삼마발제 여환성품수순행이다.

불승사사무애지혜佛乘事事無礙智慧는 능소일체식적멸能所一切識寂滅로 멸상滅相과 주상住相과 생상生相이 끊어져 일체상원융편재一切相圓融遍在에 드는 본각원융本覺圓融인 시방원융편재원만각성지十方圓融遍在圓滿覺性智며, 삼종자성수순행 중에 본각원융자성수순本覺圓融自性隨順인 선나 적멸성품수순행이다.

상심상견 사상심에는 생주멸념生住滅念 중에 멸상滅相만 보기에, 상념상想念相의 유무생멸상有無生滅相을 인식하여 상相에 머무르고 집착하게 된다. 각覺에 들면, 상相을 두고 상相을 벗어나는 것이 아니다. 머무를 상相이 없으므로 상相을 벗어나게 된다.

생주멸념 분제分齊 속에 유견상有見相인 멸상滅相이 끊어지고 주住에 머묾이, 유위有爲의 일체상 그 본성本性이 공空하여 무위無爲임을 깨달아 상相 없는 청정무위본성淸淨無爲本性에 든다. 이 무위경계無爲境界에 들면, 청정무위淸淨無爲가 끊어지지 않고 지속된다. 이 경계 청정무위부동본성에 일체一切 청정여래심淸淨如來心과 만물만상이 거울에 환히 비치듯, 청정본성에 두루 밝게 드러나 비친다. 유위일체상有爲一切相을 벗어나 일체공一切空 무위無爲에 들면 일체무위청정一切無爲淸淨이다.

일체청정무위부동지一切淸淨無爲不動智에서, 주住와 멸滅이 끊어진 생生을 보는 환지幻智에 들면, 주住인 일체청정무위부동一切淸淨無爲不動도 끊어진다. 그러므로 일체청정무위부동지一切淸淨無爲不動智도 벗어나, 생주멸념生住滅念 중에 멸滅과 주住를 벗어난 원지圓智에 들게 된다. 이것이 사事와 이理, 상相과 공空, 생멸 현상과 생멸 없는 열반涅槃을 둘 다 벗어남이다.

원지圓智에 들면 유위有爲도 없고, 무위無爲도 없고, 공空도 없고, 일체상 그대로 무자성청정진여실상無自性淸淨眞如實相이다. 이 경계에서 일체상이 무자성無自性 실상환實相幻이 뿌리 없는 청정성품에서 돋아나고 자라나는 새싹과도 같다. 이는 생주멸념生住滅念 중에 주멸념住滅念이 끊어진 부사의 생환지生幻智 각성경계다. 이 환지幻智 각성경계에서는 일체상에 물듦이 없는 본심 무염진여자재심無染眞如自在心에 이르게 된다.

청정진여무자성실상환지淸淨眞如無自性實相幻智를 또한, 벗어나면, 각원융편재성覺圓融遍在性에 든다. 이는 주멸념住滅念 없는 생生인 환幻도 벗어나, 일체가 원융편재 각覺이다. 편재각遍在覺에는 생주멸념生住滅念이 그대로 내외능소內外能所가 끊어져 일체가 사사무애원융事事無礙圓融한 장애 없는 각覺이다. 이 경계를 경經에는 그릇에서 난 소리가 그릇에 얽매임이 없이 안과 밖 걸림 없이 원융하다고 했다. 이는 일체상의 자성이 걸림 없는 사사무애편재성事事無礙遍在性이다. 그러므로 생주멸념生住滅念의 분제分齊가 사라져, 시방원융각성편재원만十方圓融覺性遍在圓滿에 들게 된다. 생주멸념분제두수生住滅念分齊頭數는 원융각圓融覺, 일체상과 삼세三世가 서로서로 장애 없는 성품, 일체상편재성一切相遍在性에 드는 각성원융선나행覺性圓融禪那行이다.

선취수문先取數門 생주멸념 분제두수는 원융각圓融覺에 드는 보리각성선나행菩提覺性禪那行이다. 원각수행 삼종정관三種淨觀 삼종자성수순행 선나행禪那行에 선취수문은 생각의 일어남과 머무름과 사라짐을 헤아리고 분별하여 그 수효를 세며, 상심상견의 생각과 분별심으로 사량을 더하거나, 분별심에 머물러 사량을 일어나게 하는 작지임멸作止任滅 미혹의 상심상견의 수행이 아니다. 선취수문 생주멸념 분제두수는 단지, 생주멸의 성품의 자성이 원융하여 생주멸념의 분제가 원융편재성임을 깨달아 원각자성에 드는 선나행이다.

일체수행 관법觀法은 청정성품의 지혜를 발發할 뿐, 중생의 미혹행, 분별심과 사량을 유발하거나, 무명심의 미혹에 머물러 사량과 분별심을 더하게 하지 않는다. 생生, 주住, 멸滅의 자성이 원융편재하여, 분재分齊인 생生과 주住와 멸滅의 일체一切의 성품, 전중후 삼세三世가 각각 서로 원융하여, 생주멸념 분제두수의 원융자성을 깨닫는 각성수행이다. 이는 생주멸념의 성품인 원융편재성에 들며, 생生, 주住, 멸滅의 분제가 각각 서로 자성이 장애 됨이 없어 원융함은, 그릇에서 난 소리가 그릇에 얽매임 없이 원융하듯, 생生, 주住, 멸滅의 상相과 분제分齊가 끊어져 각覺의 편재 원융성에 든다. 만약 생生, 주住, 멸滅의 성품이 원융편재하지 못하면, 생주멸념生住滅念이 있을 수가 없다. 생生, 주住, 멸滅의 성품의 자성이 원융편재함으로, 서로 성품이 장애 없는 이사무애理事無礙며, 사사무애원융편재성事事無礙圓融遍在性에 들게 된다.

선취수문先取數門하여 생주멸념 분제두수를 선나수행에 먼저 하도록 한 까닭은, 선나수행의 특성에 있다. 선나는 일체능소一切能所 적멸자성원융각성수순행이니, 일체상의 성품이 원융편재하여 각성원융편재성을 수순하게 된다. 선취수문先取數門인 생주멸념生住滅念 분제두수分齊頭數는 내외상과 능소경계 일체식一切識이 적멸寂滅한 성품, 원융성에 드는 원각자성수순법이다.

※ 두루 편만으로 생각을 분별하여 깨닫지 못함이 없다.
如是周遍 四威儀中 分別念數 無不了知
여 시 주 편 사 위 의 중 분 별 념 수 무 불 료 지

이와 같이 두루 편만하여, 행주좌와 중에 생각의 수를 분별하여 깨닫지 못함이 없느니라.

♣ 이와 같이 수행하여 마음이 원융하여 각覺이 두루 편만하여지면, 행주좌와 속에 분별념의 수數를 깨닫지 못함이 없느니라.

● 선취수문先取數門하여 생주멸념 분제두수分齊頭數를 명료히 관觀하여 마음이 홀연듯 적멸寂滅하면, 내외일체상과 능소일체경계가 끊어져 각覺이 두루 원융편만하면, 행주좌와 중의 일체 생각의 수數를 깨닫지 못함 없이 앎이란, 각원융편재성에 듦으로, 각성의 밝음으로, 거칠고 미세한 염念과 얕고 깊은 일체수상행식一切受想行識인 일체육식一切六識과 일체칠식一切七識 마나식末那識과 일체팔식一切八識 아뢰야식阿賴耶識과 또한, 각력覺力의 밝음에 따라, 일체전생一切前生의 함장식含藏識인 수만생數萬生 또는 수겁생數劫生의 세세한 일까지 자세히 알게 된다. 그러므로 부처님께서 수겁전생數劫前生에 어떤 수행을 하였으며, 어떤 부처님과 인연사가 있으며, 부처님이 되기 전에 어떤 삶을 살았는지를, 불佛의 각력覺力 십력十力 중에 자세히, 그리고 자상히 과거 전생 일체를 세세히 모두 꿰뚫어 보는 각력을 갖게 되는 것이다. 이것은 상념想念인 기억이 아니고, 바로 각력覺力으로 관觀하여 봄이다.

※ 백천 세계 비 한 방울까지 환히 보는 것에 이른다.

漸次增進 乃至得知 百千世界 一滴之雨 猶如目睹
점 차 증 진　내 지 득 지　백 천 세 계　일 적 지 우　유 여 목 도

所受用物 非彼所聞 一切境界 終不可取
소 수 용 물 비 피 소 문 일 체 경 계 종 불 가 취

점차 증진하면 곧, 백천 세계에 떨어지는 비 한 방울까지 앎에 이르되, 가히 눈으로 환히 보는 바가, 지니고 있는 물건을 보는 것과 같으니라. 저 들은 바 일체경계가 원각방편이 아니면, 끝내 가히 취하지 않아야 하느니라.

♣ 점차 증진하여 더 나아가면 곧, 백천 세계에 떨어지는 비 한방울까지 앎에 이르되, 가히 눈으로 환히 보는 바가, 지니고 있는 물건을 보는 것과 같으니라. 그러므로 수행 속에 일체경계가 각覺을 수순하는 원각방편圓覺方便이 아니면, 끝내 가히 취하지 말아야 하느니라.

※ 이 이름이 삼관이니 처음 먼저 닦는 방편이다.

是名三觀 初首方便
시 명 삼 관 초 수 방 편

이것이 이름하여 삼관이니, 처음 먼저 닦는 방편이니라.

♣ 지극히 고요함靜으로 사념思念 없는 극極에서 시초始初 본연성本然性의 고요한 청정정淸淨靜에 듦과 시방여래十方如來와 시방보살의 청정지혜를 살피어 경계 없는 삼매三昧에 힘쓰며, 청정각淸淨覺을 이루는 광대원廣大願을 발하고, 무명과 미혹의 자아自我를 형성한 망견종자妄見種子를 없애며, 마음 가운데 생주멸

602
第十一 圓覺菩薩章

념生住滅念 분제두수分齊頭數를 깨달아 적멸원융寂滅圓融에 이
르는 이 이름이 삼관三觀이니, 처음 먼저 닦는 원각방편문이니라.

※ 삼관을 두루 열심히 정진함이 여래 출현이라 한다.
若諸衆生 遍修三種 勤行精進 卽名如來 出現于世
약 제 중 생　편 수 삼 종　근 행 정 진　즉 명 여 래　출 현 우 세

**만약 모든 중생이 삼종수행을 두루 닦아, 열심히 정진하면
곧, 여래가 세상에 출현하였다고 일컫느니라.**

♣ 만약 모든 중생이 삼종수행을 두루 닦아, 본성이 동함 없는 청
정성에 이르고, 본심이 물듦 없는 무염심에 이르며, 본각이 장애
없는 원융각에 이름을 두루 닦아 열심히 정진하면, 여래가 세상에
출현하였다고 일컫느니라.

※ 도를 원하면 사랑 미움 없는 수승심에 이르러야 한다.
若後末世 鈍根衆生 心欲求道 不得成就 由昔業障
약 후 말 세　둔 근 중 생　심 욕 구 도　부 득 성 취　유 석 업 장
當勤懺悔 常起悕望 先斷憎愛 嫉妬諂曲 求勝上心
당 근 참 회　상 기 희 망　선 단 증 애　질 투 첨 곡　구 승 상 심

**만약 뒤의 말세에 둔근 중생이 마음에 도를 구하기를 원하여
도 성취함을 얻지 못하는 것은, 과거 업의 장애로 말미암이
니, 당연히 부지런히 참회하고 항상 희망을 가지되, 먼저 미**

워하고 사랑하며 질투하고 아첨함을 끊어, 수승함이 더 없는
마음에 이르도록 해야 하느니라.

♣ 만약 불佛이 멸한 후 말세에 무명업력의 미혹이 짙어 근기가
둔한 중생이, 마음의 청정을 이루고 각覺의 밝음에 들고자 도道
를 구하기를 원해도, 그 원하는 바를 성취하지 못하는 것은, 과거
업業의 미혹 습관에 이끌리기 때문이니, 당연히 부지런히 참회하
고, 항상 청정심에 들어 청정각을 이루려는 희망을 가지되, 먼저
아我와 미혹업력으로 비롯한 미워하고 사랑하며, 질투하고 아첨
함을 끊어, 수승하고 더 없는 마음에 이르도록 해야 하느니라.

※ 삼종정관을 수행하며 점차 구하는 바를 증득한다.
三種淨觀 隨學一事 此觀不得 復習彼觀 心不放捨
삼 종 정 관　수 학 일 사　차 관 부 득　부 습 피 관　심 불 방 사
漸次求證
점 차 구 증

**삼종정관에서 한 가지를 따라 익히되, 이 관에서 얻지 못하
면, 거듭 저 관을 익히며 수행심을 놓지 않으면, 점차 구하는
바를 증득하리라.**

♣ 삼종정관에서 자신의 수행지혜와 수행성향과 수행습관을 가름
하여, 한 가지를 선택하여 방편을 따라 익히되, 이 관觀에서 원하
는 바를 얻지 못하면, 다른 관을 더불어 섭수하여 익히고 수행하
며, 오직, 서원을 따라 성취하려는 수행심을 놓지 않으면, 점차 구

하는 바를 증득하리라.

爾時 世尊 欲重宣此義 而說偈言
이 시 세 존 욕 중 선 차 의 이 설 게 언

이때 세존께옵서 이 뜻을 거듭 널리 펴시고자 게송으로 말씀
하시었다.

圓覺汝當知
원 각 여 당 지

원각보살이여! 그대는 당연히 알지어다.

※ 무상도 원각방편이 아니면 끝내 취하지 말아야 한다.
一切諸衆生 欲求無上道 先當結三期 懺悔無始業
일 체 제 중 생 욕 구 무 상 도 선 당 결 삼 기 참 회 무 시 업
經於三七日 然後正思惟 非彼所聞境 畢竟不可取
경 어 삼 칠 일 연 후 정 사 유 비 피 소 문 경 필 경 불 가 취

일체 모든 중생이 무상도를 구하고자 하면, 먼저 당연히 세
기간을 맺어, 처음을 알 수 없는 지금에 이르기까지 지은 업
을 참회하며, 21일이 지난 연후에 정사유하되, 저 들은 바 원
각방편의 경계가 아니면, 필경 가히 취하지 말아야 하느니라.

♣ 일체 모든 중생이 무상도無上道를 구하고자 하면, 먼저 당연히 세 기간을 정하되, 처음을 알 수 없는 지금에 이르기까지, 지은 업을 참회하며, 21일이 지난 연후에, 원각수순방편법 삼종정관三種淨觀을 정사유正思惟하되, 수행과정에 일체경계가, 저 들은 바 원각지혜방편의 경계가 아니면, 끝내 가히 취하지 말아야 하느니라.

※ 사마타지정 삼마발제정억지 선나수문이 삼정관이다.

奢摩他至靜 三摩正憶持 禪那明數門 是名三淨觀
사 마 타 지 정 삼 마 정 억 지 선 나 명 수 문 시 명 삼 정 관

사마타의 지극한 고요와 삼마발제의 바름을 잊지 않고 가짐과 선나의 밝은 수문, 이것을 일컬음이 삼정관이니라.

♣ 사마타의 지극히 청정한 고요靜와 삼마발제의 일체 제불보살의 청정지혜를 바르게 가지며 잊지 않고 행함과 선나의 생주멸념 분제두수의 밝은 자성지혜의 수문數門, 이것을 일컬음이 삼정관三淨觀이니라.

● 사마타지정奢摩他至靜은 사마타행에서 청정본연성품을 수순하여 부동본성의 장애 없는 성품에 듦이다. 삼마정억지三摩正憶持는 삼마발제행에서 제불보살의 일체지혜와 청정부사의 행을 잊지 않은 대비심과 지혜의 청정심행에 듦이다. 선나명수문禪那明數門은 선나행에 선취수문先取數門에서 생주멸념 분제두수의 자성성품 원융편재에 드는 적멸행이다. 본연성품수순 청정원융자성각성행이 삼정관三淨觀이다. 삼정관은 동動함 없는 사마타지정奢摩他至靜이며, 청정환지환행淸淨幻智幻行인 삼마발제정억지三摩鉢堤

正憶持며, 내외일체상과 능소일체경계가 적멸한 성품, 원융편재에 드는 생주멸념 청정자성원융 선나명수문禪那明數門이다. 선취수 문先取數門에서 생주멸념 분제두수가 어려우면, 보고 듣는 상相의 생주멸상生住滅相의 분제두수分齊頭數로 상적멸相寂滅에 드 는 각성지혜경계에서 수행각력지혜에 따라 청정본성지淸淨本性智에 들거나, 또한, 내외능소가 있으면 내외능소가 끊어진 적멸원융에 이르지 못하니, 내외능소를 바로 관觀하여, 내외능소가 적멸한 원융각성에 들면 된다.

※ 삼종관 청정경계를 닦음이 불이 세상에 출현함이다.

若能勤修習 是名佛出世
약 능 근 수 습   시 명 불 출 세

만약 능히 부지런히 닦고 익힘이, 이 이름이 불이 세상에 출현함이니라.

♣ 만약 능히 적정寂靜으로 성품이 동動함 없어 물듦 없는 청정성淸淨性과 아我와 상견相見의 씨앗 미혹인성迷惑因性이 사라진 청정심淸淨心과 적멸寂滅하여 밝은 성품인 원융각圓融覺을 부지런히 닦고 익힘이, 이 이름이 불佛이 세상에 출현함이니라.

※ 둔근으로 얻지 못하면 일체 장애업을 참회해야 한다.

鈍根未成者 常當勤心懺 無始一切罪
둔 근 미 성 자   상 당 근 심 참   무 시 일 체 죄

둔근이라 이루지 못한 자는, 처음을 알 수 없는 지금에 이르기까지 지은 일체 죄업을, 항상 당연히 간절한 마음으로 참회해야 하느니라.

♣ 둔근이라 이루지 못한 자는, 숙세에 지은 장애업성의 이끌림 때문이니, 마음에 그 처음을 알 수 없는 지금에 이르기까지 지은 미혹의 일체업을 항상, 당연히 간절하게 참회해야 하느니라.

※ 모든 업장이 소멸하면 불의 경지가 앞에 나타나리라.

諸障若銷滅 佛境便現前
제 장 약 소 멸 불 경 변 현 전

모든 업장이 만약 소멸하면, 불의 경지가 곧, 앞에 나타나리라.

♣ 지은 바 업력業力의 성품에 이끌림인, 모든 업심業心의 장애가 소멸하여 사라지면, 불佛의 경지境地가 곧, 앞에 나타나리라.

第十二 賢善首菩薩章
제 12 현 선 수 보 살 장

※ 경의 이름과 금강, 천왕, 귀왕 권속들이 이 경을 가지는 자를 지키고 옹호할 것을 서원한다.

※ 현선수보살이 지극한 일념으로 청법의식을 갖춘다.

於是 賢善首菩薩 在大衆中 卽從座起 頂禮佛足 右
어시 현선수보살 재대중중 즉종좌기 정례불족 우

繞三匝 長跪叉手 而白佛言
요삼잡 장궤차수 이백불언

이때에 현선수보살께서 대중 속에 계시다 곧 자리에서 일어나 부처님 발에 공손히 이마를 조아려 공경의 예를 올리고 지극한 존경심으로 받드시어 오른쪽으로 세 번 돌고 두 무릎을 땅에 꿇어 두 손을 모아 부처님께 말씀을 사뢰었다.

大悲世尊
대 비 세 존

대비하옵신 세존이시여!

※ 널리 이와 같이 부사의사 깨달음을 열어주셨습니다.

廣爲我等 及末世衆生 開悟如是 不思議事
광 위 아 등 급 말 세 중 생 개 오 여 시 부 사 의 사

**널리 저희들과 더불어 말세중생을 위하여, 이와 같이 부사의
사 깨달음을 열어 주셨사옵니다.**

♣ 걸림 없는 부사의 지혜광명 밝음 속에, 이 법회에 있는 저희들
과 말세 일체중생을 위해 대비심을 발하시어, 무엇에도 걸림 없는
무상無上 지혜광명으로, 누구도 그 비밀장秘密藏을 알 수가 없고,
누구도 수행지혜가 무상無上에 이르지 못해 깨닫지 못했던, 일체
생각과 사유의 세계를 초월하여 벗어버린 불가사의한 가르침을 듣
고, 상상을 초월한 것이오나, 스스로 경험하지 않고, 수행지혜가
무상無上에 달하지 못하였어도, 그 수승한 지혜를 얻음에 직접 수
행으로 얻은 것과 같음은, 저희들 뿐만 아니라, 여래 없는 말세 중
생까지 염려하시고 생각하시는, 여래의 밝고 밝은 자상하고 세밀
한 가르침인, 지극한 대비심의 공덕이옵니다. 무한한 대비심 속에
저희들과 일체중생을 연민으로 깊이 수용하시어, 무한한 대비의
가르침을 주시오니, 저희들과 더불어 말세중생들이 여래의 깊고
자상한 가르침을 따라, 이와 같이 부사의사不思議事 깨달음의 길
을 밝게 열게 되었사옵니다.

※ 경의 이름이 무엇이며 어떤 공덕을 얻사옵니까?

世尊 此大乘教 名字何等 云何奉持 衆生修習 得何
세존 차대승교 명자하등 운하봉지 중생수습 득하

功德
공덕

세존이시여! 이 대승교는 이름이 무엇이오며, 어떻게 받들어 가져야 하며, 중생들이 닦고 익히면 어떠한 공덕을 얻사옵니까?

※ 이 경을 지니는 사람을 어떻게 옹호해야 합니까?

云何使我 護持經人 流布此教 至於何地
운하사아 호지경인 유포차교 지어하지

저희들이 이 비밀장 수승한 경을 소중히 지니는 사람을 어떻게 옹호하고 지켜야 하며, 이 가르침을 널리 유포하면 어떤 경지에 이르옵니까?

※ 여시삼청 지극히 간곡한 청법을 올린다.

作是語已 五體投地 如是三請 終而復始
작시어이 오체투지 여시삼청 종이부시

이 말씀을 드리고는, 오체를 땅에 던져 간절히 절을 올리고, 다시 이와 같이 세 번을 반복하며 지극정성 간곡히 부처님의 가르침을 청하였다.

爾時 世尊 告賢善首菩薩言
이 시 세 존 고 현 선 수 보 살 언

이때 세존께옵서 현선수보살에게 말씀하시었다.

※ 경의 가르침 공덕과 경의 이름을 묻는구나.

善哉善哉 善男子 汝等 乃能爲諸菩薩 及末世衆生
선 재 선 재 선 남 자 여 등 내 능 위 제 보 살 급 말 세 중 생

問於如來 如是經敎 功德名字
문 어 여 래 여 시 경 교 공 덕 명 자

착하고 착하도다. 선남자여! 너희들은 능히 모든 보살과 더불어 말세중생을 위하여, 여래에게 이와 같이 경의 가르침의 공덕과 경의 이름을 묻는구나.

※ 청법에 응하여 너희들을 위해 설하리라.

汝今諦聽 當爲汝說
여 금 체 청 당 위 여 설

너희들은 이제 자세히 살피어 들을지니라. 당연히 너희들을 위해 설하리라.

♣ 너희들은 이제 여래의 설함을 따라, 경의 이름과 경의 가르침의 공덕과 비밀장 수승한 경을 소중히 지니는 사람을 어떻게 옹호

하고 지켜야 하는지, 지혜로써 자세히 살피고 잘 사유하며, 지혜의 밝음으로 들을지니라. 당연히 너희의 간곡한 청정서원과 그 염원의 원력을 원만하게 하고, 부족함이 없이 그 서원을 구족하게 하고자, 너희들을 위해 설하리라.

※ 청법에 응하심과 지혜를 얻는 기쁨에 묵연이청하다.

時 賢善首菩薩 奉敎歡喜 及諸大衆 默然而聽
시 현 선 수 보 살 봉 교 환 희 급 제 대 중 묵 연 이 청

그때 현선수보살께서 환희심에 말씀을 받들어 모든 대중과 더불어 묵연히 귀를 기울였다.

※ 이 경은 일체불설이며 시방보살이 귀의하고 의지한다.

善男子 是經 百千萬億 恒河沙 諸佛所說 三世如來
선 남 자 시 경 백 천 만 억 항 하 사 제 불 소 설 삼 세 여 래

之所守護 十方菩薩之所歸依 十二部經 淸淨眼目
지 소 수 호 시 방 보 살 지 소 귀 의 십 이 부 경 청 정 안 목

선남자야, 이 경은 백천만억 항하사 모든 부처님께옵서 설하신 바며, 삼세 여래가 수호하는 바며, 시방보살이 귀의하여 의지하는 바며, 십이부 경의 청정한 안목이니라.

♣ 선남자야, 이 경經은 백천만억 항하사 모든 부처님께옵서 설하신 바며, 과거, 현재, 미래세 삼세여래가 수호하는 바며, 시방 일

체세계 시방보살이 귀의하여 의지하는 바며, 불지혜 일체설 모든 십이부경十二部經의 청정안목이니라.

● 이 경經이 시방삼세 일체불一切佛이 설하시고 수호하시며, 시방삼세 일체보살이 귀의하고 의지하며, 불지혜일체설佛智慧一切說 일체경一切經의 청정안목清淨眼目임은, 이 경經의 지혜각성이 시방삼세 일체불과 시방삼세 일체보살과 불지혜일체설 일체경一切經의 지혜각성 청정안목이기 때문이다. 이 경經 성품의 지혜와 공덕이 아니면, 시방삼세 일체불一切佛이 출현할 수가 없고, 시방삼세 일체보살 성불의 각성 길이 끊어지며, 불지혜 일체설이 존재할 수가 없고, 시방삼세 일체중생이 무명 미혹과 속박을 벗을 수 없어, 시방삼세 일체중생 구제의 길이 끊어지며, 일체중생이 미혹의 사견邪見을 벗어날 수가 없다. 이 경經이 무엇이며, 이 경經의 공덕이 어며하기에 이러한, 이 우주의 둘 없는 무한공덕이 넘치는 불가사의한 경經일까? 그것은 시방우주 삼세일체세계가 이 경經의 성품과 공덕 속에 존재하며, 시방삼세 일체불一切佛이 이 경經의 성품과 공덕 속에 불가사의사不可思議事 불세계佛世界가 존재하기 때문이다. 시방우주 삼세일체세계와 시방삼세 일체불세계가 무상대각심無上大覺心 본제무이상本際無二相의 불가사의 여래장如來藏 삼종자성 성품 속에 건립된다. 무상대각심의 성품 본제무이상의 불가사의 삼종자성이 사라지면, 시방우주 삼세일체세계와 시방삼세 일체불세계와 시방삼세 일체중생세계가 흔적없이 사라지기 때문이다.

법성法性 청정본성은 무자성 인연따라 부사의사 일체세계를 건립하고, 청정본성본각은 두루 원융편재 불가사의 여일세계如一世

界를 이루고, 청정본성본심은 부사의사 무한무애조화無限無礙造化로 부사의 일체공덕을 유출한다.

청정본성은 무애본심과 원융각명의 바탕인 기틀이 되고, 원융각명은 무애본심 자재작용 바탕의 기틀이 되며, 무애본심 청정무애자재작용 속에, 청정본성과 원융각명의 공능조화功能調和가 총화總和를 이루어 한목 드러내니, 본제무이상本際無二相 삼종자성묘능三種自性妙能이 한 기틀 일심일기一心一機에 드러난다. 한 생각이 일어나고, 한 생각의 조화造化 속에, 시방우주 삼세일체세계와 시방삼세 일체불세계一切佛世界의 공덕총화功德總和를 이루어 피어난다. 한 생각에 실상법화장엄계實相法華莊嚴界와 일체화엄장엄계一切華嚴莊嚴界가 원만구족하다. 사마타, 삼마발제, 선나가 한 생각 실상진성實相眞性에 사무치게 한다. 한 생각 실상진성에 사무치지 못하면, 한 생각이 천만미세분제千萬微細粉劑 항하사恒河沙 먼지가 되어 흩어진다. 일체시비一切是非는 한 생각 실상진성에 사무치지 못함 때문이니, 한 생각 실상에 사무치면, 일체번뇌만 사라지는 것이 아니라, 천만억 일체시비가 끊어진다. 한 생각 실상진성에 사무치면, 한 생각뿐만 아니라, 일체시비의 체성體性인 망견공화妄見空華 아我가 없기 때문이다.

※ 이 경이 대방광원각다라니 수다라요의 비밀왕삼매다.

是經 名大方廣圓覺陀羅尼 亦名修多羅了義 亦名秘
시 경　명 대 방 광 원 각 다 라 니　역 명 수 다 라 요 의　역 명 비

密王三昧 亦名如來決定境界 亦名如來藏自性差別
밀 왕 삼 매　역 명 여 래 결 정 경 계　역 명 여 래 장 자 성 차 별

汝當奉持
여 당 봉 지

이 경의 이름은 대방광원각다라니며, 또한, 이름이 수다라요 의며, 또한, 이름이 비밀왕삼매며, 또한, 이름이 여래결정경계며, 또한, 이름이 여래장 자성차별이니, 너희들은 당연히 받들어 가져야 하느니라.

♣ 이 경의 이름은 원각공능圓覺功能 대방광원각다라니며, 또한, 이름이 일체경一切經 청정실상 수다라요의며, 또한, 이름이 일체 분별과 사량을 벗어버린 비밀왕삼매며, 또한, 이름이 여래의 파괴됨이 없는 불괴성不壞性인 여래결정경계며, 또한, 이름이 여래의 부사의 성품 여래장如來藏 자성차별이니, 너희들은 당연히 이를 받들어 가져야 하느니라.

● 이 경명이 대방광원각다라니大方廣圓覺陀羅尼임은, 대방광원각은 심心인 각覺을 일컬음이다. 심心이 대방광원각임은 본각本覺이 불이원융성不二圓融性으로 시방편재광대원만十方遍在廣大圓滿이기 때문이다. 다라니陀羅尼는 대방광원각 부사의 공능이니, 이는 여래장如來藏 심心의 불가사의공능력不可思議功能力을 일컬음이다. 대방광원각다라니는 곧, 일심각성공능계一心覺性功能界를 일컬음이다.
● 이 경명이 수다라요의修多羅了義임은, 일체불지혜一切佛智慧 가르침의 요의了義며, 그 청정실상 각성지혜覺性智慧이기 때문이다.
● 이 경명이 비밀왕삼매秘密王三昧임은, 비밀왕이라 함은, 일체 사량과 일체분별과 일체수행지혜와 일체차별지혜와 그 어떤 깨달

음과 그 무엇으로도 알 수 없는 것으로, 구경究竟의 궁극窮極 초월무상超越無上이므로, 비밀왕秘密王이라고 한다. 왕삼매王三昧라 함은, 어떤 선정禪定과 삼매력三昧力으로도 따를 수 없는 것이므로, 수승하여 으뜸이니 왕삼매王三昧라고 한다. 비밀왕삼매는 대방광원각다라니인 심心의 부사의 여래장如來藏, 부사의 성품을 일컬음이다.

● 이 경명이 여래결정경계如來決定境界임은, 일체중생과 일체수행자와 일체보살이 알 수 없는 여래결정경계如來決定境界이기 때문이다. 이는 심心이 무엇에도 파괴됨이 없는 청정불괴결정성淸淨不壞結定性의 성품이기 때문이다.

● 이 경명이 여래장자성차별如來藏自性差別임은, 청정여래성淸淨如來性 부사의삼종자성차별不思議三種自性差別의 성품인 청정부동본성자성淸淨不動本性自性과 청정자재본심자성淸淨自在本心自性과 청정원융본각자성淸淨圓融本覺自性을 드러내기 때문이며, 또한, 부사의원각삼종자성차별수순법不思議圓覺三種自性差別隨順法으로 이루어져 있기 때문이다.

※ 이 경은 여래경계며 여래만이 능히 설할 수 있다.

善男子 是經 唯顯如來境界 唯佛如來 能盡宣說
선 남 자 시 경 유 현 여 래 경 계 유 불 여 래 능 진 선 설

선남자야, 이 경은 오직 여래의 경계를 드러낸 것이니, 오직 불인 여래만이 능히 다함 없는 것을 베풀어 설할 수 있느니라.

♣ 선남자야, 이 경經은 오직, 부사의여래장不思議如來藏 여래의 공능자재功能自在 원각을 드러낸 것이니, 오직, 부사의여래장 원만지혜를 갖춘 불佛인 여래만이 능히 다함 없는 이 여래장 부사의 원각자성경계를 베풀어 설說할 수 있느니라.

※ 원각방편에 의지해 수행하면 불의 경지에 이른다.

若諸菩薩 及末世衆生 依此修行 漸次增進 至於佛
약 제 보 살　급 말 세 중 생　의 차 수 행　점 차 증 진　지 어 불

地
지

만약 모든 보살과 더불어 말세중생이 이 수행에 의지하여 점차증진하면, 불의 경지에 이르느니라.

♣ 만약 모든 보살과 더불어 말세중생이 본연본성 청정여래장에 드는 원각방편수행에 의지하여 점차 정진하면, 불佛의 경지에 이르느니라.

※ 이 경이 돈교대승이니 이 수행으로 깨달음에 든다.

善男子 是經名爲 頓敎大乘 頓機衆生 從此開悟
선 남 자　시 경 명 위　돈 교 대 승　돈 기 중 생　종 차 개 오

선남자야, 이 경은 이름하여 돈교대승이니, 돈기 중생이 이를 좇아 깨달음을 여느니라.

♣ 선남자야, 이 경은 이름하여 일체분별과 일체사량과 일체사유와 일체차별을 벗어버린 돈교대승頓敎大乘이니, 일체분별과 일체사량과 일체사유와 일체차별을 뛰어넘는 성품인 돈기중생頓機衆生이 이를 좇아 깨달음을 여느니라.

● **돈교대승**頓敎大乘: 일체분별과 일체차별을 벗어버린 청정자성법淸淨自性法이다.
● **돈기중생**頓機衆生: 심근心根이 숙세선근업력宿世善根業力으로 성품이 청정하여, 상相의 분별심과 사량의 헤아림이 없어, 법法을 바로 믿으며, 바로 법法을 따라 심心의 본성에 드는 돈근기중생頓根機衆生이다.

※ 일체 차별성품을 섭수함이니 모두 충만함을 얻는다.
亦攝漸修 一切群品 譬如大海 不讓小流 乃至蚊蝱
역섭점수 일체군품 비여대해 불양소류 내지문맹

及阿修羅 飮其水者 皆得充滿
급아수라 음기수자 개득충만

또한, 점수 일체 무리의 차별근기 성품을 섭수함이니, 비유하여 큰 바다가 작은 개울의 흐름도 사양하지 않음과 같으니라. 또한, 모기와 작은 벌레와 더불어 아수라 등이, 이 물을 마시는 자는 모두 충만함을 얻느니라.

♣ 또한, 숙세업력 장애에 이끌려 심근心根을 빨리 열지 못하여 본성에 들지 못하는 점수漸修의 일체무리 차별근기의 성품을 섭

수함이니, 비유하여 큰 바다가 작은 개울의 흐름도 사양하지 않음과 같으니라. 또한, 모기와 작은 벌레와 더불어 아수라 등이, 이 물을 마시는 자는 모두 스스로 충만함을 얻느니라.

※ 칠보 보시공덕보다 이 경 한 구절 듣는 것만 못하다.

善男子 假使有人 純以七寶積滿三千大千世界 以用
선남자　가사유인　순이칠보적만삼천대천세계　이용

布施 不如有人 聞此經名 及一句義
보시　불여유인　문차경명　급일구의

선남자야, 가령 사람이 있어, 순히 칠보를 삼천대천세계에 가득 쌓아 보시하여도, 어떤 사람이 있어 이 경의 이름이나, 한 구절의 뜻을 듣는 것만 같지 못하느니라.

♣ 선남자야, 가령 사람이 있어, 순히 칠보를 삼천대천세계에 가득 쌓아 보시하여도, 어떤 사람이 있어 이 경의 이름을 듣고, 이 수승한 돈교대승 수다라요의 여래결정경계 비밀왕삼매인 여래비밀장 돈교대승경의 법연法緣을 맺음과 같지 못하며, 또한, 이 경 한 구절의 뜻을 듣고, 수승한 불지혜와 인연을 맺음과 같지 못하느니라.

※ 무량중생 아라한과 보다 이 경 게송을 베풂만 못하다.

善男子 假使有人 教百千恒河沙衆生 得阿羅漢果
선남자　가사유인　교백천항하사중생　득아라한과

不如有人 宣說此經 分別半偈
불여유인　선설차경　분별반게

선남자야, 가령 사람이 있어, 백천 항하사 중생을 교화하여 아라한과를 얻게 하여도, 어떤 사람이 있어, 이 경 반 게송이라도 그 뜻을 분별하여, 설하는 베풂만 같지 못하느니라.

♣ 선남자야, 가령 사람이 있어, 백천 항하 모래의 수와 같은 중생들을 교화하여 아라한과를 얻게 하여도, 어떤 사람이 있어, 이 경 반 구절의 게송이라도 그 뜻을 분별하여, 대방광원각다라니 비밀왕삼매인 여래결정경계 부사의 청정자재원융 원만지혜를 설하는 베풂만 같지 못하느니라.

※ 경 이름만 듣고 믿으면 일체불에 자성공덕을 쌓은 자다.

善男子 若復有人 聞此經名 信心不惑 當知是人 非
선 남 자　약 부 유 인　문 차 경 명　신 심 불 혹　당 지 시 인　비

於一佛二佛 種諸福慧 如是乃至 盡恒河沙 一切佛
어 일 불 이 불　종 제 복 혜　여 시 내 지　진 항 하 사　일 체 불

所 種諸善根 聞此經教
소　종 제 선 근　문 차 경 교

선남자야, 만약 또한, 사람이 있어, 이 경의 이름을 듣고, 믿음으로 마음이 미혹하지 않으면, 당연히 이 사람은 일불 이불에 모든 종류의 자성의 복과 지혜를 닦았을 뿐 아니라, 이와 같이 또한, 다함 없는 항하사 일체 부처님의 처소에서 모든 종류의 자성선근을 쌓으며, 이 경의 가르침을 들었음을 알아야 하느니라.

♣ 선남자야, 만약 또한, 사람이 있어, 이 경의 이름을 듣고, 믿음을 발하여 마음에 의심이 없어, 그 믿음으로 마음이 청정하면, 당연히 이 사람은 일불 이불에 모든 종류의 자성의 복과 지혜를 닦았을 뿐만 아니라, 이와 같이 또한, 다함 없는 항하사 일체불의 처소에서, 모든 종류의 다함 없는 자성공덕의 지혜를 닦고, 청정자성으로 마음의 청정선근을 쌓으며, 이 경의 가르침을 들었음을 능히 알아야 하느니라.

● 신信의 경계도 근기인성根機因性에 따라, 신信의 차원과 정신감응 작용의 깊이가 다르다. 결정신結定信의 경계는 단지, 보거나 들으므로 바로 결정신으로 그 경계에 듦이다. 이는 꽃망울이 잔뜩 기운이 충만으로 웅크리고 있다가, 나비나 벌이 꽃망울에 살짝 앉는 작은 느낌의 촉각에도, 잔뜩 웅크리고 있던 꽃망울을 터트려 꽃이 피어나는 것과 같다. 이는 청정한 한마디의 말이나 글이, 본성을 자극하는 찰나의 계기가 되어, 그 말이나 글을 접하는 순간에 미망이 타파되어 사라지며, 바로 자기 본성에 드는 근기다. 이는 숙세 선근업력의 특성을 자극하여 피어나는, 돈기근성頓機根性의 결정신結定信의 경계다. 이와 유사함을 비유하면, 천만 사람이 무슨 말과 행동을 하여도 아랑곳하지 않고 전혀 관심이 없다가, 만약 자기의 깊은 취향이나 깊은 관심거리에 대해 한마디의 스치는 말만 들어도, 자신도 모르게, 지나치는 그 한마디 말에 반응하여 온몸의 감각과 촉각이 곤두서고, 모든 행위가 그곳에 집중되어 멈추며, 정신이 깊이 쏠리어 그것에 단박 빠지는 것과 같다. 이것이 곧, 그 사람의 성향性向과 근성根性과 습기習氣다.

청정신淸淨信도 청정결정신淸淨結定信이 있고, 청정정신淸淨正信이 있다. 청정결정신은 자성의 공덕을 가진 말과 글의 한 글귀에 본성이 자극되어, 본연 청정본성에 바로 드는 결정신 경계다. 청정정신淸淨正信은 청정한 한마디의 말이나 글을 접함에 의심 없는 믿음이 있으나, 숙세업력 장애로 선근이 무르익지 않고 성숙하지 못하여, 청정본연성을 자극하는 자성공덕 결정실結定實의 말 한마디를 들어도, 숙세 업의 장애로 본성의 성품이 미혹에서 깨어나지 못해, 돈각頓覺의 청정결정신에 들지 못하고, 청정지혜설에 의심 없는 믿음으로 심근心根의 장애를 제거하는 행에 드는 청정신淸淨信의 경계다.

정신正信은 청정한 한마디의 말이나 글에 믿음을 일으키나, 단지 그것이 옳음임을 알 뿐, 숙세업력의 장애로, 심근心根이 열리지 못하고, 의지적意志的 노력으로 업業의 장애를 제거하려고 노력하며, 업력장애 속에서 그 세계에 들려고 의지로 노력하는 정신행자正信行者다.

정신正信에 이르지 못한 신信은 이해理解의 과정으로 믿음을 가지게 된다. 자신이 이해가 되어 옳다고 생각이 들면 믿으며, 자신이 이해가 되지 않아 도저히 믿을 수 없어 불신하면 믿지 않는다. 이해를 통한 믿음은 단지, 불신不信하지 않는 자기 이해와 인정認定에 속할 뿐, 정신正信에 이르지 못한 것이니, 반드시 그 믿음에는 사량과 분별과 자기 이해의 인성因性을 가진 믿음이다. 이는 믿음이라기보다 긍정적 이해에 속하는 자기인정自己認定에 의한 이해의 믿음이다. 믿음에는 자기인정과 긍정적 이해가 있을 수가 없다. 왜냐면, 믿음 그 자체는 대對의 심리心理가 아니고, 대對 없는 불이결정성不二結定性 청정에 드는 것이기 때문이다. 자기인정과 긍정적 이해는 청정한 한마디의 말이나 그 뜻을, 말과 글의 진의眞義와 실상 밖에서, 자기 이해와 인식의 사량으로 그 의미와 뜻을 분별하고 헤아리므로, 청정과 분리된 자기 앎의 세계에서 수용하는 것이다. 그러므로 정신正信에 이르지 못한 신자信者는 숙세업력 심근성향心根性向이 지혜보다 숙세업력을 향해있기 때문이다. 이 옳음은 단지, 자기 앎의 세계에 믿음으로 만족할 뿐, 더 심근기心根機가 본성장애를 벗으려는 인성因性을 발하기가 어렵다. 왜냐면, 숙세업력 심근장애心根障礙 때문이다.

또한, 정신情信의 믿음이 있으니, 단지 믿음으로 삶의 위안을 받으며, 마음의 평안을 느끼는 숙세업력신력宿世業力信力이다. 청정한 한마디의 말이나 글이 옳고 그름을 분별하지 않으며, 단지, 정적情的인 믿음으로 마음의 평안을 얻는 정신情信이다. 이유도 모르며 이끌리고, 마음이 평안한 믿음으로, 믿음 그 자체로 만족할 뿐, 지혜를 발하려 하거나, 그 세계의 실상을 깨달으려는 마음을 갖지 않거나, 못한다. 이것은 숙세인연으로 믿음에 듦이니, 삶속에 어떠한 계기를 인연하여 지혜의 심근心根을 발하여, 업력장애를 제거함으로 지혜를 발하여 지혜경계에 들게 된다.

모든 신信은 업력장애를 제거하는 계기가 되며, 장애 없는 각覺의 완전한 밝음에 이르는 과정과 계기의 인성因性이 된다. 단지, 신信의 특성과 그 경계에 따라, 법法의 깊이에 드는 인성因性이 된다. 신信은 숙세업력으로 개인에 따라 차별성이 있으나, 그 성향은 다름없는 청정본성의 중심을 향하고 있다. 그러므로 신信은 자기를 깨닫는 인성因性으로 작용한다. 믿음은 곧, 깨달음에 드는 문門이니, 이는 스스로 자신과 법法이 불이不二인 결정경계決定境界에 드는 능소能所 없는 문門이다. 지각知覺이 열릴수록 누구나 정신성향이 자연히 자기 본성을 추구하고, 향함은, 본성은 삶과 존재와 행복과 자아와 생명 최고 최상의 지고한 가치이기 때문이다. 그 자연적 섭리는 자아自我 생명의 근원을 추구함이며, 자기의 생명근본으로 향하는 존재 본질의 길이기 때문이다.

※ 수행자를 옹호하여 악마와 외도가 범하지 않게 하라.

汝善男子 當護末世 是修行者 無令惡魔 及諸外道
여 선 남 자　당 호 말 세　시 수 행 자　무 령 악 마　급 제 외 도

惱其身心 令生退屈
뇌 기 신 심　영 생 퇴 굴

너희 선남자는 당연히 말세 이 수행자를 옹호하여, 악마와 더불어 모든 외도들에게 그 심신의 괴로움과 또한, 퇴굴심이 일어나지 않도록 옹호해야 하느니라.

♣ 너희 선남자는 당연히 말세 이 수행자를 옹호하여, 모든 악마惡魔와 더불어 모든 외도外道들의 침범과 괴롭힘을 막으며, 그 심신의 괴로움과 또한, 퇴굴심이 일어나지 않도록, 철저히 잘 보호하고, 옹호하며, 보살펴야 하느니라.

爾時 世尊 欲重宣此義 而說偈言
이 시　세 존　욕 중 선 차 의　이 설 게 언

이때 세존께옵서 이 뜻을 거듭 널리 펴시고자 게송으로 말씀하시었다.

賢善首當知
현 선 수 당 지

현선수보살이여! 그대는 당연히 알지니라.

※ 여래의 수승함을 옹호하여 가지는 십이부 청정눈이다.
是經諸佛說 如來善護持 十二部眼目 名爲大方廣圓
시 경 제 불 설　여 래 선 호 지　십 이 부 안 목　명 위 대 방 광 원

覺陀羅尼
각 다 라 니

이 경은 모든 부처님이 설함이며, 여래의 뛰어난 수승함을 옹호하여 가지는 십이부의 안목이니, 이름하여 대방광원각다라니이니라.

♣ 이 경은 모든 부처님께서 설하신 요의了義의 가르침이며, 여래 결정경계 뛰어난 수승함을 옹호하여 가지는 십이부 일체경의 실상 청정안목이니, 이 이름이 여래의 결정 비밀왕삼매를 드러내 보인 대방광원각다라니이니라.

※ 여래의 경계니 이에 의지해 수행하면 불지에 이른다.
現如來境界 依此修行者 增進至佛地
현 여 래 경 계　의 차 수 행 자　증 진 지 불 지

여래의 경계를 드러냄이니, 이에 의지한 수행자는 증진으로 불지에 이르느니라.

♣ 대방광원각다라니는 여래장如來藏 부사의 경계를 드러냄이니, 청정원각공능淸淨圓覺功能 여래결정경계에 의지한 원각수순행자는 증진으로 불지佛地에 이르느니라.

※ 누구든 먹는 자는 지혜와 각의 공덕이 충만하리라.

如海納百川 飮者皆充滿
여 해 납 백 천 　 음 자 개 충 만

바다가 수백의 냇물을 받아들이듯이, 먹는 자는 모두가 충만하리라.

♣ 바다가 수백數百 의 냇물을 받아들이듯이, 먹는 자는, 그 근기와 수행지혜와 각성覺性이 열린 차별 없이, 모두가 충만하리라.

※ 삼천대천세계 칠보 보시가 이 경 듣는 것만 못하다.

假使施七寶 積滿三千界 不如聞此經
가 사 시 칠 보 　 적 만 삼 천 계 　 불 여 문 차 경

가령 칠보를 삼천대천세계에 가득 쌓아 보시할지라도, 이 경을 듣는 것만 같지 못하느니라.

♣ 가령 칠보를 삼천대천세계에 가득 쌓아 보시할지라도, 대방광원각다라니 비밀왕삼매인 돈교대승 여래원각, 이 경을 듣고 수승한 여래결정경계 돈각법연頓覺法緣 을 맺는 것만 같지 못하느니라.

※ 항하사 아라한과를 얻어도 반 게송 베풂만 못하다.

若化河沙衆 皆得阿羅漢 不如宣半偈
약 화 하 사 중 개 득 아 라 한 불 여 선 반 게

만약 항하사 중생들을 교화하여 모두 아라한과를 얻었어도, 이 가르침의 게송 반 구절을 베풂만 같지 못하느니라.

♣ 만약 항하사 중생을 교화하여, 모두 아라한과를 얻었어도, 신통대광명장 대방광원각다라니 여래결정경계인 비밀왕삼매 청정각지淸淨覺地 이 원각 가르침 게송의 반 구절을 베풂만 못하느니라.

● 반 구절의 게송에도 전체의 뜻이 구족하여 부족함이 없고, 선근이 성숙하고 무르익으면, 반 게송이 아니라 첫 일구一句 에 전체가 드러났음을 깨닫는다.

※ 이 경을 가지며 베푸는 자를 지키고 옹호해야 한다.

汝等於來世 護是宣持者 無令生退屈
여 등 어 래 세 호 시 선 지 자 무 령 생 퇴 굴

너희들은 내세에, 이 경을 가지며 베푸는 자를 지키고 옹호하며, 퇴굴심이 일어남이 없도록 보호하고 보살펴야 하느니라.

♣ 너희들은 내세來世에, 이 여래결정경계 비밀왕삼매의 수승한 대승돈교인 대방광원각다라니 부사의 공능 여래비밀장의 수승한 원각의 가르침을 가지며, 베푸는 자를 지키고 옹호하여, 어떤 장애든 대방광원각에서 물러나는 퇴굴심이 없도록 항상 보호하고 보살펴야 하느니라.

※ 모든 금강과 병기권속이 여래에게 옹호서원을 한다.

爾時會中 有火首金剛 摧碎金剛 尼藍婆金剛等 八
이 시 회 중　유 화 수 금 강　최 쇄 금 강　니 람 바 금 강 등　팔

萬金剛 幷其眷屬 卽從座起 頂禮佛足 右繞三匝 而
만 금 강　병 기 권 속　즉 종 좌 기　정 례 불 족　우 요 삼 잡　이

白佛言
백 불 언

이때에 법회 가운데에 화수금강과 최쇄금강과 니람바금강 등 팔만 금강 일체 그 권속이 곧 자리에서 일어나 부처님 발에 공손히 이마를 조아려 공경의 예를 올리고 지극한 존경심으로 받드시어 오른쪽으로 세 번 돌고 부처님께 말씀을 사뢰었다.

※ 이 경을 지니면 팔만금강권속이 보호하고 옹호하여 지킨다.

世尊 若後末世 一切衆生 有能持此 決定大乘 我當
세 존　약 후 말 세　일 체 중 생　유 능 지 차　결 정 대 승　아 당

守護 如護眼目
수 호　여 호 안 목

세존이시여! 만약 불멸후 말세 일체중생이 능히 이 결정대승을 지니고 있으면, 저희들 모두가 당연히 지키고 보호하기를 저희 눈과 시력을 보호하고 지킴과 같이할 것이옵니다.

※ 수호하여 물러나지 않고 재앙소멸 재물풍족하게 한다.

乃至道場 所修行處 我等金剛 自領徒衆 晨夕守護
내 지 도 장　소 수 행 처　아 등 금 강　자 령 도 중　신 석 수 호

令不退轉 其家乃至 永無災障 疫病銷滅 財寶豐足
영 불 퇴 전　기 가 내 지　영 무 재 장　역 병 소 멸　재 보 풍 족

常不乏少
상 불 핍 소

또한, 도량과 수행 처소를 저희들 금강이 스스로 대중의 무리를 거느리고 낮과 밤으로 지키고 옹호하여 물러나지 않겠으며, 그 집 또한, 영원히 재앙과 장애가 없도록 할 것이며, 전염병과 질병이 소멸하고, 재산과 보물이 풍족하여, 항상 부족함이 없도록 하겠사옵니다.

※ 일체 천왕이 이 경 가진 자를 옹호할 것을 서원한다.

爾時 大梵王 二十八天王 并須彌山王 護國天王等
이 시　대 범 왕　이 십 팔 천 왕　병 수 미 산 왕　호 국 천 왕 등

卽從座起 頂禮佛足 右遶三匝 而白佛言
즉 종 좌 기　정 례 불 족　우 요 삼 잡　이 백 불 언

이때에 대범왕과 이십팔천왕과 일체 수미산왕과 호국천왕 등이 곧 자리에서 일어나 부처님 발에 공손히 이마를 조아려 공경의 예를 올리고, 지극한 존경심으로 받드시어 오른쪽으로 세 번 돌고 부처님께 말씀을 사뢰었다.

※ 모든 천왕이 항상 옹호하여 평안하고 근심 없도록 한다.

世尊 我亦守護 是持經者 常令安隱 心不退轉
세 존 아 역 수 호 시 지 경 자 상 령 안 은 심 불 퇴 전

세존이시여! 저희들 역시 이 경을 가진 자를 지키고 살펴 옹호하여 항상 평안하게 하며, 어떤 근심과 걱정도 없게 할 것이며, 어떤 장애이든 물리치고 소멸하여, 마음이 여래결정경계 비밀왕삼매 원각에서 물러남이 없도록 수호하고 보살피겠사옵니다.

※ 모든 십만귀왕이 이 경 가진 자를 옹호할 것을 서원한다.

爾時 有大力鬼王 名吉槃茶 與十萬鬼王 卽從座起
이 시 유 대 력 귀 왕 명 길 반 다 여 십 만 귀 왕 즉 종 좌 기

頂禮佛足 右遶三匝 而白佛言
정 례 불 족 우 요 삼 잡 이 백 불 언

이때에 대력귀왕이 있어 그 이름이 길반다며, 더불어 십만 귀왕이 곧 자리에서 일어나 부처님 발에 공손히 이마를 조아려 공경의 예를 올리고 지극한 존경심으로 받드시어 오른쪽으로 세 번 돌고 부처님께 말씀을 사뢰었다.

※ 밤낮 옹호로 귀신이 범치 않게 하며 침범귀신을 분쇄한다.

世尊 我亦守護 是持經人 朝夕侍衛 令不退屈 其人
세존 아역수호 시지경인 조석시위 영불퇴굴 기인

所居 一由旬內 若有鬼神 侵其境界 我當使其 碎如
소거 일유순내 약유귀신 침기경계 아당사기 쇄여

微塵
미진

세존이시여! 저희들도 역시 이 경을 가진 사람을 낮이나 밤이나 받들어 호위하며, 어떤 장애이든 물리치고 소멸하며 물러남이 없이 지키고 옹호하겠사옵니다. 그 사람이 기거하는 일유순 내에 만약 귀신이 있어 그 경계를 침범하면, 저희들이 당연히 그 귀신을 먼지처럼 분쇄하겠사옵니다.

※ 일체권속이 이 경을 대환희심으로 신수봉행함이다.

佛說此經已 一切菩薩 天龍鬼神 八部眷屬 及諸天
불설차경이 일체보살 천룡귀신 팔부권속 급제천

王梵王等 一切大衆 聞佛所說 皆大歡喜 信受奉行
왕범왕등 일체대중 문불소설 개대환희 신수봉행

부처님께옵서 이 경 설함을 마치시니, 일체보살과 천룡 귀신과 팔부 권속과 또한, 제천왕과 범왕 등 일체 대중이 부처님께옵서 설하신 바를 듣고, 모두 대 환희심에 지극한 믿음으로 받아 받들어 행함이니라.

#   #   #

원각경심요(圓覺經心了)

원각경 요의了義의 실체는 원각이며, 원각수순행의 성품은 여래장如來藏 원각삼종자성圓覺三種自性에 있다. 원각삼종자성의 실체는 본연성품인 열반涅槃, 진여眞如, 보리菩提 다. 열반은 본성성품이며, 진여는 본심성품이며, 보리는 본각성품이다. 열반, 진여, 보리는 심心의 본연자성本然自性이다. 그러므로 원각수순행 사마타로 열반성涅槃性 부동청정심不動淸淨心에 들며, 삼마발제로 진여성眞如性 무염자재심無染自在心에 들며, 선나로 보리성菩提性 원융편제심圓融遍在心에 든다.

원각의 원圓은 나 없는 걸림 없는 성품이다. 각覺은 나 없는 성품이 밝게 깨어 있음이다. 원각은 나 없는 걸림 없는 청정성품이 두루 밝게 깨어 있음이다. 원각삼종자성이 열반, 진여, 보리다. 나의 본성은 원각성품 열반이며, 나의 본심은 원각성품 진여며, 나의 본각은 원각성품 보리다. 나의 본연本然 실체는 열반, 진여, 보리인 원각圓覺이다.

원각경의 말씀이 아니어도, 깨달음과 성불, 무명과 미혹을 벗는 일체수행이 향하는 궁극의 구경정점究竟頂點은 궁극의 열반, 진여, 보리다. 만약, 지혜가 이를 벗어났다면 깨달음의 지혜가 아니며, 이를 벗어난 수행은 깨달음의 법이 아니며, 깨달음의 수행이 아니며, 성불법이 아니며, 성불수행이 아니며, 중생의 무명과 미혹을 벗는 법과 수행이 아니다. 시방삼세일체불의 성불법 불괴不壞의 결정체結定體인 법인法印은 곧, 열반, 진여, 보리다. 열반, 진여, 보리는 원각이며, 청정본연의 성품이다. 만약, 열반성품을, 진여성품을, 보리성품을 수순하고 있다면, 그 수행을 일러, 본기청정인지법행本起淸淨因地法行이다. 열반, 진여, 보리를 벗어나, 따로 본기청정인지법행이 없다. 만약, 열반, 진여, 보리를 벗어나 있다면 그 견見은 사견邪見이며, 그 법法은 사법邪法이며, 그 행行은 정행正行이 아닌 사도邪道다. 열반, 진여, 보리를 벗어나면 사견사도사법邪見邪道邪法이다. 왜냐면, 열반, 진여, 보리가 곧, 불성佛性이며, 일체법의 본연성품이며, 심心의 본연성품이며, 각覺의 본연성품이기 때문이다. 또한, 열반, 진여, 보리를 여의면, 드러낼 삼세일체불도 없고, 드러낼 불법佛法과 불지혜佛智慧뿐 아니라, 무명과 미혹을 벗는 성불법이 없다. 삼세제불이 성불한 법이 열반, 진여, 보리며, 삼세제불이 깨달아 든 각성覺性 생명의 골수骨髓가 여래장如來藏 성품인 열반, 진여, 보리다. 만약, 불법견佛法見과 불법지혜佛法智慧가 열반, 진여, 보리를 벗어났다면,

곧, 눈먼 사견외도邪見外道 다.

　열반涅槃은 생멸부동청정성품生滅不動淸淨性品 이다. 수행경계에서 열반성품에 들면, 아我가 전체에 무르녹아 아我가 없다. 전체란 나 아닌 전체인 일체一切를 일컬음이 아니다. 아我 없는 그 자체가 곧, 전체다. 곧, 불이열반청정성不二涅槃淸淨性이다. 원각경 사마타 수행에서 이를 적정寂靜이라 했다. 적정의 적寂은 나 없는 불이열반성不二涅槃性이다. 정靜은 아我가 전체에 무르녹아 아我 없는 청정함이다. 적정寂靜은 열반성품을 일컬음이다. 그러므로 적정성寂靜性으로 청정부동성淸淨不動性에 들게 된다. 나의 본연본성本然本性이 열반성涅槃性이다.

　진여眞如는 나 없는 성품행이다. 이는 열반성품의 작용 일체행이다. 본연원각성本然圓覺性 열반성품에 들면, 아我가 전체에 무르녹아 아我 없는 청정부동열반성품淸淨不動涅槃性品으로 본연공능조화本然功能造化의 부사의일체작용을 하니, 곧, 진여다. 열반성涅槃性이 진여며, 열반성의 일체작용이 곧, 진여다. 열반성을 진여라 함은, 불변不變이므로 진眞이라고 하며, 일체작용에 불이성不二性이므로 여如라고 한다. 열반성은 진여 부사의작용의 바탕이며, 본성이다. 진여의 일체작용이 열반성을 여의지 않는다. 그러므로 열반진성부사의공능조화涅槃眞性不思議功能造化로 진여의 일체작용이 이루어진다. 그러므로 진여의 작용은 열반성을 바탕하며, 열반성은 진여의 작용을 무염자재無染自在하게 한다. 원각경 진여성품작용을 여환如幻이라고 했다. 이것은 열반성을 바탕한 진여성품의 작용이, 무염자재無染自在하고 자성청정自性清淨이라 머묾 없어, 무자성 일체상을 비침이 환幻과 같기 때문이다. 여환如幻은 진여성품의 작용이며, 무자성실상 여환如幻 그 자체가 곧, 무염진여자재조화無染眞如自在造化다. 그러므로 삼마발제 환지행幻智行으로 무염자재본심無染自在本心인 진여성眞如性에 들게 된다. 이것이 본연 열반성을 바탕한 나의 물듦 없는 본연 본심 진여성眞如性이다.

보리菩提는 나 없는 성품이, 나 없는 전체를 온전히 수용섭수受用攝受한 것이다. 나 없는 전체란, 나를 제외한 일체一切를 일컬음이 아니다. 나 없는 성품 그 자체가 곧, 완연한 전체다. 이것이 불이성不二性이며, 원융성圓融性이며, 편재성遍在性이다. 나 없는 성품이, 나 없는 전체를 온전히 수용섭수함이란, 방方을 초월한 시방원융편재성十方圓融遍在性으로, 나 없는 성품이 온전히 수용섭수함이다. 그러므로 보리는 방方을 초월해 원융하며, 편재遍在하여, 시방 안과 밖이 끊어져 두루 미치지 않는 곳이 없는 불가사의다. 보리는 시방 안과 밖이 끊어진 일체 두루 미치지 않는 곳 없이, 두루 밝게 비치며, 원융하여 걸림 없는 성품이므로 원융성圓融性이라 하며, 편재성遍在性이라 하며, 각명성覺明性이라 한다. 이 일체를 줄여, 두루 밝게 깨어 있고 밝게 비치므로 각覺이라 한다. 각覺은 보리며, 보리는 원융성圓融性이며, 편재성遍在性이며, 각명성覺明性이다. 이를 또한, 각성覺性이라고도 한다. 이는 나의 본연 본각성本覺性이다. 원각경 선나 수행에서 이를 적멸寂滅이라고 했다. 왜냐면 내외능소 일체식一切識이 끊어진 적멸성품이기 때문이다. 내외능소적멸성에 들면 시방원융편재원만보리성十方圓融遍在圓滿菩提性에 들게 된다. 일체적멸이면 원융편재성에 들어 각원만覺圓滿을 이룬다. 각원만은 본연 본각本覺인 보리원만菩提圓滿이다. 보리원만은 시방원융편재원만각성十方圓融遍在圓滿覺性이다. 이는 나 없는 성품이, 나 없는 전체를 온전히 수용섭수한 원융편재성이다. 보리의 바탕은 열반성이며, 보리의 원융편재공능작용圓融遍在功能作用이 자재진여심自在眞如心에 두루 밝게 드러나, 심心의 자재작용을 하게 한다.

열반, 진여, 보리는 서로 각각 다른 성품이 아니다. 불이본연성不二本然性의 부사의성품 공능조화功能造化에, 한 성품이 서로 같지 않은 부사의성품 특성의 자성작용으로, 불이본체不二本體 본연 한 성품의 공능조화功能造化를 원융불이圓融不二로 구족원만하게 함으로, 그 원융원만한 구족성품具足性品의 차별자성 성품의 특성을 요별了別하여, 그 미묘한 부사의 성품작용의 실상을 드러낸 것이다. 청정열반성은 진여와 보리작용의 바탕이다. 진여는 열반을 바탕하므로, 무염자재無染自在하며, 보리는 열반을 바탕하므로 원융편재圓融遍在하다. 또한, 청정열반성은 열반공능涅槃功能으로 진여를 무염자재하게 하며, 보리를 원융편재하게 한다. 또한, 진여는 열반공능涅槃功能에 의해 청정무염진여작용淸淨無染眞如作用을 하며, 보리공능菩提功能으로 일체만법만상을 두루 밝게 깨닫고, 알며, 부사의 자재작용을 한다. 또한, 보리는 열반공능涅槃功能으로 원융편재하며, 진여공능眞如功能에 의지해 보리의 일체공능조화一切功能造化의 작용을 드러낸다. 열반, 진여, 보리는 곧, 대각大覺의 성품이니, 경經 제7 위덕자재보살장에서 무상대각심본제무이상無上大覺心本際無二相이라 했다. 열반은 대각大覺의 바탕성품이며, 진여는 대각大覺의 마음성품이며, 보리는 대각大覺의 각성覺性이다. 대각大覺은 열반, 진여, 보리가 원융불이성圓融不二性인 본제무이상本際無二相이다. 본제무이상은 곧, 대각大覺의 성품이다. 열반은 생멸부동성生滅不動性이며, 진여는 무염자재성無染自在性이며, 보리는 원융편재성圓融遍在性이다. 생멸부동 궁극의 청정성淸淨性을 드러낼 때, 그 성품이 본성 열반성涅槃性이다. 무염자재 궁극의 청정심淸淨心을 드러낼 때, 그 성품이 본심 진여성眞如性이다. 원융편재 궁극의 청정각淸淨覺을 드러낼 때, 그 성품이 본각 보리성菩提性이다. 열반, 진여, 보리를 벗어나 한목 그 부사의 경계의 깨달음을 드러냄이, 일체경一切經 일체지혜도 일컫고 이름할 수 없어, 누구도 혀끝을 댈 수 없는, 궁극을 벗어버린 심오한 불가사의 부사의 요了다.

만약, 아我가 전체에 완전히 무르녹아 나 없는 성품이면, 그것이 사마타 적정부동성품 본연열반本然涅槃이다. 그러나 전체가 있거나, 나 없는 그 자체가 있으면 그것은 적정寂靜이 아니며, 열반이 아니며, 본성이 아닌 상심상견 사상심이다. 나 없는데, 나 없는 전체가 있을 수 없고, 나 없는데 나 없는 성품이 있을 수 없다. 나 없는 그 자체가 곧, 전체가 되어, 나 없는 나 없고, 나 없는 전체도 없고, 나 없는 전체에 완전히 무르녹아 나我 없으니, 그것이 본연청정本然淸淨이며, 적정寂靜이며, 열반이며, 나 없는 청정본성이다. 나 없으니, 나 없는 그 자체가 곧, 부동不動이다.

만약, 나 없어도 보고, 들으며, 일체상에 물듦 없고, 일체에 머물 나 없어 무염자재無染自在이면, 그것이 삼마발제 여환성품자재如幻性品自在인 본연진여本然眞如다. 그러나 보고 듣는 그 자체에 머무를 것이 있거나, 머무를 나 있거나, 머물지 않는 성품이 있다면, 그것은 무자성 실상 여환如幻이 아니며, 무염자재진여無染自在眞如가 아니며, 본심이 아닌 상심상견 사상심이다. 나 없으나 일체작용을 함으로 여환如幻이라 하며, 일체상이 무자성이라 여환如幻이라 하며, 상相이 아닌 무자성청정환無自性淸淨幻이므로, 불생불멸실상不生不滅實相이다. 실상이라 함은 실實이 있어 실상이 아니며, 실實이 곧, 자성自性을 일컬으므로, 무자성 성품이 곧, 실實이니, 상相 없는 무자성을 실상이라 한다. 실상이 곧, 여환如幻이며, 묘법妙法이다. 환지환행幻智幻行이 곧, 진여작용이니, 일체행이 무염자재진여행無染自在眞如行이라, 행行은 있으나 무자성실상각無自性實相覺으로 무염자재無染自在이니, 환지행幻智行이라 한다. 만약, 아我가 전체에 완전히 무르녹아 나 없는 성품 본연열반本然涅槃, 청정부동열반성淸淨不動涅槃性에서, 나 없는 성품도 없어, 무자성청정실상환無自性淸淨實相幻 속에 무염자재환지행無染自在幻智行이면, 그것이 삼마발제 무염자재환지환행無染自在幻智幻行인 여환행如幻行이며, 본심이 물듦 없고 자재自在한 본연진여本然眞如다.

만약, 능소경계식能所境界識이 없고, 시방이 사라져 일체원융편재하여, 머무를 곳도, 머무를 자도 없어, 시방청정원융이면, 그것이 선나 일체적멸원융편재성품一切寂滅圓融遍在性品인 본연각성보리本然覺性菩提 다. 그러나 내외능소일체적멸로 시방이 사라진 원융편재가 있거나, 내외능소가 끊어진 적멸자寂滅者가 있거나, 시방청정원융편재성을 비추고 있거나, 내외능소적멸 상태가 있거나, 능소식能所識인 상相과 증證과 각覺과 견見이 있으면, 능소가 끊어진 것이 아니니, 적멸이 아니며, 각覺인 보리가 아니며, 본연본각이 아닌 상심상견 사상심이다. 내외능소가 끊어지면 일체적멸이니, 분별하는 나 있을 수 없다. 일체대一切對가 끊어져도 두루 비추고 봄이, 능소가 끊어짐이 없는 사상심의 나다. 시방원융 비춤도 끊어지고, 능소 없는 자者 또한, 홀연히 사라지면, 무방청정편재성無方淸淨遍在性이 원융무한 부사의며, 텅 빈 공空도 아니며, 가득한 허虛도 아니며, 시방이 사라진 무한광대편재성無限廣大遍在性이라도 점點 하나 찍을 곳 없고, 점點 하나 찍을 곳 없어도 원융하여, 방方 없이 온 무한 두루 편재하여, 일체상 전후와 삼세三世가 그대로 걸림 없이 원융편재다. 뒤를 돌아봐도 자취가 없고, 앞을 봐도 갈 길이 끊어졌고, 선 자리를 봐도 머문 곳과 머문 자者가 없어, 원융하고 시방 두루 편재하니, 일체 자성적멸성이라, 일체상이 편재하여, 원융무애 중중무진 삼세상三世相을 허물지 않고, 부사의 공능조화功能造化가 궁극무궁窮極無窮이다. 삼세공화三世空華가 원융편재하며, 사대육근이 각각 원융편재하여 일체장애가 없으니, 그것이 능소적멸원융행能所寂滅圓融行인 선나며, 시방편재원만각성 보리행菩提行인 일체원융원만자재 본연각성本然覺性이다.

열반에 들면 열반이 없고, 진여에 들면 진여가 없고, 보리에 들면 보리가 없다. 열반에 들면 열반이 없기에 부동不動이라 그것이 열반이며, 진여에 들면 진여가 없기에 무염자재여환無染自在如幻이니 그것이 진여며, 보리에 들면 보리가 없기에 능소적멸 원융편재하여 그것이 보리다. 열반, 진여, 보리가 없기에 본제무이상本際無二相이며, 일체불이一切不二니, 무명과 미혹이 없으므로 무명중생에게는 무상대각심無上大覺心이라 하며, 마음이 장애있는 자에게는 원각圓覺이라 하며, 마음이 분별을 멈추지 못하니 그 성품이 열반涅槃이라 하며, 마음이 상相에 물들어 있으니 그 성품이 진여眞如라고 하며, 마음이 미혹하니 그 성품이 보리菩提라고 한다. 자성을 바로 돌이켜 수순하지 않고, 중생심으로 사량하고 분별함으로, 그 사견邪見을 타파하고자 불비밀대원각심佛秘密大圓覺心이라 하며, 중생심을 일으켜 그것으로 깨닫고자 함으로 본기청정인지법행本起清淨因地法行이라 하며, 생멸유심선정지혜生滅有心禪定智慧로 들려함으로 불력佛力 신통대광명장神通大光明藏 비밀왕삼매秘密王三昧라 하며, 경계심으로 사량하고 헤아려 분별함으로 여래결정경계如來決定境界라 하며, 이것저것 이리저리 찾고 구하니 불이수순어불이경不二隨順於不二境이라 하며, 근기根機가 미약해 꿈 같이 궁극을 생각하니 시제중생청정각지是諸衆生清淨覺地라 하며, 언설言說에 의지해 궁극을 깨닫고자 하니 십이부경청정안목十二部經清淨眼目이라 하며, 일체중생 업력따라 들도록 여래장자성차별如來藏自性差別 삼종자성, 열반, 진여, 보리로, 본성, 본심, 본각의 성품을 따라 성불 길을 열어 놓았다.

수행 각력覺力에 따라 열반, 진여, 보리로 무한각성공능계無限

覺性功能界에 듦이니, 부사의각성공능원만수순행不思議覺性功能
圓滿隨順行이 시방세계 성불의 보살행으로 드러나며, 각성공능원
만자재覺性功能圓滿自在에 들어 불지불각원만佛智佛覺圓滿을 이
루니, 이름하여 불佛이다. 이것이 시방삼세제불성불도十方三世
諸佛成佛道다. 불각佛覺을 이룬 일체중생성불도一切衆生成佛道
인 제불지혜각성원만청정경계諸佛智慧覺性圓滿淸淨境界인 불비
밀대원각심佛秘密大圓覺心 여래결정경계如來決定境界에서 대방
광원각다라니大方廣圓覺陀羅尼 여래장如來藏 자성차별성품인 열
반, 진여, 보리성품수순, 자신이 온 그 길을 또, 청정불지혜淸淨佛
智慧로 설說하고, 설說할 것이다. 시방삼세 일체중생이 열반, 진
여, 보리성품을 따라 불佛을 이루어, 그 또한, 자신이 불佛을 성
취한 성불도 열반, 진여, 보리로, 다함 없는 중생을 구제하고 또,
구제할 것이다. 이 법에 의지해 다함 없는 미래제未來際 일체중
생이 성불하고 또, 성불하여, 다함 없는 이 허공 중생계 마지막 그
한 중생도 열반, 진여, 보리성품에 들어 중생계 마지막 부처를 이
룰 것이다.

열반涅槃은 불佛의 숨결이며
진여眞如는 불佛의 미소며
보리菩提는 불佛의 눈길이다.

원각圓覺은 불佛의 손길에 든
꽃 한 송이다.

불佛의
숨결은 청정清淨이며
미소는 무염無染이며
눈길은 편재遍在며
손길에 든 꽃 한 송이는 불모화佛母華다.

불佛의
손길은 지혜의 빛 무한자비無限慈悲다.

불佛은
무시원無始圓 무시각無始覺
그림자 없는 밝음
시명始明이다.

원각경요해

초판인쇄 2014년 11월 5일
초판발행 2014년 11월 15일

지 은 이 세웅스님
펴 낸 이 소광호
펴 낸 곳 관음출판사

주   소 130-070 서울시 동대문구 용두동 751-14 광성빌딩 3층
전   화 02) 921-8434, 929-3470
팩   스 02) 929-3470
홈페이지 www.gubook.co.kr
E - mail gubooks@naver.com

등   록 1993. 4.8 제1-1504호
ⓒ 관음출판사 1993

정가 33,000원